湖里年鉴

2016

湖里区地方志编纂委员会办公室　编

方志出版社
Publishing House of Local Records

湖里区地图

集美区
龙舟池
厦门大桥
集美
杏林大桥
宝珠屿
吾屿
猫屿
朝阳水库
海沧海底隧道(在建)
象屿码头
镜台屿
狗头山
海沧区
海沧大桥
海沧湾公园
火烧屿
大兔屿
厦门
西港
国际邮轮码头
东渡码头
东渡港区
象屿保税区
厦门出入境检验检疫局
高崎站
高崎中埔长途汽车站
厦门高崎国际机场
航空港医疗急救中心
神山
北站
高殿
殿前
长乐
寨上
寨上小学
超强学校
殿前街道
马垅长途汽车站
马垅
厦门火炬高技术产业开发区
徐厝
兴华
怡景
湖里街道
后浦
小东山
兴园
兴隆
塘边
塘边小学
湖里区检察院
湖里
村里
海天
湖里公园
湖里中心小学
康泰
康乐
松柏山
江头工商所
乌石浦小学
湖里区招生委员会办公室
南山
康晖
仙岳公园
江村
江头街道
吕厝
禾山
博林
禾欣
安兜社区
市水利局
仙岳山
仙岳山公园
仙岳山隧道
濠头
和通
市港务局
金鼎
东荣
东渡
东渡小学
新港
狐尾山
狐尾山公园
厦门市
筼筜街道
筼筜湖
嘉莲街道
梧村街道
开元街道
厦门站
海湾公园
思明
梧村隧道

同安区
翔安区
浔江港
大离浦屿
五缘湾
五缘大桥
五通客运码头
中交二航局
翔安隧道
五缘湾音乐岛
天圆大桥
五通灯塔公园
凤头
五缘湾湿地公园
日圆大桥
禾缘
五缘学
厦门五缘实验学校
墩上
骑马山
围里
县后
县后小学
钟宅
钟宅民族小学
湖里区禾山司法所
禾山街道
五缘第二实验学校
坂尚
湖里区教师进修学校
岭下
下忠
湖里实中
湖里区
禾盛
湖里区国税局
禾山
穆厝
蔡坑
厦门海事法院
薛岭山
薛岭山公园
虎头山公园
市司法局
西潘
金山小学
金山
后坑
金山街道
湖边水库
祥店
后埔
后坑社
金尚
金尚中学
曙光医院
蔡塘
蔡塘学校
古地石
光华学校
忠和石文化公园
北大生物园
忠岩公园
东芳山
莲前街道
前头
田里
洪水头
高林第五卫生所
星光小学
高林
西村
高林卫生所
高林中心小学
湖边
下湖
上湖
洪塘
金湖
厦门九三技术学校
虎仔山
金林
东黄厝
金安
林边
林边学校
莲山头
金海
嵩后
坂美
厦大附属音乐学校
五通
乐安小学
泥金
浦口
厦金湾渔
厦门厦金湾直升机场
东宅
金林
鸡山
图例
设区市行政中心
区行政中心
街道办事处
社区居委会
自然村
医院
学校
汽车站
主要企事业单位
山峰
码头
机场
县级行政区域界
街道界
铁路及车站
一级道路
二级道路
三级道路
在建街道
隧道
水库及河流
体育场
公园
街区
比例尺：1:62 000
（注：本图资料截至2016年8月
审图号：闽S(2017) 5号
行政区域界线仅作参考，不作划界依据）

数字湖里

- 湖里辖区 5 个街道、53 个社区居委会，年末户籍总人口 284666 人。
- 地区生产总值 778.14 亿元，第二产业增加值 352.20 亿元，第三产业 425.75 亿元，三次产业的比重为 0 ：45.3 ：54.7。
- 全区规模以上工业企业 327 家，现价工业总产值 1466.92 亿元，实现现价增加值 307 亿元。
- 财政总收入 154.50 亿元，其中区级财政收入 42.33 亿元。
- 全社会固定资产投资（不含农户）315.35 亿元。
- 社会消费品零售总额 350.54 亿元。
- 合同利用外资 6.69 亿美元，实际利用外资 3.24 亿美元。
- 金融保险业实现增加值 45.08 亿元。
- 城镇居民人均可支配收入 42314 元。
- 普通高等学校 2 所，在校生人数 2488 人。
- 中小学 58 所，在校生人数 71928 人。
- 幼儿园 112 所，学年初在园人数 25076 人。

《湖里年鉴（2016）》正、副主编成员

主　　　编　洪志伟

副　主　编　魏　炜

执行副主编　张宪敏

《湖里年鉴（2016）》编辑室成员

总　　　纂　张宪敏

编　　　辑　张宪敏　蔡培育

《湖里年鉴（2016）》图照提供单位

湖里区委　区人大　区政府　区政协

党派群团　驻区科研、教育、医疗单位

编辑说明

一、《湖里年鉴（2016）》是湖里区人民政府主管，湖里区地方志编纂委员会主办，湖里区地方志编纂委员会办公室承编的大型资料性年刊。2014以后逐年编辑出版，以出版年号为卷次名称，国内外公开发行。

二、《湖里年鉴（2016）》以马克思列宁主义，毛泽东思想、邓小平理论、“三个代表”重要思想、科学发展观为指导，贯彻习近平总书记系列重要讲话精神。

三、《湖里年鉴（2016）》主要记载2015年1月1日至12月31日湖里区经济、政治、文化、社会的发展情况。主体内容分为类目、分目、条目3个层次，部分分目下设次分目，以条目为记述的基本形式。全书条目标题统一用黑体加方头括号【 】标示，个别条目包含多方面资料，用楷体加层次性小标题。

四、《湖里年鉴（2016）》采用类目编辑法，卷首设特载，大事记，区情综述，卷中设中共厦门市湖里区委员会，厦门市湖里区人民代表大会常务委员会，厦门市湖里区人民政府，政协厦门市湖里区委员会，法治，武装，民主党派与工商联，社会团体，城市建设与管理·环境保护，工业·交通·信息业，经济管理与监督，财政·税收，科技，文化·体育·旅游，教育，卫生，社会事务管理，街道，人物·荣誉19个栏目，卷尾设附录，索引。

五、《湖里年鉴（2016）》辑录的区级领导人履历，湖里区级领导人、区直机关、群众团体、街道、工业园区管委会、国有企业等领导干部名录均由区委组织部提供。

六、《湖里年鉴（2016）》稿件和图片由湖里区辖内各单位提供，文字稿经各单位审核并加盖公章。各单位报送的数据与统计局的数据不一致时，以区统计局数据为准。

七、《湖里年鉴（2016）》配备双重检索系统，书前刊有目录，书后配有索引。索引采用按汉语拼音字母顺序排列。

目 录

特 载

大 事 记

区情综述

中共厦门市湖里区委员会

厦门市湖里区人民代表大会常务委员会

厦门市湖里区人民政府

政协厦门市湖里区委员会

法　治

社会团体

城市建设与管理　环境保护

工业　交通　信息业

经济管理与监督

财政　税收

科　　技

文化　体育　旅游

教　育

卫　生

社会事务管理

街 道

人物　荣誉

附　录

勇当“五大发展”示范区 奋力开创湖里区“十三五”发展新局面

——2015 年 12 月 3 日在区委第七届第十六次全体（扩大）会议上的讲话

张毅恭

这次全会的主要任务是，深入学习贯彻党的十八届五中全会和省委九届十五次全会、市委十一届十一次全会精神，听取区委常委会工作报告，审议《中共湖里区委关于制定湖里区国民经济和社会发展第十三个五年规划的建议》，进一步动员全区各级各部门和广大党员干部群众凝心聚力，持续推进“创新湖里”建设，率先全面建成小康社会和美丽厦门典范城区，拼搏再创特区发祥地新辉煌。

现在，我代表区委常委会讲四点意见。

一、深入学习领会，切实把思想和行动统一到中央和省委、市委的决策部署上来

党的十八届五中全会，是在全面建成小康社会进入决胜阶段召开的一次重要会议。全会通过的“十三五”规划《建议》，顺应了我国经济发展新常态的内在要求，站在历史的新起点，从战略全局出发，明确了今后五年我国发展的指导思想、基本原则、目标任务和重大举措，是我们决战决胜全面建成小康社会的纲领性文件。省委九届十五次全会、市委十一届十一次全会认真学习贯彻十八届五中全会精神，结合实际提出了我省、我市制定第十三个五年规划的建议，对“十三五”时期我省、我市的经济社会发展作出了重要部署。全区各级党组织和广大党员干部要自觉把学习贯彻十八届五中全会和省委、市委全会精神，作为当前和今后一个时期的重要政治任务，认真学习、深刻领会，切实把思想和行动统一到中央和省委、市委的决策部署上来。

首先，要深刻领会全面建成小康社会新的目标要求。十八届五中全会提出了今后五年全面建成小康社会新的目标要求，即：经济保持中高速增长、人民生活水平和质量普遍提高、国民素质和社会文明程度显著提高、生态环境总体改善、各方面制度更加成熟更加定型，到 2020 年国内生产总值和城乡居民人均收入比 2010 年翻一番，实现我们党确立的第一个百年奋斗目标。省委全会提出了推动经济社会发展再上一个新台阶，建设机制活、产业优、百姓富、生态美的新福建的目标要求。市委全会提出率先全面建成小康社会、成为“五大发展”示范城市和建设美丽中国典范城市

的目标要求。我们要认真贯彻落实这些目标要求，强化措施，攻坚克难，奋力作为，争取各项目标在我区能够提前实现、率先完成。

其次，要深刻领会“五大发展”的新理念。十八届五中全会在深刻总结国内外发展经验、发展教训和发展大势的基础上，针对我国发展的突出矛盾和问题，提出必须以创新、协调、绿色、开放、共享五大理念引领发展。其中，创新发展注重解决发展动力问题，协调发展注重解决发展不平衡问题，绿色发展注重解决人与自然和谐问题，开放发展注重解决发展内外联动问题，共享发展注重解决社会公平正义问题。这五大发展理念主题主旨相通、目标指向一致，是具有内在联系的集合体，对破解发展难题，厚植发展优势具有重大指导意义。省委、市委全会结合实际，进一步深化了五大发展理念，为我区未来五年发展提供了重要遵循，指明了前进方向。我们要把新的发展理念贯穿到经济社会发展各领域各环节，科学谋划好未来五年发展蓝图，以新理念引领发展行动，推动各项事业发展再上一个新台阶。

第三，要深刻领会加强党对经济社会发展领导的重要性。十八届五中全会要求各级党组织和领导干部积极适应、把握和引领经济发展新常态，创新领导经济社会发展的理念、体制和方式方法，提高推动改革发展稳定的能力水平，确保我国发展航船沿着正确航道破浪前进。省委、市委全会进一步在提升能力、完善机制、强化队伍、改进作风等方面提出了具体要求，我们要认真落实这些部署要求，更好地发挥党在经济社会发展中的领导核心作用，为实现“十三五”规划提供坚强保证。

二、准确把握“十三五”发展阶段性特征，切实增强加快湖里发展的责任感使命感

“十三五”时期，我国发展仍处在重要战略机遇期，但机遇期的内涵发生了重大变化。从国际环境看，世界经济在深度调整中曲折复苏，以新一代信息技术、互联网、新材料、新能源等技术创新应用为核心的科技革命和产业变革蓄势待发，国际市场孕育着诸多新机遇；同时，国际金融危机深层次影响依然存在，全球利益格局的战略博弈更加复杂，增大了我国经济发展的压力和风险。从国内情况看，我国经济发展进入新常态，经济发展表现出速度变化、结构优化、动力转换三大特点，全面深化改革加快释放新红利，发展方式正在转向质量效率型，创新驱动将转变成为新的增长动力，经济长期向好的基本面没有改变；同时，发展不平衡、不协调、不可持续问题仍然突出，面临着矛盾叠加、风险隐患增多的严峻挑战。我们要准确把握战略机遇期内涵的深刻变化，善于趋利避害，推动发展跃上新水平。

“十三五”时期，湖里面临着难得的机遇和有利条件。一是机遇好。中央支持福建加快经济社会发展，赋予我省自贸试验区、21 世纪海上丝绸之路核心区、生态文明先行示范区等重大使命，这次中央“十三五”规划《建议》又明确提出推进海峡西岸经济区建设，进一步凸显了福建在全国发展大局中的地位。我市大力实施美丽厦门战略规划，加快建设厦门自贸试验区，积极打造 21 世纪海上丝绸之路战略支点城市，特别是自贸试验区岛内 19.37 平方公里落在湖里辖区。这些都为我区加快发展带来难得的历史机遇。二是潜力大。厦门自贸试验区湖里片区持续升温，两岸金融中心（湖里片区）开发建设如火如荼，湖里高新技术园炙手可热，国际邮轮母港蓄势待发，此外，三旧改造空间大、重点建设项目多、招商引资具有吸引力，湖里发展的后劲足、前景十分看好。三是基础实。“十二五”期间我区经济实力明显增强，2015 年预计全区经济总量将达到 785 亿元，财政总收入将达到 155.7 亿元，基础设施日益完善，城区环境显著提升，社会事业全面进步，一批新兴产业重大项目加快建设，发展的动能不断增强。与此同时，全面从严治党得到加强，党风政风持续改进，政治生态明显改善，全区上下心齐劲足的干事创业氛围浓。这些都为我区“十三五”发展再上新台阶奠定了良好的基础，提供了极为有利的环境和条件。

“十三五”时期，湖里也面临着严峻的困难和挑战。突出表现在：一是新旧动能的转换艰难。传统工业逐步外迁、房地产投资降温等旧动能的弱化带来经济下行压力，而新兴产业还在培育阶段，第三产业大项目多数处于建设期，发展新动能尚不能起到支撑作用，去年以来经济增长从两位数高位增长转向不到 8% 的中高速增长。二是城市转型攻坚任务重。基础设施相对薄弱，“城中村”广泛分布，老工业区亟待改造提升，征地拆迁难度加大且存在安置房建设滞后、安置返迁难等历史遗留问题，加快城市建设、改造和完善的任务十分繁重。三是社会治理的压力大。八十多万外来人口管理难，社会资源难以满足需求，大量流动人口带来的就学就业等特有矛盾问题时有发生，维护安全稳定的压力大等等。这些都是未来几年我们要着力破解的重点难点问题。

总的来看，“十三五”时期湖里将步入加快发展机遇期、新旧动能转换期、转型升级攻坚期“三期叠加”的新常态，机遇和挑战同在，关键在我们的工作。我们要主动顺应时代发展的大趋势，进一步强化机遇意识和忧患意识，努力发挥长处和补齐短板，更加有效地应对各种风险和挑战，始终保持昂扬向上的精神状态，科学谋划，真抓实干，奋力开创我区“十三五”发展新局面。

三、以新的发展理念谋划“十三五”规划，勇当“五大发展”示范区

按照中央和省委、市委的部署，区委确定“十三五”经济社会发展指导思想是：高举中国特色社会主义伟大旗帜，深入贯彻党的十八大和十八届三中、四中、五中全会精神，以马克思列宁主义、毛泽东思想、邓小平理论、“三个代表”重要思想、科学发展观为指导，深入贯彻习近平总书记系列重要讲话精神和对福建、厦门工作的重要指示精神，坚持“四个全面”战略布局，坚持发展第一要务，以“美丽厦门·创新湖里”为定位，以加快产业、城市和社会转型为主线，以提高经济发展质量和效益为中心，着力创新发展、协调发展、绿色发展、开放发展、共享发展，加快形成适应经济发展新常态的体制机制和发展方式，统筹推进经济、政治、文化、社会、生态文明建设和党的建设，勇当“五大发展”示范区，率先全面建成小康社会，打造美丽厦门典范城区和创新创业活力四射新湖里，拼搏再创特区发祥地新辉煌。

依据上述指导思想，《建议》明确提出了“十三五”时期我区经济社会发展的5个方面的目标和21项重点任务。确定这些发展目标和主要任务，主要考虑到以下几个因素：一是紧扣中心任务。“十三五”时期，我们要率先实现全面建成小康社会奋斗目标，同时还要发挥特区发祥地的排头兵作用，在推动发展上坚持稳中求进、好中求快、能快则快，努力为全省、全市发展大局多做贡献。二是突出理念引领。以创新、协调、绿色、开放、共享五大发展理念，引领发展方式和发展动力转变，丰富和提升“创新湖里”的内涵、途径和举措，保持转型定力，加快转型升级步伐。三是凸显特色发展。充分考虑湖里的资源禀赋、区位优势、发展定位以及群众的新期盼，努力走出差异化的区域发展路子。四是坚持问题导向。聚焦重难点工作，集中力量破解制约湖里发展的瓶颈因素和短板问题。五是注重上下衔接。既积极呼应上级决策部署，与国家和省、市“十三五”规划相衔接，又从自身实际出发，创造性地编制我区“十三五”规划。

湖里在“十三五”时期勇当“五大发展”示范区，率先全面建成小康社会，重点必须推动实现以下目标：第一，经济实力实现新跃升，地区生产总值年均增长9%左右，财政总收入突破200亿元。第二，产业结构明显优化，第三产业比重提高到60%，企业实力和创新能力进一步增强。第三，社会事业优质发展，高标准建设一批教育、医疗、文体等优质资源，公共服务水平明显提高。第四，中心城区地位进一步凸显，“三旧”改造富有成效，城区承载力、宜居度显著增强，建成区绿化覆盖率达到44.5%。第五，营商环境显著提升，政务服务更加高效，投资贸易便利化水平提高，市场活力明显增强。第六，人民生活水平明显提高，城镇居民人均可支配收入年均增长9.9%，社会保持安定稳定。

区委“十三五”规划建议提出的目标任务，都是事关湖里发展的全局性、战略性、关键性问题，要突出重点、攻克难点、协调推进。这里，我着重强调几个问题：

（一）以发展为第一要务，努力保持较快的增长速度

把稳增长放在首要位置，保持一个较快的增长速度，迅速做大做强区级经济，是实现赶超发展的必然要求，也是各项工作再上新台阶的题中要义。

一要发挥投资的关键作用。“十二五”期间，我区预计完成固定资产投资1400亿元，为加快发展提供了强有力的支撑。要继续保持一定的投资强度，把投资重点放在调结构、补短板、惠民生上，着力扩大有效投资。调结构主要是改造存量、做优增量，大力发展新兴产业；补短板主要是补基础设施和公建配套的短板；惠民生主要是加快社会事业发展，加大公共服务产品供给。要深入实施项目带动，加强重大项目策划储备，努力破解征地拆迁难题，完善挂钩联系和调度机制，形成“谋划一批、签约一批、开工一批、投产一批”滚动发展态势，使投资不断转化为现实生产力。

二要发挥消费的基础作用。积极适应居民消费需求变化，以扩大服务消费为重点，不断拓展旅游、养老、健康、信息、教育等新的消费热点，带动消费平台、消费结构、消费内容升级。着力打造湖里、江头、机场和东部四大商圈，加快发展邮轮游艇、休闲度假等特色旅游，优化旅游和消费购物环境，努力构建区域性消费中心。以厦门创建国家信息消费示范城市为契机，加快建设数字家庭、智慧社区、智慧医疗，推动信息消费创新。抓住轨道交通建设的有利契机，因地制宜推动地上地下空间立体化开发和地铁沿线商业开发，打造集聚人气商气财气的地铁经济圈。

三要发挥园区的载体作用。高标准建设产业园区，为企业集聚、产业集群、资源集约提供有效承

载。两岸金融中心（湖里片区），要完成A组团启动区10个项目建设，加快东宅核心区建设，积极引进工商银行等一批知名企业，力促厦门建设成为中国大陆第四大金融中心。湖里高新技术园，要完成欣贺研发设计中心等在建项目，引导园区做好二次招商，打造一流的总部商务区和现代信息港。国际邮轮母港片区，要加快建设综合体项目，引进高端航运服务和邮轮配套产业，努力建成一流的邮轮产业区。同时，要大力扶持华美文创园、海西工业设计中心等发展，积极引进国家大学科技园、厦门大数据产业园等平台，加快打造一批新兴产业园区。

（二）以创新驱动促转型，努力打造湖里产业升级版

要坚持不懈抓创新驱动和扩量提质，不断激发发展的内生动力，力争“十三五”时期我区产业结构明显优化，产业实力明显增强，打造湖里产业升级版。

一要加快构建产业新体系。凝心聚力推进“优二强三”，构建我区“6+3”现代产业体系。在“优二”上，主动对接“中国制造2025”，发展壮大以平板显示、计算机及通讯设备、航空维修为主导的先进制造业，通过抓龙头、铸链条、建集群，抢占产业链高端环节。在“强三”上，大力发展以信息服务、总部经济、金融商务、商贸服务、休闲旅游、文化创意为重点的现代服务业，有效促进服务业蓬勃发展。要把培育以互联网+、软件信息、IC设计、文化创意为主的新兴产业作为主攻方向，加快布局一批重大产业项目，同时瞄准生命健康、海洋产业、虚拟现实、可穿戴设备和智能装备等前沿产业，有力推动产业结构的优化升级。

二要大力拓展产业新空间。加强产业导入，推进产城融合，加快打造西起邮轮母港、沿湖里大道和枋湖北二路、东至五缘湾的新兴产业带，推动形成“一主两辅”产业轴和“一核四圈四区”的产业布局，不断拓展发展新空间。稳步推进厦门泉州（安溪）经济合作区湖里园建设，有序承接辖区传统工业转移，为发展现代产业腾出新空间。鼓励区属国有企业盘活旧工业厂房，积极参与软件园二期拓展区建设，探索将“云创智谷”园区及周边区域打造成创业小镇，营造优质空间资源，推动形成若干新兴产业功能区。

三要加快培育发展新动力。发挥厦门信研院等公共平台作用和区科技资金引导作用，建立以市场为导向、以企业为主体、产学研紧密结合的创新体系，不断优化创新环境。设立区级产业引导基金，积极发展天使、创业、产业投资，扶持发展爱特咖啡、青瓦空间等各具特色的众创空间，建设各类服务专业、资源集聚、特色鲜明的创业创新载体，在更大范围内激发和调动创业创新积极性。每年确定50—100家成长型企业滚动培育，扶持推动赴主板、新三板上市融资，服务促进企业转型升级、做大做强。

（三）以先进地区为标杆，努力打造一流营商环境

要强化中心城区意识，主动对标深圳南山区，坚持问题导向，寻求重点突破，着力提升宜居宜业宜商环境，使湖里成为创新创业的投资热土。

一要营造宽松的投资环境。突出市场导向，坚持放管结合，努力建设竞争有序的市场体系，建立与国际接轨的营商规则，让湖里成为海内外投资者的福地。推进简政放权，落实“多规合一”和权力清单、负面清单、责任清单“三张清单”，促进各项事权法治化、规范化。创新公共基础设施投融资体制，探索政府和社会资本合作模式，发挥财政资金撬动功能，带动更多社会资本参与投资。依托自贸试验区和重大产业园区，推进对外贸易和投资便利化，鼓励优势产业和龙头企业走出去，构建内外联动的开放型经济体系。

二要营造优美的宜居环境。围绕增强城区承载力，大力配合推进全市“两环八射”、轨道交通等重大基础设施建设，加快完善辖区道路和各类市政设施。强化城区管理网格到人、考评到人、问责到人，争创全省“无违建”示范区，不断改善城区形象。加快薛岭山等公园建设，实施山边、路边、水边绿化改造和景观提升，提高辖区环境优美度。坚持走绿色发展新路，绝不以牺牲环境为代价去换取一时的经济增长，积极发展绿色、循环、低碳产业，实施沿海排污截流和清洁空气行动，创建国家级生态示范城区。

三要营造良好的发展环境。企业是市场经济的主体，企业强则产业强，企业活则经济活，要始终把服务企业作为打造一流营商环境的重点工作，制度化开展“帮扶企业活动周”，推行“零距离”服务，及时解决企业实际困难，营造亲商重商的浓厚氛围。突出“高精尖缺”导向，修订完善我区“550”高层次人才计划，实施更开放的人才引进政策，完善人才服务和创业发展保障体系，同时大力发展研发设计、创业孵化、商务服务等生产性服务业，努力降低创新创业成本。支持在辖区举办各类博览会、文化节和重要赛事，提升湖里的知名度和美誉度。

（四）以差异发展添活力，增创特区发祥地新优势

要立足我区实际，从自贸区建设、城市更新、对台融合三方面入手，切实把比较优势转化为现实的

发展优势，为我区“十三五”发展注入新活力。

一要用好自贸试验区这个平台。厦门迈入自贸新时代，湖里作为“主战场”迎来了重要发展机遇。要积极抓好两岸贸易中心核心区的招商引资和社会治理，全力保障自贸试验区建设取得预期效果，努力为全市作贡献。认真落实自贸区产业规划和功能定位，着力引进国际贸易、金融服务、临空产业、邮轮经济等新兴产业和高端服务业，积极探索机场北片区开发建设新模式，服务推动两岸集成电路基地等重点项目建设，促进新产业、新业态、新项目集聚发展，打造区域发展新引擎。同时，加强区内区外联动，主动承接自贸区的溢出效应，以自贸区建设推动全区的转型升级。

二要做足城市更新这篇文章。“三旧”空间多是湖里的一大特点，从现状看影响了城市形象，从远景看则蕴藏着巨大的发展潜力。“十三五”时期机遇更好，政策更加完善，我们要把城市有机更新这篇文章做得更加精彩。着力推进湖里老工业区、龙头山及枋湖片区的改造提升，盘活存量空间，引入新兴产业，建设特色鲜明的创新创业集聚区，既留住特区创业的城市记忆，又赋予老工业区新的生机与活力。积极推进后埔—枋湖、钟宅、湖边水库片区等旧村改造，真正拆一片、建一片、繁荣一片，让旧村旧貌换新颜、城区品质上台阶。加快提升五缘湾片区，向国家5A级景区看齐，做好景观改造和业态更新，探索高位嫁接引进有实力企业统一策划运营，大力发展湾区经济，打造城市亮丽名片。

三要发挥对台融合这一优势。加强产业深度对接，加快推进两岸金融中心、海峡旅游服务中心、闽南古镇等重大项目建设，积极打造对台产业合作承接载体，大力引进台湾现代服务业、新兴产业和台资企业区域总部，主动融入厦金合作，吸引更多台湾青年和人才来厦创业就业。深化人文交流，以祖地文化、宗亲文化为纽带，创新交流方式，完善交流平台，进一步增强文化认同。深入开展两岸同胞融合行动，引导辖区台胞参与社区治理，打造两岸同胞的温馨家园。

（五）以成果共享惠民生，努力让人民有更多获得感

要坚持共享发展，让发展成果更多、更公平、更实在地惠及辖区居民群众，让全区人民有更多获得感和幸福感。

一要大力促进就业增收。实施更加积极的就业政策，把加快产业转型与创造更多就业岗位紧密结合起来，大力实施以产业发展和社会需求为导向的人才培养与技能培训计划，积极做好企业用工服务，鼓励通过自主创业带动就业，坚持公益性岗位向就业困难人员倾斜，努力实现更加充分的就业。加大对被征地人员的帮扶力度，推动建设好枋湖社区发展中心等一批“富民工程”，促进“村改居”社区集体发展用地高效利用，有效解决被征地人员生活出路问题。

二要提升民生保障水平。坚持尽力而为、量力而行，突出保障基本民生、底线民生、热点民生。创新公共服务提供方式，更多采取政府购买服务、政府和社会资本合作提供服务，不断提高公共服务的质量和效率。持续加大对教育、卫生、文体等社会事业的投入，在巩固基本服务水平和覆盖进城务工人员的基础上，着眼更高标准，在“十三五”时期培育建设一批名校、名医院和文化活动品牌。着眼群众新期盼，积极推进康乐二期等老旧小区改造，推广“社区公交”等为民办实事举措，推动群众性精神文明创建活动常态化、长效化，建设以居家为基础、社区为依托、机构为补充的多层次养老体系，做好社会救助和扶贫助困工作，让人民群众过上更加幸福美好的生活。

三要加强和创新社会治理。深化以美丽厦门共同缔造行动为载体的社会治理创新，进一步完善“纵向到底、横向到边、协商共治”的治理体系，力争把所有社区培育成为典范社区，真正实现政府治理、社会调节和居民自治良性互动。扎实推进法治湖里和平安湖里建设，抓好司法体制改革试点工作，完善社会治安综合治理机制，推行立体化防控、多元化调解、网格化服务，深化“城中村”治安整治，不断提升群众安全感和社会治安满意率。强化安全生产责任，实行党政同责、一岗双责、失职追责，切实抓好公共安全。

四、加强和改进党的领导，确保“十三五”规划各项目标任务顺利完成

实现“十三五”规划宏伟目标，关键在党的领导，关键在广大党员干部的能力、作风和行动。

一要完善机制，提升能力。要完善党委研究经济社会发展战略、定期分析经济形势、研究重大方针政策的工作机制，注重发挥智库和专业研究机构作用，提高决策科学化水平。各级领导干部要更加主动地学习全球产业变革涌现出的各类新知识，牢固树立“五大发展”新理念，积极思考和破解新常态下转型发展的深层次难点问题。要更加自觉地运用法治思维和法治方式来推动发展、化解矛盾、维护稳定，更加善于依法治理经济、治理社会，依法协调和处理各种利益问题，努力成为领导经济社会发展的行家里手。

二要从严要求，廉洁自律。要坚决落实管党治党的责任，无论

是“一把手”，还是班子成员，都要在思想认识、责任担当、方法措施上贯彻全面从严治党要求，坚持原则，敢抓敢管。要真正把纪律和规矩挺在前面，认真贯彻落实中央新修订的《廉洁自律准则》和《纪律处分条例》，发现苗头及时提醒，触犯纪律坚决处理，营造干部清正、政府清廉、政治清明的政治生态。党员干部要牢固树立党的观念，始终对党保持忠诚，始终做到党性坚强，自觉守纪律讲规矩，坚持廉洁从政、廉洁用权、廉洁修身、廉洁齐家，努力使自己成为一名组织和人民信赖的好干部。

三要敢于担当，狠抓落实。要结合“三严三实”专题教育，持续推进干部转型大讨论活动，强化干部的执行力、落实力，以干部转型保障“十三五”发展。要坚持正确的用人导向，鼓励改革创新，宽容改革失误，问责不作为、慢作为、乱作为，推动干部能上能下，让想干事的有机会、能干事的有平台、干成事的有地位，努力形成狠抓落实、崇尚实干、干在实处的浓厚氛围。各级领导干部要认真落实习总书记提出的“四个有”“四种人”的要求，切实做到心中有责、勇于担当，增强赶超意识，当好发展的开路人。

四要和衷共济，凝聚合力。区委将充分发挥总揽全局、协调各方的领导核心作用，把握方向、谋划全局，进一步调动全区干部群众的积极性。各级各部门要牢固树立“一盘棋”思想，围绕“十三五”确定的目标任务，各司其职、各负其责、密切配合，全区上下拧成一股劲，形成推进发展的强大合力。要切实加强统战和群团工作，巩固和发展最广泛的爱国统一战线，加强社会主义核心价值观宣传教育，牢牢把握正确的舆论导向，营造人人为发展、发展为人人的良好氛围，最大限度凝聚全社会推进改革发展的共识和力量。

同志们，实现“十三五”时期发展目标，前景光明，任务繁重。让我们在市委的坚强领导下，开拓创新、锐意进取、奋力作为，拼搏再创特区发祥地新辉煌，为勇当“五大发展”示范区、率先全面建成小康社会而努力奋斗！

湖里区人民代表大会常务委员会工作报告

——2016 年 1 月 27 日在湖里区第七届人民代表大会第六次会议上

湖里区人大常委会主任 梁美丽

2015 年工作回顾

2015 年，在中共湖里区委的正确领导下，区人大常委会坚持以邓小平理论、“三个代表”重要思想、科学发展观为指导，认真学习贯彻党的十八大和十八届三中、四中、五中全会及习近平总书记系列重要讲话以及中央、省、市重要会议精神，围绕中心，服务大局，依法履职，为推进我区民主法治建设，为建设“美丽厦门·创新湖里”作出贡献。先后召开区人民代表大会 2 次，常委会会议 17 次、主任会议 21 次，组织人大代表集中视察检查 9 场（次），听取和审议区政府及其部门、区法院、区检察院专项工作报告 18 项，提出意见建议 41 条，作出决定、决议 15 项，开展专题调研 11 项，督促办理代表建议、批评和意见 79 件，依法任免国家机关工作人员 25 人（次），完成了区七届人大四次、五次会议确定的目标任务。

一、持续加强监督工作，增强监督实效

常委会把促进经济转型升级、推动民生改善、维护社会和谐稳定作为监督工作的重点，在实际工作中坚持监督与支持并重原则，督促“一府两院”依法行政、公正司法，促进我区经济和社会各项事业持续平稳健康发展。

推动全面转型提升。召开主任（党组）扩大会议专题学习贯彻王蒙徽书记到我区调研时的重要讲话精神，聚焦打造国际一流营商环境，积极主动地在推动我区产业优化调整、经济结构转型升级，推进城市治理体系和治理能力现代化等建言献策。常委会听取和审议区政府关于“十三五”规划编制工作情况的报告，针对“十二五”规划实施中存在的问题和不足，围绕如何全面打造产业转型先行城区、美丽厦门典范城区、两岸交融活力城区、温馨包容和谐城区等提出意见建议。组织市、区人大代表视察自贸区建设和企业创新创业情况，实地考察夏商国际商城风信子跨境商品直销体验中心和云创智谷，听取相关汇报，帮助协调和推动解决相关问题，督促区政府和相关街道主动对接，大胆创新。按照区委的部署与安排，常委会领导分别挂钩联系辖区 38 家重点企业，并经常性地开展走访，了解企业在转型发展中面临的困难和问题，推动政府及相关部门及时帮助协调解决。

推动经济健康发展。常委会重视加强对经济运行情况的监督，听取和审议区政府关于 2014 年财政决算草案、2015 年 1—9 月财政预算执行情况及年度预算调整草案的报告，作出批准 2014 年区级财政决算和 2015 年度预算调整方案的决定。听取和审议审计工作报告，要求政府重视审计发现问题的整改。听取和审议区政府关于 2015 年财政预算执行情况和 2016 年预算草案的报告，就 2016 年财政预算编制工作提出初步审议意见。听取区政府关于泉州（安溪）经济合作区湖里园区开发建设情况的报告，督促政府认真做好园区规划论证，明确园区产业发展方向和市场定位，理清政府和企业在园区开发建设和管理中的责、权、利。持续跟踪政府债务管控问题，听取区政府关于辖区地方性政府债务监管情况的报告，要求区政府合理控制举债规模，妥善解决政府性项目贷款遗留问题。围绕破解经济下行给财税收入带来的不利影响问题，常委会领导和相关工委多次走访税务、工商等部门，调研税源结构变化情况，督促相关部门提升协税理税工作水平。

推动文明城区创建。重视加强对城市建设管理工作的监督，围绕“美丽厦门·共同缔造”，多次组织工委委员和人大代表开展调研、建言献策。听取和审议区政府关于城市综合管理工作情况的报告，支持区政府创新管理机制，运用高科技手段提高城区管理水平。听取区政府关于老旧小区改造工作情况的报

告，要求区政府加大投入，统筹协调，加快老旧及无物业管理小区的基础设施改造。关注生态文明建设，听取和审议区政府关于湖里区生态文明建设规划编制情况的报告，批准实施湖里区生态文明建设规划。组织市、区人大代表视察五缘湾截污专项整治。承办全市城建环资系统工作年会，组织与会领导观摩马垅社区和埭辽水库。持续关注辖区安置房返迁工作，在2014年组织代表进行专题视察的基础上，2015年又专门安排听取区政府相关工作报告，督促政府相关部门加强政策衔接，完善公建配套，加快返迁进度。积极回应人民群众关于公共安全问题的关切，组织市、区人大代表对辖区地质灾害整治情况开展视察检查，按照“谁受益、谁治理”的原则，提出明确治理责任主体，加大源头预防和治理力度等建议。

推动和谐社会构建。重视加强对民生、社会领域的监督，把推动解决人民群众关注的民生问题作为年度监督工作重点。听取和审议区政府关于我区文化工作、慢性病综合防范示范区工作、社区矫正工作情况的报告，以及区人民法院关于民商事审判工作的报告，组织代表视察金安小学、火炬幼儿园，要求“一府两院”重视群众诉求，采取有力措施，协调解决人大代表反映强烈的民生问题。持续关注社会管理体系规范化建设，听取区政府关于社区居委会换届选举工作报告。重视加强司法队伍建设，组织工委委员和部分人大代表对区人民检察院落实《检察官法》情况开展执法检查，关注、支持“两院”司法改革试点工作。2015年，区人大机关依法任免“两院”工作人员法律职务8人（次），任免区法院人民陪审员37人（次）。积极回应辖区人民群众关于“出行难”问题的关注，主任会议专题听取湖里公安分局关于交通管理工作情况的报告。重视人大信访工作，2015年共受理人民群众来信来访55件（次），督促和协调“一府两院”及相关部门及时研究解决群众反映的各种问题。

二、持续加强代表工作，发挥代表作用

尊重代表主体地位，夯实基层代表工作基础，提升代表工作整体水平。

跟踪督办代表建议。七届人大四次会议期间，代表们积极为我区发展建言献策，提出很多很好的意见建议，常委会及时对代表建议进行汇总分类，交由相关承办单位办理。一年来，重视加强对办理工作跟踪监督，常委会和主任会先后三次听取区政府关于代表建议办理情况的报告，并将重点建议列入常委会工作要点，结合区、街代表工作联席会，跟踪办理进度。各街道的人大工委也多次通过代表小组活动的形式，对代表建议中提出的相关工作及项目开展视察检查。经过各方的共同努力，区七届人大四次会议期间代表提出的79件建议、批评和意见，已全部办结并答复代表，其中满意76件，占96.2%；基本满意3件，占3.8%。对基本满意的建议，常委会要求承办单位排出时间表，持续办理，努力使办理工作真正落到实处。

拓展代表活动平台。一年来，常委会扩大和深化代表对常委会活动的参与，邀请部分区人大代表列席常委会会议，参与我区文化工作、安置房返迁工作等议题的审议。组织代表围绕我区经济社会发展中急需解决的重大问题和人民群众关注的热点难点问题开展专题调研活动，区人大及其各工委全年共组织专题座谈调研43场（次），提出意见建议67条，在促进我区经济社会和各项事业发展中发挥应有的作用。区人大机关坚持为人大代表征订《人民政坛》《厦门人大》等刊物，定期寄送《湖里人大信息》和《常委会工作会刊》《代表大会文件汇编》等资料，为代表知政议政，依法履职提供服务保障。

创新代表工作经验。总结推广“代表联动”和建立“代表之家”“代表社情民意建议联系点”等经验，截至2015年底，全区共建立“人大代表社情民意建议联系点”52个。通过定期组织人大代表到联系点接待选民，面对面地倾听选民和群众的意见建议，有力地推动了群众关注的热点难点问题的解决。各联系点全年共接待来访选民812人（次），收集汇总意见建议614条，推动协调解决问题499个，取得了较好的社会效果。禾山街道人大工委率先在全市成立首家“人大代表调解之家”，湖里街道、殿前街道、金山街道人大工委有效发挥代表在促进老工业区转型升级、推动自贸区项目建设和安置房返迁工作等方面的作用。江头街道人大工委“创新机制和载体、增强代表工作实效”的经验受到省人大机关的肯定，并在省人大举办的全省基层代表工作培训班上作专题经验介绍。重视加强对街道人大工委的领导，督促指导街道人大工委开展形式多样的视察检查和专题调研活动。2015年，各街道人大工委组织代表对安全生产、特殊教育等26个议题开展视察检查，通过提建议、抓督办、促落实，推动辖区经济社会发展。

抓好代表队伍建设。按照市人大的要求，针对在我区选举的市人大代表的职务岗位变动情况，区人大常委会在第32次、第40次会议上补选市人大代表5名。根据区人大代表出缺情况及结构要求，分别在第13、56、64、77等4个选区补选区人大代表4名，参加直接投票选举的选民总数达到10017人。

在相关街道、社区的共同努力下，4位代表候选人均顺利当选。2015年8月召开区七届人大五次会议，选举徐国庆为湖里区人民政府区长。为进一步提升代表履职能力，先后安排52名代表参加省、市人大机关以及区委组织的学习培训活动。常委会结合召开“一府两院”半年工作情况通报会，邀请市人大机关专委会领导为全体代表作关于依法治国和自贸区建设专题辅导讲座。重视加强对代表履职情况的考核，建立健全代表履职档案，通报代表参会履职情况，组织代表向原选举单位报告履职情况，全年共有76名市、区人大代表分别向区人大常委会和基层各选举单位报告履职情况。同时，指导街道人大工委对代表履职情况开展满意度测评。常委会还重视加强代表队伍的管理，根据区人民检察院的提请，对一名涉嫌违法犯罪的区人大代表作出许可采取司法强制措施的决定，并按照法定程序终止其区人大代表资格。

三、持续加强自身建设，提升履职水平

主动适应新形势下党对基层人大工作的新要求，持续加强常委会及其机关的自身建设，提高依法履职的工作能力。

抓好思想建设。按照区委的部署和要求，深入开展党的群众路线和“三严三实”专题教育活动。在认真总结2014年开展党的群众路线教育的经验教训基础上，精心制定组织实施方案和细化工作计划。按照规定的序时进度，分专题开展集中学习讨论活动，对照检查存在问题，建立整改台账，采取有力措施，切实抓好落实。

抓好能力建设。针对新形势下基层人大工作面临的新任务、新要求，在市委党校举办一期由常委会组成人员、街道人大工委主任参加的专题学习研讨班，邀请市人大机关专委会领导分别就依法治国和自贸区建设、城市规划建设与管理、做好新形势下人事任免工作等议题作专题辅导讲座，并结合我区人大工作实际，分三个专题进行集中研讨，取得了较好的效果。

抓好作风建设。加强机关效能建设，巩固提升勤廉双优先进单位的创建成果。根据常委会领导成员变化情况，及时调整领导挂钩联系街道、社区和基层人大代表。持续开展“下基层、解难题、办实事、促发展”等活动，收集汇总社情民意，推动政府协调解决代表反映强烈和辖区群众普遍关注的热点难点问题。深化文明创建工作，组织干部深入街道、社区开展文明督导。按照市文明办关于省级文明单位挂钩帮扶岛外村（居）的通知精神，与同安区洪塘镇龙泉村建立对口帮扶关系，签订了帮扶协议。

与此同时，常委会还重视加强宣传、信息等工作，支持区司法局和相关单位举办国家宪法日纪念活动，协调并参与“12·4”法制宣传系列活动。办好《湖里人大信息》，全年共编印《湖里人大信息》12期，被市级以上报刊网站采用稿件116篇。组织机关干部积极向报刊投稿，宣传我区经济社会发展、民主法制建设以及人大代表依法履职的风采。

各位代表：2015年，区人大常委会所取得的成绩，是中共湖里区委正确领导、高度重视的结果，是市人大常委会关心、指导的结果，是全体人大代表共同努力的结果，是“一府两院”及其工作部门有力支持、密切配合的结果，也是辖区社会各界及各有关单位积极参与和热情帮助的结果。在此，我谨代表区人大常委会表示衷心的感谢和崇高的敬意！

在肯定成绩的同时，我们也清醒地看到，常委会的工作与宪法和法律赋予的职责要求、与人民群众的期望还有差距。如，推动常委会审议意见的落实上力度还不够；专题询问、满意度测评等法定监督手段，运用得比较少；常委会及其机关的服务保障水平，也有待进一步提升。我们将虚心听取代表意见，自觉接受人民群众监督，不断加强和改进工作，更好地履行宪法和法律赋予的神圣职责。

2016年工作意见

2016年是“十三五”规划启动之年。区人大常委会要在中共湖里区委的正确领导下，认真学习党的十八大和十八届三中、四中、五中全会及习近平总书记系列重要讲话精神，贯彻落实中央转发《中共全国人大常委会党组关于加强县乡人大工作和建设的若干意见》（中办〔2015〕18号文）和省、市人大的“实施意见”精神，按照区委七届十六次全体扩大会议的部署要求，充分发挥基层国家权力机关和人大代表的作用，依法履行宪法和法律赋予的监督权、人事任免权和重大事项决定权，为推进依法治区、建设“美丽厦门·创新湖里”作出新的贡献。

一、围绕转型发展，进一步提升监督工作实效

按照我区“十三五”规划和区委决策部署，积极适应、主动融入经济社会发展新常态，围绕中心、服务大局，综合运用各种监督方式，把人大监督工作贯穿于我区全面深化改革、推进依法治区和经济社会转型发展的全过程和各个环节。

加强对经济转型发展的监督。认真分析研究我区经济形势和转型发展面临的困难和问题，围绕自贸区建设、重点项目建设、产业调整升级等重大议题深入调研，积极建言献策。听取和审议区财政预决算报告、审计工作报告。持续跟踪岛外工业园区建设与运营情况，关注“十三五”规划开局，组织代表视察东渡港区货物通关情况，听取和审议区政府关于大众创业、万众创新情况报告等，推动政府加快转变经济增长方式，提高经济增长的质量和效益。

加强对民生领域工作的监督。围绕提升人民群众的幸福指数，组织代表对辖区无障碍道路规划建设情况、空气监测点设置和运行情况、妇幼保健工作进展情况，以及我区社区文化阵地建设情况、五缘湾景观工程建设情况等开展视察检查，听取和审议区政府关于我区公办学校校园建设情况、老旧小区改造进展情况、城市绿化美化工作情况等报告，推动解决人大代表和辖区群众普遍关心、关注的民生问题，努力把区人大常委会履行监督职能的工作过程转变成促进民生改善、增进人民福祉的过程。

加强对社会公平正义的监督。推进依法治区各项工作，听取和审议区政府关于“七五”普法工作规划编制情况的报告，作出关于开展“七五”普法的决定。听取和审议区法院关于判决案件执行情况、区检察院关于经济案件侦查监督情况，湖里公安分局关于网络安全管理工作的报告。支持区人民法院、区人民检察院开展司法改革试点。加强人大信访工作，认真受理人民群众的来信来访，维护人民群众合法权益。

加强对人事任免工作的监督。依法行使人事任免权，继续对拟任人员实施法律知识考试、任职承诺，对任命的国家机关工作人员开展宪法宣誓。要把对事的监督和对人的监督有机结合起来，督促国家机关工作人员恪尽职守、廉洁从政。

二、围绕发挥代表主体作用，进一步提升代表工作水平

完善各项机制，探索创新代表活动方式方法，着力夯实代表工作基础，充分调动代表依法履职的积极性、主动性和创造性。

增强代表活动实效。加强街道“代表之家”和社区“人大代表社情民意联系点”建设，进一步完善和落实代表联系群众和常委会领导走访代表、联系代表等制度。积极探索闭会期间代表活动方式，完善代表履职监督和激励机制，加强对代表履职情况的登记与考核，组织代表向原选举单位报告履职情况，精心组织代表视察检查活动。要加强对街道人大工委的领导和指导，充分发挥街道人大工委在组织、协调代表活动中的作用。

提高议案建议办理质量。规范代表议案、建议的提出和办理，跟踪了解和掌握办理工作进展情况，听取和审议区政府关于代表议案、建议办理工作情况的报告，有针对性地对代表议案和重点建议办理工作情况开展“回头看”，推动办理工作从“答复型”向“落实型”转变，进一步提高办结率和满意率。

提升代表履职水平。有针对性地开展代表学习培训活动，提升代表履职水平。拓展代表对常委会活动的参与，邀请人大代表参加重要课题调研，列席常委会会议，参与事关全区经济发展、和谐稳定、民生改善等议题的审议。

抓好换届选举工作。2016年是区人大代表换届之年。常委会要在区委的正确领导下，认真贯彻省、市关于区级换届选举工作会议精神，按照地方组织法、选举法和省、市选举实施办法的规定，尽早谋划，精心组织实施，确保选举工作依法有序进行，圆满完成换届选举任务。

三、围绕提升履职水平，进一步加强人大机关自身建设

要主动适应经济社会发展新常态，积极融入“美丽厦门·创新湖里”转型发展之中，以观念创新推动人大工作与时俱进。

继续加强机关思想作风建设。深入学习贯彻党的十八大和十八届三中、四中、五中全会及习近平总书记系列重要讲话精神，增强政治意识、大局意识、责任意识。要主动适应作风建设新常态，认真落实中央“八项规定”和从严治党各项要求，巩固党的群众路线教育和“三严三实”专题教育成果，继续抓好存在问题整改，树立人大机关为民务实清廉的良好形象。

继续加强干部队伍业务建设。组织一期常委会组成人员专题学习研讨班，有计划地安排常委会组成人员和机关干部参加省、市人大机关和区委组织的各项学习培训活动。积极开展以会代训、岗位练兵，不断增强人大机关干部队伍的业务素质。进一步强化区、街代表工作联动，组织开展学习观摩和经验交流等活动，提升全区人大代表工作整体水平。

继续抓好宣传、信息等各项工作。办好《湖里人大信息》，营造有利于人大工作开展的良好舆论氛围和社会环境。紧紧围绕我区经济社会发展的重大问题和人民群众关注的热点难点问题，积极开展调研活动，为区委决策和常委会审议决定重大事项提供参考。要深化文明创建，开展文明督导等活动。鼓励和支持人大代表继续为我区慈善事业作贡献。

各位代表：让我们紧密地团结在以习近平同志为总书记的党中央周围，在中共湖里区委的正确领导下，解放思想，开拓创新，真抓实干，勇于担当，为推进我区民主法制建设和加快经济社会转型升级，率先全面建成高水平小康社会和“美丽厦门”典范城区，再创厦门特区发祥地新辉煌而努力奋斗。

政府工作报告

——2016年1月26日在湖里区第七届人民代表大会第六次会议上

湖里区人民政府区长　徐国庆

一、2015年和“十二五”工作回顾

2015年，我们在市委、市政府和区委的正确领导下，深入贯彻落实党的十八大和十八届三中、四中、五中全会精神，全面实施美丽厦门战略规划，持续加快“创新湖里”建设，大力推进产业转型、城市转型、社会转型，较好完成全年各项任务。全年实现地区生产总值778.1亿元，比增7.7%；规模以上工业总产值1454.2亿元，比增10.6%；批发零售贸易业销售总额2166.7亿元，比增17.2%；社会消费品零售总额350.5亿元，比增5.2%；财政总收入154.5亿元，比增1.3%，其中区级财政收入42.3亿元，比增0.7%；完成全社会固定资产投资315.4亿元；合同利用外资6.7亿美元，实际利用外资3.2亿美元，引进内资796亿元（其中，规上工业总产值、批零贸易额增速2项指标排全市各区第一；GDP总量及增速、规上工业增速、批零贸易额、社会消费品零售额、合同利用外资增速、实际利用外资增速、财政总收入、区级财政收入9项指标排各区第二；合同利用外资、实际利用外资2项指标排第三）。城镇登记失业率控制在4%以下；城镇居民人均可支配收入44000元，比增5.2%；年度节能减排任务全面完成。

一年来主要工作和成效：

（一）产业转型步伐加快

围绕“优二强三”战略，以构建“6+3”现代产业体系为目标，先后出台和修订促进企业上市6条、工业与信息产业27条、建筑业10条、大众创业万众创新12条、商贸业提升13条等系列扶持政策，助推产业转型升级。先进制造业持续增长，平板显示、计算机及通信设备制造、航空维修等三大先进制造业占全区规模以上工业总产值67.7%，其中，平板显示实现产值425.8亿元，比增20.3%。太古可口可乐工业旅游项目开工建设。商贸服务业不断壮大，区属限额以上企业批零销售总额首次突破千亿元大关。网络零售额56.5亿元，比增26.7%，占全市比重达61.1%。新注册电商企业2191家，比增94.1%。乔丹商贸物流基地、万翔冷链物流中心等投入使用，物流及交通运输营业总额439.5亿元，比增14.2%。创新驱动能力增强，软件信息企业达1232家，携手厦门大学共建厦门信息产业和信息化研究院。成功引进全国首家眼科云医院平台、骑记科技等一批“互联网+”项目。获中央财政4700多万元专项支持，推动爱特创业加速器、青瓦众创空间等一批有影响力的众创空间落户，其中省级众创空间2家、市级众创空间3家。企业利用资本市场踊跃，加大对企业直接融资的引导，合诚工程、鹭燕药业通过上市首发申请，鼎丰金融控股在香港主板上市，捷昕精密、新游网络、江平生物等8家企业在新三板挂牌。改造提升加速推进，鼓励区属国企有序收储20万平方米老旧厂房，联合火炬管委会完成龙头山片区火炬科技新天地一期改造，华美文创园改造完成并正式开园，海西工业设计中心一期投入使用。厦门泉州（安溪）经济合作区湖里园开发建设加快推进，首批6家企业签约入驻。

（二）项目建设扎实推进

重点项目加快建设，全力推进辖区148个区级主要项目建设，厦航总部大厦、SM三四期等一批项目顺利开工，闽南古镇、海峡旅游服务中心等一批项目有序推进，厦门进口商品集散中心、三六一度总部大楼等一批项目竣工，辖区39个市级重点项目完成全年投资计划的133%。环五缘湾酒店群逐步形成，希尔顿逸林酒店建成开业，中央湾区凯悦酒店、佰翔五通酒店等8个项目顺利推进。复旦中山厦门医院、市心血管病医院等优质医疗资源开工建设。两岸金融中心A组

团10个项目加快建设，国贸金融中心、海西金融广场等4个项目主体封顶。征迁安置全力推进，两岸金融中心核心区、后埔—枋湖旧村改造等50个征地拆迁项目进展顺利，完成征地1389.7亩、拆迁76.2万平方米，省市重点项目拆迁量占全市37%，居全市各区第一。攻坚克难完成环岛路（鳌山路—高殿二号路段）施工重要节点的地块征收，乌石浦旧村改造拆迁扫尾工作取得重大进展。加快蔡塘古地石、金林湾花园等安置房建设，妥善解决五通（浦口）安置返迁等历史遗留问题。依法对轨道交通1号线、枋湖纵四路与纵六路等重点项目的违法用地和违法建设实施拆除，确保重点项目建设顺利推进。

（三）自贸区建设取得突破

自贸区虹吸效应充分发挥，率先出台区级联动招商考核办法，成功引进紫金资本管理、建发医疗投资、优步等优质企业，其中大型跨境电商企业12家、外资融资租赁公司13家、资产管理公司154家，自2015年4月自贸区挂牌以来注册企业突破2000家。自贸区项目顺利推进，推动风信子跨境直销体验中心开业，联合市科技局打造厦门两岸集成电路自贸区产业基地，推动台湾中国信托商业银行自贸区分行落户，“云创智谷”智慧电商园投入运营，招商局集团成功竞得西海湾邮轮城项目，海丝艺术品中心正式启动。自贸区配套逐步完善，投入2500多万元优化自贸区及周边环境。自贸区法庭、检察室和调解工作室相继挂牌，为入驻企业提供便利快捷的司法服务。

（四）招商引资质效齐增

优质项目密集引进，积极为住宅集团、飞鱼科技、哥们网、吉比特、网宿科技等总部项目拓展新空间，总部企业增至54家，纳税额达到17.5亿元，占财政总收入的11.5%。恒一创投、建信金圆等600余家金融、类金融企业落户两岸金融中心（湖里片区），顺利引进国际知名金融运营商北京英蓝集团。首届厦洽会，成功对接推动56个项目，吸引投资总额502.6亿元。新兴产业集聚发展，筹建区产业引导基金，参与设立群贤汇禾生物医药、中德工业4.0等新兴产业投资基金。湖里高新技术园累计引进企业2800多家，谷歌体验中心、万科云设计公社、长城宽带、科技谷等知名企业入驻。川力青模文化传播、长荷设计等115家文创类企业入驻华美文创园、海峡建筑设计文创园、海西工业设计中心。营商环境不断优化，主动对标深圳南山区，制定并实施打造国际一流营商环境的意见。在深圳举办“营商环境与自贸区建设”研修班，分四批次组织全区处级以上干部参加学习。在全市首创“互联网+”招商服务模式。推行区四套班子领导挂钩联系重点项目和常态化走访企业制度。修订完善区“550”高层次人才计划，培育引进各类人才37名，兑现扶持奖励金1909.6万元。

（五）城区品质持续提升

基础设施不断完善，投入3218万元建成蔡坑路、枋湖中路等6条道路，投入7330万元改造提升华昌路、华泰路等7条道路，接管市级下放的82条道路。新建改造中埔、县后、埭辽等20座清洁楼、公厕，投入2486万元购置71部环卫车辆，启动环卫停车场、修车厂项目建设。投入专项经费1600多万元完善道路交通安全设施，推动建设双十中学枋湖校区、高林保障房小区地下停车场等项目。配合建设37公里、158个站点的公共自行车系统。实施城中村消防设施技术改造，完成改造面积35万平方米。城区面貌不断改善，投入8600万元开展五缘湾、湖边水库片区景观改造提升及夜景亮化工程，五缘湾实施“四区四带、三花四树”绿化景观提升。新接管绿地面积81.8万平方米。完善湖里公园、灯塔公园、埭辽公园等配套设施，推进薛岭山、虎头山等山地公园建设。积极创建生态文明城区，淘汰21台高污染锅炉，完成五通灯塔、牛头山、厦金码头截污工程以及康乐湖综合整治等。开展清洁空气行动，空气质量优良率提升至95%。城市管理不断加强，构建“大城管”体系，强化城区管理网格化、标准化、精细化，对主次干道、重点区域开展常态化联合整治。持续加大对各类占道经营、违章停车等行为的整治力度。推行村改居社区环卫保洁专业化管理，全市市容考评我区5个单项年度平均成绩位居各区第一。强力推进“两违”治理，拆除违建面积55.7万平方米，完成年度任务的185.7%，连续四年新增违建“零形成”。全市城市管理暨基层规范化建设现场会在我区召开，湖里城管模式和创建“无违建”区工作得到省住建厅的肯定。

（六）社会事业协调发展

“教育强区”创建积极推进，投入教育经费8.4亿元，推进湖边小学、湖里第二实验幼儿园等14个校园项目建设，开办五缘第二实验学校、五缘实验幼儿园、祥店幼儿园，新增4860个中小学和幼儿园学位。全区高考成绩再创历史新高，中考成绩居全市第二，厦门三中获评省一级达标高中。文体旅游事业蓬勃发展，组织开展全区文体活动近千场次，举办元宵民俗文化节、福德文化节、社区文化艺术节、城市诵读节、“中国俱乐部杯”帆船挑战赛、厦门国际青年微电影节等品牌活动，第五届福建省菊花展（厦门湖里展区）、厦门（湖里）国际时尚生活博览会、海峡两岸工业设计大赛取得圆满成功，区青少年竞技体育工作排名全省前列，校园足球活动开展活跃。开展“湖里8景”评选，其中4个景点入选“厦门新24景”。卫计服务实效明显提升，连续三年在省、市年度计生考核中获得一等奖。深入开展医药卫生体制改革，投入医改专项资金5000万元。启动殿前、禾山社区卫生服务中心新址建设，推进康乐、马垅等6个社区卫生服务站建设。创新开展“百名专家进社区”义诊活动，促成辖区民营医疗机构与社区“手牵手”共建，获评全市唯一慢病分级诊疗改革示范区。

（七）共享发展成效显著

共同缔造进一步推进，实施39个区级“以奖代补”项目，总投资1688.7万元，其中社区自筹资金390万元。完成金鼎社区、神山三航小区市级试点老旧小区改造提升。社会保障服务进一步强化，创新开展“112”就业服务，促进失业人员再就业12327人，其中城镇困难对象再就业2744人，均超额完成市下达任务数。区“118”和谐劳动关系示范工程建设经验在全市推广。持续扩大社会保障覆盖面，“五险”参保人数均超过31万人，审核支付社会保险待遇1.5亿元。民生保障能力进一步加强，发放各类社会救助金4362.8万元，惠及困难群众约7.7万人次。为全区80岁以上户籍高龄老人发放固定生活补贴506万元。投入1.5亿元实施政府购买服务，在全市率先开展购买社区助老服务试点工作。启用区老年活动中心，推动与厦门建发合作建设区社会福利服务中心。社区治理水平进一步提升，金尚、金安社区入选全国社区治理创新工作会议现场考察点。顺利完成52个社区居委会换届选举。全年调解各类纠纷4361件，调解成功率达99.8%，实现“一社区一法律顾问”全覆盖，法律援助工作得到国家司法部肯定。安全稳定形势进一步巩固，推进区级视频监控系统二期建设，新增1600路监控探头。持续加强打防管控力度，全年刑事警情数下降3.2%。严格落实安全生产“党政同责、一岗双责”，加强道路交通、消防、燃气、危化品、建筑工地等重点领域监管和综合治理，安全生产形势总体平稳向好。

同时，民宗、外侨、对台、人事、编制、统计、方志、档案等工作得到新加强，双拥优抚、人防海防、民兵预备役、妇女儿童、工商联、红十字、老龄老干等工作取得新成效，对口帮扶、山海协作取得新进展。

（八）政府建设不断加强

持续深化作风建设，扎实开展“三严三实”专题教育，严格贯彻落实中央“八项规定”，加强公务车辆管理，精简会议、文件，全区“三公”经费和会议费支出同比减少35%。推行绩效评估管理，给予效能问责46人次。完善廉政风险防控体系和长效机制。自觉接受区人大及其常委会的法律监督、工作监督和区政协的民主监督，及时做好79件区人大建议、58件区政协提案的办理工作，建议、提案的办复率、满意率和基本满意率均达100%。积极落实《全面推进法治湖里建设的实施意见》，依法设定权力、行使权力、制约权力、监督权力，完善政府职能配置。完成政府机构改革。健全行政决策机制，完善重大行政决策实施后评价制度。全面推行“马上就办”，全区共梳理即办事项248项，即办率同比提高12%。建成“多规合一”区级平台，实施行政服务中心标准化建设和网上审批，全区审批服务事项网上预审开通率达100%。

各位代表！2015年是“十二五”规划的收官之年，过去五年，我们牢牢把握中央支持福建加快发展的历史机遇，大力推进“三个转型”，全力推进“十二五”规划纲要提出的目标任务，经济社会发展取得明显进步。“十二五”期间，先后获得全国科普示范区、创建国家公共文化服务体系示范区先进区、国家慢性病综合防控示范区、国家级妇幼健康服务突出贡献奖、全国民政系统先进集体、全国社会组织建设创新示范区、全国社会工作服务标准化建设示范区、全国社区教育实验区等荣誉称号。一是经济实力全面提升。地区生产总值年均增长11.8%；规模以上工业总产值年均增长15%；社会消费品零售总额年均增长12.4%；财政总收入年均增长16.9%，其中区级财政收入年均增长20.8%；五年累计完成固定资产投资1421.4亿元、实际利用外资14.2亿美元、引进内资2288.3亿元，分别是“十一五”期间的1.6倍、1.6倍和5.6倍。二是产业结构全面优化。积极构建“6+3”现代产业体系，二、三产业结构从2010年的52.2：47.8调整为2015年的45.3：54.7。高新技术产业产值占规模以上工业总产值的比重从2010年的50%上升到2015年的70%，平板显示产业成为我区支柱产业。上市企业和新三板挂牌企业达19家（不含火炬高新区），上市后备企业达20家。年纳税超亿元楼宇增至17幢，2015年纳税额达到31.2亿元，占财政总收入20.2%。三是城区建设全面提速。五缘湾、湖边水库、湖里高新技术园等片区公建配套日趋完善。改造完成悦华路、海天路等10个路段。开通7条社区公交线路。建成蔡塘学校、马山安置小区等地下停车场，划设近3100个道路临时停车位。改造提升仙岳公园，新建接管灯塔公园、火炬公园、埭辽公园等一批公园，建成区绿化覆盖率达37.4%，人均公共绿地9.5平方米。四是社会事业全面发展。新建、扩建公办中小学和幼儿园42所，新增学位2.36万个，率先全省实现义务教育完全免费。4所幼儿园获评省级示范性幼儿园。率先全市配备53台24小时自助图书馆，实现全区基层文化信息资源共享工程全覆盖。建成区青少年校外体育活动中心。区公共卫生综合楼投入使用，获评全市首家二级甲等区级妇幼保健院。顺利通过国家卫生城市复审。配合推进弘爱医院建设和厦门眼科中心扩建，协助市儿童医院投入运营。建成全区社区卫生服务网络，以街道为单位的社区卫生服务中心覆盖率达100%。五是民生保障全面加强。城镇居民人均可支配收入年均增长8.5%。新增失业人员再就业4.4万人次，城乡居民医疗保险、46岁以上城乡居民养老保险均实现100%参保。共发放各类社会救助金1.3亿元，帮扶救助困难群众24.1万人次，累计投入5000多万元为辖区居民购买55万人次专业社工服务。落实新发展用地扶持政策，累计补助4000万元，蔡塘社区发展中心成为岛内村改居社区发展项目的成功范本。积极打造培育金尚、金安、康乐等20个典范社区。

各位代表！五年取得的成绩来之不易，积累的经验弥足珍贵。这些成绩的取得，是在市委、市政府及区委的正确领导下，在人大代表、政协委员的监督支持下，全区人民齐心协力、勇于拼搏的结果。在此，我谨代表湖里区人民政府，向全区人民，向给予政府工作大力支持与有效监督的全体人大代表和政协委员、各民主党派、工商联、各人民团体、无党派人士、离退休老同志，向辖区省、部属、市属单位和部队、武警官兵，向所有来湖里的投资者和建设者，以及所有关心和支持湖里发展的各界人士，表示崇高的敬意和衷心的感谢！

同时，我们也清醒地看到，我区经济社会发展还面临着比较大的困难和挑战，地区生产总值、三次产业结构、固定资产投资、社会消费品零售总额等4项指标未能达到“十二五”预期目标。产业转型任务重，经济下行压力依然较大，传统工业逐步外迁，第三产业项目多数处于建设期，新兴产业还在培育阶段，正处于新旧动能转换的艰难进程中。城市转型困难多，基础设施相对薄弱，“城中村”广泛分布，老工业区亟待改造提升，征地拆迁难度加大且存在安置房建设滞后、安置返迁难等历史遗留问题，加快城区建设、改造和完善的任务十分繁重。社会转型压力大，80多万外来人口管理服务难，社会资源难以满足需求，大量流动人口带来就学、就业等特有矛盾时有发生，维护安全稳定的压力大。同时，政府职能转变有待进一步加强，机关效能、工作作风需进一步提升等。对此，我们将高度重视，在今后工作中采取有效措施，努力加以解决。

二、“十三五”时期展望

提请大会审议的《湖里区国民经济和社会发展第十三个五年规划纲要（草案）》（以下简称《规划（草案）》），总结“十二五”规划实施情况，分析“十三五”面临的机遇和挑战，提出今后五年经济社会的发展目标与战略任务，描绘了湖里发展的宏伟蓝图。

我区“十三五”发展的指导思想是：高举中国特色社会主义伟大旗帜，深入贯彻党的十八大和十八届三中、四中、五中全会精神，以马列主义、毛泽东思想、邓小平理论、“三个代表”重要思想、科学发展观为指导，深入贯彻习近平总书记系列重要讲话精神和对福建、厦门工作的重要指示精神，坚持“四个全面”战略布局，坚持发展第一要务，以“美丽厦门·创新湖里”为定位，以加快产业、城市和社会转型为主线，以提高经济发展质量和效益为中心，着力创新发展、协调发展、绿色发展、开放发展、共享发展，加快形成适应经济发展新常态的体制机制和发展方式，统筹推进经济、政治、文化、社会、生态文明建设和党的建设，勇当“五大发展”示范区，率先全面建成小康社会，打造美丽厦门典范城区和创新创业活力四射新湖里，拼搏再创特区发祥地新辉煌。

《规划（草案）》提出了经济发展、创新发展、民生发展、可持续发展四大类21项预期性主要目标。提出比全国提前两年实现地区生产总值和城镇居民人均收入比2010年翻一番。以自贸区和两岸金融中心建设为契机，积极打造产业升级示范区、新兴产业集聚区、美丽厦门典范区。

今后五年，经济社会发展要完成以下战略任务：

（一）实施创新驱动发展，打造湖里产业升级版

坚持把稳增长放在首要位置，进一步发挥投资的关键作用、消费的基础作用、出口的促进作用，实现地区生产总值年均增长9%；规模以上工业总产值年均增长7%；财政总收入年均增长6%；区级财政收入年均增长6%。依靠科技创新优化调整产业结构，进一步构建“6+3”现代产业体系，优化提升先进制造业，推进传统产业转型升级，突出发展现代服务业，重点发展新兴产业。积极构建众创空间，发展“基地+众创”新模式。高新技术产业产值占规模以上工业总产值比重达75%，第三产业比重提高到60%。

（二）加快推进产城融合，提升中心城区承载力

优化空间布局，加快产业导入，协同推进产业转型与城市转型，加快打造西起邮轮母港、沿湖里大道和枋湖北二路，东至五缘湾的新兴产业带，推动形成“一主两辅”产业轴和“一核四圈四区”的产业布局。加快提升五缘湾片区，打造五缘湾高端休闲度假旅游AAAA级景区并进一步谋划申报AAAAA级景区。打造仙岳山宗教旅游文化AAAA级景区、高崎渔港休闲观光渔业旅游区。完成两岸金融中心（湖里片区）A组团10个项目建设，加快东宅核心区建设，积极引进一批知名金融类企业，助推厦门建设成为区域性金融中心。推进欣贺研发设计中心等项目加快建设，引导园区继续做好二次招商，打造一流的总部商务区、人才集聚区、高端研发中心和现代信息港。加快西海湾邮轮城项目建设，引进高端航运服务和邮轮配套产业，努力建成一流的邮轮产业区。加快湖里老工业区、龙头山及枋湖片区改造，拓展创业创新空间。积极探索成片拆迁改造安置模式，全面完成乌石浦旧村改造，推进后埔—枋湖、钟宅、高林二期、湖边水库片区等旧村改造。

（三）推进体制机制创新，增创改革开放新优势

深化行政审批制度改革，落实“多规合一”和权力清单、负面清单、责任清单，促进各项事权法治化、规范化。设立产业引导基金，开展股权投资，鼓励企业利用资本市场直接融资。加快推动企业上市和新三板挂牌，力争到2020年辖区上市企业、新三板挂牌企业超过60家。打造一批亿元乃至5亿元税收楼，促进总部经济集聚。全面对接自贸区建设，依托两岸金融中心等重大产业园区载体，承接自贸区溢出效应，推进对外贸易和投资便利化，构建内外联动的开放型经济体系。积极融入海上丝绸之路建设，加大对海丝沿线国家和地区的招商力度，做好投资促进与服务工作。提高区域合作水平，与长三角、珠三角等经济发达地区开展项目对接合作，主动选商引资，推动产业有效集聚和合理布局。积极融入岛内外一体化和厦漳泉同城化，推进厦门泉州（安溪）经济合作区湖里园建设。

（四）切实强化民生保障，增强居民群众获得感

坚持居民收入增长与经济增长同步，提高居民收入水平。完善、推广蔡塘社区发展中心建设模式，统筹枋湖、钟宅等8个社区发展用地项目建设，解决好被征地人员生活出路问题。推动教育、就业创业、社会保障、医疗卫生等基本公共服务均等化发展。合理布局区属中小学，加快推进校园建设，促进教育资源均衡优质发展，建设3所中小学、1所特教学校、6所幼儿园，推进五缘实验学校扩建、民办康桥学校建设，提供中小学学位6360个，幼儿园学位2430个。建立较为完善的公共医疗卫生服务体系，实现“一个街道一个中心，一个分中心，若干个服务站”的基层医疗机构规划建设目标，新建区妇幼保健院病房楼二期工程以及一所二级综合性医院，推动复旦中山厦门医院、市心血管病医院等5家医院建成投用，打造15分钟基本医疗卫生服务圈。鼓励和引导社会资本发展医疗卫生事业，促进医养结合、康复医疗等健康产业发展。打造一批品牌化、示范化的文化精品，建成区新文化中心等一批文化设施项目。

（五）加强生态文明建设，营造宜居宜业新家园

提高生态环境质量，加强大气、陆域及海域环境治理保护，加快创建国家级生态示范城区，空气质量优良率达95.7%，生活垃圾无害化处理率达100%。优化城市人居环境，提升城市空间整体绿化水平，建成区绿化覆盖率达38.4%，人均公共绿地达9.6平方米。发展公共交通，建设慢行系统，推广绿色建筑，开展低碳社区试点，大力倡导低碳生活，推进绿色低碳发展，打造美丽厦门典范区。

三、2016年主要工作安排

2016年是“十三五”的开局之年，也是本届政府的收官之年，做好今年的工作十分重要。2016年经济社会发展主要预期目标建议为：地区生产总值比增8.5%，规模以上工业总产值比增9%，批发零售贸易业销售总额比增10%，财政总收入比增4.5%，区级财政收入比增2.2%，全社会固定资产投资280亿元，城镇登记失业率控制在4%以内，完成省、市下达的节能减排任务。

（一）坚持推进供给侧结构性改革，着力增强发展新动能

通过供给侧改革拓展空间，提高供给结构的适应性、灵活性，加快实现发展动力转换。

降低企业经营成本。全面兑现市、区已出台的降低企业成本各项措施，落实好市里即将出台的降低社会保险费、财务成本、物流成本、制度性交易成本等系列新措施，使企业经营成本明显下降。支持企业提高市场竞争力，加大一企一策、一业一策帮扶力度，帮助有市场有前景的企业渡过难关，焕发生机。加强辖区百家成长型企业跟踪服务，重点对龙头骨干企业做到贴心服务，提高服务企业的水平与质量。

扩大有效投资。继续保持一

定的投资强度，把投资重点放在调结构、补短板、惠民生上。调结构主要是改造存量、做优增量，加快盘活老工业区资源，推动国际邮轮母港片区、两岸金融中心核心区建设，促进投资尽快转化为现实生产力。补短板主要是补基础设施和公建配套的短板，积极扩大有效投资，完善重点片区公建配套设施。惠民生主要是加快社会事业发展，加大社会事业投入，扩大政府购买服务项目，加大公共服务产品供给，提高公共服务供给质量和财政资金使用效率。配合推进复旦中山厦门医院、弘爱医院等项目加快建设，开工建设区社会福利服务中心等一批社会项目。

大力发展新技术、新业态、新模式、新产业。鼓励和引导企业采用新技术、新工艺进行技术改造和产品升级。大力发展电子商务、教育培训、医疗保健、家政养老、体育健身、休闲时尚等新业态。积极发展互联网、物联网产业，扶持鼓励万翔商城、名鞋库等电商企业加快发展，推动打造一批综合性电商平台和网上商城，培育线上线下相融合消费新模式。推行“基地＋众创”模式，扶持打造一批高品位的众创空间。积极谋划智能穿戴、生命健康、生物医药等前沿产业。引进厦大国家大学科技园、大数据企业，加快数字家庭、智慧社区、智慧医疗建设。主动承接软件园二期溢出效应，推动软件园二期拓展区建设。设立区级产业引导基金，积极发展天使、创业、产业投资，对接隆领投资、中绿现代农业等产业基金，支持优质成长型企业发展壮大。

（二）坚持强化创新驱动，加快产业转型升级

积极构建“激发企业发展的内生动力，积极打造湖里产业升级版。

大力发展先进制造业。实施中国制造2025行动计划，发展壮大以平板显示、计算机及通信设备、航空维修为主导的先进制造业，通过抓龙头、铸链条、建集群，抢占产业链高端环节。扶持太古飞机、太古发动机、欣贺服饰等一批生根型企业发展。引导纺织服装、休闲用品等一批传统优势产业进行信息化、智能化改造。推进厦门泉州（安溪）经济合作区湖里园开发建设，有序承接辖区一般制造业转移。

加快发展现代服务业。加快总部经济、信息产业、金融商务、休闲旅游、文化创意、商贸服务等为重点的现代服务业发展。依托五缘湾片区、国际邮轮母港片区、两岸金融中心等总部经济集聚区，吸引一批国内外知名企业设立总部。加快推进飞鱼科技、住宅集团等优质总部项目落户。加快发展邮轮游艇、休闲度假等特色旅游，启动五缘湾、仙岳山AAAA级景区申报。依托闽台（厦门）文化产业园核心区二期等产业载体，大力扶持华美文创园、海丝艺术品中心、海西工业设计中心等发展。推动SM三四期、枋湖社区发展中心、湾悦城等项目建设。加快邮政速递邮件处理中心建设，优化提升现代物流产业集聚区。抓住轨道交通建设的有利契机，因地制宜推动地上地下空间立体化开发和地铁沿线商业开发，打造集聚人气商气财气的地铁经济圈。

充分发挥园区平台作用。加强与市属国企对接，积极探索机场片区开发建设新机制。加强两岸金融中心核心区招商，推动两岸金融中心精心培育湖里高新技术园创新社区试点，引导移动互联、创意设计等主导产业集聚发展，推动构建创新创业新体系。探索将“云创智谷”园区及周边区域打造成创业小镇。盘活湖里老工业区、龙头山及枋湖片区等成片改造区旧厂房资源，努力构建一批低成本、便利化、开放式的众创空间，引进知名创客运营机构，打造创新创业集聚区。

（三）坚持扩大开放，着力提升对外开放水平

主动对标先进地区，持续加大对外开放力度，全力打造国际一流营商环境，促进开放型经济发展。

加快自贸试验区建设。利用自贸区厦门片区两岸贸易中心核心区位于湖里的区位优势，全面融入自贸区建设，充分发挥自贸区集聚效应，强化自贸区内外联动，复制推广自贸区体制机制创新。用好央行关于金融支持自贸试验区建设30条政策措施，扩大人民币跨境使用，促进人流、物流、资金流不断集聚。在保持企业注册数量大幅领先的基础上，力争实现质的飞跃。充分盘活机场北片区、高崎渔港片区的空间载体，积极谋划大项目。继续加大自贸区基础设施投入，完善公建配套设施，进一步提升自贸区整体形象。

提高招商引资水平。加强招商平台建设，深化项目前期策划，完善招商联动机制，充分发挥招商中介等专业机构力量。加强招商队伍建设，提升区、街招商队伍专业水平。围绕产业发展方向，大力开展上门招商、以商引商，加大对央企、世界500台湾百强企业和重点民企的招商力度。鼓励支持有市场、有效益的企业增资扩产。

营造一流营商环境。落实“多规合一”和权力清单、负面清单、责任清单，继续推进简政放权、放管结合、优化服务，大力推进并联审批、网上审批，进一步缩短时限、提高效率。深化商事登记制度改革，加强事中事后监管，营造公平诚信的市场环境。开展“帮扶企

业活动周”，推行“零距离”服务，及时帮助企业解决实际困难，营造亲商重商的浓厚氛围。

（四）坚持推进项目建设，不断增强发展后劲

深入实施项目带动，加强重大项目策划储备，加大征迁安置力度，形成签约一批、开工一批、竣工一批、储备一批滚动发展态势。

加快重点项目建设。全力推进辖区131推动两岸金融中心工商银行、深圳前海金控等在谈项目落地，促进厦门英蓝国际金融中心、西海湾邮轮城等18个项目动工建设，推动海峡旅游服务中心、欣贺研发设计中心、厦航总部大厦等83个项目取得明显突破，力促闽南古镇二期、国贸金融中心等30个项目竣工投用。

加大征迁安置步伐。进一步完善“自我改造、自求平衡”和“指挥部+街道+社区+公司”的旧村改造和征地拆迁模式，大力推进后埔—枋湖、钟宅、湖边水库片区旧村改造工作。全力做好轨道交通1号、2号、3号线，第二西通道，环岛路（鳌山路—高殿2号路段），高压电力缆化，两岸金融中心核心区，五缘湾环湾路等重点工程的征地拆迁工作。全面梳理现有安置房项目，全力推进乌石浦、东宅、金林湾B区及美仑花园安置房建设，力争蔡塘安置房一期配套工程、集鑫A、马山安置小区提升改造工程完工并交付使用，金林湾花园A1、A2安置小区基本建成。启动部分老旧项目的安置返迁工作，妥善解决成功大道二期、县黄路、安墩路、福厦铁路暨公铁大桥等项目返迁安置遗留问题。

（五）坚持提升城区品质，着力创建美好家园

强化中心城区意识，不断提升城区承载力和宜居度，配合全市“两环八射”、轨道交通、第二西通道等重大基础设施建设，加大资金投入，加快完善辖区道路和各类市政设施。

提升城区市容环境。加大市政基础设施建设投入，分批实施江头西路、乌石浦路、岐山路等35条道路改造提升，建设枋湖社区发展中心、区社会福利服务中心周边等4条道路，实施五缘湾市政设施修缮和湖里高新技术园、机场北片区夜景建设工程，推动环岛干道、云顶北路等主干道沿线夜景提升。建设江头公园公厕及昌安清洁楼，完善自贸区清洁楼等市政配套设施。强化市容环卫管理，完善村改居社区环卫保洁专业化运作模式，推行垃圾上门收集、垃圾分类和餐厨垃圾收运工作。

提升生态文明水平。加快海绵城市、地下综合管廊建设，改造提升五缘湾道、钟宅路、金湖路等道路，实施鳌山路、长浩路、埭辽路等自贸区周边道路景观整治提升。推动灯塔公园、火炬公园景观改造，建设仙岳公园步游道及北侧停车场，加快薛岭山、虎头山公园建设。推进环岛路岸线截污、中埔截污、五缘湾截污以及内湾水体综合整治等工程建设，实施围里、上湖等排洪排涝工程建设。落实《湖里区生态文明建设示范区规划》，创建国家级生态示范城区，积极发展低碳、绿色、循环产业，实施清洁空气行动计划，力争全年空气质量优良率达到95%以上。强化重金属、工业固废和危废排放监管，推动增设一批公共自行车站点、优化延伸公共自行车慢道网络。

提升社会治理能力。进一步探索城市综合管理模式，建立城市综合管理长效机制，强化城区管理网格到人、考评到人、问责到人，争创全省“无违建”示范点。持续开展占道经营、夜间烧烤、道路交通、渣土车等专项整治，将整治范围逐步延伸到村改居社区。深化社会治理创新，推广社区网格化服务，修订完善《湖里区政府购买社会工作服务实施办法》，形成湖里特色的“双社协同”社工服务体系。深化以“美丽厦门·共同缔造”行动为载体的社会治理创新，进一步完善“纵向到底、横向到边、协商共治”的治理体系，通过以奖代补等形式，加大“城中村”、老旧小区基础设施投入，推动社区治理规范化、体系化、现代化。

（六）坚持发展社会事业，持续优化公共服务

围绕补短板和托底做好各项民生工作，以更大投入和更有力措施，推动教育、卫生、文化、体育等社会事业全面协调发展。

持续打造教育强区。深化与名校、高校合作力度，以高端对接、全面托管等方式提升教育教学质量和学校办学水平。进一步加强民办学校、幼儿园管理。大力提升教育信息化水平，推进金尚中学、金安小学等一批智慧校园建设。加快蔡塘学校二期扩建、湖里第二实验幼儿园等5个项目建设，新增中小学学位1680个，幼儿园学位1170个。

持续丰富文体生活。进一步推进区、街、居文化设施改善，推动区新文化中心建设，发挥青少年校外体育活动中心阵地作用，积极构建15分钟文体圈，不断丰富基层文化生活。拓展提升元宵民俗文化节、福德文化节、社区文化艺术节、城市诵读节、激情五缘湾等品牌活动，努力打造“一街一品”的辖区特色文化。

持续优化卫计服务。深化慢性病综合防控体系，建立三级医院专家到基层医疗机构坐诊配套机制，提升“分级诊疗”承接能力。稳步推进医药卫生体制改革，优化提升医疗资源，推动市级重点医疗卫生项目建设，启动区妇幼保健院二期项目前期工作，建设殿前、禾山社区卫生服务中心新址，促进一批社区卫生服务中心延伸点建设。落实全面两孩政策，提高出生人口素质。建立健全疾病防控、计划生育、妇幼保健、应急救治、卫计监督等专业服务网络，提升基本公共卫生服务水平。

（七）坚持提高民生保障水平，有效增强群众幸福感

坚持共享发展，让发展成果更多、更公平、更实在惠及居民群众，让全区人民有更多获得感和幸福感。

促进就业增收。积极做好企业用工服务，深化“112”就业服务模式，大力实施以产业发展和社会需求为导向的人才培养与技能培训计划。进一步拓宽就业渠道，结合小微企业创业创新基地建设，推动实施就业创业工程，鼓励和支持台湾青年创业就业，坚持公益性岗位向就业困难人员倾斜。推动建设枋湖、后埔社区发展中心等一批“富民工程”。

促进基本保障增效。健全完善最低生活保障、医疗救助、临时救助和慈善救助等社会救助体系，做好社会救助和扶贫助困工作。加大政府购买社区居家养老服务力度，建设以居家为基础、社区为依托、机构为补充的多层次养老体系，创建老年人健身康乐家园，推动区社会福利服务中心建设，加大街道、社区服务场所建设力度。

促进平安湖里建设。健全多元化纠纷解决机制，探索在自贸区等重点区域延伸“零距离”劳资纠纷调解仲裁服务。加强治安防控体系建设，持续推进道路交通、消防、燃气、建设工地等重点行业领域安全专项整治，深化“城中村”治安整治，推行立体化防控、多元化调解、网格化服务，不断提升群众安全感和社会治安满意率。

（八）坚持狠抓自身建设，全面提升政府执行力

完成今年目标任务，实现“十三五”良好开局，要求我们要切实加强政府自身建设。面对新常态，我们不能坐等观望，必须加强学习、提高各项工作水平；必须主动作为、积极为基层为企业提供优质服务；必须守土尽责，以过硬的作风抓落实促发展。

全面提高服务效能。深化机关作风效能建设，巩固“三严三实”专题教育成果，坚持不懈纠正“四风”，杜绝“庸懒散拖”现象。持续推进行政审批改革，简化办事程序，做到“马上就办、办就办好”。加强网上审批服务大厅建设，推进电子政务、电子公共服务等数据平台互联互通、资源共享，实现行政审批服务信息化、标准化、公开化。

扎实推进依法行政。加强法治政府建设，启动“七五”普法，坚持用法治思维和法治方式履行政府职能。主动接受区人大及其常委会的法律监督和区政协的民主监督，坚持重大事项向人大报告、向政协通报制度，提高议案、建议和提案的办理质量。完善科学民主决策机制，建立健全重大决策终身责任追究制度及责任倒查机制。

持续深化廉政建设。严格执行八项规定，严格落实“一岗双责”，认真贯彻《廉洁自律准则》和《纪律处分条例》。深入推进党风廉政建设，坚持把纪律和规矩挺在前面。坚持用制度管权管事管人，减少自由裁量权，做到政策公开、透明。严控“三公”经费，建设节约型机关。从工程招投标、财政资金使用等重点领域入手，全面加强财政监督、审计监督和社会公众监督。

各位代表！新的一年，我们面临的任务艰巨繁重，肩负的责任重大光荣。让我们紧密团结在以习近平同志为总书记的党中央周围，在市委、市政府和区委的坚强领导下，进一步强化担当意识、责任意识和大局意识，万众一心、奋发进取，为加快我区“三个转型”和勇当“五大发展”示范区而努力奋斗！

中国人民政治协商会议第七届厦门市湖里区委员会常务委员会工作报告

——2016年1月25日在政协第七届湖里区委员会第五次会议上

林 凡

2015年工作回顾

2015年，区政协常委会在中共湖里区委的坚强领导和市政协的指导下，深入学习贯彻中共十八大及十八届三中、四中、五中全会精神，学习贯彻习近平总书记系列重要讲话精神，坚持团结和民主两大主题，广泛团结参加人民政协各党派团体、各界人士，主动围绕全区工作大局，不断提升履职能力，充分发挥独特优势，大力推进协商民主，为“美丽厦门·创新湖里”建设作出了积极贡献。

一、围绕中心谋事议政，着力推进协商民主

常委会认真贯彻落实推进协商民主广泛多层制度化发展的新要求、新部署，积极拓展社会各界有序参与政协协商渠道，着力提高协商民主实效。

协商选题科学规范。坚持和完善全体会议、常委会议、专题协商会制度，积极开展专题协商、对口协商、界别协商、提案办理协商，使协商更加广泛多层地展开、更为灵活经常地进行。中共湖里区委高度重视协商民主工作，年初即牵头召集区政府、区政协围绕当前工作重点、热点，共商协商议题，区委常委会还专题研究了年度协商工作计划。今年来，先后在区政协常委会上协商了区政府工作报告、“十三五”规划纲要、财政预算执行情况及预算调整报告、对接厦门自贸片区两岸贸易核心区工作等。区政协常委紧扣协商议题，深入调查研究，积极建言献策，为湖里区的改革发展贡献了智慧和力量。在以全委会、常委会的形式针对综合性、全局性、前瞻性问题开展广泛协商的同时，也运用界别协商和对口协商座谈会等平台对加快推进我区土地房屋征收异地安置工作、打造五缘湾滨海休闲旅游品牌、东部宗教场所建设等专业性强的具体问题进行深入议政协商，做到协商议题和协商形式相匹配、视察调研和协商议政相衔接。

民主参与广泛深入。继续推行开放式专委会工作，进一步完善协商前调研和其他专题调研的开放自助报名平台，邀请基层部门代表、群众代表列席协商会议。在专题协商中增加自由发言的人数和时间，加强委员和政府部门在协商会议上的互动交流，提升协商效果。推行专题协商前开展调研，按课题成立区政协分管领导牵头的调研小组，围绕议题展开深入调研、商讨和论证，抓住需要解决的重点问题，形成比较成熟的协商意见，不断提高协商的针对性和有效性。比如，在“十三五”规划纲要专题协商前的调研中，调研组就按经济城建、社会法治、科教文卫分组，分别深入开展调查研究，并多次与区发改局等有关部门进行探讨交流，促进了协商质量的提升。

提案办理提质增效。进一步改进提案办理协商的工作程序和工作环节。全年征集各类提案97件，立案64件，提案办理满意率和基本满意率达100%。推行提案工作全程协商机制，深化重点提案办理协商，抓好办前、办中、办后沟通，积极探索同类提案集中协商和热点民生提案开门协商等新的协商形式。对涉及百姓福祉、群众关切的重点提案，主动邀请提案人、提案委委员、委员代表、特邀研究员与承办单位面对面协商，充分吸纳各方意见建议，凝聚最广泛的共识，有力推进提案的办理落实。常委会还通过对提案《关于进一步培育我区社会组织，充分发挥社会组织在社区治理中独特作用的建议》

办理情况开展专题协商，以点带面推进其他提案的办理。

二、紧扣主题建言献策，着力推进科学发展

常委会紧扣科学发展的主题和创新湖里的主线，贯彻中共湖里区委全面深化改革的部署要求，积极履职建言，努力为改革发展献良策、出实招。

积极建言经济转型升级。加强与市政协的联合调研，通过联合调研，形成的《关于推进厦门自贸试验区建设的建议案》《创新营商环境促进我市互联网商务发展》两份报告分别列入市政协主席会建议案和市政协重点课题，并得到市委、市政府主要领导的批示。区政协常委会和部分专委会组织开展“厦门自贸片区建设情况”专题视察和“打造国际一流营商环境，促进厦门自贸片区两岸贸易中心核心区的发展”专题协商。殿前街道联络组考察了云创智谷—移动互联·智慧电商产业园，并提出了集约利用厂房资源，拓展发展空间等建议。委员们还围绕投资贸易便利、事中事后监管、法制环境规范、金融开放创新等问题组织深入调研，针对我区如何主动对接厦门自贸片区建设，推进跨境电商发展，培育新兴产业，促进经济转型升级，展开了一系列调研，生成了一批优秀的提案和调研报告。

主动献策社会和谐稳定。社法委组织实地考察了金尚、金安社区多元共治建设及服务情况，针对如何发挥多元主体作用拓展多元便民服务提出有见地的意见，并对“两违”综合治理工作情况专题视察。经建委、港澳侨委分别开展我区社区新发展用地开发情况和老旧小区改造情况专题视察。文史学宣委考察了解殿前街道兴园社区“美丽厦门·共同缔造”的工作开展情况。禾山街道联络组就“加快重点工程拆迁返迁安置工作”开展专题讨论。“关于运用法治思维方式化解社会矛盾纠纷的若干建议”“探索建立公益创投长效机制，实现我区社区多元共同治理的建议”“以社区治理为载体，构建两岸温馨家园的建议”等一批调研成果，为推进我区的社会治理工作起到了积极作用。

努力推动文化传承发展。委员们从保护好珍贵的历史文化遗产及地区独特的地域文化、民俗文化的角度，提出妥善保护湖里区古民居的建议；从在微文化大行其道的“微时代”如何与时俱进提升我区文化品位的层面，提出我区发展微电影产业的建议；从地方文化融合国际时尚新文化新元素的高度，提出把湖里老工业园区打造成国际时尚文创旅游城的建议。台港澳侨委、湖里街道联络组调研了湖里海峡设计文创园、联发华美空间文创园，对园区的定位和发展提出了建设性意见。“关于把环湾路打造成闽台文化特色夜市一条街的建议”等课题调研对我区发展特色文化带来了启发。积极发挥政协文史工作“存史资政团结育人”的作用，继续坚持立足本土，抢救、挖掘和搜集本地历史文化资源，从地名由来、历史变迁、传奇故事、人物春秋、姓氏源流、民俗文化等几个方面征集编辑了有12万多字，120多幅相关老照片的第20辑《湖里文史资料》(殿前卷)。组织委员参加市政协举办的厦门市政协成立60周年书画摄影展。

三、坚持宗旨履职为民，着力推进民生改善

常委会深入贯彻群众路线，坚持把关注民生、促进和谐贯穿履职全过程，切实做到履职为民。

落实委员意见，解决民生问题。深入了解社情民意，广泛征集提案线索和视察调研题目，使委员提案、课题调研、视察内容更加准确、客观地反映人民群众最关心、最直接、最现实的利益问题。基础教育发展和教育质量状况等教育问题一直是委员们重点关注的民生议题之一。科教文卫委专题视察了区教师进修学校硬件建设和办学现状，并调研湖里区少体校的基地校业余训练情况。一年来，委员从教育、文化、体育、养老和城市基础设施建设、政府行政能力等领域入手，提出了“关于落实湖里教育发展服务中心的规划立项，提升教育资源推进教育强区建设的建议”“湖里区环境提升的对策措施研究”“健全环卫基础设施，改善市民居住环境的建议”“建立突发公共事件应急基金，提高政府处理重大突发事件绩效”等方方面面的建议。通过社情民意信息渠道，向政府相关部门提交社情民意信息157条。区政协着力加强提案和社情民意信息的办理、跟踪、监督、问效，推动了问题的解决。

开展行风巡察，履行监督职能。以推进行风巡察工作多维度、精细化为抓手，加强对行政部门履行职能开展民主监督。区政协委员组成的行风巡察小组对区财政局、商务局、禾山街道办事处等职能部门开展行风巡察，通过明察暗访、问卷测评、座谈了解等环节进行深度巡察监督。特别针对群众反映的区经营性国有资产委托代管工作中存在的问题，开展了大量细致调查，进行了认真梳理分析，提出具有很强针对性和操作性的意见建议。区政协主要领导对巡察工作给予了充分肯定，批示呈报党政主要领导，建议予以重视。巡察工作情况报告引起了区委、区政府的高度关注。区政府主要领导批示要求相关部门采取切实可行的办法、措施，建章立制、补长短板，以确保国有资产保值、增值。被巡察部门切实重视巡察中发现的问题，及时

组织专题研究，提出了整改方案。一年来，我们还推选4位委员作为区政府特邀监察员，推荐5名委员成为区法院、检察院特邀监督员，直接参与“一府两院”工作监督等。江头街道联络组组织委员参与了“美丽厦门·共同缔造”建设项目评估、社区事务听评、社区基础分类助评等多种活动，深化了民主监督和基层协商民主工作。

开展界别活动，服务基层群众。充分发挥界别优势，服务基层群众。区政协利用周末时间在殿前街道长乐社区举办的“界别活动日”活动，密切了政协委员、政协工作者与人民群众的联系。工青妇界别委员继续参加“战高温、斗酷暑、一线行”慰问活动。社会福利和社会保障界别委员考察禾山街道残疾人职业援助中心，分别向区5个街道的残疾人职业援助中心捐赠物资，并在“环卫工人节”慰问马垅社区环卫工人。教育界别委员前往禾山街道和金福缘幼儿园调研学前教育问题。文体医卫界别委员到湖边花园幼儿园和欣高林幼儿园为贫困家庭小朋友赠送学习用品。民盟界别委员联合有关单位在湖边社区广场开展科技文化下社区活动。还有一批委员主动参与慈善事业资助捐款活动。

四、注重创新激发活力，着力推进能力建设

常委会以能力建设为重点，以深入开展“三严三实”教育活动为抓手，加强学习培训，深化作风建设，提高政协队伍建设水平。

学习研讨凝聚发展共识。组织参加人民政协的各党派团体、各界人士认真学习贯彻中共十八届四中、五中全会精神。常委会专题学习了《中共中央关于加强社会主义协商民主建设的意见》和中办《关于加强人民政协协商民主建设的实施意见》。区政协紧扣当前热点，利用“暑期研习班”开办了《统一战线的和谐关系理论与实践》课程及《全力推进中国（福建）自由贸易试验区厦门片区建设》等讲座，还通过其他方式组织委员听取《依法治国若干问题和自贸区建设》、《你我他一起读懂互联网+》等辅导报告。为使更多的委员知情明政，更好地为湖里发展献计献策，区政协组织全体委员听取区政府和检、法两院通报2015年上半年工作情况，政协常委、经建委委员、经济界别委员听取区2015年上半年经济运行分析，金山街道联络组也邀请委员参加街道政情通报会。

路径探索创新履职方式。注重以创新工作方式提高工作成效。建立由分管领导牵头抓总，相关专门委员会、界别、街道联络组、委员业务互通互动、共商共议“交叉分层”式的工作架构。召开界别工作座谈会，研究推进新形势下市区两级政协界别、界别与专门委员会、界别与界别、界别与街道联络组之间“四维度立体联动”的界别工作模式。积极促进履职载体多元化，区政协微信公众平台已有200多人次关注，向委员推送政协工作信息100多条，建立了社情民意信息员微信群、QQ群等，加快整合各类平台资源，推进建设“社情民意、政协提案、委员履职”三位一体的互动系统建设，为委员履职提供更加高效便捷条件。不断优化提案工作方法，加强与政府督查部门的合作，按月在区政协委员履职平台通报提案办理进展情况，改版提案办理情况反馈调查表，建立追踪落实机制，改进优秀提案评选办法，扩大民主评议范围。

专题教育改进工作作风。扎实开展“三严三实”专题教育活动，深入落实中央八项规定精神，坚持不懈反对“四风”，不断加强政协机关思想建设和作风建设。通过四个专题的集中学习、集中研讨、主席讲党课、中心组学习等教育方式，从思想教育、党性分析、整改落实、立规执纪各方面，教育引导领导干部对党忠诚、个人干净、敢于担当，着力解决“不严不实”问题，切实增强践行“三严三实”要求的思想自觉和行动自觉。领导班子成员以身作则，率先垂范，下基层，走企业，开展到社区为群众服务活动。充分发挥机关党组织的作用，通过开展文明志愿活动、社会公益活动、机关文化活动等，营造团结向上、合作共事的良好氛围。不断加大对政协工作的宣传力度，继续办好湖里政协网站、刊物。全年刊出《湖里政协》22期，被省、市、区各级刊物、简报刊用信息50余篇（条）。

各位委员，各位同志，区政协常委会在过去的一年里取得的成绩，是与中共湖里区委的正确领导，与区人大、区政府、区纪委的大力支持，与区直各职能部门、相关单位的积极配合，与区级老领导的关心帮助，与社会各界广泛参与和全体政协委员尽职尽责辛勤工作分不开的。在此，我谨代表湖里区政协常委会，向所有关心、支持政协事业发展和区政协工作的各位领导、各位同志、各位朋友表示衷心的感谢和崇高的敬意！

回顾一年的工作，我们在肯定成绩的同时，也清醒地看到工作中的差距。比如，委员履职活动的形式还不够多样化，对口协商和界别协商工作尚未有实质性的突破，对外交流交往还不够广泛等。对此，我们将高度重视、认真研究，逐步加以改进。

2016年工作思路

2016年是实施“十三五”经济社会发展规划的开局之年。我们要

继续坚持以邓小平理论、“三个代表”重要思想和科学发展观为指导，认真贯彻落实中共十八届五中全会精神，学习贯彻习近平总书记系列重要讲话精神，牢牢把握团结和民主两大主题，忠实履行三项职能，贯彻创新发展、协调发展、绿色发展、开放发展、共享发展理念，为建设美丽厦门典范城区和创新创业活力四射新湖里作出新的贡献。

一、深化学习，科学履职再上新水平

要把学习贯彻中共十八届五中全会精神和习近平总书记重要讲话精神作为当前和今后一个时期区政协的首要政治任务。要在深刻领会和准确把握会议丰富内涵和精神实质的基础上，找准人民政协在发展大局中的定位，充分发挥人民政协的优势，在实施“十三五”规划的过程中实现人民政协的作为。要进一步学习和贯彻落实《中共中央关于加强社会主义协商民主建设的意见》，坚持中国共产党领导的多党合作和政治协商制度，坚定道路自信、理论自信和制度自信，增强走中国特色社会主义道路的思想自觉和行动自觉，明确新时期推进协商民主发展的责任感和使命感，切实把党委的决策部署贯彻到人民政协推进协商民主发展的各项工作中去，充分发挥政协作为协商民主重要渠道和专门协商机构作用，推进协商民主广泛多层制度化发展。要深入学习中共湖里区委七届十六次全体（扩大）会议精神，自觉融入区委提出的勇当“五大发展”示范区，率先全面建成小康社会，拼搏再创特区发祥地新辉煌的战略部署中，找准服务于湖里发展大局的结合点和履行职能的切入点，提高履行职能的成效。

二、强化责任，助推发展再求新作为

要切实把政协各参加单位和全体委员的思想和行动统一到中共湖里区委提出的发展定位、战略部署和工作目标上来。要注重跟踪了解社会各界对我区“十三五”规划实施的意见建议，通过提案、社情民意等形式及时反映界别群众所议所盼所求，协助党委政府更加全面了解民情民声民愿。要针对“十三五”规划实施过程中面临的新形势新任务、遇到的新情况新问题、需要突破的重点领域和关键环节，精心选择党政需要、群众亟盼、政协所能的议题，深入开展专题协商、对口协商、界别协商和提案办理协商，积极主动为党委政府科学民主决策建诤言、献良策。要围绕“十三五”规划做出的新部署新要求，把握定位、找准切口、主动作为，积极开展专项民主监督、提案办理监督等富有实效的监督履职活动，助推落实。重点要围绕体制创新、产业升级、一流营商环境打造、对接自贸试验区厦门片区建设、生态文明城区建设、社会保障体系建设等开展多层次、有质量的协商议政和专题调研，建睿智之言、献务实之策、尽精诚之力，全力推进我区产业结构转型、城区功能转型、发展方式转型、社会管理转型和干部队伍转型，实现湖里科学发展新跨越。

三、发扬民主，构建和谐再有新拓展

要围绕团结和民主两大主题，加强同我区各民主党派、工商联、人民团体和社会各界人士的联系与沟通，坚持民主协商、平等议事、求同存异、体谅包容的原则，尊重和保障各民主党派、工商联、无党派人士在政协中的民主权利。要创造条件、搭建平台，在这个平台上进行政治协商、民主监督和参政议政，就政治经济社会发展重大问题、关系人民群众切身利益实际问题、统一战线内部共同性问题等充分发表意见、坦诚深入交流，广纳群言、广谋良策、广聚共识。要进一步完善了解民情、反映民意、集中民智的工作机制，密切关注经济形势的变化和相关政策出台对人民群众生产生活造成的影响，围绕加快发展养老服务业、进一步规范民办教育、完善厦门岛北部社区公交体系、运用互联网+模式提升社区治安防控体系等问题深入调研。要加强民主监督，充分运用提案、视察、社情民意反映和民主评议、行风巡察等监督形式，多建利民之言，多谋利民之策，多办利民之事。要着眼于畅通和规范群众诉求表达、利益协调、权益保障渠道，积极反映群众的心声，实现上情下达、下情上报，促进党和政府的决策顺民心、合民意，积极发挥联系群众的桥梁和纽带的作用，协助区委、区政府做好协调关系、化解矛盾、理顺情绪、增进团结的工作。

四、优化服务，自身建设再展新风貌

要进一步加强常委会自身建设，加大对政协委员履行职能重要成果落实情况的跟踪反馈力度，促进有关部门做好重要提案、重要调研报告、重要专题协商意见的采纳落实工作。进一步发挥专委会的基础性作用，加强与对口政府部门的联系和沟通，完善调研、视察的方式方法，切实增强工作的活力和成效。进一步加强政协委员队伍建设，完善政协委员学习、知情和履职的平台，不断提高政协委员的政治把握能力、调查研究能力、联系群众能力、合作共事能力。落实委员履职的有关规章制度，组织开展评先表彰活动，切实发挥委员在本职工作中的带头作用、政协工作中的主体作用和界别群众中的代表作用。进一步加强政协机关建设，增强政务性服务能力和统筹协调能力，为广大委员有效履行职能、顺利开展工作提供有力保障。

各位委员，今年是本届政协届满之年。按照中央及省、市的统一部署，今年下半年，我们将着手做好第八届区政协换届选举前的各项筹备工作。区政协要在区委的领导下，认真总结第七届区政协履行职能、创新工作、加强自身建设等方面的成功经验，表彰一批本届优秀政协委员、先进专委会和界别活动小组。同时要根据政协组织的特点，加强区政协各专委会和界别活动小组的组织设置、政协委员构成及活动方式等方面的调研，进一步优化政协各组织的架构和委员结构与素质，为推进新一届政协履行职能的制度化、规范化和程序化建设，更好地履行政协三项职能创造良好的条件。

各位委员，“十三五”规划的蓝图已经绘就，推进湖里区创新发展、协调发展、绿色发展、开放发展、共享发展，区政协责无旁贷。让我们在中共湖里区委的正确领导下，进一步解放思想，求真务实，团结拼搏，奋力谱写政协事业发展新篇章，为完成湖里区“十三五”规划开局之年各项经济社会发展目标，实现率先全面建成小康社会、勇当“五大发展”示范区而努力奋斗！

大事记

1月

10日　湖里区开展第一周期"百名专家下社区"活动，聘请市中医院、市妇幼保健院、市眼科中心等知名专家下社区为居民免费看诊。

11日　忠仑公园儿童活动区二期正式对市民免费开放。占地1.3万平方米的儿童活动区二期添置了投篮区、射门区、探险索桥、沙坑、蔬菜种植区、观鸟屋等新项目。

11日　由区委人才办和管委会共同举办的湖里区工业园区设计之星（动漫）竞赛在湖里高新技术园顺利举行，共有40人参赛。

17日　暂停辖区内活禽交易，此次关闭活禽交易涉及集贸市场包括江头、湖里、大唐等23家。

26日起　由湖里区殿前街道主办的"2015殿前闽台特色旅游购物商圈自由go"活动正式启动，并在麦德龙、厦门茶叶城、中典宏基酒店用品市场、台湾水果销售集散中心、殿前辖区诸多汽车4S店同步展开。

是月　湖里区启动活禽档口改造成白条禽档口的工作。区长张毅恭等主要领导主抓该项工作，并成立了改造工作领导小组，专门出台了实施方案，明确各成员单位分工职责，进行了细致的部署。

2月

26日　湖里区妇幼保健院VIP门诊正式对外开放，是在全市区级妇幼保健院中率先推出的一项便民服务。

27日　入库区地税局首笔地税机关申请法院强制执行社保费款25687.94元。

3月

1日　第十一届厦门元宵民俗文化节在湖里五缘湾开幕，活动有包汤圆比赛、才艺达人秀、亲子花灯、音乐会等。

3日　湖里公安分局表彰"十佳社区民警"。辖区各派出所共推荐了23名候选人，经过资格审核、网络投票等多个评选环节，最终湖里派出所的杨光、金山派出所的赵玺、江头派出所的洪顺兴等10名社区民警获评"十佳社区民警"。

10日　湖里枋湖北二路双立工业园外一个家具城的沿街店面起火，火势蔓延，共有7家店受灾，一名14岁女孩在火灾中丧生。

28日　湖里区商会联合清华大学总裁班、区委党校携手举办"大数据分析与管理决策应用""移动互联网时代的创新营销"讲座，全区机关事业单位科级以上干部及商会企业家800多人听讲。

29日上午　湖里区闽南古镇举办世界妈祖信俗文化——闽南朝天宫开阖启扉盛典仪式。来自海内外数十个妈祖庙宇的千余人参加了此次盛会。

是月　湖里国投旅游投资有限公司正式挂牌，注册资金1亿元，重点围绕旅游管理服务等开展经营活动。

4月

2日　湖里区工商联（商会）召开第五届三次会员大会暨政银企对接会，区相关领导、商会会员、各银行代表200余人参会。

14日　澳大利亚阳光海岸市议员Jenny McKay率该市30多名青少年组成的乐团抵达厦门市禾盛社

区，开展“共圆中澳梦”文化联谊活动。

17 日　台湾台中市元保宫与湖里区凤和宫缔结友好关系，成为全市首个两岸友好宫庙。

20 日　湖里区法院审结全省首例窃取正版证明标签案。

21 日　中国（福建）自由贸易试验区厦门片区在厦门国际航运中心 C 栋厦门片区综合服务大厅前广场举行揭牌仪式。

5 月

15 日　厦门市海峡两岸文化产业交流协会正式成立，首批会员企业达 38 家，黄三元当选为会长。

28 日　厦门市湖里区投融资行业协会正式成立。厦门两岸股权交易中心当选会长单位，首届会员单位达到百家。

是月　湖里区整合现有法律服务资源，推出福建全省首个法律服务电子地图，积极打造更加便民的电子公共法律服务体系。地图除了注明法律服务机构的名称、详细地址、服务电话等信息外，还提供 GPS 定位、导航、路线查询、周边搜索等功能，方便市民查询选择。

6 月

3 日　湖里区在濠头社区举行“东渡片区台联小组”授牌仪式，成立全市首个台联试点小组。

4 日　湖里区印发《独生子女家庭奖励扶持办法》，每年投入 1600 万元奖扶独生子女家庭，涵盖就学、就医养老等五个方面。

8 日　入库区地税局首笔通过申请人民法院执行胜诉行政判决成功追缴的社保费款 178963.00 元。

10 日　第六届海峡杯帆船赛在澎湖至五缘湾海域举行。来自大陆、台湾、香港的 15 艘帆船 200 名选手参赛。中国帆船帆板运动协会副主席张海峰、厦门市副市长国桂荣等出席了起航仪式。17 日，比赛落下帷幕，厦门大学帆船队获得澎湖到厦门五缘湾长航赛竞赛 IRC 组冠军，万利瓷业队获得长航赛公开组冠军。厦门瀚盛帆船队获得 IRC 组总成绩冠军，万利瓷业队获得总成绩公开组冠军。

14 日　第七届海峡论坛·两岸民间宫庙叙缘交流会在湖里区仙岳山举行，有台湾宫庙 80 家，大陆福建省宫庙 107 家，外省宫庙 11 家，民间信仰宫庙 81 家参与论坛。

25 日　在湖里区环岛干道高林田头路口一部中巴车、一部越野车和一部电动三轮车发生刮擦碰撞。事故共造成 4 人死亡，4 人受伤。

25 日　湖里街道开通的 436 路社区公交实现无线网络全覆盖，乘客可免费上网。湖里街道联合湖里公交公司、中国移动分公司、厦门华宿信息科技公司率先在社区公交上安装“高速移动宽带车载设备”。

6 月　湖里国地税联合启用 24 小时自助“鸟箱”，纳税人无需到柜台，凭密码即可到“鸟箱”自助领取批件。

7 月

1 日　“海丝”古船模科技文化交流中心在湖里街道青少年工作室揭牌。该中心响应“一带一路”的战略规划，旨在传播中国源远流长的造船工艺、船舶文化，培养学生的兴趣爱好，继承发扬传统科技、文化知识。

1 日　区地税局与区国税局共同成立纳税人权益保护中心联合维护纳税人的权益。

10 日　湖里区举办首次“两岸青年创新创业互动交流座谈会”，举行以“原乡寻根之旅”为主题的台胞青年夏令营，共有 160 多名台籍青年参加夏令营。

15 日　湖里区商会和湖里区自贸办联合主办“湖里区招商项目推介暨厦门自贸区两岸贸易中心核心区政策解读会”。来自福建省内、浙江、江苏、四川、陕西、湖南、新疆、内蒙古等在厦异地商会及湖里区重点纳税企业的代表共 400 余人参加此次解读会。

29 日　由厦门市科技局与湖里区政府共同建设的厦门两岸集成电路自贸试验区产业基地在福建自贸试验区厦门机场北片区劲美源通仓储物流园内举行揭牌仪式。厦门两岸集成电路自贸区产业基地包含厦门市集成电路产品保税交易中心、厦门市两岸集成电路研发设计试验中心、两岸（厦门）微纳电子研究院、厦门市集成电路众创空间、厦门市自贸区集成电路设计企业孵化器、厦门市集成电路产业人才实训中心、辐射片区外的集成电路产业园等部分。

31 日　湖里区慈善会禾山分会非公企业慈善联盟在湖里区禾山街道党工委、办事处的支持下成立，由 136 家企业自发成立，首批募集慈善基金 63 万元。这是厦门市第一个非公企业慈善联盟。

是月　湖里区市场监督管理局挂牌成立，承担原工商行政管理和食品药品监督管理双重职责。

是月　湖里新八景评选产生，分别是五缘帆影、仙岳福山、灯塔晨曦、湿地舞鹅、牛头春晓、特区印记、惠和石韵。

8月

1日　云创智谷完成基本改建，进入招商阶段。云创智谷是由弘信创业工场投资有限公司为主要投资方，厦门启达置业投资有限公司进行改造运营。园区位于高殿社区，总用地面积47879平方米，总建筑面积94612平方米，紧邻杏林大桥、成功大道。园区以“移动互联、智慧电商”为定位，以弘信云创业模式运作的移动互联产业和新兴电商产业孵化培育平台为载体，采用启达置业产业生态圈的运营模式，打造在全国有影响力的国家级产业生态圈。

4日　湖里区出台《促进厦门两岸集成电路自贸区产业基地发展的办法》，从创业创新、交易结算等方面提出具体优惠政策措施。

7日下午　全省首个自贸区法庭在厦门市湖里区人民法院正式成立。自贸区法庭集中审理诉讼主体、法律事实和诉讼标的物涉福建自贸试验区厦门片区（以下简称“厦门片区”）的一审商事案件（含投资、贸易、金融等多类合同及侵权纠纷）、房地产案件、知识产权民事纠纷案件（不含专利、植物新品种、集成电路布图设计和涉及驰名商标认定、垄断纠纷），以及前述案件中的涉外、涉港澳地区案件；并根据福建自贸试验区厦门片区的建设发展运行、制度创新等实际情况，适时对受案范围作相应调整。

8日　全国青少年体育俱乐部羽毛球联赛在湖里区三中体育馆举行。比赛由国家体育总局青少年体育司和教育部体育卫生与艺术教育司共同主办，福建省体育局、省教育厅、共青团福建省委共同承办，湖里区人民政府和厦门市体育局协办。来自安徽、江西、浙江、上海、黑龙江、辽宁、云南、四川、重庆、广西、广东、海南、河南、陕西、新疆15个省区市的17支代表队，以及福建省的福州、泉州、宁德、漳州、南平5地市的8支球队和厦门市湖里区的厦门健雄俱乐部一、二队等27支队伍参加本次比赛。

14日　70多名不符合“积分入学”基本条件的学生家长，携孩子强行闯入湖里区政府办公场所，拦截公务车辆进出，严重影响区政府的办公秩序。湖里警方依法对5名主要违法人员处以治安拘留。

15日　2015“美丽厦门·创新湖里”文化旅游嘉年华启幕，五缘坐标·市定向挑战赛、青少年艺术节等六大系列活动持续到年底。

17日　湖里枋湖穆厝社一仓库起火，过火面积约150平方米。厦门市消防指挥中心先后调集5个中队、18辆消防车扑救，火灾没有造成人员伤亡。

18日　湖里区设立首个两岸人才交流示范基地，共建协议签约仪式和揭牌仪式在海峡两岸设计文创园举行。

22日　2015厦门国际篮球邀请赛在湖里蔡塘学校篮球馆拉开战幕。厦门大学篮球队、台湾明道大学篮球队、香港南华篮球队、澳门福建体育会篮球队、新加坡篮球队和马来西亚柔佛州篮球总会，六支队伍参赛。

9月

2日　湖里法院首次通过微博进行庭审视频直播。

11日　下午，厦门市“分级诊疗推进会”召开。湖里区被市卫生计生委授予“厦门市慢病分级诊疗改革示范区”称号。

18—20日　第八届世界（湖里）福德文化节在台湾桃园市隆重举办。参加人员共约3700人，其中，厦门湖里区代表团约200人，东南亚宫庙、台方3500人（约125座宫庙代表）。本届福德文化节以“海丝行”为主题，首次升格为世界文化盛会。

29日　湖里法院对“9·19”特大燃气爆炸事故案进行一审宣判。被告人叶志典以非法经营罪、过失以危险方法危害公共安全罪被判处有期徒刑六年，蔡金排、叶凤花、陈长太以过失以危险方法危害公共安全罪被判处有期徒刑二年至三年不等，并适用缓刑。

30日　区重点旅游项目推介暨厦鼓码头自驾游服务中心开业仪式在东渡牛头山景区举行。厦鼓码头自驾服务中心位于东渡牛头山景区。服务中心占地2万平方米，一期划定大小停车位400个。

10月

6日　康乐二小足球队获2015“我爱足球”福建赛区总决赛季军。

9日　湖里区政府与厦门大学共建“厦门信息产业和信息化研究院”签约仪式及培育项目交流会在湖里区禾山街道办事处一楼大厅隆重举行。

17日　台湾台东县政界人士高美珠率领31名阿美族台胞来湖里区仙岳山土地公庙开展信俗文化交流。

23日　美丽厦门新24景”征集活动的评选结果今日揭晓。湖里区“五缘帆影”“仙岳福山”“灯塔晨曦”“湿地舞鹅”“牛头秋月”“海堤春晓”“特区印记”“惠和石韵”入选。

23日　湖里区在全市率先成立“双百”人才企业商会，借鉴中关村大数据产业联盟模式，共同促进29位“双百”人才抱团发展。

26日　由湖里区投融资行业协会主办，厦门市金原担保有限公司承办的“走进金原担保”投融资专题活动在金原担保会议厅举行，共有50多家会员企业及金融机构参加。

29日　由湖里区司法局殿前司法所指导的自贸区调解工作室在湖里区高殿社区揭牌成立。工作室调解员由高殿社区专职调解员、殿前街道自贸办工作人员和片区民警组成，共同参与调解。

30日　位于湖里区殿前街道的厦商·风信子厦门跨境商品直购体验中心试营业，成为全国自贸试验区内单体面积最大的进口商品直销中心之一。

30日　海上丝绸之路艺术品中心项目在文博会正式启动，将建成“海丝”沿线最大的艺术品展示交易平台。

30日　海西工业设计中心在湖里举行揭牌仪式。海西工业设计中心位于华泰路与兴隆路的交会处，致力于打造海峡两岸最优质的工业设计交流平台。在这里，企业可享受区级税收返还、租金补贴等优惠政策。入驻园区的涉台企业，除了办公和居民租金补贴、购房补贴外，还可申请启动资金扶持、融资支持、创业辅导等政策支持。

11月

4日　湖里区价格纠纷调解委员会正式成立，副区长刘琦龙代表湖里区人民政府向区发改局物价检查所黄永龙所长授牌。

8日　下午，“2015湖里魅力购”开幕式在蔡塘广场举行，湖里区区长徐国庆、副区长刘琦龙，厦门日报社总编辑江曙曜、副总编辑汪金铭，湖里区商务局局长陈颢颖等为“2015湖里魅力购”开启帷幕。本次活动以“创新湖里·乐购生活”为主题，融入更多电子商务及时代的元素，分为乐购商圈、乐购自贸、乐购电商、乐购汽车四大主题活动。

11日　下午，厦门两岸集成电路自贸区产业基地推介会在湖里区政府举行，来自清华大学、浙江大学等知名院校的30多名专家学者齐聚一堂，他们为产业基地发展出谋划策的同时，还积极推介促成一批项目与基地成功对接、配对。

21日　下午，爱特众创五缘3号仓在湖里区高新技术园正式启幕。湖里区委、组织部长林重阳、湖里区副区长刘琦龙、厦门市工商联主席、恒兴集团董事长柯希平出席仪式并为爱特众创揭牌。爱特众创空间面积2600平方米，是集合办公、交流、共享、生活为一体的“众创”大平台。

27日　区商务局与俄罗斯NKO结算中心、台湾泰山集团签订了《合作协议书》。设立人民币离岸清算中心，并落户厦门自贸区湖里片区。

12月

1日　第二届海峡两岸禅文化节禅文化文艺会演在湖里区联发华美空间举办。本次活动由湖里区社区文化艺术协会主办，联发华美空间协办，以纯公益的形式，汇集海峡两岸禅文化表演艺术团体，以及致力于“弘扬禅文化，倡导素生活”的各行各业，节目包括禅鼓、禅歌、禅舞、禅功、禅拳、禅文诵读等。文艺会演现场还举办义拍活动，为自闭症儿童募集善款数千元，以帮助这群活在自己世界的孩子们打开心门，融入社会。

8日　由厦门天地开发建设有限公司、厦门弘信创业工场投资集团股份有限公和德国德桥资产管理有限公司共同发起的弘信德桥产业投资基金举行项目签约仪式。该基金是厦门市第一只中德产业投资基金，总规模为10亿元，首期募资2亿元，重点投资领域包括智能制造、高端装备、先进材料等行业。

16日　首届两岸客家青年论坛暨海峡两岸客家青年文化交流基地揭牌，两岸100多位客家乡亲与会。

19日　“为爱骑行　感恩同行”环五缘湾公益骑行活动圆满落幕。600余名自行车爱好者从五缘湾红十字文化广场出发，展开环五缘湾湾区骑行，参与者每完成一圈环湾10公里骑行，就有爱心企业认捐10元爱心款。

20日　由厦门市商务局、湖里区政府指导，厦门市网络零售企业协会主办，“2015M＋厦门国际创客周”的重要活动——海西明珠杯第六届“鼓浪听涛”网络零售发展战略高峰论坛在国际会展中心举行。吸引了来自政府、全国知名的B2C企业、风险投资商、专家学者、第三方服务链等各个领域的近千位嘉宾参加。论坛以“转型、提升、突破”为主题，围绕网络零售全产业链热点，深入探讨传统企业如何借助电商实现转型，已有的电商企业或者平台应该怎样实现自我提升，以及如何借助跨境实现电商企业的突破，为厦门网络零售业态发展提出建议。

25 日　下午，湖里高新技术园产业创新联盟成立仪式暨会员座谈会在园区党群活动服务中心召开，成立以科技谷 CEO 陈思恩任会长，股权中心总经理李霁、爱特众创 CEO 姚锦程任副会长，由长城宽带、青瓦众创、宜加网络等园区 30 余家优质企业作为创始会员的园区产业创新联盟。该联盟旨在促进园区企业交流合作、共同发展，共建创新、生态、智慧型产业园区，打造创新社区、推进园区创新发展。

28 日　湖里法院高碧青院长担任审判长公开开庭审理并当庭宣判黄卫抢劫案，庭审在新浪网法院频道、@ 厦门湖里法院官方微博以视频和图文的形式全程直播，23 名“听庭达人”现场旁听庭审，十余家省市级媒体到场参与报道。

是月　江头派出所启用身份证自助申领机。资助申领机的业务范围适用于福建省居民的身份证到期换领、丢失补领、损坏补领三种情况。

（张宪敏）

区情综述

建置　区划

【位置　面积】 湖里区位于福建东南沿海台湾海峡西岸厦门岛的北部。东面濒临浔江港，与翔安区相对；北面通过高集海堤、厦门大桥与集美区毗邻；西面为厦门西港岸线，借助海沧大桥与海沧区相通；南面与思明区接壤。湖里区与思明区区界线西起湖滨北路西端入海处，向东依次穿越狐尾山、仙岳山、仙洞山山脊，连接嘉禾路后南折，至吕岭路后东进，接金尚路后南行，至东芳山后沿山脊往东，穿越古地石、虎仔山山脊，在五通东宅入海。2015 年，全区陆地面积 73.77 平方千米；海域面积约 30 平方千米。

【行政区划】 2015 年，湖里区有湖里、殿前、江头、禾山、金山 5（个）街道，共 53 个社区。

2015 年湖里区行政区划表

表 1

街道名称	社区数（个）	社区名称
湖里街道	18	湖里、村里、徐厝、濠头、东渡、塘边、后浦、金鼎、南山、东荣、康乐、康晖、康泰、怡景、和通、新港、海天、兴华
殿前街道	7	兴隆、长乐、北站、神山、高殿、马垅、兴园
江头街道	9	江头、吕厝、吕岭、园山、金尚、江村、蔡塘、后埔、祥店
禾山街道	10	枋湖、坂尚、钟宅、岭下、围里、禾欣、禾盛、禾山、禾缘、五缘北社区
金山街道	9	高林、五通、后坑、金山、金林、金安、湖边、金湖、金海

自然环境

【地质】 湖里区所在的厦门岛是中新生代断块岛，被数条深大断裂从大陆切割出来。湖里区地属厦门岛北部区域，地质构造位置属于“闽东燕山断坳带”的东缘，“闽东南沿海变质带”的西南部。东面濒临台湾海峡中新生代沉降带。辖区基本构架形成于燕山期。规模巨大的中生代燕山运动，改造了古生代华力西—印支运动形成的基底构造。早侏罗世时以褶皱造山运动作用为主，晚侏罗世至白垩世则以断块造山作用为主。喜马拉雅期构造特点以继承性断裂复活活动和断块差异活动较显著。第四纪以来，地壳运动以断块垂直差异升降运动为主。早更新世—中更新世的地壳以上升为主。晚更新世期间，地壳有两次升降运动，发生两次海进，第一次发生在距今 3 万—4 万年前，第二次发生在 1.6 万年前，沉积有上更新统上、下两段海陆过渡相地层，构成第二、三级阶地。全新世境内仍然有两次地壳升降运动，也出现两次海浸，第一次在距今 6000—7000 年前，第二次在距今 3000—4000 年前，从而形成下全新统和上全新统海相地层。构成现今的海蚀阶地（台地）及沿海海积阶地和滩涂。台地形成后经过长期风化，形成几米至几十米厚的红色风化壳（红土残积层），即红土台地。

【地貌】 湖里区地貌类型划分原则以形态和成因相结合，根据海拔高度和相对切割深度的差别，可分为 5 种类型。

高丘陵　海拔高度 200—500 米，相对切割深度 100—300 米。分布于辖区南部与思明区交界处，由火山岩和花岗岩构成，受构造和岩性的影响均较明显。由花岗岩构成的高丘陵常呈孤丘状，若地表植被遭受破坏，基岩裸露，山势陡峭。由火山岩构成的高丘陵坡度较为和缓，顶部浑圆，土层较深厚，植被覆盖度也较好。辖区的仙岳山属于火山岩高丘陵，为湖里区唯一的高丘陵。在湖里区与思明区交界处，海拔212米。

低丘陵　海拔高度50—200米，相对切割深度30—100米。辖区内的低丘陵有15座，分别是寨子山、仙洞山、狐尾山、虎山、园山、松柏山、牛头山、石头皮山、赤坡山、薛岭山、金山、风动山、双狮山、安兜山、钟山。

阶地（台地）　海拔高度5—50米，相对切割深度3—30米。广泛分布于海拔高50米以下的山前地带、河谷两侧和沿海地区。辖区有2种类型阶地。二级河流台地高出河流平水位10—15米，分布零散，多属基座台地，上部由河流冲积层和残积层组成，下部由基岩构成，基座牢固，宜作为工程建设用地，如高崎、江头等地的红土台地。

海蚀台地　广泛分布于辖区北部。一般可分为三级：一级海蚀台地的海拔高度为5—10米，分布于沿海地区和平原外侧，如辖区境域的厦门机场就建在一级海蚀台地上；二级海蚀台地海拔高度为10—15米；三级海蚀台地的海拔高度为25—30米。在海蚀台地分布地区，由于流水的侵蚀作用。常形成一些浅坳谷或低洼地，是水土条件较好的耕作区。辖区内台地有15个，分别是马山、神山、鸡山、龙头山、关刀山、百果山、骑马山、虎头山、县后山、大石湖山、后尾山、澳头山、觉性院山、马垅山。

平原　海拔高度2—5米，相对切割深度1—3米。平原分布在钟宅至筼筜港一带。

【土壤类型】　湖里境内土壤类型分为砖红壤性红壤、红壤、黄壤、水稻土、风沙土、盐土和潮土等7个土类、19个亚类、34个土属、55个土种。境内土壤以红壤为主，分布区域自海拔数米低丘或台地以至200米左右高丘陵顶部之波状起伏丘陵。此外，另有盐渍土，主要分布于江头、钟宅、高林等地。靠近山丘周围的地区多覆盖着砂，系花岗石风化细矿碎粒形成，主要分布于钟宅、高林、五通等地。个别沿海地带有小片风积砂丘。江头的山麓地带及山沟由于长期受泉水浸润，土层糜烂而层次不明显。

砖红壤性红壤　又名“赤红壤”。

酸性岩赤红壤分布于狐尾山—仙洞山—圆山一带，侵蚀赤红壤分布于低丘台地，海拔小于50米，如五通角和钟宅岸段临岸海蚀红土台地。粗骨性砖红壤性红壤，是成土历史较短的幼年土壤。分布于由花岗岩构成的中屿、象屿、虎屿，由酸性火成岩或陆相碎屑岩构成的小岛，如大兔屿、小兔屿等。赤土是由砖红壤性红壤经人工开垦、旱耕熟化而成的旱作土壤。分布在马垅、小东山、枋湖、县后、后坑、钟宅、五通、高林等处台地上。

海滨盐土　为盐土属海积相土壤，分布在海岸带的平原海岸、港湾和海岸草木带上，可分为滨海盐土和埭土2个亚类。前者主要分布在辖区沿海原有红树林潮滩上，后者分布在辖区内围垦脱盐及旱作熟化发育的滨海盐土，土体上层已开始脱盐，只有咸土1个属。

风沙土　主要分布在滨海沿岸沙堤、沙丘及沙地上，发育在岛屿迎风浪岸段，是一种非地带性新生土壤，主要分布在五通村浦口、泥金一带至何厝村，长达数公里。该带土壤上生长着以木麻黄为主、台湾相思混交其中的海岸防风沙防护林带。

水稻土　渗育性水稻土主要分布于山地丘陵坡地或岗背上，多系梯田，可分为黄泥田、红土田、白土田、沙质田4个土属。沙质田零星分布在高殿村。潴育型水稻土主要分布在后埔、枋湖、蔡塘、县后、五通等地。盐渍型水稻土分布于北部的海积平原。

【土壤分布】　辖区土壤类型空间分布的组合，从高到低垂直分布差异明显，从厦门岛中部湖里区与思明区交界处高丘向海岸呈环带状分布。大部分丘陵区为典型赤红壤和粗骨性赤红壤，耕作土壤有少量赤沙土和黄泥土田、灰泥田。台地低丘土壤带的海拔大多在50米以下，地面呈坡状起伏，向海岸倾斜，土壤以粗骨性赤红壤为主。耕作土壤分布于辖区内的旱作和果园，以赤土亚类为主；水田以渗育型水稻土为主，其中以黄泥沙田和红泥沙田居多，是主要水稻土类型。

【海域】　湖里区海域包括西部海域、同安湾海域、钟宅湾。

西部海域　湖里西部海域属于厦门西部海湾的一部分，北起高集海堤，南至湖滨北路西侧同益码头水闸。该海域集中厦门市主要的码头，是厦门市开发程度最高的海域，沿岸经济发达，人口密度大，人类活动频繁，承纳排污量大。部分港域出现淤积，有些航段已成为碍航浅滩。

同安湾海域　湖里东部、北部海域南起五通—澳头、北至高崎、钟宅海面，属同安湾海域。该海域地处厦门岛东海岸，海岸较平直，海域开阔。受外海海水影响较大，盐度较高，营养贫乏，浮游生物量较低，风浪较大，属高能环境。辖区所在沿海区域属于岛岸开阔海域，与西海域海湾型海域有明显差异。湖里区在1949—1979年为"军事要区"，开发程度较低，不少岸段仍保持自然风貌。1980年后，厦门东海岸出现开发热潮，滨海旅游资源遭受不同程度的破坏，海岸普遍受到侵蚀，滨岸生态环境也遭到不同程度的污染和破坏。

钟宅湾　位于湖里区东北部，为外大内小的漏斗状海湾，海域面积约4平方千米。历史上海水可涨至洪水桥。1958年，在湾内建国营钟宅盐场，占用港湾面积约0.7平方千米。港湾内有厦门岛唯一出露温泉。1978年，前线人民公社钟宅大队在国营盐场之外再建大队盐场，占用港湾面积约1平方千米。90年代末，钟宅湾被规划为城市湿地公园，更名为五缘湾。

【自然资源】 湖里区主要矿产为花岗岩，有部分锰矿出现于花岗岩中，分布在湖里矿点，钼矿分布在园山矿点，耐火黏土分布在辖区北部和东北部。辖区历史上出现过的陆地野生动物涵盖两栖、爬行、鸟、哺乳四大纲数十种，部分被列入国家重点保护野生动物名录。水生动物较之陆生动物丰富得多，有无脊椎动物，含环节动物、软体动物、节肢动物；脊椎动物，包括鱼等，总计数百种之多。湖里区野生植物主要分布在灌丛和草丛中，灌丛和草丛主要分布在山丘或撂荒地。次生林主要植物群落有马尾松林、相思树林、木麻黄林。野生植物群落红树林已基本绝迹。

气　候

【概况】 2015年，湖里区主要气候特点：气温显著偏高；降水偏多，暴雨频发；日照偏少；影响台风偏少，且程度偏弱；极端天气气候事件较多。年平均气温21.5℃；11月和秋季平均气温均异常偏高，并都创有气象记录以来历史新高；高温日数偏多。年降水量1480.9毫米；雨季开始晚，结束早；降水的主要特征是时空分布不均，表现在大部分月、季降水量与常年同期相比均存在明显差异；年内共出现11次暴雨天气，且强度较强。年日照时数1827小时。年内共有3个影响台风，影响程度均较弱。是年，湖里区主要气象灾害有暴雨、台风、高温、大雾和霾。受强厄尔尼诺事件和气候变暖的大背景共同影响，湖里2015年气候也具有明显异常的表现特征，以暴雨、台风、高温和大雾等为典型的灾害性天气时有发生。虽然这些灾害给水利、电力、航空和保险等行业带来一定的负面影响，但和常年相比，整体程度偏轻，没有造成严重灾害损失。综合评价，2015年，湖里气候影响属较好年景。

【气温】 2015年（1—12月）湖里区年平均气温为21.5℃，比常年高0.9℃。仅次于2007年；极端最高气温为38.5℃，出现在7月11日，整体强度较强。极端最低气温为5.9℃，出现在2月10日，比常年明显偏高，极端最低气温为有气象观测记录以来的第二高年份。秋季气温异常偏高，创历史极值；春雨季、雨季明显偏高；冬季、夏季正常。冬季（2014年12月—2015年2月）平均气温为13.7℃，属正常年景。春雨季（3—4月）平均气温为18.3℃，较常年偏高1.3℃，属偏高年景。雨季（5—6月）平均气温为25.7℃，比常年高1.3℃，属显著偏高和异常偏高。夏季（7—9月）俗称台风季。平均气温为27.1℃，属正常，为近10多年来平均气温相对最低的夏季。秋季（10—11月）平均气温为23.0℃，比常年高1.7℃，属异常偏高，且创有气象观测记录以来的历史新高。

【降水】 2015年，湖里区年降水量偏多，暴雨日数偏多。年降水量为1480.9毫米，比常年多145.1毫米，属偏多年景；降雨日数（日降水量≥0.1毫米）117天，接近常年；暴雨以上日数（日降水量≥50毫米）9天，较常年多4天，为有气象观测历史以来第二多年份；日最大降水量132.1毫米，出现在8月19日。除1月、7月和9月，其余各月的降水量与常年同期相比，均存在显著差异。冬季（2014年12月—2015年2月）湖里区总降水量为103.0毫米，均属偏少年景。春雨季（3—4月）总降水量为112.6毫米，属显著偏少年景。雨季（5—6月）俗称前汛期。雨季于5月9日开始，于6月20日结束，历时43天，较常年偏短22天。总降水量为331.0毫米，属正常年景。夏季（7—9月）俗称后汛期。总降水量为700.6毫米，属偏多年景。秋季（9—11月）总降水量为68.9毫米，属正常年景。

【日照】 2015年，湖里区年日照时数为1827小时，比常年（1878小时）少51小时，属正常年景。各季节日照时数的主要特点是：夏季显著偏少，为气象观测记录以来历史同期第二少年份，其余各季日照时数基本正常。

主要天气气候事件

【暴雨】 2015年，湖里区暴雨具有以下几个特点：过程多。全年共出现11次暴雨过程，其中包括9次非台风和2次台风暴雨，总数明显多于常年；强度较强。虽然11次暴雨过程的暴雨日降水量均不是很大（最大 132.1 毫米），但其中 6 次过程的日降水量仍达到大暴雨级别，尤其 12 月份 1 次暴雨过程的日降水量更是创有观测记录以来历史同期新高；季节跨度长。11 次暴雨过程跨度包括从雨季、夏季、秋季直到 2016 年冬季的 4 个季节；非台暴雨表现突出。非台暴雨占比高，其中 3 次出现在非台风影响的台风季，更是比较少见；灾害损失较轻。虽然个别暴雨过程强降水导致城市内涝、道路积水、车辆被淹等状况发生，但整体造成的灾害损失不大。

【台风】 年内，影响湖里区的台风主要特点一是数量少。全年共受 3 个台风影响，比常年约少一个，分别是 2015 年第 13 号台风“苏迪罗”、第 15 号台风“天鹅”以及第 21 号台风“杜鹃”。二是影响程度偏弱。3 个影响台风虽然给厦门带来一定的风雨影响，但强度整体偏弱，且没有造成明显灾害损失。

【高温】 2015 年，湖里区高温日数（日最高气温≥ 35℃）9 天，为常年高温日数的 2 倍。其中，6 月高温日数创气象观测记录以来历史同期最多；7 月出现持续性高温过程，其中 2 天的高温强度均超过 38℃。

【大雾】 2015 年，厦门大雾日数 63 天，比常年多 21 天，尤其 9 月和 12 月大雾日数均创有观测记录以来历史同期最多记录。是年，大雾的主要特点是强度较强，有 9 次大雾天气的最低能见度均小于 100 米，严重影响了城市交通管理，迫使机场、高速公路、码头等关键交通枢纽关闭或停运。

【气象干旱】 10 月 10 日至 12 月 2 日，湖里区累计 54 天的降水量只有 1.2 毫米，达到气象秋冬旱中旱的程度。12 月 3 日，厦门出现持续性降水，4 天累计降水量达 30.6 毫米，彻底解除了旱情。

【霾】 2015 年，湖里区霾日数 50 天，比常年多 30 天，霾日主要出现在 1—4 月，5 月以后基本没有霾日出现。是年霾日数比 2014 年有大幅度地减少，也是近 5 年来霾日第二少的年份。

【雷电】 2015 年，湖里区雷暴活动整体较弱，初雷日出现在 1 月 20 日，终雷日是 12 月 21 日。湖里区全年共发生 5251 次闪电，雷电活动频繁月为 5—8 月，约占全年的 84.6%，密度为 1.29 次 / 平方千米。

（张宪敏、全丰军）

人口　民族

【人口】 截至 2015 年底，湖里区共有常住人口 101.50 万人，户籍人口 89620 户、约 28.46 万人，其中，当年出生 4996 人，出生率 1.8%；全年死亡 857 人，死亡率 0.3%；自然净增长人口 4139 人；户籍人口中，按性别分，男性 14.31 余万人，女性 14.15 余万人，性别比为 101。按年龄分，18 岁以下近 10.99 人，占 38.6%；18—35 岁 8.69 余万人，占 31%；35—60 岁 10.75 余万人，占 37.78%；60 岁以上近 3.32 万人，占 11.66%。

【民族】 2015 年，湖里区户籍人口有 14 个民族，其中汉族 27.85 万人，约占 97.82%；少数民族 13 个，共 8433 人，约占 2.9%。少数民族中，畲族最多，5098 人；回族次之，1247 人；满族第三，549 人；其他依次为土家族 355 人，朝鲜族 258 人，蒙古族 229 人，苗族 201 人，壮族 197 人，侗族 97 人，布依族 67 人，瑶族 62 人，彝族 46 人，白族 27 人。

（汪少明）

【方言】 湖里区位于厦门岛的西部至北部。原属厦门岛上“禾山区”的一部分，民间旧称“山场”[$sua^{1}tiu^{2}$]，或叫“顶禾山”[$tin^{1}ho^{2}san^{1}$]（禾山的上半部）。湖里区本地人所讲的方言属闽南方言的厦门话，它跟市区的厦门话有一些极小的差异，但跟厦门市区的厦门话能互通无阻。有人将它称之为厦门话的“禾山腔”。这种“禾山腔”语法与闽南话的厦门话相同，语音与词语略有区别。

语音方面有两个很明显的特点：一是厦门市区读“i”韵母的一些字，湖里区多数读“u”韵母。二是厦门市区读“in”韵母的一些字，湖里区读“ai”韵母。词语方面的小差异，也主要表现在两个方面。一是有一些词语的读音跟市区不同。最明显是相当一部分人将“母亲”叫作[$au^{3}a^{3}$]，这可能是“阿母仔”[$a^{1}bu^{3}a^{3}$]的合音。二是有一小部分事物的叫法跟市区不同。湖里区内部的差异更小，大概可分为 4 片：一是以区政府所在地的枋湖为中心，包括原后埔、江头地区；二是五通、高林等地区；三是高殿、寨上等地区；四是钟宅地区。除了钟宅地区外，其他 3 个地区之间的差异几乎不容易看出来。钟宅的百姓多是畲族，但他们却不说畲语，而是说闽南方言。钟宅百姓所说的闽南方言跟湖里区的闽南方言是比较一致的。其差异也不明显，给人们留下比较深刻的印象是钟宅百姓的口音里常带有一个话尾词“搭[tah]”，相当于普通话的“啦”。另外，个别词语的读音或叫法也有一点不同。

2015年湖里区户口迁移情况统计表

表2　　　　　　　　　　　　　　　　　　　　　　　　　　　　　　　　　单位：人

项目／地区	户口迁移情况			户口迁移类型							村委会成建制改居委会		户口迁往农村人数
	合计	其中		各类投靠人员人数			专业管理人才落户人数	购房落户人数	投资落户人数	其他	个数	人数	
		户口迁入设区市城区人数	户口迁入城镇人数	夫妻投靠	子女投靠父母	父母投靠子女							
禾山所	4373	4373	0	423	175	177	1103	2091	94	310	0	0	0
殿前所	1052	1052	—	142	26	38	5	9	4	828	—	—	24
江头所	1670	—	1670	307	85	124	—	334	35	785	—	—	—
金山所	2197	1720	477	442	267	136	102	509	42	801	0	0	0
湖里所	2674	2674	0	626	316	197	160	124	87	1164	0	0	0
五通所	263	263	—	48	8	16	0	93	1	97	0	—	4
高崎所	2	2	0	1	0	0	0	0	0	1	0	0	0
合计	12231	10084	2147	1989	877	688	1370	3160	263	3986	0	0	28

说明：1. 表中 2=3+4=5+6+7+8+9+10+11

2. 城镇是指县级市的市区和县城关镇以及县市以下建制镇区（建制镇区与人口年报口径一致）

2015年湖里区农民工进城户口迁移情况调查表

表3　　　　　　　　　　　　　　　　　　　　　　　　　　　　　　　　　单位：人

项目／地区	本省市、县、区农民工进城人数	其中户口迁入城市、城镇人数	户口迁移类型					省外农民工到我省城市、城镇人数	其中户口迁入我省城市、城镇人数	城市城镇居民回乡落户情况
			各类投靠人员人数	招工人员迁入人数	进城购房落户人数	进城经商办企业落户人数	其他			
禾山所	3290	3290	671	799	1691	60	69	1083	1083	0
殿前所	29429	242	87	0	8	2	145	—	136	0
江头所	24813	1242	526	45	278	22	371	21661	424	0
湖里所	112076	2674	1314	1018	124	87	131	0	151	0
金山所	267708	2197	845	105	509	42	696	49728	442	2
五通所	83	263	73	0	93	1	96	180	263	4
高崎所	257	1	1	0	0	0	0	575	0	0
合计	437656	9909	3517	1967	2703	214	1508	73227	2499	6

说明：1. 表中 3=4+5+6+7+8

2. 城镇是指县级市的市区和县城关镇以及县市以下建制镇区（建制镇区与人口年报口径一致）

3. 农民工指在城市、城镇以外居住的人员

4. 回乡是指回原籍地

2015 年湖里区开展直系亲属投靠户口登记迁移工作情况统计表

表 4　　单位：人

项目 / 地区	户口迁移情况				户口迁移类型									
	合计	其中			夫妻投靠	未成年子女投靠父母	成年的未婚子女投靠父母	已婚子女投靠父母（/）		父母投靠成年子女	未成年孙子女投靠祖父母或外祖父母	祖父母或外祖父母投靠未成年孙子女	儿媳、女婿投靠公婆、岳父母	现役军人子女随父母在部队驻地登记出生落户
		在设区市城区投靠人数	在县市城区投靠人数	在乡镇投靠人数				户	人					
禾山所	775	775	0	0	423	175	0	0	0	177	0	0	0	1
殿前所	232	40	105	87	142	26	0	0	0	64	0	0	0	2
金山所	626	626	0	0	324	160	41	50	50	51	0	0	0	0
湖里所	1139	1139	0	0	626	316	0	0	0	197	0	0	0	0
江头所	1670	0	1154	0	307	83	0	2	2	124	0	0	0	0
五通所	72	72	0	0	48	8	0	0	0	16	0	0	0	0
高崎所	1	1	0	0	1	0	0	0	0	0	0	0	0	0
合计	4515	2653	1259	87	1871	768	41	52	52	629	0	0	0	3

说明：1. 表中 2=3+4+5=6+7+8+10+11+12+13+14
　　　2. 统计时间从当年 1 月 1 日起，上报数据为累计数

宗教风俗

【宗教和民间信仰】 湖里区宗教有佛教、道教、基督教。佛教活动场所有觉性院、观音寺、天竺岩寺，基督教活动场所有新区堂、寨上堂、钟宅和南山路活动点。湖里区大大小小的民间信仰宫庙有 161 座，其中仙岳山土地庙、湖里凤和宫、泥金兴隆宫、濠头濠沙宫为市级民间信仰联系点，辖区内设有闽南文化保生慈济分会。影响较大的宫庙还有龙湫亭、高崎万寿宫、安兜青辰宫、钟宅澜海宫、后埔禾济宫、薛岭龙源宫、乌石浦洞炫宫、殿前东山寺、后门小厅宫、昭塘观音寺、后坑资福院、坂美五郎庙、霞边凤山宫、浦口瑞云宫。宫庙供奉的神灵五花八门，有佛教的如来、观音，道教的太上老君、王母娘娘、玄天大帝、张天师、土地神，历史圣贤五谷仙祖、关公、开闽王、三忠王，池、李、朱、邢、温、孙、赵、康等姓的王爷，本省俗神妈祖、保生大帝、三平祖师、清水祖师、广泽尊王，本地孙姓祖佛真异大师、林姓祖佛林希元，源自本地的俗神白鹤仙祖、耀生伯、三叔公。物灵信仰有虎相公和榕树王等。土地公在当地颇受尊崇，其次是妈祖、王爷、保生大帝、观音。仙岳山土地庙是全国规模最大的土地庙。居民住家多数设有“佛龛”，供奉观音、土地公、灶君。关帝被视为财神，店家供奉为多。当地宫庙建筑俗称“皇宫起”，前后殿之间有天井，大多为三开间燕尾翘脊典型的闽南建筑，少有山门牌坊。保存最完好的古建筑是薛岭龙源宫，最具纪念意义的是五通万人坑祖庙，奉祀被日寇杀害者的亡灵。祖灵信仰深植当地人心。住家中设有祖宗神位，前置香炉、烛台，清明、七月半、冬至和除夕“四节”以及祖宗的忌日进行祭拜。同姓聚居的村落建有陈、林、黄、孙、王、钟等 19 个姓氏的 46 座宗祠，俗称祖厝，奉祀开基祖以及列祖列宗，每年在固定的日子里祭祖，结婚的新人婚后要到祖厝里敬拜。乌石浦萧氏家庙、湖里杨氏宗祠、后浦陈氏宗祠被列为市级涉台文物保护单位，两岸宗亲共同祭拜祖先。民间信仰中，祭品常见的是三牲（猪肉、鸡、鱼）和米龟、米粿。信众以掷筊杯俗称“卜杯”进行占卜，有的宫庙中还备有签枝和签诗。醮事多数是道教的科仪，意在祈福和消灾。许多宫庙在神诞日会组织信众前往祖庙参拜进香俗称请火，奉祀妈祖的三月廿三到湄洲

岛或何厝香山妈祖庙请火；奉祀保生大帝的三月十五到白礁、青醮保生大帝慈济宫请火。在元宵节、神诞日或是佐事时，宫庙举办庙会，请出神灵的神像巡游称为“巡境”，接受信众的敬拜俗称“吃香位”，同时设礼酬神、献戏娱神。其中较有特色的是湖里凤和宫、高崎万寿宫、殿前白鹤寺、后埔禾济宫的庙会，岭下、墩上、尚忠和坂上“王爷公坐任”，高林保安殿“妈婆出巡”，薛岭龙源宫“送王”，枋湖、梧桐“请丈公”。农历十月常有举办王爷佐事，请王爷巡境、敬王爷、送王爷，即“迎王、贡王、送王”。钟宅、枋湖、浦口等地还举行“送王船”活动。海峡两岸有着共同的“神缘”，当地许多民间信仰活动会有台湾信众参加。

【风俗】 食俗　湖里区居民一日三餐以干饭为主。稀饭俗称“糜”，大多是番薯糜。也有用芋头、海蚵煮成或者掺有高丽菜、芥菜、南瓜的“咸糜”。除此之外，待客炒米粉、冬粉，坐月子吃面线，丧事吃咸糜、咸饭、红糟肉，小孩满月“饫油饭”，生日吃蛋，做寿吃面，婚嫁吃圆仔，清明吃薄饼，五日节、七月半吃粽子，六月半、冬至吃汤圆；八月半吃红米龟；年兜蒸咸粿、发糕；正月初九吃甜粿。

茶俗　本地把喝茶说成吃茶，茶叶俗称“茶心”，基本是用陶制的茶具泡出的“功夫茶”。家家户户有茶桌（茶几）和一整套茶盘、小茶壶、茶缸、茶盅、茶杯、茶漏、茶铲。“吃茶”的说法已经被“泡茶”所取代。泡“功夫茶”讲究程序和功夫，大多是用紫砂茶壶、白瓷茶杯，程序有孟臣沐浴、水淹七军、乌龙入宫、高山流水、春风拂面、关公巡城、韩信点兵之讲究。待客的最高礼节是白糖水煮2粒鸡蛋的“鸡蛋茶”。新娘“捧茶”待客时，一般用冬瓜糖、桂圆、枸杞泡的“冬瓜茶”。茶俗还表现在各种祭拜的礼仪当中。年节或神明纪念日，拜神拜佛要敬献3杯“清茶”。平常则在佛龛面前摆放茶叶，以代替日常“敬茶（水）”。

酒俗　本地以酒为礼。订婚办酒席，结婚办喜酒；生儿育女办满月酒；送行有“顺风酒”，迎归喝“接风酒”；祭祖敬神和丧事祭拜都要祭酒。但是饮酒不强求，节制自便为主。饮酒以米酒、高粱酒为主。药酒为大多数人所欢迎，“固本药酒”“万全堂药酒”久盛不衰。不少人用当归、党参、枸杞、桂圆等中药泡制药酒，“吃补”时和着鸡、鸭等食物食用。在霜降、立冬、冬至和妇女坐月子时，所吃的滋补食物一定要掺药酒。

服饰习俗　现在的男女服装呈时装化和个性化。不管穿什么样的衣服都忌反穿，因为会联想到为死去的人“套衫。

妇女在节庆和喜事时头发插着用红线和金箔丝缠扎的“春花”。本地把耳环和戒指称为“耳勾”“手子”。年轻女子戴的“耳勾”多是有小垂链的，年长女子的“耳勾”大都镶有珍珠或玉石。多数女子戴圆箍形的戒指，俗称“斗箍”戒指。

称呼习俗　祖先和长辈的名字不能直呼。与长辈名字同音的字也要有所避讳。小辈更不能叫长辈的小名。同事之间一般在姓前冠以“老”“小”。邻里之间称呼，对年长者在名字后加上辈分，如伯、叔、兄、姑；对于已婚女性在其丈夫名后加姆、婶、嫂等；对于同辈和下辈则可直呼其名。除了部队和学校点名，人际称呼一般不连名带姓。

婚嫁习俗　结婚时吃喜饼、喜糖，本地俗称“糖仔饼”。出嫁时携带象征吉利的春谷、大麦、芋子、火炭、生铁等“12项”。结婚当天，新郎、新娘都要进行“上头”。新娘出嫁是用彩带花束装饰的花车。结婚时新房要摆汤圆、米糕，要让小男孩先在新床上“翻床”。喜筵之后，众宾客闹洞房，本地俗称“哗新娘”。婚礼之后新娘向长辈敬茶，长辈回之以礼品，叫“压茶盘”。

生育习俗　妇女怀孕叫“有身”，产前的一个月称“顺月”。婴儿诞生满月，雅称“弥月”，要修剪婴儿的胎发，所以满月俗称“剃头”。婴儿周岁俗称“度晬”，周岁开始，小孩要穿鞋了，所以周岁又叫着“穿鞋”。

丧葬习俗　丧葬习俗实行火葬，习俗由繁及简，但基本延续了旧时的初丧、小殓、大殓、出殡、下葬、孝祀，既烦且费。逝世本地称“过身”，净身后给死者换衣服俗称“张穿”，古称“小殓”。丧眷围在逝者旁过夜，称“守丧”；封棺之后丧眷守灵柩而眠，叫着“守灵”。出殡本地称“出山”，灵柩移到公众场所，接受送葬亲友的祭奠，称为“谢拜”。来年的正月初三，逝者的家中“烧新床”，祭亡灵。之后逝世周年都要祭拜称“做祭”。

岁令节俗　时序节俗中，民谚称春节“初一早，初二早（早早就去拜年），初三睏到饱（不宜出门，可以在家睡懒觉），初四接神，初九天公生，十五上元暝。”大年初一不吃稀饭，不洗衣、不扫地，不汲水。初二女儿携女婿回娘家拜年，俗称“查某团日”。初四摆果品和“三牲”，上香“接神”。初九为“天公生日”，敬拜相当隆重。元宵节本地叫作“上元”，观灯而不吃元宵，近年来政府组织元宵文化踩街活动。本地有的在清明节，有的在三月初三“三日节”扫墓、“压墓纸”。钟宅钟姓扫墓之后在祖墓前架灶煮供品供大家分食，叫“吃祖墓”。端午节用粽子祭祖先，在门户上挂艾草、榕叶辟邪。在旧观念中，七月是“鬼月”，忌办喜事、搬新居。七月十五俗称“七月半”，要祭祖，在此前后数日村社轮流“做普度”祭拜鬼神。中秋俗称“八月半”，在家中用红米龟祭拜祖先，近年来本区在仙岳山土地庙举办土地公信仰文化节。立冬和霜降吃药膳补身。冬节隆重地祭祖，主要祭品是汤圆。十二月二十四俗为送神之日。本地称除夕为“廿九暝”。用丰盛的饭菜和发糕、咸粿祭拜祖宗和神灵。吃年饭叫围炉，年饭中要有鱼和血蛤。除夕夜在供桌上摆红柑、春饭、发糕迎春祈福，上面都插红色的“春枝”。

（黄国富）

美丽厦门·共同缔造

【概况】 2015年，湖里区通过总结梳理成功经验、完善提升硬件设施、安排机关部门挂钩帮带、区缔造办面对面检查指导等方式，指导社区健全完善社会组织，积极开展志愿服务活动，落实认管认养长效管理机制。制作了《美丽厦门·共同缔造创新成果汇编》，推广在职党员到社区报到、推行政府购买服务、党组织“金服务”、社区事务听评会、同胞融合治理、志愿服务规范化等32项成功经验，兴隆社区同胞融合、金安社区志愿服务、金尚社区党组织“金服务”等做法成为全市、全省乃至全国的品牌。选定20个不同类型的社区作为重点打造社区。经综合考评，共评出新的典范社区22个，使全区典范社区总数达到32个，占总数的61.5%。组织对“以奖代补”项目进行5次验收，并及时兑现奖励资金。收集、审定了两批67个新的“以奖代补”项目，涉及资金约3600余万元，其中社区自筹、居民出资、社会赞助900余万元，区、街财政补助约2710.63万元。以共同缔造的理念推进老旧小区改造，取得明显成效。重视抓好品牌文化活动的开展，打造“幸福广场秀”、社区文化艺术节、城市诵读节等区级重点文化活动品牌，持续组织开展道德讲堂、湖里星期六、激情五缘湾等活动。深化完善“一核多元、共治共享”的社区治理模式，完善“以奖代补”项目推进机制，推进服务型党组织建设，以“小区楼宇微党建、居民组织延伸党建、驻区单位协同党建，制定了促进人大代表，政协委员，工、青、妇等群团组织参与共同缔造的机制，完善了社区同驻共建理事会工作机制。投入1500万元用于政府购买服务。落实《湖里区社区社会组织登记与备案管理暂行办法》，深入推进社会团体登记管理制度改革，组建起了十余个领域较为专业的志愿者队伍，注册总人数近4万。完善同胞融合治理机制，承接并圆满完成第二届海峡两岸社区治理论坛接待任务，加强了与台湾社区的共建交流。积极推进区直部门融入共同缔造，引导区直部门结合本职工作参与共同缔造。

【完善“以奖代补”机制】 4月，湖里区修订了《湖里区美丽厦门共同缔造“以奖代补”项目实施办法》，增强了可操作性，并研究制定了《湖里区共同缔造“以奖代补”项目比选企业招投标工作方案》和“以奖代补”项目验收实施办法等配套政策，加强了对项目的运行管理。按照“三个明确（明确验收组成员、明确验收程序、明确奖励资金）”的标准和考评表指标要求，通过现场看、查资料、随机问等评分考核方式，组织对“以奖代补”社区建设项目进行了5次验收，并及时兑现了已验收合格的30个项目奖励资金764.06余万元，使全区的“以奖代补”项目实现了社区全覆盖。

【湖里区首个社区书院挂牌】 7月2日，湖里区首个社区书院——金安社区书院挂牌开课。书院以“标准化、精细化、常态化、品牌化、信息化、责任化”等“六化”建设为目标，从完善设施、规范制度、

金安社区分课堂（区缔造办供图）

整合资源、拓展功能等方面入手，打造居民共同的“精神家园”。金安社区书院以居民需求为导向，设置品德修养、科普养生、医疗保健、文化艺术等20类课程，制作课程菜单，方便居民点单。书院的老师既有高校的教授、医学专家，也有社区里的才艺达人以及志愿者。

【全国社区治理创新工作会议代表实地考察金尚、金安社区】 7月28日，全国社区治理创新工作会议在厦门召开，全国31个省市代表和专家学者、媒体记者以及民政部副部长等领导到金尚、金安社区实地考察社区治理创新成果，金尚社区创新服务型党组织“金服务”党建工作法，以社区事务听评会为载体，成功破解广场舞噪音扰民等难题。金安社区总结提炼志愿服务的八项制度、八步流程、七字做法，创新设立“邻里互助中心”，社区志愿者主动融入社区事务，积极开展邻里守望、洁净家园、心理咨询等主题志愿服务活动受到代表们的高度评价。

典范社区考评（区缔造办供图）

【参与全市社区（村居）骨干及辅导员培训】 10月28日，全市社区（村居）骨干及辅导员培训班在市委党校开班，湖里区48名社区骨干分6批参加，兴华、康乐、马垅、金尚、金安社区配合开展了学员见习工作，禾山街道办事处副主任李建军和湖里街道康乐社区书记曾清华担任授课教练员，分别介绍了“如何履行挂钩社区干部的职责”和“如何发动群众参与、有效落实以奖代补项目”的经验。

7月28日，全国社区治理创新工作会议代表考察金安社区（区缔造办供图）

【典范社区评选】 12月，按照《厦门市美丽厦门·共同缔造“三个等级”村（社区）分类认定实施办法（暂行）》规定的程序、标准和要求，湖里区对53个社区进行了“美丽厦门·共同缔造”群众参与度考评。区相关职能部门人员、街道和社区共同缔造骨干，分成软件组和硬件组，采取听汇报、查资料、看现场、组织群众测评的方法进行考评。软件组侧重检查工作机制、制度建设、民主评议、社会组织和活动开展情况；硬件组侧重检查项目建设、氛围营造和成果展示等内容，检查人员逐项打分，填写考评意见，经汇总得出考评总分。共评选出22个新典范社区（小区），此次考评还对上年评选出的10个典范社区进行了“回头看”，重点检查老典范社区的巩固提升和项目拓展，了解社区共同精神培育情况。

（叶颖）

【居民生活】 2015年，湖里区城镇居民人均可支配收入42314元，比上年增长6.6%。城镇居民人均消费性支出27796元，增长5.0%。

（杨菲）

中共厦门市湖里区委员会

重要会议

【概况】 2015年，中共湖里区委召开2次全体（扩大）会议，分别是区委七届十五次全体（扩大）会议、区委七届十六次全体（扩大）会议。共召开32次常委（扩大）会议和一次区委工作会议。

【区委七届十五次全体（扩大）会议】 7月23日，区委召开七届十五次全体（扩大）会议，区委委员、区委候补委员参加会议；区纪委常委，非区委委员的区级领导，区级老领导，区法院、区检察院、湖里公安分局、区人武部主要领导，区市场监督管理局、区国税局、区地税局、湖里环保分局、市质监第一分局主要领导，各街道党工委书记、办事处主任、人大工作委员会主任，各社区书记、主任，区直各部、委、办、局、各人民团体主要领导，区人大和政协各委、办、室主要领导，区进修学校及区属各中学主要领导，区属国有企业主要领导，部分非公有制经济代表人士等列席会议。会议深入贯彻省委九届十四次全会和市委十一届十次全会精神，研究部署湖里区打造国际一流营商环境、加快产业转型升级等重要工作，动员全区各级各部门和广大干部群众进一步解放思想、改革创新，在新的起点上推动“创新湖里”建设新跨越。区委书记张毅恭在会上作了《打造一流营商环境，加快产业转型升级，在新的起点上实现“创新湖里”建设新跨越》的报告，要求全区各级、各部门要在市委的坚强领导下，主动适应经济发展新常态，紧紧抓住中央支持福建加快发展、厦门建设21世纪海上丝绸之路战略支点城市和自贸试验区的重大历史契机，认真落实美丽厦门战略规划，以提升营商环境为先导，以实施产业创新为抓手，以加快干部转型为保障，推动发展动力向创新驱动转变，激发全社会创新创业活力，打造国际一流营商环境和湖里产业升级版，构筑支撑湖里区转型发展新的竞争优势，努力实现“创新湖里”建设的新跨越。

【区委七届十五次全体会议】 7月23日，区委召开七届十五次全体会议，区委委员、区委候补委员参加会议，区纪委常委列席会议。会议讨论了《中共湖里区委、湖里区人民政府关于进一步加快产业转型升级的实施意见》《中共湖里区委、湖里区人民政府关于贯彻落实〈中共厦门市委、厦门市人民政府关于打造国际一流营商环境的意见〉的实施意见》和《湖里区实施〈中国制造2025〉行动计划》，审议通过了区委七届十五次全体会议决议（草案）。

【区委七届十六次全体（扩大）会议】 12月3日，区委召开七届十六次全体（扩大）会议，区委委员、区委候补委员参加会议；区纪委常委，非区委委员的区级领导，区级老领导，区法院、区检察院、湖里公安分局、区人武部主要领导，区市场监督管理局、区国税局、区地税局、湖里环保分局、市质监第一分局主要领导，各街道党工委书记、办事处主任、人大工作委员会主任，各社区书记、主任，区直各部、委、办、局、各人民团体主要领导，区人大和政协各委、办、室主要领导，区进修学校及区属各中学主要领导，区属国有企业主要领导，部分党代表等列席会议。会议深入学习贯彻党的十八届五中全会和省委九届十五次全会、市委十一届十一次全会精神，听取区委常委会工作报告，审议《中共湖里区委关于制定湖里区国民经济和社会发展第十三个五年规划的建议》，进一步动员全区各级各部门和广大党员干部群众凝心聚力，持续推进“创新湖里”建设，率先全面建成小康社会和美丽厦门典范城区，拼搏再创特区发祥地新辉煌。

区委书记张毅恭在会上作了《勇当“五大发展”示范区，奋力开创湖里区“十三五”发展新局面》的报告，要求全区各级党组织和广大党员干部要在市委的坚强领导下，坚持“四个全面”战略布局，坚持发展第一要务，以“美丽厦门·创新湖里”为定位，以加快产业、城市和社会转型为主线，以提高经济发展质量和效益为中心，着力创新发展、协调发展、绿色发展、开放发展、共享发展，加快形成适应经济发展新常态的体制机制和发展方式，统筹推进经济、政治、文化、社会、生态文明建设和党的建设，勇当“五大发展”示范区，率先全面建成小康社会，打造美丽厦门典范城区和创新创业活力四射新湖里，拼搏再创特区发祥地新辉煌。

【区委七届十六次全体会议】 12月3日，区委召开七届十六次全体会议，区委委员、区委候补委员参加会议。会议审议通过了《中共湖里区委关于制定湖里区国民经济和社会发展第十三个五年规划的建议》《中共湖里区委常委会2015年工作报告》以及区委七届十六次全体会议决议（草案）。

【区委常委会议】 2015年，区委共召开32次常委（扩大）会议，传达学习了党的十八届五中全会和省委、市委常委（扩大）会议精神等，讨论通过了《湖里区重大项目引荐人奖励办法》《关于推进福建自贸区厦门片区两岸贸易中心核心区招商引资和产业引导的实施办法》《湖里区关于促进商贸业稳定增长的意见》《湖里区关于促进工业创新转型增长的暂行办法》《湖里区关于促进建筑业发展的实施意见》《湖里区关于促进企业上市的实施办法》《湖里区开展创建“老年人健身康乐家园”活动的实施意见》《自贸区联动招商考核办法》《湖里区关于加快旅游业发展的实施意见》《湖里区促进旅游业发展的扶持奖励办法》《湖里区网上突发舆情处置规程》《关于促进厦门两岸集成电路自贸区产业基地发展的办法》《湖里区重大决策社会稳定风险评估实施细则》《湖里区关于推进大众创业万众创新的实施办法》等文件，研究湖里区开展干部转型大讨论活动方案、2014年度总部企业认定及奖励、建立党风廉政建设季度落实清单制度、区领导干部挂钩联系重点企业制度、建立健全每月联合督查工作制度、落实党风廉政建设责任制区级检查实施细则、筹建产业投资管理公司、落实深化医药卫生体制改革综合试点实施方案、调整区土地房屋征收与返迁安置工作指挥部、确定2014年区重点产业人才以及台湾专业人才名单、组建湖里区区属城市建设公司、加强经济运行调度和主要指标考核工作机制、2015年社区组织换届选举工作、加强高新技术园区非公企业党建工作等相关事宜。

【区委工作会议】 4月2日，中共湖里区委召开区委工作会议，研究部署湖里区组织、宣传、统战工作，区委分管领导总结了2014年工作，部署了2015年工作。市人大副主任、区委书记刘育生做总结发言，他充分肯定了过去一年全区党建工作，要求新的一年里认真贯彻中央和省委、市委各级组织、宣传、统战工作会议精神，严格落实党要管党、从严治党方针，推动党建工作再上新水平。

重大活动

【市委、市政府工作检查】 3月20日，省委常委、市委书记王蒙徽，市长裴金佳带队到湖里区检查美丽厦门战略规划、社会治理等工作，实地察看了海峡建筑设计文创园和复旦大学附属医院厦门医院。王蒙徽在调研时指出，湖里区是厦门的核心区，集中代表着厦门发展的水平和形象，要紧紧围绕中央“四个全面”战略布局，主动顺应新常态，切实加快转型发展，在全市改革发展中体现更大作为。他强调，要加快资源整合，推动转型升级。在统筹发展上下功夫，加强发展资源的整合和集约利用，提升城市功能，培育竞争优势，开辟发展的新空间。要着力深化改革，加快转变政府职能。用好自贸试验区建设的机遇，推动企业成为自主创新的主体，营造更加国际化、市场化、法治化的营商环境，推进城市治理体系和治理能力现代化。要坚持从严治党，落实主体责任。各级党委要切实担负起从严治党的主体责任，按照“三严三实”要求，扎实推进党风廉政建设和反腐败工作，持续抓好党建各项工作，营造风清气正、干事创业的良好氛围。

8月5日，省委常委、市委书记王蒙徽带队到湖里区调研，了解湖里区贯彻落实市委十一届十次全会精神的思路举措以及经济社会发展情况，推动完成年度目标任务。王蒙徽一行现场查看了湖里区的两个产业转型升级项目——云创智谷移动互联和火炬科技新天地一期。针对湖里区的实际，王蒙徽提出四点要求：一是对标要具体。二要用好自贸试验区机遇。三要建设适应新常态的干部队伍。四要切实完成2015年的目标任务。

【省委、省政府工作检查】 5月20—22日，省政协主席张昌平带领省委、省政府工作检查组在厦调研检查。检查组在湖里区察看了福建自贸试验区厦门片区、海峡建筑设计文创园等2个考察点。针对厦门发展过程中存在的转型阵痛、产业竞争和发展后劲等三大压力，检查组提出了四点建议：一是要把握国家大力扶持产业升级的机遇，加快推进产业创新；二是要把握自贸试验区建设的机遇，加快体制机制创新；三是要把握区域经济一体化的机遇，加快拓展城市发展空间，推进厦漳泉同城化；四是要把握国家支持生态文明示范区建设的机遇，加快提升城市品位。

11月19日，省委书记尤权率调研组深入福建自贸试验区厦门片区调研，调研组实地察看厦门国际航运中心C区、跨境电商产业园暨两岸海运快件中心、夏商风信子进口商品直购中心等3个考察点。就推进自贸试验区建设，尤权强调：一要进一步提高思想认识，全面推进各个试验项目的落实；二要对标先进，对标企业需求，坚持问题导向，进一步加大工作力度；三要加强各部门协调配合，以方便企业为目标，勇于打破利益格局，推动形成自贸试验区建设合力；四要进一步加强事中事后监管，有关部门要积极探索和创新监管模式，完善监管风险点和防控措施，不断提升监管水平；五要加强组织领导和统筹协调，地方党委政府要切实扛起责任，协调解决自贸试验区建设中存在的问题；六要进一步扩大交流，各个片区间要及时总结经验，相互学习借鉴，共享改革创新成果，把自贸试验区建设成为体制创新和对外开放的样板。

办公室工作

【文字综合】 区委办公室全年共撰写文字材料189篇。一是起草区委重要会议材料，包括区委七届十五次、十六次全体（扩大）会议、区委工作会议、全区经济工作会议等重要会议材料；二是完成区委重要汇报材料，包括中央和省、市检查组到湖里检查考评、省委巡视组到湖里巡视、市委拉练检查、市领导到湖里调研、区委主要领导参加市委季度座谈会、市委务虚会等汇报材料以及省委办公厅、市委办公厅要求上报的各种材料；三是撰写区委主要领导讲话稿，主要是在区“两会”、经济运行分析会、纪委全会、共同缔造推进会、维稳工作会、计生年度会、文明创建部署会、征地拆迁动员会等各类专项会议和重要场合的讲话稿；为区委宣传部和新闻媒体提供通讯报道素材，参与重要宣传报道的策划与把关，《建设创新创业活力四射新城区》《勇当“五大发展”示范区》多篇文章在厦门日报、厦门通讯等刊物上发表；保障区委常委会高效运转，主动收集议题，认真安排议程，严格把关材料，并做好会议记录，整理会议纪要32份。

【督查督办】 2015年，区委办公室围绕区委中心工作和重大决策，联合区纪委、区委组织部、区政府办、区效能办等部门，建立每月联合督查机制，通过一月一计划、一月一重点、一月一督查、一月一反馈、一月一通报等制度，提升督查工作水平。全力抓好决策督查，对全面深化改革、省市主要领导调研指示、全市经济工作会议等决策部署进行责任分解，形成较具操作性的跟踪督办任务542项，滚动督查，及时推动，有力促进市、区两级各项决策部署的落实。开展专项督查，围绕省市重点项目建设、土地房屋征收与返迁安置等重点，实时跟踪进展，形成季报、月报、周报呈报区委主要领导，呈报《督查落实专报》36期，推动美丽厦门·共同缔造行动、“创新湖里”建设、维护社会安全稳定、城市管理提升、落实从严治党、打造新兴产业集聚区、对接推动自贸区建设、征地拆迁、重大项目推进、重点片区提升等全区10项重点工作的顺利开展。全年通过召开重大项目会10场，区委专题协调会议11场，推动完成了全区老旧住宅项目改造提升、解决集体土地上房屋征收非政策性安置人口住房困难等工作。保障领导督查调研，全年共服务中央、省、市、区各级领导完成调研30场，完成夏商国际商城周边环境整治、海峡文创园园区景观视觉效果提升等工作。年内，承办上级督办、交办件83件，区委主要领导批示件401件，开展本级督办154件，全部办结。

【党建工作】 年内，印发2015年全区党建工作要点，召开区委常委（扩大）会议和区委工作会议，部署全区党建工作，构建责任明确、保障有力、齐抓共管的党建工作格局。在全区深入开展“三严三实”专题教育，做好全区党员干部教育培训，严格党内政治生活，建立健全作风建设新常态，有力推动了全区经济社会健康持续发展。围绕“从严治党”展开党建调研，区委主要领导调研高新技术园非公党建工作，组建全市首个产业园区企业共建理事会——高新技术园区发展共建理事会，用共同缔造理念推进园区党建，得到中组部领导肯定。走访调研9个党群部门和5个街道党工委，深入太古飞机、欣贺服饰等14家企业党组织，以及金鼎、湖边等19个社区调研党建工作。建立7项共同缔造机制，推动金鼎、神山等老旧小区改造。建立基层党建督导制度，组建10个基层党建督导组，对各党（工）委58个“党建办实事项目”的部署推进情况、“三严三实”专题教育开展情况、各党（工）委基层党建办实事等12项内容进行党建督导。制定区委主要领导挂钩联系帮扶企业和“六百”走家入户调研方案，帮助企业与个人解决生产、生活困难。召开各街道工作情况汇报会，部署市对区党政领导班子综合考核评价工作，对全区37个部门开展督查，跟踪通报每月指标落实情况，督办落后指标，找出存在问题，催办进度落后的责任单位和挂钩联系领导，确保指标高效落实。召开党建工作碰头会，开展区属党（工）委书记抓基层党建工作述职评议。扎实开展党建论文的编撰与征集工作，完成《关于促进社区干部廉洁履职的思考》《关于强化反腐倡廉制度执行力的研究与思考》《落实党委主体责任和纪委监督责任的实践与思考》3篇论文。

【信息服务】 区委办公室全年编发《湖里简讯》78期，其中，围绕“共同缔造”建设制作专刊12期，围绕“创新湖里”建设制作专刊19期；向上级党委报送信息2000余条，被采用近200条，其中多条信息得到省、市级领导的批示。

保密工作

【召开全区保密工作会议】 3月，召开全区保密工作会议，传达中央和省、市保密工作会议精神，通报福建省近年发生的失泄密案件，部署湖里区保密普查等各项工作。区委保密委主任庄海英亲自为全区涉密人员、保密干部讲授保密专题党课，切实落实党政领导干部保密工作责任制。

【调整区委保密委成员】 3月，根据班子调整和人事变动，调整区委保密委成员，区委常委、区委办主任庄海英担任保密委主任，张家伟副区长担任副主任，区委组织部等涉密单位分管领导26人为成员。积极发挥区委保密委指挥、协调作用，为全区保密工作的顺利开展提供政治保障、组织保障和经费保障。

【保密工作检查】 5月，湖里区针对涉密单位普查员变动较多的情况，通过集体培训和个别辅导相结合，落实服务保障和数据核对，确保普查数据规范、准确和完整。上半年，开展涉密网络保密检查和区属国企保密管理专项检查，明确检查内容、方法、程序和要求，对检查中发现的问题和隐患及时采取有效措施，督促相关单位完善保密制度，消除失泄密隐患。6月和7月，区保密局联合纪委、教育、公安等部门组成专项检查组，严格检查区招生办试卷保密室、各考点试卷存放室，考试期间加密检查频度，确保中高考顺利进行。

【涉密管理】 年内，湖里区制定涉密人员保密教育培训计划，加强上岗、在岗和离岗教育培训，保密部门会同组织人事部门加强对涉密人员的日常监管，定期进行保密提醒谈话，认真落实重大事项报告、脱密期管理等制度。制定《中共湖里区委常委会议文件材料保密管理办法》，加强涉密及内部文件资料制作、收发、传递、使用、复制、保存、维修和销毁等各个环节的保密监管。创新保密法制宣传教育形式，开展“宪法宣传日”保密法制宣传活动，抓好“六五”保密法制宣传教育总结验收工作，为制定新的五年规划做好铺垫。

档案工作

【档案服务】 2015年，区档案馆共接收档案5619卷、15139件，实物档案44块（个），其中专门档案3839卷、11129件，包括婚姻档案、社保档案（社会保险档案、养老保险档案、工伤保险档案）等涉民档案，比上年增长15%；接收22个单位报送的政府信息公开文件774件，并排列上架；为社会各界提供档案利用332人次，查阅档案资料405卷（册）、185件，复印1894页；投入130万元，完成馆藏档案数字化工作。

【档案维护】 湖里区全年投入约7.5万元，改造维护档案保管场所及档案保管保护设施设备。购置了多媒体一体机，打造档案宣传平台。在整档室安装监控探头，实现全馆涉及档案原件场所的全面监控；改造数字化室、整档室的墙柜，消除安全隐患。将库房消防纳入行政大楼消防，确保消防设施设备维护得到及时响应和更新；在库区内放置了足量的手持式消防器材。将馆内软硬件与售后服务实行包年维保。

【档案工作宣传】 6月9日，结合国际档案日宣传活动，区档案局在厦门大学、金鼎社区举办了以“档案——与你相伴”为主题的现场宣传活动，分发档案宣传购物袋3000个、档案宣传单2000份，编写档案谜语50题、知识问答20题，现场开展有奖问答，为群众提供咨询；在区行政大楼电子屏幕播放档案宣传标语，展出档案宣传展板，通过区委办短信平台，发放档案宣传短信近300条；结合“12·4”法制宣传日，在湖里万达广场现场开展宣传活动。

（吴宗元）

组织工作

【概况】 2015年，湖里区共有基层党组织1333个，其中党委41个。全区有党员15706人；女党员6803人，占党员总数的43.3%；少数民族党员384人，占党员总数的2.4%；35岁及以下党员6852人，36—45岁3321人，46—54岁2051人，55—59岁745人，60岁及以上2737人；研究生743人，大学本科7281人，大专3355人，中专1109人，高中、中技1470人，初中及以下1748人。

【巩固群众路线教育实践活动成果】 2015年，区四套班子54项整改项目、四套班子党员领导干部200项整改项目均已完成整改。各类专项整治扎实推进，“两违”综合治理取得明显成效。建章立制有了新突破，新建或完善各类制度129项。扎实深化走家入户活动，走访回访20372户，征集办结54条意见建议。区委专题通报区委班子和班子成员问题整改情况。

【组织开展“三严三实”专题教育】 年内，区委书记带头上党课，带动所有常委及全区215名处级以上干部上好专题党课。深入开展专题学习研讨，坚持一专题一方案，突出自贸区建设学习，全区开展专题学习研讨481场。扎实开好“三严三实”专题民主生活会，区委常委班子会前深入谈心、交心，认真

11月27日，湖里区组织干部“大学习、大论讨”（区委组织部供图）

撰写对照检查，征集意见建议36条。全区各级机关以区委常委班子为参照认真开好民主生活会。深入推进问题查摆整改，全区共查摆不严不实问题645条，已整改421条，整改率67.36%。

【开展“大学习、大讨论”活动】 2015年，湖里区在“大学习、大讨论”活动中，坚持全盘统筹，活动计划细化分解成四大部分、18项内容。全区开展集中学习1112场次、辅导讲座43场，举办培训班8期，撰写心得体会4428篇，推荐好书417本，征集文章1562篇。区委中心组率先召开示范性专题讨论会，全区各支部至少开展一次讨论活动、每位成员至少做一次讨论发言、每个支部形成一份讨论报告，先后开展讨论交流活动343场次，组织2402名干部群众答题4796条，查摆出各类问题210条。

【干部教育培训】 年内，湖里区按照区委“以干部队伍转型带动产业、城市和社会转型”的要求，着力改进干部教育培训工作，委托香港金融管理学院在深圳举办“营商环境与自贸区建设”专题研修班，分6期，培训学员150人次，处级以上领导干部参训率达73.7%。先后安排各级各类干部参加上级调训524人次，举办各类专题辅导培训9场次、10个专题，培训各类学员3175人次，举办7个主体培训班，培训学员1202人次，有效提升了干部的学习力、执行力、创新力和凝聚力。

【领导班子和干部队伍建设】 年内，湖里区进一步完善全区领导班子和领导干部综合分析研判机制，完成对区属所有领导班子和领导干部的年度综合考核，及时形成全区领导班子和领导干部综合分析研判报告。草拟湖里区街道综合考核评价办法，并在街道领导班子年度考核中模拟应用。统筹做好干部调配。坚持“看品行、看能力、看业绩、看一贯表现、看用得是否合适”的用人导向，注重充实基层、优化部门，先后为3个街道配齐党政主官，为区直部门增配班子成员3名，择优选拔科级干部21名。全年安排21名干部区内交流任职，选派115名干部在区内挂职锻炼，组织4名干部到区外挂职，接收15名市派干部到湖里区挂职。加强年

轻干部的组织培养。出台《湖里区委组织部关于加强年轻干部日常培养工作的意见》，建立分析研判、成长记录、日常工作记实、导师帮带等七项制度。选派5名年轻科级干部挂任街道办事处主任助理。

【开展干部人事档案专项审核】 2015年，根据上级组织部门的统一部署，湖里区全面启动全区干部人事档案专项审核工作，出台《湖里区干部人事档案专项审核工作实施方案》，召开湖里区干部人事档案专项审核动员部署会，对全区20余名档案员进行专题业务培训。重点审核档案中存在的出生日期、参加工作时间、入党时间不一致，内容涂改，学历、学位有疑虑等情况，对干部档案中存在的问题，采取逐人逐件进行校对核验、本人签字确认、按照上级规定重新确认等步骤，确保干部档案内容的真实性和严谨性。是年，湖里区干部档案室被省委组织部授予“干部人事档案目标管理一级单位”。

【落实党建责任】 2015年，湖里区创新以“项目化”管理方式推进58个党建办实事项目，解决8个社区用房不达标、部分党组织党建基础薄弱等问题。组建党代表党建督查组，常态化督导巡查基层党建工作。该项工作经验被《特区快讯》刊载，得到市委常委、组织部部长陈秋雄的批示肯定。建立重点党建工作约谈制度，全年组织部领导就党建工作单独约谈各党（工）委书记25人次。

【扎实抓好社区组织换届】 年内，湖里区坚持组织领导、人选把关、宣传教育、主体责任“四个强化”。从严把好人选关，先后三次到街道专题调研社区班子人选问题，会同区民政局对17名拟新提任社区主官人选进行考察。组织所有社区党员签署《带头遵守换届纪律承诺书》，编发5万册《换届政策纪律应知应会》，组建联合宣讲团，深入17个重难点社区巡回宣讲。按期顺利选出399名新一届社区“两委”，没有发生“跳票”、重新选举、集体访、过激访等不良现象。

【非公党建】 年内，湖里区建立非公企业和社会组织党建工作十项制度和区、街两级非公党建联席会议制度，招录35名非公党建组织员，全区新建非公党组织53家，清理15家空壳党组织。加快培育海峡文创园等一批党建典型，精心高效打造湖里高新技术园、五华产业园、吉家家世界等3个考察点，作为全国园区非公党建现场会参观点。规范建设湖里高新技术园、湖里街道等一批党群活动服务中心，基本形成能覆盖全区的党群阵地网络。《区域联建激活非公企业党建活力探索与研究》获得省委组织部2014年度调研课题优秀成果三等奖。

【推进服务型党组织建设】 2015年，继续深入实施“金服务工程”，探索完善“一核多元、共治共享”党建模式，重点打造康乐、金尚等6个市级试点社区。持续推进单位党支部和在职党员到社区报到工作，重新选派54名机关在职党员到社区挂职副书记兼“美丽厦门·共同缔造”辅导员，编印《在职党员报到服务工作文件汇编》《小故事汇编》，8月，全市在职党员报到服务现场会在湖里区召开。探索党代表闭会期间发挥作用新途径，面向党代表征集58个提案并推动办理。制定《党代表工作室工作规范》，金安社区等3个党代表服务站被评为全市“十佳党代表工作室”。

【加强党员教育管理】 全年发展209名党员。处置了一批不合格党员。采用全区统一招投标方式完成5个社区户外“视频党校”建设，市组《党的生活》栏目播出湖里区8条电教片。湖里区拍摄的《游爸爸和他的255个孩子》获得全省电教片二等奖，并作为市级优秀电教片参加中组部党员教育电视片观摩评比活动。完成拍摄制作3部电教课件。

12月9日，区委非公工委副书记曹荣宝为全区非公党务书记讲授党务知识（区委组织部供图）

【创新人才工作机制和政策体系】 2015年，湖里区简化区"550"人才政策兑现程序，实行"一站受理，同步审核，限时办结"的办法。修订完善《湖里区重点产业人才引进和培育实施细则》，将评审对象扩大到区重点扶持产业中成长性较好的企业以及税收贡献较高的自贸区企业，取消了人才在企业服务的年限要求。将辖区市属医院引进的高层次卫生人才纳入区"550"人才体系管理，给予政府薪酬补贴、保健补贴、子女择校等优惠政策。

【激发人才活力】 年内，成立湖里区两岸人才交流示范基地。以"政府引导、社会参与"的方式，依托海峡两岸建筑设计文创园成立两岸人才交流示范基地并经常组织交流活动。积极引进和培育集成电路自贸区产业基地的人才。成立湖里区"博士汇"，辖区内119名博士加入"博士汇"。在全市率先成立湖里区"双百"人才企业商会。及时成立高层次人才党支部。全年举办6场次人才活动。大力引进培育高层次人才，全年引进12名"双百"人才，评选24名区第三批重点产业人才和台湾专业人才，启动重点产业人才评审工作和高层次教育人才引进工作。兑现区"550"人才扶持资金1867.9万元。

【开展干部转型活动】 2015年，湖里区在全区开展干部转型系列活动：一是对标先进找差距。以深圳市南山区为对标城区，结合"三严三实"专题教育，深入查找在思想、行为、作风上存在的不严不实问题以及与发展新常态不相适应的问题，采取召开全区干部转型动员大会，首次联合香港金融管理学院在深圳举办"营商环境与自贸区建设"专题研修班，组织干部到先进地区学习好的经验做法。二是多措并举促转型。通过举办营商环境提升、新兴产业发展、自贸试验区建设等各类专题培训，开展"我为产业转型、城市转型和社会转型献一计"活动，召开以"弘扬特区发祥地精神"为主题的专题研讨，组织干部撰写学习体会，举行分类别、分层次的干部转型座谈会，抓好湖里区"十三五"规划编制修订，选树干部转型的优秀典型，重用转型快、能力强、作风实、群众公认的干部，健全能上能下的用人机制，让能者上、平者让、庸者下，充分调动各级干部加快转型、干事创业的积极性。三是推动工作创新篇。通过开展重点工作攻坚行动、大联合大督查行动、下基层解难题行动、先进典型培育行动等"四大行动"，着力破解重难点工作中的瓶颈问题，定期跟踪督促，狠抓工作落实。

12月3日，湖里区举办全区干部专题培训班（区委组织部供图）

【打造"四个课堂"建设坚强有力社区干部队伍】 年内，区委组织部会同区民政局，坚持每年分别举办3期以上主官、两委和社区工作者培训班，人均培训20学时以上，培训期间组织部组织科长、民政局社区建设事务科长全程跟班，既抓管理又掌握社区干部的"一手表现"。区委党校举办的优质授课资源，常态覆盖至社区主干。换届后，举办新一届社区书记培训班、新一届社区两委培训班，培训内容聚焦当前社区工作的热难点，包括做好社区安全生产、推进"一核多元、共治共享"社区治理创新以及社区日常工作中应当注意的八大问题等。挑选金尚、金安、康乐、蔡塘等10个获评全国文明社区、全省先进基层党组织的优秀社区作为"挂职基地"，统筹分批安排主干、副职、有培养潜力的两委等到挂职基地"拜师学艺"，指定1名挂职社区主干"一对一"帮带挂职干部，每批为期2个月。同时，按照《湖里区社区干部挂职管理办法》要求，做实"三个一"，即挂职结束后区组织部组织考核、召开座谈会、提交挂职心得体会。是年，共安排3批次51人挂职锻炼。通过"走出去"，不断推动社区干部队伍开阔眼界、开阔思路。年内先后组织4批71名社区主干、赴台湾学习社区营造经验，通过"教授讲学""现场见学"和"结对共学"，密切了两岸基层的"草根"交流，深化了对台湾社区的了解。通过对标先进地区，52个社区创新形成了

87个“一核多元、共治共享”社区治理创新品牌，并汇编成《湖里区社区主干借鉴台湾社区营造经验之创新做法汇编》一书。连续两年组织开展“金色服务·情满湖里”社区工作者文化节，设置才艺作品展示、征文比赛、演讲比赛、专题文艺晚会、音乐会、趣味运动会等7项活动，吸引了5100多人次社区工作者参加，为他们搭建了才艺展示、竞技提升的平台。同时，向专业社工机构购买社区主干关爱服务，通过拓展训练、团队建设、个案辅导、集体讲座等方式，有效调节社区“领头羊”的身心健康。

【首创党代表党建督查组】 2015年，湖里区建立党建督导员聘任制度，从市、区、街三级党代表中遴选出38名党建“专家”，聘任为督导员，其中10名组长曾经担任或任过党建工作分管领导，组员为典型社区和优秀非公企业党组织的书记。建立督导联系制度，为督导组统一制作《督导工作证》《督导情况记录本》《督导工作手册》等必备用品，实行规范化管理；为督导组配备10名新进选调生和优秀年轻干部作为督导联络员，负责与各基层单位的沟通联络和保障服务。建立督导组学习培训制度，采取定期培训和个人自学相结合的方式，提升督导组履职能力。是年，开展3期督导工作集中培训，印发3套党建工作《应知应会》读本；开展20余场分组座谈交流会，增强督导组工作能力。督导推动非公企业党组织组建覆盖率达到83.7%，并清理16家空壳党支部。一是，突出对重点问题和关键环节的督导，以点带面、推动工作全面落实。在第三季度，通过对58项基层党建办实事项目进行专项督导，推动了基层党建责任制落实、规章制度建设、党建活动载体创建、硬件设施建设、党务队伍管理等工作落实，全面夯实基层基础。二是，采取分组活动方式，共设置10个督导小组，分别专门督导1个党（工）委。督导组采取日常督导、专题督导、明察暗访等方法，分类督导；根据督导项目，采取听汇报、列席会议、座谈调研、约谈询问等形式，因地制宜，灵活督导。三是强化督导实效。一方面，对督导发现的问题，能当场整改的，当场督促整改；对需要一定时间解决的问题，确定问责对象、整改措施和办理进度，全程跟踪到位。督导组完成每季度督导任务后，召开工作例会，进行情况总结和反馈通报。另一方面，将班子建设、队伍建设、制度建设和载体建设等督导内容，细化为4个大类23个项目的督导明细清单，并制作《基层党建量化评价标准细则》等标准规范，引导督导工作对标评价，落实基层对标整改。督导情况和量化评价作为党建工作考核的重要内容，纳入对干部的综合考核评价指标体系，并作为基层单位评先评优、表彰奖励的重要依据。

【推行年轻干部培养锻炼“营养包”工程】 2015年，湖里区推出“成长记录、工作记实、培训超市、柔性挂职、日常学习、导师帮带、谈心谈话”等7个年轻干部成长进步的“营养包”。加强对年轻干部成长基础数据的采集汇总，每半年对年轻干部队伍开展一次综合研判，掌握年轻干部队伍建设整体情况。建立《年轻干部成长档案》，详细记录每次分析研判的具体结论和每名年轻干部的个人特点、业绩申报、培养锻炼以及考核奖惩等情况。向每名年轻干部印发《日常工作记实本》，要求干部本人详细记录当天的工作计划和完成情况，帮助年轻干部定期梳理和汇总工作。区委组织部定期查阅《日常工作记实本》，记实情况收入干部成长档案。干部成长数据档案实现即时更新，作为干部日常培养、评价辨识和选拔任用的重要参考。开设“年轻干部能力培训超市”，将文字综合、组织协调、应急处理、群众工作、经济工作、社会工作等行政基础能力列为培训选项，通过个人选报和组织选派相结合的方式，选派年轻干部到培训岗位进行1—3个月的跟班学习。实行“柔性挂职”制度，选派优秀年轻科级干部到街道挂职，在继续负责原单位的工作的同时，挂职任街道主官助理，分管具体工作。探索挂职的“柔性”机制，由挂职干部自主调剂两个单位工作的时间和精力。硬性要求年轻干部每年至少阅读6本书。为每名年轻干部指定一名处级干部作为成长导师，落实“一对一”的指导培养。加强对年轻干部思想、工作动态的跟踪了解，完善谈心谈话机制，对年轻干部苗头性、倾向性问题，早提醒早纠正。年轻干部所在单位领导每年与年轻干部谈心、谈话不少于2次，谈话情况要做记录，由区委组织部备案保存。

【创建非公企业和社会组织党建工作十项制度】 2015年，湖里区创建非公企业和社会组织党建工作十项制度，包括周例会、月情报告、季巡查通报、工作年报、定期联系、分批走访、“1+X”联建、区域共建、联席会议和保障制度等，每项制度逐条列出工作内容、措施和责任人，把工作制度化、任务清单化、管理项目化。

【推行项目化办理基层党建实事】 年内，区委组织部选取58件基层党建实事，采取项目化办理的方式推进党建责任落实。一是定目标，围绕“三点”找项目。通过“上级点”“自己找”“群众提”

等方法，查找出党建工作的“弱点”。针对“老大难”问题，加强力量，调整思路，加大投入，坚决啃掉“硬骨头”。二是明责任。各党（工）委书记作为第一负责人与区委签订“军令状”，项目“落地”党组织书记与所在党（工）委签订责任状。每个项目以书记为责任领导，同时根据分工，明确1—2名班子成员为责任人，确保项目启动快、抓得紧。三是重实效。在区委组织部建立项目进度台账，每月汇总1次项目进度，对落后的给予诫勉。组建10个区委党建督导组，每季度“一对一”巡查各党（工）委，通过看现场、访群众、听汇报、查台账等方式，将项目成效报告区委组织部。

【成立湖里区“双百”人才企业商会和高层次人才党支部】 2015年，湖里区率先在全市成立湖里区“双百”人才企业商会，由政府每年拨付一定的经费，“双百”人才企业商会牵头人才开展相关活动。同时成立高层次人才党支部，打造人才党员的孵化器和助力器，增强人才党性修养，也为区党建注入更多的智慧资本和创新动力。

【建立湖里区两岸人才交流示范基地】 2015年，在海峡文创园成立“湖里区两岸人才交流示范基地”，区委人才办、区台办、文创园运营公司共同签署基地共建合作协议，以政府引导、社会参与的方式，共同打造两岸人才交流以及服务台湾人才基地。以政府购买服务的方式，在海峡文创园内设立人才服务站，招聘2名工作人员从事人才工作，负责基地日常事务。区委人才办每年提供10万元日常工作经费。定期开展人才活动。将海峡文创园作为区“550”人才的重要活动场所，经常性地开展讲座、展览、沙龙等人才交流活动，特别是两岸人才交流活动。

（谢国任）

宣传工作

【概况】 2015年，全区宣传工作按照中共中央、省委、市委和区委的部署要求，紧紧掌握意识形态领域的主导权，把握“两个巩固”的根本任务，始终围绕“务实、创新、争先”的工作目标，推动理论武装、舆论引导、社会宣传、文化建设等各项工作创新发展，为建设“美丽厦门·创新湖里”提供强有力的思想保证、精神动力和舆论支持。

【理论学习】 2015年，湖里区改进区委中心组学习方式，持续完善“书记荐好书”等制度，提升区委中心组学习实效，结合“三严三实”专题教育，区委中心组全年共组织学习16次，并带动全区各级中心组先后组织学习100多次。围绕“美丽厦门·创新湖里”建设，干部转型大学习、大讨论，营造国际一流营商环境等主题，举办演讲比赛、征文比赛、知识竞赛、优质党课教案征集，邀请英蓝、谷歌等知名企业高管为全区党员干部举办金融、电子商务、自贸区建设等新产业、新知识的专题讲座9场，2751人次听讲。各党委、党工委也结合各自工作邀请专家学者举办专题报告会、形势报告会1137场。在全市优质党课评选中，湖里区6个教案获奖，是建区以来的最好成绩，在全市各区各系统名列第一。

【理论宣传】 年内，湖里区加强区、街、社区三级宣讲网络建设，先后成立了市民宣讲团等10多支宣讲队伍，每个社区成立了宣讲小分队，打造领导干部、专家学者、基层宣讲骨干三位一体的宣讲队伍，形成理论宣讲全覆盖。开展“理论进基层宣讲服务月”活动，举办全区理论进基层宣讲服务月“精品课”展示交流活动，组织全区基层理论宣讲培训，促进基层宣讲水平提升。“湖里星期六”名家讲堂拓展延伸至各街道、社区，实现了固定点到流动面、被动灌输到主动参与、传统授课到多样化教学的转变，形成了“市民点题、专家面授、互动参与”的学习宣传模式，增强了讲堂的吸引力和影响力。

【理论调研】 2015年，湖里区组织开展宣传文化系统大调研工作，围绕中心工作和当前形势，设置调研课题，为实际工作拓展思路、提供决策参考。先后在《厦门日报》刊出了两岸亲子国学教育论坛论文、干部转型提升获奖征文、“湖里星期六”实践与经验三个理论专版，全面系统地总结和展示了湖里区思想理论建设成效。组织撰写的《关于创新教育载体打造“湖里星期六”讲堂的实践与思考》获得全省思想政治工作优秀论文二等奖，是厦门市各区宣传系统唯一获奖的调研文章。年内，全区各级党组织和党员领导干部在《厦门日报》《厦门通讯》等刊物发表调研文章80多篇。

【舆论引导】 2015年，湖里区新闻舆论工作服务工作大局，突出正面宣传，加强组织策划和主题报道，围绕“创新湖里”、共同缔造、“赢在自贸新时代”以及“营造国际一流营商环境”等内容精心策划了主题宣传、成就宣传、典型宣传，展现了“美丽厦门·创新湖里”的美好前景和生动实践。是年，湖里区在各类报纸发表新闻1372篇，厦门电视台、福建电视台共发电视新闻202条。共同缔造经验做法等报道先后登上《经济日报》《福建日报》头版头条，新闻宣传再次实现了质的飞跃；建立健全全区新闻发言人队伍，举办全区新闻发言人培训班，提升了全区的新闻发布水平和应对媒体的能力。继续与厦门网、台海网、台海宽频等新闻网站合作并开设新栏目，在厦门广播电台开设“听湖里”专栏，拍摄《美丽厦门·创新湖里》专题片，多种形式做好宣传，进一步扩大了湖里的影响力。在禾山街道召开新媒体推广应用现场会，积极推动区、街政务微博、微信开设，全区拥有65个政务微信公众号、4个政务微博和1个政务APP，微博、微信、微电影“三微一体”的宣传新模式初显成效，多渠道、多形式、全方位、多角度的宣传格局初步形成。制定网上突发舆情处置规程，建立重大突发事件应急预案，完善网络舆情监测、引导、督办、反馈工作机制，强化网络舆论引导和突发事件舆情处置能力，形成“宣传部门指导督查，涉事部门具体处理，职能部门参与配合”的工作格局，网络舆情信息收集机制运转有序，实现舆情收集有渠道、舆论关切有回应、舆论引导有成效。组织舆情监测处置及新闻写作培训，提升了舆论引导处置水平。年内，妥善应对了枋湖环卫工人因要求缴交社保遭辞退等重大舆情6件，及时发现并处置了十余起反映湖里区干部职工作风建设的敏感舆情。全年收集网络舆情3282条，编发《网络舆情专报》40期，下发《舆情承办单》93件。

【培育和宣传社会主义核心价值观】 年内，湖里区打造核心价值观主题公园、善行义举榜，运用宣传栏、LED显示屏、展览板等宣传阵地，征集刊播“讲文明、树新风”公益广告，做到及时更新、滚动播出、随处可见，并通过短信平台发布公益广告信息60万条，推动社会主义核心价值观通俗化、大众化、本土化。注重网络宣传，加强网络文明传播志愿者队伍建设，通过微信、微博、博客转载发布、撰写评论留言形式，开展“道德模范我想对你说”等特色传播活动，大力传播网上正能量。注重发挥先进典型的示范作用，深入开展“身边好人”“最美人物”推荐评选活动，挖掘出“中国敬业奉献好人”卓加罗，全市“最美文化工作者”胡佩芳等一批先进人物，充分发挥榜样力量，引导崇尚道德、遵守道德的良好社会风气的形成。在全市率先开办并推广普及了亲子国学教育，举办两岸（厦门·湖里）亲子国学教育论坛，通过推广国学传承中华文明、践行社会主义核心价值观。开展“我们的节日”、爱国主义诗词诵读、重阳敬老爱老等特色文化活动，把弘扬传统文化与践行社会主义核心价值观有机结合。深化爱国主义教育，以中国人民抗日战争暨世界反法西斯战争胜利70周年为契机，举办知识竞赛、演讲比赛、文艺会演等活动，进一步弘扬爱国主义精神。

【文化服务】 2015年，湖里区成功举办第十一届厦门元宵民俗文化节、第七届厦门（湖里）城市诵读节暨湖里悦读季、湖里区第七届社区文化艺术节。城市诵读节先后开展了青年读书月、校园文化艺术节、家庭读书月、湖里区企业文化节等16大项主题读书活动，上万人参与，学经典、诵经典已成为湖里区群众的文化自觉。成立全市第一个自发组建的基层文艺社团“湖里区社区文化艺术协会”，各街道形成了禾山欢乐季、殿前梦工厂、喜乐金山等“一街一品”文化品牌，社区文化多元繁荣发展。广泛开展丰富多彩的群文活动，大力推广“幸福广场秀”，扶持基层文艺团队，建成10个“幸福广场秀”示范点，各类基层文体活动985场，拓展了广场文化、社区文化等特色文化建设。

（徐晓曦）

统战工作

【概况】 2015年，湖里区统一战线工作紧紧围绕区委、区政府中心工作，重点在“一带一路”战略和厦门自贸试验区建设的推进上凝心聚力，在“美丽厦门·创新湖里”各项任务的落实上提供广泛力量支持，较好地完成了年度各项工作任务。在市对区年度统战工作综合考评中，湖里区取得98.2分，名列全市第二。

【调研课题】 2015年，湖里区针对重点、难点问题，梳理出9个联合议政课题和21个调研课题，组织各民主党派、工商联深入一线开展调查研究，其中有3个联合议政课题转化为市政协提案，8个调研课题被区评为优秀课题。

【成立“湖里区同心志愿服务团”】 2015年，湖里区统战系统积极开展“同心共建·创新湖里”主题活动，招募民主党派、统战社团专业技术人员等志愿者，组成法律、医卫、政策法规宣传、就业指导、慈善公益等领域的5支志愿服务小分队，定期深入一线，组织志愿服务活动。是年，共组织志愿服务活动100多场次，2600多人次参与志愿服务，汇聚帮扶资金近2000万元，受益群众达5万多人次。

【陈国荣、严志和出访新加坡、马来西亚】 4月11—18日，湖里区委常委、区委统战部部长陈国荣和区侨联主席严志和应新加坡、马来西亚道教总会邀请，开展民间交流访问，参加了新加坡共和国成立50周年暨新加坡道教总会成立25周年系列庆祝活动、马来西亚道教总会庆典等活动，并拜会了新加坡道教总会、厦门公会、禾山公会、同安公会。

9月8日，菲律宾东棉省菲华工商联合会代表团到湖里区参访（区委统战部供图）

【举办第三期党外代表人士培训班】 5月25—27日，湖里区在厦门市委党校举办第三期党外代表人士培训班，区直机关、事业单位部分党外干部及各民主党派基层委骨干共30人参加培训。

【联合区税务部门设立“纳税人维权中心”】 7月1日，湖里区商会与湖里区国税局、地税局联合成立“湖里区商会纳税人维权中心”。主要受理并代表纳税人提出意见、建议和权益维护诉求，反馈纳税人的涉税咨询、涉税纠纷、投诉举报以及法律援助，收集反馈纳税人和社会各界对国税、地税部门工作的合理需求和工作建议；回访办结的纳税人权益保护申请事项；统计、分析纳税人维权数据，提出优化纳税服务工作的建议；建立税收争议调解机制，组织开展税收政策评估；不定期举办各类维权服务活动等。

【第四届湖里区海联会召开】 9月6日，湖里区海联会召开第四届理事大会，来自美国、新加坡、澳洲、加拿大等20多个国家和中国台湾、香港、澳门等地区的海内外乡亲、社团代表近100多人出席会议。新一届理事大会吸收一批海外有影响、有实力又热心海联工作的华人，共有174名理事，比第三届增加40%。

【菲华工商联合会代表团来访】 9月8日，菲律宾东棉省菲华工商联合会代表团一行15人，在理事长刘锡杲先生带领下参观访问湖里区。湖里区委常委、统战部部长陈国荣向代表团详细介绍了湖里区的区情、投资环境、重点推介项目及自贸区湖里片区的产业规划、创新举措、招商空间等等。

【组织赴深圳考察】 11月16—19日，湖里区委统战部组织各民主党派基层组织主委、副主委赴深圳学习考察营商环境与自贸区建设，了解对标城区深圳南山区的发展轨迹。考察团先后考察了广东自贸试验区深圳前海蛇口片区的南海意库、蛇口网谷、招商局广场、深圳移动互联网产学研资联盟、留仙洞

11月16—19日，湖里区委统战部组织各民主党派基层组织主委、副主委赴深圳学习考察营商环境与自贸区建设（区委统战部供图）

总部基地万科云城、前海企业公馆等项目，并进行座谈交流。

【召开区委中心组专题学习会】 10月15日，湖里区召开区委中心组（扩大）专题学习会。湖里区委中心组成员、统战系统各部门中层以上领导、各民主党派基层委主委、各街道统战委员和社区统战干部200多人参加，湖里区委书记张毅恭主持会议。特邀厦门市委常委、统战部部长黄菱围绕贯彻落实中央统战工作会议精神和《中国共产党统一战线工作条例（试行）》作专题辅导报告。

（邱舒密）

纪检　监察

【概况】 2015年，湖里区纪检监察工作突出监督执纪问责，扎实推进党风廉政建设和反腐败各项工作，着力营造风清气正的政治生态，取得较好成效。建成湖里纪检监察数据管理系统，中央纪委《华东之窗》予以刊载肯定；推行信访举报办理“零暂存”，被作为省纪委联系点；撰写的《纪检监察机关如何更好地履行再监督再检查职能的调研报告》获全市一等奖。

【落实两个责任】 2015年，区委带头履行主体责任，改进责任制检查方式，突出问题导向和责任追究，由带队的区委常委结合检查发现的问题，集体约谈全区8个重点单位党委、纪委班子成员，对问题清单列出的51个问题提出37条整改建议。推行“月巡查+”模式，以“月巡查”为统领，配套完善“两级巡查”、包干负责等多项机制，开展88次回访检查，对党委巡查

5月4日，区委常委、区纪委书记胡亚才（右三）到江头街道检查党风廉政建设责任制落实情况（区纪委供图）

全覆盖，问题清单整改全程化，以问题整改倒逼责任落实。建立党风廉政建设季度落实清单制度，把各级党委和班子成员、纪委的党风廉政建设责任清单化、季度化、机制化，实现由“要我做”向“我要做”转变。强化责任追究，对落实责任制不力的15名领导干部予以责任追究，其中正处副局级1名、处级10名。对区教育系统设备采购受贿窝案实施“一案双查”，严肃追究相关领导责任。

【信访举报办理】 2015年，区纪检监察机关推行信访举报办理“零暂存”，并作为省纪委联系点，在全市作经验介绍。全年受理信访举报194件次，检控类初信初访件73件，核实和处理率100%。坚持实事求是和关爱干部，为反映失实的43名干部澄清了是非。

【案件查办】 年内，区纪检鉴察机关立案33件，比上年上升73.7%，其中，处级干部3件、科级干部9件，比上年均上升200%，严肃查处了蔡黎新、王军安等严重违纪、违法案件；党纪、政纪处分33人，开除党籍4人，移送司法机关处理4人。区纪检鉴察机关注重抓早抓小，对苗头性、倾向性问题早提醒、早纠正，对违纪但尚未违法的党员干部早处理，全年处理违纪案件7件，避免小错铸成大错。

【“八项规定”“四风”落实情况监督检查】 2015年，区纪委加大落实中央八项规定精神的督查力度，持之以恒纠正“四风”。坚持“双线督查”机制，一条线由区纪委常委带队紧盯重要节点开展巡查，另一条线组织特邀监察员随机开展明察暗访，突击发现问题。创建微信“随手拍”和“公车快查”两个监督平台，以科技手段提升监督检查实效。全年开展专项巡查92次，明察暗访76次，微信受理群众举报13件，发现疑似问题68个，查处违反中央“八项规定”精神、“四风”问题19件29人，并予以通报曝光。

【重点工作督查】 年内，区纪检监察机关建立每月联合督查工作制度，坚决整治不作为、乱作为。围绕制止“两违”网格管理责任制开

展督查，下发《整改督办单》7份，挂牌督办4处违法建设，问责10名责任人员，并在全区通报，有力促进网格责任落实。年内，湖里区纪检监察机关围绕征地拆迁工作开展督查，对各片区拆迁的建筑物抽查、抽审48次147栋，抽审面积33.6万平方米，对发现的问题及时书面反馈各指挥部，并跟踪整改落实，切实防范弄虚作假等问题。围绕“美丽厦门·共同缔造”项目开展督查，对全区22个工程建设项目存在的招标流程不规范等18个问题予以通报，并督促整改落实。

【廉政宣传教育】 年内，区纪委拓展渠道抓好日常教育，综合运用手机短信、微信、宣教片、湖里勤廉之窗等开展日常教育，全年发送短信3000多条，推送微信44期327条。立足本土突出传统教育，挖掘本土廉政典故，建成江头廉政文化苑和高林社区廉政文化长廊，组织全区800多名党员干部参观学习；发动居民自编自演本土廉政节目，推进湖里“清风廉韵”晚会常态化。开展活动强化纪律教育，开设“湖里纪律讲堂”，突出纪律教育和案件警示；举办“守纪律、讲规矩”演讲比赛和巡回演讲，强化纪律规矩意识；区纪委常委带头到重点单位宣讲《中国共产党廉洁自律准则》和《中国共产党纪律处分条例》，使纪律观念入脑入心。健全机制深化提醒教育，建立区纪委书记约谈制度，全年约谈18名领导干部；完善廉政谈话提醒6项制度，全年谈话提醒45人次；坚持任前考廉，全年考廉20人次。

【纪检监察队伍建设】 2015年，区纪委落实“三转”（转职能、转方式、转作风）要求，对区纪委参与的议事协调机构进行3轮清理，由102个精简到7个。挑选5名纪检监察干部派驻街道纪工委专职专用，实现监督力量下沉一级。建成湖里纪检监察数据管理系统，为监督执纪问责提供信息化服务。加强反腐倡廉理论研究，撰写的《纪检监察机关如何更好地履行再监督再检查职能的调研报告》获全市一等奖。扎实开展“三严三实”专题教育活动，开门抓作风，以抓问题整改促作风建设。开展学习贯彻“准则”和“条例”“五个一”活动，进一步学思践悟，融会贯通。坚持月工作汇报制度，加强工作督查与落实。持续开展读书会等“青年行”活动，提升队伍活力。加强干部队伍的管理和监督，强化对重要岗位和关键环节的内控制度建设，坚决防止“灯下黑”。

（阮俊杰）

精神文明建设

【概况】 2015年，湖里区面对创建课题更新颖、测评内容更复杂、测评指标更精细的新常态，全区干部群众锐意进取，开拓创新，精神文明建设事业连续夺得多个全市、全省、全国第一。是年，湖里区在全国率先打造出志愿服务制度化建设品牌，在全省率先打造文明创建五化建设、小街小巷综合整治品牌，在全市率先打造出创新和谐邻里节活动品牌、“一日一善”道德建设品牌和百名专家志愿者进社区的品牌。未成年人德育工作、信息宣传工作仍走在全市前列。

【文明城市（区）创建】 2015年，区创建办围绕新修订的《全国文明城市测评体系》《全国未成年人思想道德建设工作测评体系》《福建省文明城区测评体系》，把各项具体任务、指标要求层层分解到各街道、各部门。区文明办对新一轮文明城市（区）创建工作进行再发动、再部署，推动文明城市（区）创建工作向纵深发展。年内，区创建指挥部先后召开全区迎检工作会议、创建动员大会、迎检业务工作专题会、迎检材料收集工作部署会等，落实责任主体，推动工作落细、落小、落实，进一步提高全区各级、各部门的创建意识和责任感。组织好日常检查巡查，区创建指挥部启动十个专项整治组进行省检督查，由区分管领导带队，不间断开展巡查活动，进一步加大问题的查纠整改力度，创新形式，拓展内容，推动形成抓日常、抓经常的创建常态。

【着力推进志愿服务制度化工作】 年内，湖里区积极推进志愿服务制度化。以社区和公共场所为重点，以“四进”（科教、文体、法律和卫生进社区）社区为主要内容，以帮助困难群众为主要目的，深化“邻里守望”社区志愿服务活动，积极开展扶贫帮困、扶老助残等志愿服务。深化文明交通、文明旅游和重要时节各类主题志愿服务活动，进一步弘扬“学习雷锋、奉献他人”的志愿服务理念。深化文明单位与社区对接，组织企业、机关、学校、医院、文艺团体等专业志愿服务队进社区活动。围绕“四个依托”（依托党组织，依托文明单位，依托社区，依托村委会），开展经常性志愿者招募，扩大志愿服务队伍。建立完善培训制度，落实分类培训，抓好志愿者通识培训、专业培训和骨干培训，举办全区2015年度志愿服务工作培训会，召开久久爱心团队提升培训会，开展网络文明志愿者培训会等志愿服务培训。金安社区获厦门市唯一“全国志愿服务最美社区”，久久爱心

7月15日，江头街道久久爱心志愿服务队举行温暖星期三启动仪式（杨庆山　摄）

专业志愿服务队被评为“福建省最美志愿服务组织”，并代表福建省参加全国志愿服务“四个100”（100个最美志愿者、100个最佳志愿服务项目、100个最佳志愿服务组织、100个最美志愿服务社区）先进典型评选表彰。率先开展“百名医疗专家”进社区义诊活动，已开展40余场次，参与活动的医疗专家志愿者已达280余人，其中著名专家有116人。

【未成年人思想道德建设】 2015年，湖里区利用重要节点和“我们的节日”组织开展系列主题活动，组织“网上祭英烈”、“六一”学习和争做美德少年、国庆节向国旗敬礼等网上签名寄语活动，开展童心向党歌咏活动、优秀童谣传唱活动等道德实践活动。开展“道德模范、先进典型进校园”传帮带系列活动，传递社会正能量。推进第三批城市学校少年宫建设，加强检查指导，提升活动水平。发挥心理健康辅导站作用，开展多种形式心理咨询服务，完善心理志愿者管理制度，聘请资深心理咨询师组成专家讲师团，组织开展10次志愿者培训及交流座谈会。推动“校馆衔接”活动广泛开展，申报了福建省亚热带植物研究所、惠和石文化园作为新一批示范点。湖里公安分局、区城市管理行政执法局、区文体出版旅游局等多部门联合对辖区内校园周边开展占道经营整治、食品安全整治、文化市场整治和网吧专项整治行动，严格查处“黑网吧”，时刻保持高压态势。同时，开展“公共文化服务校园行”活动，区文化馆、怡景社区科学工作室、艾尔乐科学公园等文化服务单位率先带头提供多项公共文化服务项目。持续开展特殊未成年人群体慰问帮扶。针对残疾儿童，共慰问443人，慰问总金额达6.49万元。

【培育并大力宣传道德模范】 年内，区文明办从基层培育道德模范、身边好人，树立先进人物，发动文明单位、文明学校、文明社区干部职工广泛参与好人建设活动，涌现出“中国敬业奉献好人”卓加罗，“福建见义勇为好人”丁继。2月3日，召开2014年道德模范、身边好人迎新春座谈会，辖区50多名道德模范、身边好人受邀参加座谈会。座谈会上，11位道德模范、身边好人代表分别作了发言，讲述个人事迹、畅谈心得体会。区委常委、宣传部部长潘少銮，向所有道德模范们送上新年慰问及红包，并对他们的善行义举给予高度评价。同时，通过道德讲堂、道德模范巡讲等形式，进一步宣传道德典型先进事迹，弘扬社会文明风尚。制作书籍《雷锋就在身边》向全区分发，供全区干部群众学习。

【抓好“我们的节日”主题活动】 2015年，区文明办围绕传统节日，广泛开展传统民俗、经典诵读和文体娱乐活动，大力宣传普及传统节日知识，推动形成节俭过

10月29日，湖里区开展道德模范进校园传帮带活动（方绿璇　摄）

节、敬老过节、绿色过节的良好风气。春节，区委书记与区四套班子主要领导走访困难家庭，送上新春的祝福与慰问。区总工会、区文联共同举办“创新湖里·迎春纳福”送春联进企业活动，为企业一线职工送去新春祝福。元宵，湖里街道及所属社区分别举办文艺演出活动23场，游园活动10场，参与人数共计6000余人。端午，突出爱国主义主题，以端午民俗诗歌、屈原诗词及历代经典爱国主义诗文为主要内容，在机关单位、中小学及社区广泛开展形式多样的爱国主义诗词、歌赋和散文品读、诵读活动，引导人们增强爱国主义情感。各街道组织社区志愿者与辖区困难人员结对，为困难居民送粽子、传爱心。区文化馆举办“2015年诵读沙龙活动第二季”，首期活动以“我们的节日·端午”为主题，吸引了30余名爱好者的参与。七夕，江头街道组织开展“经典爱情诗文诵读”比赛，突出忠贞爱情、家庭和睦、热爱祖国的主题，弘扬健康温馨的爱情观、现代主流的家庭观、价值观。中秋，各单位组织博饼、文艺会演、知识讲座等活动。湖里街道在仙岳山土地公庙举办了“中秋月 海峡情”为主题的第七届仙岳山歌会。禾山街道举办“爱在湖里·欢乐中秋·构建美好家庭”手工月饼制作活动。重阳节，湖里区为90岁以上老人发放节日慰问金22.5万元；走访慰问全区100名生活困难老人，共发放5万元慰问金；以4000元/户为标准，慰问特困老人家庭200户，发放慰问金80万元。区老年福利协会也向高龄老人、失能、半失能老人和困难老人，发放抚慰金74.8万元。

5月8日，湖里区召开教育系统文明创建“五化”建设现场会（李筱菲　摄）

【精心打造文明创建“五化”】 2015年，区文明办培育亮点，抓好文明创建“五化”[创建文明城市（区）标准化、精细化、品牌化、常态化、责任化建设]建设。1月6日，召开文明创建“五化”建设现场推进会。会议总结了“五化”建设试点的经验，部署全区全面推进“五化”建设工作任务。3月24日，召开社区“五化”建设专项检查培训会，从各街道抽调宣传干部和社区两委25名，组成6个测评组。3月26日、27日，各检查组对全区52个社区“五化”建设实施情况进行专项检查。5月8日，区文明办、区教育局在湖里区教师进修学校第二附属小学召开全区教育系统文明创建“五化”建设现场推进会，会议总结了“五化”建设试点经验。

【开展和谐邻里节活动】 年内，区文明办根据各街道、各社区的特点，因地制宜地开展邻里节活动。湖里街道突出弘扬邻里节的传统主题，通过国学班表现出来，营造各小区、各家庭之间的邻里和谐关系；殿前街道突出邻里节“一家亲”的主题，在高殿、马垅等社区开展新市民的和谐邻里活动，让外地人和本地人和谐相处；江头街道突出邻里节活动的文化主题，广泛开展“我们的节日”文艺会演、邻里诵读、邻里红歌赛等活动；禾山街道突出开展“爱心献给困难群众”的邻里节活动，发动广大干部群众把“一分钱、一件物、一声好”献给老年人、残疾人、低保户，让弱势群体找到互敬互助的和谐温暖的情感；金山街道突出“贫困一家人”邻里节的主题活动，在金安和湖边等社区开展“富人与穷人结对子”的邻里节活动，确保打造好邻里节一街道、一社区、一特色、一亮点、一品牌。9月28日，厦门市推进和谐邻里节工作现场交流会在湖里区召开，现场观摩禾山街道禾山社区邻里节活动现场，听取了湖里区抓好和谐邻里节活动的经验介绍。

【“诚信文明示范街”考评】 4月9日，区人社局、区卫计局、区市政园林局、区行政执法局、区地税局、区工商局、湖里公安分局等部门召开诚信文明街巷考评工作，在街道和社区整治的基础上实行达标验收。湖里街道和宁支路、海山路，殿前街道马垅社村路、江头街道金尚小区商业步行街、禾山街道安兜路、金山街道后坑前社商业街共6条街巷被授予“诚信文明示范街巷”牌。

【倡导文明旅游】 6月，湖里区建立文明旅游联席会议制度。区文体出版旅游局、湖里公安分局、湖里消防大队、区市场监督管理局等19个部门组成了区假日旅游工作协调领导小组，加强组织协调、信息沟通、督促检查、落实职能责任，推动文明旅游工作长效机制形成。充分利用“乐游湖里”微信公众平台、宣传栏、报刊、网络、发放宣传资料等形式，宣传有关旅游出行知识、相关法律法规、社会服务承诺等。向市民、游客发出上千份文明旅游倡议书，广泛倡导文明旅游行为。要求各星级酒店、A级景区、旅行社积极抓好企业环境卫生，重点抓好出入口、停车场、游客休息集中区域、游客重点观光区域、垃圾箱、厕所及其附近环境卫生整治工作，要求企业加强员工培训和文明旅游引导，提高旅游服务质量。区文明办、团区委积极招募大量青年志愿者在高崎火车站、国际邮轮中心码头等多地进行志愿服务，协助维护秩序，提供购票引导、问路咨询、行李运送等爱心服务。牛头山景区、上古文化园、惠和石文化园景区和五缘湾周边成立了志愿服务队，在春节、“五一”、国庆等重要节假日期间每天安排志愿者开展景区文明引导、环境卫生保洁等主题活动。通过多部门联合执法，对东渡国际邮轮码头和五缘湾等区域开展重点整治行动，遏制了黄牛、黑车、黑导和不正当价格竞争等重点问题，对全区旅游相关单位进行了安全生产检查和公共秩序整治。通过加强旅游行业管理整治，实现无宰客、欺客事件发生，确保了零投诉率。

【52个社区设志愿服务点开展关爱礼遇公交司机行动】 1月12日，区文明办联合湖里公交公司、区总工会、区妇联、五个街道以及各个社区启动“关爱礼遇公交司机”行动。每个月的1日，湖里区将开展“月月有温馨，年年有幸福”主题活动，全区52个社区的上百名志愿者将在公交站点设立服务点，为公交司机提供温馨服务。志愿活动包括“四个一”：一声问候，见到公交司机主动问候一句“司机同志，您辛苦了”；一个帮助，帮助维护乘客上下车秩序，帮助老弱病残、孕妇、抱小孩的乘客、外籍人员和港澳台同胞文明上下车；一项服务，春天送热茶、夏天送凉饮、秋天送花茶、冬天送姜汤；一个祝福，车子离站前，祝福司机同志一路平安。

（张舒黎）

信　访

【概况】 湖里区全年受理群众来访196批2489人次，来访批数、人次比上年分别下降10.09%和8.92%，其中，到京访2批2人次，到省集体访0批0人次，到市集体访23批1826人次（2014年28批2156人次），到区集体访12批235人次；受理群众通过书信、电话、网络表达诉求的有5506件，占本级信访量的96.56%，同比上升8.62%。其中受理群众来信143件；受理“省长信箱”104件；“市长专线”5259件。是年，全区信访态势总体平稳有序，呈现出群众少走马路、多走网路、逐级走访、依法维权的信访工作新常态；区信访考评以满分的成绩名列全市六个区第一名；区信访联席办召集矛盾纠纷排查例会12次，共排查矛盾纠纷128件次。初信、初访工作创新被省、市信访联席办在全省、全市推广，并在4月21日召开的全省初信、初访事项办理工作经验交流会上做经验介绍。4月2日、6月11日区信访局、金山街道、金安社区先后接受了国务院副秘书长、国家信访局局长舒晓琴，省委常委、政法委书记陈冬的信访考察、指导，信访工作得到充分肯定和表扬。

【打造“互联网＋信访”平台】 年内，湖里区在全区范围内开展信访信息系统接入、录入、应用“百日会战”活动，查漏补缺，做到应接必接、应录尽录；期间，区联席办3次派督查组，对全区43个应接入

4月2日，国务院副秘书长、国家信访局局长舒晓琴到湖里区调研信访工作（区信访局供图）

系统单位的接入、录入、应用情况进行实地督查；截至10月底，所有系统接入单位均按要求完成2件以上信访事项的系统录入，应用率达到100%。

【妥善办理初信初访事项】 2015年，在初信、初访事项的受理、办理过程中，湖里区信访工作注重在“5个时间节点”和“9个规定动作”上下功夫，确保信访事项得到依法及时办理，群众的诉求和建议得到及时回应。是年，全区办理的5702件信访事项均按照上述要求得到依法及时办理。

【完善信访工作考核机制】 年内，湖里区修订了《湖里区2015年度信访稳定工作责任书》，并先后提交区政府常务会议和区委常委会研究通过后，下发信访联席会议各成员单位执行。年底，区信访联席办组织人员对全区37个信访联席会议成员单位落实信访稳定工作责任书的情况进行了考评。

【加强督查督办】 年内，湖里区加强常规效能督察工作，由区联席办会同区纪检监察部门和区效能办，定期对各责任部门的办理情况进行抽查督办。随机抽取市民投诉件，电话回访信访人，了解职能部门的办理情况，防止出现答非所问的“神回复”、避重就轻的“假回复”、情况不明的“瞎回复”、超过时限的“慢回复”及职责交叉的“乱回复”现象，并不定期地针对当前热、难点问题及责任单位限期反馈情况开展专项督查、督办。5月和9月区信访局分别邀请区纪检监察部门组织人员对区属各信访联席会议成员单位办理信访事项的情况进行了随机抽查和电话回访，群众满意率达99.2%。

【加强信访信息通报】 2015年，湖里区每月归纳总结在信访工作中发现的热点和难点问题，将各单位好的做法、解决的问题、网上信访以及“市长专线”办理的具体情况，以《信访月报》的形式报告区领导，并向各信访责任单位进行通报；同时注重借力，把领导的批示作为督办、督查的推手，有力的推动信访问题的解决。

【处置万禹国际广场业主群体访】 5月2日，万禹国际广场业主300多人围堵区政府南门，阻塞枋湖南路车辆通行，区委常委、政法委书记钟伟东、副区长刘云标、区公安分局局长及金山街道领导现场指导处置。

【领导干部定点接访】 2015年，湖里区、街领导每月定时、定点接待群众来访，围绕了解诉求、咨询律师、明确责任、商定处置方案等四个环节，切实为群众排忧解难。是年，45人次区领导在区信访信息中心定点接待走访群众48批319人次，直接化解问题20个。

【劝阻进京集体访】 9月17日，金山街道在排查中发现浦口未返迁户欲集体进京上访，街道领导及时约谈返迁户代表，劝阻群体进京上访，以此为契机推动返迁工作，解决了历时多年、涉及100多户村民的信访“老大难”问题。

【重要节点和时期的矛盾纠纷排查】 2015年，湖里区成功应对了全国“两会”及省、市两会期间的信访问题，实现了中共十八届五中全会、纪念抗日战争70周年首都阅兵及全国、省“两会”期间进京集体访为零的目标。

【法定途径改革试点】 2015年，湖里区承接了省信访联席办下达的法定途径分类处理信访事项的试点改革工作，为确保该项工作的有效推进，区联席办成立了试点改革领导小组，研究制定试点改革工作方案，扎实推进。

【诉访分离宣传】 2015年，湖里区积极宣传诉访分离的相关规定，印制诉访分离宣传册，制作诉访分离宣传板、在信访候访大厅设置滚动

9月15日，湖里区委书记张毅恭接访（区信访局供图）

告知提示、通过交通路口的语音提示，告知群众诉访分离的相关规定、结合平时的接访活动，一对一解释诉访分离的法规依据；借助法律援助中心进驻信访大厅办公，有效推动诉访分离的实施。是年，引导通过法律途径解决的信访问题有87件。

【健全案件终结内部运行机制】 2015年，湖里区以“案结事了、息诉息访”为目的，引导重点疑难信访事项当事人和承办单位依据《信访条例》的规定，对重点疑难信访事项进行复查和复核，完善“三级终结”“两审终审”、公开听证评议和专案评审相结合的信访终结机制。是年，区政府共为11件信访事项办理了复查，有5件信访事项向厦门市人民政府请求复核，为信访人谢某等2件信访事项举办了公开听证评议，为邓某等2件信访事项举行了专案评审。

（张涛）

名词解释

5个时间节点：5日内录入系统、15日内转送交办责任单位、15日内告知信访人是否受理、30日内进行调查处理、60日内作出处理意见。

9个规定动作：信访登记、初访分析、转送交办、受理告知、实体办理、答复反馈、文书送达、系统录入、审核把关。

机构编制工作

【概况】 中共厦门市湖里区委机构编制委员会办公室（厦门市湖里区人民政府机构编制办公室）（以下简称区编办），主管全区行政管理体制、机构改革及机构编制工作，为区委机构编制委员会（以下简称区编委会）常设办事机构，负责处理区编委会日常工作，既是区委工作部门，又是区政府工作部门，核定人员编制2名，实际在编2人。下设事业单位“厦门市湖里区事业单位登记管理局”，核定人员编制3名，实际在编3人，为副处级参公事业单位。2015年，区编办主要开展政府机构改革、行政审批制度改革工作，履行机构编制服务保障、日常工作管理和事业单位登记管理职责。全年办理机关单位人员增减编71人（次）、本单位职务变动108人（次），办理事业单位人员增减编375人（次），办理工资审核428人（次），办理97家事业单位年度报告公示，办理100家事业单位登记公告（其中8家事业单位办理设立登记公告）。提请区编委会研究核增涉及劳动仲裁等方面急需用编41名，核准区属事业单位补充编内人员招考用编56名、人才引进用编30名、区属教师招考用编152名，争取公务员公开招考4名、选调生5名，争取核增事业单位安置军转干部人员编制30名，协调核准区直机关跨系列用编11件。争取核增区政府部门副处级领导职数1名、正科级领导职数2名以及自贸区法庭科级领导职数2名，争取明确区纪委内设机构领导和区法院、区检察院部分内设机构领导为副处级，争取核增16家事业单位领导职数并重新核定4家事业单位内设机构。

【实施政府机构改革】 2015年，湖里区完成区政府职能转变和机构改革工作。围绕转变职能和理顺职责关系，按照精简、统一、效能的原则，稳步推进大部门制改革，重点整合加强卫生和计划生育、工业和信息化、内贸和外贸机构等，同时推进其他领域机构和职责的整合，改革后，湖里区政府机构设置20个工作部门，不再设立部门管理机构。为确保改革有序推进，根据机构变动情况全面清理印章，统一刻制新印章5枚、收回旧印章6枚，及时调整部分事业单位隶属关系，下发《关于划转区部分事业单位隶属关系的通知》，区属8家事业单位的隶属关系相应划转到新组建的区政府工作部门，并配合有关部门落实相关措施，确保人员及时调整到位。根据进度要求，组织编写“三定”规定，经过部门上报、区编办审核、沟通反馈、修改送审等多轮环节，区政府机构改革涉及职能调整的区经济和信息化局、区卫生和计划生育局、区财政局、区建设局、区商务局、区市政园林局等6个部门的“三定”规定正式印发。

【调整盘活机构编制资源】 2015年，区编办立足区情实际，将有限的机构编制资源向民生、社会建设等重点领域倾斜，调整盘活全区机构编制资源。提请区编委会研究核增涉及劳动仲裁、社会救助、教育管理、信息化、燃气管理、医改、物业管理、旅游等方面急需用编41名；提请研究设立区燃气管理中心、区非公企业党建服务中心，在区企业服务中心加挂“信息化事务中心”牌子，在区建设服务中心加挂“物业管理中心”牌子等；理顺区青少年宫管理关系，将原加挂在区教育事务服务中心的“区青少年宫”牌子加挂在区少体校，人员编制相应保障。

【创新教育系统用编管理】 年内，根据区属学校新学年办学计划，区编办提前介入，开展教育系统“预核编”工作，对2015—2016学年教育系统教师招考用编计划进行科学预审，共审核湖里区招考教师用编152名，其中：中学63名（含

10月14日，区编办到区属学校开展核编工作（刘也凡　摄）

赴省外重点大学招考26名，特教2名），小学44名，幼儿园45名。

【机构编制日常管理】 2015年，区编办严格执行机构编制“五不准”和“三个一”的规定，加强实名制管理，及时掌握机构编制变化情况，做到实名制管理与机构编制月度统计工作有效对接。全年共办理机关单位人员增减编71人（次）、本单位职务变动108人（次），办理事业单位人员增减编375人（次），办理工资审核428人（次）。

【编制责任清单】 年内，区编办（区审改办）按照“权责一致、权责匹配”的目标要求，牵头组织区直部门开展责任清单梳理编制工作。要求各部门（单位）根据有关法律、法规、规章，部门“三定”规定和具有法律效力的规范性文件，细化部门主要职责，并将具体责任事项对应分解到内设机构及相关事业单位，明确未履行或不正确履行职责的追责情形。经统计汇总，区发改局等21个部门（单位）共有责任事项1807项，并按规定时限在湖里区政府网站上正式对外公布。

【提升登记服务水平】 2015年，区编办重新整理修订一次性告知材料，印制新版《办事指南》，制作《委托公示受理登记表》，并通过培训及知识竞赛做足政策宣传。受理审核各单位申报的《年度报告书》，重点对业务开展情况、资产损益情况等进行严格审查，对需要变更开办资金的单位进行政策解答，严格执行开办资金确认登记制度，用“确认”代替“验资”，减轻事业单位的负担。同时，主动与区信息中心协调，开辟“事业单位登记管理”专栏，统一代各单位在湖里区政府网站上公示年度报告书。全年共办理97家事业单位年度报告公示，办理100家事业单位登记公告，其中，8家事业单位办理设立登记公告。

【权力清单审核】 年内，区编办（区审改办）根据全市统一部署，按照“部署清理”“集中审核”“反馈调整”“公布运行”四个阶段，牵头实施、有序推进权力清单清理审核工作。通过建立联络员制度、开通审改工作QQ群、及时举办“区级行政权力清单工作实务培训班”等方式，加强与各部门的沟通和指导。在区法制办的把关下，经过三轮反复梳理、审核、修改，完成区级行政权力清单清理和审核工作，17个部门（单位）行政权力清单已经区政府常务会研究，于6月底在湖里区政府网站上公布。

【自身建设】 年内，区编办坚持不懈抓好干部队伍建设，开展“传、帮、带”和专题业务培训，快速提高“新人”业务能力，巩固“老人”业务水平。全年有1人（次）被评为“优秀党务工作者”、1人

6月12日，区编办举办“区级行政权力清单工作务实培训班”（陈媛婷　摄）

8月15日，区直机关党工委“三严三实”专题教育学习研讨会召开（何春来　摄）

（次）在《摆脱贫困》读后感征文比赛中获三等奖、1人（次）在“守纪律、讲规矩”演讲比赛中获三等奖，先后在各级刊物和网站上发表信息10篇（次），其中中编办网站和省编办网上各刊登1篇（次）。

（陈媛婷）

名词解释

五不准：不准超编进人，不准擅自设立内设机构和提高内设机构的级别，不准违反领导职数配备的有关规定，不准越权审批机构编制，不准上级业务部门干预下级的机级编制。

三个一：机构编制事宜，由编委及其办公室一个部门承办，按审批程序和权限审批后由主管领导“一支笔”审批，编委及其办公室“一家行文”。

区直机关党的工作

【概况】 2015年，区直机关党工委下辖34个直属机关党组织，其中：9个党委、党总支，25个党支部。所属76个党支部，共有党员1293人。同时领导区教育局机关党支部、区建设局机关党支部、区建设局事业党支部、区财政局机关党总支4个机关党组织，有党员131人。

【基层党组织建设】 2015年，区直机关党工委积极配合机构调整，指导区卫生计生局成立了党总支及3个机关党支部（机关党支部、计划生育服务站党支部、计生协会党支部），指导厦门泉州（安溪）经济合作区湖里园成立临时党支部。指导区工业园区管委会党支部、区纪委党支部、区委宣传部党支部、区科技局党支部、区司法局党支部等5个基层党组织完成换届选举。任命3名党支部书记。将区行政执法局党总支升格为党委，并指导完成了新一届党委的选举。全年发展党员14名。“七一”表彰优秀共产党员58名、优秀党务工作者28名、“六百”活动先进个人33名。

【思想政治建设】 2015年，按照区委统一部署，区直机关党工委在所属基层党组织中深入开展了习近平总书记到闽考察重要讲话精神“大学习、大讨论”活动和“三严三实”专题教育活动。收到答题1806题，评选出优秀答案50个，组织34名理论学习骨干讨论交流，征集到体会文章82篇，所属党组织书记上党课116次，作专题辅导39次，34个机关党组织的90名党员参加党建与文明创建“五化”建设知识竞赛。学习教育期间，所属党组织累计集中学习821次，开展学习讨论166次，邀请专家做专题辅导报告2场，领导干部上党课85次。

【机关党风廉政建设】 2015年，区直机关党工委组织党员干部认真学

7月22日，湖里区直机关党工委举办党建与文明创建“五化”建设知识竞赛（何春来　摄）

习中纪委十八届四次、五次全会精神和区纪委七届五次全会精神。结合“大学习、大讨论”开展了“四个一”教育活动，即开展一次党性信念教育、一次领导班子专题学习、一次警示教育、领导干部带头上一次廉政党课。举办2场专题演讲比赛和1场巡回演讲。和区纪委、组织部、宣传部联合举办了“守纪律、讲规矩”“干部转型提升”两场演讲比赛，并组织5名区直机关获奖选手进行巡回演讲。协同区机关事务管理局对机关单位节日期间的公车使用情况进行2次专项抽查。协助区纪委查处了3起机关党员违纪、违法案件，对2名党员给予党内警告处分，1名党员给予开除党籍处分。对上年1名留党察看的党员审查恢复党员权利。

【为基层办实事】 2015年，区直机关党工委落实了6项基层党建办实事项目。一是落实从严治党要求，紧扣薄弱环节，开展党建督查活动。二是开展“为基层党组织书记传经送宝”活动。召开座谈交流会，对基层党组织党建工作中存在的一些难题答疑释惑，传授经验。三是针对基层党组织业务工作存在的一些普遍性问题，开展了“加强业务培训，提高能力素质”系列培训活动。四是为基层党组织“送书籍、送器材，丰富基层党组织文化体育生活。为直属39个基层党组织书记购买了励志书籍《为什么是毛泽东》和《新时期领导干部意识形态能力建设》各1册，并为每个党组织书记配发了讲党课专用投影演示器（激光笔）；为每个直属党组织购买配发了1套《2015年全国基层党务工作科学化重点推荐教材》（每套10册），共下发410册。为每个直属党组织配发2套羽毛球拍等文体活动器材，共支出经费13.19万元。五是开展“党内关怀送温暖”活动。对生病、困难党员走访慰问。全年走访慰问困难党员35名，发放困难慰问金3.5万元。六是开展“弘扬优良传统，增强宗旨意识”参观见学活动，在“七一”和“十一”前后，分两批共组织60多名优秀党务工作者、优秀党员和“六百”活动先进个人到革命老区接受革命传统教育。

【和谐机关建设】 年内，区直机关党工委围绕“美丽厦门·共同缔造”活动，领导区机关工会主要开展了13项工作：1月，举办了2015区干部职工拔河比赛；2月7日，在区行政大院南面广场举行了一场别开生面的机关干部“迎新年”趣味运动会；3月7日，举办了庆“三八”趣味运动会，区机关600多名女干部职工参加了活动；“五一”前，表彰了31名优秀工会工作者和47名积极分子；安排各工会小组自行组织春游活动，活动费用按规定发放。5月30日，在半山林海羽毛球馆举办了2015湖里区机关干部职工羽毛球比赛；6月12日，在区政府食堂举办了一场“端午粽飘香”包粽子比赛；7月25日，在厦门三中游泳馆举办了2015湖里区机关干部职工游泳比赛；9月12日和19日，在机关大院南面广场举行了两场别开生面的“迎中秋　庆国庆”活动嘉年华；10月中旬，组织了350名区总工会会员参加庆祝厦门解放66周年健步走活动；组织参加区第一届“财税杯”气排球比赛；严格按规定要求，做好元旦、春节、“五一”、元宵、清明、端午等各种节日的慰问和生日会员的慰问工作；做好机关干部职工的健康保障工作，给每位会员交纳60元费用办理了市职工医疗互助保障。

（何春来）

老干部工作

【概况】 2015年，区委老干部局发挥老干部的作用，为党的事业增添正能量。以离退休第二支部为依托的老党员志愿者服务队，通过下社区宣传、巡访、助老的形式，多次组织到戒毒所宣传演出，开展不

10月12日，湖里老干局组织老干部参观“美丽厦门·共同缔造示范点——金安社区（黄小寒　摄）

10月28日，省、市相关人员检查老年大学（黄小寒　摄）

间断的邻里守望文明督导，到金山疗养院读报、教歌等活动，为区精神文明建设和“美丽厦门·共同缔造”添砖加瓦。做好老干部的服务保障工作，勤走访、常沟通，为老干部办实事、解难题。组织离退休老干部参观区两岸金融中心指挥部、万翔集成电路、云创智谷、厦门自贸区办事大厅等重点项目建设情况，“美丽厦门·共同缔造”示范点康乐社区和金安社区，通过实地考察近距离体会新形势下湖里区的新变化，共享改革开放新成果。

【提升老年大学品质】 2015年，区老年大学增加了人员、扩大了面积、添置了设备。成立区老年大学创建省示范校工作领导小组，做足了充分准备。年内，区老年大学共开设11个科目、39个班级，在校老年学员1400余人，每位学员每周至少参加1—2节课的培训。10月，迎接省老年大学、市老年大学组成的评审组对区老年大学省级精品课程、省级示范校进行评审，并赢得了好评。

【鼓励引导老干部发挥余热】 2015年，区委老干部局服务管理对象中有一部分老同志在区关工委、区老年大学、区慈善会、区老年福利协会、区老年体育协会等涉老组织中任职，发挥老干部的政治、经验优势，参与“美丽厦门”建设。“老党员志愿者服务队”志愿者利用居住和生活在社区的便利条件，就近、就地发挥模范引导作用。协助关工委老同志做好关爱助学、“五老”网吧监督，办好夏令营，开展宣讲报告团进社区、进学校活动，不断提升关爱服务青少年的工作水平。

（黄小寒）

关心下一代工作

【概况】 2015年，区关工委按照“基层工作深化年”活动要求，突出抓好培育和践行社会主义核心价值观教育，积极参与有益青少年健康成长环境的营造，按照“五好”达标要求全面加强基层关工委建设。举办各类夏令营活动400余场、1.8万多名青少年参加。区关工委宣讲报告团19名宣讲员提出课案46篇，撰写宣讲材料15万字，开展宣讲91场，受教育青少年近1.36万人。开展“五老”网吧义务监督，累计监督3.45万次，基本做到了各营业网吧都能见到五老志愿者的身影，有效劝阻未成年人进入网吧207人次。

【创“五好”基层关工委普查】 2015年，在全区范围内开展创“五好”基层关工委情况新一轮的普查。区、街两级关工委及时成立普查领导小组，制定普查实施方案，严格按照“五好”标准逐一对照检查，边查边改，固强补弱。各级工作班子更加健全，五老志愿者队伍更加完善，普遍建立了切合各自实际的工作制度。在全区已成立的183家关工委中，已达标的有169家；非公企业关工委数量、质量都有一定的提升，全区65家非公企业关工委中，已达标的有54家。在普查的基础上，评选出先进关工委19个，优秀五老志愿者20名。

【创建未成年人零犯罪社区】 年内，湖里区成立了创建“零犯罪社区”领导小组，发挥关爱工作团老同志和社区五老志愿者的骨干作用，包楼院、包片区，预防青少年犯罪网格化。区检察院开展未成年人心理治疗，社区普遍成立了心理健康咨询室，与青少年进行心的交流。重视做好五失青少年的帮扶工作。采取“五老帮五失”“一帮一、多帮一、一帮多”等措施，想方设法解决五失青少年在工作、学习、生活、情感等方面遇到的困难和问题。江头街道关工委主办的“远离毒品，迎接明天”专题教育活动两次走进市强制戒毒所，五老志愿者与400余名失足青少年面对面交谈，通过发放生活用品、组织文艺宣传演出与失足青少年面对面互动。湖里街道关工委帮助28名失业青年就业，五失青少年的帮扶助困工作落到了实处。市关工委“创建零犯罪社区”调研组多次到湖里区园山、兴华、兴隆等社区调研。在全市关工委基层工作深化年经验交流推进会上，区关工委撰写的《关工委在创建零犯罪社区的实践与思考》作专题汇报，兴华社区关工委《创建“零犯罪社区”缔造平安和谐兴华》作了书面交流。

【纪念抗日战争胜利70周年】 市关工委、湖里区委、区政府等单位主办，区关工委承办，在五通社万人坑纪念碑隆重举行纪念抗战胜利70周年暨控诉日寇暴行现场报告会，400多名中小学生和各界人士参加。市关工委常务副主任方汉生在报告会上作了《侵华日军占领厦门所犯罪行和厦门人民不屈不挠反抗侵略》的主题报告。五通村民陈振川以其亲身经历控诉日寇残害厦门人民，尤其是五通村民的罪行和厦门军民奋起抗争的史实。使与会的广大青少年学生受到一场深刻的爱国主义教育。

（陈雯）

台湾事务

【概况】 2015年，湖里区以缔造“美丽厦门·创新湖里”和“同胞融合行动计划”为载体，推进作风建设，提高工作效率。积极推动两岸乡镇、社区、教育宗亲、宫庙等基层交流，联合台湾成功举办第八届福德文化节。全年解决台胞诉求27件，承办涉台的提案议案4件。是年，区台办再次被国台办授予“两刊”对台宣传工作先进单位称号。

【对台招商】 2015年，湖里区组织6场近250名台商参加的自贸区政策解读会，组织台商到象屿保税区现场考察学习，激励台商参与自贸区建设。区台办介绍台湾富邦银行与区自贸办对接，参与金融创新工作及洽谈投资意向。邀请辖区250家台资企业参加厦门两岸股权交易中心举办的专题讲座。是年，引进台资企业项目87个，台资企业增资项目4个，共1130万美元，总投资2.1亿美元，合同利用台资1.39亿美元。

市关工委常务副主任方汉生在纪念抗战胜利70周年暨控诉日寇暴行现场报告会作主题报告（陈雯 摄）

【两岸乡镇交流】 2015年，在第七届海峡论坛期间，邀请台中市东区和金门县金湖镇相关领导、人员到湖里区，参观社区并座谈交流。台中市东区与湖里街道签订合作意向书，为开展经贸文化交流奠定基础。组织乡镇对接团赴台，参访东信社区。在台北拜会龙邦集团、辅仁大学、和昕生物技术股份有限公司、台北青年联合会，参访台湾养生保健协会和秀传医院，广交台湾友好人士、做好台湾各界人士的联谊工作。

【两岸社区交流】 年内，湖里区第四批社区主官赴台学习、培训、考察、交流，学习台湾的好经验、好做法。参与组织第四批社区主官入台培训考察社区营造，以“美丽厦门·共同缔造”为抓手，大力推进社区建设。巩固金尚社区与台北市忠顺里、金山社区与基隆市平寮里、兴隆社区与台中市兴隆社区、禾山社区与台中市中兴社区、海天社区与高雄市眷村果贸里等6对社区签订两岸社区友好共建协议的成果，加强往来，加深两岸同胞间的沟通和了解。年初，湖里区邀请台北忠顺里里长曾宁旖和其夫台湾政治大学教授朱新民到访交流。邀请台湾兴隆社区、忠顺里、果贸里等共建社区的村里长30多人到厦参加第七届海峡论坛活动。湖里区康乐、金安、金尚社区成为厦门市社区治理论坛参观点。

【两岸青年交流】 年内，湖里区参与福建省台联、闽台交流协会等10单位联合举办的台胞青年夏令营“走进湖里区活动”，160多位台籍青年营员参加夏令营。湖里区以“两岸青年创新创业互动交流”为主题开展活动，营员们实地参观了体现“五缘”情结的五缘湾大桥、五缘湾工业园区、湿地公园等景点。邀请华信混凝土工程开发有限公司总经理谢苍发和首聘担任社区主任助理的台胞熊麒与台胞营员们分享创业及参与“美丽厦门·共同缔造”活动的心得体会。

【两岸宗亲交流】 4月，湖里区召开涉台宗亲联席会议，制定全市首个涉台宗亲联席会议制度，明确了涉台宗亲交流的有关事项。组织宗亲交流团赴台，交流团分别与高雄市杨氏宗亲会、高雄市浯江金门同乡会、金门旅高同心会、台湾萧氏宗亲总会、彰化县历史建设书山祠等宗亲团体的相关人士座谈交流，实地参观彰化县萧氏宗亲会书山祠、斗山祠，了解台湾地区的宗祠建设及管理情况。拜会参观了大鲁阁集团、丽宝生医股份有限公司、和政机械股份有限公司等，并邀请他们参加本届中国国际投资贸易洽谈会。辖区陈氏、萧氏、张氏、叶氏、杨氏、薛氏等8个宗亲团体接待台湾宗亲谒祖团36批4000余人次，组团赴台开展交流14批800多人次。

【两岸宫庙交流】 2015年，湖里区对台宫庙交流频繁。2月19日，在林后青龙宫举办第二十三届厦门保生慈济文化节，受邀的台湾同胞、海外侨胞1000余人参加庆典。3月，厦门闽南朝天宫开阖启扉大典在闽南古镇举行，来自台湾在内的数十个妈祖庙宇近千人参与大典。4月，台湾台中市元保宫与湖里区凤和宫缔结友好关系，成为全市首个两岸友好宫庙，为两岸宫庙交流开辟出一个新的渠道。海峡论坛期间，400多名两岸宫庙代表齐聚仙岳山土地公庙，以“叙情缘、话和谐、促交流”为主题，开展两岸民间宫庙叙缘交流活动，十余种两岸具有相同信仰神祇的宫庙代表实现对接互访，进一步推动民间交流和文化繁荣。

第八届福德文化节（区台办供图）

第二十三届保生慈济文化节（区台办供图）

【举办第八届福德文化节】 9月17—23日，湖里区与桃园市土地公协会联合在台湾承办世界（湖里）福德文化节，本届文化节以“海丝行”为主题，并首次升格为世界（湖里）福德文化节，中国台湾地区、内地及新加坡、马来西亚等国家的有关专家学者、社会知名人士、宫庙信众代表1万多人共襄盛举。文化节为期3天，举行了盛大的开幕式、祈福祭拜、踩街绕境、闽南传统文艺方阵表演、平安戏等文化交流活动。

【两岸体育交流】 5月，湖里区与金山街道联合主办“欢乐五缘湾金山篮球赛”三对三篮球公开赛，广泛发动辖区台资企业报名参加，丰富五缘内容，取得良好的社会反响。与禾山街道联合举办第三届“禾山杯”海峡两岸网球联谊赛，吸引两岸6支代表队参赛，供电局代表队、台商代表队、海投代表队分获前三名。

【促进同胞融合】 年内，湖里区总

结推广兴隆社区“对台示范社区”的经验，让居住在湖里区的台胞、台商真正融入湖里。在兴隆社区试点建立厦门首个涉台个人调解工作室，为台胞提供矛盾纠纷调解和法律咨询服务。引导台商融入厦门生活，推荐台商担任“湖里区招商顾问”、区海联会理事，鼓励台商参评在闽优秀台湾人才，进一步增强台胞台商的荣誉感和归属感。

【维护台胞权益】 年内，湖里区充分发挥区“台胞投诉受理中心”的作用，对台胞、台商的投诉求助事项做到及时、有效地帮助解决。全年共受理台胞、台商投诉、求助40件，结案率100%，及时解决他们的困难问题。求助案件中占最大比例的是土地、房屋租赁纠纷等，区台办及时与各相关部门协调，妥善解决台商在经营中遇到的难题。发挥与区司法局建立的台企普法联络员联席制度的作用，将对台法律、法规、政策的宣传工作常态化。为提高台企用工规范水平，3月，请区人社局就业中心和劳动仲裁中心领导为100多位台商和对台干部授课，就企业用工奖励政策、企业用工管理合规和风险防控作专题辅导。发挥台胞、台商法院人民陪审员的作用，参与法院案件的调解与审判，帮助化解各类涉台纠纷，有效维护台胞的合法权益。

【鼓励台湾青年到湖里创业、就业】 2015年，湖里区在海峡两岸设计文创园设立湖里区两岸人才交流示范基地，并签订共建协议，搭建服务两岸人才新平台。制定《湖里区鼓励和支持台湾青年创业实施办法》，明确创业领域应符合“6+3”产业导向，重点鼓励在高新技术、互联网+、软件信息、IC设计、文化创意等新兴产业领域创业。并在创业启动资金方面给予扶持，提供创业贷款担保、给予办公场所租金补贴、参赛项目支持、培训经费资助、居住用房租金补贴及生活补贴等优惠政策，对创业青年子女就学支持选择优质教育资源，为台湾青年到湖里区创业、就业创造更好的条件。

【大力引进台湾专业人才】 2015年，湖里区兑现11名获评台湾人才奖励金84万余元。区台办会同区人才办组织台湾专业人才和储备人才参观考察“海峡设计文创园”，并举行座谈，全面解读厦门市“台湾特聘专家”“留学人才”及湖里区“550人才”政策。

【全市首个台联小组成立】 6月，全市首个台联试点小组——“东渡片区台联小组”在濠头社区举行授牌仪式。台联小组利用传统节日开展联谊活动，端午节、中秋节期间，以街道、社区、台联小组为单位，组织台胞、金门同胞、台属、台商参加包粽子、中秋博饼等活动，形成融合氛围，实现资源共享，让同胞融合扎根基层。

（李宝龙）

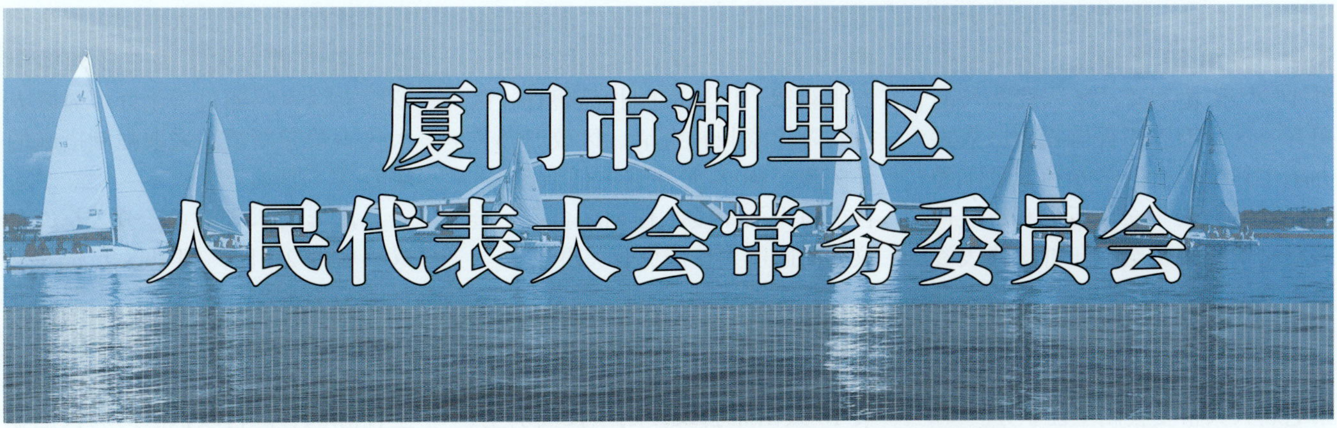

厦门市湖里区人民代表大会常务委员会

【概况】 2015年，湖里区人民代表大会常务委员会（简称区人大常委会）先后召开区人民代表大会2次，常委会会议17次、主任会议21次，组织人大代表集中视察检查8场（次），听取和审议区政府及其部门、区法院、区检察院专项工作报告18项，提出意见、建议41条，作出决定、决议16项，开展专题调研11项，督促办理代表建议、批评和意见79件，依法任免国家机关工作人员26人（次）。

2月11—13日，湖里区第七届人民代表大会第四次会议召开（黄绍义 摄）

重要会议

【区七届人民代表大会第四次会议】 2月11—13日，湖里区第七届人民代表大会第四次会议召开。会议听取和审议区长张毅恭作的《政府工作报告》；听取和审议区财政局局长辜琦皇作的《关于湖里区2014年预算执行情况和2015年预算草案的报告》；听取和审议区人大常委会主任梁美丽作的《湖里区人民代表大会常务委员会工作报告》；听取和审议区人民法院院长高碧青作的《湖里区人民法院工作报告》；听取和审议区人民检察院检察长林育清作的《湖里区人民检察院工作报告》，并表决通过各项决议。大会收到代表提出的议案、建议、批评和意见107件，其中区属职权范围内的建议、批评和意见82件。

【区七届人民代表大会第五次会议】 8月25—26日，湖里区第七届人民代表大会第五次会议召开。会议选举徐国庆为湖里区人民政府区长。

【区七届人大常委会会议】 2015年，湖里区七届人大常委会共召开17次会议。

区七届人大常委会第25次会议　1月19日，湖里区七届人大常委会召开第25次会议，常委会委员15人出席会议，区检察院检察长林育清、区政府办主任陈枫、区人大办副主任余孙升、各街道人大工委主任列席会议。会议研究关于补选部分区人大代表有关事宜。

区七届人大常委会第26次会议　1月26日，湖里区七届人大常委会召开第26次会议，常委会委员16人出席会议，区检察院检察长林育清、区政府办主任陈枫、区人大办副主任余孙升、各街道人大工委主任列席会议。会议研究召开区七届人大四次会议有关事项；研究表彰优秀代表议案、建议，办理先进单位有关事项。

区七届人大常委会第27次会

议　2月2日，湖里区七届人大常委会召开第27次会议，常委会委员16人出席会议，区法院院长高碧青、区政府办主任陈枫、区人大办副主任余孙升、各街道人大工委主任列席会议。会议听取和审议代表资格审查委员会关于补选代表资格审查的报告；听取和审议代表资格审查委员会关于代表变动情况的审查报告；接受叶春和辞去湖里区第七届人大常委会副主任职务。

区七届人大常委会第28次会议　3月11日，湖里区七届人大常委会召开第28次会议，常委会委员19人出席会议，区政府办主任陈枫、区人大办副主任余孙升、各街道人大工委主任列席会议。会议研究调整区七届人大常委会代表资格审查委员会组成人员；审议通过区人大常委会2015年工作要点。

区七届人大常委会第29次会议　4月24日，湖里区七届人大常委会召开第29次会议，常委会委员18人出席会议，区人民政府区长张毅恭、区政府办主任陈枫、区人大办副主任余孙升、各街道人大工委主任列席会议。会议表决通过人事任免有关事项。

区七届人大常委会第30次会议　5月28日，湖里区七届人大常委会召开第30次会议，常委会委员17人出席会议，副区长刘云标、区法院院长高碧青、区检察院检察长林育清、区政府办主任陈枫、区司法局局长林荣福、区人大办副主任余孙升、各街道人大工委主任列席会议。会议表决通过人事任免有关事项；听取市人大代表柯友升、阙全安履职情况的报告，陈宏萍、车尚轮、方庆明、杨美丽、张凌云5位代表向常委会提交了书面履职报告；听取和审议区政府关于社区矫正工作情况的报告。

区七届人大常委会第31次会议　7月14日，湖里区七届人大常委会召开第31次会议，常委会委员19人出席会议，区人民政府区长张毅恭、区法院院长高碧青、区检察院检察长林育清、区政府办主任陈枫、区人大办副主任余孙升、各街道人大工委主任列席会议。会议表决通过人事任免有关事项。

区七届人大常委会第32次会议　7月24日，湖里区七届人大常委会召开第32次会议，常委会委员18人出席会议，副区长戴宗垒、区法院院长高碧青、区检察院检察长林育清、区政府办主任陈枫、区财政局局长辜琦皇、区审计局局长肖德良、区文体局局长郭漳楚、区人大办副主任余孙升、各街道人大工委主任列席会议。会议表决研究有关补选部分市人大代表事宜；表决通过人事任免有关事项；听取和审议区政府关于2014年决算草案报告和关于预算执行和其他财政收支情况的审计报告，批准2014年决算；听取和审议区政府关于湖里区文化工作情况的报告。

区七届人大常委会第33次会议　8月14日，湖里区七届人大常委会召开第33次会议，常委会委员16人出席会议，区检察院检察长林育清、区政府办主任陈枫、区人大办副主任余孙升、各街道人大工委主任列席会议。会议研究召开区七届人大五次会议有关事项。

区七届人大常委会第34次会议　8月24日，湖里区七届人大常委会召开第34次会议，常委会委员18人出席会议，区检察院检察长林育清、区政府办主任陈枫、区人大办副主任余孙升、各街道人大工委主任列席会议。会议听取和审议代表资格审查委员会关于代表变动情况的审查报告。

区七届人大常委会第35次会议　8月31日，湖里区七届人大常委会召开第35次会议，常委会委员16人出席会议，区检察院检察长林育清、区人大办副主任余孙升、各街道人大工委主任列席会议。会议审议通过关于许可对区人大代表蔡黎新依法采取强制措施的决定。

区七届人大常委会第36次会议　9月29日，湖里区七届人大常委会召开第36次会议，常委会委员17人出席会议，副区长刘云标、区法院院长高碧青、区政府办主任陈枫、区行政执法局局长范金炉、区人大办副主任余孙升、各街道人大工委主任列席会议。会议听取市人大代表柳春福履职情况的报告，傅建辉、李本年、胡家榕、张新怀、王伟文5位代表向常委会提交了书面履职报告；听取和审议区政府关于城市综合管理工作情况的报告；听取和审议区法院关于民商事审判工作情况的报告。

区七届人大常委会第37次会议　10月29日，湖里区七届人大常委会召开第37次会议，常委会委员18人出席会议，副区长肖平、区检察院检察长林育清、区政府办主任陈枫、区财政局局长辜琦皇、区人大办副主任余孙升、各街道人大工委主任列席会议。会议听取和审议区政府关于2015年1—9月预算执行情况和预算调整草案的报告、区人大财经工委的调查报告，审查批准预算调整草案。

区七届人大常委会第38次会议　11月26日，湖里区七届人大常委会召开第38次会议，常委会委员15人出席会议，副区长丁红斌、洪耀同，区政府办主任陈枫、区卫计局局长李东、区建设局局长王华安、区人大办副主任余孙升、各街道人大工委主任以及区人大代表陈庆佳列席会议。会议表决通过人事任免有关事项；听取和审议区政府关于深化湖里区慢性病综合防范示范区情况的报告；听取和审议区政府关于安置房返迁工作工作情况的报告；研究关于补选部分区人大代表有关事宜。

区七届人大常委会第 39 次会议 12 月 15 日，湖里区七届人大常委会召开第 39 次会议，常委会委员 19 人出席会议，区检察院检察长林育清、区政府办负责人黄伟、区人大办副主任余孙升、各街道人大工委主任列席会议。会议审议区人大常委会工作报告（草案）和区七届人大六次会议有关文件材料；审议通过关于接受蔡黎新辞去区人大代表职务、终止代表资格的决定。

区七届人大常委会第 40 次会议 12 月 18 日，湖里区七届人大常委会召开第 40 次会议，常委会委员 17 人出席会议，区人大办副主任余孙升列席会议。会议表决研究有关补选部分市人大代表事宜。

区七届人大常委会第 41 次会议 12 月 25 日，湖里区七届人大常委会召开第 41 次会议，常委会委员 16 人出席会议，区长徐国庆，副区长刘琦龙、张家伟，区法院院长高碧青、区检察院检察长林育清、区政府办负责人黄伟、区财政局局长辜琦皇、区发改局负责人柯友升、湖里环保分局局长刘凯华、区人大办副主任余孙升、区政府办副主任左勇涛、各街道人大工委主任列席会议。会议听取和初步审查区政府关于 2015 年预算执行情况和 2016 年预算（草案）的报告；听取和审议区政府关于“十三五”规划编制情况的报告；听取和审议区政府关于湖里区生态文明建设规划情况的报告，批准实施湖里区生态文明建设规划；听取和审议区政府关于区七届人大四次会议代表建议、批评和意见办理情况的报告；审议通过代表资格审查委员会关于代表变动情况的报告；表决通过人事任免有关事项。

【区七届人大常委会主任会议】 区七届人大常委会全年共召开主任会议 21 次。会议的主要内容：研究补选部分区人大代表、七届人大五次、六次会议筹备等重大事项，研究人事任免有关事项，听取“一府两院”有关工作汇报等。其中，6 月 23 日召开的第 44 次主任（党组）扩大会议，听取区政府关于国有企业债务情况的报告；8 月 19 日召开的第 49 次主任（党组）扩大会议，听取区政府关于办理区七届人大四次会议代表建议办理情况工作进展情况的报告，以及关于老旧小区改造情况的报告；10 月 20 日召开的第 52 次主任（党组）扩大会议，听取区政府关于社区居委会换届选举工作情况的报告，以及关于安溪经济合作区湖里园建设情况的报告；12 月 22 日召开的第 56 次主任（党组）扩大会议，听取湖里公安分局关于交通管理工作情况的报告。

主要工作

【开展“三严三实”专题教育活动】 年内，区七届人大常委会按照区委的部署和要求，深入开展党的群众路线和“三严三实”专题教育活动。在认真总结 2014 年开展党的群众路线教育实践活动经验教训基础上，精心制定实施方案和细化工作计划。按照规定的序时进度，分专题开展集中学习讨论活动，对照检查存在问题，建立整改台账，采取有力措施，切实抓好落实。

【审议专项报告】 全年区人大常委会听取和审议专项工作报告 18 项：听取和审议区政府关于社区矫正工作情况的报告，关于 2014 年决算草案报告，预算执行和其他财政收支情况的审计报告，关于湖里区文化工作情况的报告，关于城市综合管理工作情况的报告，关于 2015 年 1—9 月预算执行情况和预算调整草案的报告，关于深化湖里区慢性病综合防范示范区情况的报告，关于安置房返迁工作工作情况的报告，关于“十三五”规划编制情况的报告，关于湖里区生态文明建设规划情况的报告，关于区七届人大四次会议代表建议、批评和意见办理情况的报告，听取和审议区法院关于民商事审判工作情况的报告；听取区政府关于国有企业债务情况的报告、关于办理区七届人大四次会议代表建议办理情况工作进展情况的报告、关于老旧小区改造情况的报告、关于社区居委会换届选举工作情况的报告、关于安溪经济合作区湖里园建设情况的报告，听取湖里公安分局关于交通管理工作情况的报告等，加强对经济、民生、社会稳定等方面工作的监督。

【决定重大事项】 区人大常委会全年作出决定 16 项：关于补选区第七届人民代表大会代表的决定（第 25 次常委会通过），关于召开湖里区第七届人民代表大会第四次会议的决定，关于表彰优秀代表议案建议和办理工作先进单位的决定，关于接受叶春和辞去湖里区第七届人大常委会副主任职务的决定，关于同意陈雄辉等辞去湖里区第七届人大代表职务的决定，关于同意张毅恭辞去湖里区人民政府区长职务的决定，关于湖里区人民政府副区长徐国庆代理区长职务的决定，关于补选区第七届人民代表大会代表的决定（第 32 次常委会通过），关于许可对区人大代表蔡黎新依法采取强制措施的决定，关于批准湖里区 2015 年度预算调整的决定，关于同意王中辞去湖里区人民政府副区长职务的决定，关于补选区第七届人民代表大会代表的决定（第38次常委会通过），关于召开湖里区第七届人民代表大会第六次会议的决定，关于接受蔡黎新辞去湖里区第七届人民代表大会代表职务的决定，关于接受黄勇民、胡盛辞去市第十四届人大代表职务的请求的决定，关于批准实施《湖里区生态文明建设规划（2014—2020年）》的决定。

【人事任免】 2015年，区人大常委会依法任免国家机关工作人员26人（次）。

【保障代表履职】 年内，区人大常委会重视加强代表履职能力建设，邀请市委党校、市人大有关领导为代表作专题辅导，并安排区人大代表参加省、市、区人大机关组织的业务学习培训活动。举办政情通报会，让代表全面了解湖里区经济发展和社会事业、民主法治建设情况。扩大和深化代表对常委会活动的参与，邀请部分区人大代表列席常委会会议，参与湖里区文化工作、安置房返迁工作等议题的审议。组织人大代表围绕湖里区经济社会发展中急需解决的重大问题和人民群众关注的热点难点问题，开展视察调研活动，区人大及其各工委全年共组织视察调研43场（次），提出意见、建议67条。

【议案建议办理】 年内，区人大常委会重视议案、建议的办理，及时将代表建议整理归类，会同区政府召开建议交办会，明确任务要求、责任主体和办理程序；常委会会议、主任会议先后两次听取和审议区政府关于代表建议办理情况的报告，跟踪监督建议、议案办理进展情况；对群众反映强烈的热点难点问题，有针对性地开展“回头看”。截至年底，区七届人大四次会议代表提出的79件建议，全部办结并答复代表，其中，满意76件，占96.2%；基本满意3件，占3.8%。

【“高枝嫁接”议案建议】 区人大常委会借助市人大代表湖里团这个平台，提出代表议案、建议。在2015年2月召开的市十四届人大四次会议，湖里代表团向大会提交代表议案18件、建议108件，通过市人大机关交办和持续督办，引起市政府的重视，推动相关问题解决。

【视察检查】 2015年，区人大常委会组织市、区人大代表对湖里区教育工作情况、金融中心建设等重点议题共视察、检查9次。1月13日，组织市、区人大代表视察五缘

2015年区七届人大常委会任免国家机关工作人员名表

表5

时间	会议	任免人员
4月24日	区七届人大常委会第29次会议	任命：洪耀同为区人民政府副区长 同意夏长文辞去区人民政府副区长职务
5月28日	区七届人大常委会第30次会议	免去：林志锋的区人民法院人民陪审员职务， 庄本中的区人民法院审判委员会委员、审判员职务， 陈秀娟的区人民法院审判员职务
7月14日	区七届人大常委会第31次会议	同意张毅恭辞去区人民政府区长职务 任命：徐国庆为区人民政府副区长、代理区长
7月24日	区七届人大常委会第32次会议	任命：陈辉峰为区人民法院自由贸易区法庭庭长， 卢泽潇为区人民法院审判员，陈婧怡为区人民法院审判员 免去：杨天赐的区人民检察院副检察长、检察委员会委员、检察员职务， 陈健成的区人民检察院检察委员会委员、检察员职务；蒋小勇的区人民法院审判员职务
11月26日	区七届人大常委会第38次会议	任命：龚静为区人民检察院检察委员会委员， 张贞蓉为区人民检察院检察员，郑晖为区人民检察院检察员， 郭伯骏为区人民检察院检察员，高雅冰为区人民检察院检察员 免去：王中的区人民政府副区长职务，陈枫的区人民政府办公室主任职务， 张艺杰的区人民法院审判员职务
12月25日	区七届人大常委会第41次会议	任命：黄伟为区人民政府办公室主任，柯友升为区发展和改革局局长， 洪志彬为区经济和信息化局局长 免去：胡军的区经济和信息化局局长职务，黄伟的区教育局局长职务

5 月 13 日，区人大代表视察湖里区教育工作情况（黄绍义　摄）

湾项目改造提升情况；1 月 20 日，组织部分区人大代表视察湖里区金融中心建设情况；4 月 15 日，组织市、区人大代表视察辖区地质灾害整治工作；4 月 28 日，组织部分区人大代表对区检察院贯彻落实《中华人民共和国检察官法》情况开展执法检查；5 月 13 日，组织部分区人大代表视察湖里区教育工作情况；6 月 18 日，组织部分区人大代表视察湖里区“六五”普法工作情况；8 月 11 日，组织部分区人大代表视察辖区部分台资企业情况；11 月 18 日，组织部分区人大代表视察殿前街道发展项目运营情况；12 月 13 日，组织市、区人大代表视察自贸区建设情况。各街道人大工委也以代表团和代表小组活动的形式，组织人大代表对安全生产、特殊教育等 26 个议题进行视察检查，通过“提建议、抓督办、促落实”，有力地促进了辖区经济和社会各项事业的发展。

【召开政情通报会】 7 月 28 日下午，区人大、区政协联合举办 2015 年上半年政情通报会。全区 159 名人大代表参加会议，听取代区长徐国庆关于湖里区上半年经济社会发展情况和下半年主要工作安排的报告，以及区法院、区检察院关于 2015 年上半年工作情况的书面报告。

【补选代表】 湖里区七届人大常委会第 25 次会议审议通过《关于补选区七届人民代表大会代表的决定》，决定在第 64 选区等额补选区第七届人民代表大会代表 1 名。2 月 1 日，经过第 64 选区选民的直接投票，选举区人大党组成员曾国建为湖里区第七届人民代表大会代表。湖里区七届人大常委会第 32 次会议审议通过《关于补选区七届人民代表大会代表的决定》，决定在第 56 选区等额补选区第七届人民代表大会代表 1 名。8 月 22 日，经过第 56 选区选民的直接投票，选举区政府代区长徐国庆为湖里区第七届人民代表大会代表。湖里区七届人大常委会第 38 次会议审议通过《关于补选区七届人民代表大会代表的决定》，决定在第 13、77 选区等额补选区第七届人民代表大会代表 2 名。12 月 19 日，经过第 13、77 选区选民的直接投票，选举湖里街道党工委书记郭晓平、禾山街道党工委书记黄锦城为湖里区第七届人民代表大会代表。截至 12 月 31 日，全区实有人大代表 189 名。

【信访工作】 区人大常委会重视信访工作，畅通民意表达渠道，全年共受理人民群众来信来访 29 件次，接待群众来访 21 批 27 人次，督促“一府两院”及时研究解决群众反映的各类问题和诉求。

（孙娟）

7 月 28 日下午，区人大、区政协联合举办 2015 年上半年政情通报会（黄绍义　摄）

厦门市湖里区人民政府

区政府常务会议

【概况】 2015年，湖里区政府共召开21次常务会议，即区政府第63次常务会议至第83次常务会议。

【第63次常务会议】 2015年1月8日下午，区长张毅恭主持召开区政府第63次常务会议。会议讨论并原则通过了《湖里区协税护税工作管理办法（修订稿）》、关于修订《湖里区协税护税工作管理办法》、关于《湖里区财政资金审批拨付暂行办法》、关于取消2015年元宵灯会事宜、关于《湖里区关于进一步加强社会保险工作的实施意见》、关于扶持保利（厦门）国际拍卖有限公司事宜、关于2015年政府工作报告（送审稿）等议题。

【第64次常务会议】 2015年1月22日上午，区长张毅恭主持召开区政府第64次常务会议。会议听取了区卫生计生局关于2014年全区卫生计生工作情况及2015年工作建议的汇报。讨论并原则通过了《湖里区清洁空气行动计划2015年度实施方案（送审稿）》、区征收办《关于表彰土地房屋征收安置工作先进单位及个人的请示》。讨论了禾山街道办《关于进一步明确新建社区服务中心项目土地与房屋征收成本承担比例的请示》、区教育局《关于开办五缘实验幼儿园及祥店幼儿园的请示》。会议对当前安全生产工作作了专门研究部署，要求各街道、各部门要认真落实“一岗双责”，全面扎实开展安全生产大检查，特别是对商场、工厂等人员密集场所要严格把控，力求做到无死角、全覆盖，确保春节期间人民群众生命财产安全。

【第65次常务会议】 2015年2月16日上午，区长张毅恭主持召开区政府第65次常务会议。会议讨论并原则通过了《2015年各街道主要经济指标安排建议》《湖里区2015年进城务工人员随迁子女小学积分入学办法实施细则（送审稿）》及区教育局《关于2015年教育系统改善办学条件资金预安排计划的请示》。听取了区商务局关于湖里区开展自贸园区工作情况的汇报。讨论了湖里街道办《关于设立海丝商品交易中心股份有限公司的请示》，原则同意海峡（厦门）现代农业研究院有限公司联合中农正谷控股有限公司等5家公司在湖里区设立海丝商品交易中心股份有限公司，并按有关规定报市里审批。

【第66次常务会议】 2015年3月12日上午，张毅恭区长主持召开区政府第66次常务会议。会议听取了区发改局关于2015年1—2月份经济运行情况及下阶段工作建议的汇报。讨论并原则通过了《湖里区重大项目引荐人奖励办法（送审稿）》《关于推进中国（福建）自由贸易试验区厦门片区两岸贸易中心核心区招商引资和产业引导的实施办法（送审稿）》《关于促进工业创新转型增长的暂行办法（送审稿）》《关于促进建筑业发展实施意见（送审稿）》《关于促进湖里区商贸业稳定增长的意见（送审稿）》《湖里区2015年银企对接会活动方案（送审稿）》、区市政园林局《关于湖里区2015年绿化工作计划（送审稿）》及区财政局《关于盘活我区财政存量资金有关事项的请示》。会议讨论了区财政局《关于湖里老工业厂房文创园区金融模式的请示》、区人社局《关于进一步做好企业用工服务工作的通知的请示》、湖里街道办《关于厦门市海峡建筑设计文创园申请产业转型专项补助的请示》、区教育局《关于聘请高校专家团队提升我区学校办学质量的相关问题的请示》。

【第67次常务会议】 2015年3月26日上午，区长张毅恭主持召开区政府第 67 次常务会议。会议讨论并原则通过了《湖里区 2015 年多规合一工作意见》、区征收办《关于解决殿前街道办公铁项目返迁问题的意见建议》和《湖里区人民政府关于促进企业上市的实施办法（送审稿）》。传达了全国、省、市信访工作会议精神。讨论了禾山街道办《关于支持创办爱特众创空间的请示》，区财政局《关于天地公司将科技创业园 B 座作价销售给国投公司的请示》《关于继续委托厦门金原融资担保投资有限公司运作我区企业担保资金的请示》。

【第 68 次常务会议】 2015 年 4 月 9 日上午，区长张毅恭主持召开区政府第 68 次常务会议。会议讨论并原则通过了区征收办《关于推行土地房屋征收与返迁考核奖励机制的建议》、区财政局《关于清理规范税收等优惠政策情况的报告（送审稿）》。通报了区政府领导走访挂钩联系重点企业情况。讨论了区财政局《关于重新签订钟宅畲族旧村改造项目〈还款差额补足协议〉的请示》、区市政园林局《关于成立区属城市建设公司的请示》、区民政局《关于区社会福利服务中心项目建设有关事宜的请示》、区人武部《关于湖里区国防动员民兵训练中心项目建设确定代建单位和增建人防指挥所事宜》、殿前街道办提出的关于云创智谷园区享受高新技术园扶持政策事宜。

【第 69 次常务会议】 2015 年 4 月 23 日上午，区长张毅恭主持召开区政府第 69 次常务会议。会议听取了区发改局关于 2015 年 1—3 月份经济运行情况及下阶段工作建议的汇报。讨论并原则通过了《湖里区加强经济运行调度和主要指标考核工作机制（送审稿）》《厦门市湖里区人民政府关于下达 2015 年消防工作主要责任目标的通知（送审稿）》、区消防工作联席会议提出的《城中村消防设施技术改造工作方案（送审稿）》、2014 年招商引资考核结果、2015 年招商引资责任目标任务分解及《湖里区招商引资考核办法（2015 年修订）（送审稿）》、区文体出版旅游局提出的《湖里区开展创建“老年人健身康乐家园”活动实施意见（送审稿）》。讨论了区建设局《关于提高我区安置房项目景观绿化建设标准的请示》、区教育局《关于申请校园足球工作专项经费的请示》。

【第 70 次常务会议】 2015 年 5 月 7 日上午，区长张毅恭主持召开区政府第 70 次常务会议。会议听取了区法制办关于新《中华人民共和国行政诉讼法》修订基本情况和主要特点的介绍，研究了其对当前行政机关工作提出的新要求。传达了中央、省、市有关贯彻“八项规定”和深入纠正“四风”会议及文件精神。会议讨论并原则通过了区财政局关于 2015 年街道收入任务考核目标安排、《关于表彰 2014 年度纳税先进企业的报告》，区行政执法局《关于对 2014 年湖里区卫片图斑违法用地处理建议的请示》。讨论了城乡家园清洁行动暨空气质量提升工作有关事宜。

【第 71 次常务会议】 2015 年 5 月 21 日上午，区长张毅恭主持召开区政府第 71 次常务会议。会议通报了《各区主体功能综合考核评价分析报告》中涉及湖里区指标完成情况。讨论并原则通过了《湖里区深化行政审批制度改革工作情况的报告（送审稿）》《湖里区落实“多规合一”推进建设项目审批流程改革实施意见（送审稿）》《关于自贸区联动招商考核办法（送审稿）》《2014 年各街道固定资产和财政收入考核情况表（送审稿）》及殿前街道办《关于成立嘉福社区居委会并调整部分社区管辖范围的请示》。听取了区卫计局关于迎接国家卫生城市复审工作情况的汇报，讨论并原则通过了《湖里区落实深化医药卫生体制改革综合试点方案（送审稿）》。会议讨论了区财政局《关于扶持中绿食品集团有限公司的报告》、区国资办《关于国投旅游公司合资成立国投航海运动有限公司的请示》、区市政园林局《关于五缘湾片区道路清扫保洁市场化招投标的请示》。

【第 72 次常务会议】 2015 年 6 月 4 日上午，区长张毅恭主持召开区政府第 72 次常务会议。会议讨论并原则通过了《关于湖里区加快旅游业发展的实施意见（送审稿）》《湖里区环境空气质量提升实施方案（送审稿）》《湖里区独生子女家庭奖励扶持办法（送审稿）》、区司法局《关于加强社区矫正工作的请示》《2014 年度绩效评估工作情况的报告（送审稿）》、区国资办《天地公司出资厦门群贤汇禾生物医药创投基金项目的请示》《湖里区人民政府关于地方政府性债务监管情况的报告》。讨论了区禁毒办《关于加强全区禁毒工作的请示》。

【第 73 次常务会议】 2015 年 6 月 25 日上午，区长张毅恭主持召开区政府第 73 次常务会议。会议讨论并原则通过了区发改局、区建设局提出的《关于加快推进老工业区改造提升的相关建议（送审稿）》，区科技局《关于评定 2013 年至 2014 年湖里区科学技术进步奖有关问题的请示》，区综治办、湖里公安分局《关于制定湖里区关于社区网格基础信息统一采集工作意见的请示》，《关于举办第八届福德文化节活动的方案（送审稿）》，区市政园林局《关于建设枋湖西路南段、薛岭支路两条市政道路有关问题的请示》，区审改办《关于湖里区区级行政权力事项清理审核工作的报告》。讨论了区国投公司《关于赞助第三届“中信置业杯”中国女子围棋甲级联赛及福建省围棋协会赛事的请示》。

【第 74 次常务会议】 2015 年 7 月 19 日上午，区委副书记、区政府党组书记、代区长徐国庆主持召开区政府第 74 次常务会议。会议讨论并原则通过了《关于打造国际一流营商环境的意见》《关于贯彻落实〈市委市政府关于进一步加快产业转型升级的若干意见〉的实施意见》《湖里区实施〈中国制造 2025〉行动计划（送审稿）》及区安监局《关于下达 2015 年安全生产目标责任的请示》、区创建办、区财政局《关于发放 2014 年度下半年及 2015 年度上半年文明创建加班补助的请示》《湖里区 2014 年财政决算报告》和《湖里区 2014 年度财政预算执行及其他财政收支情况的审计结果报告（送审稿）》。

【第 75 次常务会议】 2015 年 7 月 27 日下午，区委副书记、区政府党组书记、代区长徐国庆主持召开区政府第 75 次常务会议。会议讨论并原则通过了《关于促进厦门两岸集成电路自贸区产业基地发展的办法（送审稿）》、湖里公安分局《关于实施厦门市湖里保安服务公司脱钩移交工作的请示》。讨论了区市政园林局《关于申请市政排水管网清淤专项资金的请示》、殿前街道办《关于推荐厦门市燃气总公司作为发起人设立小额贷款有限公司的请示》、福建省漳州市木材公司案件执行和解事宜。

【第 76 次常务会议】 2015 年 8 月 7 日上午，区委副书记、区政府党组书记、代区长徐国庆主持召开区政府第 76 次常务会议。会议通报了省、市防台风视频会议精神，研究部署了湖里区防御今年第 13 号台风“苏迪罗”有关工作。会议讨论并原则同意区协税护税领导小组办公室提出的《关于对名鞋库网络科技有限公司等有关企业兑现奖励政策及申请专项扶持资金的报告》《关于区属国企收储厂房及改造升级工作的建议》和《湖里区直属国有企业负责人经营业绩考核补充规定（送审稿）》。讨论了区民政局《关于为我区 60 岁以上老年人购买幸福安康险的请示》、天地公司《关于厦门市海西工业设计中心项目引入万科作为合作单位的请示》。研究了区国投公司《关于所欠财政资金的原因说明及解决方案的请示》和天地公司《关于借款转资本金的请示》。

【第 77 次常务会议】 2015 年 8 月 28 日上午，区委副书记、区长徐国庆主持召开区政府第 77 次常务会议。会议讨论并原则通过了《2015 厦门国际投资贸易洽谈会厦门代表团湖里区分团筹备工作方案（送审稿）》、区协税护税领导小组《关于奖励湖里区先进企业及项目高管人员健康体检服务的报告》。讨论了湖里街道办《关于和通片区综合服务活动中心工程项目增加工程造价的请示》，区教育局《关于特教学校及县后小学二期扩建项目用地补偿问题的请示》，区工业园区管委会《关于建设区工业园区党群活动服务中心相关事宜的请示》，区发改局《关于申请兑现企业上市扶持资金的请示》，区市政园林局《关于购置餐厨垃圾收运车经费的请示》《关于申请火炬公园安全设施设备建设经费的请示》。

【第 78 次常务会议】 2015 年 9 月 19 日上午，区委副书记、区长徐国庆主持召开区政府第 78 次常务会议。会议讨论并原则通过了区发改局《关于 2014 年度总部企业认定及奖励等有关事项的请示》及 2014 年度湖里区协税护税工作考核奖励方案（送审稿）》《湖里区促进旅游业发展的扶持奖励办法（送审稿）》《国庆黄金周旅游保障工作方案（送审稿）》。讨论了区市政园林局《关于增加“村改居”社区环卫经费的请示》《关于增加“村改居”社区环卫经费的请示》《关于鳌山路市政及绿化景观提升改造的请示》及厦门兆蓉房地产开发有限公司《关于加快“中央天成”项目西侧道路建设的请示》。

【第 79 次常务会议】 2015 年 10 月 10 日上午，区委副书记、区长徐国庆主持召开区政府第 79 次常务会议。会议讨论并原则通过了区妇儿工委《关于我区“两纲”监测评估情况的报告（送审稿）》，区财政局《关于挖掘财政增收潜力有关事宜的请示》《关于 2015 年度 1—8 月财政预算执行情况及年度预算调整（草案）的报告（送审稿）》，区人社局《关于给予杨军锋开除处分的请示》。会议研究了区财政局《关于设立湖里区产业引导基金与产业投资管理公司的方案》。讨论了区城管办关于自贸区范围内长岸路、夏商国际商城及洪塘安置房周边景观改造提升有关问题的请示，区国投公司《关于近期征迁项目中涉及不可搬迁资产回收拍卖有关问题的请示》。

【第 80 次常务会议】 2015 年 10 月 27 日上午，区委副书记、区长徐国庆主持召开区政府第 80 次常务会议。会议听取了区发改局关于湖里区 1—9 月份经济运行情况及下阶段工作安排的汇报。讨论并原则通过了《湖里区重大决策社会稳定风险评估实施细则（送审稿）》《“创新湖里·乐购生活”2015湖里魅力购策划及推广执行方案（送审稿）》、区科技局《关于2015年区科学技术资金计划安排的请示》、区审改办《关于区直部门责任清单编制工作的报告》。讨论了厦门路桥游艇港开发有限公司《关于申请第八届中国（厦门）国际游艇展览会专项补贴事宜的请示》、区行政执法局《关于申请购置执法公务车辆的请示》、区人社局《关于落实我区机关事业单位工作人员养老保险制度改革相关问题的请示》。

【第81次常务会议】 2015年11月18日下午，区委副书记、区长徐国庆主持召开区政府第81次常务会议。会议讨论并原则通过了《湖里区关于推进大众创业万众创新的实施办法（送审稿）》。讨论了湖里街道办《关于联发华美空间文创园举办华美盛典及2015海峡国际微电影节的请示》、禾山街道办《关于共建厦门信息产业和信息化研究院事项的请示》、区民宗局《关于觉性院迁建的请示》、区财政局《关于与市财政局签订置换债券资金转贷款协议的请示》、区民政局《关于湖里区社会福利服务中心建设有关事宜的请示》。

【第82次常务会议】 2015年12月4日下午，区委副书记、区长徐国庆主持召开区政府第82次常务会议。会议讨论并原则通过了《湖里区网格化环保监管工作实施方案（送审稿）》《湖里区生态文明建设示范区规划》《仙岳山生态保护规划（送审稿）》和建设局《关于明溢花园商业店面购买的请示》。讨论了区市政园林局《关于环岛路（长尾礁—五通段）岸线整治和沙滩修复项目海域清滩的请示》《关于五缘湾市政设施修缮工程相关事宜的请示》，区国投公司《关于调整劲美源通物流园区房屋租赁价格的请示》、《关于申请取得五通作业区工作船基地建设管理权限的请示》，区教育局《关于区公办校（园）教职工食堂午餐补贴的请示》，区科技进步奖评审委员会《关于湖里区2013年至2014年科技进步奖评审结果的请示》。

【第83次常务会议】 2015年12月22日下午，区长徐国庆主持召开区政府第83次常务会议。会议传达学习了中央经济工作会议及市委反腐办“十项严禁”规定精神。会议讨论并原则通过了2016年《区政府工作报告（送审稿）》《湖里区国民经济与社会发展第十三个五年规划纲要（送审稿）》《关于湖里区2015年预算执行情况和2016年预算草案的报告（送审稿）》。讨论了区发改局关于湖里区2016年主要经济指标计划安排初步建议，原则同意采用方案一。讨论了区国资办《关于天地公司增资“厦门群贤汇禾生物医药创投基金”的请示》及《关于天地公司出资“厦门群贤汇康创业投资管理有限公司（暂定名）”的请示》，湖里街道办《关于对欣贺股份有限公司申请贡献奖励的请示》，区国投公司《关于集鑫佳园B区配套设施设备改造的请示》。

区政府办公室工作

【办文办会】 区政府办全年收到并传达各类文件5422件，其中办件2375件、阅件3047件（含保密文件195件），会议通知1987个，制发各类公文794件，公文运转严格做到高效及时、安全保密、规范有序，无一疏漏、误时、误事现象。承办（协办）“9·8”投洽会、区经济运行分析会、区政府全体成员会、区政府务虚会、湖里区空气质量提升等重要会议和组织召开区政府常务会议、协助区政府领导召集专题会和现场工作推进会等60多场，并认真协助组织开展相关调研活动。起草在政府全体成员会上的讲话、人大政协专题报告等讲话稿50多篇，起草、协助起草区政府文件和政府办各类文件700多件。

【政务督查】 2015年，区政府办把关系全局、领导关注、群众反映强烈的难点热点问题作为督查的重点，全年督办市、区两级人大代表和政协委员建议、提案238件，督办市、区政府工作报告中工作任务目标74项，督办四套班子到街道调研确定工作任务35项及领导批示件、五缘湾绿化夜景工程、新发展用地、城市网络化综合管理、自贸区建设和周边环境整治等工作26件。

【应急处置】 2015年，区政府做好全区专项和部门突发事件应急预案的制定、修订工作，积极推动区级专项应急指挥机构、应急组织体系和应急指挥平台、110联动数字调度系统建设，根据人事变动及时调整应急委、110社会联动领导小组成员，并认真配合做好110社会联动工作。编印4期《应急管理情况通报》，组织应急管理人员参加全市网上突发舆情处置和紧急信息报送、值班应急等多项培训和参与开展防灾减灾应急演练。做好区机关干部值班和区领导带班安排，积极处置职能范围内的各类突发性问题和群体性事件，妥善参与处理“6·25”环岛干道高林路段交通事故等80多起突发事件的信息报告和应急处置工作。

【地方志书编纂】 2015年，湖里区方志工作以正史编纂为抓手，紧扣地方志“存史、资政、教化、育人”功能，认真做好区志扫尾工作、年鉴征编工作。一是完成《湖里区志》后期工作。包括校订《湖里区志》光盘2次，完成《湖里区志》出版发行。二是完成《湖里年鉴》编辑工作。包括《湖里年鉴（2014）》校稿、出版、发行以及《湖里年鉴（2015）》编辑、印刷。三是参加厦大教授“关于厦门市城中村的课题”研究，方志办积极配合课题组，撰写了湖里区几个城中村的发展历史。

行政服务

【概况】 2015年，新进驻区行政服务中心的部门7个，新进驻事项81项，其中：行政审批事项41项，公共服务40项，涉及承接市级下放事项的部门12个，承接事项40项，所有新增事项均及时完成办事指南的印制及发布工作。全年行政服务中心受理近47.47万件，办结近47.32万件，其中，即办件约40.28万件，承诺件7.04万件，事项办理即办率由上年的75.37%提高到85.13%。“多规合一”建管平台收件1593件，发件1424件，限期内办结率100%。办理网上预约事项达2.52余万件。每月满意度调查均达到98%以上。五个街道便民服务中心本年度受理约9.44万件，办结约9.36万件，52个社区便民服务代办点全年受理51.81余万件，办结51.81余万件。

【开发“多规合一”建设项目审批信息管理系统】 6月1日，“多规合一”建设项目审批信息管理系统正式运行，“多规合一”建管平台收件389件，发件301件，限期内办结率100%。区行政服务中心所有审批事项流程均控制在5个环节之内，办结时限压缩至法定办理时限的35%以内。

电子政务

【概况】 2015年，湖里区政务信息工作围绕“数字湖里”建设目标，努力提升信息化水平。完成四级光纤网络建设网络安全设备、区级业务协同平台、500兆互联网带宽、区网格化信息平台软件服务和配套硬件等项目招标实施和验收工作。

【电子政务建设】 年内，湖里区本着“实用、实效、节俭”的原则，完善了市、区、街三级网络体系和办公信息应用系统，其中，湖里区机关办公自动化、微网站、微信、短信云、网格化服务管理信息平台等业务系统已基本建设完成，各外联单位也已基本实现与区行政大楼中心机房的内、外网光纤联通。结合实际需求，添置了必需的硬件设备，增强网控中心的承载和使用功能。是年，区业务协同平台与市信息中心、人社、计生、公安等部门共41个服务方完成对接，并与区外网OA、短信云平台、微网站等业务系统对接完成，形成上连市政府机关办公网，横向连接区直各单位，纵向延伸到社区、学校的三级网络集群，各部门互联互通，信息共享。

【政府信息公开】 2015年，湖里区推进财政预算、决算和“三公”经费公开，区级部门39家向社会公布了区级和部门预决算和“三公”经费预决算情况，公开的预决算细化到款级科目（其中支出功能分类细化到项级科目）。年内，全区主动公开政府信息1106条，区政府主动公开政府信息147条，区直各行政部门主动公开政府信息717条，各街道办事处主动公开政府信息242条，全文电子化率100%。

【加强政府网站管理】 2015年，区政务信息服务中心指定专人负责保障区政府门户网站内容，中心成员分工负责，每两周对部门网站进行考核，提供信息化专业咨询服务，指导督促部门及时更新本部门网站。同时对各局、街道、社区、学校的政府信息公开栏目、网上办事、公众参与互动栏目等优化调整。还设置了企业优惠扶持、老年人福利待遇、重大建设项目等专栏。企业优惠扶持专栏从资源聚合度、资源整合度、服务实用性、服务易用性等方面要求区相关部门增添内容，提供相关政策、文件、政策解读等内容查询，为企业提供方便。特别注重加强为民办事服务，认真办理群众来信来访，开展网上调查、网上征集等工作，积极推动政民互动交流。网站全年访问数26.91万人次，通过网络渠道答复群众咨询100多人次。

【电子设备使用保障】 年内，添置12号电视电话会议设备，更换二楼LED屏幕。对网络及计算机维护1843次，发送短信约5.88万条，发布大屏幕信息197条，保障电视电话会议80多场。

（张宪敏）

人事人才

【概况】 2015年底，湖里区行政机

关在编、在职工作人员288人，其中：公务员278人、机关工勤人员10人；参照公务员法管理事业单位在编、在职人员281人，其中：参照公务员法管理工作人员275人、工勤人员6人；其他事业单位在编、在职工作人员3643人，其中管理人员422人（含“双肩挑”人员142人）、专业技术人员3106人、工勤技能人员115人；纳入湖里区劳务派遣有限公司统一管理的机关事业单位非在编雇用人员632人，编外补充性工作人员1926人；湖里区人才中心立户企业总量1163家，委托人事代理及单纯寄档7869人，管理流动人才档案7593份。

【人员招聘及人才引进】 年内，湖里区以公开招考为主要方式，公开招录公务员1人、参照公务员法管理事业单位工作人员2人、其他事业单位工作人员44人、非在编雇用人员及编外补充性工作人员259人；指导区属国有企业通过公开招考补充工作人员41人；办理本市（区外）事业单位编内工作人员简化程序考核聘用3人；接收计划安置营职以下军转干部23人；组织开展10月补充区属事业单位编内人员公开招考，招聘37人；组织开展补充卫生专业编内工作人员公开招考，招聘10人；办理外地人才调入区属企业58人，其中硕士1人，本科54人，大专3人。

【人事调配与职务任免】 2015年，区人社局办理区卫生局卫生监督所3名参照公务员法管理事业单位工作人员，因机构改革职责划转，转任厦门市市场监督管理局公务员，办理区卫生和计划生育监督所2名参照公务员法管理事业单位工作人员，因机构改革职责划转，转任到湖里区安全生产执法大队；办理行政机关公务员调出本区4人、辞职2人、退休2人；办理政府系统参照公务员法管理事业单位工作人员调出本区1人，退休2人；办理政府系统事业单位调出本区15人，辞职解聘11人，退休23人（其中干部17人，工人6人）；办理新录用公务员试用期满考核及任职定级11人，新录用参照公务员法管理事业单位工作人员试用期满考核及任职定级6人，事业单位新聘用毕业生见习期满转正199人；办理行政机关及参照公务员法管理事业单位科级及科以下干部职务任免123人次；办理政府系统事业单位岗位设置方案设置或变更申报27家，事业单位工作人员岗位聘任2550人次。

【干部初任培训】 年内，湖里区组织政府系统2014年（含2013年以前）经考试新录用公务员和参照公务员法管理事业单位工作人员参加全市行政机关公务员初任培训班，共18人参加培训；组织2015年度接收安置到湖里区的军转干部参加全市营职以下及专业技术军转干部培训班，共23人参加培训；举办首期事业单位工作人员初聘培训班，对全区新聘用的事业单位工作人员进行岗前集中培训，82人（含党群系统）参加培训。

【考核奖惩】 2015年，湖里区人社局严格审核政府系统机关事业单位优秀等次（先进）比例，指导各单位规范开展2015年年度考核工作：行政机关和参照公务员法管理事业单位共563人参加考核，其中100人被确定为优秀等次；政府系统事业单位3652人参加考核，其中627人被确定为优秀等次；行政机关公务员和参照公务员法管理事业单位工作人员8人，因2012—2014年度考核连续三年优秀给予记三等功。办理机关事业单位工作人员因被采取强制措施和受行政刑事处罚及受处分期间工资待遇处理21人次。

【初级职称确认和评审】 2015年，区职改办共确认初级专业技术职务任职资格532人；指导湖里区经信局组建区工程技术综合类初级职务评委库，做好工艺美术初级职务、综合类工程技术初级职务评审工作，预审通过20人；指导湖里区建设局开展2015年土建类工程技术初级职务评审工作，预审通过81人。

【工资福利和退休管理】 年内，湖里区根据全市统一部署，完成全区调整机关事业单位工作人员基本工

湖里区举办丰富多彩的文娱活动，丰富退休人员的生活（区人社局供图）

资标准和增加离退休人员离退休费工作，按照《厦门市人民政府办公厅关于印发厦门市调整机关事业单位工作人员基本工资标准和增加机关事业单位离退休人员离退休费实施办法的通知》（厦府办〔2015〕200号），机关将部分规范津贴补贴纳入基本工资、事业单位将部分绩效工资纳入基本工资、部分离退休人员增加离退休费，涉及5400余人次。根据全市统一部署，启动机关事业单位工作人员养老保险制度改革前期工作，上述在职人员调资的增资部分，实行预留养老保险和职业年金费用后发放。

【人事人才代理】 2015年，厦门市人事代理服务实行属地管理，湖里区人社局人事代理业务增量明显，全年新增立户企业87家，立户企业总量1163家，受理毕业生申报627人，报到557人，外地干部调入58人，办理人才流动手续356人，单纯寄档及个人委托人事代理71人，档案入库1869份，档案出库275份，零星材料归档639份，借阅档案材料157人次，政审查档27人次，户口迁出25人，职称申报52人，出具证明函件413份，新增企业会员43家，个人会员571人，为企业发布招聘信息371条，网站访问量1424余万人次。

【毕业生就业】 年内，湖里区建设了毕业生就业登记网络共享平台，共享使用平台数据，建立本地生源毕业生信息库，多途径开展毕业生就业情况调查，举办公益性网络人才交流会2场，征集就业岗位2241个，发布招聘招考信息52条。做好职业见习指导及协助申报工作，全年申报发布见习岗位32个，申报职业见习人员25名。宣传毕业生就业创业优惠政策，征集审核毕业生创业省级资助项目2个。是年，湖里区生源毕业生564人，其中：博士5人，硕士43人，本科320人，大专196人，已就业530人，就业率近94%。

（邵永吉）

机关事务管理

【概况】 2015年，区机关事务管理局内设办公室、机关食堂、机关车队、房产管理中心、动力设备（物业）管理中心、会务中心。全年协助信访维稳421次，保障机关36万人次用餐，提供公务用车600台次。

【物业服务】 年内，机关事务管理局协助处理群众大小上访421次，上访人数2503人，过激上访38次。对行政中心大楼6部电梯进行升级改造。修剪草坪5次、喷洒农药13次，并对四害定期消杀，防控疾病。

【机关食堂管理】 2015年，机关事务管理局针对以前管理制度的不足，并结合现有的实际情况完善修订《财务制度》《采购管理制度》《仓库管理制度》等10多项制度，坚持做到每月盘点管理办法。科学化配菜、定期更换菜谱、改变菜色及口味，制作上精细加工、一菜多做，变"众口难调"为"调好众口"。根据季节气候变化，适时增加各类食品，如地瓜、玉米、面线、水果等，尽量满足干部职工不同的需求。是年，保障约36万人次用餐，制作年糕2000份，粽子4万个，月饼3500盒。双休日、节假日，安排值班人员，为机关加班的干部、职工供应餐点。

【办公用房和外围房产管理】 2015年，根据相关单位的申请，制定修缮计划，完成联谊大厦、区信访大楼、江头街道等8处房产修缮工作。在外围房产的管理上，遵照"五统一"（统一规划建设、统一产权登记、统一调配使用、统一维修管理、统一专业化物业管理）要求，外围房产水电费每月根据银行对账单及供电局开具的发票，进行核对后报账，严格落实财务纪律管理。通过送报审，杜绝了虚报、多报，节约开支。

4月14日，区机关事务管理局对办公用房调整、合并、腾退整改情况进行梳理登记，调整有关单位的办公用房。

【会务保障】 年内，会务中心严格按照中央八项规定简化接待、勤俭办事，召开各类会议一律不摆放鲜花、走廊不铺设红地毯、广场取消拱门、气球、彩旗等气氛布置。是年，共保障会议9978场次，其中：大中型会议1588场次，小型会议8390场次。

【公务车辆管理】 年内，机关车队严禁超标购置公务车、增加高档配置和装饰。加强日常车辆管理，坚持公务车辆统一入库，应急车辆填报《湖里区公务车辆在外停放申请表》，并与区监察局不定期检查。尤其是加强节假日期间驾驶员的管理，各单位除值班值勤外，所有的公务车辆一律封存停放，封存期间驾驶员都将车辆停放在各单位报备的存放地点，车辆行驶证及钥匙交单位专人集中管理，并建立登记簿以备查验。在租用公车上，按照区纪委、区财政局、区监察局、区机关事务管理局联合下发的《关于规范全区机关事业单位公务车辆租用行为的通知》（厦湖财〔2013〕45号）文件，严格执行审批制度。是

驾驶员培训（机关事务管理局供图）

年，区机关事务管理局机关车队全年保障公务用车约600多台次，安全行驶约19万公里。对驾驶员开展安全教育培训1次，220人参加培训。

（薛雅琳）

招商引资　商业贸易

【概况】 2015年，湖里区共引进合同外资6.68亿美元，完成年度任务的215.5%，比上年增长80.4%。实际利用外资3.24亿美元，完成年度任务的101.3%。引进内资792亿元，完成市下达220亿元年度任务的360%。实现批发零售业销售总额2166亿元，比上年增长17.2%，其中，区属限上批发零售业销售额1128亿元，比上年增长17.3%，完成年度任务860.7亿元的131%，市属限上批发零售业销售额895亿元，比上年增长19.6%，限下部分实现销售额142亿元。实现社会消费品零售总额350亿元，比上年增长5.2%，其中限上部分254亿元，比上年增长4.0%。限上批发零售业网络零售额56.5亿元，比上年增长26%，占全市限上批发零售业网络零售额92.5亿元的61.1%。

【湖里区首创“互联网＋招商”政务服务模式】 2015厦洽会期间，湖里区首创“互联网＋招商”政务服务模式，开发商务信息APP，让企业随时随地掌握湖里区产业发展、区域规划、招商空间、优惠政策、投资成本以及部门服务电话等最新信息。

园区招商

【两岸金融中心招商】 年内，两岸金融中心成功引进国际知名金融运营商北京英蓝集团、中国最大私募股权基金鼎晖基金、香港主板上市公司鼎丰金融控股、香港众赢投资集团、美国飞利凯睿证券、赣州银行等一批高端金融类企业在两岸金融中心落户，并吸引了金圆产业引导基金、中航集成电路产业基金、富凯海洋产业基金、华辰艺术品基金、恒一创投、两岸股权交易中心等一批金融、类金融企业。

【湖里高新技术园招商】 截至年底，湖里高新技术园已入驻企业2800多家，其中新兴技术企业500多家，吸引了谷歌、万科设计公社、趣游集团、长城宽带、骑记科技、科技谷等一批互联网、软件企业在园区聚集。与市科技局共建的“厦门两岸集成电路自贸试验区产业基地”在机场北片区揭牌运营。与厦门大学共建“厦门信息产业和信息化研究院”正式签约。谷歌体验中心开业。大力支持云创智谷建设，着力打造以云创业模式运作的移动互联产业和新兴电商产业孵化平台。是年，该园区整体签约率约65%，已签约并进场装修客户60余家。

2015年9月21日，欧洲投资委员会副主席到湖里区考察（区商务局供图）

2015 年 6 月 18 日，举行合作项目签约仪式（区商务局供图）

【盘活存量空间资源吸引新兴产业】 2015 年，湖里区重点以区属国企收储改造 60 万平方米老旧工业厂房作为承载未来新兴产业发展的重要载体，大力开展旧厂房改造招商工作，推动集成电路产业基地落地。配合支持联发集团华美文创园改造，引导文化创意类企业聚集发展。至年底，已引进中国十佳时装设计师端木文等 60 余家文创类企业入驻园区。支持华信商业广场、鼎兴商务大厦、宝呈商业中心等三旧改造项目，盘活优化有限的空间资源，策划引进高端商业、总部办公等升级业态，为优质民企入驻腾出空间。引导社区发展用地招商，充分利用“9·8”投洽会、“6·18”民企对接会和网络微信等平台，大力宣传推介枋湖社区发展用地、后埔社区发展用地、钟宅社区发展用地等项目。

【发展众创空间】 年内，湖里区结合老工业厂房改造和产业园区建设，引进创客运营机构，努力构建一批低成本、便利化、开放式的众创空间。云创智谷、青瓦众创、爱特咖啡、万科设计公社等 10 家创客空间已入驻湖里区运营，海峡工业设计中心、海尔创业平台等 10 余个众创空间项目在谈、在建，为湖里区创新创业和新兴产业项目的孵化、落地、成长提供了重要的服务载体。

【湖里区与金圆集团战略合作框架协议签约仪式举行】 10 月 16 日下午，湖里区与金圆集团战略合作框架协议签约仪式在湖里区举行。区委书记刘育生、区长张毅恭、常务副区长王中，金圆投资集团有限公司董事长许晓曦、纪委书记黄威飘等参加了签约仪式。此次，双方本着优势互补、合作共赢的原则，将合力在厦门两岸金融中心核心启动区建设国内领先、具有国际水平的高端甲级金融办公楼。

商业贸易

【概况】 2015 年，湖里区社会消费品零售总额 350.54 亿元，比上年增长 5.2%。限额以上企业零售额 259.46 亿元，增长 3.6%，占全区社会消费品零售总额的 74.0%；限额以下单位实现零售额 91.08 亿元，比上年增长 10.2%。全年零售额超亿元的批发零售贸易企业 52 家，合计零售额 217.85 亿元，净增 10.63 亿元，比上年增长 5.1%；零售额超千万元的住宿餐饮企业 19 家，合计零售额 7.96 亿元，净增 0.56 亿元，比上年增长 7.6%。在限额以上企业商品零售额中，汽车类零售额 115.30 亿元，比上年下降 9.0%；食品饮料烟酒类零售额 19.08 亿元，比上年增长 16.3%；服装鞋帽针纺织品类零售额 15.27 亿元，比上年下降 13.5%；通讯器材类零售额 18.28 亿元，比上年增长 46.6%；家用电器和音像制品类零售额 13.25 亿元，比上年增长 19.0%；石油及制品类零售额 7.26 亿元，比上年下降 0.3%。

【下发限额以上批发零售业销售额及社会消费品零售总额指标】 年内，湖里区将限额以上批发零售销售总额及社会消费品零售总额指标按月下达到各街道，并按主要时间节点进行细化分解，做到各项指标任务有布置、有跟踪、有分析、有落实。具体措施有：一是建立重点商贸企业库。将年收入预计在 5 亿元以上的 35 家重点企业、月度销售额前 15 名企业以及市下达的 150 家重点企业名录纳入重点跟踪企业名单，与企业统计员建立直接联系，动态掌握企业经营情况。二是及时把握企业异动情况。对接当月销售额增幅及降幅前 20 名企业，重点跟踪走访。针对增幅大的企业，总结推广企业工作做法；针对降幅大的企业，及时了解原因，防止漏报错报，同时进行帮助扶持，想方设法解决企业难题。三是做好政策宣传鼓励企业增资扩产。制定《湖里区关于促进商贸业稳定增长的意见》，大力培育龙头骨干批发、零售企业，同时，对企业从限下转限上、企业非法人转法人进行奖励。通过走访企业及召开政策宣讲会等措施，对扶持政策进行深入浅出的讲解，鼓励企业做大做强。四是做好企业挖潜纳统工作。重点跟踪80余家重点企业并入库预报试纳统。同时，及时梳理拟限上转限下企业名单，清理一批停业或退为限下的企业。五是创新企业联系机制。通过走访，建立与企业的直接联系，集齐企业对口工作人员的手机、邮箱、QQ、微信号等联系方式，建立QQ群和微信群，将企业、街道、相关部门具体负责人放在同一个平台上，使得信息可以及时沟通反馈。

【2015湖里魅力购开幕】 11月8日下午，“2015湖里魅力购”开幕式在蔡塘广场举行，湖里区区长徐国庆、副区长刘琦龙，厦门日报社总编辑江曙曜、副总编辑汪金铭，湖里区商务局局长陈颖颖等，为“2015湖里魅力购”开启帷幕。本次活动以“创新湖里·乐购生活”为主题，融入更多电子商务及时代的元素，分为乐购商圈、乐购自贸、乐购电商、乐购汽车四大主题活动。除了湖里汽车圆梦季、湖里电商购物节及万达商圈、SM商圈、蔡塘商圈、免税商圈、特易购商圈等商家开展特惠购物活动外，“2015湖里魅力购”还推出自贸特色商品推介等活动。

【活禽档口改造】 2015年，区商务局牵头开展了辖区内农贸市场活禽交易档口按照统一标准改造为白条禽档口的工作。完成23个农贸市场、50个活禽档口的改造工作，已全部投入正常营运。

【专项资金扶持兑现】 年内，湖里区兑现专项扶持资金。至年底，完成了我爱我家、悦士、夏商民兴超市，见福便利店，倍顺超市的前期审核上报工作，累积上报7家，兑现资金总额23.1万元。完成海峡电子生产资料市场2013年度奖励金的审核报送及资金兑现工作。向25家商家发放奖励金53.5万元。承接市商务局关于社会消费品零售总额稳定增长奖励资金扶持资金的兑现工作。组织符合条件的26家电商企业申请市级扶持奖励，有44项兑现。补贴符合条件的汽车2906台，补贴金额214.25万元。

审批服务

【概况】 2015年，区商务局根据《湖里区人民政府职能转变和机构改革的实施意见》，对原区经信局的酒类商品零售许可证核发、再生资源回收经营许可证核发等两项职能对接及承办，工作人员、办事指南、办公设备等软硬件设施配备齐全。根据调整后的行政职权，重新授权进驻区行政服务中心的首席代表和工作人员，做到审批事项应进必进。同时，严格按照区委、区政府简政放权、马上就办的精神，认真排查、删除办事指南中兜底条款、增加了即来即办的事项比例，方便群众办事。全年区商务局共受理办结各类行政审批1181项。其中：外商投资设立及变更99项；加工贸易批准证530项；加工贸易保税料件内销批准证88项，酒类商品零售登记证办理461项，再生资源回收登记证备案3项。

自贸区建设

【概况】 2015年底，在福建自贸试验区厦门片区注册企业突破2400家。引进恒丰世纪（厦门）融资租赁有限公司、汇融通（厦门）融资租赁有限公司等融资租赁公司9家，注册金额均在1000万美元以上（另有2家外资融资租赁公司在自贸区内设立分公司）；引进资产管理公司135家，股权投资类企业43家，商业保理公司6家，典当公司2家。跟踪NKO俄罗斯克里斯诺亚尔斯克交易中心项目，厦门自贸区第一家台资银行——台湾中信银行项目落地及实际入驻。推动台湾中信银行和金圆集团成立消费贷款公司。建发集团、特房集团、翔业集团等7家市属国企在湖里区设立完成13个项目，涉及资产管理、电子商务、信息技术服务等行业，投资12.2亿元。

【举办自贸两岸贸易中心核心区政策解读推介会】 7月15日下午，来自福建省内、浙江、江苏、四川、陕西、湖南、新疆、内蒙古等在厦门异地商会及湖里区重点纳税的企业代表400余名客商齐聚湖里区政府，参加“湖里区招商项目推介暨厦门自贸区两岸贸易中心核心区政策解读会”。本次活动重点介绍了厦门自贸区投资机会、海关贸易便利化创新举措、湖里区促进企业上市的五项办法及重点招商空间。湖里区常委、常务副区长王中简单介绍了湖里区自贸工作取得的成绩，并表示湖里区将重点发展国际贸易、航运物流、金融服务、临空产业、文化创意等产业，努力将湖里区建设成为两岸经贸合作最紧密区域和区域性国际贸易中心。

【“厦门两岸集成电路自贸区产业基地”举行揭牌仪式】 7月29日，厦门两岸集成电路自贸区产业基地在福建自贸试验区厦门片区机场北片区劲美源通仓储物流园内揭牌，该基地由市科技局和湖里区政府共建，可用面积达8万平方米，拥有6大产业功能区，包括：集成电路产品保税交易中心、集成电路研发设计试验中心、两岸（厦门）微纳电子研究院、集成电路设计企业孵化器、集成电路众创空间、集成电路产业人才实训中心等。其中，集成电路产品保税交易中心将建设具备网上交易、物流管理和跨境贸易等一体的综合性交易平台，致力于打造成区域性的集成电路芯片交易中心。集成电路研发设计试验中心拟建成省内提供出口各国所需认证测试的综合性服务的第三方权威实验室。

【《促进厦门两岸集成电路自贸区产业基地发展的办法》出台】 8月4日，湖里区与市科技局共同出台《促进厦门两岸集成电路自贸区产业基地发展的办法》。办法划定厦门两岸集成电路自贸区产业基地范围以机场北片区基地总部为核心的自贸区湖里片区，包括：厦门市集成电路产品保税交易中心、厦门市集成电路产品研发设计试验中心、两岸（厦门）微纳电子研究院、厦门市集成电路众创空间、厦门市自贸区集成电路设计企业孵化器、厦门市集成电路产业人才实验中心等。根据该办法，市科技局优先安排专项资金建设基地的公共服务平台。工商注册、税务登记在基地范围内，从事IC产品研发设计，高端制造，封装测试，交易结算，人才培训及其他符合条件入驻的关联业务的企业，可享受自贸区保税、海关特殊监管等各类优惠政策。该办法还从创业创新、交易结算、金融需求、知识产权、提升配套等方面为符合条件的企业量身定做了众多扶持政策。

【沃洋优品厦门跨境直购体验中心开业】 8月31日上午9时，位于国际邮轮中心三楼的沃洋优品厦门跨境直购体验中心正式开业。该中心是厦门自贸片区已运行的项目中，营业面积最大的进口商品保税展示交易项目，近2000平方米的展示大厅，设有跨境体验区、进口零食区、母婴用品区、果蔬生鲜区以及特色韩国馆，展销着越南猫屎咖啡、澳洲生鲜牛排、韩国护肤品、泰国干果零食、美国保健品以及全球知名进口奶粉等来自世界各地的近万种进口商品。地域涵盖欧美、东南亚、中东、非洲。

【厦门高崎国际机场口岸7×24小时通关正式运营】 8月26日，厦门高崎国际机场口岸7×24小时通关正式运营，成为继北京、上海、广州等机场之后中国大陆第五个实行全天候通关的机场口岸。实施7×24小时通关运营，既可以吸引各航空公司有效利用夜间时刻资源来厦开通国际航线和加密国际航班，也为来厦客商往来提供更大便利，助推厦门打造国际一流的营商环境。

【风信子厦门跨境直购体验中心开业】 10月30日，厦门夏商国际商城携手广州风信子共同打造的风信子厦门跨境商品直购体验中心试营业。风信子跨境直购商城直购中心经营面积近3万平方米，共2层购物直销中心。有近50家商家进驻，所提供的进口商品约有5万多种，囊括了世界各国的冰鲜、食品、保健品、母婴用品、化妆品、日化品、皮具、箱包、服装服饰、酒类、数码电器等。是全国自贸试验区中面积最大、产品最为丰富的进口商品直销中心。风信子购物中心采用"线下体验中心+线上购买平台"的O2O运营模式，是国内首个集合多商家、线上线下同步运营的跨境商品直购平台。

【厦门市跨境电子商务产业园正式挂牌运营】 12月20日，厦门市跨境子商务产业园正式挂牌运营，产业园位于湖里寨上，毗邻象屿保税区，建筑面积近10万平方米，分两期建设。同时跨境电子商务出口第一单货物上线测试。此次跨境电商测试为出口业务，由电商及物流等企业直接对接海关总署出口统一版的"跨境贸易电子商务通关管理系统"，货物经过产业园区分拣设备上线查验后，经过"三单比对"，实行"清单核放、汇总申报"监管方式，快速验放、快速清关，迅速转运厦门国际机场出口，送达境外买家。

（黄灵玲、张宪敏）

10月30日，全国自贸区单体面积最大的进口商品直销中心——风信子跨境商品直销体验中心开业（王赟　摄）

殿前街道辖区招商空间汇总表

表 6

编号	项目名称	用地面积	建筑面积	性质 / 空间		备注
				商业、办公面积	仓储面积	完工、在建、未建
机场北片区可用空间基本情况						
1	建安浔江国际	9749	46896	29000	—	在建
2	鑫豪利大厦	7258	27000	22000	—	基本完工
3	百琪酒店	5443	33809	25600	—	在建
4	海涵时代中心	5602	38235	28000	—	在建
5	赣商投资	7677	39000	26000	—	在建
6	海天大厦	8335	21700	21600	—	基本完工
7	新景舜弘大厦	9688	28000	28000	—	基本完工
8	佳德物流	136440	191016	—	—	未建
9	乔丹商贸	18582	37159	—	43025	基本完工
10	金绿物流园	19142	32542	—	57875	完工
11	航空工业（兆翔置业）	183954		—	—	未建
12	国际海岸大厦	12276	39497	39497	—	基本完工
13	万翔冷链	27580	36000	—	4000	完工
14	厦航投资	25772	69000	5000	—	在建
15	安捷尔物流	17739	44100	—	34000	完工（自持）
16	锐新物流	33534	50267	—	—	未建
17	海馨嘉源（兆翔置业）	31181	66779	—	62000	在建
18	万翔国际商务中心	29729	120000	23000（租赁）+28000（销售）	—	完工
19	劲美源通	33202	93415	—	83415.78	完工
20	万翔物流仓储（2009Y06）	33955	75044	—	—	在建
21	万翔现代物流园	43800	51000	—	30000	完工
机场南片区可用空间基本情况						
22	盛通中心	5200	6000	700	—	完工
23	翔云楼	4000	6355	1158	—	完工
24	运通中心	5000	10500	1900	—	完工
25	恒通中心	2000	55000	1584	—	完工
26	中骏大厦	13644	36579	10000	—	完工
27	航空商务广场	46572	80558	约 10000	—	完工
28	厦门新东亚活塞环有限公司	—	—	68500	—	完工
29	文物收藏品中心（翰澜楼）	26054	88073	—	—	在建

续表

编号	项目名称	用地面积	建筑面积	性质/空间		备注
				商业、办公面积	仓储面积	完工、在建、未建
高崎、中埔片区可用空间基本情况						
30	夏商国际茶城	32000	105000	10500		完工
31	原中外运堆场	29737				完工

湖里街道辖区招商空间汇总表

表 7

序号	写字楼名称	地址	建筑类型	建筑面积	栋（层）数	待租面积（平方米）
1	港务大厦	东渡东港北路31号	写字楼	72891	33层	4000
2	中储粮大厦	东渡路87号	写字楼	7221	10层	3548.7

外事侨务

【概况】 2015年，湖里区接待参访团2个49人次；接待和受理涉侨来信来访来电72件；走访慰问贫困归侨75人次，发放慰问金及物品4.12余万元；落实特困归侨6名，发放补助金额1.44万元。报批因公出国（境）团组13个29人次。

【外事接待】 4月18日，厦门市国际友城澳大利亚阳光海岸市议员珍妮·麦凯率阳光海岸青少年文化交流团一行29人，到禾山街道禾盛社区参观，并与社区馨雅乐团联合上演一场音乐会。此交流活动深化了该市与湖里区在文化、艺术方面的交流与合作；7月13日，由大会党、尼泊尔共产党（联合马列）、农工党和尼泊尔共产党（毛主义）组成的尼泊尔多党干部考察团一行20人，到湖里区禾山街道禾盛社区参观考察。

4月18日，澳大利亚阳光海岸青少年文化交流团到禾盛社区参观，并与馨馨雅乐团同台演出（区外侨办供图）

【服务经济】 年内，区外侨办走访重点侨资企业16家，送去湖里区最新编制的《厦门市湖里区政府促进企业发展优惠政策选编》，并详细了解企业的生产情况和侨商的生活情况。登门拜访回厦探亲的南非福建同乡总会理事长沈雄生，通过沟通，较好地掌握了湖里区赴非洲企业情况，为进一步做好工作打下基础。与区商务局、区经信局、区财政局协调，推荐湖里区外籍企业主管参评省“第九届友谊奖”。积极做好“第八届世界福建同乡恳亲大会”海外嘉宾到湖里区考察活动的有关协调保障工作。

【团结联谊】 2015年元旦期间，湖里区向海内外重点侨胞寄送新年贺卡50余份；春节前夕，走访慰问贫困归侨31户，发放慰问金2.5万元；“六一”儿童节，走访慰问贫困归侨侨眷子女12户；中秋节，走访慰问贫困归侨17户，发放慰问金0.85万元；重阳节，走访慰问88周岁以上高龄老归侨15名。支持马联会、印联会湖里联谊组开展各种活动，下拨活动经费0.9万元。选派7名优秀归侨侨眷子女参加市外侨办主办的“关爱工程——第三届市外侨办归侨侨眷子女夏令营”，帮助归侨侨眷子女形成独立自主的生活态度和健康文明的生活方式。

【为侨服务】 2015年，湖里区共

办理归侨证21本，出具“三侨子女”身份证明6份，出具国外中国公民回闽落户证明22份，行使华侨回闽落户初审权4名。区外侨办全年接待和受理涉侨来信、来访、来电72件，对涉及侨房、华侨子女就学等热点问题及时给予协调处理，维护了侨胞的合法权益、侨界的和谐稳定。配合市外侨办，落实低保归侨10名，定期给予每人每月100元补助；落实重病特困归侨户2户，分别给予一次性5000元和2000元的补助；落实特困归侨6名，定期给予每人每月200元生活补助。

1月16日，召开全区侨捐项目信息库建设工作部署会（区外侨办供图）

【侨捐项目普查】 1月4日，湖里区制定了《湖里区人民政府办公室关于开展全区侨捐项目信息库建设工作方案》，并将实施方案印发给13个成员单位。1月16日，召开全区侨捐项目信息库建设工作会议，区政府分管领导、各成员单位领导和工作人员参加会议，并邀请市外侨办分管处长到会指导。是年，区外侨办向区财政局申请20万元专项经费，分别向13个成员单位下拨，为做好侨捐项目普查工作提供经费保障。截至年底，各成员单位已完成侨捐项目信息采集上报工作，共上报侨捐项目168条，总计约1470万元。

（刘慧锦）

政协厦门市湖里区委员会

重要会议

【区政协七届四次会议】 2月10—12日，政协第七届厦门市湖里区委员会第四次会议在区行政中心举行。会议审议通过主席林凡所作的常委会工作报告和副主席谭苏建所作的常委会提案工作报告；审议通过会议期间的提案初审报告以及大会决议；表彰2014年度区政协优秀提案和提案承办先进单位；安排4个委员在大会上发言。会议选举陈雄辉为区政协副主席、魏锦成为区政协常务委员。会议期间，全体委员听取并讨论了政府工作报告和其他报告，围绕湖里区经济社会发展坦诚建言，积极献策。提案委员会共收到提案98件，初步确定立案84件。大会闭幕式上，区委书记刘育生讲话。

【区政协七届常委会议】 2015年，七届区政协共召开10次常委会。

第十八次常委会议　1月15日上午，主席林凡主持召开区政协七届十八次常委会议，协商湖里区《政府工作报告》《关于湖里区2014年预算执行情况和2015年预算草案的报告》；审议区政协常委会工作报告和提案工作报告；审议有关人事议题。

第十九次常委会议　1月26日上午，主席林凡主持召开区政协七届十九次常委会议，审议区政协七届四次会议有关文件。

2月10—12日，政协第七届厦门市湖里区委员会第四次会议在区行政中心举行（张毅　摄）

第二十次常委会议　2月2日上午，主席林凡主持召开区政协七届二十次常委会议，审议有关人事议题和拟提交区政协七届四次会议选举办法（草案）。

第二十一次常委会议　2月11日上午，主席林凡主持召开湖里区政协七届二十一次常委会议，听取七届四次会议各委员小组审议七届区政协常委会工作报告和提案工作报告情况的汇报。

第二十二次常委会议　2月12日下午，主席林凡主持召开湖里区政协七届二十二次常委会议，听取七届四次会议各委员小组讨论区《政府工作报告》、区《2014年预算执行情况和2015年预算（草案）报告》情况的汇报；听取审议区政协七届四次会议决议（草案）的情况汇报；听取区政协七届四次会议选举办法（草案）、有关人事事项建议名单，总监票人、监票人建议名单的汇报；审议通过区政协七届四次会议选举办法（草案）、有关人事事项建议名单，总监票人、监票人建议名单；确定总计票人、计票人。

第二十三次常委会议　3月24日上午，主席林凡主持召开区政协七届二十三次常委会议，审议通过了区政协常委会2015年度工作要点。

第二十四次常委会议　7月30

日上午，主席林凡主持召开湖里区政协七届二十四次常委会议，听取湖里区2015年上半年经济运行情况和下半年经济工作思路的通报，传达学习中共湖里区委七届十五次全会相关精神。区政协常委、经济建设委员会部分委员及部分特邀研究员出席此次会议。

第二十五次常委会议　10月20日上午，主席林凡主持召开湖里区政协七届二十五次常委会议。区政协各位副主席、秘书长、常委及部分委员、特邀研究员参加会议。会议协商了《关于湖里区2015年1—9月财政预算执行情况及年度预算调整（草案）的报告》、重点提案《关于进一步培育我区社会组织，充分发挥社会组织在社区治理中独特作用的建议》办理情况，听取了区政府办公室关于湖里区政协七届四次会议提案办理情况的通报。

第二十六次常委会议　12月9日上午，主席林凡主持召开湖里区政协七届二十六次常委会议。区政协各位副主席、秘书长、常委及部分委员、特邀研究员参加会议。会议协商了《湖里区国民经济和社会发展第十三个五年规划纲要（征求意见稿）》《打造国际一流营商环境，促进厦门自贸区两岸贸易中心核心区的发展》。

第二十七次常委会议　12月18日上午，主席林凡主持召开区政协七届二十七次常委会议。会议协商湖里区《政府工作报告（征求意见稿）》及《关于湖里区2015年预算执行情况和2016年预算草案的报告》。会议同意召开区政协七届五次会议，并审议通过《中国人民政治协商会议第七届厦门市湖里区委员会常务委员会工作报告（草案）》和《中国人民政治协商会议第七届湖里区委员会常务委员会提案工作报告（草案）》，以及区政协七届五次会议议程、日程、各委员小组召集人名单等。

【区政协七届主席会议】2015年，七届区政协共召开12次主席会议。

七届二十一次主席会议　1月8日上午，主席林凡主持召开政协第七届湖里区委员会第二十一次主席会议，审议有关人事事项等。

七届二十二次主席会议　1月21日上午，主席林凡主持召开政协第七届湖里区委员会第二十二次主席会议，审议区政协七届四次会议有关文件和有关事项。

七届二十三次主席会议　2月2日上午，主席林凡主持召开政协第七届湖里区委员会第二十三次主席会议，审议有关人事议题等。

七届二十四次主席会议　2月26日上午，主席林凡主持召开政协第七届湖里区委员会第二十四次主席会议，审议七届区政协领导班子分工调整事宜。

七届二十五次主席会议　3月17日上午，主席林凡主持召开政协第七届湖里区委员会第二十五次主席会议。会议审议通过《湖里区政协常委会2015年工作要点（草案）》，同意将《关于落实湖里教育发展服务中心的规划立项，提升教育资源，推进教育强区建设的建议》等4件提案确定为本年度重点提案，由区政协领导牵头督办。会议还研究了2015年度区政协常委会协商议题领导分工事宜，并确定区政协七届二十三次常委会议的时间和议程。

七届二十六次主席会议　4月30日上午，主席林凡主持召开政协第七届湖里区委员会第二十六次主席会议，研究区政协2014年度信息表彰工作。

七届二十七次主席会议　6月30日上午，主席林凡主持召开政协第七届湖里区委员会第二十七次主席会议，研究区政协提案工作评选表彰办法。

七届二十八次主席会议　7月23日下午，林凡主席主持召开政协第七届湖里区委员会第二十八次主席会议，研究2015年区政协“界别活动日”工作方案等。

七届二十九次主席会议　10月10日上午，主席林凡主持召开了政协第七届湖里区委员会第二十九次主席会议，研究确定了区政协七届二十五次常委会议的时间和议题。

七届三十次主席会议　12月1日上午，主席林凡主持召开政协第七届湖里区委员会第三十次主席会议，研究确定了区政协七届二十六次常委会议的时间和议题。

七届三十一次主席会议　12月8日下午，主席林凡主持召开政协第七届湖里区委员会第三十一次主席会议，审议通过七届五次会议有关材料等。

七届三十二次主席会议　12月16日上午，主席林凡主持召开政协第七届湖里区委员会第三十二次主席会议，审议区政协七届五次会议有关文件和有关事项。

主要工作

【协商议政】2015年，区政协常委紧扣协商议题，深入调查研究，积极建言献策，先后在区政协常委会上协商区政府工作报告、“十三五”规划纲要、财政预算执行情况及预算调整报告、对接厦门自贸片区两岸贸易核心区工作等。在以全委会、常委会的形式针对综合性、全局性、前瞻性问题开展广泛协商的同时，也运用界别协商和对口协商座谈会等平台对加快推进湖里区土地房屋征收异地安置工作、打造五缘湾滨海休闲旅游品牌、东部宗教场所建设等专业性强的具体问题进行深入议政协商，做到协商议题和协商形式相匹配、视察调研和协商议政相衔接。继续推行开放式专委会工作，进一步完善协商前调研和其他专题调研的开放自助报名平台，邀请基层部门代表、群众代表列席协商会议。在专题协商中增加自由发言的人数和时间，加强委员和政府部门在协商会议上的互动交流，提升协商效果。推行专题协商前开展调研，按课题成立区政协分管领导牵头的调研小组，围绕议题展开深入调研、商讨和论证，抓住需要解决的重点问题，形成比较成熟的协商意见，不断提高协商的针对性和有效性。在“十三五”规划纲要专题协商前的调研中，调研组就按经济城建、社会法治、科教文卫分组，分别深入开展调查研究，并多次与区发改局等有关部门探讨交流，促进了协商质量的提升。推行提案工作全程协商机制，深化重点提案办理协商，抓好办前、办中、办后沟通，积极探索同类提案集中协商和热点民生提案开门协商等新的协商形式。对涉及百姓福祉、群众关切的重点提案，主动邀请提案人、提案委委员、委员代表、特邀研究员与承办单位面对面协商，充分吸纳各方意见建议，凝聚最广泛的共识，有力推进提案的办理落实。

【提案工作】 2—12月，区政协全体委员、各专门委员会、各界别共提交提案97件，经提案委员会审查，区本级立案、并案的提案64件（8件并案），其中：财政经贸方面18件，占28.1%，政法民政方面13件，占20.3%，科教文卫方面16件，占25%，城建城管方面17件，占26.6%。内容超出区本级权限，转市政协立案的提案3件。转为社情民意信息的21件，交由相关部门办理。有1件提案因不符合立案规定，不予立案。《关于落实湖里教育发展服务中心的规划立项，提升教育资源，推进教育强区建设的建议》等4件提案确定为本年度重点提案，由区政协领导牵头督办。5月13日，副主席施立华带队走访区政府办，就重点提案《关于创新机制建设生态文明城区的建议》的办理情况进行督办。5月21日，副主席陈雄辉带队走访区民政局、区财政局，协商督办重点提案《关于进一步培育我区社会组织，充分发挥社会组织在社区治理中独特作用的建议》。6月3日，副主席林世裕带队到区商务局、区发改局，就重点提案《关于主动对接厦门自贸园区建设，加快促进我区经济转型提升的建议》的办理情况开展督办。6月10日，区政协副主席谭苏建带队走访区教育局、区发改局、区财政局、区建设局，就重点提案《关于落实湖里教育发展服务中心的规划立项，提升教育资源推进教育强区建设的建议》的办理情况进行督办。提案委加大对委员意见落实情况的监督，注重加强与区委办、区政府办的合作，及时协调解决提案交办过程中出现的问题，按月在区政协委员履职平台通报提案办理进展情况。从区级交办的64件提案中选出10件作为后续重点跟踪问效的提案，定期将这10件提案的办理进展情况向委员通报。改版提案办理情况反馈调查表，建立追踪落实机制。搭建提案网上交流平台，为委员开展提案线索征集、提交提案、交流经验、推优评先、反映诉求等构建了便捷的互动载体。制定了《厦门市湖里区政协提案工作评选表彰办法》，建立了民主、公开、公平、公正的评选表彰激励机制。截至6月27日，提案全部按期办结，所提问题和建议已经采纳并解决或基本解决（A类）的45件，占70.3%；已列入政府规划或部门工作计划，预计两、三年内可以解决的（B类）19件，占29.7%。提案者对提案办理结果均作了反馈，满意61件，占95.3%；基本满意3件，占4.7%。区政协常委会还专题听取区政府关于区政协七届四次会议提案办理情况的通报。

【专题视察】 2015年，区政协组织6次专题视察，其中1次常委会专题视察。4月，区政协组织教科文卫委员会全体委员和部分政协机关工作人员专题视察湖里区教师进修学校的硬件建设和办学现状。5月下旬，区政协主席林凡带领区政协常委、经建委委员、经济界别委

5月28日上午，区政协常委会视察福建自贸试验区厦门片区（张毅 摄）

员、特邀研究员以及机关工作人员专题视察福建自贸试验区厦门片区建设情况。9月上旬，副主席陈雄辉带领区政协社法委委员、其他委员、特邀研究员等专题视察湖里区推进社区多元共治构建和谐美丽社区工作情况。9月下旬，副主席林世裕带领区政协经建委委员、其他专委会委员、特邀研究员等视察湖里区社区新发展用地建设情况。10月中旬，主席林凡、副主席陈雄辉带领区政协社法委委员和其他政协委员、特邀研究员专题视察湖里区“两违”综合治理工作情况。10月下旬，主席林凡、副主席林世裕带领区政协台港澳侨委委员、部分其他专委会委员、特邀研究员以及区政协机关工作人员视察湖里区老旧小区改造工作情况。

【课题调研】 年内，区政协常委会加强了课题专题调研。由各民主党派、工商联、政协专委会、界别活动小组、委员街道联络组组成的课题组围绕确定的21个年度重点课题深入开展调查研究工作，在湖里区经济转型、文创发展、旅游开发、文化传承、社会治理等方面和群众关心的一些重要民生问题方面提出可行性、前瞻性的意见和建议。5月起，各专委会、街道联络组和界别活动小组开展了丰富多彩的调查研究和建言献策活动。区政协台港澳侨委员会、少数民族宗教界别活动小组、侨联界别活动小组联合对古地石东部新教堂等建处和新区福音堂开展调研；台港澳侨委、湖里街道联络组调研了湖里海峡设计文创园、联发华美空间文创园；社法委组织实地考察调研了金尚、金安社区多元共治建设及服务情况；文史学宣委考察调研殿前街道兴园社区“美丽厦门·共同缔造”的工作开展情况；教科文卫界别委员到安兜小学射击馆、厦门三中游泳馆调研区少体校基地校业余训练情况；殿前街道联络组考察了云创智谷—移动互联·智慧电商产业园；禾山街道联络组就“加快重点工程拆迁返迁安置工作”开展调研和专题讨论。在多领域的调研视察中，全年形成了《积极营造创新创业社会氛围，助推“大众创业、万众创新”》等28篇调研报告，其中21篇被选入《湖里区政协2015年度专题调研报告汇编》。《关于打造五缘湾滨海休闲旅游品牌的建议》《关于运用法治思维方式化解社会矛盾纠纷的若干建议》等4篇报告被推荐为政协年会委员大会发言篇目。6月起，《关于打造五缘湾滨海休闲旅游品牌的建议》课题组成员，走访了区发改局、区文体出版旅游局、市旅游局，深入厦门建发国旅、厦航国旅等旅行社了解游客实际需求，实地考察五缘湾游艇帆船港、湿地公园等，并到青岛考察，学习借鉴滨海旅游规划、旅游产品设计和文创旅游打造的经验。《关于把环湾路打造成台湾食品一条街的建议》的课题组前往五缘湾五通服务中心、环湾路及大嶝台湾免税商品主题公园开展调研。是年，区政协加强与市政协的联合调研，通过联合调研，形成的《关于推进厦门自贸试验区建设的建议案》《创新营商环境促进我市互联网商务发展》2份报告分别列入市政协主席会建议案和市政协重点课题，并得到市委、市政府主要领导的批示。

【民主监督】 2015年，区政协组织委员深入了解社情民意，广泛征集提案线索和视察调研题目，使委员提案、课题调研、视察内容更加准确、客观地反映人民群众最关心、最直接、最现实的利益问题，并通过组织委员视察、提案督办、社情民意反映、行风巡察等形式履行监督职能，着力加强提案和社情民意信息的办理、跟踪、监督、问效，推动了问题的解决。以推进行风巡察工作多维度、精细化为抓手，加强对行政部门履行职能开展民主监督。区政协委员组成的行风巡察小组对区财政局、区商务局、禾山街道办事处等职能部门开展行风巡察，通过明察暗访、问卷测评、座谈了解等环节进行深度巡察监督。特别针对群众反映的区经营性国有资产委托代管工作中存在的问题，开展了大量细致调查，进行了认真梳理分析，提出具有很强针对性和操作性的意见建议。区政协主要领导对巡察工作批示呈报党政主要领导，建议予以重视。区政府主要领导批示要求相关部门采取切实可行的办法、措施，建章立制、补齐短板，以确保国有资产保值、增值。被巡察部门切实重视巡察中发现的问题，及时组织专题研究，提出整改方案。年内，区政协推选4位委员作为区政府特邀监察员，推荐5名委员成为区法院、检察院特邀监督员，直接参与“一府两院”工作监督。江头街道联络组组织委员参与了“美丽厦门·共同缔造”建设项目评估、社区事务听评、社区基础分类助评等多种活动，深化了民主监督和基层协商民主工作。

【界别活动】 2015年，区政协指导各界别活动小组开展各具特色的界别活动，并组织深入到所挂钩联系的基层单位和界别群众中去多做合民情、顺民意、得民心的工作。工青妇界别委员继续参加“战高温、斗酷暑、一线行”慰问活动。社会福利和社会保障界别委员考察禾山街道残疾人职业援助中心，分别向区5个街道的残疾人职业援助中心捐赠物资，并在“环卫工人节”慰问马垅社区环卫工人。教育界别委员前往禾山街道和金福缘幼儿园调研学前教育问题。文体医卫界别委员到湖边花园幼儿园和欣高林幼儿园为贫困家庭小朋友赠送学习用品。民盟界别委员联合有关单位在湖边社区广场开展科技文化下社区活动。还有一批委员主动参与慈善事业资助捐款活动。各界别活动小组注重反映界别群众的意见和诉求，政协委员、信息员围绕群众关心的热点、难点问题报送了157件社情民意信息，内容涉及人民群众生活及湖里区经济、社会、文化建设等方方面面。

8月12—14日，湖里区政协举办2015年暑期研习班（张毅　摄）

【开展“界别活动日”活动】 9月19日，区政协利用周末时间在殿前街道长乐社区以“关注民生，服务基层”为主题开展了“界别活动日”活动，开展各种形式的送法律、送政策、送科技、送健康、送文化、征民意系列专题活动。

【团结联谊】 年内，区政协注意发挥党外副主席的优势和作用，视情采用党组扩大会议的形式，邀请他们参加会议一起研究，一起贯彻落实，把党的主张通过民主程序转化为政协班子的决定。主动走访各党派团体，切实加强与各党派团体、各族各界人士的联系沟通和团结合作，协助党委政府做好解疑释惑、协调关系、增进共识的工作。注重发挥民主党派、工商联和无党派人士在政协工作中的重要作用，努力为民主党派和无党派人士知情出力搭建平台、创造条件，鼓励他们为服务全区发展大局履职建言、献计出力。是年，政协的4场专题协商都有党派团体代表人士作专题发言，4个重点提案有1个来自党派团体。组织开展政协特色鲜明的履职活动，做好民族宗教界代表人士工作，加强同港澳台侨的团结联谊，做好凝聚人心、牵线搭桥等工作，为湖里区改革发展添助力、增合力。

【文史宣传工作】 2015年，区政协积极发挥政协文史工作“存史资政团结育人”的作用，继续坚持立足本土，抢救、挖掘和搜集本地历史文化资源，从地名由来、历史变迁、传奇故事、人物春秋、姓氏源流、民俗文化等几个方面征集编辑了有12万多字、120多幅相关老照片的第20辑《湖里文史资料》(殿前卷)。同时，组织委员参加市政协举办的厦门市政协成立60周年书画摄影展。不断加大对政协工作的宣传力度，继续办好湖里政协网站、刊物，全年刊出《湖里政协》22期，被全国政协刊物和省《政协天地》、市《政协信息》《厦门政协》《厦门日报》及《湖里简讯》等刊物、简报刊用信息近百篇（条）。完善区政协微信公众平台，建立了社情民意信息员微信群、QQ群等，向委员推送政协工作信息。密切与各级新闻媒体的联系，进一步完善宣传工作激励机制，提升宣传质量和档次。召开信息工作会议，总结表彰2014年度政协信息工作并部署2015年度工作。

【学习培训】 年内，区政协组织参加人民政协的各党派团体、各界人士学习贯彻中共十八届四中、五中全会精神。常委会专题学习了《中共中央关于加强社会主义协商民主建设的意见》和中共中央办公厅《关于加强人民政协协商民主建设的实施意见》。区政协暑期研习班紧扣当前热点，开办了《统一战线的和谐关系理论与实践》课程及《全力推进中国（福建）自由贸易试验区厦门片区建设》等讲座，还通过其他方式组织委员听取《依法治国若干问题和自贸区建设》《你我他一起读懂互联网+》等辅导报告。为使更多的委员知情明政，更好地为湖里发展献计献策，区政协组织全体委员听取区政府和检察院、法院通报2015年上半年工作情况，政协常委、经建委委员、经济界别委员听取区2015年上半年经济运行分析，金山街道联络组也邀请委员参加街道政情通报会。

【开展“三严三实”教育活动】 年内，区政协扎实开展“三严三实”专题教育活动。根据区委统一部署，及时制定专题教育实施方案，开展4个专题、4场党课、4次集中学习研讨、4场支部研讨、2场征求意见会。在整个专题教育中，党内外领导干部一起参加，突出体现了政协特色。党组成员带头讲专题党课，带头撰写书面交流材料，带头做研讨发言。

（方丽铃）

政法委及综治工作

【概况】 2015年，面对复杂多变的经济形势和前所未有的维稳压力和挑战，全区政法部门紧紧围绕“美丽厦门·创新湖里”战略规划，忠诚履职，攻坚克难，在维护社会稳定、创新社会治理、加强法治建设等方面做了大量工作。执法工作满意率居全市各区首位，群众安全感居全市各区第二，连续12年被评为全市综治工作优秀区，为湖里区经济社会发展和打造一流营商环境作出了重要贡献。

【创新维稳工作机制】 2015年，湖里区制定创新维稳成果“归零”制度。区委书记张毅恭坚持以落实综治领导责任制为龙头，提出维稳成果“归零”理念（如果综治平安建设没做好、出问题，所有经济社会发展取得的成果全部“归零”），将综治与平安建设视为一项兜底工程。是年，在全市首创维稳工作主要领导月调度会议制度，及时协调解决影响全区稳定的重大问题。各街道也相应建立了主要领导调度维稳事项的工作机制，形成全区综治维稳工作“一盘棋”的格局。

【强化工作保障】 年内，湖里区政法综治工作区级财政预算投入17097万元，各街道预算投入均在1000万元以上，为综治和平安建设工作的发展提供了坚实的财力基础。加大综治考评结果在干部绩效管理考核中的权重，切实把履行综治责任情况作为干部选任用人的重要依据。加大综治考核奖惩，对各单位根据综治考核得分情况确定优秀、达标和不达标等次，并进行排名。区财政安排奖金48万元，按照名次发放相应的综治奖金。对于考核不达标单位取消评优、评先资格，并给予通报批评。对年度综治工作排名在末位的街道和排名后两位的责任部门，即使考评等次为优秀也不奖励，还要列为来年的整治对象，有效地激励各单位争先创优，在全区上下形成重视综治和平安建设的良好氛围。

【建立群防群治新模式】 2015年，湖里区启动社区民警专职化建设试点工作，做好新招录审判辅助人员、人民陪审员换届选举工作等，不断优化政法队伍素质和结构。进一步规范协警和社区专职群防群治队伍建设，在全市率先制定《街编协警管理暂行办法》和《关于加强湖里区“城中村”社区专职群防群治队伍规范化建设的意见》，出台了《湖里区鼓励开展平安志愿服务实施办法》，将各类平安志愿者纳

2015年，湖里区组建群防群治队伍（区政法委供图）

入“红袖标”平安志愿服务队伍，把平安志愿者编入派出所社区警务队，2.5 万名平安志愿者实现长效化运作。积极探索“互联网 +”群防群治新模式，推动警情实时监控、群防群治队伍常态化巡查与公安指挥调度有效衔接，有力挤压违法犯罪滋生空间。是年，52 个社区全部成立了综治信访维稳工作站、警务室、治保会、调委会，全区 110 刑事警情比上年下降 3.4%。

【狠抓应急处突】 年内，湖里区狠抓“反恐”斗争不放松，组建巡特警反恐大队，组建 100 人的湖里区“雄鹰突击队”，全员下沉在街面，担负维稳、处突、巡逻和治安防控等职责，在应急处置和打防路面侵财犯罪等方面发挥了重要作用。健全“站店联防”“店店联防”“校店联防”等社会化反恐应急机制，进一步健全反恐处突应急机制，组织多警种开展反恐实战演练 7 次，成功处置“1·15”蔡塘公交车放火、持刀伤人案，有效震慑了暴力恐怖犯罪，应急处突工作受到国务委员、公安部长郭声琨和省委书记尤权等领导的批示肯定。是年，公安机关精确打击、以打促防，破刑事案件 3409 起，实现现行命案全破，涉恶“九类”案件打击工作超额 17%，完成市下达指标。

【司法体制改革】 2015 年，湖里区作为全国第二批司法体制改革试点区，区委书记亲自担任领导小组组长，制定《湖里区司法体制改革试点工作实施办法》，全面启动区法院、区检察院司法体制改革试点工作，按时序进度稳步推进各项改革措施，107 名干警参加法官检察官入额考试考评。刑事案件速裁程序试点工作成效明显，进入程序处理的案件平均审理时间为 3.5 天，当庭宣判率 100%。全面推行立案登记制改革，实行有案必立、有诉必理，受理案件数比上年上升 40.72%。成立自贸区法庭，筹备自贸区检察室，设立湖里公安分局两岸金融中心警务室。是年，检察机关批捕刑事犯罪嫌疑人数和提起公诉人数分别比上年上升 11.4% 和 8.3%。审判机关加大对犯罪的严惩力度，全年审结刑事案件数比上年上升 19.2%。

【执法规范化建设】 年内，湖里区坚持执法、司法规范化建设，突出抓好“三严三实”专题教育主题，认真查摆、有力整改不严不实突出问题。区法院刑庭被授予“全省法院先进集体”称号，区司法局林俊芳被评为全国模范司法所长，检察官赵克潮、民警周海洲获全省“百优”政法干警称号。截至年底，湖里区执法工作群众满意率 91.27%，居全市各区首位。

【平安和谐社区创建】 2015 年，湖里区在平安湖里建设中，将上年 5 个区级示范点提升为市级示范点，又新增 5 个社区作为市级示范点和 3 个社区作为区级示范点，充分发挥示范点引领示范作用。按照“一居一品”的思路，根据城市社区、“城中村”社区不同类型，实施分类创建。尤其是在“城中村”社区，以扶持预留发展用地项目和持续加强“五四三”工程建设为抓手，人防、技防、物防更加到位，社会治安面貌根本改善，为全市“城中村”建设提供了经验。

【共建共享提升社会治理能力】 2015 年，湖里区在全市率先开展社区网格基础信息统一采集工作，实行“一张表登记、一次性采集、多部门共享”，更加准确地掌握辖区实有人口和实有房屋等要素，有力促进了流动人口管理模式从传统的“以房管人”向更加系统高效的“人、房、业共管”转变。继续强化社区居民自治，积极构建“一核多元”的共同治理体系，全面推广社区事务听评会，通过群众做群众工作，多数人做少数人工作，充分调动了居民自我管理、自觉维护平安和谐社会的积极性，有效提升了社会治理科学化水平，推进“人员大交叉、议事大联席、社区大巡防”。

【完善立体化的治安防控体系】 年

组建社区义务消防队（区政法委供图）

蔡塘社区监控室（区政法委供图）

内，湖里区大力推动区、街两级视频监控系统建设，提升高清视频监控设施的布建比例。在新增区级监控探头800路的基础上，加快推进区级视频监控系统二期建设。全面推广指纹门禁系统，鼓励“城中村”社区成片采用指纹门禁系统，已安装1612套，自动采集申报流动人口信息6万余人次，实现安装户“入室盗窃”案件零发案的目标。同时引进社会资源参与建设，殿前街道高殿社区推广“天眼”工程，引入厦门易家网讯科技公司免费为每栋出租房布设高清视频监控探头，全年完成安装探头1600余个。湖里街道、湖里派出所积极探索以“互联网+”的模式，打造集信息采集研判、监控和指挥调度等多功能合一的立体化作业平台，切实提高动态化、信息化条件下驾驭社会治安复杂局势的能力和水平。加强基层一线民警的装备建设和管理，新增民警执法记录仪210台，投资350万元购置摩托车154部、价值37万元的流动警务车一部，逐步实现装备的现代化。

【矛盾排查化解】 2015年，湖里区注重源头预防，制定《湖里区重大决策社会稳定风险评估实施细则》，认真落实稳评工作“应评尽评、刚性门槛”的要求。注重重点领域、重点时段的排查预警工作，汇总信息快报专报402期，摸清找准各类安全隐患以及潜在的不稳定因素。在国庆前夕，及时掌握了浦口返迁户欲集体进京上访的涉稳信息，并且妥善处置，有效解决了这起历时多年、涉及100多户村民的信访问题。成立全市首家涉台个人调解工作室，设立禾山街道“周末调解工作室”，在殿前街道设立劳动争议调解工作室等，出台《湖里区社区人民调解委员会委员岗位津贴发放考评办法（试行）》，对全区363名社区调解委员进行年度考核，并将岗位津贴与考核等级挂钩。采取政府购买服务的形式，建立由15名律师组成的法律顾问团，参与湖里区辖内重大疑难矛盾纠纷调处工作，湖里特色多元化纠纷解决机制进一步完善，依法妥善处置了“6·25”环岛干道交通肇事、出租车司机停运等突发事件，疏导处理了浦口未返迁户信访、万禹国际广场业主聚集上访等一批特殊利益群体诉求和涉众型纠纷。是年，全区有行业性调解组织48家，全区各类调解组织共调解纠纷3518件，调解成功3511件，成功率99.8%，信访秩序持续好转。全力抓好各项安全保卫工作，确保了抗战胜利70周年纪念活动、中共十八届五中全会、全国青运会等重点节假日、重要会议和重大活动期间的安全稳定。

【治安打防管控】 年内，湖里区加大反邪教斗争工作力度，排查各类在册邪教人员35名，捣毁“全能神”窝点1处，审查起诉判决“法轮功”邪教人员1名，连续15年实现“零进京、零聚集、零插播”工作目标。密切关注辖区治安动向，针对侵财案件多发、城中村“黄赌毒”滋生等警情，适时开展各项小专打，着力提升群众安全感。是年，共破获虚假信息诈骗案件350起，比上年增长9%，同时通过开展反诈骗巡回演出等方式着力推动反诈骗宣传，效果明显，有力遏制了虚假信息诈骗案件高发态势。成立湖里区燃气管理中心，建立健全瓶装燃气行业长效监管机制，严查严管严处燃气安全隐患，共检查店面、食品小作坊等燃气使用场所9800多处次，停业整改24处，安装防火报警器710家。江头街道作为市级治安重点整治点，认真吸取“9·19”燃爆事件教训，开展商业街消防安全整治行动，重点整治存在较大安全隐患企业723家，年内未发生重特大人员伤亡事故。切实加强铁路护路联防工作，破获涉路案件91起，及时依法拆除铁路周边违建物，确保行车安全，实现“零伤亡”的工作目标。根据国家统计局厦门调查队2015年年度测评，湖里区群众安全感达到92.13%，排名位居全市第二。

【网格化服务管理】 2015年，湖里区建成区级网格化信息平台，各街道成立网格化服务管理中心，区、街、社区三级网格化平台实现基础数据互通、监控视频共享、居民事务处置等功能。全区云OA办公平台建设也正稳步推进。加快拓展功能，探索、开发符合实际工作需要的功能模块。积极增加各类服务设施，为每个社区服务大厅配备3台无线路由器和2台身份证识别器，提高了社区工作效率，方便群众办事。加快推广网格化服务管理模式，禾山街道利用网格化平台实行社区事务网络流转，分流交办，共处理社区事务540多件。是年，区教育部门首次实行教育积分入学在线申请，通过网格化信息平台即可完成相关入学事项的申报流程，教育资源分配全部由数据说话，做到入学工作的公开透明。

【加大禁毒力度】 年内，湖里区持续开展“亮剑扫毒”专项行动，深化流动人口分类管理，完善出租房“3+2”管理模式，动员平安志愿者力量强化管控涉毒人员。健全社区戒毒机制，鼓励引导街道通过政府购买服务的形式培育成立社区护工组织，加强对吸毒人员的排查摸底、收戒治疗和救助管控力度，探索以奖代补机制，激发戒毒人员积极性。是年，5个街道均成立了社区戒毒康复管理工作站。同时，充分利用新闻媒体深化禁毒宣教工作，动员群防群治力量开展禁毒宣教进家庭、进学校、进企业活动；在全区选取14个公交候车亭发布禁毒广告，在重要节点举办活动40余场，发放各类宣传材料数万份。增加禁毒专项斗争在综治等考评中的分数占比，加强检查督导，落实人员和经费保障，做好禁毒工作人员的学习培训。是年，在全省组织的“亮剑扫毒”行动中，湖里区共破获毒品刑事案件462起，抓获毒品犯罪嫌疑人460名，缴获各类毒品13308.7克，破案数和抓获罪犯数位居全省各县区第一。湖里公安分局被评为全省公安机关“亮剑扫毒”会战成绩突出集体；江头街道工作站被命名为省级社区戒毒社区康复工作示范点；湖里禁毒大队被推报为全国易制毒化学品管理先进单位；湖里区教育局被推报为全国学校禁毒预防教育工作先进单位。12月2—4日，《厦门晚报》以“湖里区禁毒工作在路上”为专题大篇幅报道湖里区禁毒工作的做法及取得的成效。

【开展物流、寄递行业专项整治】 2015年，湖里区下发《关于加强炸药等易燃易爆品管理整顿及物流寄递安全管理的通知》，成立专项治理工作领导小组，下设办公室，各派出所实行所长负责制，分管所长具体抓的工作模式。全面清理排查辖区物流寄递行业的网点及危爆物品的底数，初步掌握辖区共有物流企业186家、寄递企业及收寄点145个和危险物品从业单位12家。重点检查了物流、寄递企业落实治安保卫制度、可疑情况报告制度和治安防范措施等情况。同发现问题的快递点签订了寄递行业安全管理责任书和寄递企业治安保卫责任状。当场向企业负责人宣讲有关法律、法规，要求在重要出入口粘贴“实名登记、收寄验视、安检查验”等提示，并加强员工培训。

【扩大司法公开民主】 2015年，湖里区继续深化司法公开，区法院推进司法信息集控管理中心建设，建成27个高清法庭，切实做到“每庭必录”。大力推进阳光司法，上网裁判文书8038份，依托“12368”短信执行平台向申请人反馈执行信息近2.24万条。完成36名人民陪审员换届选任工作，积极发挥人民陪审员作用，109名陪审员参审案件1772件，陪审率99.11%。进一步完善司法衔接机制，区检察院与区人大办签订《关于加强民事行政诉讼、执行信访件配合协作的意见》，建立了信访通报、矛盾联调和联席会议三项制度，切实推动双方在妥善处理民事行政诉讼、执行信访件方面的有效协作。

【重点人群管控】 年内，湖里区高度重视易肇事、易肇祸精神病人管控工作，召开全区加强易肇事、肇祸重性精神病人社会管理和救治服务工作会议，区政府与各街道和各部门签订了工作责任状，努力做到“应收尽收，应管尽管，应治尽治”。是年，全区共列管精神病人516人，其中肇事、肇祸类5人，轻微滋事类77人。强化社区矫正工作，成立社区矫正讲师团，全年开展集中教育活动32场，接受教育2000余人次。金山司法所还探索开展“每月一法一考”活动，要求社区服刑人员每月学习一部法律法规知识，并依托“法治湖里网”或手机APP等平台进行网络考试，确保教育学习有内容、有效果。是年，全区新入矫社区服刑人员430人，解矫345人，在册370名，重新违法犯罪率控制在1%以下。全区安置帮教人员597人，安置率99.5%，帮教率100%，重新犯罪率控制在3%以下。

【服务民生】 2015年，湖里区深化共同缔造行动，通过“以奖代补”等方式，鼓励街道、社区和居民从房前屋后、自家院落做起，不断完善基础设施，美化生活环境，提高生活品质，共建平安家园。殿前街道对居民安装指纹门禁系统提供每套1000元的奖励，总投入约80万元，已完成安装600余套。着力解决交通难题，全区社区公交增至6条线路40部车，极大缓解了“城中村”居民出行难题。充分发挥社会组织作用，健全政府向社会组织购买服务机制，把适合由社会组织承担的特殊人群管理、社会治安防控、预防青少年违法犯罪等平安建设工作，纳入政府购买服务目录；积极开展法律服务工作，在区劳动仲裁院设立“法律援助律师值班室”，建立了劳动仲裁与法律援助无缝对接的群体性案件绿色通道。在区人民法院设立律师值班室，配合做好刑事速裁司法改革。积极开展农民工“讨薪维权”法律援助专项行动，组织律师参与办理依法讨薪案件。是年，接待来电、来访7107人次，受理法律援助案件2225件，其中群体性案件87件1609人次；代理农民工案件1496件，成功讨薪1037余万元。

【政法队伍建设】 年内，湖里区以深入开展第二批党的群众路线教育实践活动为契机，组织政法队伍建设年活动，聚焦“四风”突出问题，坚持开门整风，特别是开展“人情案、金钱案、关系案”专项整治，有力推动了政法机关转作风提效能，政法队伍活力得到激发，涌现出区检察院控申科和“厦门市特级优秀人民警察”李振郁、张健民等一批先进集体和个人。着力加强队伍作风建设和执法规范化建设，湖里公安分局开展治安防控竞赛，通过约谈“后进”的方式加大考核倒查力度，落实防控责任；区检察院开展“办案质量年”主题活动，确保队伍政治过硬、业务过硬；区法院成立12个专业化办案团队，实行类型化案件集约审理工作模式，办案质效明显提升。湖里公安分局组织处以上干部首次任职培训、多元化纠纷解决机制专题法治讲座、《公安机关人民警察训练条令》培训等；47名处以上领导干部参加了市局组织的3期厦门公安业务小课堂、大讲堂等。湖里法院举办“湖法论坛”，抓好初任法官培训、岗位培训、专项培训等工作，全年共组织1000余人次参加各类培训。着力提升业务技能。区检察院积极组织业务部门干警参加统一应用系统操作培训，组织控申干警参加全省控告申诉检察业务网络培训，开展优秀法律文书评选、优秀法律监督案件评选、优秀公诉庭评选等三场评选活动等，激发干警学习积极性；湖里公安分局组织全体在职在编配枪、管枪民警589人次参加枪支管理使用知识考试，均考试合格；区司法局围绕提升队伍整体素质搭建学习教育平台，围绕提升中层素质搭建责任担当平台，围绕提升长远素质搭建青年成长平台，精心制定了机关年轻干部挂钩基层司法所学习计划，指定学习导师，提高年轻干部群众工作能力。

【法治宣传】 2015年，湖里区充分发挥传统普法手段，利用宣传栏、“小喇叭”循环播报等方式在人员密集场所开展宣传；继续开展“小手牵大手”活动，印发公众安全感电话测评应知宣传单6万份，做到全区中小学生人手一份。印制青少年法治宣传车线本1万本，再版《湖里区学生法制口袋书》5000册，并下发各学校；编印湖里区“六五”普法丛书《湖娃说法》来厦务工人员篇、青少年篇两册，共计3.5万本。拍摄主题为《青少年普法》的普法视点，全方位介绍湖里区青少年普法现状。定期更新法治湖里网，前三季度共解答网上法律咨询14件，网站访问人数突破82.7万。继续办好“厦门湖里普法在线”新浪微博，总计发布微博1335条，全年新发布微博192条，粉丝数3588人。积极拓展新兴普法载体。湖里街道以开通社区WiFi为契机，将平安宣传片植入前置程序，使得每位连入公交WiFi的用户都会事先观看短片，扩大了平安建设知晓率。区司法局推广“湖里法律在线”APP软件，全年发布普法资讯905条，举办手机APP互动答题10期，累计答题人数3225人（次）。依托“湖里法律在线”APP手机软件打造湖里法律e站通，推出全市首个法律服务电子地图，实现便民服务尽在指尖，让市民足不出户即可享受到便捷、免费的法律服务。

（曹梅媛）

湖里公安分局首创大型自编、自演反诈骗节目《请您多看看》（区政法委供图）

法治政府建设

【概况】 2015年，湖里区梳理区政府和区直部门行政权力1054项，合理划分子项2014项，事前审核区规范性文件24件，事后报送备案审查9件，办理各类非诉讼类法律服务60件，代理行政和民事诉讼99件，检查区各行政执法部门执法案件60多卷，审查受理行政复议21件，办理信访复查复核5件次。完成区委、区政府领导交办的各类法律事务若干件，积极为区委、区政府领导献计献策，提供法律依据和法律审查意见。

【深化行政审批制度改革】 年内，湖里区开展全区行政审批和公共服务事项梳理和清理工作，决定保留行政许可项目46项，区级公共服务事项85项，不再保留非行政许可审批事项。做好市级下放湖里区行政审批和公共服务事项，根据《厦门市人民政府办公厅关于做好省政府取消、下放和调整一批行政许可承接工作的通知》要求，共承接40项，已按要求入驻行政服务中心。推进“多规合一”建设项目审批制度改革，以建设项目业主的服务需求为导向，充分依托市级“多规合一”平台和建设项目审批管理系统，做好CA认证及账号的申请与系统的使用工作。改革工商登记制度，放宽市场准入，将“先证后照”改为“先照后证”，注册资本实缴登记制改为认缴登记制，将企业年检制度改为年度报告公示，方便企业办事。

【落实区政府常务会议学法制度】 2015年，湖里区认真落实区政府常务会议学法制度，主要采取会前学法和专题学法等方式，学习与政府行政工作密切相关的法律、法规、规章和有关规范性文件。是年，专题学习了《中华人民共和国行政诉讼法》，从完善对当事人诉讼权利的保障、行政机关负责人出庭应诉、规范性文件附带审查、行政复议机关全面当被告、行政机关不执行法院判决的责任等与行政机关密切相关的条文和司法解释进行解读。区政府常务会议会前还学习了有关自贸试验区的法律法规及相关政策，组织领导干部认真学习全国人民代表大会常务委员会关于授权国务院在中国（广东）自由贸易试验区、中国（天津）自由贸易试验区、中国（福建）自由贸易试验区以及中国（上海）自由贸易试验区扩展区域暂时调整有关法律规定的行政审批的决定，科学分析厦门自贸试验区现有企业、产业情况与特点，结合区情研究制定促进厦门自贸试验区产业发展相关奖励政策。通过学习，从根本上提高领导干部用法治思维和法治方式谋划发展、破解难题的能力。

【规范性文件管理】 年内，湖里区先后对23件区政府及各街道、各部门报送的规范性文件送审稿进行事前合法性审查；对审议通过的6件区政府规范性文件，按规定分别向市政府、区人大常委会报备，报备率、合法率100%；对湖里街道等单位报送的10件规范性文件送审稿进行事前审查，严把规范性文件质量关。

【法律服务】 2015年，湖里区审核各类重大行政、经济合同28份，涉及标的逾50亿；完成区委、区政府交办的各类法律事务34件，对区属国有企业重大合作事项、重大投资项目的合法性进行审查，分别出具书面法律意见书。区法制办出庭应诉行政案件1件，区政府法律顾问与行政机关工作人员出庭应诉的行政诉讼案件2件；区政府法律顾问代理区政府出庭应诉民事案件89件，诉讼标的3500余万元，一审、二审均胜诉。

【加强重大行政处罚案件备案审查】 2015年，湖里区坚持重大处罚案件“有件必备、有备必审、有错必纠”。截至12月10日，全区共有107件重大行政处罚报送区法制办备案审查，其中：区行政执法局88件，卫生计划生育局17件，安全生产监督管理局2件。区行政执法局重大处罚案件占比82%，主要集中在对违反《厦门市物业管理若干规定》的处罚。经审查发现，有4起案件事实表述不清，1起案件编号错误，均已督促相关部门自行整改。

【提高行政执法监督实效】 年内，湖里区定期开展行政执法案卷质量评查，由区法制办牵头，抽调政府法制工作联络员为成员，成立案卷质量评查小组，并邀请区人大法制内司委、区依法治区办派员参加评查。是年，抽查各行政执法部门的行政执法案卷44件，其中：行政许可29卷、行政处罚案卷15卷。全区的执法案卷基本能做到事实清楚、证据充分，实体合法、程序正当，适用法律准确、运用行政处罚自由裁量适当。

【加强行政执法培训】 2015年，区法制办积极开展行政执法专题培训，先后为区行政执法局、区人社局劳动监察大队、区卫生局执法监督人员开展行政执法程序规范、行政复议对行政执法的监督等法律知识专场讲座4场，培训行政执法人员300余人次。组织年度法制工作联络员业务培训会，通过以会代训的形式，组织法制工作联络员学习行政诉讼法等相关法律法规，进一步提高法制工作联络员的依法行政工作能力。

【行政复议】 截至12月，湖里区受理21起行政复议案件，涉及公安、物价、市场监督、卫生计生、城市管理等领域。与上年相比，行政复议案件增加110%。其中，城市管理行政执法复议案件16起，增幅达129%，占全年复议案件的76.19%。因和解撤回行政复议申请、行政复议终止的5件；因调解达成协议结案的6起，行政复议调解和解率52.38%。

【推行行政机关负责人出庭应诉制度】 年内，湖里区组织开展新修订《中华人民共和国行政诉讼法》的专题宣传和培训，明确各行政机关主要负责人为本机关行政应诉第一责任人，贯彻落实行政机关负责人出庭应诉制度。自新行政诉讼法实施以来，湖里区共有行政诉讼案件3件，均指派行政机关工作人员出庭应诉，按时提交答辩状及应诉证据材料，履行举证、答辩义务。

【法制宣传】 2015年，湖里区制定全区开展学习《中华人民共和国宪法》，遵法、守法主题活动计划，征集社区法治微电影1部、法治征文29篇、法治动漫19幅；开展校园《中华人民共和国宪法》主题宣传月活动，培育青少年的国家意识和公民意识，征集作品129幅；举办法治宣传活动5场，现场解答居民法律问题200余条，分发各类普法宣传资料1.5万余份。

（张宪敏）

公 安

【综述】 2015年，湖里公安分局有15个内设机构，下辖7个派出所（5个行政所，2个边防所），有民警592人（不含边防现役人员）、警辅1343人，民警数占全区实有人口总数的0.51‰。是年，分局参与排查调处各类矛盾纠纷105件，协助区委、区政府成功处置群体性事件212起，完成国际马拉松赛、清明节、“五一”“工博会”、海峡论坛等大型活动安全保卫工作。组建分局巡特警反恐大队，进一步深化人员密集场所“多位一体”的反恐处突机制，加强人员密集场所群防群治工作日常管理。积极开展“亮剑扫毒”“春安行动”“秋安肃骗”和“冬平行动”等专项行动，全面推广安装出租房屋智能指纹门禁系统，加快推进视频监控系统“天网工程”建设，创新开展社区网格基础信息社会化统一采集；深化群防队伍建设与管理，在全市首创实行公安考核、以奖代补，进一步夯实全区的防范基础。全面启动社区民警专职化改革，全力加强社区警务工作，全年110刑事类报警总数比上年下降3.7%，群众对社会治安工作的满意率进一步提升。持续开展“围村、围楼、围点”整治行动，全力推进城中村“五四三”工程，不断加大整治力度。集中开展无证旅馆及“五小场所”“缉枪治爆”“打四黑、除四害”等专项整治，有效防止辖区突出治安问题形成焦点、热点。年内，分局荣获“厦门市文明单位”称号，全年受到各类表彰奖励的集体10个、个人275人，3个集体立三等功，1人立二等功、16人立三等功。

惩罚犯罪

【概况】 2015年，湖里公安分局积极开展“亮剑扫毒”“春安行动”“冬平行动”和“秋安肃骗”等专项行动，共破获刑事案件3430起、抓获刑事作案成员2171人、逮捕984人、公诉1450人、追赃738.44万元；现行命案立7起破7起，破案率达100%；破获毒品案件444起，抓获毒品犯罪嫌疑人445名，缴获毒品海洛因1581.28克、冰毒33734.88克，其他毒品818.2克；破获经济案件41起，涉案总值近亿元。

【打击刑事犯罪】 2015年，湖里刑事犯罪打击工作按照“更快地破大案、更多地破小案、更准地办好案、更好地控发案”工作要求，提升动态化、信息化条件下打“合成战、科技战、信息战、证据战”的能力和水平，全年共接110刑事报警11877起，立刑事案件12403起，破获年内刑事案件3430起，刑拘各类犯罪嫌疑人2207人，逮捕984人，公诉1450人，打掉各类犯罪团伙101个，追缴赃款、赃物价值738万余元。其中命案现案发7起破7起，命案破案率达100%，充分体现了侦查破案专业水平，有力地推动了全区破案打击工作。

【开展各类专项打击行动】 年内，根据福建省公安厅、厦门市公安局统一部署结合辖区突出警情，湖里公安分局适时开展各类专项打击行动，严打各类违法犯罪活动。其中，年度打黑除恶专项斗争，涉及建设工程领域黑恶犯罪立案1起、破案1起，打击4人；抓获“九类”案件犯罪嫌疑人175名，“九类”犯罪生效判决257人。社会治安整治专项行动期间，分局按照“亮剑扫毒”专项行动第二阶段工作部署，全力摸排涉毒线索，先后抓获涉毒犯罪嫌疑人279人，破获涉毒案件271起，其中，部目标案件2起、省目标案件2起，缴获各类毒品约33.32公斤。根据市局部署要求，着眼“破大案、管小案”，扎实开展“春安”“冬平”“反扒”等专项打击行动，同时结合季节性突出警情，广泛开展打两抢、打入盗、打盗窃“两车”等小专打行动，实现了“打突发、打系列、压案件”的预期目标，辖区“两抢”、入室盗窃、扒窃、撬砸车窗盗窃等高发警情出现不同程度的下降。其中“春安行动”期间破案、刑拘、逮捕、公诉、追赃数比上年上升幅度明显，市局综合考评排名第一。年内，先后成功打掉诈骗团伙 43 个、捣毁窝点 51 个，其中：本地窝点 42 个、外地窝点 9 个，刑事拘留 98 人，侦破本地居民被骗案件 181 起，完成年度任务指标 150 起的 120.67%，10 万元以上大案立 34 起，破 9 起，破案率 26.47%。全年分局共抓获、撤销在逃人员 368 名，其中命案在逃人员 4 名，台湾在逃人员 7 名，市局督捕在逃人员抓获率 87.5%。为适应现代警务发展需要，分局大力强化合成作战工作机制落实，年内，分局合成作战指挥室在协作平台推送案件 1304 起，协助各专业大队、派出所抓获各类违法犯罪嫌疑人 625 人，打掉诈骗窝点 31 个 79 人，抓获本地历年在逃嫌疑人 25 人，外地在逃人员 30 人。

【开展“打四黑除四害”专项行动】 2015 年，湖里公安分局以开展食药打假“利剑行动”为重点，会同农林、工商、质监等部门“地毯式”排查辖区生产经营食品药品的企业、加工点，严厉打击食品、药品违法犯罪活动，集中开展了打击统一行动，全力推动“打四黑、除四害”专项行动深入有效开展，有力维护辖区群众切身利益。全年，共侦破涉假劣类刑事案件 71 起，抓获涉案人员 72 人，摧毁 11 个非法生猪屠宰窝点，查获 213 头生猪及一批假药、假酒、假烟，涉案金额达一千多万元。

【禁毒工作】 年内，湖里公安机关依托“亮剑扫毒”“网络扫毒”“大收戒”等专项行动，重拳打击毒品违法犯罪活动，共破获毒品刑事案件 444 起，抓获毒品犯罪嫌疑人 445 名，缴获各类毒品 36134.36 克，查处吸毒人员 991 名，破获 25 公斤贩毒案等一批大案、要案，其中省、部级目标案件 10 起，案件数量、质量均创历史新高。是年 4 月，湖里公安分局被评为全省公安机关“亮剑扫毒”会战成绩突出集体。年内，区、街、社区、区禁毒委成员单位各级各部门，举办大小禁毒宣传活动数十场，积极播放推广禁毒公益歌曲《生命》，积极宣传使用国家禁毒办的“手印”禁毒宣传标志。依托“厦门湖里警方”微信平台，推送禁毒常识等内容。区禁毒办印制《湖里区禁毒宣传手册》，面向政府机关、企事业单位的内部工作人员发放，广泛宣传禁毒。易制毒化学品管理方面，建立“易制毒管理 QQ 群”、加强实地监督检查等做法，得到上级肯定和辖区企业好评。12 月，《中国禁毒报》、中国禁毒网、省厅禁毒信息网、市局公安信息以及《厦门晚报》等媒体，均刊出关于湖里区禁毒工作“四抓”做法和成效的文章。中央综治办、省禁毒委先后到江头街道工作站考察调研，江苏省苏州市、泉州晋江市禁毒工作者先后到江头街道工作站参观学习。11 月，江头街道工作站被命名为省级戒毒社区康复工作示范点。12 月，湖里区教育局被评为全国学校毒品预防教育工作创新单位。

【打击经济犯罪】 2015 年，湖里公安分局深入开展各项经侦专项行动。全年受理各类经济案件 248 起，立案 239 起，破案 41 起，查处涉案总值 1.1 亿多元，挽回经济损失 582 万元。在“打击职务犯罪”专项中，侦办了郑凤宝涉嫌职务侵占案、厦门 ABB（中国）有限公司案，涉案金额 500 多万元。在“打击合同诈骗”专项中，破获合同诈骗案件 15 起，涉案金额 500 多万元。在“打击信用卡诈骗”专项中，破获信用卡诈骗案件 8 起，涉案金额 15 万余元。全年打击处理经济犯罪嫌疑人 40 人，其中刑拘 32 人，直接取保 7 人，直接逮捕 1 人，移送起诉 29 件 44 人，抓获上网追逃犯罪嫌疑人 11 名，协助兄弟公安机关侦办经济犯罪案件 16 起，涉案总值近 3 亿元。

治安管理

【概况】 2015 年，湖里区不断健全完善社会治安防控体系，全面推广安装出租房屋智能指纹门禁系统，加快推进视频监控系统“天网工程”建设，创新开展社区网格基础信息社会化统一采集；深化群防队伍建设与管理，在全市首创实行公安考核、以奖代补，进一步夯实全区的防范基础。全面启动社区民警专职化改革，全力加强社区警务工作，全年 110 刑事类报警总数比上年下降 3.7%，群众对社会治安工作的满意率进一步提升。

【危险物品管控】 年内，湖里公安分局进一步加强涉危、涉爆单位和重点行业安全监管，强化枪支弹药、爆炸物品等危险物品的安全管理，认真组织开展“缉枪治爆”专项行动，严厉打击涉枪涉爆违法犯罪活动，全力整改消除各种隐患。年初，在全区范围内开展“禁放查非”专项行动，查处非法销售、储存、燃放烟花爆竹案件 7 起，行政拘留 7 人，实现了辖区无火灾、无伤亡、无事故的预期目标，有效防止各类安全事故发生。是年，共收缴非制式枪支2支、气枪6支、仿真枪5支、各类子弹195发，管制器具492件，进一步肃清了辖区安全隐患。

【人员密集场所反恐维稳】 2015年，湖里公安分局深化人员密集场所“多位一体”的反恐处突机制，加强人员密集场所群防群治工作日常管理，完善各项保障制度，强化日常性督促检查。坚决按照“四个坚决防止”目标要求，认真抓好车站、码头、大型商场等人员密集场所的防控工作，督促指导人员密集场所落实安防措施，定期组织开展反恐应急处突和消防疏散演练。先后在SM商场、万达商场、蔡塘商场、特易购商场、风信子商场、禾山中学等人员密集场所开展反恐处突、消防演练16场。在节假日、重大活动、敏感时间段督促指导各派出所组织民警对大型商场各类促销活动进行排查，仔细收集各类不稳定和倾向性信息，开展风险点评估，并制定相应的对策，掌握工作主动权。

【开展社区网格基础信息统一采集】 2015年，湖里公安分局开拓思维，借鉴外地政府购买服务的先进做法，通过与区政府相关部门协调争取，取得共识，在全区试行公安与社区协作开展社区网格基础信息统一采集工作，推动区政府出台文件厦湖府办〔2015〕53号《湖里区关于社区网格基础信息统一采集工作意见》。该工作项目上半年以蔡塘、高林社区为试点，并于下半年在全区所有“城中村”社区全面启动。该项目有效整合社区的综治、计生、公安等网格员队伍，携带信息采集设备，上门入户督促并开展流动人口基础信息采集申报工作。年终组织开展统一考核奖励，根据考核结果对各社区发放奖金，是年，区政府拨付专项资金250万元。项目下半年全面启动，至年底，共采集申报流动人口信息325012条。实地抽查登记办证率较上半年增长明显，工作成效被市局人口处以简报形式《湖里分局组织开展社区网格基础信息统一采集工作》全市宣传。通过项目创新举措，有效整合公安等各类政府部门资源，杜绝重复劳动和资源浪费，破解公安机关警力不足的矛盾，并以有效的奖惩机制来刺激提高采集人员的工作积极性，将有助于流动人口基础信息采集率的有效提升，助推公安机关的实有人口管理基层基础工作。

【开展对“城中村”社区巡防中队考核】 2015年初，湖里公安分局取得区政府支持，联合出台文件厦湖府办〔2014〕100号《湖里区“城中村”群防群治队伍规范化建设实施意见》，大力加强“城中村”社区巡防队伍的规范化建设，并由区政府采取“以奖代补”的方式拿出年度考核奖金250万元给群防队伍以奖励。开展对“城中村”社区巡防中队考核是湖里区深化群防群治建设的又一亮点，是全市第一次通过考核实现党委政府对社区巡防队伍的经费补贴。

【治安热点整治】 年内，湖里公安分局先后组织开展了“打黄赌 铲源头”，严厉打击整治夏季涉黄违法犯罪活动，民警涉黄、涉赌问题专项教育整治等3个专项整治行动。湖里公安分局结合日常群众举报及管理中掌握的线索，通过采取“异地用警”“联合执法”的方式，进一步提高打击整治成效。截至年底，全局查处涉黄、涉赌案件1019起，其中：赌博案件657起（含刑案22起），卖淫嫖娼362起（含刑案25起），抓获违法犯罪嫌疑人3057人，其中，刑事拘留69人，治安拘留945人，收缴赌博机63台，收缴赌资32.72万元，辖区社会治安面貌明显改善。

安全保卫

【概况】 年内，湖里公安分局治安大队严格举办大型活动安全条件审核，明确并落实主办单位安全责任和安全措施，认真制定大型活动保卫工作方案及预防处置突发事件的预案，加强组织指导。是年，完成了国际马拉松赛、元宵美食节、“9·8”投洽会、海峡论坛等大型活动64项175场次，受到了各级领导的好评。

交通安全管理

【概况】 2015年，湖里区持续推进城市交通“最后一公里”建设，新增设“433、437、439”三条社区公交班线，启动社区周边交通治安综合整治行动，积极推进社区周边“停车难、停车乱”问题破解。全年查处各类交通违法行为58.79万起，查扣汽车4707辆、摩托车5815辆、电动自行车1499辆、电动三轮车1930辆。

【优化交通管理职能配置】 4月1日，湖里公安分局正式启动公安交通管理职能配置优化调整，将区位交通警务全面划归交警大队承接负责，通过归口管理、专向运作，改变过往“交通警务与其他警务相互争抢警力”矛盾，构建起“专业主导、条块结合”的交通警务机制，实现专责专管、做专交通，提升公安交通管理效能及服务水平，更好地适应当前交通压力逐年增大“新常态”。

【建立交通路岗网格管理机制】 2015年，湖里公安分局建立交通路岗网格管理机制，综合“管辖面积、人口成分、企业数量、学校分布”等关联因素，对应属地交通中队民警人数和驻勤点位，把中队辖区科学划分为若干网格，实行“责任田式”的划片捆绑，由网格挂钩民警承担责任区内运输安全监管、重点人车掌控、道路隐患排查、交通安全宣传等日常性管控任务，及时跟进治理、汇总上报局部道路交通违法乱象和潜在隐患。

【推行交通勤务差异考评办法】 年内，湖里公安分局对照全年交通管理指标项目标准，自上而下全面推行勤务差异化考评机制，围绕“队伍管理、勤务运作、秩序整治、源头监管、安全宣传、管事效果、执法规范”等七大方面，把事故处理“双单率”、事故“主动发现率”、渣土车违法整治、“三车”事故预防等重点任务作为硬性指标，制定出交通考评实施细则，在每周每月交通勤务例会上专题讲评。

【实施交通警情主动发现机制】 4月，湖里正式启动道路交通警情主动发现机制，全面实施交通巡查工作摩托化和分片警区驻勤化机制，最大限度囤警于路、抓点控面；并利用指挥情报中心视频巡查系统“短平快”优势，从技术角度敏锐捕捉全区交通警情发生规律、警务运作短板，引导路面岗巡警力合理部署；通过整合政府资源、基层警力、视巡技术及社会协管力量，变“被动接警”为“主动巡查”，最大限度提升警情处置效率、挤压事故滞留时间。

【成立湖里义务交警队】 5月10日上午，湖里区义务交警队在白鹭洲音乐喷泉广场与全市各区义务交警队共同举行授旗仪式，正式启动投入社会交通公益服务。截至年底，湖里区义务交警队共有队员313名，队部配有两名临时负责人、设有文秘组、内勤组，承担义务交警队日常文字材料收集编写、内部事业档案管理等具体事务。并下设“金山、江头、湖里”等五支义务交警中队，重点承担10条交通要道的斑马线执勤、交通劝导工作；湖里义务交警队自行作词、谱曲的队歌《一路有你》，还被评选为全市义务交警队统一队歌；队员谢启明被评为厦门市十大感动人物，队员郑代进获服务积分2815分，为全区队最高。另有全区队服务时数最高的31名队员获市公安局交警支队年度优秀义务交警队员，6人获评2015年度厦门义务交警志愿服务突出贡献奖。

【新建“社区公交”班线】 2015年，湖里区新增设立了“433、437、439”三条社区公交班线；其中，439路环五缘湾班线是在班线用车选择上，积极响应“美丽厦门·共同缔造”发展战略要求，首批使用的10部班车全部为纯电动新能源车型，为践行“节能减排、绿色低碳”生活观念起到了良好示范作用。

【启动停车规范试点小区建设】 10月1日，湖里区正式启动社区周边交通治安综合整治行动，选择“翔鹭花城、大唐世家、永升新城”等11处停车供需矛盾较为突出的小区作为停车规范试点小区，制定出符合实际、打防并重、可操作性强的具体综合改善方案和推进计划，并于10月中下旬协调各社区居委会、物业管理单位、小区业委会和居民代表，逐一召开停车秩序改善警民恳谈会，广开言路，听取居民群众对小区停车秩序改善的意见看法，为加快解决社区周边“停车难、停车乱”问题打开了良好局面。

【举办全国交通安全宣传日暨道路运输安全竞赛总评活动】 12月2日，湖里区在金山万达广场设立“全国道路交通安全日”专题宣传点，采取“公益演出、知识竞答、千人签名”等方式，以直观化、接地气的寓教于乐模式，向群众深度传递交通安全正能量，大肆渲染道路交通平安文化，并邀请区长助理唐俊等各职能单位领导，为道路运输安全竞赛中的20家获奖企业和50名先进驾驶员颁奖。

（汪少明）

名词解释

城中村“五四三”工程：工程出租房屋管理“五个一”、治安防控“四平”、社会管理“三化”。“五个一”即一名专职管理员、一本人员登记簿、一块民警提示牌、一套视频监控系统、一扇技术入户门；治安防控“四平”即平安眼、平安铃、平安员、平安街；社会管理“三化”即治安管理网作品化、出租房屋管理等级化、热点整治常态化。

消　防

【概况】 2015年，湖里消防大队出警893起，出动车辆1644辆次，出动警力9757人次，疏散被困人员2242人，抢救被困人员183人，抢救财产价值389.9万元，圆满完成漳州古雷“4.6”腾龙芳烃火灾爆炸事故增援工作，有12名参战官兵得到上级表彰；在防火监督工作中，以消防安全大排查、大整治工作，劳动密集型企业专项整治工作和夏季消防检查为重点，集中开展专项排查整治，进一步改善辖区消防安全环境，检查单位5.13万家

11月15日下午，湖里消防大队联合火麒麟消防志愿者协会深入马垅社区、禾山社区23户空巢老人家中开展入户宣传活动（苏雯 摄）

次，发现火灾隐患3.24万处，发出责令改正通知书1.4万份，临时查封8个场所，行政处罚97家消防违法单位，其中，责令“三停”19家，共处罚金约59.9万元。存在的问题是：城中村区域性火灾隐患问题依旧较为突出，区域性火灾隐患综合整治措施还需深化；针对外来务工、弱势群体等消防宣传工作还不够深入，群众火灾逃生过程中受伤时有发生，消防宣传教育工作还存在薄弱环节。

【城中村消防设施技术改造】 2015年，湖里区在对辖区城中村场所、道路、水源调研评估后，以城中村简易厂房、私房出租屋、幼儿园为重点，采取以奖代补方式，鼓励企业、单位、出租屋业主根据场所建筑基本情况和现有消防设施配备情况，进行简易喷淋、点式报警或其他消防设施改造。改造资金由业主承担1/3，剩余的2/3费用由街道和区政府按照1：1的比例共同承担。年内，全区共有505家单位提出消防设施技术改造申请，已改造完成373家，改造简易喷淋319家、消防卷盘330家、点式报警352家、疏散楼梯38家，改造面积约35.1万平方米，已落实“以奖代补”65家，发放奖金约286.1万元。

【消防宣传志愿协会入户宣传】 年内，湖里区以深化“消防宣传进社区”和培育消防志愿者宣传服务队伍为重点，协助社会热心人士建立了火麒麟、吉一2个消防志愿者协会，在每周深入各社区家庭、城中村开展消防宣传互动体验活动的基础上，以众筹方式开展“关爱空巢老人”消防宣传入户活动，全年共深入40个社区开展宣传活动，入户8000余户。

（蓝淳）

检　察

【概况】 2015年，湖里区人民检察院认真贯彻落实中共党的十八届四中、五中全会以及习近平总书记系列重要讲话精神，以法治为引领，结合“美丽厦门·创新湖里”的发展定位，依法履行法律监督职能，扎实开展各项检察工作，为打造创新、创业、活力四射新湖里创造了良好的发展环境。全年区检察院集体和个人获得省级青年文明号、福建省三八红旗集体等各级表彰18次，其中：省级表彰5次，市级表彰7次，区级表彰6次，收到锦旗、感谢信6次。

【刑事检察工作】 2015年，湖里区人民检察院共受理各类提请批准逮捕案件960件1200人，经审查，批准逮捕795件970人；受理移送审查起诉案件1345件1663人，提起公诉1215件1535人。积极参与“平安湖里”建设，参与打黑除恶及禁毒、禁赌等专项行动，批捕黑恶势力犯罪、严重暴力犯罪和“两抢一盗”等犯罪嫌疑人422人，提起公诉345人。审慎办理656路公交车纵火案、江头福园公寓“9·19”爆炸案等社会敏感案件，做到严格证据审查，确保程序公正。同时，认真贯彻宽严相济的刑事司法政策，依法不批捕229人，不起诉39人。

【查办和预防职务犯罪】 年内，湖里区人民检察院主动融入全区反腐败工作大局，初查职务犯罪线索32件，立案侦查15件15人，其中处级干部5人，科级干部5人。查办了厦门市交警支队车辆管理所民警涉嫌受贿系列案件8件8人，有效整顿了驾考风气。加大职务犯罪的源头治理，与区财政局联合发文，将行贿犯罪档案查询作为政府采购投标准入程序，全年共受理行贿犯罪档案查询3762件，18家单位被查出具有行贿犯罪记录；选定“枋湖社区服务中心”“厦门信息学校实训综合楼”两个重点民生项目开展同步预防工作，排查廉洁风险点34个；深入厦门市政集团公司、湖里卫生监督所等单位开展警示教育37场，提供预防咨询160人次，此外还开展了社区组织换届选举专项预防工作，营造风清气正的选举环境。

【强化法律监督】 年内，湖里区人民检察院统筹运用好抗诉、检察建议、违法行为调查等监督手段，加强诉讼监督。监督公安机关立案 5 件 6 人，追诉漏罪 2 件。针对侦查环节中存在的问题，发出检察建议 16 份；同时，加大对存疑不捕、无社会危险性不捕案件 88 件 112 人的补侦情况、移诉情况进行跟踪监督。强化刑事审判监督，提出抗诉 4 件 6 人，均获上级院支持，其中，洪某友故意毁坏财物案被评为“厦门市检察机关法律监督十佳案件”。与湖里区人大办公室签订《关于加强民事行政诉讼、执行信访件配合协作的意见》，推动双方在妥善处理民事行政诉讼、执行信访件方面的有效协作。全年共受理市人大移交的执行监督线索 3 件，其中 2 件通过湖里区人民检察院监督，已执行完毕。

湖里区人民检察院派驻自贸区检察室揭牌仪式（湖里区检察院供图）

【开展司法体制改革试点工作】 2015 年，湖里区人民检察院遵循法治原则和司法规律，对本院编制、检察人员构成、案件数量、人均办案情况、办案模式等现状进行摸底分析，按照区委和上级检察机关的统一部署，制定《湖里区人民检察院司法体制改革试点工作实施方案》，通过考试考核，上报首批司法改革试点拟入额检察官的候选名单。同时，明确检察官职权职责，厘清检察官职权清单，完善检察官业绩考核评价体系，把司法责任制与岗位目标管理责任制相挂钩，将办案数量、办案质量作为岗位目标责任制考核的重要内容，使检察官真正成为办案主体，做到谁办案谁负责。

10 月 25 日，在厦门市第十一中学举行湖里区人民检察院干警福建试点检察院首次检察官入额考试（湖里区检察院供图）

【自贸试验区检察工作】 年内，湖里区人民检察院向有关部门申报成立自由贸易试验区厦门片区检察室。与津、沪、粤等 6 个地区自贸区检察机关签订《关于建立自贸试验区检察工作对接合作机制的备忘录》，明确在日常工作交流、法律研究、执法衔接配合以及典型案例发布、法制宣传等五方面加强地区交流协作。

【检察创新】 2015 年，湖里区人民检察院积极开展刑事案件速裁程序试点工作，完善办案组织、转变办案方式、简化文书制作，全年共建议适用速裁程序审理案件 274 件，在 6 个工作日内审结，提升司法质效。多元化开展未成年人救助帮扶工作，与湖里区培善社会服务中心、厦门日新工友服务中心签订合作协议，开展“关爱女童成长”“挽救涉罪未成年人修复式家庭会议”等帮扶项目。将专业心理咨询作业与附条件不起诉考察期间的考察内容相结合，邀请心理咨询师为 19 名流动未成年人及其家属心理疏导 22 次，召开修复式家庭和解会议 1

次，法院对2名未成年被告人依法判处缓刑。积极开展刑事司法救助工作，为1名被害人申请救助金3万元，并向其患有精神疾病的弟弟提供心理咨询，实现多元救助。

【检察队伍建设】 2015年，湖里区人民检察院扎实开展“三严三实”专题教育，引导干警保持政治定力，站稳政治立场，严守政治纪律和政治规矩、组织纪律，牢牢把握党对检察工作的新要求，切实做到忠诚、干净、担当。严格执行检察机关办案纪律、工作纪律，严格执行检察人员八小时以外行为禁令，强化监督，共开展同步督察51次，坚守廉洁从检底线。扎实开展规范司法行为专项整治活动，举办“守望正义—我的检察心路”主题征文，并在《半亩书园》开辟专刊，引导干警自觉把司法为民的职业良知与秉公司法的法治精神统一起来。牢牢把握执法办案关键环节，深入开展“四查四看”活动，坚持“一季一分析”制度，开展“百案析查”和重点案件评查活动，共评查案件124件，查摆问题，及时整改。进一步完善案件信息公开制度，共公开案件程序性信息2547条、法律文书781份，以公开促规范，以公开促公信。结合基层院实际，进一步深化“办案质量年”活动，加强以实用知识、实战技能、规范执法为重点的青年干警教育培训工作。以干警读书会为载体，通过组织读书沙龙、晒书节、悦读讲坛等活动，鼓励干警认真学习新法律法规、检察业务知识，提高办案技能，提升文化品位。共围绕“抢劫赌资之定性探讨”等热点话题开展检察官茶座活动4场，组织了审查起诉、信息公文写作等业务实训。

【接受外部监督】 年内，湖里区人民检察院始终坚持党的领导，坚持做到凡是本院重大决策部署、重要改革措施、重要工作情况，都在第一时间向区委报告，主动听取指示、意见和要求。自觉接受人大的法律监督、政协的民主监督，进一步加强与人大代表、政协委员的联系工作，通过走访座谈、发函征求意见、赠阅《半亩书园》内刊、举办“检察开放日”活动、邀请参与嫌疑人提审及案件公开审查、公开答复等形式，积极拓宽接受监督的渠道，推动实现代表联络工作常态化。积极借助新型媒介搭建检民互动平台，截至年底，湖里区青少年维权网点击率近700万人次，“湖检人”发布微博7500多条，有5100多人关注，“湖里检察”微信公众号发布信息84期。

（林虹）

法 院

【概况】 2015年，湖里法院以“让人民群众在每一个司法案件中感受到公平正义”为目标，以司法为民、公正司法为主线，以作为全省司法体制改革试点为契机，扎实抓好执法办案、司法改革和队伍建设，全年受理各类案件15853件，办结12731件，分别比上年上升40.72%和28.63%。是年，结刑事案件1254件，判处罪犯1625人。依法审结抢劫、抢夺、盗窃、故意伤害等危害人民群众生命财产安全的案件491件，审结非法集资、金融诈骗等破坏市场经济秩序犯罪案件37件。依法严惩腐败犯罪，审结贪污贿赂、渎职等职务犯罪案件4件。依法审结全省首例窃取COA标签案等新类型案件和“9·19”江头特大燃气爆炸事故案等社会影响大的案件。坚持宽严相济，判处五年以上有期徒刑121人，判处缓刑、管制等非监禁刑512人。积极推进平安综治建设，审结毒品犯罪案件254件，配合做好社区矫正、监外执行、回访帮教等工作。加强未成年人犯罪审判工作，依法判处未成年犯50人，对42人实行轻罪犯罪记录封存。年内，湖里法院获市级以上表彰7项，其中：市级集体表彰2项，省级集体表彰4项，国家级集体表彰1项。

【法官助理协助办案】 年内，湖里法院以政府购买服务的方式招录审判辅助人员26名担任法官助理。是年，法官助理协助办案2170件，所在办案团队的结案数平均增长18.96%。

【实施法官员额制改革】 年内，湖里法院作为司法体制改革试点单位，在省高院的统一部署下，稳步实施法官员额制改革。由于湖里法院属于沿海地区案多人少矛盾较突出的法院，省高院核定湖里法院法官员额为中央政法专项编制的41%。截至11月，湖里法院首批申请入额的法官已完成笔试和考核，所有入额的法官全部安排在一线办案。

【在全省率先成立自贸区法庭】 8月7日，湖里法院率先在全省成立自贸区法庭。自贸区法庭按照国际化、专业化、职业化要求配齐、配强审判队伍，及时申请并得到最高法院关于涉外、涉港澳商事案件和知识产权纠纷案件的管辖授权，并在厦门自贸区综合服务大厅设立司法服务专窗，开设诉讼服务中心，推进诉讼服务便利化。自贸区法庭成立后，出台《关于司法服务保障自贸区建设的若干意见》，编辑《厦门自贸区政策与法律汇编》

8月7日，湖里法院自贸区法庭揭牌（林姗　摄）

和《企业法律风险防范指南》，积极拓展司法职能与服务功能，同时密切与厦门国际商事仲裁院、厦门国际商事调解中心、厦门贸促会、厦门保险行业协会等机构的沟通协作，推动自贸区商事纠纷多元化调解机制建设。是年，自贸区法庭受理涉自贸区案件143件，诉讼标的额1.62亿元。

【完善审判权运行机制改革】 2015年，湖里法院完善审判权运行机制改革。坚持“让审理者裁判，由裁判者负责”的改革方向，制定独任庭、合议庭运行规则，院、庭长权力清单等规范性文件，进一步明确审判权、审判管理权、审判监督权的边界及其责任。强化审判委员会宏观指导职能，减少其对具体案件的讨论。是年，审判委员会研究审判工作重大事项11次，讨论案件8件，占审结案件的0.06%。审判团队由13个增加到16个。进一步深化审判团队专业化分工和扁平化管理，促进规范裁判尺度，案件质量得到提升，全年被改判、发回重审的案件68件，发改率1.44%，比上年下降0.52%。

【审结“9·19”江头特大燃气爆炸事故案】 3月26日，湖里法院审结“9·19”江头特大燃气爆炸事故案。积极做好刑事审判和民事调解工作，促成被害人及家属获得经济赔偿，被告人叶志典以非法经营罪、过失以危险方法危害公共安全罪被判处有期徒刑6年。蔡金排、叶凤花、陈长太以过失以危险方法危害公共安全罪被判处有期徒刑2—3年不等，并适用缓刑。

【审结全省首例窃取COA标签案】 2015年，被告人刘志煌利用为明德公司COA标签印刷主管的职务便利，将COA标签上的密钥抄录在电脑上形成文档后交给被告人朱美德通过网络等进行出售。湖里法院以职务侵占罪分别判处被告人刘志煌、朱美德有期徒刑8年、6年6个月。该案系全省法院审结的首例窃取COA标签案。

【妥善处理涉浦口社村民房屋拆迁安置补偿纠纷系列案】 年内，厦门环岛路三期工程浦口社征地拆迁安置户王某等89人以安置房存在质量问题为由，向湖里法院起诉，要求厦门市湖里区政府、厦门市禾丰建设有限公司赔付拆迁安置补偿费。湖里法院深入了解涉案安置房的质量、小区入住情况等，多次召集建筑专家座谈，征求意见，向鉴定机构调查取证，当面咨询，确保准确认定案件事实，并在案件审理过程中多次与村民代表座谈，释明法律，缓和矛盾。5月，湖里法院一审驳回原告的诉讼请求。9月，二审对一审判决予以维持，这起历时多年的安置房质量争议获得妥善化解。

【审结杨根福等犯虚开增值税专用发票、虚开发票案】 2015年，被

3月26日，湖里法院公开审理“9·19江头特大燃气爆炸事故”案（陈慧琳　摄）

告单位厦门市蓝天碧海环境工程有限公司等公司通过被告人杨根福等人虚开票面金额为1660万余元的增值税专用发票，后用于抵扣税款共计240余万元；被告单位厦门苏迅电梯工程有限公司通过被告单位厦门英瑞和建筑劳务有限公司等公司，虚开票面金额为1280万余元普通发票，用于抵扣税款，共计54万余元。审理期间，各被告单位均已补缴相应税款。该案涉案金额近3000万元，湖里法院以虚开增值税专用发票罪、虚开发票罪，分别对杨根福等11名被告人判处有期徒刑2—10年，对被告单位厦门市蓝天碧海环境工程有限公司等9家被告单位判处罚金。

【超额完成审理涉恶案件】 截至12月2日，湖里法院审理九类涉恶案件并生效判决涉案人240人，完成市“打黑办”下达年度220人任务的109%。12月3日，区委常委、政法委书记钟伟东在湖里法院报送的《关于区法院刑庭审理涉黑恶案件进展情况的报告》上作出批示，提出表扬。

【实行轻罪犯罪记录封存】 年内，湖里法院根据新修订的《中华人民共和国刑事诉讼法》，对于犯罪时不满十八周岁、被判处五年有期徒刑以下刑罚的罪犯，对其相关犯罪记录予以封存。是年，湖里法院共对42人实行轻罪犯罪记录封存。

【聘请社会义工团队参与案件调解和心理疏导】 2015年，湖里法院与湖里区培善社会服务中心合作，针对外来人口婚姻家庭纠纷案件当事人缺少家庭帮助和社会关怀的特点，由该中心组织一支有心理学、社会工作专业背景的6—8名义工团队，担任庭外调解员，为有需要的当事人提供心理辅导。

【推行立案登记制改革】 5月起，湖里法院依法推行立案登记制改革，对应当受理的案件实行有案必立、有诉必理，充分保障当事人的诉权。截至12月底，共收案登记9940件，比上年上升49.05%。强化立案登记制改革的宣传和指引，案件当场立案率95.78%。

【做好刑事速裁程序改革试点工作】 年内，湖里法院做好刑事速裁程序改革试点工作。采用相对集中的开庭模式，对案件事实清楚、证据充分，犯罪嫌疑人、被告人自愿认罪，当事人对适用法律没有争议的危险驾驶、交通肇事、盗窃、诈骗、抢夺、伤害、寻衅滋事等情节较轻，依法可能判处1年以下有期徒刑、拘役、管制的案件，或者依法单处罚金的案件适用刑事速裁程序。是年，湖里法院适用速裁程序审结刑事案件272件，占比21.73%，案件平均审理周期为3.5个工作日，当庭宣判率100%。

【加大案件执行力度】 2015年，湖里法院开展涉金融债权、涉民生等执行积案专项清理活动，执结积案197件，执结到位金额380万元。加强与公安、工商、海关、银行等单位协作，督促被执行人履行义务。强化执行威慑，构建“限高公示、失信曝光、违限追责”三位一体的信用惩戒体系，公布失信被执行人4549人。充分运用“点对点”网络执行查控系统查询案件5644件，冻结银行存款6918.70万元、划扣5139.10万元，查询3555件案件被执行人的房产、土地，提高了执行效率。通过淘宝网进行司法拍卖50件，比上年上升238.24%，成交金额5011.70万元，平均溢价率16.02%。

【扩大司法公开民主】 2015年，湖里法院上网裁判文书8038份，通过“12368”短信执行平台向申请人反馈执行信息22388条。建成高清科技法庭，实现每庭必录，通过福建法院网、新浪微博直播庭审22场。建成集网站、微博、微信为一体，具有司法公开、诉讼服务、法制宣传等功能的新媒体平台。通过报纸、电视、广播等渠道发表宣传报道216篇，召开劳动争议、自贸区法庭建设等主题新闻发布会，坚持开展法院开放日、小法官夏令营、重要节日普法宣传和“我要听庭”活动，在湖里区机关“六五”普法工作考评中名列第一。完成36名人民陪审员换届选任工作，109名陪审员参审案件1772件，陪审率99.11%。

（陈慧琳）

司法行政

【概况】 2015年，湖里区司法工作主动适应经济发展新常态，充分发挥司法行政职能，为推动全区产业转型升级和打造一流国际营商环境提供优质的法律服务，较好地完成了年度任务，涌现出全国模范司法所长林俊芳、全省人民调解先进集体禾山街道调委会和全省人民调解先进个人林佩红、许剑南等一批先进典型。是年，全区各级人民调解组织共成功化解“6·25”交通事故等矛盾纠纷4369件，成功率99.8%，防止群体性上访21件843人次；全区新入矫社区服刑人员430人，解矫345人，截至年底在册370名，重新犯罪率控制在1%以下；安置帮教人员597人，安置率99.5%，帮教率100%，重新犯罪率控制在3%以下；区法律援助中心全年接待来电来访7107人次，受理法律援助案件2225件，共办理各类公证3227件。

人民调解

【詹沧洲带队到湖里区慰问基层人民调解员】 2月7日，市委常委、政法委书记詹沧洲带队到湖里区慰问基层人民调解员。詹沧洲书记认真听取了湖里区推动人民调解工作经验做法，以及基层人民调解员的工作汇报，充分肯定了湖里区人民调解工作取得的成绩，为人民调解员积极努力、无私奉献点赞。

【自贸区调解工作室成立】 10月29日，在湖里区高殿社区成立自贸区调解工作室。自贸区调解工作室一方面突出专业服务。工作室贯彻落实先试先行的理念，打破常规人民调解民事纠纷的范畴，以专业的知识和创新的思维，帮助区内企业灵活、经济地处理各种商事纠纷。同时，为企业提供快捷、高效的法律咨询和法律援助服务。另一方面突出联动联调。工作室调解员由高殿社区专职调解员、殿前街道自贸办工作人员和片区民警组成，共同参与调解。通过社区法律顾问，引导律师参与专业调处。

【设立"康乃馨调解工作站"】 12月，湖里司法所将社会资源与司法行政资源相结合，在司法所设立"康乃馨"调解工作站，发挥第一道防线作用，一方面调解涉及妇女儿童权益的重大矛盾纠纷，同时对案件甄别分流。在社区设立"康乃馨"调解驿站，由街道"康乃馨"调解工作站监督指导，充分发挥群众自治作用，将矛盾纠纷化解在萌芽状态之中。吸纳具有一定政策水平、法律和婚姻家庭方面知识的律师、心理专家、妇联干部等作为调解员，充分发挥"一社区一法律顾问"的作用，通过社区律师为群众提供更加专业、更加完善的法律咨询解答服务。结合普法工作，让工作人员深入社区、家庭和企事业单位开展特色鲜明、形式生动的法律法规宣传，引导广大群众树立正确的婚姻观、家庭观及权利义务对等的现代法治理念。

【"金哥安妹"法律驿站揭牌】 11月，在金山街道金安社区举办"金哥安妹"法律驿站揭牌仪式，标志着金安社区综合型法律服务点正式启动。"金哥安妹"法律驿站整合退休法官、社区法律顾问、社区警官、厦门海事法院法官、金山司法所干警等资源组建了一支33人的党员志愿者队伍，采取轮班及预约的方式，为居民提供便捷、贴心的法律咨询、纠纷调处、维权援助、法治讲座等服务。法律驿站下设秀丹法官服务点、社区调解服务点和雷哥维权服务点，居民可以通过电话或到社区登记的形式，与专业志愿者达成需求对接，解决困难和问题。

【强化人民调解宣传工作】 2015年，湖里区积极通过福建电视台及《海西晨报》《法制日报》等媒体宣传调解典型，蔡塘社区普法宣传员徐新济入围全省"十大法治新闻人物"。湖里区选送的3个调解案例在福建省电视台"调解有一套"播出。

【全市首家以台胞名字命名的个人调解室成立】 5月19日上午，全市首家以台胞名字命名的个人调解工作室——"熊麒调解工作室"在殿前街道兴隆社区居委会揭牌成立。调解室由兴隆社区居委会主任助理、台胞志愿服务队的骨干熊麒主持，发挥其人面广、责任心强、熟悉涉台法律政策的优势，为居住在兴隆社区的300多名台胞及附近群众提供法律咨询、纠纷化解等法律服务。

社区矫正

【首开"入矫第一课"】 9月28日，湖里区在全市首开"入矫第一课"。开设集"准军事化训练、入矫宣誓、身份强化、行为规范、心理疏导"于一体的"入矫第一课"教

5月19日上午，全市首家以台胞名字命名的个人调解工作室——"熊麒调解工作室"在殿前街道兴隆社区居委会揭牌成立（区司法局供图）

9 月 28 日，湖里区在全市首开“入矫第一课”（区司法局供图）

育矫治模式，全年有 317 人次接受教育。

【组建社区矫正“五老”帮教组】 2015 年，湖里区动员辖区内退休老干部、老党员、老教师、老律师、老职工等老年志愿者，在江头组建“五老”帮教组，对社区服刑人员开展帮教活动。年内，“五老帮教组”到 3 名社区矫正人员家中走访，与 8 名社区矫正人员个别谈话，开展集体座谈 1 次。

【开展社区服刑人员“每月一法一考”】 年内，湖里区建立社区服刑人员学习和考试平台，对服刑人员实施“每月一法一考”，全年有 390 人次参加考试，合格率 100%。

【开展社区服刑人员特赦工作】 8 月，根据上级通知要求，开展社区服刑人员特赦工作。一是推进“快”。接上级通知后立即将具体任务和时间节点要求部署到基层司法所，各司法所集中力量将特赦事项“一对一”迅速通知到全体社区服刑人员，全区 3 个工作日内完成了工作任务。二是联动“畅”。成立特赦工作领导小组，各单位通力配合、协作顺畅。区检察院还特别对拟特赦社区服刑人员进行特赦前专门教育和心理辅导，确保特赦效果。三是把关“严”。采取服刑人员自行申报与逐人档案筛查相结合的形式初步确定拟特赦人员名单，采取形式审查与实质审查双重甄别的办法严格审核特赦材料，准确评估特赦危险性，确保“不漏一人、不错一人”。湖里区有 5 名社区服刑人员得到特赦。

【颁布并实施《关于建立湖里区社区矫正协作联动机制的通知》】 年初，区司法局联合区法院、区检察院和湖里公安分局颁布了《关于建立湖里区社区矫正协作联动机制的通知》，明确各单位社区矫正工作职责。建立联席会议制度，每季度由区司法局召集区法院、检察院、湖里公安分局各成员单位召开联席会议，通报本季度社区矫正工作进展，共同探讨解决实际问题。建立情况通报制度，强化联动配合。落实矫正情况月通报、强制措施日告知、重大信息协作共享等信息通报制度。建立社区矫正讲师团制度，创新教育方式。针对社区服刑人员的特点和需求，由各单位根据业务优势共同制定年度讲师团授课计划，并按计划开展集中教育活动。建立法官回访考察制度，落实个别矫正。对于司法局通报的不服从管理的社区服刑人员，承办法官应协助矫正工作，对服刑人员进行回访教育。

法治宣传

【推出全省首张法律服务电子地图】 6 月，区司法局整合全区现有法律服务资源，推出全省首个法律服务电子地图，积极打造更加便民的电子公共法律服务体系。电子地图详细标注了位于湖里辖区内的公安、法院、检察、司法、劳动监察等单位及其派出机构，以及律师事务所、人民调解委员会、法治教育基地、司法鉴定机构等 126 家市、区法律服务机构。地图注明法律服务机构的名称、详细地址、服务电话等信息，还提供 GPS 定位、导航、路线查询、周边搜索等功能，方便市民查询选择。电子地图在法治湖里网、湖里法律在线手机 APP 上同时上线，市民遇到法律问题时，通过身边的电子设备即可轻松查找到附近的法律服务机构。

【区司法局助力社区换届选举】 年内，区司法局“六个一”助力社区换届选举。包括：编印一本宣传册，编辑《湖里区社区换届选举政策法治宣传特刊》，邀请全省“最美身边普法人”徐新济配上漫画插图，以图文并茂的形式，宣传换届“十条禁令”、两委候选人“八不能”等法律政策，以违反换届纪律典型案例开展警示教育，首次印刷 5 万册，已全部发放至 52 个社区的居民手中；举办一轮法治宣讲，由区委组织部、区民政局、区司法局、区法院、区检察院、区公安分局等部门懂法律、懂政策、懂沟通的业务骨干组成一支换届选举联合宣讲团，深入 18 个重点社区巡回法治宣传；组建一个律师服务团，选聘一批精通换届政策法律的律师，组成“湖里区社区组织换届律师服务团”，进社区讲解相关法律，为群众提供咨询服务；开展一系列“网上普法”，在换届选举期间，依托法治湖里网、“湖里法律在线”APP软件、社区微信公众号、微博等新媒体平台，以多种形式宣传社区换届选举的意义、政策法规、纪律要求、典型经验，法律政策送到居民眼前、掌中、指尖；组织一次专项排查，组织人民调解员开展换届选举矛盾纠纷专项排查化解工作，及时向上级报告纠纷苗头，落实专人紧盯动向，全力将纠纷预防和化解在萌芽状态。开展一次集中入户，对社区服刑人员、刑满释放人员中的重点对象开展入户走访，摸清思想动态，防范特殊人群在换届选举工作中出现煽动、阻止、扰乱等破坏行为，维护换届选举正常秩序。

2015年7月26日，司法部部长吴爱英率队到湖里区法律援助中心视察指导（区司法局供图）

法律援助

【司法部部长吴爱英到湖里区调研法律援助工作】 7月26日，司法部部长吴爱英率队到湖里区法律援助中心视察指导。省委常委、政法委书记陈冬，省司法厅党委书记、厅长陈勇，市委常委、政法委书记詹沧洲，省司法厅党委委员、戒毒管理局局长陈强，市司法局党组书记、局长叶勇义，市司法局党组成员、副局长贺菊英，区委书记张毅恭，区委常委、政法委书记钟伟东，区政府副区长刘云标等省、市、区相关领导陪同视察调研。视查团一行查看了法律援助服务大厅的服务环境，观看了法律援助成果展板，听取工作人员关于低保户“一卡五免”法律援助服务卡、群体性法律援助案件快速办理机制、“点援制”等先行先试创新举措的情况汇报，与湖里区法律援助工作人员、法律援助律师交谈，详细询问工作情况，了解工作数据，对湖里区法律援助工作创新、硬件建设、经费保障、服务质量等工作给予充分肯定，评价律师“点援制”是促进了受援人与援助律师的“互信关系”，称赞“法律援助人少但是干的事儿不少”。

【提升法律援助知晓率】 2015年，湖里区在社区基层设立法律援助宣传栏，走家入户发放法律援助便民服务卡，通过网络、报刊等媒体宣传提升法律援助知晓率，方便群众在有困难和法律问题的时候通过法律渠道解决。

【扩大法律援助范围】 年内，湖里区不断扩大法律援助的范围，覆盖到未成年人刑事案件及国家赔偿、军人军属案件等不同群体、不同领域，努力实现“应援尽援”。同时推行“马上就办、办就办好”，简化受理、审批等手续，提升服务效率。

【提升法律援助质量】 2015年，湖里区通过案件全程跟踪管理，案件旁听，电话回访等措施，有效提高案件质量，使受援人案件胜诉和调解率达到95%以上，法律援助已成为帮助群众维权的重要途径。

（涂黎）

武　装

人民武装

【概况】 2015年，湖里区军事工作着重抓好战备训练的质量提升，抓好国防动员和民兵工作的落实，依据制度规定抓好管理及装备工作。组织参加“2015—3演习”和“前卫—7”国动委指挥演练，搞好民兵整组工作，抓好征兵、安全保密工作，提高战备训练。完成年度征兵任务。存在的问题是民兵训练召集难、训练保障不健全。

【完成调整改革企业事业单位民兵编组试点任务】 4—6月，湖里区人武部着眼“平时服务、急时应急、战时应战”的要求，突出实案化力量编组，突出“新型民兵力量”编组，突出基层规范化建设，对民兵进行整组。全区参加民兵整组的有5个街道、52个社区、9个企事业单位，编成三大类26支民兵分队。其中：应急队伍6个500人，支援队伍18个750人，储备队伍2个148人。整个整组工作历时50天，投入人力110余人次，完成整组任务1398人，整理完成各类资料231份，按要求完成各类表册制作和印制上交迎检。

【接受省警备区整组工作检查】 4月29日，警备区副司令员方荣松率民兵整组工作检查工作组一行6人至区人武部检查指导。检查组对湖里区民兵整组工作进行了全面检查，核对人员名册、查阅了登记统计，抽考了应急分队和海军防化分队等3支队伍65人手构榴弹投远、综合演练等6项训练内容。

【省军区验收湖里区年度民兵整组工作】 5月6日，省军区副参谋长林双先率省军区民兵整组工作检查组至区人武部检查验收年度民兵整组工作。在主会场殿前街道操场进行应急分队、油料分队、导弹分队的点验检查。点验结束后，首长就全区民兵整组工作做了重要讲话。随后，至高殿社区现场组织民兵灭火分队的巷街灭火演练、组织应急分队对轻武器分解结合及有关常识的考核，组织通信工具的使用运用检查，最后组织应急分队“一个过程”拉动演练。

【提高作战值班水平】 2月、7月、11月，区人武部进行了“1个主案9个专项计划”的修订完善，完善值班系统，规范值班程序及报告事项，组织值班业务培训，业务知识考核，值班分队训练，确保部队任务完成。省军区四个季度讲评中，湖里区被评为“好的单位和信息最多的单位”，周金源、林灵水、陈

省军区验收湖里区年度民兵整组工作

立民等3人被省军区通报表扬。积极组织对作战信息系统的学习和维护。按警备区要求，先后2次组织作战数据的更新；组织对省军区指挥控制平台、指挥信息系统、"民兵信息平台"学习使用维护，组织"闽兵一号"系统的安装运用。

【民兵分队训练】 8—9月，湖里区组织部分民兵分队进行专业训练。8月16日—9月11日，分3个波次，组织导弹分队（41人）进行专业训练，其中，8月16日—9月5日主要完成在营训练；9月1—15日，遴选3名优秀骨干参加全省预备役高炮集训，湖里区代表取得2发2中、"空中开花"的优异成绩；江头街道民兵邓厂宝，受到演习指挥部的表扬。9月11—13日，组织防空兵分队从厦门至长泰往返远程机动训练，并在长泰"73156部队"防空兵训练场完成野营训练；9月12—15日，组织导弹分队体验训练。

【组织专武干部、民兵营连长及民兵信息员集训】 5月20—26日，区人武部依托52团步兵一连营房，完成为期7天的全区专武干部、民兵营连长及民兵信息员集训任务，有65人参加集训。集训内容突出新《中华人民共和国国防动员法》学习、民兵组织建设和军事训练、抢险救灾的组织与实施、民兵军事训练组织与实施、兵役登记统计和征兵工作等内容。

【军事训练】 年内，落实训练40天520小时（含体能训练时间240小时），其中，业务基础25天175小时，技能训练10天70小时，指挥所演习25天。组织了市重点应急三连、公路护路分队、网络攻防分队、海军防化分队、导弹分队、铁路交通运输、输油管线分队等7支分队的共同及专业训练，完成训练人员412人，其中：应急队伍155人，支援队伍237人，储备队伍20人，完成训练时间112天784小时，参加各类演训活动180人21天。根据民兵整组工作和反恐维稳形势、抢险救灾要求，采取在岗点验和随机点验的方式，组织各街道应急分队和部分企事业单位民兵分队进行点验及组训。

军事训练（区人武部供图）

【抓好安全保密工作】 年内，落实"保密安全隐患排查"3次，迎接上级保密安全管理工作检查4次，签订各类安全责任书19份；组织安全知识授课5次。按警备区要求，建立值班室防暴恐应急措施，落实应急枪弹管理，做到装备一日一交接，子弹每周一换匣。设立值班安全巡查制度，落实每周1次反暴恐训练演练，扎实搞好自身防卫。先后组织了"条令月"活动、安全大检查、人员管控教育整顿、"拉网式"安全大排查及"教育整训"等专项安全及保密活动。

【抓好基层武装机构规范化建设】 年初，人武部部长带领军事科人员，对全区52个社区（居委会）人武办及民兵营（连）部进行检查。针对新的任务和标准，按"区每年1个街道、街道每年2个社区"要求，制定新一轮综合整治方案计划。是年，全区人武部、民兵营（连）部、人武办规范化建设达标率在90%以上，达到了上级规定的要求。

【抓好民兵武器上交统管和兵器室建设】 6月19日，区人武部按计划组织上交了三类弹药共137.85万余发8.44吨，其中，51式7.62毫米手枪弹2520发，53式7.62毫米普通弹10万发，56式7.62毫米普通弹27.6万发。7月8日，由区人武部部长组织按计划上交了各类武器装备43支（挺、具），其中54式7.62毫米手枪5支，56式7.62毫米班用机枪6挺，81式7.62毫米班用机枪5挺，67—2式7.62毫米重机枪3挺，85式12.7毫米高射机枪1挺，69式40毫米火箭筒2具，63式60毫米迫击炮2门，78式82毫米无坐力炮1门，红缨—6号导弹发射器及瞄准具9具，瞄准镜9具。是年，落实兵器室改建，调整设施设备，建立登记统计，完善安防设施，接受了警备区的检查验收，较好地完成了上级交给的任务。

【组织参加全省“前卫—7”防卫作战和国防动员演习】 11月8—15日，湖里区组织区国防动员委员会及各办参加了全省“前卫—7”防卫作战和国防动员演习。演习按程序开设了“一所九席”国防动员指挥所，43人参加演习，其中地方领导和各办人员8人，动用参演民兵分队25人。演练中，湖里区接收各类文电120多份，作业文书61份，召开各类会议8次，制作各类图表挂图7幅，整理各类库室10间。参演完成了平战转换、动员筹划、动员实施、复员等阶段的防卫和动员支前演练。

【组织国防动员能力准备检验评估】 8月21日—11月30日，湖里区国防动员委员会综合办、人武办牵头组织迎接“军区国动委动员动力评估考核”准备工作。历时3个月8天，参加上级会议3次，组织本级部署会、推进（培训）会4次，组织到点检查督导4次，各办准备各类方案计划总结资料89份，制定修订各类方案计划10份；完成各类牌挂标志28块，完成了两个街道、两个社区的规范化建设。完成各专业对口潜力调查36类（方面）58个小项的潜力数据调查。

（林志坚）

2015年5月10日，湖里区在岭下社区组织防空袭紧急疏散演练（廖艳妮　摄）

人民防空

【概况】 2015年，人防宣传建设工作成效良好，组织禾山街道岭下社区3000余人参加“5·10”警报试鸣暨防空袭紧急疏散演练活动，收到良好社会效果。完善防空预案，指导52个社区制定《人口疏散隐蔽计划》，首推金山街道高林社区作为人防基层规范化建设的试点社区。推进人防工程建设，组织对湖里区301处人防工程进行调查摸底和登记备案，悬挂统一标志250处，组织对5处地下室进行检查。

【“5·10”防空袭紧急疏散演练活动】 5月10日下午15:00，湖里区在禾山街道岭下社区组织开展了2015年防空警报试鸣暨防空袭紧急疏散演练活动，参演人数超过3000人。此次演练紧紧围绕有效履行战时防空、平时服务、应急支援使命任务，以人防指挥信息系统为依托，按照防空袭斗争进程，采取上导下演、上下联动、异地同步、联合推演、指挥演练与实兵行动相结合的方法实施。演练过程组织严密，紧张有序，受到了领导及群众的一致好评。

（辜丹红）

民主党派与工商联

民主党派

民革湖里总支委员会

【概况】 2015年，民革湖里总支共有三个支部，有党员80多人，其中，担任省政协委员1人、市人大代表1人、市政协委员2人、区人大代表2人、区政协委员6人、区纪委特邀监察员1人。是年，民革湖里总支3位党员分别获得“参政议政工作先进个人”称号。

【党员活动】 总支全年多次组织党员集体学习，重点学习习近平总书记系列重要讲话精神以及全国、省、市“两会”精神。2月，组织部分党员到禾山街道残疾人职业援助中心慰问，并与该中心结对共建，共同推动残疾人就业创业。5月，组织党员参观集美鹰坑谷民俗文化村，传达市委会精神。同月7日，组织党员到漳州平和参观坂仔东风村林语堂故居、林语堂文学小镇；参观考察平和柚子文化产业园；参观考察省级农业产业化重点龙头企业——福建国农农业发展有限公司。9月，组织换届选举工作，传达市委会精神。参加湖里政协界别周宣传活动。11月，组织党员参观厦门市菊花展和灯塔公园爱国教育基地，参观欣心自闭症儿童幼儿园，协商帮扶助残活动。

【参政议政】 2015年，湖里总支党员蔡伟智撰写的湖里政协提案《关于企业高级人才享受二级医疗保障待遇的建议》和《关于完善我市公共自行车管理的建议》被转化为市政协提案；湖里总支党员林日清撰写的湖里政协提案《关于清理整治仙岳公园的建议》被转化为区政协提案；民革湖里总支《关于调整轨道三号线湖里公园段的建议》和《关于改善五通灯塔公园周边公交设施的建议》分别被转化为市政协提案；民革湖里总支《湖里区开展养老“喘息服务”试点的几点建议》编入2015年提案办理情况选编。民革湖里总支撰写的《湖里区“环境提升”的对策措施研究》一文被评为2015年度“优秀调研文章”。党员杨迎芳被聘为湖里公安分局湖里派出所党风监督员；胡德智被聘为湖里区特邀纪检监察员；吴爱英被聘为厦门市烟草专卖局民主评议政风行风监督员。

2月，民革组织部分党员到禾山街道残疾人职业援助中心慰问（民革供图）

【获得荣誉奖励】 2015年，民革湖里总支有多名党员获省级以上表彰，其中三安光电集团的总工程师蔡伟智获“全国科技进步二等奖”；康乐二小老师洪艺玲获省级“优秀少先队辅导员”称号；区法院法官王迎春获省“优秀法官”“全国绿化奖章”和“民革省十佳党员”称号。

（卢丽琴）

民盟湖里区基层委员会

【概况】 2015年，民盟湖里区基层委员会（以下简称基层委）下属综合、科技、经济、火炬园区、三中、禾山中学、信息学校7个支部，及调研宣传和老龄工作2个跨支部的工作委员会，截至年底，共有盟员195人。其中，市政协委员1人、区人大代表1人、区政协委员8人（常委2人）。全年共向湖里区政协、区统战部、民盟市委会等提交信息60余条，被采用的各类信息18篇。

【组织建设】 2015年，基层委共发展新盟员14人，比上年增加7.1%。原电子职专支部更名为信息学校支部，信息学校和禾山中学支部完成支委换届。各支部盟员情况如下：综合支部30人、科技支部33人、三中支部42人、火炬园支部24人、禾山中学支部23人、经济支部31人、信息学校支部12人。

【参政议政】 2015年，基层委共承担并按期完成调研课题11篇，其中8篇盟市委立项，2篇与金山街道办共建并作为区政协课题，1篇为盟市委的研究课题，大部分课题都在年底两会上转化为市、区政协提案。其中，《大力发展“众创空间”，建设“众创厦门”创新创业都市》和《进一步完善商事登记及监管制度，推动厦门自贸试验区制度创新》两个课题获评盟市委一类课题，并作为市政协大会书面发言；《关于打造五缘湾滨海休闲旅游品牌的建议》的课题被区政协七届五次会议选作大会发言，并被评为区统战系统2015年度联合议政“优秀调研课题”。

【民主监督】 2015年，基层委有“特约监督员”6人，其中：省级1人、市级3人、区级2人。“特约监督员”在省、市、区纪检监察部门、纠风办和特约单位的领导下，积极开展工作、认真履行职责。

【党员活动】 2015年春节前，基层委与金山街道共同慰问金安社区的困难户。3月，在盟员吕伟红、邱琪、方国溪提供场所的支持下，建立了湖里区“盟员之家”。5月，由信息学校支部主办，基层委与金山街道办协办的文艺和科普进湖边社区的活动，为社区居民送去文艺表演和各类咨询服务。7月，基层委充分发挥盟内法律人才资源优势，加入湖里区统战部“湖里区同心志愿服务团”，走进社区，现场为人民群众提供法律援助、法律咨询等志愿服务。9月，在湖里区政协组织的界别活动中，安排了“小三通”政策、法务等咨询服务。11月，组织基层委和各支部委员考察蔡朝熙盟员企业。

【荣誉奖励】 2015年，湖里区基层委、科技支部获得盟市委“2015年度课题调研、提案工作、信息宣传工作先进集体”；火炬园支部获得盟市委“2015年度课题调研、提案工作先进集体”；科技支部获得盟市委“2015年度信息宣传工作先进集体”。刘建军、傅剑平等获得盟市委“2015年度课题调研、提案工作先进个人”；郑安安、林君伟等获得盟市委“2015年度信息宣传工作先进个人”。冯建明、邱琪获得盟市委“2015年度社会服务工作先进个人”。邱琪、吕伟红、方国溪获得盟省委“盟员之家”建设贡献奖。基层委获得2015年度“湖里区统战信息先进单位”。

（陈施超）

5月16日，民盟湖里区基层委与厦门信息学校、金山街道办、湖边社区居委会在湖里湖边社区广场开展科技文化下社区活动（民盟供图）

民建湖里基层委

【概况】 2015年，民建湖里基层委发展新会员6人，下半年转出会员1人，转入会员2人，至年底拥有会员173人。其中，湖里区政协委员15人（政协常委2人），湖里区人大代表2人（人大常委1人），市政协委员1人，市人大代表3人。此外，被特邀为厦门市土地与房产管理局监督员1人，厦门市人民政府机关效能监督员1人，厦门市劳动与社会保障局监督员1人，厦门市城市行政管理执法局监督员1人，厦门市人民检察院特约

5月7日，民建湖里基层委全体委员调研闽南文化（民建供图）

检察员1人，有1人任民建福建省委企业委员会副主任，1人任民建福建省委企业家联谊会副会长。基层委下辖5个支部、3个专业工委会。基层委通过专业工委会与各支部组织骨干会员参与湖里区经济建设和社会发展重大专题的调研和议政周活动。基层委每个月或每2个月召开一次基层委常委会议或全委扩大会，结合社会和中央最新精神学习、讨论，研究和落实基层委的各项具体工作。下属各支部的组织政治学习，一年不低于8次。各专业工委会的组织活动，针对基层委的总方针和各支部的具体情况不定期开展。是年，民建厦门市湖里基层委二支部与贵阳市观山湖支部正式缔结友好支部。

【参政议政】 2015年，基层委共完成了8个调研课题。其中，有2篇被评为民建厦门市委会重要课题，并转化为市政协提案，1篇被作为市政协主席协商会讨论材料。《开发环湾路，促进厦门海湾型城市建设的全面发展》课题还在厦门市两会期间被《厦门晚报》记者采访并报道。是年，基层委共发出反映社情民意的信息63篇次，被采用7篇。其中，陈荣乐《破解纳税“三难”真正让纳税人满意交税》被市政协、省政协采用，又经省领导批示，被全国政协采用。

（王森林）

民进湖里总支

【概况】 2015年，中国民主促进会湖里总支（以下简称湖里总支）发展或从外部调入6名新会员，至年底，总支共有会员100名，其中：经济界会员43名、教育界31名、科技界10名、法律界5名、其他界别11名；女性会员36名，已退休会员9名，中青年会员占多数。总支下设湖里经济（会员24名）、湖里科技（会员29名）、湖里综合（会员30名）和厦门电子职业中专学校（会员17名）等4个支部。是年，湖里总支被评为“全国民进先进基层组织”“福建民进和厦门民进先进基层组织”。董清木、陈志鸿、胡小进被评为“福建民进先进个人”，邱晓龙、林桂兰、赖建设、陈财旺、林木本、高克裘、谭晓梅被评为“厦门民进先进个人”，在福建民进庆祝大会上，董清木代表全省先进基层组织在大会上发言。傅冰洁被评为福建省“三八”红旗手和厦门市2015年践行社会主义核心价值观基层“最美环保人”。

【主要活动】 4月25日，在同安召开总支2015年度工作会议暨参政议政工作会议，会议总结了2014年工作情况，为全年工作特别是参政议政工作做了部署，同时，对2014年信息工作突出个人进行表彰。6月13日，组织总支20名骨干会员参加民进福建省委在厦门举办的“我身边的先进”巡回宣讲报告会。10月14日，选派8名骨干会员参加厦门市委常委、统战部部长黄菱在湖里区召开的统战专题学习辅导报告会。11月28日，在龙岩召开全体会员学习、培训以及2016年课题调研意向项目讨论会。

【参政议政】 课题调研 2015年，湖里总支主持完成《发挥流域环境整治资金杠杆作用，解决闽江、九龙江流域养殖污染问题》民进省委会课题；主持完成《关于进一步支持我市跨境电商产业发展的调研和建议》《当前地方政府在PPP模式下应重点解决的问题调研及建议》《学习和借鉴“CAST制造模式”，促进“厦门制造”向“厦门智造”转变》等7个民进厦门市委会课题。主持完成《如何处理好依法行政与社区服务工作关系的调研与建议》《拓展众创空间，进一步增强我区创业和创新能力》《抢占产业转型升级新通道，加快我区消费性服务业跨越发展》等3个区政协、统战部课题。在4月9日召开的湖里区联合议政工作总结会上，2014年总支完成的课题《关于进一步加强我市岛内中心城区精细化管理的调研及建议》被区统战部和区政府办公室评为优秀联合议政调研文章；在3月27日召开的区政协、区统战部参政议政工作总结会议上，2014

年，总支完成的区政协统战部重点调研课题《关于推动我区政府购买公共服务的调研、分析及建议》被评为区政协、统战部优秀调研文章。年初，市两会期间，由总支提交的《关于进一步促进我市卫星应用产业发展的建议》和《创建国际音乐城市，提升我市知名美誉度》作为市政协大会的书面发言，并转化为民进会市委党派提案，《关于加强“大城管”模式下的精细化管理，提高我市空气质量的建议》和《关于进一步发展我市临空产业的建议》转化为市政协民进界别提案，还有多篇总支会员提交的信息建议转化为民进界别的市政协委员个人提案或人大代表建议。在2015年初的区两会上，邱晓龙代表湖里总支在大会上作了《关于推动我区政府购买公共服务的调研，分析及建议》的大会口头发言，民进界别的区人大代表共提交了4条建议；民进界别区政协委员共向本次区政协大会提交了7件提案。湖里总支在2014年初区两会提交的《最大限度吸收轨道交通红利，进一步提升和完善我区中心城区功能》党派提案在本次区两会上被评为优秀提案。

信息报送　2015年，湖里总支会员共向民进厦门会市委、区统战部报送70多条信息，其中《我省党外人士对进一步推进行政体制改革的建议》《“智能制造”切忌一哄而上，建议因势利导》《建议进一步深化两岸民用航空领域合作》《建议修法与改制以进一步完善农产品安全监管机制》《党外人士关于我国社会诚信建设的意见建议》《建议更好更科学地推进新一轮援藏工作》《建议利用社会热点案例助推法治建设》《关于进一步改革，推进我省混合所有制经济发展的几点建议》等信息被中央统战部、民进中央、省委办公室、省委统战部、省政协、省民进、市政协、市委统战部等采用。

【荣誉奖励】 3月，在会市委召开的参政议政工作会议上，总支被民进会市委评为“2014年度调研工作突出贡献奖”，邱晓龙、陈志鸿、朱敬恩、董清木被评为“2014年度调研工作先进个人”；在8月民进会市委召开的信息工作会议上，总支被会市委评为“2014年度信息工作先进集体二等奖”，邱晓龙、陈志鸿、朱敬恩、董清木被评为“2014年度信息工作先进个人”；在6月区统战部信息工作会议上，邱晓龙被评为“信息个人一等奖”。

【社会服务】 8月22日下午，在会市委组宣处副处长李明辉带领下，总支几位代表与吕岭社区书记陈志强一起，将总支募集的助学款交给肖颖和林杰2位社区贫困大学生。9月19日，湖里区政协在殿前街道长乐社区隆重举行“关注民生、服务基层”为主题的“界别活动日”活动，民进界别政协委员结合“9·20爱牙日”，开展了注意口腔卫生，爱牙护牙的宣传活动，邀请会员、厦门口腔医院尹路博士率口腔医院专家团队开展现场问诊咨询，赠送护牙洁牙用品。

（董清木）

9月19日，民进界别政协委员结合“9·20爱牙日”，开展注意口腔卫生，爱牙护牙的宣传活动（民进供图）

农工党湖里基层委

【概况】 2015年，农工党湖里基层委共有党员212名，其中：男党员98名，女党员114名；拥有高级职称103人、中级职称71人，医疗卫生界党员92人，全体成员平均年龄55.7岁。基层委有支部7个，分别是中医院支部、湖里医院支部、卫计支部、综合支部、教科支部、双十中学支部、六中支部。主委王萍萍，基层委委员11人。党员中有市人大代表1人，市政协委员2人，区人大代表1人，区政协委员8人。年内，中国农工民主党湖里基层委发展新党员6名。是年，农工党湖里基层委被农工党中央评为“农工党全国先进基层组织”。农工党湖里六中支部、中医院支部被农工党福建省委评为“2015年农工党福建省先进基层组织”。柳咏枝被评为“2015年度湖里区统战优秀信息员”。

【党员活动】 5月，组织基层委全体委员和区政协农工党界别政协委员到禾山街道调研新常态下社区用地的出路和美好文明社区建设，7月到厦门自贸区考察，8月到湖里万达考察调研

7月9日，农工湖里基层委委员参观湖里区环能公司（农工党供图）

环境保护、生态文明建设情况。8月和11月，在厦门筼筜书院和厦门会计学院组织了2场有基层委全体委员和部分骨干党员100多人参加的培训；基层委充分发挥党派特约民主监督员作用，对江头街道工作人员为民服务行风建设情况督导检查。

【参政议政】 2015年，基层委围绕医疗卫生、两岸交流、医患关系、食品安全、心理咨询以及经济发展等领域调研，圆满完成调研课题任务。《充分发挥中医养生优势促进厦门健康之城建设》获得市政协优秀提案。《承接自贸园区建设，促进湖里产业发展》《关于在湖里区设立创业投资引导基金的建议》《关于建立发展厦门市和湖里区（森林）碳汇市场的建议》收入湖里区政协调研报告汇编；《关于完善闽台（厦门）文化产业园的建议》《关于做好新财政体制下岛外工业园区企业后续服务管理衔接的建议》《关于加强湖里区食品安全诚信体系建设的建议》等3篇调研报告转化成为湖里区政协提案。《厦门市社区卫生服务机构健康小屋运营情况调研》获市委会重要子课题表彰；《关于发展我市老年旅游产业研究》获市委会课题调研优秀奖。

【反映社情民意】 2015年，基层委党员多条信息被农工市委、区统战部、区政协采用。《建议我市将支出型贫困人群纳入低保统筹》被《厦门市建言专刊》采用；《关于建立厦门自贸区境外法律查明服务平台的建议》等被《厦门农工》和《厦门市政协简报》采用。《卫生计生支部节前慰问老党员》《卫生计生支部开展课题调研及信息撰写培训》《农科支部和卫生计生支部重阳节联合活动》被《厦门农工》采用。

【社会服务】 2015年，基层委组织农工党湖里7个支部积极开展“同心”实践活动，参与活动的志愿者有136人，“同心”实践活动受益群众7764人；湖里综合支部主任医师庄卫军和湖里区总工会联合开展中医保健知识普及活动，编辑出版中医保健知识简易读本发放给湖里区总工会的会员，并受湖里区总工会的邀请，举办多场中医保健知识讲座；教师吴秀菊开设“闽南语诗词吟诵”课，在多个学校开设讲座并通过《厦门日报》、厦门电视台等媒体进行宣传；教师曾晖娥“国学讲坛”在中华社区、省武警学校开设讲座深受欢迎。开展社区居民及侨胞疾病的防治知识讲座10余次，受益群众1000多人。是年，党员多次深入到残障病患者、失独困难家庭家中为他们排忧解难，实地诊疗；在“六一”儿童节开展义诊，把健康保健知识带给家长，为患儿疾病诊治提供指导；多次在青少年宫参与家庭亲子公益咨询。年内，开展10余场食品安全、酒类真假鉴别咨询进社区、进校园宣传活动；开展青少年禁酒公益宣传进校园2场。

（吴毅林）

致公党湖里总支

【概况】 2015年，中国致公党厦门市委会湖里总支部（以下称湖里总支）下设3个支部，分别是湖里第一支部、湖里第二支部和湖里第三支部。党员中有区人大代表1人（常委），区政协委员5人（其中1人为常委）；厦门市侨联委员2人，厦门市侨联青工委常委3人（2人常委），湖里区侨联2人（1人常委）；福建省委委员1人（常委），厦门市委委员2人（1人常委），市委副秘书长1人；9名党员担任致公党厦门市委各专门委员会委员，其中4人担任主任和副主任。是年，湖里第二支部获致公党厦门市委会“参政议政工作先进集体”，1人获致公党厦门市委会“课题和提案工作先进个人”，1人获致公党厦门市委会“社情民意和信息工作先进个人”。

【组织建设】 2015年，湖里总支有党员78人，其中博士3人，硕士13人，本科37人，大专32人；高级职称19人，中级职称30人。6月27日，致公党湖里总支完成换届选举，新的总支部班子成员9

6 月 27 日，致公党湖里总支完成换届选举（致公党供图）

人。在是年致公党市委会基层组织活动评比中，湖里第二支部和第一支部被评为“基层组织工作先进集体”，湖里总支和湖里第三支部获得“基层组织活动奖”。

【参政议政】 在 2015 年湖里区“两会”上，致公党湖里总支共提交人大建议 5 件，团体提案 3 件，委员个人提案 5 件。其中，总支副主委关琰珠提出的《利用国际先进设计资源，推动湖里区企业转型升级》被评为湖里区人大优秀代表建议；总支主委颜伟民代表致公党湖里总支作了《统筹运作　共建共管　以机制建设推进老旧小区改造提升》的大会发言；林剑铭《关于进一步改进我区政府采购招投标工作的建议》被评为优秀提案。完成湖里区统战部联合议政课题《关于小区物业管理的几点思考》，2014 年完成的湖里区联合议政课题《关于如何合理配置街镇派出所资源　提升社会治理能力和水平》转化为厦门市政协提案，并交相关部门办理。年内，报送反映社情民意信息 38 件，被采用 27 件次。其中，《关于推进政府购买环境监测服务的建议》等 2 件被省政协专报件采用；《优化我省港口功能布局应注意处理好六大关系》等 2 件被省政协综合采用；《关于推进绿色物流包装，减少环境污染的建议》等 11 件被致公党福建省委采用；《关于推进政府购买环境监测服务的建议》等 12 件被厦门市政协采用。

【社会服务】 2015 年，致公党湖里总支继续做好与殿前街道共建工作；年内，在殿前致公学校举办 2 期讲座，分别是 6 月 27 日王传福主讲的《易经风水与现代科学》和 9 月 26 日郑建玮主讲的《如何防止病从口入》；参加第三届护老停靠日活动。重阳节，湖里总支党员与市委青工委代表青年志愿服务队赴霞辉老年公寓看望和慰问老人，体现了党派应当承担的社会责任。

（颜伟民　孙怡）

九三学社湖里区委

【概况】 2015 年，九三学社湖里区委共有 10 个支社，发展新社员 15 人，转入 6 人，总人数达到 271 人。社员更趋年轻化和专业化，平均年龄由 2014 年的 54.3 岁下降到 52.4 岁；本科以上学历 244 人，由 2014 年的 86.5% 提高到 91.7%；副高职称以上社员 166 人，占 62.4%。社员主要分布在科技、教育、医卫等方面，界别分布符合九三学社以科技界为主的特点。是年，福建海洋研究所支社、福建省水产研究所支社获市九三学社优秀支社奖。有 1 人获“九三学社全国优秀社员”称号，有 15 人获市九三学社优秀社员奖，李佛佑等获市九三学社荣誉社员奖。

【参政议政】 2015 年，九三学社湖里区委员会多次参加区委、区统战部召开的各项工作会议，并适时召开组织建设、信息宣传、课题调研等工作会议，向各支社和社员传达部署区委、区统战部组织、宣传、统战工作任务。参与区委统战部组织的调研考察活动。根据《中共湖里区委统战部　湖里区人民政府办公室关于做好 2015 年度联合议政工作的通知》，成立课题小组，组织调研和编写联合议政课题《关于在厦门自贸片区内推动跨境电商政策落地及物流服务转型升级的建议》。建议专报件《关于在厦门自贸区内开展对台商医药物流配送服务的建议》得到市委统战部部长黄菱的批示，并得以实施。湖里区九三界别共有 7 名区政协委员，认真履职，在提案办理过程中，多次参与各提案办理单位的座谈会和调研工作，促使各项建议落到实处。政协第七届湖里区委员会第四次会议表彰了九三湖里区委员会和界别政协委员报送的提案 3 件，占到提案总数的 33%。此外，5 件提案入选“区政协 2014 年度提案办理情况选编”，3 个课题入选“区政协 2014 年专题调研报告汇编”，部分课题调研成果转化为 2015 年的区政协提案。在政协湖里区七届四次会议提交的 13 件提案中，九三学社提案 3 件，九三界别提案 2 件，政协委员提案 8 件。《关于创新机

9月19日，九三学社参与区政协组织的“界别活动日”(九三学社供图)

制建设生态文明城区的建议》提案被区政协列为重点提案，部分提案转为信息。年内，报送并完成区政协调研课题3项，调研报告被区政协选用和收录。是年，湖里区各支社社员向九三社市委申请立项和完成课题9项，报送区委统战部信息稿件17篇，被采用10篇。九三学社被评为“全区统战信息工作先进单位”；李雄晖被评为“全区统战优秀信息员”，张跃平被评为“全区统战信息工作积极分子”。

【社会服务】 区委会2015年度开展了系列“同心”实践活动。7月4—18日，在海沧鳌冠村开展海水养殖技术培训班，提供南美白对虾人工育苗技术。省水产所支社相关技术人员现场指导。9月19日，湖里区政协“界别活动日”，在殿前街道长乐社区智鹏广场举办。九三界别开展“关注民生，服务基层”为主题的食品安全宣传活动。10月29日，参与社市委组织的调研对接工作。分别与政和县的农业、科技、经济、卫生、教育、文化和法律等部门交流座谈，同时还参观政和同心经济开发区8家企业、政和电商产业孵化园等。之后，福建省亚热带植物研究所与政和县农民创业示范基地园区企业的免费技术咨询服务等对接项目陆续开展。

（郑国防）

台盟湖里支部

【概况】 2015年，台盟湖里支部有盟员30人，其中，高级职称3人，中级职称18人。担任区人大代表1人，区政协委员5人。是年，台盟湖里支部被评为“先进支部”，张蓁在纪念抗战胜利演讲比赛中获二等奖、王泽杰获三等奖。

【参政议政】 2015年，盟员谢益民完成的政协提案《发挥社会组织在社区建设中的独特作用》被区政协评为该年度优秀提案。由许文懿执笔的《深化文化创意产业发展的建议》一文，被评为区2015年联合议政优秀调研文章。

【盟员活动】 4月26日，部分盟员参加台盟厦门市委2015年春季参政议政工作培训班。听取了厦门大学台湾研究院经济研究所所长、教授唐永红《中国（福建）自由经贸区建设及其影响》的讲座。开展了各式各样的纪念抗战胜利70周年、台湾光复70周年活动。12月10日，部分盟员赴永安开展抗战历史主题教育活动。

【社会服务】 2015年，在台盟市委的组织下，台盟湖里支部部分盟员在“六一”儿童节前夕，前往同安祥平街道溪声小学慰问在校师生。是年年底，湖里台盟支部代表随湖里台办、台联走访了湖里辖区内台湾（金门）同胞、台属，了解困难台湾（金门）同胞、台属的实际生

台盟湖里支部讨论《深化文化创意产业发展的建议》调研报告（台盟湖里总支供图）

活情况，进一步加深台盟湖里支部与辖区台胞、台属的联系。

（刘锦莹）

湖里区工商联（商会）

【概况】 2015年，区工商联（商会）按照《全国工商联2015年“五好”县级工商联建设工作的实施方案》和福建省、厦门市2015年工商联工作要点中提出的任务要求，结合自身实际，加强领导，认真部署，周密安排，稳步推进“五好”工商联建设。着力引导非公企业党建工作，指导执委会班子领导企业和在各级担任人大代表、政协委员的企业带头组建党组织。先后成立了投融资行业协会和“双百”人才企业商会，吸收会员100多家。举办了2场“科技创业企业投融资项目对接会”和10多场政银企对接会。引导会员企业感恩回报社会，积极投身慈善事业，在组织元宵民俗文化节之爱心汤圆送千家活动和区慈善募捐、捐资助学等活动中，会员企业踊跃捐资捐物2000多万元。举办或组织企业参加各类讲座、专题辅导等10多场。联合区国税、地税部门设立“纳税人维权中心”。组织了“创新湖里我先行”和“企业家自行车健康骑行”活动，积极倡导我为创新湖里做贡献，我为绿色出行做表率。

10月23日，湖里区“双百”人才企业商会成立（区商会供图）

【湖里区商会投融资行业公会成立】 5月28日下午，厦门市湖里区投融资行业协会首届会员代表大会在湖里区政府隆重召开。湖里区委统战部副部长、区工商联（商会）党组书记林秀瑜主持大会。区政府领导、区各委办局相关负责人以及60多位会员单位代表出席大会。大会审议通过了协会章程（草案）以及选举办法（草案），选举产生协会首届理事会成员，包括理事会会长1名，副会长11名，秘书长1名，理事14名。厦门两岸股权交易中心被选举为理事会会长单位，中心总经理李霁全票当选协会会长，中心董事潘平辉当选协会秘书长。区商务局王丽萍、区财政局刘保英、区商会林晓缨、中心行政总监胡松当选协会副秘书长。协会成员涵盖银行、证券、担保、创投、律所等金融服务机构以及厦门市行业优秀企业100多家。

5月28日，湖里区投融资行业协会第一次会员大会召开（区商会供图）

【湖里区“双百”人才企业商会成立】 10月23日，湖里区率先在全市成立“湖里区‘双百’人才企业商会”，共有29家会员企业，科技谷（厦门）信息技术有限公司总经理当选为首届会长。“双百”人才企业商会成为海内外高层次人才汇聚湖里，建立人才企业分享经验、融资、合作等多层次的交流合作平台。

（刘水荣）

社会团体

区总工会

【概况】 2015年，区总工会紧扣区委、区政府的重点工作，以构建和谐劳动关系为目标，以市总工会着力推进重点工作为抓手，工会服务维权能力得到进一步提升。工会会员卡办理数量和职工参加医疗互助人数均列全市第一，作为全市唯一的全国和谐劳动关系示范区已呈报省三方办。是年，共组织172家基层工会报名参加达标活动，97家参加创优活动，参与率87.7%。促进189家百人以上企业独立开展工资集体协商，2752家企业被行业性、区域性工资集体协商覆盖。厦门市广厦工程建设有限公司工会被评为“全国模范职工之家”称号，厦门市顺丰速运有限公司等2家非公企业工会获省“模范职工之家”、厦门天地开发建设公司工程部等2个工会小组获省“模范职工小家”。厦门市莲湖建设集团有限公司工程部获福建省“工人先锋号”、200个先进集体获评市级“工人先锋号”称号。有2个单位荣获市五一劳动奖状、15人获市“五一”劳动奖章、2人获省“五一”劳动奖章、3人获全省“优秀工会工作者”称号。举办形式多样的职工文体活动，丰富职工精神文化生活。创新实践“调、裁、诉”相结合的工作模式，加强与人社、司法、商会等部门的密切联系，健全劳动关系矛盾调处机制。强化工会法律援助功能，通过购买法律服务引进法律援助参与劳动仲裁，推进公益性维权，与厦门联合信实等律师事务所合作，共向职工提供法律援助2480次，免收法律服务费用565万元。发挥区各级劳动争议调解委员会、派驻街道劳动仲裁庭、社区调解工作室作用，充分维护职工的合法权益，全区已有226家企业成立劳动争议调解委员会。区劳动仲裁院和驻街仲裁庭涉及劳动争议、劳务合同立案1034件、3594人、金额9729.15万元。区法院受理涉及劳动争议、劳务合同案件746件，诉讼标的2826.08万元。

【强化工会“四送”服务】 2015年，区总工会继续深化工会“四送”服务，全面提升服务工作品牌。开展“春送岗位”活动，全年共为451家企业招聘了2.6万名职工，其中企业主要以电子、纺织、餐饮和服务类为主。开展“夏送清凉”活动，慰问农民工较多的建筑、物流、环卫等企业千余家，发放慰问品近200万元。开展“秋送助学”活动，提高“金秋助学”标准，困难学生补助标准从上年的每人3000元提高到4000元，共完成135名困难职工学生补助，慰问金额40万元。开展“冬送温暖”活动，在春节、元旦“两节”送温暖活动中，慰问困难职工257名，发

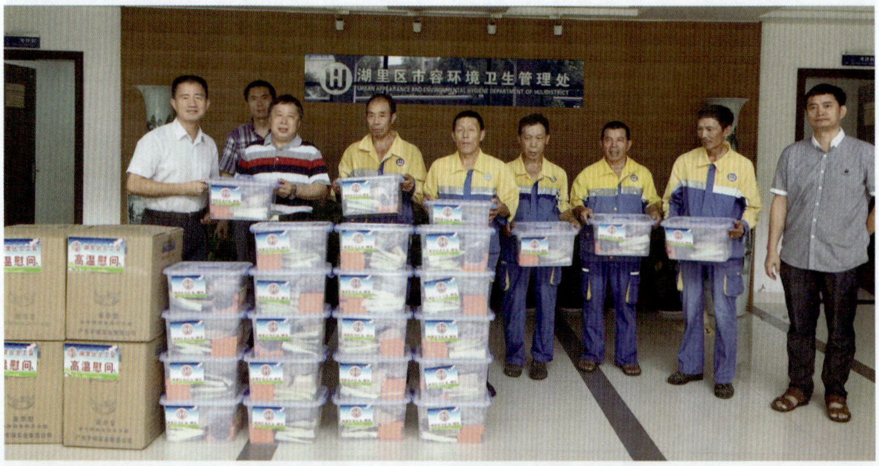

慰问环卫工人（区总工会供图）

2015 年，湖里区总工会工资集体协商模拟谈判（区总工会供图）

放慰问金 33.8 万元。深化外来务工人员平安返厦活动，共为 1.10 余万名职工补助返厦车票 140.47 万元。

【成立湖里高新技术园职工服务站】 湖里区高新技术园入驻企业 2891 家，职工数达到 5 万余人。其中涵盖了商贸、建筑装饰、软件、电子信息、金融投资、服装纺织、轻工食品、文化创意等行业，注册资金 1 亿元以上的企业有 46 家。为了给园区内职工特别是农民工提供更加方便、快捷的帮扶和服务，使职工不出园区就能解决困难和问题，湖里区总工会在高新技术园区设立了职工服务站，配备工作人员 2 名。截至 2015 年底，园区内单独成立工会 51 家、职工会员 2717 人，覆盖小微企业工会 664 家、职工会员 6193 人；建会企业共 715 家、职工会员 8910 人，其中农民工 2355 人。成立高新技术园职工服务站为促进园区企业发展、维护职工合法权益发挥了积极作用。

【开通湖里区总工会微信平台】 3 月 10 日，区总工会在全市各区、各产业工会中率先开通了“湖里区总工会”微信公众平台。旨在打造一个湖里区各级工会工作者与广大职工朋友共同参与、共同交流的信息共享平台。此平台的功能是宣传工会工作、服务基层工会、联系职工群众，主要用于公布工会工作动态，接受公众监督，发布便民信息，吸纳公众意见和建议等等。

【工会财务技能大赛】 11 月 28 日，在厦门网中网软件有限公司成功举办了湖里区第一届工会财务技能大赛（B 类技术比赛）。比赛采用电脑无纸化和模拟实际会计业务电算化操作进行，在全市属首创。

【“118”和谐劳动关系创建成果凸显】 1 月 8 日，省三方督查考评组由省企联执行副会长郭国华带队考评劳动关系和谐创建工作，7 月 23 日省三方四部门实地调研湖里区“118”和谐劳动关系示范工程，充分肯定湖里区开展“118”和谐劳动关系的经验做法及取得的成效，“118”工程在全市得到推广。

（董坤）

共青团湖里区委员会

【概况】 2015 年，共青团湖里区委员会下设基层团组织 667 个，团委 23 个、团总支 31 个，有共青团员 13052 人。全区有先进基层团组织 6 个，先进个人 3 名，分别获得团省委、市委授予的“五四红旗团（总）支部”“优秀共青团干部”“优秀共青团员”称号。

【开展志愿服务活动】 2015 年，共青团湖里区委员会在金安社区组织开展“3·5”学雷锋志愿服务暨共青团星期六社区志愿服务日活动。为“9·8”投洽会、诵读节、马拉松赛、春运等重大活动提供了 6000 人次青年志愿者。加强与华侨大学、集美大学等高校的合作，开展“情驻民工校 爱赋外来娃”大学生支教项目，创新支教模式。携

5 月 14 日，由团区委和区志愿者联合会主办的湖里区“青春的力量——我们的价值观”大学生文化志愿者进工地文艺会演（团区委供图）

手区疾控中心青年志愿者走进辖区驻地部队，为青年官兵们送上健康慰问。联合区志愿者联合会主办湖里区“青春的力量——我们的价值观”大学生文化志愿者进工地文艺会演，为奋战在城市建设一线的工友们献上文艺盛宴。

【促进青年就业创业】2015年，共青团湖里区委员会抓好青年就业创业帮扶工作，联合区人社局定期开展网店、计算机、厨艺等技能培训；继续办好高殿社区大学，为外来青年加强学习、丰富知识提供平台；向农商行推荐优质青年创业贷款，并帮助青年争取创业贷款90万；组织大学生深入企业，采访创业者，倾听创业故事，积累创业经验，已采访日顿咖啡、光彩两岸创业园、禾合科技等9家创业企业家；联合光彩两岸创业园定期开展创业沙龙，邀请创业导师授课或创业青年分享创业经历，帮助大学生了解创业形势，明确创业方向；联合光彩创业园为有较好创业项目的大学生提供低房租或免房租的办公场地、创业导师辅导等服务。

【维护青少年合法权益】2015年，共青团湖里区委员会结合禁毒、青少年暑期安全自护教育等主题活动，在社区和校园加大青少年法制教育宣传力度，增强青少年的法治观念和安全防范意识。联合区司法局在蔡塘学校开展法制教学活动，由厦门大学法学院普法志愿者用浅显易懂的法律知识讲解和现场互动的方式进行法律教学。牵头建立重点青少年群体工作联席会议、信息即时报送、动态摸排等制度，全面摸清湖里区重点青少年群体底数并建立相关档案。加强与区检察院和司法、教育部门的协作，指导办好“青少年维权网”，全年有689.72万人次点击。初步建立反映青少年利益诉求的沟通机制。在金山街道试点开展辖区五类重点青少年服务管理工作，预防减少青少年违法犯罪，提高对重点青少年群体的服务管理水平。

【“守望青春”项目启动】1月14日，“守望青春”项目正式启动，项目组提出青少年偏差行为根源于家庭，显现于学校，而后其违法行为凸显于社会的观点。本项目选取金山街道作为开展湖里区青少年群体服务管理和预防犯罪试点。至12月，完成金山社区“青少年社会工作服务中心”建设，开展了37次活动，有966人次参与。初步建立和形成了“三级预防体系”，初级预防以社区普通青少年为主，通过开展情绪管理提升、青少年领袖力提升等主题活动，提升了青少年抗逆力；次级预防以困境家庭青少年、问题青少年为主，通过开展2次重点青少年家庭拜访活动，走访了20多名重点青少年，给予他们关怀、辅导、协助，防范问题于未然；再犯预防针对不良行为青少年加以追踪辅导。

11月3日，由湖里团区委和华侨大学材料学院主办的以“高端智能与日常生活”为主题的公益创业沙龙在光彩两岸电商谷举行（团区委供图）

【“邻里青年汇”启动】7月10日，在海峡建筑设计文创园举行了湖里区“邻里青年汇”启动仪式，为湖里区怡景社区、塘边社区、兴华社区、马垅社区、禾盛社区、吕岭社区、金山社区7个社区邻里青年汇授牌。启动仪式后，便积极融入共同缔造行动，组织青年志愿者参加“美化家园”“扶贫济困”“文化提升”“青少年服务”等特色服务，以青春力量助力和谐社区建设。积极培育青年社会组织，组建了禾盛社区企业雷锋团、金安社区篮球协会、兴园社区鸟巢读书会等一批青年社会组织，促进社区多元治理。

【增强基层团建活力】2015年，共青团湖里区委员会联合区民政局通过政府购买服务方式在禾山街道禾盛社区打造厦门市首个社区少先队——乐行先锋团，为少年儿童的健康成长提供重要阵地。推荐“兴园社区鸟巢读书会”“禾缘环保生态系统”等8个项目参评厦门市“一团一品一特色”，促进全区共青团工作整体提升。积极开展“团干部如何健康成长”大讨论活动，组织团干部深入学习习总书记重要讲话

4月23日，在区政府举办湖里区2015年青年干部能力训练营开营仪式暨青年干部读书讲座（团区委供图）

精神，通过开展专题学习、专家访谈、主题团日、网络分享等活动，增强党的意识、组织意识、责任意识和大局意识。

【开展主题活动】2015年，"五四"期间集中开展新旧团员宣誓活动119次，约3000人参与；联合区教育局、金尚中学在暑假期间举办"践行价值观，共筑中国梦"中学生团干夏令营，来自全区48名团干参与本次为期3天的夏令营活动；为办好青年干部能力训练营，举办湖里区青年干部读书讲座，发行《悦读青春》期刊，在机关大力倡导读书风气，激励青年干部勤读书、善读书、读好书。邀请区委书记张毅恭为青年干部授课，组织青年干部赴东山考察学习谷文昌精神，引导青年干部争做"谷文昌"式干部，为"美丽厦门·创新湖里"贡献青春力量；为引导好外来青年文学社，发挥外来青年文学社的文化阵地作用，在各种志愿服务活动中发放《现在》杂志约1000本，满足外来青年的精神文化需求。

（汤婷芳）

区妇女联合会

【概况】2015年底，全区女性14.15余万人，有街道妇工委5个，社区妇联52个，区级机关妇工委3个，专兼职妇联干部81人。创建"巾帼文明岗"127家，其中：全国级4家，省级31家，市级92家，"最美家庭"全国级1户、省级3户、市级18户，2户提名奖，五好文明家庭22896户。

【巾帼"创先争优"活动】2015年"三八"节期间，区妇幼保健院被授予"全国巾帼文明岗"称号，金山街道金安社区等6个单位被授予"省级巾帼文明岗"称号，方丽蓉等3人被评为省"三八红旗手"，湖里区检察院未检室等2个单位被授予省"三八红旗集体"，金山街道金安社区妇联主席、书记吴丽敏被评为省级"三八红旗手标兵候选人"，湖里区人民法院民一庭副庭长王迎春被评为市级"三八红旗手标兵"，区委组织部林佳等11人被评为市级"三八红旗手"，江头街道吕岭社区等5个单位被授予市级"三八红旗集体"。

【妇女创业就业培训】年内，区妇女联合会加强与区人社局、市妇女儿童活动中心合作，开设"妇女创业就业培训超市"等妇女创业就业培训。在金安社区举办育婴师培训；与区科协联合开展"家庭网上行"系列培训班，有715人参加培训。10月，与区人社局联合举办"2015年湖里区妇女就业创业招聘会"，58家企业到场，推出195个工种、2714个岗位。区各级妇联组织通过培训超市，全年共举办烘焙、家政服务、育婴师等各类培训班35期，1396人参加培训，推荐就业689人。

【亲情关爱辖区妇女儿童】2015年，区妇女联合会配合卫计等部门推动低保妇女妇科病普查及"两癌"筛查工作，做好贫困妇女"四癌"和其他大病救助工作，协助上级妇联为4名"四癌"妇女提供3.5万元大病救助。春节期间，共慰问120多名贫困妇女及家庭；母亲节期间，区妇女联合会与区直机关妇工委联合举办"关爱母亲身心健康"公益讲座，全区200多名女性参加；"六一"期间，慰问114名孤儿及贫困儿童。开展"缘来是你"美好家庭联谊活动，为辖区大龄女青年提供婚恋平台。

【服务妇女儿童】2015年，区妇女联合会利用"女性家庭社会大讲堂"，继续开设女性心灵成长课堂、夫妻课堂、婆媳课堂、亲子课堂等，使"百场家庭教育"进社区、进机关、进学校。与区委宣传部、区妇幼保健院联合举办家庭母婴护理培训班，以循环方式培训，内容涉及母婴护理、产妇营养、新生儿游泳、抚触、保健等知识，全区共计举办210场家庭教育讲座，为7220名妇女及其家庭成员提供科学育子、家庭和谐、家风建设等教育。利用社区“妇女之家”“儿童之家”“流动妇女平安之家”“留守流动儿童之家”等平台，为辖区来厦务工人员子女（包括其留在老家寒暑假来厦探亲的留守子女）提供各类知识讲座、文体娱乐、参观学习、夏令营等内容丰富的亲情服务。积极整合资源，增设11个社区“儿童之家”。

【实施妇女儿童纲要】 年内，区妇女联合会多次召开区妇儿工委全委会及“两纲”监测统计会议，协调各成员单位完成“两纲”监测统计和做好“两纲”中期评估督导工作，争取区委、区政府在人员编制、阵地建设加大对妇儿工委支持的力度。推动妇女儿童发展纳入经济社会发展总体规划。湖里区在“两纲”12个领域88项重点监测指标中有72项已达到或超额完成省、市级预期目标，有力推动了妇女儿童事业的健康发展。

【维护妇女儿童合法权益】 2015年，湖里区推进妇女议事制、妇女信访代理制和帮扶互助制工作，建立和完善由法院、检察院、公安、司法等部门联动合作的妇女“大维权”工作机制，构建信访接待、法律援助、人民调解、心理疏导“四位一体”的维权服务模式。区各级妇联组织共受理来信、来访452件。组织开展“建设法治湖里，巾帼有行动”主题维权月活动，各级妇联组织认真制作“平安家庭”及妇女维权宣传栏板，参与区“综治宣传月”“六五”普法宣传、禁毒等大型法制宣传活动，共计分发各种宣传材料5.5万余份。

【举办社区妇干培训班】 9月，区妇女联合会联合区委组织部、区委党校举办社区妇干培训班，培训以提升妇联干部的业务能力与政务讲解接待水平为目标，在完善妇联工作知识体系，提升工作技能，增强心理建设外，还首次开设政务讲解接待实践课程，使妇联干部达到“干得漂亮、说得精彩”内外兼修的要求，全区共12名执委，60名街道、社区妇联干部参加培训。

【“最美家庭”创建活动】 2015年，湖里区围绕“家庭工作深化年”，不断深化“最美家庭”品牌创建，推动寻找“最美家庭”活动常态化。汪如全、章双琴家庭获福建省“教子有方最美家庭”、厦门市“最美家庭”称号，万建国、赵树霞家庭获福建省平安和谐“最美家庭”、厦门市“最美家庭”称号。许万竹等16个家庭被授予厦门市“特色最美家庭”，全区共评出51户各具特色的“最美家庭”。“三八”节期间区妇联、区文明办表彰了207户区级“五好文明家庭标兵户”。

【联谊交流】 年内，湖里区着力推动两岸深入交流合作，借助“光彩创业园”平台，打造“两岸巾帼创新创业示范基地”，帮助、引导、扶持女性创业，在大众创业，万众创新的新形势下充分发挥妇联作用。举办“最美家庭·爱在湖里”歌咏展示等一系列妇女群众性庆祝活动；与区老体协联合举办湖里区第九届“巾帼杯”门球赛，10支代表队参赛；组织150人参加市妇联健步行活动。湖里街道妇工委等举办庆“三八”国际劳动妇女节105周年文艺会演及“三八”维权周法律法规知识等大型宣传游园活动。

【举办“爱在湖里 亲子共读一本好书”故事分享会】 8月，湖里区举办“爱在湖里 亲子共读一本好书”最美家庭故事分享会，向辖区家长、儿童征集反映自己家庭亲子共读一本好书随手拍微视频，把家庭教育、最美家庭、亲子共享、家庭情景剧紧密地结合在一起。

【妇联组织参与“美丽厦门·共同缔造”】 8月，湖里区召开“社区家庭关爱服务中心”暨妇联组织参与“美丽厦门·共同缔造”工作推进会，组织各街道妇工委主任、社区妇联主席参观前埔北社区和辖区典型社区，让妇女工作学有榜样，凝聚全区妇女家庭力量参与“美丽厦门·创新湖里”建设，市委副书记洪碧玲对区妇联在引领各级妇联组织参与“美丽厦门·共同缔造”中发挥的作用给予肯定，并作出批示。

湖里区举办家庭文化节（区妇联供图）

7月，“缘来是你　爱在七夕”幸福家缘项目启动（区妇联供图）

【购买“幸福家缘”女性社会工作服务】 7月，湖里区购买“幸福家缘”女性社工服务，服务项目包含：“开心热线”（妇女援助热线）、“缘来是你”（大龄女青年联谊）、“智慧妈妈”（帮助女性智慧处理婆媳关系、夫妻关系、亲子关系等）、“幸福微动力”（建立女性社会工作服务微信平台）、“巾帼人才库”（建立辖区优秀女性信息，建立湖里区巾帼志愿者队伍，实现辖区女性“助人自助，自助助人”）。通过幸福“五重奏”，帮助辖区女性更好成长，使家庭更和睦，社会更和谐。

（刘艺梅）

计生协会

【概况】 2015年，区、街两级计生协会根据工作需要和人事变动，及时调整充实协会领导班子。各街道均有1名专职协会干部任秘书长，并配备专职人员做好计生协会工作。社区根据居委会换届情况及时调整充实协会队伍，基层组织建设不断加强。截至年末，全区有各级各类计生协会组织317个，其中：区计生协会1个、街道协会5个、社区协会52个、企事业流动人口协会259个，会员27325人。全区有34个社区协会达到“一流社区计生协会”标准，占全区社区协会总数的65.38%。在919个社区协会小组中，有707个小组被评为“五好小组”，占总数的76.93%，是湖里区计划生育协会工作中一支重要的群众队伍；13个社区为“六好”示范社区创建单位，“六好”示范社区创建率23%，超过省创建达标率15%的要求。年内，新组建15家企业计生协会，投入创建经费3.75万元，为企业协会配备避孕药具资料柜和宣传工作经费，确保企业协会工作的正常开展，并新确立了悦华酒店等5个企业协会示范点。是年，区协会共投入“生育关怀”经费445.1万元，帮助计划生育困难家庭。5月，湖里区被幸福工程全国组织工作委员会授予“幸福工程——救助贫困母亲行动‘爱心集体’”称号。

【开展“生育关怀”行动】 春节前夕，湖里区积极开展“情暖计生困难家庭”和“情系基层计生工作者”为主题的生育关怀慰问活动，投入生育关怀慰问金82.88万元，由区领导带队，走访慰问了全区124个计生特殊家庭，每户给予1400元的慰问金，676户计生困难家庭和260名计生基层工作者，每户送上700元慰问金，并给特殊家庭送去了米、油、年夜饭等慰问品。5月“母亲节”期间，安排专项经费13万元，慰问260名（其中市级15名）家庭生活贫困、患重大疾病、遭遇突发事件而导致生活困难的计生贫困母亲。年内，启动第十批“幸福工程——救助贫困母亲”项目，根据《湖里区独生子女家庭奖励扶持办法》文件精神，

5月29日，湖里区开展计生协会成立35周年暨第17个“会员活动日”专场演出（黄文选　摄）

2月4日，会长黄炜（右二）带队走访计生家庭（黄文选　摄）

加大幸福工程的帮扶力度，扩大帮扶面。每户救助金由原来的5000—10000元提高到1—2万元，共投入116万元，帮助73户贫困母亲完成创业梦（其中流动人口18户）。截至年底，“幸福工程——救助贫困母亲”项目累计投入帮扶资金431万元，救助贫困母亲466人（其中流动人口73人），覆盖全区5个街道所有社区，直接惠及1400多人。为进一步推进计生幸福家庭的实施，帮助解决计划生育困难家庭子女上学难问题，坚持开展“生育关怀—金秋助学”活动，对计生困难家庭中的中考录取生给予一次性资助1000元，被专科以上院校录取的高考生，给予一次性资助2500—3000元。是年，湖里区积极申请中国计生协会生育关怀项目款，加大经费投入，提高助学力度，投入22.9万元（其中，中国计生协会生育关怀基金19.5万，市资助2.5万），资助了111名中、高考录取生，其中高考录取生的扶助金由每人2500元提至3000元。截至年底，全区累计投入助学经费113万元，受益学生583人。

【为居民投保意外伤害险】 2015年，湖里区投入经费211.67万元，为辖区内20919户独生子女家庭和124个特殊家庭成员办理了家庭意外伤害保险（特殊家庭每户保费200元）。保费由每户50元提高到100元，并在原保障内容上增加了意外猝死的理赔项目，最高理赔款由每户29.95万元提高到59万元。参保对象由0—14周岁放宽到0—18周岁的独生子女户，参保家庭由上年的15493户增至20919户，扩大了受益面，让更多的计生家庭享受到政府的关怀。为使计生家庭享受公开、透明、公正的保险服务，湖里区首次采用招投标的方式选择保险公司。参照市财政项目保险相关做法，委托厦门裕欣保险经纪有限公司协助开展保险方案设计、公开招标、理赔服务、防灾防损等各项工作，对参与竞标的9家供应商严格评审，最终厦门人寿保险公司中标。是年，湖里区采用逐级培训的形式，举办保险业务知识培训班，使基层工作人员熟练掌握保险的运作方式，理赔流程，保障内容等专业知识，进一步提高保险服务水平。全区先后组织保险培训20余场次，各基层协会工作人员和协会小组长近1700人参加培训。通过报纸、宣传折页、社区网络平台等方式，加大宣传力度，积极做好咨询服务工作，向民众普及保险知识，提高保险意识。截至年底，湖里区累计投入358.28万元，为50465户计生家庭办理了意外伤害保险服务，其中报案159起，已理赔金额37万多元。

（徐宇平）

区科技协会

【概况】 2015年，区科技协会把握万众创新这条主体，创新科普工作内容和形式，努力打造科普活动品牌，推进科普活动群众化、社会化和经常化，增强服务意识，遵循贴近实际、贴近生活、贴近群众原则，加强街道社区科协工作，广泛开展丰富多彩的科普活动，全面提升全民科学素质。是年，区级安排科普专项经费220万元，达到人均2.2元。1个社区获“全国科普示范区”表彰，3个社区获2015年福建省“基层科普行动计划”优秀项目。

【科普经费保障及科普场所设施建设】 年内，区科技协会着力于科普场所、设施的建设。投入30多万元建设湖边、怡景、兴隆、祥店市级青少年工作室；投入10多万元建设市级科普大学禾山街道分校禾山社区办学点，及区级科普大学金尚、吕厝、海天、濠头社区分校。对各社区科普宣传栏拨付5000元经费用于更新内容以及修护保养；对各社区青少年科学工作室拨付1万元用于日常运行；对各社区科普大学拨付2万元用于教学活动；给予辖区内3个省级科普教育基地每个补助科普宣传经费1.5万元；给予殿前科普大讲堂补助经费10万元。

【开展各类特色社区科普活动】 2015年，各街道、社区根据自己资源优势，开展各类具有当地特色的科普活动。江村社区打造“科普智趣园”、兴园社区“科普梦工厂”、金尚社区“科普三部曲”、金山社区“科普直通车”、金安社区“科普加油站”、怡景社区“科普嘉年华”、祥店社区“科普驿站”、禾盛社区“科普欢乐会”、禾欣社区“科普加能机”等。

【社区科普大学建设】 年内，湖里区新开市级科普大学禾山街道分校禾山社区办学点。至年底，湖里区共有5所市级科普大学分校、10所区级科普大学。市、区、街道三级联办的“殿前科普大讲堂”坚持每月底周末开办一场，是年共组织12场讲座，2400多居民听讲。

【开展全区主题科普活动】 2015年，全区继续开展科技活动周、全国科普日、防震减灾日等大型活动，还组织开展一系列日常性科普活动。5月12日，区科技局、区科协联合在金尚小学举办科技活动街道科协科普知识竞赛，禾山街道代表队获得一等奖，江头街道代表队、金山代表队获得二等奖，殿前街道代表队与湖里街道代表队获得三等奖。科技周活动期间，区科协向52个社区赠送科普图书、科普挂图、科普墙报3200余册；更换52座宣传画廊的科普内容；全区科普基地、青少年科学工作室面向辖区居民开放，社区青少年科学工作室开展活动32场，接待青少年800余人次。区科技局、区科协、全区10个部门、5个街道、41个社区240人参与本次科技周活动。发放各类科普资料12万份（册），为1.3万多名社区居民、外来人员提供义诊、科技咨询等各类科普活动。区政府、湖里区科协、市地震局于5月10日在湖边社区、岭下社区组织600余名居民参加防震减灾疏散演练。

【特色工作室建设】 年内，湖里区新建湖边、怡景、兴隆、祥店4个市级社区青少年工作室。全区5个街道、52个社区建成14所市级社区青少年科学工作室，5所区级青少年科学工作室；另有4个社区正在积极筹建工作室。全区形成怡景陶艺制作、禾缘科学魔术、金尚动漫制作、兴隆智能机器人制作、金海航（空）模制作、禾山车模制作、湖边船模制作、吕岭亲子爱问、禾盛纸雕艺术、禾欣建筑达人、东渡古船文化11大特色科普体验内容。

【开展竞赛活动】 2015年，区科协举办了4场青少年科学工作室竞赛，内容涵盖车模、陶艺制作、建筑达人、智能机器人。由5个街道组织社区进行培训比赛，选出优胜者参与区级竞赛，也将场地从社区搬到了学校、购物中心商场。

【组织青少年科普夏、冬令营活动】 2015年寒、暑假期间，区科协联合街道、社区，以青少年工作室为依托，举办了20余场夏、冬令营活动。

【科普人才队伍建设】 6月，区科协召开全区社区科普工作及社区科普益民培训工作会。9月，组织全区青少年科学工作室负责人到福州参加福建省青少年科学工作室运行与管理培训会，现场观摩庆城社区工作室、金环社区工作室，学习青少年科学工作室建设方面的经验。以区、街道、社区科普志愿者为主体，引导科普教育基地工作人员、社区居民参与到科普宣传队伍中。

（洪鸿雁）

湖里区红十字会

【概况】 2015年，湖里区红十字会共开展应急救护持证培训15场，参加培训613人，应急救护普及培训123场，33223人参加培训，占全区人口数的12.5%，开展应急演练59场；救助困难和患大病群众3610人（含申报市级救助），救助金额为人民币近108.47万元；捐赠收入人民币近116.83万元，捐赠支出人民币近93.75万元；成立19支志愿服务队（1支区级、18支社区），有志愿服务队57支；各类网站报刊采用稿件45篇。在厦门市红十字会和厦门市文明办对“博爱家园——红十字应急救护志愿服务进社区活动”的联合专项督导考评中，5个社区获得“先进单位”表彰、2个社区获得“组织奖”表彰、5名师资获得“优秀教练员”表彰；32名志愿者获省、市级红十字星级奖章，其中：一星级有12名，二星级有3名，四星级有6名，五星级有11名。

【开展红十字志愿服务】 2015年，成立“湖里区红十字会学雷锋志愿服务晨曦分队”，该志愿服务队进社区开展救贫帮扶、家电维修等志愿服务5场，2000多名社区群众受益；“湖里区红十字会学雷锋志愿服务水上救援队”继续开展“珍爱生命，远离危险”水上安全知识讲座，进社区、进学校举办讲座31场，共有社区群众、学校学生近万人参加；“湖里区红十字会学雷锋志愿服务应急救护师资队”结合“博爱家园——红十字应急救护志愿服务进社区”活动，指导53支“社区应急救护志愿服务队”在社区中开展应急救护知识和技能培训；“湖里区红十字会学雷锋志愿服务心理危机干预队”除24小时接听群众咨询电话外，还不定期上门为居民提供心理援助，以讲座、座谈等形式进行各类心理、情商知识的教育与传播，在青少年寒暑假期间，组织学生开展舞蹈、唱歌等情商辅导课，帮助学生形成良好的心理品质。朗豪酒店志愿者整理区级备灾、救灾仓库，到残疾人援助中心指导残疾人学习烘焙技术。

【持续推进应急救护工作】 年内，湖里区应急救护工作一是加强师资队伍建设。选送志愿者参加省红十字会和国家红十字总会的师资培训班，培训合格后纳入区级应急救护师资队伍，是年有持证师资20人。二是应急救护培训和常态化演练。加大持证培训力度，共培训570人。社区工作者、物业、保安、学校校医、机关后勤人员接受现场初级急救员持证培训。大力开展普及培训，每周四在车管所为驾驶员培训应急救护知识和技能；结合社区各项活动开展社区居民应急救护普及培训；22所学校开展应急救护培训，发放书籍和宣传资料8000余份，近2万人接受培训。同时指导社区制订应对自然灾害和突发事件预案，开展消防、逃生疏散等应急演练59场。三是推广“红十字急救掌上学堂”。利用4个区红十字会的专用宣传栏、互联网、社区自媒体等宣传载体长期推广“红十字急救掌上学堂”，帮助使用者自学急救知识。四是建设区级应急救护培训基地，安装了投影仪、音响功放等教学设备，配备会议桌椅、心肺复苏人体模型、脊柱板等培训器材，设置消防展示柜、逃生通道等演练模块，加强应急救护培训的阵地建设。

【备灾救灾仓库网络化建设】 2015年，区红十字会积极推动备灾救灾仓库的网络建设，在5个街道和53个社区均设有红十字备灾救灾仓库，有完善的管理制度，有专人管理。是年向基层红十字会备灾、救灾仓库配发博爱应急箱265个、应急救援包180个、心肺复苏人体模型18具、轮椅8台、便民伞288把。

【工作宣传】 2015年，区红十字会利用报纸、网站、讲座、宣传栏等多种宣传载体，积极开展红十字运动知识、应急救护知识、“三献”知识等宣传工作。加强信息报送，全年被各类网站报刊采用稿件45篇，其中：区级媒体11篇、“厦门红十字”网站14篇、《厦门红十字》杂志1篇、海西晨报6篇、电视栏目1次、中国人道网12篇。在做好日常宣传工作的同时，区红十字会也十分重视开展相关纪念日的宣传活动。

【全面推广体验式生命教育】 年内，与区教育局联合下发《关于继续做好各中小学红十字体验式生命教育活动的通知》，体验式生命教育示范校的老师赴台湾参观学习体验式生命教育拓展培训，通过培训使学校建立一支掌握体验教学方法和技能、适应学校生命教育工作需要的生命安全辅导员师资队伍。发放体验式生命教育书籍40册，体验式生命宣传折页1000多份，在21所中小学校开展应急救护技能普及培训，1.3万余名师生参加。

（李汪洋）

侨联

【概况】 2015年，区侨联紧紧围绕区委、区政府工作部署，按照市侨联和区委统战部的工作要求，积极开展基层组织建设、扶贫济困、参政议政、海内外联谊及和谐侨界等一系列为侨服务活动。在辖区内各街道、社区全面建设侨情信息管理平台，截至年底，完成辖区内归侨及部分侨眷信息数据库的建设，区、街、社区侨联工作人员已全面使用侨情信息管理平台，实现了湖里辖区侨情信息的资源共享。

【创建侨胞之家】 福建省侨联确定2015年为“侨胞之家建设年”，区侨联在辖区内全面推行为侨胞服务“五必到”工作方法，发动各级侨联组织开展“侨胞之家”创建活动，共有10个社区侨联小组申报创建“侨胞之家”。

【侨情数据库建设】 2015年，市侨联侨情信息管理平台在湖里区正式启用，辖区内的侨情包括归侨数据、贫困侨情况、侨眷数据、慰问帮扶以及海外华侨华人情况等信息都在平台上体现。截至年底，各街道、社区的归侨数据录入工作基本完成。

【扶贫帮困】 2015年，区侨联助侨基金帮助辖区13户孤、寡等特困归侨，给予每个月200元固定生活补助，全年共发放生活补助金3.12万元；与濠头社区挂钩结为帮扶对子，以建设美丽社区、和谐家园为主题，促进社区的和谐。与康辉社区因残致贫的黄明琴家庭和金山社区因病致贫的刘黔闽家庭及田洋村困难家庭陈翠刚结成帮扶对子，每年分别给予每户3000元或3500元帮扶金，旨在助学、助困，全年发给帮扶金9500元；春节前夕，走访慰问63户贫困归侨，发放慰问金5.68万元。“六一”儿童节，深入社区走访慰问12户贫困归侨侨眷子女。中秋节走访慰问34户贫困归侨，给予每户500元慰问金。重阳节慰问29位88岁以上的高龄老归侨，送上老人的生活用品和节日的问候；为金山街道困难归侨家庭在读大学生范贤君争取市侨联

“侨爱心基金”5000元助学金。帮助濠头社区因突发急病归侨李世民向市侨联申请救助金5000元，区侨联同时上门慰问，并给予1000元慰问金。帮助钟宅村侨属钟连勤寻找到失联30多年的新加坡亲人。

【参政议政】 2015年，区侨联完成3个热点、难点问题的课题，即《进一步完善归侨侨眷社会保障问题》《加强培养新生代民营企业家 支持非公经济持续健康发展》《新常态下民营企业人才队伍建设问题研究》；区侨界政协委员提交了5条社情民意和1个提案；区侨界人大代表提交1个议案《关于延迟既有住宅加装电梯政府补贴期限及业主同意比率的建议》，得到市政府的重视，并为此议案召开专题会研究，发文《厦门市既有住宅增设电梯指导意见》。

【海内外联谊】 一是接待返乡华侨和海外嘉宾。3月31日，接待区侨联顾问、马来西亚拿督、星宇集团董事长陈庆利，区委统战部部长陈国荣借此鼓励陈董事长借助厦门自贸试验区的建设，回国开发文创产业。5月19日，接待菲律宾东棉省菲华工商联合会理事长刘锡杲等15人，双方就是年组团参加“2015年‘9·8’投洽会”相关活动事宜进行探讨。区商务局向代表团详细介绍了湖里区的区情、投资环境、重点推介项目及自贸区湖里片区的产业规划、创新举措、招商空间等等。随后，双方就湖里的投资环境进行了深入的交谈并互赠礼品。9月8日下午，区侨联工作人员同区委常委统战部部长陈国荣拜会香港镜报执行社长徐新英女士。10月28日，拜访来自美国西雅图的12位美国客人，并借此向客人介绍湖里区的生活环境和商业环境以及厦门自贸试验区的机遇。二是拓展海

9月8日，湖里区与菲律宾东棉省菲华工商联合会建立友好关系（区侨联供图）

外联谊，4月，区侨联主席参加市委统战部参访团赴新加坡、马来西亚的出访活动。在新加坡参加新加坡共和国成立50周年暨新加坡道教总会成立25周年系列庆祝活动，拜访新加坡厦门公会、新加坡禾山公会、新加坡同安会馆。在马来西亚参加马来西亚道教总会庆典活动，拜访区侨联顾问陈庆利先生。参访团分别向他们宣传推介中国正在实施的“一带一路”构想和福建自贸试验区建设情况。9月初，区侨联主席赴台参加湖里区企业及宗亲（台北）恳谈会，并与台湾有关社团、民众进行交流联谊，以此带动两岸交流的深度融合。9月下旬，派出一名干部参加市侨联组织的赴台开展“两岸侨界一家亲”为主题的基层侨联双边交流活动，并拜访“中华侨联总会”、华侨协会总会、台北同安同乡会、缅甸归侨协会等台湾侨界重要社团，促进两岸侨界的进一步融合交流。

【参加厦门市第三届侨届联欢节】 5月9日，组织辖区内侨、港澳界人士以及归侨侨眷共300多人参加厦门市侨联举办的“同心聚侨力·共筑中国梦”第三届侨界联欢节活动，区侨联选送《马来西亚仙蒂舞》和《春·阿里郎》两个舞蹈节目参与联欢节的文艺演出，得到各方人士的好评。

【承办“2015厦门市侨届健步行”】 10月17日，区侨联承办“健康运动·活力侨界”2015厦门市侨界健步行活动，来自湖里区五个街道侨联以及印尼、马来西亚各归侨联谊会等侨团组织的650多名侨、港澳界群众参与健步行活动，倡导全民健身和健康运动理念。

【信息宣传】 2015年，区侨联重视信息工作，尤其重视报道基层侨联组织开展为侨服务的动态。年内，区侨联报送的280多篇信息等被中国新闻网、中国侨联网、福建侨联网、《福建侨报》、中共厦门市委统战网、《鹭风报》、侨声网等多家网站、报社采用。3月20日，区侨联获厦门市“2014年度全市侨联信息工作一等奖”。

（熊秀密）

名词解释

五必到：一是侨属海外亲人回乡，必到家拜访；二是侨属家有重大喜事，必亲临祝贺；三是侨属与人发生纠纷，必介入调解；四是侨属家遇突然变故，必伸手相助；五是侨属亲人病故去世，必吊唁慰问。

城市建设与管理 环境保护

城市建设与管理

【概况】 2015年，根据《湖里区人民政府办公室关于印发〈厦门市湖里区建设局主要职责内设机构和人员编制规定〉的通知》(厦湖府办〔2015〕78号)，区建设局划入区人民防空办公室的职责，加挂“厦门市湖里区人民防空办公室”“厦门市湖里区土地房屋征收办公室”牌子，内设综合科、建设管理科、人防科3个科室。是年，湖里区组织或参与了两岸金融中心东宅核心区的系列规划、自贸区的用地梳理及产业规划、五缘湾片区提升规划等。全力配合做好“多规合一”工作的实施，完成龙头山、湖里老工业区2个“创新创业”集聚区的规划编制及软件园二期周边拓展地块的概念设计方案。公开出让6幅地块，总用地面积约30.47万平方米，总建筑面积144.83万平方米，土地出让金为66.65亿元。组织开展老楼、危楼排查建档466幢约17.04万平方米，其中经危房鉴定119幢4万平方米。持续开展土方车联合执法专项行动，共查处违规渣土车672起，处罚228辆。加大地灾防治力度，完成薛岭山公园配套地质灾害工程，投入资金246.65万元。引进16家建筑企业总部（含跨区），新增产值54亿元，新增税收1.8亿元。加快“三旧”改造，鼎新商务大厦、莲湖大厦已开工建设，“华信明天广场”项目已缴纳土地出让金；龙头山片区改造启动项目国贸顺承地块基本完成；正在推动湖里老工业区联发、住宅集团等国有公司持有物业的改造工作，天地公司、国投公司完成15万平方米厂房租赁协议签订，云创智谷片区一期改造主体建筑完工。推进新发展用地建设。湖里区落实或有意向选址地块的有16块新发展用地（含3个阳光公寓），总用地面积33万平方米，总建筑面积127万平方米，其中蔡塘社区发展中心、江村社区发展中心已交付社区使用，枋湖社区发展中心已封顶。完成湖里街道金鼎社区、殿前街道神山三航小区2个市级老旧小区改造提升试点项目。

【乌石浦旧村改造完成】 2015年，江头街道片区指挥部和江头街道经过多轮商谈，完成历时6年的乌石浦旧村改造项目所有产权户征收补偿协议的签订，确保乌石浦旧村改造安置房的开工建设。

【老旧小区改造提升试点项目】 按照市委、市政府的统一部署，湖里区把老旧小区改造作为精准扶贫的具体行动，并将其上升为主官工

神山三航小区提升改造后（区建设局供图）

程，2015年选定湖里街道金鼎社区、殿前街道神山三航小区作为市级老旧小区改造提升试点项目，坚持以问题和群众需求为导向，运用共同缔造的理念和方法，采取区统筹、街道组织、社区实施、居民参与、国企代建的方式推进老旧小区改造，本次试点工作惠及了16栋、635户居民，实现了小区环境品质与治理水平同步提升，得到了居民群众的拥护、支持和感谢，并且探索了一套可复制、可推广的经验机制。

【“以奖代补”项目】 2015年，“美丽厦门·共同缔造”行动“以奖代补”项目共67个，总投资3618.53万元，其中社区投入、居民出资、社会赞助共907.9万元，申请财政补助2710.63万元。截至年底，在建项目56个，其中进行施工项目10个，完成设计方案项目10个，正在进行方案设计项目34个，取消改造项目2个。通过美丽厦门建设，改善了人居环境，提升了市民的幸福指数。

【“三旧”改造】 年内，湖里区大力推进龙头山及枋湖片区、湖里老工业区试点片区的“三旧”改造工作。完成《湖里区工业区改造产业功能布局规划》《龙头山片区改造提升规划》等改造规划编制。同时，根据厦门市推动湖里创新创业聚集区的工作要求，湖里区与市规划部门对接，推动“创新创业”集聚区规划编制工作。截至年底，已完成湖里创新创业集聚区云创智谷片区改造修建性详细规划、龙头山片区改造修建性详细规划初步规划。湖里老工业区从湖里大道两侧约0.7平方公里用地分划为“闽台（厦门）文化产业试验园区”，上海圣博华康文化创意投资股份有限公司已完成改造总体策划及启动区的概念规划。闽台文化创意产业园核心区的启动项目华美卷烟厂改造工程，年底完成改造并投入运营。

安置房建设

【概况】 2015年，湖里区竣工安置房项目1个，总建筑面积15.3万平方米，总套数1400套。在建安置房项目2个，总建筑面积32万平方米，总套数2152套，累计完成投资约6500万元。金林湾花园A区进行配套设施施工及水电设备安装。金林湾花园B区、东宅安置房、美仑花园一期、乌石浦花园一期、乌石浦花园二期五个安置房项目正在开展前期工作。

【浦口安置房返迁完成】 年内，金山街道片区指挥部和金山街道按照“思想工作为主，法律程序并重”的工作思路，努力化解矛盾，创新多元安置方式，未返迁的102户终于同意返迁，历史遗留问题获得圆满解决。

【集鑫A、马山安置小区形象优化工程建设】 2015年，由区建设局作为业主开展集鑫A、马山安置小区形象优化工程的建设。工程内容包含地下停车场改扩建、外立面翻新、室内工程改造、室外工程改造等，项目总投资约1.5亿元，所需资金由区财政解决。马山安置小区地下停车场改扩建工程利用马山安置小区中庭的地下空间进行开发，扩建两层地下停车场，并连接原有地下室，新增地下室面积约1.85万平方米，新增停车位602个。

民生工程建设

【概况】 2015年，湖里区民生工程项目建设一是推进棚户区改造。编制2015—2017年棚户区改造计划，加大已授信项目钟宅畲族旧村改造、高林旧村改造一期的征拆工作，积极与相关单位对接湖边水库片区、高林旧村改造二期、枋湖—后埔片区项目策划及贷款前期手续办理工作。二是推进停车场建设。双十中学枋湖校区停车场已完成投资1600万元。金山小区南侧公共地下停车场、福隆国际地下停车楼已预选址，正在进行深化设计及交评分析。三是加大地灾防治力度。完成了薛岭山公园配套地质灾害工程，投入资金246.65万元；召开地质灾害隐患治理专题会议，确定拟投入1000万元对“吉家家世界”项目仓库后侧山坡等6个地灾点进行治理，是年已完成现场初勘和方案设计。

建筑工程质量监督管理

【概况】 2015年，湖里区监管工程项目74个，完成竣工验收监督项目27个，受理监督申报项目33个，完成质量抽查抽测707次、安全抽查抽测88次，发出责令改正通知单187份。新签订五方责任主体法定代表人授权书及质量终身责任承诺书33份。是年1月、5月、7月、9月，在建筑工地市容环境卫生考评工作中，湖里区所监管工程项目分别取得了工地单项分数全市第一、二名的成绩。全年湖里区建筑工程质量安全保持平稳态势。

土地房屋征收

【概况】 2015年，湖里区完成征地约96.65万平方米、拆迁76.2万平方米，省、市重点项目拆迁量占全市37%，居全市各区第一。其中列入市对区考核的7个省市重点项目征地54.57万平方米，完成任务量的100.46%，征收房屋面积33.2万平方米，完成任务量的119.04%，重点项目房屋征收完成量位居全市各区首位，房屋拆迁完成量列全市第二。完成环岛路（鳌山路—高殿二号路段）施工重要节点的地块征收，妥善解决五通（浦口）安置返迁等历史遗留问题。依法对轨道交通1号线、枋湖纵四路与纵六路等重点项目的违法用地和违法建设实施拆除，确保重点项目建设顺利推进。

【完成五缘医疗园区土地房屋征收工作】 2015年，湖里区完成了市心脏中心新址及弘爱医院用地的土地房屋征收工作，并将用地交付建设。至此，五缘湾医疗园区内的五缘综合医院、复旦大学附属中山医院厦门医院、厦门心血管病医院以及台资独资的龙邦妇产专科医院用地均完成征收工作。

【开展“土地房屋征收返迁安置工作之星”评选活动】 从2015年8月开始，为深入开展比学赶超竞赛活动，树立和宣传湖里区土地房屋征收工作典型，经区委、区政府研究决定，在全区开展“土地房屋征收返迁安置工作之星”评选活动，对被授予该称号的同志大力表彰和宣传，取得良好成效，进一步激发全区土地房屋征收工作人员的积极性和创造性，推动全区征收工作更好更快发展。

（辜丹红）

城市综合管理

【概况】 2015年，湖里区主动作为，破解行车难、停车难、行路难问题，大力推动辖区道路景观整治工作，全面推进宜居环境建设的各项工作，多举措实现城区功能和城市市容管理水平“双提升”。是年，共组织开展区级市容环境卫生考评12次；迎接市级市容环境卫生考评6次；加大机动车违法停放和查扣摩托车整治力度，共查处违法停车38.6万起，查扣摩托车4951辆。在长乐路、金林路、兴隆路等路段新增179个道路临时停车位。道路景观整治初显成效，五缘湾、湖边水库及机场片区夜景亮化工程一期9月底竣工亮灯；夏商国际商城周边环境综合整治投资1100万元，按时完成整治任务；软件园二期（洪塘安置房周边）道路景观整治取得初步成效，累计完成投资额86.81万元；自贸区周边道路景观改造提升加速推进。

【市容管理】 湖里区全年组织区级环境卫生考评12次，迎接市级考评6次；日常市容管理巡查120余次。印发《考评通报》108份、《考评巡报》37期740份；《整改通知书》101期，问题整改率100%。1月，湖里区的市容管理共同项目综合成绩位列全市第一名，其中村改居、海岸线、市政道路、在建工地四个项目均位列全市第一名；3—7月、11月，市容管理共同项目综合成绩均列全市第二名，其中村改居获第一名3次，公园（风景点）园林绿化和环境卫生获第一名3次，在建工地获第一名3次，街旁广场绿地获第一名1次，两违获第一名2次，道路绿地获第一名1次。

【破解停车难题】 年内，湖里区疏堵并重、加强监管，破解停车难问题。多次开展“三轮车、僵尸车”等专项整治行动，共查扣三轮车1720部，比上年增加281%，查扣僵尸车260辆，比上年增加270%；湖里交警大队共拖曳21部“僵尸车”，通知开离50部。区城管办与交警部门合力对违规停车位进行集中清理，共清理万达周边、火炬周边等违规停车位263个。区政府通过购买社会服务形式，招投标3家拖车公司保障交警大队执法。是年，共拖曳车辆1411部，比上年增加690%。在自贸区周边划设道路标线235平方米，增设标志20面。

【开展清洁空气行动】 年内，为贯彻落实《厦门市人民政府清洁空气行动计划》的各项任务和《湖里区推进环境空气质量提升实施方案》的要求，区城管办结合工作实际，制定了《湖里区城管办环境空气质量提升工作考评办法》。将道路保

清理僵尸车（陈敏杰 摄）

洁、工地扬尘、垃圾露天焚烧、流动露天烧烤等大气污染治理工作纳入日常巡查工作和常规考评工作中。坚持每周不少于2次巡查，及时通报存在问题，并跟踪落实整改，对连续两次考评成绩90分以下的单位，由区纪委约谈其责任人，严格督办整改。

（柯溢珍）

行政执法

【概况】 2015年，湖里区城市管理行政执法局（以下简称区城管执法局）共拆除“两违”248处、55.71万平方米，完成年度任务的185.71%，其中新增“两违”30处，涉及国土卫片案件6起，占全市0.5%，均全部拆除，实现新增“两违”零形成，达到“无违建”示范区标准；全年纠正各类占道经营8.99万余起（次），群众反映较强烈的夜间烧烤现象明显减少，投诉比上年下降22.7%。发放有关城市管理宣传单19万余份，在市级以上报纸、电台、电视、网站等媒体刊登宣传报道720篇；11月，全市城管执法中队规范化建设现场会在湖里区召开，推广湖里区行政执法工作经验、做法。是年，区城管执法局获得厦门市城管系统规范化建设考评第一名，湖里中队获得全市执法中队规范化建设考评第一名，区城管执法局被省住房和城乡建设厅评为2014—2015年度全省城管执法队伍规范化建设优秀单位；湖里区获得县（市、区）“无违建”创建工作优秀示范点，获得全市“两违”综合治理考评第一名。

9月2日，全区“两违”治理网格化管理经验交流现场会召开（张世通 摄）

【全区“两违”治理网格化管理经验交流现场会召开】 9月2日，全区“两违”治理网格化管理经验交流现场会在湖里街道兴华社区召开，区长徐国庆，市“两违”办常务副主任、城管执法局副局长陈水，区四套班子领导、区“两违”治理工作领导小组成员单位负责人，各街道主任、社区主任110余人参加了现场会。与会人员参观了无违建小区——湖里街道兴华社区信达小区，听取了湖里街道尤其是兴华社区细化四级网格、楼道长为网格员、免费WiFi宣传等“两违”网格管理经验介绍。

【区政协委员视察“两违”综合治理情况】 10月15日，区政协委员一行28人，在区政协主席林凡带领下，到金湖路吉家家世界北侧和西侧两个历史违建拆后利用现场调研，听取了禾山街道和区城管执法局相关领导的有关情况介绍。在座谈会上，政协委员们围绕不同历史遗留违建查处等“两违”治理工作中的热点、难点问题提出10余条意见和建议。

【市人大副主任刘育生一行视察湖里区占道经营整治情况】 9月15日上午，市人大常委会副主任刘育生率部分市人大常委、人大代表，到湖里区视察占道经营整治情况。代表团先后视察了SM城市广场周边路段和殿前长虹路，对湖里区占

10月15日，区政协委员调研湖里区“两违”治理情况（张世通 摄）

道经营整治取得的成效给予充分肯定，并针对存在的困难和问题提出建议。

【全市城市管理暨基层规范化建设现场会召开】 11月3日，全市城市管理暨基层中队规范化建设现场会在湖里区召开，各区分管城管副区长，各街（镇）一名主官，各区执法局长、各执法中队队长等130余人参加大会。与会人员参观了湖里执法中队规范化建设情况和祥店社区“门前三包”落实情况两个现场，听取了区城管执法局局长范金炉关于基层规范化建设经验介绍，省住建厅副厅长吴建迅、市政府副秘书长张权、市执法局局长吕庆端、区长徐国庆先后作了重要讲话，对湖里城管执法局基层中队规范化建设的经验做法给予充分肯定。

【湖里区被授予2015年全省创建“无违建”工作优秀示范点】 2015年底，在福建省治违办组织的开展“无违建”示范点创建工作年度考核中，湖里区以第一名获得县（市、区）创建“无违建”工作考核优秀示范点。

【湖里区再次获得全市“两违”综合治理考评第一名】 在年底市治违办组织的全市“两违”综合治理专项行动考评中，湖里区以278.05分再次获得全市第一名。至此，湖里区已连续四年获得全市“两违”综合治理考评第一名。

【实行弹性工作制】 2015年，城管执法局根据季节特点实行弹性工作制。春冬季，除正常上班外，安排1/3人员开展夜间集中整治；夏秋季，实行三班倒工作制（夜间两班）。夜间工作人员重点开展占道经营、夜间烧烤、渣土车、占道洗车等集中整治。

【开展早餐车违规经营专项整治】 年内，区行政执法局各中队对辖区内早餐车违规经营开展为期两周的专项整治。整治行动分三个阶段：一是前期排查，执法人员摸排走访，对辖区内违规早餐摊点的基本情况做到底数清、情况明；二是强化宣传，对早餐车摊贩宣传告知；三是集中整治，组织多部门开展联合整治。整治期间，暂扣自制早餐车39部，桌椅126件，电动三轮车14部，液化气35瓶，其他物品100余件。

11月3日，全市城市管理暨基层中队规范化建设现场会在湖里区召开（张世通 摄）

【开展肉类市场突击检查】 11月25日上午，由江头街道牵头，由市场监督管理所、城市执法中队、农业局生猪定点屠宰监察组成联合执法队，在辖区市场开展肉类突击检查。查获江头市场的6家肉类经营户和1家流动摊贩在销售私宰肉，查缴私宰肉215斤。

【区执法局整治乌石浦周边市容】 11月3—5日，江头中队、江头街道、江头派出所联合对乌石浦南路周边店面跨店经营现象进行为期3天的集中整治。整治前期，执法人员对沿街店家进行宣传教育，要求店家自觉有序经营，发放宣传材料80余份。5日，在江头街道的牵头下，多部门联合对跨店经营比较严重的中港花园一期楼下店面开始，逐户整治，对屡教不改的店家依法进行查处。共劝导纠正跨店经营行为135起，暂扣相关占道物品30余件。

（张世通）

市政建设与管理

【概况】 2015年，湖里区根据“美丽厦门·创新湖里”的发展定位，完善基础设施建设，继续推进市政、园林管理工作。全年完成市政基础设施固定资产投资26246万元，其中：道路建设3218万元，道路提升改造5600万元，绿化提升改造9520万元，环卫设施、设备建设、购置3048万元，公园建设4860万元。至年底，全区完成210条市政道路的维护改造、196条道路绿化的养护管理；新增园林绿地13.43公顷，完成全年任务的111.91%，完成义务植树劳动9.54万人，植树28.63万株，完成全年任务的106.04%。新接管火炬公园、高林公园和坂美公园3座社区公园，总面积12万多平方米。

【五缘湾片区景观提升改造】 年内，湖里区投入7520万元对五缘湾片区景观提升改造。其中，投入120万元修复损坏的木栈道、护岸及照明等市政设施，共更换木地板1500多片、增设木栅栏杆120多米、抢修坍塌护岸45米、安装灯具500多盏；投入7400多万元对五缘湾片区（马卢奇路、木浦路等）绿化基础薄弱道路提升改造，设置花箱230多个、花坛盆花1500多盆。

【环卫设施建设】 2015年，湖里区投入440万元，新建3座清洁楼、2座公厕；改造5座清洁楼、12座公厕；新接管1座清洁楼、3座公厕。

【市政道路新建及改造】 年内，湖里区投入3218万元新建蔡塘一路、蔡塘二路、蔡坑路、枋湖中路等6条道路。投入5600万元完成兴隆路、枋湖西路等4条道路和设施改造，共改造车行道、人行道13.4万多平方米。

【公园提升改造】 2015年，湖里区投入4860万元对区管公园提升改造。至年底，仙岳公园引水上山工程和绿化美化景观提升工程、湖里公园激流勇进等区域绿化景观提升工程、薛岭山公园北入口绿化提升改造工程、埭辽水库景观设施改造工程均已完工；虎头山公园、仙岳公园西门至炸药库步游道及北侧停车场建设正进行前期准备工作。

【屋顶绿化】 年内，湖里区投入210万元开展屋顶绿化工作，打造“航线下的一片绿洲”。至年底，完成124户近2.53万平方米屋顶绿化的建设。

【农产品质量安全监管】 2015年，湖里区累计采集10户蔬菜种植户的蔬菜样品29份进行农药残留检测，样品合格率达100%，没有发现蔬菜农药残留超标的样品。

夏商国际商城周边绿化（杨艺端 摄）

【自贸区及周边景观提升改造】 年内，湖里区投入2000万元对自贸区周边（鳌山路、长岸路、万翔商务区）绿化基础薄弱道路提升改造。至年底，鳌山路、万翔商务区均已完成提升改造；长岸路完成招标文件审核、预算编制。

【筹办福建省第五届菊花展】 2015年11月，在灯塔公园筹办完成福建省第五届菊花展览（厦门湖里片区），此次展览以“美丽厦门·和谐家园·创新湖里”为主题，以湖里区特色文化为载体，投入资金约307万元，参展品种近200个，菊花1万多盆，接待游客50万人次。此次菊展获得省级单项奖一等奖5个、二等奖6个、三等奖8个，综合奖银奖，市级单项奖一等奖24个、二等奖43个、三等奖116个。

福建省第五届菊花展厦门湖里展区（杨艺端 摄）

【动物疫病防控】 年内，湖里区发放A型口蹄疫疫苗700毫升，O型口蹄疫疫苗600毫升，H5N1禽流感疫苗1.5万毫升；使用消毒药2140公斤，消杀面积1.78万平方米；扑杀全区市场内和零星养殖的家禽6682只；免疫牲畜140头次，家禽3.41余万羽次，免疫密度达到100%，抗体合格率80%以上。

【防灾减灾救灾】 2015年，湖里区先后启动9次（Ⅲ级6次、Ⅱ级2次、Ⅰ级1次）防暴雨应急响应和13次（Ⅳ级4次、Ⅲ级5次、Ⅱ级3次、Ⅰ级1次）防台风应急响应，紧急转移人员4400人次。汛前安全大检查期间，共排查出76处防汛隐患，其中地质灾害类26处、排洪内涝类14处、危房类18处（已认定的169幢）、建筑工地类13处、开发建设引发内涝类2处、其他3处，设立防汛避灾点58处。

【区燃气管理中心挂牌】 1月23日，湖里区燃气管理中心成立，核定全额拨款事业干部编制13人，其中主任、副主任各1名，承担辖区瓶装燃气行业日常监管、瓶装燃气许可管理等辅助性、事务性工作。

（李玉玲）

环境保护

【概况】 2015年，湖里区环境空气质量有所改善，湖里监测站点优良率为95.07%，相比2014年的87.50%有大幅度提升。区域环境噪声为55.6分贝，道路交通噪声为67.5分贝，均优于功能区划标准。湖边水库水质现状为三类流域水体，与2014年持平。五缘湾水质现状为劣四类，污染程度有所改善，其中磷酸盐和无机氮平均浓度较2014年有不同程度下降。全区辐射环境质量保持正常水平，未发生辐射事故。废旧放射源、放射性废物依法安全处置，放射性同位素与射线装置辐射安全许可证持证率100%。

【厦门市首个“社区单车”项目在湖里区正式启动】 5月10日，湖里区建设的厦门市首个“社区单车”站点在禾山街道社区正式启动。首批40辆单车覆盖禾山社区的联发欣悦园、中央美地、凯悦新城，以及禾缘社区的五缘湾一号4个试点小区站点。全面覆盖周边的购物场所、休闲场所、居住区和学校，并与岛内公共自行车系统接驳，实现自行车的通借通还。禾山街道社区单车及辖区公共自行车已有800多部（12个站点、130部社区单车，34个站点、700多部公共自行车），每月公共自行车和社区单车的使用总量超过3万人次，形成了“低碳交通绿色出行”的环保氛围。

【湖里环保分局开展环境安全大检查工作】 11—12月，湖里区环保分局开展环境安全隐患检查整治专项行动，检查环境风险企业12家。案后督察三家制冰厂未验收先投产进行，指导企业完善整改措施，及时办理环保验收。对重点环境风险企业应急设施和装备进行排查，要求企业开展年度应急演练，切实落实企业环境安全主体责任，切实求真务实解决环境安全管理上存在的突出问题，严防突发环境事件的发生。同时，湖里区环保分局继续坚持把环保大检查与环境安全大检查紧密结合起来，及时发现环境安全隐患和问题，督促企业及时整改，确保环境安全。

【湖里环保分局深入企业指导突发环境事故应急演练】 12月，湖里环保分局在厦门太古飞机工程有限公司厂区内，举行了一场突发环境事故应急演练，湖里环保分局、太古飞机工程有限公司领导及员工共40余人参加了演练。本次演练假想该公司丙酮泄漏。公司接到丙酮泄漏的报告后，事故应急救援指挥部总指挥宣布，立即启动突发环境事故应急预案。救援组迅速关闭厂区污水外排出口阀门，开启事故应急池阀门，环保应急处理组立刻开展监测分析和污染事故调查，结合现场监测及调查情况为事故处置进行研判和指导。经过近一个小时的共同努力，事故现场得到控制，污染已经消除，未对周边环境造成影响。

【湖里环保分局积极推进餐饮油烟在线监测（监控）安装工作】 2月，湖里环保分局积极推进餐饮油烟在线监测（监控）安装工作。油烟在线监控系统能够24小时记录油烟浓度、风机和净化器的开关状态等数据，工作人员只要通过网络就能够在线查询监测数据。年内，辖区已安装餐饮油烟在线监控的8家12套设备运行正常、数据传输稳定。同时，开展第二批餐饮油烟在线监控安装的摸底调查工作。

【湖里区加大力度推进入海排污口整治】 7月21日，区政府召开部分雨污水排放口截污工程建设工作协调会，专题研究中埔、环岛路、湖边水库、兴湖路和南山路等截污工程建设问题，明确每项截污工程的责任单位和工作时限，要求建立协调会商机制和督察督办机制，确保了截污工程建设按序推进。8—12月，区政府先后4次召开雨污水排放口截流工程建设工作调度会议，对截污工程推进工作进行研究协调和部署安排。截污工程建设进展顺利、有序推进。湖边水库截污工程已完成建设方案调整，并通过规划部门审批，年底前可开工建设。环岛路凤头泵站工程、浦口3#截污工程、中埔截污工程、钟宅截污工程已经完成项目所需用地的征地、借地工作。高林截流工程项目所需用地涉及路桥集团红线范围，市水务集团已与路桥集团进行对接，积极协商征地借地问题。

【湖里区多举措推进黄标车淘汰工作】 2015年，湖里区多举措全面推进黄标车淘汰工作。制定《关于全面推进2005年底前注册营运黄标车淘汰工作方案》，建立工作联席会议制度，明确由湖里环保分局牵头负责全区调度工作。区政府召开黄标车清理淘汰专项工作会议，要求公安、交通运输、环保等部门密切配合，形成合力，摸清底数，强化举措，分类实施淘汰工作，确保黄标车淘汰工作取得积极成效。利用报纸、广播、微信、微博等媒介宣传黄标车淘汰相关政策以及黄标车限行、报废补助等规定，扩大全民知晓率。湖里环保分局组织各街道环保专管员对清理淘汰工作进行培训，部署和分解任务。建立环保分局、交警、交通联合设障执法检查机制，每周开展不少于1次的联合执法行动，在重点路段、重点时段设卡检查，严厉查处黄标车、无标车、报废车、冒黑烟车和未经检验的高污染排放车辆。

【湖里区多举措提升环境空气质量】 2015年，湖里区采取多项措施加快落实《厦门市清洁空气行动计划（2014—2017）》。一是每月召开环境空气质量提升调度会。进一步分析形势、研究对策、明确任务、强化责任、再动员再部署。二是开展综合整治。结合黄标车淘汰工作，开展机动车污染防治；结合锅炉（工业窑炉）提升改造，开展燃煤污染防治；结合市容考评，开展扬尘污染防治；结合城市综合管理提升，开展餐饮油烟污染防治。三是加强空气环境质量监测。增设空气质量监测点位，优化监测点位周边环境，完善日常空气环境监测与监管，开展大气污染防治区域联防联控。

【湖里环保分局开出首张环保查封决定书】 9月21日，湖里环保分局执法人员现场检查艾美凯仪表（厦门）有限公司，发现该公司增加了六价铬钝化工序。经采样监测，其生产废水经污水处理设施处理后排放到外环境（市政管网）的污水含有六价铬等重金属。9月23日，湖里环保分局针对艾美凯仪表（厦门）有限公司违法排污行为，开出新环保法实施以来首份环境保护查封决定书。查封了该公司六价铬钝化工序设备、设施、原辅材料，查封期限为30日（从2015年9月23日起至2015年10月22日止），并下达了责令改正违法行业决定书，责成该公司立即改正环境违法行为。

【湖里环保分局积极开展“清水蓝天”环保专项行动】 9—10月，湖里环保分局开展“清水蓝天”环保专项行动。检查组先后对厦门夏商水产集团有限公司东渡冷冻厂等17家企业现场检查，依据新环保法及其“四个配套办法”，依法实施查封扣押1家，行政处罚3家，责令停止生产2家，责令停止生产补办手续3家。

【湖里区完成首个公园生态保护规划】 10月，《湖里区仙岳山公园生态保护规划》通过专家评审，仙岳山公园成为湖里区首个完成生态保护规划的山体公园。“规划”从生态功能分区与保护规划、生态文化建设规划、重点工程建设、规划保障体系等四个方面对公园生态保护提出了规划方案。

【湖里区迎接省环保厅危险废物规范化管理工作考核】 12月2日下午，省环保厅危险废物专项检查考核组一行5人，检查考核辖区太古飞机等重点危险废物产生单位。检查考核组查看了重点危险废物产生企业申报登记、管理计划备案、识别标志、危险废物管理记录、转移审批、转移联单、应急预案、应急演练等制度的执行情况，并现场查验危险废物贮存设施建设和运行管理等情况。检查考核组对辖区危险废物规范化管理工作给予了充分肯定。

【完成节能减排任务】 2015年，湖里区完成2014年节能减排责任目标评价考核。完成湖里区2015年区长生态文明建设和环境保护目标责任书的考核材料上报。《2016—2026年湖里区生态文明建设规划》通过省专家组评审。是年，湖里区积极开展清洁生产审核，配合市环培保护科学委员会对霍尼韦尔太古宇航有限公司、太古可口可乐饮料有限公司、瑞世达科技（厦门）有限公司、厦门太古飞机工程有限公司、永丰馀纸业（厦门）有限公司、厦门金龙旅行车有限公司等6家开展清洁生产现场考核，均通过审核。对信达信息技术有限公司集美大桥下穿隧道和翔安隧道节能灯项目进行合同能源管理备案登记。组织质监一分局、湖里环保分局和相关街道对市里下达的21台锅炉进行现场检查，引导企业进行高污染燃料锅炉节能减排技术改造，已完成整治。

（张宪敏）

工业 交通 信息业

工 业

【概况】 2015年，区经信局紧紧围绕全区“美丽厦门·创新湖里”建设，以升级传统工业、推进产业转型为目标，力推工业创新发展。至年底，全区规模以上工业企业285家，实现现价增加值322.91亿元，比上年增长11.4%，亿元以上工业企业99家，比上年增加5家；完成规模工业产值1454.15亿元，比上年增长10.6%，其中，区属工业产值完成338.13亿元，比上年增长0.8%。电子通信、机械制造、纺织服装实现产值1255.51亿元，占规模以上工业总产值的93.2%。其中，电子及通信设备制造业累计完成产值1163.81亿元，比上年增长4.2%，其中平板显示增速最快，累计完成产值425.79亿元，比上年增长20.3%；机械制造业累计完成产值139.53亿元，比上年增长5.3%，其中航空工业累计完成产值97.25亿元，比上年增长5.3%；纺织服装业累计完成产值52.10亿元，比上年下降9.0%。

【出台《关于促进工业创新转型增长的暂行办法》及“补充意见”】 4月28日，湖里区出台《关于促进工业创新转型增长的暂行办法》，又于9月21日出台《关于促进工业创新转型增长的暂行办法的补充意见》，通过促进工业企业产品销售、加快推进企业技术创新和技术改造、鼓励规下企业转为规上企业、鼓励制造业企业增产增效、金融扶持工业和信息化企业发展、鼓励企业争创品牌提升产品质量、子女就学等七大方面促进工业创新转型增长。“补充意见”增加了对9月至12月累计完成工业产值增长14%以上的规上工业企业和对亿元企业增长10%以上给予奖励。

【制定本区《中国制造2025》行动计划】 2015年，湖里区制定本区《中国制造2025》行动计划。力争到2020年基本实现工业化，初步打造先进制造业基地；到2025年，确立一批湖里区先进制造产品在海上丝绸之路沿海国家的市场主导地位。计划的工作重点是着手从完善创新服务体系、提升创新设计能力、发展智能制造、优化产业布局、发展生产性服务业、推行绿色制造、加强质量品牌建设、加快两岸先进制造业融合等8个方面开展。

【厦门海西工业设计中心开园】 10月30日，厦门海西工业设计中心一期项目正式对外开业，设计中心由万科集团与厦门天地开发建设公司共同打造，总建筑面积超过4万平方米，分三期建设完成，可容纳5000—6000人同时办公，其中一期建筑面积达到1.5万平方米。中心将建成为集设计者、服务方、生产方及培训机构等为一体的工业生态园区，更将成为海峡两岸最优质的工业设计交流平台。

【工业企业外迁取得新突破】 4月8日，厦门革新集团有限公司、厦门尚贸家饰工业有限公司、厦门欣艺发工贸有限公司、厦门宝丽金实业有限公司、厦门鹭工集团有限公司、厦门佳瑞兴工贸有限公司等6家企业首批入驻安溪工业园区，其中：尚贸家饰、宝丽金、鹭工集团、佳瑞兴工贸等4家企业属搬迁企业，革新集团、欣艺发工贸2家为新招商企业。

【举办2015年海峡工业设计大奖赛】 10月30日，2015年海峡工业设计大奖赛在华美空间举办。大赛共征集作品2755件，其中：台湾参赛作品有522件，福建省内作品1030件，福建省外及境外作品1203件。349件实物作品与概念作品入围大奖赛，悉数亮相会场，涉及电子信息、家居用品、运动休

10月30日，湖里区举办2015年海峡工业设计大奖赛（区经信局供图）

闲用品、旅游用品、服装服饰等方面。并配套海峡两岸大学生优秀工业设计作品展与海峡两岸大学生设计挑战赛活动，两岸37所高校学子同台竞技。大赛最终评出产品设计奖16名，概念奖9名，总奖金达164万元，其中产品设计奖特等奖1名，奖金20万元。

【协调工业企业有序用电】 2015年，湖里区受理永泰建筑工程、禾山建设、中铁十四局集团等3家企业电力保护区下作业申请，协调市电保办做好春节、夏季等迎峰保障和安全隐患整治工作，协调蔡塘城中村用电安全隐患整治工作。鼓励企业增产增效，降低单位产值耗电量，完成2014年度太古发动机服务等8家企业奖励金额118.1万元；完成华茂光学、同致电子、侨兴工业、新技术集成等4家2015年季度制造业企业用电奖励申报，奖励金额29.9万元。

【推动规下企业转规上】 2015年，湖里区推动35家规下工业企业转规上，其中：湖里街道7家、殿前街道14家、江头街道1家、禾山街道9家、金山街道4家。完成绿帝食品等23家工业企业2014年度规下转规上企业奖励金申报，奖励金额381.6万元。

【太古可口可乐发展工业旅游】 2015年，太古可口可乐公司投资2.3亿元在自有土地红线空地新建厂房七层，建筑面积约5万平方米，引进世界先进的自动仓储、拣配系统、饮料生产线，并借鉴台湾桃园可口可乐工厂成功案例，打造海西重点工业旅游文化园。

【厦门两岸集成电路自贸试验区产业基地挂牌成立】 7月29日，市科技局与湖里区政府携手共建的“厦门两岸集成电路自贸试验区产业基地”正式挂牌。厦门两岸集成电路自贸试验区产业基地坐落在福建自贸试验区厦门片区机场北片的劲美源通仓储物流园内。该区域可用面积约8万平方米，一期项目启动空间为3栋1万平方米，其他空间作为项目二期储备空间。基地重点建设内容包括：集成电路产品保税交易中心、集成电路研发设计试验中心、两岸（厦门）微纳电子研究院、集成电路众创空间、集成电路设计企业孵化器、集成电路产业人才实训中心及辐射片区外的虚拟集成电路产业园等。

【湖里区建立领导干部挂钩联系重点企业制度】 2015年，区经信局拟定《2015年湖里区领导挂钩联系重点企业一览表》和《湖里区领导干部挂钩联系重点企业制度》。要求区领导每个月自行安排时间到所挂钩联系的企业走访调研，每家企业每半年至少走访一次，每月走访调研和协调解决困难问题的进展情况于次月上报区委、区政府。对走访中发现的困难、问题，按照征集—建账—协调—销号—回访的“五步工作法”及时研究、督办、反馈，解决企业难题。积极创新与企业联系的渠道、方式，走访前了解记录企业反映的问题和困难。不定期通过发放回访问卷、电话等形式对企业问题解决情况进行回访。区监察局、区效能办根据相关规定进行问责问效，确保挂钩企业服务工作取得实效。

【建立湖里区百家成长型企业库】 年内，区经信局牵头建立100家成长型企业库，企业类别包括20家总部类成长型企业、20家高新技术成长型企业、30家商贸服务类成长型企业、20家文化创意类成长型企业、20家工业成长型企业、50家软件信息服务成长型企业，完善掌握每家企业2014年、2015年上半年经营状况，包含产值、营业收入、零售额、税收等情况以及法人联系方式、企业经营范围、注册地、实际经营地、所属街道、推荐理由等全面信息，为进一步发展壮大企业做足准备。

【召开推进两化融合工作宣讲会】 7月30日，区经信局召开推进两化（工业化、信息化）融合工作宣讲会，辖区60余家重点工业企业负责人参会，副区长刘琦龙主持会议。会上，厦门邑通软件科技有限公司解读了两化融合管理体系贯标工作；全国首批两化融合管理体系贯标试点企业——厦门科华恒盛股份有限公司分享了贯标工作成功经验。

（戴静静　陈惠旋）

工业行业

【纺织服装、服饰业】2015年，湖里区纺织服装、服饰业拥有规模以上工业企业55家，其中：机制服装制造企业38家，针织或钩针编织服装制造企业16家，服饰制造企业1家；年末固定资产原值7.71亿元，全年平均用工人数为1.46万人；全年完成工业总产值51.43亿元，比上年下降4.97%；实现出口交货值10.09亿元，比上年下降6.57%；实现主营业务收入46.84亿元，比上年下降7.72%；创利税9.99亿元，比上年下降25.06%。该行业外商投资及港澳台商投资企业共有20家，拥有固定资产原值5.62亿元，完成现价工业总产值37.49亿元，实现主营业务收入33.10亿元，分别占全行业的72.89%、72.90%和70.67%。从企业规模上看，该行业共有9家大中型企业，其中有2家大型企业。产值上亿元企业有7家，合计完成工业总产值34.00亿元，占全行业的66.11%。

【计算机、通信和其他电子设备制造业】年内，湖里区计算机、通信和其他电子设备制造业完成工业总产值965.39亿元，占全区工业产值65.81%；实现销售产值884.66亿元，产销率91.64%；实现出口交货值487.95亿元，占全区工业出口交货值的67.83%，出口交货值率55.16%；全行业拥有资产478.68亿元，完成主营业务收入880.11亿元，创造利润总额5.93亿元，创利税总额12.89亿元；年平均用工人数为6.35万人，占全部规模以上工业平均用工人数的45.26%。该行业中，计算机制造企业4家，完成工业产值395.56亿元；通信设备制造企业12家，完成工业产值65.37亿元；视听设备制造企业4家，完成工业产值4.60亿元；电子器件制造企业23家，完成工业产值464.08亿元；电子元件制造企业13家，完成工业产值24.82亿元；其他电子设备制造企业3家，完成工业产值10.63亿元。拥有规模以上工业企业60家，其中大型企业10家，中型企业15家；产值上亿元企业29家，共完成产值952.76亿元，占全行业的98.69%，其中：产值1至10亿的企业有21家，产值10至100亿元的企业有5家，产值超百亿的企业有3家。该行业有外商投资及港澳台商投资企业31家，完成产值927.56亿元，占全行业的96.08%，实现出口交货值468.24亿元，占全行业的95.96%。

【电气机械及器材制造业】2015年，湖里区电气机械及器材制造业完成工业总产值145.57亿元，位居年度分行业产值第二位，实现工业销售产值145.47亿元，产销率99.93%；实现出口交货值33.45亿元，出口交货值率22.99%。该行业拥有资产128.27亿元，完成主营业务收入143.49亿元，实现利润总额26.90亿元，创利税总额34.37亿元，年平均用工人数为1.33万人。该行业共有规模以上工业企业39家，其中，输配电及控制设备制造企业23家，完成工业产值110.53亿元；照明器具制造企业10家，完成工业产值13.93亿元。有大中型企业13家，其中大型企业5家；产值上亿元企业17家，共完成产值134.60亿元，占全行业的92.46%，其中产值超10亿元的企业有5家。该行业有外商投资及港澳台商投资企业16家，共完成产值107.47亿元，占全行业的73.83%，实现出口交货值24.29亿元，占全行业的72.62%。

【橡胶和塑料制品业】年内，橡胶和塑料制品业完成工业总产值18.09亿元；实现工业销售产值17.45亿元，产销率96.46%；实现出口交货值10.43亿元，出口交货值率59.77%。全行业拥有资产19.12亿元，完成主营业务收入17.61亿元，实现利润总额1.23亿元，创利税总额2.36亿元，年平均用工人数为0.51万人。全行业有规模以上工业企业21家，其中，橡胶制品企业4家，完成工业产值1.70亿元；塑料制品企业17家，完成工业产值16.39亿元。有中型企业6家，有产值上亿元企业6家，共完成产值11.43亿元，占全行业的63.18%。该行业有外商投资及港澳台商投资企业13家，全年完成产值10亿元，占全行业的55.28%，实现出口交货值7.74亿元，占全行业的74.21%。

【金属制品、机械和设备修理业】年内，金属制品、机械和设备修理业产值位居规模以上工业分行业第三位，完成工业总产值97.68亿元，实现工业销售产值97.57亿元，产销率99.89%；实现出口交货值92.97亿元，出口交货值率95.29%。全行业拥有资产58.26亿元，完成主营业务收入97.57亿元，实现利润总额3.38亿元，创利税总额3.60亿元，年平均用工人数0.55万人。金属制品、机械和设备修理业有规模以上工业企业7家，均为航空航天器修理业。其中大中型企业2家。产值上亿的企业有5家，共完成产值96.66亿元，占全行业的98.96%。该行业外商投资及港澳台商投资企业6家。

【通用设备制造业】 2015年，湖里区通用设备制造业完成工业总产值48.97亿元，实现工业销售产值45.61亿元，产销率93.14%；实现出口交货值39.88亿元，出口交货值率87.44%。全行业资产总计48.21亿元；完成主营业务收入45.19亿元，实现利润总额1.57亿元，创利税总额3.20亿元，年平均用工人数1.13万人。通用设备制造业有规模以上工业企业13家，其中大型企业2家，小型企业11家；有产值上亿元企业3家，共完成产值45.08亿元，占全行业92.06%。该行业有外商投资及港澳台商投资企业6家，共完成产值43.14亿元，占全行业的88.09%，实现出口交货值36.46亿元，占全行业出口的91.42%。

【专用设备制造业】 年内，湖里区专用设备制造业完成工业总产值24.07亿元，实现工业销售产值22.46亿元，产销率93.31%；实现出口交货值10.12亿元，出口交货值率45.06%。全行业拥有资产30.73亿元，完成主营业务收入21.83亿元，实现利润总额2.06亿元，创利税总额2.88亿元，年平均用工人数0.36万人。专用设备制造业有规模以上的工业企业21家，其中，大中型企业2家；有产值上亿元企业5家，完成产值16.45亿元，占全行业的68.34%。

【其他工业行业】 2015年，湖里区农副食品加工业年末资产总计6.03亿元，固定资产原值2.42亿元，年平均用工人数0.11万人。全年完成工业总产值14.38亿元，实现主营业务收入14.69亿元；分别比上年下降9.96%、9.15%。

仪器仪表制造业完成工业总产值15.17亿元，实现工业销售产值15.19亿元，产销率100.13%；实现出口交货值6.24亿元，出口交货值率41.08%。全年拥有资产总计12.09亿元，完成主营业务收入15.17亿元，实现利润总额1.16亿元，创利税总额1.64亿元。

非金属矿物制品业完成工业总产值12.29亿元，实现工业销售产值12.24亿元，产销率99.59%。全行业拥有资产13.82亿元，完成主营业务收入12.10亿元，实现利润总额1.17亿元，创利税总额1.62亿元。

金属制品业完成工业总产值9.14亿元；实现工业销售产值8.87亿元，产销率97.05%；实现出口交货值3.58亿元，出口交货值率40.36%。全行业拥有资产7.96亿元，完成主营业务收入8.66亿元，实现利润总额0.22亿元，创利税总额0.32亿元。

文教、工美、体育和娱乐用品制造业完成工业总产值7.46亿元，实现工业销售产值7.26亿元，产销率97.32%；实现出口交货值3.48亿元，出口交货值率47.93%。全行业拥有资产7.55亿元，完成主营业务收入7.05亿元，实现利润总额0.25亿元，创利税总额0.31亿元。

（陈豪伟）

交　通

【概况】 1—12月，全区实现物流及交通运输营业总额439.5亿元，比上年增长14.2%。万翔冷链物流中心、金绿物流中心、乔丹商贸物流基地、香港劲美物流仓库等四个项目已建成投入使用；邮政速递国际邮件监管处理中心加紧建设。帮助协调解决顺丰速运经营场所成本高问题，力促企业降低成本更好发展。

【社区公交建设】 3月30日开通437路（象屿五金机电城至SM城市广场）社区公交；12月29日开通439路（环五缘湾区域内A、B线）福建首批纯电动社区公交；调整优化436路社区公交、102路公交运行路线和班次方案；增加432路社区公交8部车辆。

【顺利完成2015年春运工作】 2015年春运从2月4日开始至3月15日结束。各部门和单位按照“以客为主、安全第一、服务至上、保障有力”的总体要求，精心筹划、周密部署、认真抓好落实，使整个春运期间各项工作有条不紊，较好地完成了春运各项任务。春运期间，五通码头共保障船班1390班，运送旅客16.1万人次；国际邮轮中心运送旅客153万人次；枋湖客运站共发送班车46419班，发送旅客77.3万人次；高崎火车站运送旅客8.1万人。

信 息 业

【概况】 2015年，湖里区信息化产业集群不断壮大，截至年底，有软件信息服务业企业1163家，是年新注册621家，占企业总数的53%。有规上软件和信息服务企业18家，年内，实现营业收入13.63亿元，比上年增长9.36%，趣游、吉比特等骨干企业支撑作用明显。而湖里高新技术园集聚软件动漫企业等新兴产业 200 多家，其中的优质龙头企业有谷歌 Adwords 体验中心、趣游（哥们网）科技谷、飞鱼科技、爱特众创、青瓦众创等。

【加快提升信息化发展软环境】 2015 年，湖里区制定《湖里区促进信息产业发展实施办法》，促进软件、动漫等新兴产业集聚发展。实施“互联网 +”行动计划，以软件产业带动引领“互联网 +”新兴项目发展，打造云创智谷移动互联众创空间，企业入驻率 70% 以上。探索“互联网 + 商贸”，风信子跨境电商平台于 2015 年双“十一”正式运营。推动“互联网 + 医疗”，推进华夏眼科云医 O2O 平台项目完成一期建设，打造全国眼科第一 O2O 平台。引导培育“1+best”等互联网家装平台以及“骑记”骑行社交平台等新兴互联网 + 项目。

【制定《湖里区深入推进三网融合工作方案》】 年内，以“技术手段 + 制度创新”突破三网融合难点，推动基础网络融合、系统平台融合、终端服务融合。以破除信息孤岛、推进信息资源融合共享为导向，以促进基础网络共建共享、互联互通为重点，将三网融合工作与城市建设、社会治理、经济发展、信息惠民有机结合、协调推进。促进基础网络融合，共建共享通信管道、铁塔，优化小区网络建设运维，实现公共 WiFi；促进系统平台融合，建设统一基础数据平台，完善提升城区综合应用平台（城区建设、社会治理、经济发展、信息惠民），探索建立智慧民生应用平台；促进终端服务融合，发展大数据应用；建设数字家庭示范小区，推动三网融合应用进家庭。

【制定《加快互联网经济发展实施方案》】 2015 年，湖里区制定《加快互联网经济发展实施方案》，为实施互联网 + 行动计划，促进互联网技术创新和应用领域拓展有机结合、互联网产业发展和传统产业改造提升相互促进、互联网与经济社会深度融合，发挥引领作用，使互联网经济成为湖里区经济未来发展的重要驱动力。“实施方案”规定：发展互联网经济主要任务一是制定产业规划、出台政策，探索适合湖里区发展的互联网产业，出台促进软件信息服务业及互联网经济发展政策。二是完善载体，引资引智，引进龙头企业，培育本地企业。三是培育互联网新兴产业，包含电子商务、云计算与大数据、互联网金融、工业互联网、物联网产业、移动互联网等产业。四是重点打造互联网 + 医疗、互联网 + 园区、互联网 + 社区、互联网 + 物流、互联网 + 家装等五大“互联网 +”应用。五是加大财政和金融扶持，引导社会资本设立互联网产业创业投资基金。六是强化创业扶持，支持互联网创新创业平台建设。

【制定《2015 年湖里区互联网经济发展工作要点》】 年内，区经信局制定 2015 年湖里区互联网经济发展工作要点，主要包括：拟定湖里区互联网产业发展规划；制定促进软件信息服务业发展政策；加快推进光纤入户改造和无线 WiFi 热点覆盖；支持建设互联网经济孵化器；推动旗山智慧电商园运营；组织互联网创业人员培训；推动湖里高新技术园打造五缘湾信息港；引导产业基金向互联网产业投资；加强互联网产业招商推介；做强做大电子商务；加快推进智慧园区、智慧社区试点建设；支持企业加入“互联网 +”行动；培育发展动漫游戏软件企业；引进一批互联网龙头企业项目和资源；摸清互联网企业数、营业收入等基本情况；大力度宣传互联网经济相关优惠政策。

【建立湖里区互联网经济联席会议制度】 2015 年，湖里区建立互联网经济联席会议制度。联席会议主要有四项职责：统筹制订和研究审议全区互联网经济发展规划、实施方案和政策措施，审议年度工作要点；审议互联网经济重大项目建设方案；组织监督检查、跟踪评估，协调解决发展中的重大问题，并向区政府报告重点工作进展情况；完成市联席会议办公室、区委、区政府交办的其他事项。

【“联客通”智慧社区 O2O 综合服务平台落地】 8 月 15 日，湖里区首个实际落地运营的智慧社区 O2O 项目——“联客通”智慧社区 O2O 综合服务平台正式落地裕发花园。该平台是由联发集团旗下互联网平台公司——丝柏科技打造，利用互联、物联技术、整合智能家居、安防、购物、医疗、金融等各类社区生活资源，为社区业主带来全新的社区生活便利和新型物业服务体验，开启智慧社区生活。

【青瓦众创空间成立】 2015 年 4 月，青瓦众创空间在湖里高新技术园成立。青瓦众创空间一期办公面积 1800 平方米，采用全开放的工作区域，176 个独立工位，450 平方米独立公共活动空间及咖啡休息区，两个会议室，多个洽谈室，可同时满足 200—300 位创业者在同一空间内协作交流，随时沟通分享经验而又互不干扰；提供无线网络、复印打印设备、投影仪、手机 APP 测试等办公设备。有创业团队 6 个，就业人员 90 人。是年，青瓦众创空间获得了由福建省科技厅颁发的“福建省众创空间”资质和厦门市科技局颁发的“厦门市众创空间”资质，成为首批省级认可的众创空间，并获评2015“厦门十大众创空间”“厦门市巾帼众创基地”称号。

【爱特众创空间成立】 2015年5月，爱特众创空间成立。场地面积2650平方米，工位192个，有创业团队20个，就业人员500人。咖啡、空间、公寓、基金、加速器是爱特众创核心服务主体，着力为创业者提供办公空间、交流空间、生活空间、资源空间的集约共享平台，并配套技术、商业、数据等要素服务，大大减少初创企业的成本，提高创业效率，拉升创业成功率。是年，爱特众创空间获得了由福建省科技厅颁发的“福建省众创空间”资质和厦门市科技局颁发的“厦门市众创空间”资质，成为首批省级认可的众创空间。

【福建首家谷歌Adwords体验中心成功落户】 1月6日，由厦门市湖里区人民政府、谷歌广告（上海）有限公司、厦门第一页网络科技有限公司三方联合推进的厦门Google AdWords体验中心正式落户在湖里高新技术园，是谷歌推出的一种集产品服务、培训、客服、营销于一体的一站式体验营销模式。AdWords体验中心主要是帮助厦门跨境出口企业进行更加精准、有效的营销推广服务，避免盲目生产和投放所带来的损失。目标为3年内帮助3000家企业从事跨境电商业，增加10亿美元的线上出口额，为厦门培养5000名互联网营销人才。

【举办“互联网+”专题讲座】 5月6日上午，《“互联网+”——经济发展新引擎》专题辅导讲座在湖里区召开，由市经信局总工程师童平平主讲。湖里区信息消费领导小组各成员单位、5个街道、52个社区及辖区信息化企业代表200余人参加培训。本次培训主要从“什么是‘互联网+’”“实现‘互联网+’需要什么基础条件”以及“‘互联网+’对厦门民生、交通、教育、产业的应用”三大方面展开讲解，旨在普及大众信息化知识，提高信息化应用水平，推动建设信息消费示范城市。

【爱特众创五缘3号仓在湖里高新技术园正式启幕】 11月21日下午，爱特众创五缘3号仓在湖里区高新技术园正式启幕。湖里区组织部长林重阳、副区长刘琦龙、厦门市工商联主席、恒兴集团董事长柯希平出席仪式并为爱特众创揭牌。爱特众创立足于互联网+服务，通过旗下咖啡、空间、公寓、基金、加速器等服务平台，打造集创业行动力、创意想象力、创新执行力为一体的青年社群。

【区政府与厦门大学共建信息产业和信息化研究院】 10月9日，湖里区政府与厦门大学共建的厦门信息产业和信息化研究院正式签约入驻禾山街道。研究院立足“政府智囊、产业桥梁、技术枢纽、人才高地”的定位，依托厦大平台资源，整合产、学、研、资各方力量，为湖里区提供战略规划咨询、产业升级策划、招商引资信息和人才培养引进等服务。是年，信研院共分析项目线索45个，筛选重点项目10个，已落地5个，其中双百人才项目1个，实际投资总额2800万元。

（戴静静）

经济管理与监督

宏观经济管理

【概况】 2015年，湖里区针对经济运行出现的新变化、新态势，审时度势、调整思路、采取更加有力措施，着力扩充增量、挖掘存量，加快推进项目建设，促进产业转型升级，强化企业扶持服务，推动湖里区经济平稳增长。全区完成地区生产总值778.14亿元，年增长7.7%；完成规模以上工业总产值1454.15亿元，年增长10.6%；批发零售贸易销售业销售总额2166.73亿元，比上年增长17.2%，社会消费品零售总额350.54亿元，比上年增长5.2%；固定资产投资额315.35亿元，比上年下降2.0%；合同外资66893万美元，比上年增长88.8%，实际到资32413万美元，比上年增长0.9%；财政总收入154.50亿元，比上年增长1.3%，其中区级财政收入42.33亿元，比上年增长0.7%。年内，湖里区有2个指标位居全市各区之首（规模以上工业总产值、批发零售贸易销售业销售总额增速），有9个指标位居全市第二（地区生产总值及增速、规模以上工业总产值增速、批发零售贸易销售业销售总额、社会消费品零售额、财政总收入、区级财政收入、合同外资增速、实际到资增速），2个指标位居全市第三（合同外资、实际到资）。

【编制区“十三五”规划】 2015年，湖里区全面开展“十三五”规划编制工作。“十三五”期间，湖里区要坚持创新发展、协调发展、绿色发展、开放发展、共享发展五大发展原则，以“美丽厦门·创新湖里”为发展定位，描绘湖里区“十三五”时期的发展蓝图。明确今后五年湖里区的发展目标，即要推动湖里区从速度优势转化为质量优势，实现速度优先向协调发展转变，各项事业全面进步，和谐社会建设成效显著，全面建设创新湖里。明晰发展定位，要努力将湖里区打造成为海峡西岸现代化中心城区，重点打造产业转型示范区、新兴产业聚集区、美丽厦门典范区和两岸区域性金融中心。深化产业布局研究，提出“一主两辅”产业发展轴和“一核、四圈、四区”的产业发展格局。同时积极对接省、市“十三五”规划，形成了《厦门市

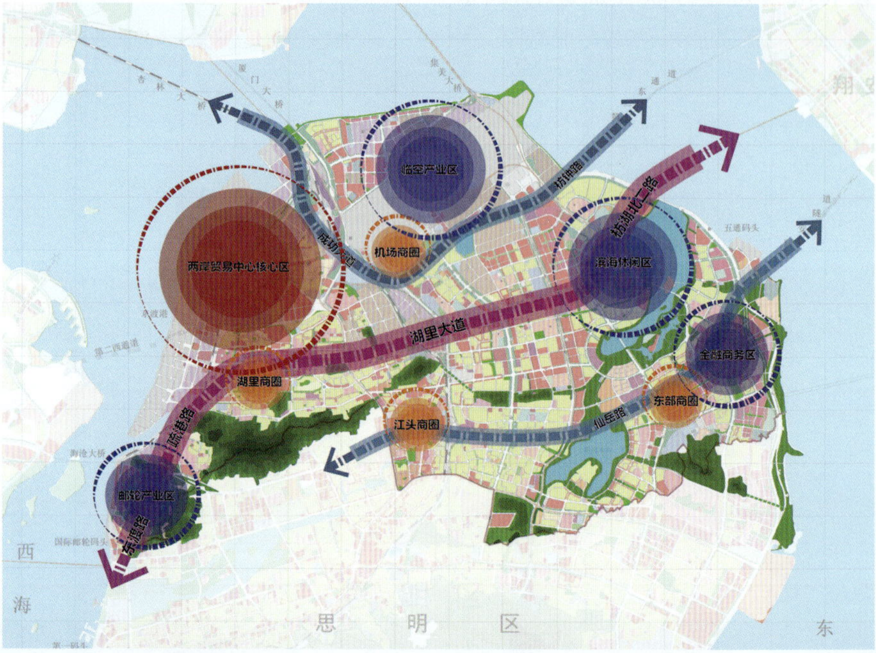

湖里区“十三五”规划空间布局图（区发改局供图）

湖里区国民经济和社会发展第十三个五年规划纲要（草案）》，并由区“两会”审议通过。

【加强经济运行监测分析】 2015年，区发改局提出《关于建立健全湖里区经济运行工作机制的建议》，依托已建立的全区经济运行分析会，实行季分析、月协调、专题协调和分级协调推进机制。成立区经济运行协调小组，实施双重责任，预期目标完成情况纳入区直部门、各街道绩效考核。以月保季，以季保年，确保完成全年各项目标任务，促进经济平稳健康发展。

【产业转型】 2015年，全区三次产业结构比为0∶45.3∶54.7。全年实现第三产业增加值425.75亿元，比上年增长4.9%，占GDP比重达54.7%。总部经济、电子商务、现代物流等现代服务业成为湖里区经济增长的主导产业，认定总部企业增至54家，总部企业纳税额达到17.50亿元，占财政总收入的11.5%。是年，湖里区批发零售贸易业营收总额占全市25.1%，实现增加值88.67亿元，占全区GDP的11.4%，占全区第三产业增加值的20.8%。网络零售额实现56.49亿元，比上年增长26.7%，占全市的61.1%。物流业实现增加值146.14亿元，增长13.4%，占全市物流业增加值的55.2%，占全区GDP的18.8%，占全区第三产业增加值的34.3%。辖区上市企业和新三板挂牌企业达19家（不含火炬高新区的上市企业、新三板挂牌企业），上市后备企业20家。实现规上工业增加值322.91亿元，比上年增长11.4%（可比价），占全市工业增加值的25.7%，占全区GDP的41.5%。以宸鸿系为主的平板显示产业集群，以及以戴尔计算机、联想移动为龙头的产业集群是年分别实现产值425.80亿元、460.30亿元。航空工业区已形成以太古飞机维修为主的飞机维修业，也是亚洲最大的一站式航空维修基地，全年实现产值97.30亿元。

【加快推进重点项目】 2015年，辖区内主要建设项目有148个，其中省级重点项目10个，市级重点项目45个，湖里区作为责任单位的市级重点在建项目20个，全年完成投资52.4亿元，完成年度投资计划的128.4%。区级重点项目47个，全年完成投资82.0亿元，完成年度投资计划的113.9%。重点片区形象不断提升，两岸金融中心湖里片区初具形象，A组团8个开工项目进展顺利，湖里高新技术园信息产业聚集效应逐步显现。厦航总部大厦、SM三四期、五矿大厦重建项目等3个项目开工建设。五缘湾片区持续提升，环五缘湾酒店群基本成形。

【加强重点项目推进机制】 2015年，湖里区明确各个项目挂钩联系区领导和责任单位，继续完善区委、区政府主要领导每月主持召开项目调度例会制度，解决项目建设难题。是年，召开重点项目调度会11次，调度项目115个（次），协调解决问题170余项，一批省、市级重大项目建设问题得到解决。

【统筹财政投资项目】 年内，湖里区主动对接“多规合一”平台，编制2015年财政基建项目年度投资计划，其中建设项目31个，前期项目24个，区级财政性投资28030万元，项目涵盖教育、文化、公共卫生及市政建设等。

名词解释

1.“一主两辅”产业发展轴：“一主”指西起邮轮母港，沿湖里大道、枋湖北二路东至五缘湾的产业发展轴，包含邮轮经济区、湖里老工业区、火炬—龙头山片区、湖里高新技术园、五缘湾休闲旅游区等片区；“两辅”一是以成功大道、枋钟路为辅轴，北侧为自贸区的金融商务区和临空产业集聚区；二是以仙岳路为辅轴，西起SM三、四期，沿仙岳路两侧分布有医疗园区、两岸金融中心A组团、两岸金融中心核心区及软件园二期等园区。

2.“一核、四圈、四区”的产业发展格局：“一核”指两岸贸易中心核心区；“四圈”指湖里商圈、江头商圈、东部商圈、机场商圈；“四区”指邮轮产业区、金融商务区、滨海休闲区、临空产业区。

价格监督管理

【概况】 2015年，湖里区共开展高崎火车站周边餐饮乱收费现象整治、后坑慢行道违法停车乱收费行为整治、厦门自贸区东渡片区停车收费专项检查、东渡邮轮码头明码标价专项检查、青运会期间市场价格专项检查等各类专项检查10余次，切实维护群众权益，树立政府价格主管部门的良好形象。是年，共受理价格投诉举报案件89件，比上年增长45%。关于停车收费的投诉有36件，占投诉件总量的40%；物业水电费的投诉有14件，商品服务明码标价投诉有7件，网上电商投诉7件。其中：区转办市长热线投诉案件37件，市发改委价格监督检查与反垄断局转办价格举报案件38件，来信来访14件。作出行政处罚4件，处罚金额总计2.17万元。区物价检查所按照《中华人民共和国价格法》和《价格行

2月10日，湖里区物价检查所召开价格政策提醒会（区发改局供图）

政处罚程序》等有关法律法规进行案件的处理，依法办案，维护公平，真正地做到事事有回音，件件抓落实。

【召开价格政策提醒会】 2月10日，区物价检查所组织并参与高崎火车站、枋湖客运中心及SM城市广场等多个商圈的价格政策提醒会。会上结合目前的价格政策和法律法规，进行价格提醒，要求商家守法经营，诚信经营。现场还向商家发放了价格提醒函、价格法律法规宣传册，并赠送明码标价标价签。

【开展教育收费专项检查】 2015年，区物价检查所会同教育部门检查湖里区的中小学及幼儿园收费公示制度的情况、国家关于中小学教辅材料“一科一辅”政策的落实情况、普通高中是否违反“三限”政策招收高收费学生情况。是年，共办理幼儿园收费备案55件，办理行政事业性收费许可证5件，民办学校收费许可证1件。

（柳子昂）

统　计

【区统计局开展规模以下服务业调查数据质量检查】 8月10—11日，区统计局对辖区内规模以下服务业调查企业开展了数据质量检查。根据国家统计局厦门市调查队的要求，本次检查重点抽查33家企业，主要以企业基本信息、统计台账、2014年报和2015年二季度报表数据质量为检查重点，指导企业健全统计原始记录、台账，对填报数据存在差异的情况详细记录。

【企业一套表联网直报】 2015年，全区有327家规上工业企业、478家限上商贸及餐饮住宿业企业、200家资质以上建安企业和69家房地产开发企业、257家重点服务业企业通过“一套表”联网直报系统报送统计数据，同时还有各类企业1310家通过“一套表”联网直报劳动工资情况。

（陈豪伟）

【开展入统申报和排查摸底】 2015年，区统计局加强与工商、税务、商务等部门协同合作，按国家统计局入库审批要求，整理部门资料，对可能达限、达规的企业，加紧核实主营业务、收入以及增长趋势情况，对满足入库要求的企业，督促其提交相关入库审批材料，办理入库审批。年内，组织街道、社区加强对限额、规模企业的实地排查，对尚未在统且经营场地较大、人员较多的企业进行核实，确保不漏统。加强统计基本单位名录库管理，监测限下、规下企业的增减变动情况，对达限、达规企业及时按国家统计局审批要求办理审批入库，转入国家统计局企业一套表纳入日常指标统计。截至年底，湖里区基本单位名录库中有2.84万家法人单位，6687家产业活动单位。

【改版《统计月报》】 年内，湖里区改版《统计月报》，新版《统计月报》有数据、图表、照片，除了常规的月度数据，新增了中长期发展目标和数据回望，以及统计指标等统计常识的解释，使得数据信息更好地服务于经济发展大局。

【统计服务】 2015年，湖里区统计部门通过分专业、开片会、打电话等方式，解决企业网上直报工作中存在的业务、技术问题；指导企业严格质量控制，加强企业上报数据的审核、验收、查询和数据加工汇总，建立统计数据质量管理责任制。全局把创新统计方式，强化“一套表”制度作为统计业务工作的头等大事，采取有力措施，保证工作所需条件及时到位，认真落实各项任务，确保纳入“一套表”直报的企业上报率达到100%。采取网上开辟专栏、编发工作简报、发送短信提醒企业、选择重点企业入户督导等多种方式和渠道，向企业统计人员宣传“一套表”改革的意义和前景，取得各方支持、特别是调查单位的理解和配合。

【统计监测】 年内，湖里区统计局加强全区企业特别是新增企业的跟踪统计，将符合统计制度要求的企业、项目纳入统计，做到应统尽统。全面梳理固定资产投资项目，加强跟踪统计，确保不漏统项目，不错统投资额。加强对辖区重点企业、纳税大户、成长型企业的跟踪统计调查，全面了解岛外工业园区、湖里高新园企业入驻及生产经营情况，开展对现代服务业发展情况的统计调查，重点对现代物流、软件业、商务服务业、文化创意产业等产业进行调查，紧密跟踪文化产业、电子商务和金融投资等经济热点，及时了解全区经济的运行动态，密切关注国家、省、市、区出台的一系列宏观调控政策措施，强化区域经济调查研究，用统计数据支持湖里区产业发展和片区开发。

（张明琳）

统计法制宣传（区统计局供图）

【开展全国 1% 人口抽样调查】 10 月 20—24 日，湖里区进行全国 1% 人口抽样调查摸底工作，采用 PDA 入户调查与网上自行填报的新方式。10 月 31 日晚—11 月 10 日，由区街两级统计工作人员组成的 13 个挂点小组与小区调查员一起进行入户调查工作。11 月 11—13 日，区人口办组织 10 个质量验收小组，一组 3 人，对湖里区 5 个街道 41 个调查小区中的 10 个调查小区进行了全面的质量验收，抽查面达到 24.3%，做好专项编码和数据核实工作。

（柯蔚）

【统计执法】 2015 年，区统计局建立了行政执法平台系列文档，梳理并公布了部门权力清单、责任清单等事项，绘制了权力流程图，使依法统计工作更加规范化、制度化。在湖里区统计局网站上开设“统计法制”专栏，分为“统计法律法规”和“曝光台”两个板块；建立“统计上失信企业平台”，对统计上严重失信企业信息予以公示，公示信息纳入金融、工商等行业和部门信用信息系统，逐步与企业融资、政府补贴、工商注册管理等挂钩。推动统计普法执法“双轮驱动”。普法宣传工作做到宣传进机关、宣传进社区、宣传进企业，以统计开放日、法制宣传日等为契机，通过设置电话彩铃、编印《统计法制知识问答》、举办有奖猜谜等多种形式进行法治宣传。是年，开展了 3 场统计监督检查，包括工业生产者价格调查企业数据质量复查、投资一套表新旧制度的衔接和报送情况检查、统计数据质量检查（商贸业、服务业、劳动工资、文化产业），对湖里辖区内 83 家企业进行了重点检查。检查发现，有 1 家企业报送数据差错较大，对此立案调查，并依法给予相应的处罚。处罚的企业已在指定日期内缴交罚款，截至 11 月 27 日，湖里区未接到任何要求行政复议或行政诉讼的案例。

统计监督检查（区统计局供图）

【"互联网+"普法】2015年，湖里区创新统计方法，开展"互联网+"普法，通过网络平台做宣传比传统的架展板、分传单，资金成本低、浏览方式易、收看效果好、传播速度快。"互联网+"普法包括"统计日简介""统计法摘录""统计法活动"三个部分。具体做法：1.扫码学法。制作两份扫码即可浏览的H5新媒体宣传作品"统计纪念日及统计法摘录""'六五'普法成果展示"。2.线下普法，线上抢答。编印并发放统计法制宣传单，现场观众可以通过"扫码学法"直观了解统计法和统计局工作动态，并参与现场"有奖竞答"领取法制宣传小礼品。借助司法局的网上答题平台，从传统的"线下竞赛"转为"线上竞赛"，利用"互联网+"推动社会公众主动了解统计法。线下现场活动分发《中华人民共和国统计法》100本，统计法制宣传单200多份，送出法制宣传购物袋200个，法制宣传小礼品50件。另外，据H5平台统计，"统计纪念日及统计法摘录"和"湖里区统计局'六五'普法成果"的累计扫码浏览量分别达到了251人次和516人次。

（杨菲）

审　计

【概况】2015年，湖里区全年共完成审计项目21个，查出违规金额21.79万元，管理不规范金额12032万元，提出审计建议85条。是年，区审计局获得全市"审计信息宣传工作一等奖"和"审计统计工作二等奖"，选送的审计项目被厦门市审计局评为"区级优秀审计项目"，所在党支部获得区党建与文明创建"五化"建设知识竞赛二等奖。

【选取区教育局为部门内审试点】2015年，湖里区在大力实施政府审计的基础上，选取区教育局作为内部审计试点，制定《湖里区教育系统内部审计指导意见》，建立部门内部审计机制，努力实现部门内部审计监督日常化。

【追踪财政资金清理】年内，以盘活财政资金为突破口，督促相关单位按照盘活财政存量资金要求继续清理区财政存量资金。截至年底，区财政局清理待统筹资金10.52亿元，各部门自行清理应上缴资金0.94亿元，各街道自行清理应上缴资金1.53亿元。

【同级审计】2015年，湖里区同级审计一是重点关注征地拆迁项目资金经费收支情况，发现区财政下拨的征地拆迁重点项目资金与项目单位上报的资金不符，除区同级审报告中详细披露外，还以审计专报方式报送区委、区政府，区委书记张毅恭、区长徐国庆、副区长王中亲自批示督促整改；二是关注新财政体制对湖里区财政收入的影响，发现湖里区新体制衔接脱节、税收结构和产业结构仍需优化等问题，建议区财政局进一步优化区街财政体制，湖里区相继出台了促进财政增收和产业转型升级等措施；三是关注区财政对区属国有企业的薪酬考核情况，发现国有企业经营领导班子住房公积金的缴交不符合厦门市住房公积金管理委员会关于住房公积金缴交上限等问题，追回国企超缴额度40万元，随后区财政局出台《湖里区直属国有企业负责人经营业绩考核补充规定》。

【经济责任审计】湖里区全年共安排经济责任审计项目17项，查出违规金额2.4万元，管理不规范金额819万元，审计提出建议75条。通过审计发现被审计单位津补贴、慰问费、福利费开支不规范，下拨社区经费监管不够到位，固定资产管理不够完善，出台文件不符合发展要求，会计基础不够规范，部分工程项目未及时办理工程竣工决算，个别工程的监理投标人违反竞业禁止原则，部分工程存在违规转包现象等问题。

【惠民专项审计】年内，湖里区审计工作加强对关系经济社会发展、涉及人民群众切身利益的专项资金的审计和审计调查。开展稳增长、促改革、调结构、惠民生、防风险政策措施落实情况跟踪审计，重点关注棚户区改造等重大建设项目，区审计局联合区政府办就跟踪审计需自查的23项政策落实情况分解给区经信局、区财政局、区发改局、区民政局等15个部门，扎实推进政策措施落实情况跟踪审计工作。开展区红十字会云南鲁甸地震捐款专项审计调查，审查16.2万元的专项捐款接收、点验和管理工作是否符合文件要求，确保捐赠款项管理做到账目清楚、手续完备。

【突出审计服务基层】年内，区审计局结合社区换届选举工作，加强对社区基层组织财务管理的监督和指导。保障社区换届审计。联合区民政局下发审计指导意见，召集街道各自聘请的审计中介开展业务培训，及时掌握工作进展并加强指导、监督，确保审计质量。重视基层审计指导，组织举办全区行政事业单位财务人员培训班和社区财务工作形势分析会，精心准备《审计案例评说》《审计通报》等课题，归纳分析财务管理中常见问题和情况，指导财务人员整改提高，进一步增强基层财务人员财经意识和法纪意识。加强审计普法宣传。借助“法治厦门网”和“法制宣传日”等普法宣传平台，举办审计知识网络问答和普法进社区等互动性强的活动，积极宣传审计法律法规，进一步增强社区民众审计法律意识。

（曾冠云、吴晓东）

湖里区改革个体工商集中商事审批，实行一个窗口统一办理（王菁　摄）

市场监督管理

【概况】 2015年，湖里辖区的监管经济户口首次突破10万，占全市总量的30.8%。新登记各类商事主体约1.88万户，比上年增长12.63%，其中企业11425户，个体户7353户，分别比上年增长了8.72%和17.29%。57551家商事主体通过信息公示平台填报2014年年报，扣除异常名录后总年报率96.34%，比上年提高0.37%。帮助企业办理股权出质47家，盘活股权12.76亿元，动产抵押登记22份4.73亿元。

【湖里区市场监督管理局成立】 7月16日，湖里区市场监督管理局正式挂牌成立。湖里区市场监督管理局保留原湖里区工商行政管理局、加挂湖里区食品药品监督管理局、湖里区食品安全委员会办公室牌子，新增加了食品监督管理科、药品监督管理科。同日，殿前、湖里、江头、禾山市场监督管理所挂牌成立，同时加挂其他牌子。新机构成立后，不仅肩负着原工商行政管理和原食品、药品监督管理部门的双重职责，同时还承接餐饮监管职能和食品生产监管职能，构建起一个覆盖生产、流通、消费全过程的食品安全监管体系。

7月16日，湖里区市场监督管理局正式挂牌成立（王菁　摄）

【审批监督管理】 2015年，湖里区开展企业信用监管“双随机”抽查，完成对1264家商事主体的年报信息公示抽查，对760家企业的经营行为抽查。将731户通过住所无法联系的商事主体及未按期公示2014年年报的1.29余万户商事主体载入经营异常名录。8月上旬，湖里区改革个体政务，取消各监管所原“小窗口”，实行个体商事统一审理，集中为民“大服务”举措，将新址设在湖里市场监管局一楼政务大厅。业务范围包括：商事主体登记业务咨询、食品流通许可咨询、餐饮服务许可。设定对外统一咨询电话：0592-6032329。

【开通“厦门市湖里区个体劳动者协会”微信公众号】 2015年，开通“厦门市湖里区个体劳动者协会”微信公众号，实现个体业务预约办理、咨询查询等“一键通”。年内发布信息44条，访问量达6000余人次，帮助解决问题300余个。

【食药日常监督管理】 年内，湖里区强化食品安全日常监管，发出食品流通许可证4326份，餐饮许可证1297份；强化食品生产监管，

湖里区市场监管局科所联动开展药品市场“三品一械”监管（区食药监局供图）

到太古可口可乐、佰翔空厨等生产企业检查；规范小作坊经营行为，针对豆制品开展专项整治行动，立案6起；圆满完成青运会、“9·8”投洽会等重大活动食品安保工作；制定食品安全应急方案，妥善处置了2起食物中毒事件；开展食品安全专项整治，查处食品违法案件49起。做好药品日常监管及“三品一械”专项整治，发放药品经营许可证80份，检查经营使用单位96家，立案查处案件1起，当场处罚5起。大力推进新版药品GSP认证，出具认证报告27家，审查认证缺陷项目整改报告117家次，辖区有103家药店通过新版GSP认证。

【市场监督管理】 2015年，湖里区开展了三次网络商品交易专项整治行动，对市局下发的92条线索逐一核实，行政指导37家，立案4起。打击非法购销、加工红珊瑚违法活动，立案3起，案值30.87万元；持续推进诚信示范市场建设，获“全国工商系统2014—2015年度诚信市场创建活动突出单位”。圆满完成了文明指数测评、卫生城市创建以及防控H7N9疫情等各项工作，顺利通过“全省无传销县（市、区）”省级达标单位考评验收，积极配合有关部门做好企业安全生产、开展餐饮娱乐业油烟噪声扰民联合执法行动、烟花爆竹禁放查非等各类专项整治。年内，共立案查处各类经济违法违章案件129件，办结138件，罚没金额203.48万元，比上年增长37%。

【商标广告监管】 2015年，湖里区加大商标广告监督管理力度，查办商标侵权案件32起，拆除灯箱广告229块；规范网络市场秩序，完成网络专项整治，核实92条线索，立案4起；创建“无传销社区”活动。开展年度全国驰名商标和省、市著名商标培育、运用和管理效能。新增福建省、厦门市著名商标20件，推荐44家企业申请省、市著名商标认定及延续认定。

2015年湖里区新增福建省著名商标名单

表8

序号	申请人名称	商标	类别	商品（服务）项目
01	厦门艾美森包装有限公司	艾美森 Ameson	17	橡胶或塑料制填充材料；包装用棉绒（堵缝）；橡胶或塑料制（填充或衬垫用）包装材料
02	厦门吉信德宠物用品有限公司	Sunnypet 及图	21	家用宠物笼；家禽环；动物饲料槽
03	厦门艾思恩网络科技有限公司	朗蒂维 LANTIVY	25	服装；鞋；帽子
04	欣贺股份有限公司	JORYA	25	服装
05	名鞋库网络科技有限公司	名鞋库	35	为零售目的在通讯媒体上展示商品；计算机网络上的在线广告；替他人推销
06	厦门吉家投资有限公司	吉家家世界及图	35	商业管理咨询；替他人推销；组织商业或广告交易会
07	雅格（厦门）投资股份有限公司	第11967058号图形	35	广告；进出口代理；替他人推销
08	厦门市捷安建设集团有限公司	第9677516号图形	37	建筑施工监督；建筑；商品房建造
09	厦门祥珑知识产权有限公司	第6797606号图形	45	知识产权咨询；知识产权许可；诉讼服务

2015年湖里区新增厦门市著名商标名单

表9

序号	企业名称	申请认定商标名称	商标注册证号	类别	申请认定的商品（或服务）
01	厦门东港环美家具有限公司	东港环美及图	7521464	20	学校用家具；办公家具；家具
02	欣贺股份有限公司	GIVH SHYH	8502062	25	服装
03	名鞋库网络科技有限公司	名鞋库	12346889	35	为零售目的在通讯媒体上展示商品；计算机网络上的在线广告；替他人推销
04	厦门艾思恩网络科技有限公司	朗蒂维 lantivy	12155308	25	服装；鞋；帽子
05	厦门鹭岩茶业有限公司	11117045号图形	11117045	30	茶；冰茶；茶饮料
06	厦门吉家投资有限公司	吉家家世界及图	6700807	35	商业管理咨询；替他人推销；组织商业或广告交易会
07	雅格（厦门）投资股份有限公司	11967058号图形	11967058	35	广告；进出口代理；替他人推销
08	厦门弘信创业工场投资集团股份有限公司	弘信创业	8148366	35	商业管理和组织咨询
09	厦门市捷安建设集团有限公司	9677516号图形	9677516	37	建筑施工监督；建筑；商品房建造
10	厦门市汉航创业有限公司	3318040号图形	3318040	39	货运经纪；运输；货物贮存
11	厦门艾美森包装有限公司	艾美森 Ameson	6399929	17	橡胶或塑料制填充材料；包装用棉绒（堵缝）；橡胶或塑料制（填充或衬垫用）包装材料

【消费权益保护】 2015年，湖里区食品药品监督管理局整合原消委会与原“12315”申诉举报服务台人力资源，按照新“消法”组成新消委会。新消委会继续保持原“12315”投诉举报服务平台功能，同时接受市局食品药品投诉举报“12331”转办件，并明确规定食品类投诉举报按照食品安全程序处理，以保证各种投诉举报渠道有效畅通。截至12月31日，湖里市场监管局消委会及各市场监管所消委分会受理各类消费投诉举报6209件，办结6037件，办结率为97.22%。其中区消委会受理1584件，办结1534件，办结率为96.84%；各消委分会受理4625件，办结4503件，办结率为97.36%；区消委会受理调解成功率93.11%，群众满意率98%以上。全区局办结涉案总金额8083.03万元，为消费者挽回经济损失4210.84万元（占全市56%），加倍赔偿49.51万元，占全市59.36%。受理职业打假案件117件，移交案件19件。

【宣传报道】 2015年，湖里区共发布食品药品监督管理新闻宣传报道及政务信息200余篇，其中，在国家级媒体上刊发报道7篇，省级媒体上刊发报道17篇，在《福建工商简讯》刊登政务信息24篇，获福建省工商行政管理局、省食品药品监督管理局“2015年度政务信息工作先进单位”。

（丁宏山　王菁）

质量技术监督管理

【开展生产领域定量包装监督抽查】 5月中旬，市质监一分局开展计量专项监督检查。重点针对辖区内涉及民生领域的茶叶、肉制品以及2014年度抽查不合格的企业，严厉打击生产领域定量包装商品计量违法行为。

【开展医疗计量器具专项检查】 5月，市质监一分局派出检查组，深入9家医疗卫生单位，实地查看医疗器械、计量器具、登记台账和计量器具等使用情况，切实提高医疗单位对医用计量器具重要性的认识，保证计量器具规范使用。

【加强流通领域在用计量器具管理】 2015年，市质监一分局严厉打击利用计量器具克扣消费者的违法行为，引导商场（超市）加强计量监督管理，遵守计量法规和道德规范。4家商超递交《商业、服务业诚信计量承诺书》，向社会公开承诺《商业、服务业诚信计量行为规范》，自觉接受社会各界监督。分局共抽查定量包装生产企业11家11批次产品；检查商场超市4家，在用强检计量器具23台；医疗机构9家，在用强检计量器具136台。

【质监一分局开展“5·20”世界计量日宣传活动】 5月20日，质监一分局在湖里万达广场举行了“世界计量日”大型现场宣传活动。此次活动旨以“计量与光”为主题，组织涉及民生的供电、供水、供气、计量技术机构等单位，开展水银血压计免费校准、眼镜免费检测及清洗、金银首饰称重等服务，接受群众计量问题咨询和投诉。在活动现场，主办方还向参与活动的800余名消费者每人免费赠送了一个电子体温计。除惠民活动之外，分局还通过在医疗机构、生产企业、商场、超市等单位开展计量专项监督检查、在居民小区张贴科普宣传画、开展计量知识宣传等活动，努力提高社会公众的计量法律意识、计量责任意识，全面提升计量工作的社会认知度和社会影响力。

【质监一分局开展定量包装商品净含量监督抽检】 7月，质监一分局联合市计量院技术人员，对辖区内定量包装产品生产企业开展净含量监督抽检。主要针对与群众生活密切相关、消费量大的定量包装产品，产品主要集中在大米、食用油、水产品加工3个领域。共检查生产企业12家，抽查定量包装食品21批次，检查采取现场成品仓库随机抽样的方式，确保样品选取的合理性和检验结果的准确性。

【质监一分局大力开展食品相关产品质量安全大检查】 8—9月，质监一分局在辖区内开展食品相关产品质量安全大检查。8月中旬，分局对辖区内所有食品相关产品获证企业发出自查通知，要求各单位按照要求开展质量安全自查工作并提交自查报告。9月初，市质监一分局对每家企业进行逐项检查，并认真填写《现场检查记录表》，向企业负责人反馈《问题清单》。对检查中发现的，未持续保持获证生产条件、未严格按规定实施出厂检验、产品标签不规范等一般性问题，责令相关企业限期改正。

【质监一分局开展儿童安全座椅专项检查】 9月，质监一分局对辖区内部分儿童安全座椅销售单位开展专项执法检查。主要检查店内在售的儿童安全座椅生产（进口）日期、3C认证标志以及相应的凭证。

【质监一分局约谈部分有机认证机构】 11月，质监一分局相继约谈部分有机认证和管理体系认证机构。约谈中，分局向各认证机构通报前期认证专项检查发现的主要问题，包括审核记录与企业管理体系实际运行情况不一致、质量手册与企业实际情况不一致、企业获得认证证书后未能实现持续保持等。分局要求认证机构对检查中发现的问题及时核实，查找问题原因，并限期提交整改报告，涉及违法违规的将依法处理。

【市质监一分局召开服装企业产品质量分析会】 11月，质监一分局召开辖区服装产品质量分析会，近30家服装企业代表参加会议。分析会上，分局通报2015年辖区服装产品质量监督抽查情况，对历年监督抽查及日常监管中发现的标准理解不透、原材料质量管控不到位、内部管理混乱等问题进行深入分析。市质检院专家有针对性地从服装标签总体要求、纤维含量标注规范以及经常出现的产品质量问题展开专题辅导。

【厦门质监直属一分局开展电梯维保质量现场监督抽查】 12月，市质监一分局组织对部分电梯维保单位进行维保质量现场监督抽查。抽查采取直插现场方式，检查内容按照市局统一下发的《作业指导书》逐条逐项开展。检查时，工作人员模拟乘客电梯被困在电梯轿厢内，拨打紧急电话，测试维保单位到达时间。应急响应能力。技术专家对维保单位的业务能力、重要项目维保质量情况等内容进行有针对性的检查。对监督抽查中发现的电梯使用标志未及时更换、维保单位应急救援电话无人接听、维保记录部分缺失等情况，市质监第一分局执法人员均当场向维保单位指出，责令其限期改正，对其中的涉嫌违法行为开展进一步调查，并将依法做出处理。

【质监一分局开展“元旦”节前特种设备安全大检查】 12月下旬，质监一分局对辖区在用特种设备开展安全大检查，深入排查和根除事故隐患。本次检查以商场、宾馆酒店等人员密集场所为检查重点，结合电梯安全监管大会战工作，对相关单位是否设立特种设备安全管理档案、是否配备安全管理及操作人员、电梯是否定期检验并办理使用登记证、电梯是否按要求进行经常性的维护保养等情况进行检查。共检查12家次，出动检查人员24人次，从检查情况看总体较好，但也发现部分使用单位存在档案管理不规范等问题，监察人员已要求限期整改，同时，要求使用单位加强节前安全管理，在人员密集时段、区域安排专人进行引导，并做好节日值班安全生产监督管理以及应急救援相应工作。

（张宪敏）

安全生产监督管理

【概况】 2015年，湖里区按照全国、全省、全市安全生产工作会议部署，强化红线意识、实施安全发展战略，围绕创建安全发展示范区，建立健全安全生产责任体系，持续推进安全生产标准化建设，全面深入开展安全生产大检查，积极探索安全生产社会治理，不断推进依法治安，有效防范和坚决遏制重特大事故，确保全区安全生产状况总体平稳。全区共发生各类生产安全事故25起，死亡1人、受伤26人、经济损失18.11万元，比上年分别下降3.85%、91.6%、27.8%、78.4%，未发生较大及以上生产安全事故，较好完成市政府下达的安全生产控制目标。存在的困难和问题：一是部分领域风险依然较高。高危行业企业数量多、分布广、稳定性差。随着城市转型和产业转型进程的加速推进，一批重大项目相继开工建设，安全风险更大。二是城乡接合部消防形势比较严峻。城乡接合部安全基础较差，防御火灾的能力仍然薄弱。三是部分企业安全生产主体责任落实不到位。有些企业职工安全教育培训还不够到位，违规违章操作的现象仍时有发生。四是事中、事后监管面临考验。随着简政放权、深化行政审批制度改革的不断深入，取消部分安全生产行政审批事项后，如何严把安全生产市场准入关，强化事中事后监管也是重大考验。

【开展安全生产大检查】 8月—12月底，湖里区在全区范围内开展以危险化学品和易燃易爆物品安全专项整治、"六打六治"打非治违为重点的安全生产大检查。代区长徐国庆带队检查华润燃气有限公司、液化石油气储运公司等重大危险源企业；副区长戴宗垒、肖平带队检查全区文化、旅游市场安全生产；副区长刘琦龙带队对辖区内加油站、厦门水务中环制水有限公司制水一部等企业开展危化品专项检查；副区长丁红斌率队检查曙光医院、新医科门诊部等单位和殿前街道危化品企业；张家伟副区长带队对江头街道危化品企业开展安全生产大检查。湖里区严格按照"全覆盖、零容忍、严执法、重实效"的总要求，深入开展隐患排查治理工作，全方位排查整治隐患，落实生产安全各个环节事故防范措施。对排查出的问题及隐患，制定有效措施，狠抓整改落实，将隐患消灭在萌芽状态。全区共检查企业和人员密集场所3000多家次，排查整治隐患1500多条。

8月19日，代区长徐国庆主持召开全区安全生产工作会议（区安监局供图）

【建立安全生产责任体系】 2015年，湖里区不断健全和完善"区、街、部门主要领导亲自抓，分管领导具体抓，其他领导结合分管工作抓"的领导格局，全面促进安全生产各项工作落到实处。审议通过并印发《安全生产"党政同责、一岗双责"规定》，明确安全生产工作职责，实行"行业主管部门直接监管，安全监管部门综合监管，地方政府属地监管"和"管行业必须管安全""谁审批、谁负责"的原则。全区5个街道、53个社区均出台"党政同责、一岗双责"规定。街道全面落实安全生产"党政同责、一岗双责"，厘清街道党工委、办事处的安全生产工作职责；社区明确两委主要负责人及安全协管员的安全生产职责，做到权有所属、责有所归。加大安全生产工作考核力度，将安全生产履职情况和"一岗双责"制度落实情况，纳入年度考核内容。加大对领导干部抓好安全生产实绩考核的权重，并作为领导干部年度述职报告的重要内容。完善"尽职免责、失职追责"机制，根据岗位职责、履职依据及时间，以及监管条件、履职能力、工作难度和表现等情况，合理确定相应责任。

【加强危险化学品等监管】 年内，湖里区全面排查全区128家危险化学品经营企业、4家液氨和1家液氯使用企业。约谈全区危险化学品经营企业负责人，确保危险化学品企业的安全生产。立案查处3家违法储存危险化学品的企业，责令其整改并处以16万元罚款。为辖区内6家存在粉尘爆炸危险的企业建立基础台账，开展涉粉尘企业安全检查并督促整改。再次确认并掌握辖区内有限空间作业企业的数量以及具体情况，对涉及有限空间作业的19家工贸企业建立基础台账，督促企业严格按照《有限空间安全作业五条规定》落实安全措施。推进职业安全健康监管工作，检查用人单位85家，下达执法文书89份，发现问题或隐患182条，责令当场改正78条，责令限期改正104条。

【安全发展示范区创建】 2015年，湖里区积极推进安全发展示范区创建工作。成立创建领导小组，负责安全发展示范区建设重大问题的决策、协调和推进工作。各街道、各部门围绕创建工作目标和主要任务，加强组织领导，制定工作方案，细化目标任务，落实分工责任。修订下发《湖里区安全发展示范区创建实施方案》，建立考核指标体系，明确各街道、各部门及企业的职责；出台《关于建立“创建安全生产示范区”综合协调制度的意见》，建立定期通报、走访调研、指导服务、考核督查及联络员会议制度，每月报送创建工作进展，协调解决存在问题。以形成“一个布局”、健全“八大体系”、强化“三个能力”为主要载体，推进各项工作，提升城区安全发展总体水平。开展督导检查，全面掌握进度，提出改进意见。将安全发展示范区创建工作纳入安全生产目标责任制考核的主要内容，对创建工作成绩突出的，给予表彰奖励；对工作不落实、措施不得力的，给予通报批评。

【安全生产标准化建设】 2015年，湖里区每月安排4批次对辖区企业开展安全生产标准化工作进行跟踪和帮扶，积极为企业创建达标提供服务。组织各类培训93次，6.7万人次参加培训。利用辖区内已达标企业的示范作用，达到以点带面、以面带全的效果。召开了小微企业安全生产标准化示范观摩会，邀请一些企业参观学习，不断提升湖里区小微企业安全生产标准化工作质量和效率。截至年底，冶金等7行业大中型企业累计达标57家，三年总达标率87.7%；商贸行业大中型企业累计达标15家，三年总达标率93.8%；小微企业累计达标84家，三年总达标率106.3%；个体工商户累计创建1.57万家，达标4501家，创建率51.11%。

【湖里区开展有限空间和粉尘作业安全专题讲座】 7月28日上午，湖里区举办一场“有限空间和粉尘作业安全专题讲座”。本次讲座邀请国家安全生产应急专家组专家高级工程师汪清波授课，全区安监站工作人员、安全员及相关企业负责人220余人参加培训。汪清波讲授的重点是有限空间作业安全和粉尘作业安全。

【开展区级应急综合救援演练】 7月14日，湖里区开展人员密集场所应急综合救援演习及湖里区殿前输油管道泄漏事故应急处置演习。区应急中心、区安监局、湖里公安分局、湖里交警大队、湖里消防大队、区卫生和计划生育局、湖里环保分局等12个部门参加了联合演练，出动车辆23辆100余人。副区长刘琦龙及相关部门领导40余人现场观摩。

【队伍建设】 监察监管队伍建设 5月28日，区燃气管理中心正式挂牌成立，系厦门市设立的首个区级燃气管理中心，承担起区瓶装液化气行业的日常监管工作。新招聘65名安全协管员，辖区53个社区分别配备2—4名安全协管员，培养建设一支139人的基层安全协管员队伍。各行业部门、工业园区明确为承担安全监管职责的机构，配备与监管任务相适应的专兼职监管人员。各企业已逐步设置安全生产管理机构，并按照比例配备专职或兼职安全生产管理人员；重点行业（领域）的企业逐步按要求配备注册安全工程师。

应急队伍建设 开展辖区内33支社区志愿消防队、500多名队员灭火救援业务培训，将社区志愿者消防队伍统一纳入执勤、训练、作战体系，由消防大队选派业务骨干对社区志愿消防队进行训练，帮助志愿消防队伍由松散式管理模式向集约化、准军事化管理模式转型，大幅提升队伍抢险救援水平和应急实战效能。通过“以奖代补”方式，鼓励各社区、单位完善微型消防安全重点单位。选定吉家家世界家居广场为试点，召集全区消防重点单位对微型消防站建设试点实地观摩，推广工作经验。至年底，已有34个社区、24家消防安全重点单位初步达到微型消防站建设标准。

【城中村消防设施技改】 6月初，区安监局编印《湖里区城中村消防设施技改改造工作指南》。共有497家单位提出改造申请，已改造完成354家，改造简易喷淋300家、消防卷盘311家、点式报警333家、疏散楼梯31家，改造面积约34.1万平方米，落实“以奖代补”65家，发放奖励金286万元。

【安全生产宣传教育培训】 湖里区全年印制安全生产相关法律法规、安全知识宣传材料、《安全生产十大定律》光盘等材料15万多份。通过购买安全生产培训服务，邀请资深安全、消防讲师对辖区内的企

8月27日上午，湖里区在行政中心会议室举行危化品知识三级培训会（区安监局供图）

业负责人、安全管理人员、特种作业人员、操作人员等进行安全培训。定期、不定期向40多万户手机用户发送安全生产信息。先后在人员密集场所开展20多场户外宣传教育活动，发放宣传材料3万多份，精心制作65版安全生产宣传栏板在各社区巡回展出。发放《生产安全事故典型案例盘点》等一系列宣教片，组织企业员工、网格员、机关工作人员等观看宣教片。同时充分利用社区LED屏资源，在居民聚集时间段不间断播放警示宣教片、宣传标语，全面提升辖区企业员工、居民的安全生产意识和法律常识。

（许溪圳）

食品安全监督管理

【开展食品安全“春雨行动”】 2015年，湖里区制定了《湖里区开展校园及其周边食品安全“春雨行动”工作方案》，召集相关成员单位进行工作部署。及时了解各成员单位的工作进展情况，收集相关的工作信息上报市食安办，同时，牵头做好迎接市食安办关于对“春雨行动”考核的工作，整理相关考核汇报材料上报市食安办。

（黄玲灵）

财政　税收

财　政

【概况】 2015年，湖里区财政局下设综合科、预算科、行财科、监督科4个科室；行政编制10人，在编9人，其中，局长1名，副局长1名，副调研员2名。下属3个事业单位，事业编制49人，在编47人，其中，区国库集中支付中心（参照公务员管理）20人。是年，在全区国税、地税等部门的共同努力下，全区实现一般公共预算总收入154.5亿元，比上年增长1.33%；区级一般公共预算收入42.33亿元，比上年增长0.67%。湖里区连续两年在市对区财政管理综合考评中获得第一名。全年投入企业扶持资金近2亿元，支持总部经济、电子商务、文化创意、科技创新等产业项目发展；扶持和引导捷昕精密、江平生物、新游网络、惠和股份和易法通在新三板上市。

【民生保障支出】 2015年，全区公共财政涉及民生的支出共27.73亿元，占一般公共预算支出76.20%，全年共安排教育支出10.79亿元，加强师资队伍建设，积极创建全省“教育强区”，推进湖边小学、湖里第二实验幼儿园等14个校园项目建设，开办五缘第二实验学校、五缘实验幼儿园、祥店幼儿园，全区新增学位4860个。发放各类社会救助金4362.8万元，惠及困难群众约7.7万人次。为全区80岁以上户籍高龄老人发放固定生活补贴506万元。投入就业专项资金3040万元，对招收本区失业人员和毕业生用人单位给予社保补贴和职业培训补贴。深入开展医疗卫生体制改革，投入医改专项资金5000万元，提高公共卫生服务水平。启动殿前、禾山社区卫生服务中心新址建设，推进康乐、马垅等6个社区卫生服务站建设。投入8600万元开展五缘湾、湖边水库片区景观改造提升及夜景亮化工程，五缘湾实施“四区四带、三花四树”绿化景观提升。

【改革创新多点突破】 2015年，湖里区在全市率先推行街道国库集中支付改革，改变了以往区街按支出进度预拨财政资金的管理办法，加强财政资金统筹力度，提高街道财政管理信息化水平。清理盘活部门结余结转资金和财政专户存量资金。是年，共盘活财政存量资金12.84亿元，把盘活资金用于改造提升、产业发展、民生改善等重点领域。建立部门预算专管员制度，把全区48个一级预算单位的财政财务工作指导任务分解到各个专管员，建立及时沟通、有效指导的管理机制，提高各部门预算管理水平。创新政府性债务管理方式，湖里区债务管理取得满分的好成绩。

【加强财政监督】 2015年，湖里区开展专项检查活动，制定《关于开展“三公经费”及国内差旅费专项检查工作的方案》及下发《关于开展“三公经费”及国内差旅费专项检查工作的通知》，区财政局联合区审计局对全区48家一级预算单位全面进行专项监督检查，对检查中发现的问题，及时上报区纪委。制定方案，对17家行政事业单位、街道、社团组织和民营企业进行会计监督检查，针对检查中发现的问题限期整改，清退超标准接待费用3067元，各行政事业单位上缴财政存量资金7490万元，各街道上缴财政存量资金14815万元，进一步盘活了财政存量资金。认真落实月巡查制度，督促各单位每月按时上报“三公”经费支出情况。是年，全区“三公”经费和会议费支出合计1508.33万元，比上年减少34%。

【提升公共资源配置效率】 2015年，湖里区累计实现公共资源市场配置预算34223.86万元，配置规模30865.62万元，节约资金3358.24

万元，节约率9.81%。是年，备案的代理机构从原来的24家增至33家。政府采购货物、服务公开招标的数额标准从50万元提高到80万元，工程类的限额标准从80万元提高到100万元，大幅提高资源配置效率。政府采购预算执行表由原来多部门流转的纸质审批改为网上审批，节省纸质文件传递在时间和人力成本上的浪费，提高审批的工作效率。

【国库集中支付】 2015年，湖里区通过国库集中支付系统支出金额24.12亿元，支出笔数累计54203笔，其中：直接支付约8.62亿元，共21125笔，授权支付约15.5亿元，共33078笔。公务卡结算制度已覆盖全区127家行政事业单位，全区预算单位公务卡消费共报销11718笔，消费金额1490.23万元。全年国库集中支付中心代发工资58424人、4.75亿元，代扣上缴个人所得税272.09万元。全年发放住房货币化补贴189人、1612.82万元。

【工程项目审核】 区财审中心全年共完成区财政性投融资建设工程预决算审核项目266项，送审值80428.47万元，审核值74795.49万元，核减值5632.98万元，核减率7.00%。其中：审核工程决算项目158项，送审值34716.53万元，审核值33829.34万元，核减值887.19万元，核减率2.56%；审核工程控制价项目108项，送审值45711.94万元，审核值40966.15万元，核减值4745.08万元，核减率10.38%，最大限度地发挥了财政资金使用效益，避免了资金损失浪费。

【国企国资监管】 2015年，湖里区为区国投公司注资2.8亿元，用于辖区旅游资源的开发推介，市政道路、园林绿化及环卫设施建设及改造提升等；为天地公司注资2亿元，用于安溪经济开发区湖里园的建设；积极筹建湖里区产业投资公司，支持天地公司依托金圆集团的专业化管理，逐步参与产业引导基金运作。牵头联合区委办、区政府办等区直部门组成国资考核小组，通过对区属国企各类经营指标进行评价考核确定国企绩效奖金，严格规范国企薪酬发放。发挥关键绩效考核指标的引导作用，2014年完成绩效考核净利润1.54亿元，区属国企上缴2014年度国有资本经营收益2779.91万元，同比增长71.95%。督促区属国企严格规范代管政府经营性资产运营，完善租赁程序等，全年完成租金收入1619万元，比上年增长48万元，增幅3.06%；核查区属国企经营领导班子住房公积金缴交情况，督促其清退超缴公积金35.09万元，严格按公积金管理相关规定执行；积极配合区纪委对区属国企开展“三公”经费检查，对接待费列支及原始凭证不齐全等问题，严格督促国企进行整改。

【预算执行监管】 2015年，湖里区财政局深入贯彻新《中华人民共和国预算法》，转变思路，多措并举，狠抓预算执行管理，提高财政资金使用效益。预算批复后，督促预算单位将年初未细化的待安排资金细化到具体项目，尽快组织实施。健全预算支出进度通报制度，分析一级预算单位的预算执行进度，并排名通报。继续加大历年结转资金的清理力度，全年清理盘活资金12.84亿元，主要用于辖区基础设施改造提升；对结余结转资金规模较大的部门，将加强预算审核，适当压缩部门预算拨款总额。全面实施预算单位绩效自我监控，对重点项目实施重点绩效监控，动态掌握项目支出进度和绩效目标完成情况，确保专项资金使用效益。

【2016年预算编制布置暨培训会议召开】 10月27日，区财政局召开2016年预算编制布置暨培训会议。各街道、区直各部门、区属国有企业及区财政局工作人员200多人参会。会上对2016年预算编制改革提出明确要求，就2016年预算编制的具体要求、软件操作、绩效目标等内容进行讲解和指导，以帮助各预算单位准确编报2016年预算。

【完善土地房屋征收资金拨付程序】 2015年，湖里区设立专用账

10月27日，区财政局召开2016年预算编制布置暨培训会议（区财政局供图）

户，与市级财政支付系统、征收实施单位土地房屋征收资金“零余额”账户联网，用于接收、拨付和清算土地房屋征收资金。简化拨付程序，征收实施单位对市级项目应支付的征收补偿款认定后，可从“零余额”账户中支付给被征收人。加强监督检查，资金拨付由事前审核改为事后检查，征收实施单位负责征收资金的日常使用管理，主动接受监督、检查。

【支持文创园区建设】 年内，湖里区设立湖里老工业厂房文创园区建设发展专项补助金3000万元，为企业提供贷款贴息和担保费补助，并授权联发集团管理，专户存储，专款专用。挑选国家开发银行厦门分行作为合作银行、厦门金原融资担保有限公司作为合作担保机构，提供贷款及担保保障。创新“五位一体”资金管理模式，实行管理、使用、审核、监督分级负责。

【区审核业务提速增效】 2015年，区财政审核中心多措并举助推审核业务提速增效。针对复杂工程，多次组织专题会议，与建设单位、施工单位沟通，集中讨论项目存在的问题，提出解决方案，在保证审核工作准确性及专业性前提下，提高审核的效率。首次采用邀请招标方式，公开摇号方式确定具备甲级资质、实力强、信誉好的社会中介力量协助审核，有效地保障重点项目审核工作的顺利开展。以审查资料、现场踏勘及事后总结相结合的模式开展抽查工作，从全面的角度检查工程项目，保证区财政资金的合理利用。

【2014年度市对区财政管理绩效综合评价湖里区名列全市第一】 10月9日，厦门市财政局印发《厦门市财政局关于2014年度市对区财政管理绩效综合评价情况的通报》（厦财预〔2015〕56号），公布全市2014年度市对区财政管理绩效综合评价结果，湖里区以89.26分获全市第一名，高出第二名（同安81.94分）7.32分。市对区财政管理绩效综合评价主要涉及财政收入、支出保障、预决算管理、财政改革、盘活存量资金等各项财政工作。

【湖里区财政局高效办理提案工作获表彰】 2月，湖里区财政局获区政协七届四次会议授予的“提案承办先进单位”称号。承办的区检察院林剑铭委员提案《关于进一步改进我区“政府采购”招投标工作的建议》同时获评区优秀提案。

【服务企业转型发展】 2015年，湖里区多措并举服务企业转型发展。精选惠企政策汇编成册，分四大类2000余册印制给企业，引导企业用好用足政策；宣传推广人才沙龙，解读政策，现场答疑。建立定期走访制度和服务企业档案，了解企业运行动态，帮助协调解决困难；听取企业意见建议，不断优化营商环境。安排专项资金3000万元作为湖里文创园区企业的贷款贴息和担保费补助，首期资金已拨付到位。及时兑现财政扶持，共受理企业申请26家，扶持金额1374.1万元，均已兑现。

【帮扶企业】 年内，湖里区不断加大企业财政资金扶持力度，采取得力措施，积极应对经济下行压力，有效促进经济增长方式转变和区域竞争力提升，产业结构进一步优化。兑现50家消费品零售龙头骨干企业增量奖励金1158.7万元；落实市营业税改增值税过渡性财政扶持政策，惠及湖里区21家企业，兑现奖励金813.51万元。出资633.9万元，用于扶持高新技术企业，为企业转型升级提供源动力。投入1417.74万元，表彰SM城市广场有限公司等20家区级总部企业、150位总部企业高管和10位突出贡献企业家；兑现市级总部企业财政扶持资金2.47万元。落实高层次人才引进和培育计划，兑现“550”人才优惠政策创业扶持和奖励资金666.81万元。

【完成区级政府资产清查】 11月25日，湖里区区级政府资产清查工作顺利完成，首次启用资产信息管理系统平台，全方位摸清了全区125家单位的资产家底。截至2014年底，全区国有资产总额20.8亿元，其中固定资产10.4亿元。

（苏丽缎）

厦门市湖里区国有资产投资有限公司

【概况】 2015年，厦门市湖里区国有资产投资有限公司（以下简称湖里国投公司）承担了湖里区征地拆迁、新发展用地建设、道路景观整治、老旧小区改造提升、市政配套工程代建、自营项目建设、资产管理等工作，完成投资11.98亿元，完成同期计划的99.4%，实现经营收入1.29亿元（含投资收益），纳税2230万元，利润总额5451万元。其中：征地拆迁项目30项，完成投资额6.52亿元；代建项目130项，完成投资额5.13亿元；自营项目1项，完成投资额0.33亿元。

【征地拆迁】 2015年，湖里国投公司参与并具体实施的征迁项目涉及湖里区六大片区征地拆迁指挥部、五个街道办，包含轨道交通1、2号线，两岸金融中心核心启动区一、二、三期，鳌山路，第二西通道，弘爱医院，心脏中心，湖里影剧院等新旧征迁项目 30 余个，基本实现了“任务完成超序时”的总体目标。其中，完成征地 81.59 万平方米，完成全年任务的 130.59%；完成拆迁面积 50.19 万平方米，完成全年任务的 102.53%；共支付补偿款等约 6.52 亿元。

12 月，国投市政公司代建的湖里高新技术园夜景工程完工（江海霞 摄）

【社区新发展用地建设】 2015 年，湖里国投公司共负责 10 个社区新发展用地项目的前期手续报批、设计及后期建设等工作。其中，蔡塘社区发展中心、江村社区发展中心项目完成竣工验收并交付使用；枋湖社区发展中心项目（一期）已施工至 1# 楼第 5 层梁板，完成 2#、3#、4#、5# 楼封顶，全年完成投资额 3279 万元；后埔社区发展中心项目一期南楼完成竣工验收备案，北楼基本完成基坑土方开挖外运；三期项目完成人工挖孔桩施工；高林—金林、五通等 6 个社区发展用地项目前期工作均已陆续开展。

【房建工程项目】 年内，国投商务中心项目已施工至地下室底板及地下三层剪力墙；区青少年校外体育活动中心项目二次装修工程完成竣工验收；湖里街道综合楼项目正在竣工验收；马山安置小区地下停车场改扩建工程项目正进行地下室工程施工；园山综合楼（区老年活动中心）已完成竣工验收，正办理项目移交；禾盛社区服务中心项目已完成设计变更及相关变更手续，正开工建设；湖里特殊教育项目已取得选址意见书、用地预审及用地规划许可证；禾山街道党群活动服务中心、社会组织服务园、老年日间照护中心项目已取得立项概算批复，正开工建设。

【道路景观整治和公园景观改造】 年内，海天路榕树广场、悦华路等 16 处道路景观及绿化提升改造工程完成施工；金湖路和 SM 城市周边建筑等 6 处景观整治及五缘湾、湖边水库片区共 141 处夜景工程完成施工；完成枋湖东路、加州花园周边道路等 5 处道路提升改造；完成薛岭山边坡加固及公园改造施工；兴隆路、枋湖西路等 10 条道路正进行喷灌改造工作；虎头山公园、仙岳公园西侧道路、仙岳山公园西北入口停车场等正在进行施工图的设计工作。

【市政园林工程建设】 2015 年，蔡塘学校东侧道路、蔡塘一号、二号市政工程，五缘湾内湾西片区市政配套工程完成施工；两岸金融中心（湖里片区）A 组团启动区市政道路一、二期工程正进行前期工作，二期工程施工中。

【装修整治及老旧小区改造提升】 年内，区老年活动中心、科湖办公楼装修工程完成施工；康乐新村二期、枋湖新村改造等 8 个老旧小区完成改造提升；禾山街道党群服务中心、社区社会服务园、禾山街道老人日间照护中心二次装修工程完成施工招标；金鸿花园等 21 个老旧小区改造提升项目正在设计中。

【市政管养】 2015 年，湖里国投公司共承担了 17 项绿化、夜景、管道疏通、绿地等管养工作，投入资金 5405 万元。

【自营项目建设】 2015 年，国投商务中心项目完成项目投资测算初稿、围墙广告方案，正配合地勘院制作项目数据包、一楼店面编号、可售不可售区域划分的图纸修改；与厦门两岸金融中心建设开发公司合资成立“厦门金湖房地产开发有限公司”，共同开发两岸金融中心核心区 11–1 地块；飞利浦厂房项目已补办用地红线，正办理产权手续。

【资产管理】 2015 年，国投公司管理的经营性资产共 198 处，租金总收入 3161 万元。其中，自有资产 6 处，总面积 6.2 万平方米，租金收入 1515 万元，比上年增长 5.21%；代管资产 192 处，总面积 10.7 万平方米，租金收入 1646 万元，比上年增长 4.71%。大力开展办公楼、厂房收储改造与招商工作，积极为湖里区经济建设腾巢引凤。共收储劲美源通物流园办公楼、鑫豪利大厦、文忠厂房等建筑面积近 9.97 万平方米。9 月，参股成立厦门科湖集成电路发展有限公司，截至年底，共引进30家企业入驻集成电路产业基地。

【子公司运行】 2015年，禾丰征迁公司全年经营收入1061万元，利润479万元。国投物业公司全年经营收入1430万元，利润310万元。国投车辆停放公司全年经营收入935万元，利润150万元。金融城公司全年经营收入385万元，利润187万元。水上乐园公司全年经营收入32.57万元。

【成立国投旅游投资有限公司】 3月，湖里国投公司成立全资子公司国投旅游投资有限公司。初期主营业务包括OP帆船培训、帆船体验游和国家级帆船赛事等。年内，旅游公司推进仙岳公园电动观光车项目，航海、航空主题夏令营，帆船体验游，五缘湾环湾观光自行车项目，五缘湾北岸海域使用权申请项目，五通规划码头开发权申请，五缘湾钟宅片区樱花种植项目；成功举办以“美丽厦门岛　最美五缘湾”为主题的2015“乐游湖里”厦门帆船嘉年华、围棋联赛、“湖里国投杯”青少年帆船赛暨第六届海峡杯帆船赛配套活动、中国俱乐部杯帆船赛。

【国投市政建设有限公司成立】 6月，湖里国投公司注册成立全资子公司厦门湖里国投市政有限公司，主营业务包括湖里区市政道路建设、绿化改造提升、综合景观整治、夜景工程、喷灌改造工程、市政道路设施管理养护、园林绿化管理养护、地下管网疏通、五缘湾片区管理养护、夜景维保维修、二次供水维保维修等。是年，完成投资4616.53万元。

（施维娟）

厦门市天地开发建设有限公司

【概况】 厦门市天地开发建设有限公司（以下简称天地公司）是湖里区区属国有企业、国家二级房地产开发企业，主要从事旧城改造、新城区建设、重点项目代建和商品房开发。2015年，天地公司累计完成投资7.36亿元，营业收入1.96亿元，投资收益2.65亿元，实现利润2.04亿元，上缴税收3.46亿元，取得较好的经济效益和社会效益，被授予湖里区“文明单位”。

【乌石浦旧村改造】 2015年，天地公司促成乌石浦最后2户被拆迁户签订正式协议，历时6年之久的乌石浦旧村改造征迁工作圆满完成；厦门市规划委同意按原审批的建设方案对乌石浦花园一期安置房项目高度进行控制和审批，久拖不决的航空限高难题破解，10月30日，该项目基坑支护及土方工程施工许可证办理完成，11月底实质性开工；天地公司与市电业局、市规划委进行多轮沟通并达成一致，乌石浦22万伏高压线缆化工程的修建性详规已进入报批程序，乌石浦拟出让地块挂牌抓紧筹备中。

【征地拆迁】 全年征收房屋面积10.01万平方米，完成年度任务的127%，征收土地7.84万平方米，完成年度任务的170%。2015年，在推行征迁项目经理负责制的基础上，公司与拆迁部签订了目标责任书，并开展“大干80天”活动，层层落实责任，有计划有步骤扎实推进征迁工作。年内，仅用10天即完成轨道1号线二期项目江头段35户非住宅协议签订，提前完成轨道1号线征迁工作。截至年底，完成墩上岭下返迁678份（约86%）协议的人口产权认定审查工作。

【“三旧改造”】 年内，天地公司加大力度推进老旧厂房收储改造，主要由子公司厦门天地置业有限公司负责，截至年底，已签约项目、准备签约项目、在谈项目等收储面积合计约25.21万平方米。其中，海西工业设计中心（原尚贸厂房）于10月30日正式揭牌成立，入驻企业业态包括工业创意与设计、服装设计、家居设计、节能环保设计、新能源设计、虚拟现实技术设计、3D打印等。其配套项目兴隆创客公社（原振源厂房）正在进行内部改造施工。紧锣密鼓进行老旧住宅

10月30日，海西工业设计中心揭牌仪式举行（林勤总　摄）

小区改造，为做好这项惠及民生的重点工程，公司强化责任担当，成立工作领导小组，开展多次摸底和实地调研，拟选取设施最旧、问题较多的几个小区率先进行改造。

【湖里高新园“创新社区”建设】2015年底，天地公司成立了“创新社区”建设工作领导小组，分解任务、倒排计划，科学统筹、积极协调，湖里高新园“创新社区”建设工作有序推进。天地雅园公寓样板房二次装修进展顺利，创新驿站（新希阳中心一楼）、创享天地（608地块公建配套设施）建设、厦门创新软件园管理有限公司引进、园区一期封闭管理、园区WiFi热点覆盖、绿化提升改造、中水处理系统运行等事宜也在积极推进中。

【代建项目建设】年内，同安工业集中区湖里园变配电设备截至年底已基本完成移交任务。湖里高新技术园党群活动服务中心装修工程完成装修工程并揭牌；园区一期封闭工程已投入试运行，景观绿化提升工程进入扫尾阶段。金福缘新城安置房配套项目主体结构已封顶，砌体工程基本完成。金林湾花园A1的5#、6#楼以及A2的7#、12#楼即将预验收。湖里第二实验幼儿园已完成招投标并进场施工。县后小学二期扩建、天地幼儿园、殿前街道社区卫生服务中心暨北站社区卫生服务中心等其他代建项目前期手续抓紧办理中。

【自营项目建设】2015年，天地金融港等自营项目保质保量推进。位于两岸金融中心的天地金融港项目1—3号楼顺利封顶，已着手进行二装招标和招商准备。国贸天悦项目一期梁板浇筑最快的已至30层，售楼处和样板房已装修完毕，并于11月底开盘销售。国贸新天地第一批交房449套，交付424套，交房率95%。厦门泉州（安溪）经济合作区湖里园项目启动区通用厂房一期基本完成，通用厂房二期和天地金谷商务中心正在进行室内外装修；已有6家企业签订入驻协议。

【厦门市天地股权投资有限公司成立】2015年，天地公司变更公司下属子公司“厦门易田置业有限公司”为“厦门市天地股权投资有限公司”，12月底获区国资办批复同意。公司成立后与弘信投资集团、德侨资产管理公司签约，正式发起厦门市首支中德产业基金。已获区国资办批复，同意公司出资“厦门群贤汇禾生物医药创投基金”，并参股“厦门群贤汇康创业投资管理有限公司”（暂定名）。

【经营管理】年内，天地公司构建了“两个全面管理（全面目标管理、全面预算管理）”的基础运作体系。“全面目标管理”分为前期手续、工程建设和子公司三类。9月，以天地金融港项目和子公司为试点，与其签订《项目目标管理责任书》和《直属企业经营业绩责任书》，12月，签订《乌石浦安置房二期前期进度目标责任书》。3月，正式启动“全面预算管理”，公司编制完善了《全面预算管理制度》《直属企业工资总额预算管理试行办法》。4月，安溪项目公司率先试行全面预算管理；7月，开江公司、物业公司也同步试行；8月，公司全部进入全面预算管理试运行阶段。是年，公司充分挖掘现有资产潜力，全年公司租赁资产收缴租金6115.05万元，比上年增长22.2%。其中，开江公司收缴租金1901.81万元，和诚物业收缴租金252.01万元。同时，探索创新资产运营模式，以天地雅园公寓为试点，正着手将其打造为湖里高新园配套“互联网+”青年创客公寓（UONE天地）。

【子公司经营管理】2015年，天地公司在子公司建设上不断强化举措，提升管理，一是完善管理制度，制定实施了《直属企业管理办法》；二是建立财务结算中心，较好地实现了集团财务人员和资金归口管理；三是下达了经营指标，使各项经营和考核工作更加有的放矢，基本实现了子公司持续、较快、健康发展。2014年10月，厦门天地物业公司、厦门市湖里和诚物业公司两家公司整合之后，狠抓管理。2015年营业总收入5944.61万元，净利润791.64万元，上缴税费959.38万元。和诚物业被福建省人力资源和社会保障厅等单位联合授予“福建省劳动关系和谐企业”称号；湖里高新园创业大厦被福建省物业管理协会授予“省物业管理示范大厦”。9月，厦门市开江建材开发有限公司成功推出“江头建材市场”手机APP、微信公众服务号，通过开展中秋、国庆线上博饼等营销活动，有效聚集人气，提升销售额。是年，累计收入1966.33万元，净利润721.38万元，上缴税费555.04万元。

【党群建设】年内，天地公司党总支深入开展“三严三实”专题教育和干部转型大讨论活动，力促干部作风转变，不断引领公司科学发展。党总支深化反腐措施，加强正面引导和反面警示教育，有力贯彻民主集中制，有效落实民主经营管理制度，企业党风廉政建设成效明显。积极建设学习型党组织、学习型企业。全年共举办各类培训21场，累计培训560人次；职工书屋建设被市总工会作为典型宣传推广，被湖里区文体出版旅游局授予

2015 年，天地公司开展“三严三实”教育（林勤总 摄）

“阅读点”。党总支在高林等三个保障房小区开展党建为民办实事。以党建带动群建，推动工会、共青团工作，开展形式多样的文体娱乐和关爱慰问活动，凝聚力量，推动工作开展。工程部被福建省总工会授予“模范职工小家”称号；工会被厦门市总工会授予“五星职工之家”称号；资产部被厦门市总工会授予“工人先锋号”和厦门市“先进职工小家”称号。

（林勤总）

国家税务

【概况】 2015 年，湖里区国家税务局有在职干部 137 人，其中：研究生 4 人，本科 124 人，大专 9 人。全年组织税收收入 45.23 亿元，比上年增收 916 万元，同比增长 0.2%，累计办理出口退税 6.75 亿元。其中，税收直接收入 38.72 亿元，比上年增收 4208 万元，同比增长 1.1%，完成市局下达任务的 100.18%；增值税入库 24.3 亿元，比上年增收 4997 万元，同比增长 2.10%；企业所得税入库 14.29 亿元，比上年减收 1020 万元，同比下降 0.71%；消费税入库 1237 万元，比上年增收 231 万元，同比增长 22.96%。是年 3 月，纳税服务科被福建省妇女联合会、福建省“巾帼建功”活动领导小组授予省级“巾帼文明岗”称号。

【依法治税】 2015 年，湖里区国家税务局紧紧围绕依法治税，实现征收管理新提升。一是打造规范化办税服务。推行办税厅规范化建设，枋湖厅实现窗口通岗，海天厅一楼升级为一窗式全职能厅，海天厅二楼打造代开发票专用厅。推进纳税服务规范和税收征管规范落实，开展干部专场培训 12 场，推进执法规范落实，力求达到“流程更优、环节更简、耗时更短、效果更佳”，做到“服务一把尺子、办税一个标准”。二是推进国地税征管联动。以国地税合作规范为标尺，联合区地税局制定征管业务联动管理办法，实现共同委托代征代缴。联合开展纳税信用等级评价，完成对 19597 户纳税人的纳税信用等级评定，联合评出 A 级纳税人 1880 户。三是开展常态化执法督察。监察室牵头组织不定期执法督察，开展税收执法疑点核查，规范执法行为。

【落实小微税收优惠】 2015 年，湖里区按季度筛选小微企业申报数据，对应享未享税收优惠政策的小微企业及时核实确认办理退税，为 3552 户小微企业免费邮寄宣传礼包。联合区财政局、地税局与建设银行、光大银行搭建“税易贷”平台，破解小微企业融资难题。是年，落实小微企业增值税优惠 47318 户次，共减免 4787 万元；享受小微企业所得税优惠 1851 户次，共减免 1143 万元。

【出口退税】 年内，湖里区落实出口退（免）税管理工作规范和分类管理办法，完成 412 户出口退税企业免抵退税审核工作，累计办理退税 6.75 亿元，完成自贸区 26 户企业出口退税无纸化试点推广。

【纳税服务】 2015 年，区国家税务局结合厦门自贸区建设，推行《纳税服务规范》，探索纳税服务新渠道、新模式、新机制。一是推行“互联网 + 税务”，获纳税人点赞。全国首推“自助填单一体机”，切实帮助纳税人解决“填单烦、填表难”的问题。推行增值税发票管理系统升级版，完成 14996 户增值税一般纳税人和 1172 户存量小规模纳税人的推行工作。24 小时自助取件室累计送出涉税文书 9569 件。向 1415 户自贸区 A 级纳税人推广发票网上申领，推广“无纸化办税”，覆盖 18 项常用审批业务，逐步推进使用电子资料取代纸质资料，逐渐实现税企携手迈入“居家办税”新时代。在办税厅提供免费 WiFi，纳税人可以通过自带的平板电脑、智能手机免费上网，方便纳税人网上自助办税。二是深化“春风行动”，为纳税人减负。

2015 年，湖里区国家税务局推出自助纳税服务（区国税局供图）

推出“预约服务室”，分批次将辖区 600 户纳税信用较高的重点税源企业和区政府表彰企业列为预约服务对象，吸引更多的重点税源企业落户湖里。加大宣传辅导，在工商部门、市行政服务中心窗口送出新户大礼包，稳步推进“三证合一”。充分发挥咨询辅导台对外服务功能，通过热线切实为纳税人提供咨询便利，降低纳税人获取权威涉税信息的时间和人力成本。办税厅咨询台月均接听电话逾 5000 多次，人均每日接受纳税人面对面咨询 100 余次。三是加强“税企互动”，维护纳税人权益。联合区地税局设立航空商务广场、红星美凯龙、吉家物业管理、SM 商业、万达百货、区商会等 7 个纳税人权益保护中心，受理纳税人建议和诉求。围绕“三证合一”“增值税发票系统升级”“纳税信用管理”等内容，开展纳税人学堂 49 期。开辟自助辅导区，开展“微课堂”，进行“手把手”纳税辅导，接待纳税人数 3125 人次。

【队伍建设】 2015 年，湖里区国家税务局着力推进干部队伍建设，全年举办 11 期学习论坛，14 名干部参与授课，700 余人次参与学习。制定青蓝助苗工程师带徒管理办法，筛选 19 名优秀骨干为导师，与税务工龄 3 年以下的公务员、转岗干部建立师徒结对，传授岗位技能。开展核心理念和思想政治工作调研，采取问卷调查与访谈相结合的方式，了解干部职工思想动态。在全市国税系统首推“湖里国税 · 核心理念”主题电子微杂志，被中国税务报等官方微信转载，阅读量逾 1.6 万人次。注重考核结果运用，把绩效考核与干部评先评优、选拔任用方案挂钩，完善选拔任用干部制度，以绩效为导向，不唯分不唯票，注重一贯表现和工作业绩，把确实能干事、肯干事、干成事的干部选拔充实到领导岗位，从而创新激发活力机制，打破“论资排辈”，为业绩突出、群众口碑好、综合素质高的干部提供发展平台。加强对年龄较大、身体多病干部的关心爱护，首创工作意向填报制，结合实际情况协调安排，安排到能够胜任的、工作压力相对较小的岗位。落实关于善待干部、解决干部实际困难的意见，开辟湖里国税文化园地，组织书法、瑜伽、篮球、羽毛球、乒乓球等兴趣小组，加强图书室建设，为干部办理市图书馆借阅证，重新整修湖里国税健身室，让干部放宽身心、陶冶情操。

【作风建设】 2015 年，区国税局围绕求真务实，作风建设取得新的成效。开展“三严三实”专题教育。党组书记、纪检组长和其他党组成员带头上党课，党组中心组、党总支、下属各党支部通过中心组学习、“三会一课”和自学等方式，开展学习研讨，累计召开学习交流 57 次，参会人员 986 人次，走访 8 个党政机关。召开“三严三实”专题民主生活会，领导班子开展对照检查，组织开展 3 场征求意见座谈会，分别邀请科室干部代表、青年干部代表、纳税人代表，广泛征求意见。促进“两个责任”落地。以强化纪律、严明规矩为主线，组织监察室、办公室、人事教育科等部门开展明察，组织行评代表等开展暗访，通过检查解决突出问题，促进“两个责任”落地，有效推进党风廉政建设工作。营造风清气正氛围。湖里国税与区纪委、检察院、地税局联合举办党风廉政征文活动，收集征文 56 篇，编制《激浊扬清正气长歌——党风廉政征文汇编》。

（施恭林　钱晓筱）

地方税务

【概况】 2015 年，湖里区地税局以组织收入为中心，强化依法治税，深化征管改革，深入推进公信地税、服务地税、智慧地税、文明地税、幸福地税的“五个地税”建设全年累计组织各项收入 911972 万元，比上年增收 82485 万元，增长 9.94%。其中，税收收入入库 580517 万元，比上年增收 64271 万元，增长 12.45%。地税部门组织入库的湖里区级财政收入 16.16 亿元，占区级财政收入的 38.18%。年内，组织社保费入库 304055 万元，比上年增加 22319 万元，增长 7.92%；总参保人数为 48.79 万人，比上年增加 3.15 万人，增长 6.91%；组织残疾人就业保障金入库 2727 万元；价格调节基金入库 3496 万元；工会费代征入库 3015 万元。是年，区地税局第六次被评为省级文明单位，区局办税服务厅被授予“全国巾帼文明岗”称号，“国地税联合设立维权分中心”服务项目获评全市地税系统“五个地税”建设服务项目先进典型。6 月 23 日，区地税局及所辖派出机构江头分局、禾山分局、殿前分局和金山分局，迁至厦门市湖里区梧桐东路 1 号地税业务综合楼。

【税收法治】 2015 年，区地税局规范行使行政处罚自由裁量权，查处各类处罚案件 1553 件，处罚金额合计 107.01 万元，采取查询银行账户等措施 66 户次。推行说理式执法文书，规范适用文书类型，严格审批环节。加强执法督察，加大税收执法责任制自动化考核力度，规范税收执法行为。维护税收法治秩序，开展打击发票违法犯罪活动，共查处非法取得发票违法户数 70 户，非法发票 6284 份，涉及金额 216 万元。做好涉税举报案件的查处工作，全年共查处 98 件，补滞罚入库金额 103.75 万元。认真组织“六五”普法实施，推进税法普及和依法治理工作。

【落实税收优惠政策】 2015 年，区地税局强化对小微企业税收优惠政策的落实力度，通过开展宣传、加强培训辅导、简化手续、跟踪服务等多项举措将政策落实到位，小微企业优惠受惠面 100%。10872 户（次）纳税人享受小微企业营业税减免优惠政策，减免额 2036.89 万元；821 户小微企业享受 2014 年度企业所得税税收优惠，免征企业所得税 346.36 万元，受惠面 100%；339 户享受小微企业季度预缴企业所得税税收优惠，免征税额 189.87 万元。共受理报批类减免税 3 户次；受理备案类减免税 1298 户次，减免税款共计 8426.02 万元；受理企业房屋、土地权属更名减免税申请 13 户次。开展减免税调查 39787 户，比上年增长 34.16%。

【纳税服务】 2015 年，湖里区地税局全面完成办税服务厅的优化整合，撤销 5 个分局的办税服务室，设置枋湖和深汇 2 个办税服务厅，由原来单纯的业务受理扩展为“现场辅导 + 前台服务 + 业务协调”。积极应对枋湖办税服务厅业务量迅猛增长的现状，加强预约服务、午间值班及延时服务。增设枋湖 24 小时自助办税服务厅，进一步拓展自助办税服务功能。在微博互动平台的基础上，新建微信平台，由专人专岗负责。积极落实“一证一码”便民措施，保证了“三证合一、一照一码”登记模式的平稳过渡。加强税费宣传辅导，提高纳税人依法诚信纳税意识和全社会协税、护税意识。

【税收征管】 年内，湖里区地税局强化风险管理，积极应对市地税局下发风险管理控制任务，并自主开展风险识别和推送，深入开展专项纳税评估工作，是年，累计开展纳税评估 733 户次，发现存在问题 209 户，补滞罚入库金额 2674 万元。加强欠税清缴，全年共清理欠税 1828 户，共 12447 万元。进一步加强土地增值税的管理，强化税源管控力度，全程监控房地产开发企业的土地增值税申报入库情况，完成清算项目 11 个。2014 年企业所得税汇算清缴入库 35293.04 万元，申报准确率 100%；加强审核企业所得税预缴申报情况，是年预缴率 78.22%。组织个人独资和合伙企业个人所得税汇算清缴，共完成 541 户，入库个人所得税 81.11 万元。完成年所得 12 万元以上个人所得税自行申报工作，共申报 5166 人，申报率 100%。

【规费管理】 2015 年，区地税局持续加大社保费清欠力度，截至 12 月底，城乡医保、城乡养老参保人数 13.2 万人，缴费收入 1894 万元。年内，共为企业减负 13749 万元。出台规范和加强社保举报管理规定，畅通社保欠费举报渠道，对群众反映强烈的欠费问题强化治理，全年共受理举报 102 件，追缴社保欠费 115.32 万元。社保强制执行取得新突破，入库首笔依《中华人民共和国社会保险法》申请法院强制执行社保费款，将 3 起社保欠费案件移送法院强制执行；拓展执行渠道取得突破，运用行政胜诉成果，向法院申请执行终审判决，成功追缴 650 多名员工社保费 17.9 万元。

【机构调整】 2015 年，区地税局成立税收风险管理控制中心，负责本级机关税收风险管理的组织实施；调整分局机构职能，殿前分局调整为纳税评估分局，原殿前分局管征的纳税人的相关涉税（费）事项统一划归湖里分局管征。撤销原分局的办税服务室，相关业务并入区局办税服务厅。明确税收风控中心和纳税评估机构工作职责并强化人员配置，优化整合征管流程，加强部门纵横双向沟通，顺利完成涉税业务衔接工作。

【国地税合作】2015年，区地税局与区国税局加大合作力度，开展联合征收管理，成立湖里区国地税合作工作领导小组，建立联席会议制度，试行征管业务联动机制；共同委托二手车交易企业现场代征相关税收；开展数据交换共享，实现信息互联互通；联合走访欠税企业，协助企业制定清缴欠税计划。联合办税服务，在国地税办公楼之间打通围墙，开设便捷人行直通道；建设国地税“24小时自助办税服务室”；设立国地税“24小时自助电子取件室”；开设国地税纳税人学堂；联合开展纳税信用评价；联合推动“银税互动—税易贷”服务；在湖里区商会等7处联合设立纳税人维权分中心，联合开展纳税人权益保护。联合开展党建活动、党课教育、廉政教育、税企联创活动。

（熊金华）

11月4日，湖里区国税、地税及企业代表举行共同委托代征二手车交易税收签约仪式（陈意云　摄）

科　技

【概况】 2015 年，区科技局按照区委、区政府提出的“美丽厦门·创新湖里”的工作目标要求，围绕落实创新驱动发展的战略，以科技成果转化为主线，优化科技资源配置，以重点产业需求为牵引大力提升企业自主创新能力，积极营造大众创业，万众创新的良好环境，为全区经济发展提供有力支撑。是年，辖区共有高新企业 250 家，财政支出科技资金 1772 万元，专利申请 4029 件，专利授权 3556 件。

【科技计划】 2015 年，湖里区财政科技资金支出 1772 万元，通过专家评审的企业项目 18 项，涉及机电、生物、建筑材料、电子信息等行业；配套国家创新基金企业项目 6 项；专项奖励企业项目 33 家（申报高新技术企业奖励、市专利奖配套、市科技进步奖配套）；社会发展项目 5 项。

湖里区 2015 年第一批科技计划项目表（配套国家创新基金项目）

表 10

项目编号	项目名称	承担单位	企业所在地	项目执行期	资金投入结构（万元）				备注
					企业自筹	国家下达	区级配套		
							首次支付70%	验收后30%	
15 企 19	兼氧发酵复合菌的筛选及其在污泥堆肥中的应用研究	厦门绿标生物科技有限公司	金山街道金山小区第 14 栋 B302 单元	2013.10—2015.10	210	70	49	21	根据《厦门市湖里区科技资金管理办法》规定，按国家下达金额 1：1 配套。分两次拨付，文件下达时首次拨付 70%，项目验收合格、基本合格后支付余款（以国家验收结论为依据）
15 企 20	安全高效的天然中草药（钩吻）饲料添加剂	厦门锐泰中生物科技有限公司	禾山路 266-268 号联谊大厦五楼 F02-04	2014.7—2016.6	230	114	80	34	
15 企 21	基于超低功耗 DSP 的嵌入式声音处理软件	厦门莱亚特医疗器械有限公司	湖里区火炬东路 32 号综合楼一幢 302-A01	2014.7—2016.6	330	69	48	21	
15 企 22	书业供应链云服务平台	厦门中图壹购信息技术有限公司	软件园二期望海路 65 号 A302	2014.7—2016.6	700	40	28	12	
15 企 23	中小企业节能减排公共检测服务平台	福建省环安节能监测检验有限公司	禾山路 266-268 号联谊大厦四楼 D01	2014.6—2015.12	557	54	38	16	
15 企 24	科技型中小企业创业投资引导基金项目	厦门东方富源环保科技有限公司	湖里区湖里大道 48-50 号 5 楼西侧之二	2014.7—2015.12	50	100	70	30	
合计	—	—	—	—	—	447	313	134	

湖里区 2015 年第一批科技计划项目表（企业科技项目）

表 11

项目编号	项目名称	主要承担单位	起止时间	规模和效益预测			下达科技经费（万元）	备注
				产量	产值（万元）	利税（万元）		
15 企 01	防伪型气垫机及环保型材料的研发与产业化	厦门艾美森包装有限公司	2013.11—2015.11	卷膜 20.18 万卷、气垫机 0.6 万台 / 套	12406	利 998.49 税 1002.51	50	重点产业化项目
15 企 02	高效组合式滑块注塑模具及成型产业化应用	厦门市超日精密模具有限公司	2015.1—2017.1	333 套	5000	利 141.16 税 350.91	40	重点产业化项目
15 企 03	环保型生物基质的产业化	厦门市江平生物基质技术有限公司	2015.1—2016.12	2800 吨	2800	利 523.6 税 176.4	30	重点产业化项目
15 企 04	基于高通 QC2.0 协议高效快速充电器研发及产业化	厦门台和电子有限有限公司	2014.1—2017.1	500 万 PCS	10000	利 600 税 300	50	重点产业化项目
15 企 05	基于“互联网 +”技术的工程监理咨询行业升级平台的产业化研究	合诚工程咨询股份有限公司	2014.4—2016.12	—	1170.63	利 995.04 税 175.59	40	重点产业化项目
15 企 06	一种能消除甲醛危害的芳樟消醛液的研究开发	厦门牡丹香化实业有限公司	2015.1—2016.12	26.5 吨	315.35	利 74.71 税 26.81	20	重点研发中试项目
15 企 07	容大票据云打印系统的研发项目	厦门容大合众电子科技有限公司	2015.4—2017.3	50 套	660	利 61 税 37	20	重点研发中试项目
15 企 08	固态标本处理仪	厦门信道生物技术有限公司	2015.5—2017.5	105 台	1470	利 52.18 税 50.32	20	重点研发中试项目
15 企 09	真空接触器电磁机构的应用和产业化	厦门市恒源新电力设备有限公司	2015.1—2016.12	1100 个	1158	利 181.02 税 60.63	20	一般产业化项目
15 企 10	增强型环保折叠纸袋的产业化	厦门市金玺彩印有限公司	2015.1—2016.12	757 万个	1040	利 35 税 58	20	一般产业化项目
15 企 11	扣位脱模辅助系统注塑模具技术开发与应用	厦门捷信达模具塑胶有限公司	2014.7—2016.7	100 套	1000	利 26.05 税 25.1	15	一般研发中试项目
15 企 12	带车窗防夹功能车身控制器（BCM）的研发和生产	厦门博电电子有限公司	2014.8—2016.12	10000 套	250	利 127 税 32	15	—
15 企 13	半枫荷无性系中试生产关键技术研究应用	地缘（厦门）生物科技有限公司	2015.6—2017.5	12.5 万株	28.35	利 6.18 税 1.42	10	—
15 企 14	用于高浓度、难降解污水处理的多维无极电氧化系统	厦门绿动力环境治理工程有限公司	2015.5—2017.5	25	1550	利 37.25 税 15.25	15	—
15 企 15	一种大理石胶的研究开发与产业化	厦门力嘉诚防水工程有限公司	2015.1—2016.12	680 吨	640	利 13.2 税 8.2	15	—
15 企 16	基于密码保护与阅后即焚的即时通信系统	厦门捷晟数字科技有限公司	2013.1—2015.12	20 套	700	利 176 税 60	15	—
15 企 17	高性能大角度可调光的 LED 球泡灯	厦门佰明光电有限公司	2015.5—2017.5	45	1350	利 69.58 税 60.66	15	—
15 企 18	一站式信息化服务管理平台研发	畅易乐线供应链管理（厦门）有限公司	2014.1—2016.12	—	200	利 54.88 税 23.12	10	—
合计	—	—	—	—	—	—	420	—

湖里区 2015 年第一批科技计划项目表（专项奖励项目）

表 12

项目编号	项目名称	主要承担单位	项目任务指标	下达科技项目经费（万元）	备注
15 专 1	2014 年高新技术企业奖励	各企业项目负责人（详见附表 1）	根据《湖里区科技资金管理办法》第四章第八条　奖励 2014 年认定的高新技术企业 29 家	145	按规定每家高企奖励 5 万元。29 家共计 145 万元
15 专 2	配套奖励“厦门市 2013 年专利奖”	各企业项目负责人（详见附表 2）	根据《湖里区科技资金管理办法》第四章第八条	6	按规定给予相应奖金 1：1 的配套奖励，3 个三等奖，合计 6 万元
15 专 3	配套奖励“厦门市科技进步奖励”	厦门亿联网络技术股份有限公司	根据《湖里区科技资金管理办法》第四章第八条	10	按规定给予的配套奖励，1 个一等奖，合计 10 万元
总计	—	—	—	161	—

湖里区 2015 年第一批科技计划项目表（社会发展项目）

表 13

项目编号	项目名称	主要承担单位	起止时间	项目任务指标	下达科技项目经费（万元）	备注
15 社 01	六旋翼无人侦察机	武警厦门市支队第二大队	2015.1—2015.12	能大幅度的提高在反恐作战中的单兵战术水平，确保现代条件下处置突发事件和反恐任务的完成，为维护湖里区社会治安稳定和经济建设保驾护航	20	拥军强警
15 社 02	厦门边防支队湖里大队游艇全自动化申报比对管理系统	湖里公安边防大队	2015.7—2016.08	1. 厦门边防支队湖里大队游艇全自动化申报比对管理系统建设在游艇管理服务中心。2. 建设出入口防水摆闸、二代身份证读卡器、非接触式阅读器、高清摄像头、数据库服务器、视频服务器、告警服务器等硬件设备实施，用以对游艇进行 IC 卡识别。3. 归档游艇信息，每艘游艇配备唯一 IC 卡标识，分别安装在游艇上	30	拥军强警
15 社 03	情报应用 APP 及涉案财物管理系统	湖里公安分局	—	1. 情报应用 APP：该软件将实现对基层民警的实时动态管理、情报信息的“点对点”推送、信息资源共享及快速查询。2. 涉案财物管理系统：将实现全局涉案财物管理、出入库管理、二维码管理、台账管理、报表管理、系统管理等目标，达到对涉案财物管理的条码化、规范化、明晰化、信息化管理	50	拥军强警
15 社 04	区社会综合管理视频监控系统升级建设项目	湖里区城市管理行政执法局	2013.5—2015.12	根据区委专题纪要〔2013〕4 号文件、区委会议纪要〔2013〕13 号。1. 建设高清 IP 监控 1600 路（其中枪机 1200 个、球机 400 个）及配套存储等；2. 高清 HD-SDI 监控 10 路；3. 治安交通高清卡口 5 个；4. 智能分析平台	629	社会发展项目
15 社 05	“海丝”古船模科技文化交流中心项目	东渡社区居委会	2015.3—2015.12	“海丝”古船模科技文化交流中心以东渡社区科普工作室为据点，开展湖里街道“我爱祖国海疆”航海模型夏令营活动，并组织参加省、市船模比赛，取得了小学女子组冠军等多项冠军荣誉称号	15	社会发展项目
合计	—	—	—	—	744	—

湖里区 2014 年认定的高新技术企业申报奖励名单表

表 14

序号	企业名称	认定证书号	序号	企业名称	认定证书号
1	厦门中星视显电子科技有限公司	GR201235100110	16	昇捷丰电子（厦门）有限公司	GR201435100076
2	合诚工程咨询股份有限公司	GR201335100070	17	立烽电子科技（厦门）有限公司	GR201435100089
3	地缘（厦门）生物科技有限公司	GR201435100003	18	厦门赛恩机电科技有限公司	GR201435100096
4	厦门市福新源卫浴有限公司	GR201435100009	19	厦门嵩湖环境技术开发有限公司	GR201435100099
5	厦门锐恩特照明有限公司	GR201435100014	20	厦门市巨龙信息科技有限公司	GR201435100112
6	厦门佰欧科技工程有限公司	GR201435100015	21	厦门中环水水处理有限公司	GR201435100138
7	厦门容大合众电子科技有限公司	GR201435100022	22	厦门东顺涂料有限公司	GR201435100146
8	福建三炬生物科技股份有限公司	GR201435100033	23	厦门中泓检测技术股份有限公司	GR201435100160
9	厦门明振软件科技有限公司	GR201435100038	24	厦门迈通科技有限公司	GR201435100208
10	厦门市乐立润安科技有限公司	GR201435100047	25	厦门恒宇星光电科技有限公司	GR201435100210
11	福建省绿标生物科技有限公司	GR201435100048	26	瀚天天成电子科技（厦门）有限公司	GR201435100230
12	厦门合诚工程检测有限公司	GR201435100051	27	厦门金宝莱整体家居有限公司	GR201435100233
13	厦门微能电子科技有限公司	GR201435100056	28	赢世科技（厦门）有限公司	GR201435100236
14	厦门艾美森包装有限公司	GR201435100065	29	厦门新游网络科技有限公司	GR201435100239
15	沃博思（厦门）电子科技有限公司	GR201435100074			

【发展高新技术产业】 2015 年，辖区（含湖里火炬区）高新技术企业有 250 家，其中，湖里火炬园 117 家，约占全市 1001 家的 24.98%。规模以上高新技术产业总产值 1180.22 亿元，比上年增长 12.5%，占全市规模以上高新产业产值 3315.86 亿元的 35.59%；全区规上高新技术产业产值占规上工业产值 1454.15 亿元的 81.16%。

【科技园区】 2015 年，区科技创业服务中心有企业 177 家，新进企业 12 家，离园 5 家，在孵企业总数 41 家。上半年，在孵企业实现销售收入 4202.9 万元，上缴利税 155.2 万元，提供就业 294 人。

【科技交流与合作】 2015 年，湖里区组织 5 个项目参加省“6.18”展览。举办科技创业企业项目投融资对接会，活动吸引近 60 家银行、基金、投资机构、新闻媒体参与。通过筛选，有 22 家企业进行项目展示，其中，10 家企业进行了项目路演，6 家企业与金融投资机构达成融资意向。围绕是年市科技活动周“创新创业　科技惠民”的主题，组织 7 家企业科普进社区，开展多种形式的科技惠民服务。

【落实“双百”计划】 2015 年，湖里区共引进 13 名“双百”人才，比上年增长 68.4%，全区累计引进“双百”人才 32 名，年内，扶持 20 家双百人才企业，兑现扶持资金 847.2 万元。

【知识产权管理】 年内，湖里区知识产权专利申请有 4029 件，专利授权 3556 件，其中：发明专利 274 件，实用新型 1263 件，外观设计 2019 件，专利申请量比上年增长 32.26%，专利授权量比上年增长 96.57%，位列全省前列。是年，湖里区承接市知识产权局下放知识产权专项资助工作，兑现专利申请资

湖里区配套厦门市 2014 年专利奖励名单表

表 15

序号	企业名称	等次
1	厦门市福新源卫浴有限公司	三等奖
2	厦门亿联网络技术股份有限公司	三等奖
3	厦门力嘉诚防水工程有限公司	三等奖

湖里区获厦门市2014年科技进步奖名单表

表16

序号	单位	等次
1	厦门亿联网络技术股份有限公司	一等奖

助专项资金、企业获得首件专利奖励、小微企业专利资助等共276.22万元。

【科技进步奖】 2015年，湖里区表彰“2013至2014年湖里区科技进步奖”，共表彰24项，其中：一等奖4项，二等奖10项，三等奖6项，表扬奖4项，下发奖金310万元。

【科学普及】 年内，湖里区开展以“科学生活·创新圆梦”为主题的科技周活动，在全区各街道举办科技周启动仪式，各街道组织举办社区科普知识竞赛，选送优胜者参与全区街道科协科普知识竞赛，将科普知识竞赛活动从街道覆盖全区。在科技周活动期间，向52个社区赠送科普图书、科普挂图、科普墙报2500余册；更换52座宣传画廊的科普挂图；全区科普教育基地、青少年科学工作室面向辖区居民开放，社区青少年科学工作室开展活动共20场，接待青少年600余人次。开展科普超市进社区活动。邀请区计生、环保、卫生、安监、食品安全办、科宏科教基地、惠和石文化园教育基地等部门在5个街道的社区先后组织10场“科普超市”进社区活动，吸引6000多居民参加，对居民进行食品安全、健康卫生、居家环保等多方面的宣传。

（邵欣欣）

福建省水产研究所

【概况】 福建省水产研究所成立于1957年，隶属福建省海洋与渔业厅，是一个公益型、多学科、综合性的省级海洋与渔业研究机构。2015年，有职工134人，专业技术人员116人，其中，高级研究人员44人，中级研究人员49人，享受国务院政府特殊津贴2人，入选福建省“百千万人才工程”4人。是年，福建省水产研究所新增各级各类项目30项，其中，省自然科学基金2项、海洋经济创新发展区域示范项目1项，省科技重大专项1项，省海洋高新产业发展专项2项，省属公益类科研院所基本专项15项，省渔业结构调整9项，另有多项资源、环境、病害、水产品检测等专项任务，实现新增科研经费5661万元。承接科技服务项目62项，实现新增项目经费1691万元。全年全所共发表科技论文48篇，其中EI（工程索引）收入1篇。申请专利11项，授权专利5项。在“6·18”中国·海峡项目成果交易会上，推荐9项对接项目参会，现场签约1项。组织科技人员参加“渔博会”，展出福建省水产研究所“金蛎1号”等多项科技成果。修订完善19项工作制度，进一步规范科研管理工作。引进1名海外高层次人才，开展“青年科技论坛”“海洋人才港”等学术交流活动，举办科技和管理专题讲座。组织科技人员深入全省渔业乡镇和渔村开展海水健康养殖技术、病害防治、水产品质量安全等方面的技术培训和咨询服务。以科技活动周、科普教育基地和福建海洋渔业科学馆为平台，开展海洋生物科普宣传，制作水产食品的安全与健康知识手册向市民和中小学生发放。

【泥东风螺规模化人工繁育获市科技进步奖】 2015年，福建省水产研究所承担的“泥东风螺规模化人工繁育和增殖放流关键技术研究与示范”项目获厦门市科技进步二等奖。该项目首次开展了泥东风螺增殖放流，采用笼壶作业定点调查结合诱捕试验方法评估泥东风螺增殖效果。研究结果对促进福建泥东风螺的资源恢复、保护和开发利用具有重要的意义。

【引进海外高层次人才】 2015年，福建省水产研究所与澳大利亚詹姆斯库克大学海洋与热带生物学院热带甲壳动物水产养殖研究室的教授曾朝曙签订特聘海外高层次人才协议书。根据协议曾朝曙协助福建省水产研究所开展海水观赏鱼虾类、澳洲龙虾、澳洲鲍鱼和石斑鱼的人工繁育技术、养殖技术、营养需求、消化生理、幼体饲料研发及环境毒理学等方面的研究与产业化建设工作。通过合作培养研究生、开展科研项目、专家互访等形式，为福建省水产研究所与澳大利亚海洋与渔业行业的合作与交流搭建桥梁。

【建设福建海洋渔业科学馆】 2015年，福建省水产研究所建设了面积约1000平方米的福建海洋渔业科学馆。馆内通过图文、影像、标本、模型、模具等形式，展示当今福建海洋渔业的科技力量、科研动态、科学文化及创新科技成果。9月18日，福建海洋渔业科学馆正式开馆。科学馆由福建海洋渔业简介，领导关怀，科学家风采，科技研发、平台建设、成果转化、文化与交流，养殖模式模拟介绍、远洋渔业以、大中小型海洋生物标本及种质创新等大小10多个展示区组成，内容丰富；馆内有长5.3米的皇带鱼标本，有产学研合作的

福建海洋渔业科学馆内景（宫庆照　摄）

动态数字沙盘，有展示海洋生态的 180° 环形影幕，有小型水族馆与模拟海底世界的全息投影相结合以及红珊瑚展示区。年内，科学馆先后接待了农业部、高校及科研院所、省内外海洋与渔业系统及厦门市市民等参观交流团体 18 批 300 多人次，并向社会公众免费开放参观，接待公众约 500 多人次。

【福建省水产研究所被授予全国水产科普教育基地】 2015 年 11 月，经中国水产学会评审认定，福建省水产研究所被授予全国水产科普教育基地。福建省水产研究所通过开展海洋渔业资源调查采集大量的珍稀海洋生物标本，并在此基础上建立了“福建省海洋生物标本馆”。研究所一直致力于海洋科普知识的宣传教育工作，遵循提高公民科学素质和服务大众的原则，坚持面向广大青少年及社区群众开展科普宣传活动，向市民展示海洋渔业的科技动态以及科技成果，发放水产食品的安全与健康科普知识宣传手册，为社会提供海洋渔业科普服务，营造全社会学海洋知识、懂海洋知识、用海洋知识的良好氛围。

【实验室能力建设】 2015 年，福建省水产研究所不断加强各类实验室能力建设，提升科技创新水平。水产病害防治实验室在农业部组织的“2015 年水生动物防疫系统实验室检测能力测试”工作中，白斑综合征、传染性皮下和造血器官坏死病等 2 种疫病病原检测项目获得“2016 年国家水生动物疫病监测计划”相应疫病检测实验室的备选资格。同时，国家海水鱼加工技术研发分中心（厦门）、福建省海洋生物增养殖与高值化利用重点实验室也分别顺利通过 2015 年农业部和省科技厅的考核与验收。

【开展海洋与渔业水域环境监测和影响评价工作】 年内，福建省水产研究所承担农业部、东海区渔政局和省海洋与渔业厅下达的渔业水域生态环境监测、海洋环境质量监测、污染物总量监测、福建省近岸贻贝与沉积物监测、赤潮监测与预警，海水入侵和盐渍化监测、主要海湾重点涉海工程项目海洋环境监视监测、PX 项目跟踪监测、古雷尾水排放口及邻近海域环境监测等 13 个专项监测任务，为农业部渔业生态环境监测、各级主管部门的海洋与渔业环境的监督管理提供了强有力的技术支持。承担“改革和优化用海项目立项和环评工作东山湾试点”专项任务，以开展“比服务”活动为契机，进一步提高重点用海项目海洋环评和海域论证的服务效率，努力解决用海项目立项、环评工作中存在的梗阻问题。

【海洋公益行业科研项目进展良好】 2015 年，福建省水产研究所主持的国家海洋局海洋公益性行业科研专项“东南沿海浅海五种特色经济底栖动物资源恢复技术集成与示范”针对中国东南沿海浅海特色经济动物资源日益衰退的现状，开展了泥东风螺、波纹巴非蛤、紫海胆、西施舌和斧文蛤等 5 种浅海特色经济底栖动物的资源、栖息环境及渔业生产现状调查，分析其遗传多样性，建立苗种培育中试基地，构建人工育苗及苗种中间培育技术，并开展了苗种增殖放流及效果评估，取得了较好的进展。同时，“福建特色海洋生物资源高值化利用研究和示范”专项确定了液熏鲍最佳的加工工艺条件，摸索出鲍壳表面重金属的去除方法；开展河豚毒素或其衍生物组合物的抗心律失常活性研究，进行了河豚毒素组合物制剂工艺的研究；开展氨基葡萄糖拟肽的分析方法研究，对制备的氨基葡萄糖拟肽进行了抗病毒活性检测。项目进展良好。“东山湾受损生境修复生态工程和效果评价技术集成与示范”子任务 2015 年继续开展修复效果大面跟踪监测，在东山湾八尺门示范区继续进行盐生植物的种植与修复技术研究，利用废弃网箱和创新改造浮床种植盐生植物海马齿，海马齿的种植、生长和景观达到预期目的，修复效果显著，11 月顺利通过国家海洋局的中期检查。

（郭书悦）

福建省亚热带植物研究所

【概况】 2015年，福建省亚热带植物研究所（简称省亚植所）承担运行各类研发项目62项，新增项目经费1251.88万元。其中，国家级科研项目10个、省级研发项目4个、市级重大科技创新平台项目1个、市级研发项目33个、其他单位委托项目5项、自选课题6项。全年新增研发项目21项，新增研发经费1251.88万元。申请发明专利9项，获发明专利授权3项，完成结题验收项目8项，发表研究论文28篇。年内，“基于枇杷悬浮细胞系的熊果酸合成机制研究”项目获国家自然科学基金资助，累计获资助的基础理论研究项目9个。

【厦门市工程技术研究中心挂牌运营】 11月，市科技局组织专家，评审省亚植所申报的工程技术研究中心建设情况，确认“厦门市农林新优种苗繁育工程技术研究中心”为厦门市工程技术研究中心，正式挂牌运营。该研究中心以省亚植所为研究基地，将围绕新优农、林种苗产业新产品需求，开展技术创新研究，形成具有区域特色的种苗繁育技术体系及规范，为农、林产业化发展提供种苗技术支撑及种苗供给服务。

【厦门市首个养耕共生系统示范基地初步建成】 年内，厦门市首个养耕共生生态系统示范项目在省亚植所初步建成且运行良好。养耕共生生态系统是一种新型的复合耕作体系，通过巧妙的生态设计使水产养殖与蔬菜生产达到科学的协同共生，从而实现养鱼不换水，种菜不施肥的生态共生效应。

【厦门绿境趣向站项目通过验收】 2015年，由省亚植所承担的“厦门绿境趣向站”通过专家验收。该网站是“厦门生态园林信息平台”公益项目之一，该项目通过花果或生态景区的最佳观赏时间预报、阳台观赏植物种养知识传授、厦门植物资源介绍、虚拟植物园等栏目为市民提供服务。该项目还建立厦门植物科普平台，为市民提供各种植物生长动漫课等，成为厦门植物科普的一个重要平台。

【产学研合作】 2015年，省亚植所继续与福建农林大学研究生工作站进行产学研交流合作；与华侨大学联合做好研究生培养工作。至年末，研究生工作站培养博士研究生6人，硕士研究生18人。研究生科研方向与进驻所内企业相结合，项目与台湾联合研发，在金线莲、牛樟等组织培养与细胞培养领域取得研发成果，发挥对台科技合作交流基地作用。

【为社会提供技术服务】 年内，省亚植所继续完善实验室计量计证管理体系，建立标准化分析测试实验室。全年为市绿化管理中心、厦门市园博苑景区管理处、厦门市集美区农佳鑫有机肥厂、圣龙集团等12个单位提供检测分析服务。年内，在翔安区推广火龙果、胡萝卜及马铃薯优质品种栽培管理技术；在同安区和漳州东山县推广莲雾产期调节技术；在同安区以及漳州市推广葡萄一年两季避雨栽培技术；在平潭风口沙地推广应用保水袋造林。

【海西植物天然产物提取纯化中试基地建设】 2015年，由省亚植所承担的厦门市重大科技创新平台项目海西植物天然产物提取纯化中试基地取得阶段性进展，改造建设约240平方米的植物化学研发实验室和70平方米的小试配套车间；完成植物化学研发平台、植物化学成分结构分析测定平台和小试平台的仪器设备采购与安装；完成中试车间建设选址、工程设计、工程施工招标等工作；设立重大平台子课题研究项目7个，发表5篇论文，申请国家发明专利4项。

【科普工作】 年内，省亚植所围绕“有效利用植物资源，致力人类美好生活”主题，利用科技宣传月、科技周、科普日、“三下乡”等载体开展科普活动。举办了果树、蔬菜、茶叶实用技术培训会，种植技术现场会、科技咨询会。9月18—24日，承办“珍稀濒危植物保护科普展暨鼓浪屿古树名木鉴赏”活动，内容包括“鼓浪屿古树名木与珍稀濒危植物图片联展”及举办“植物的智慧”“中国红树植物资源评估”“古树名木鉴赏与保护”讲座等。全年接待大、中、小学到省亚植所开展科普活动近2000人次。被授予“厦门市中小学生社会实践基地”“第九批福建省科普教育基地”称号。

（李影）

文化　体育　旅游

文　化

【概况】 2015年，湖里区大力推动文化产业和旅游产业的转型发展，确保文化市场规范有序，推进文物非遗保护工作，广泛开展全民健身活动，各项工作取得新的进展和良好的效果。是年，辖区共有文化馆1个，图书馆1个，街道文化站5个，社区文化活动室53个，网吧经营单位50家，“24小时街区自助图书机”53台。年内，举办全区性文化活动97场，全区基层文体活动895场。第八届海峡文博会上，辖区有80个文创产业展位申报参展。全区登记在册的文化志愿者3000多名，街道、社区业余文体队伍达268支。全区现有国家级文化产业基地2个、省级文化产业基地7个、市级重点文化企业13家。是年，湖里区文化馆再次被评为国家一级文化馆。

【基层文化设施建设】 2015年，湖里区圆满完成复评全国一级文化馆的工作。依照《湖里区落实基层文化设施建设三年提升工程目标的实施意见》的分解指标任务，继续推进基本公共文化服务标准化、均等化建设。重点提升禾山和江头街道文化站硬件建设，增设400平方米的区文化馆艺术展览厅，并积极对接建发禾山公司完善设计方案，推进新的区文化中心项目建设进度。至年底，5个街道文化站和53个社区文化活动室设置率和达标率均为100%，5个街道文化站的室内总建筑面积合计7344平方米，53个社区文化活动室室内总建筑面积合计2.65万平方米，平均每个活动室500平方米，基层文化场所设施达到国家标准的优秀水平。

【基层文化队伍建设】 年内，五缘湾合唱团、湖里区中青年舞蹈团、湖里区外来青年艺术团等文艺团队稳定发展。多个社区艺术团、上千名草根文艺达人成立了全市第一个“社区文化艺术协会”，带动了基层文化活动向广度和深度发展。至年底，湖里区登记在册的文化志愿者有3000多名，全区街道、社区的业余文体队伍达到268支。大力推广湖里区首创的基层文化场所“自我管理、自我服务”的自助式管理模式，形成“政府引导、分层组织、自我管理、提升自我”的文化志愿者队伍建设新模式。

【打造特色文化品牌】 2015年，湖里区除原有的厦门（湖里）元宵民俗文化节、厦门（湖里）城市诵读节、湖里区社区文化艺术节和福德文化节等文化品牌外，还下拨街

第十一届元宵民俗文化节（陈冰　摄）

第七届文化艺术节闭幕式（陈冰　摄）

道扶持资金100万元，新建成“幸福广场秀”10个示范点，全区“幸福广场秀”活动点有172个，每天6300余人参与活动。全年举办基层文化活动895场次。

【举办第七届社区文化艺术节】5月15日—10月20日，湖里区举办了第七届社区文化艺术节。本届社区文化艺术节以“圆梦在这里”为主题，开展了综合文艺展演、书法、美术和摄影综合展览。艺术节期间共举办了895场次的文体活动。

【群众文艺创作】2015年，湖里区围绕“中国梦”、“美丽厦门·共同缔造”“一带一路”等主题，创作出音乐作品《白云深处》《路边的野花你不要采》《圆梦在这里》，舞蹈作品《夜色厦门》《时代节奏》，曲艺作品《八大嫂夸夫》等一批充满湖里特色的文艺精品，并参与第十三届中国合唱节、湖里区第七届社区文化艺术节开幕式、闭幕式颁奖文艺晚会等各级比赛和演出。

【五缘湾合唱团获第十三届中国合唱节银奖】10月30日，厦门五缘湾合唱团在第十三届中国合唱节获混声组银奖。本届合唱节共有54支参赛团队，五缘湾合唱团作为福建省唯一的参赛团队，演唱了阚全安编的两首合唱新作品《白云深处》和《路边的野花不要采》，受到评委专家的高度评价，名列混声合唱组银奖第三名。

【外来青年合唱团获第六届福建艺术节合唱比赛一等奖】12月8日下午，外来青年合唱团在第六届福建艺术节合唱比赛上获一等奖。本次比赛有9支代表队参赛，湖里区外来青年合唱团以《白云深处》和《龙的传人》两首作品参赛，表现出很高的声音控制能力和艺术表现力，受到专家评委的一致好评，获一等奖。

【举办厦门（湖里）国际时尚周】11月26—29日，湖里区在联发华美空间文创园举办厦门国际时尚周系列配套活动，包括湖里区“时尚·创意·生活”系列活动暨华美空间开放季启动仪式、湖里时尚生活博览会、海峡两岸时尚产业交流对接会、咖啡时尚·跨界合作研讨会、2015海峡国际微电影节、国际品牌发布会、首届两岸潮牌论坛等活动。时尚周促成“三大成效”：一是园区招商有成绩，华美空间文创园完成了3.26万平方米的招商面积，出租率80%，海峡文创园完成了95%的招商面积；二是项目对接有成效，吸引4个文创园项目落地，包括五洲汇跨境文创园、海西工业设计中心、云创智谷、两岸客家文化产业园；三是推广方式有新意，策划海峡两岸时尚产业交流对接会，实现两岸时尚文创的深度交流与合作。

【参加第八届海峡两岸文博会】10月30日—11月2日，第八届海峡两岸文博会召开，湖里区申报参展文创企业的主会场展位71个、639平方米，文化产业项目签约额19.6亿元，湖里区还设立了华美文创园、惠和石文化园、厦门古玩城、海峡建筑设计文创园四家分会场。由万科集团和厦门天地开发建设公司共同打造的海西工业设计中心正式启动，由文博会组委会、厦门市经信局、湖里区政府共同主办的海峡工业设计大奖赛隆重举行。海西工业设计文创园启动之日已吸引了近百家企业接洽入驻。

【文化＋金融创新】2015年，湖里区设立3000万元专项扶持资金，解决文创企业轻资产、融资难现状，采取区政府、国开行厦门分行、金原担保、厦门银行合作担保融资的模式，为湖里老工业厂房文创园、云创智谷园区、牛头山文创园及其入驻文创企业提供贷款贴息和担保费补助。该模式由国开行厦门分行提供贷款资金，区政府授权联发集团管理专项扶持资金，提供基准利率上浮10%的贷款贴息和1500万元以下贷款部分1.5%—2%的担保费率补助，金原担保公司承担担保责任，厦门银行“见保即贷”实施放款。

【创新网吧监管模式】2015年，湖里区引进“网咖”模式，融合了咖啡馆的休闲和网吧上网功能的复合型网吧，扩大了消费人群。网吧协会通过现场授课、远程教育等多种形式培训提升网吧从业人员素质水平。推行“网格化”监管模式，联动查处“黑网吧”，在全区文化市场日常管理三级（区、街、社区）网格基础上，制定网格化管理机制，实现文化市场网格化管理全方位、无缝隙运行。同时率先探索开展网吧管理分级评定工作，辖区13家网吧被授予厦门市“第五届放心网吧”。

【张仃美术馆五缘湾开馆】5月2日，国内唯一的张仃个人美术馆在五缘湾开馆。张仃美术馆由集雅文化集团与张仃艺术研究专家共同创办，选址在五缘湾博物馆区A区11号楼，建筑面积3500多平方米。美术馆建筑在尊重和保留了原有建筑风格的基础上，由清华大学设计团队，改扩建为单体三层现代风格建筑。一层为临设展厅，二层为馆藏常设展厅，展厅配备的灯光及恒温恒湿设备在国内个人美术馆中都处于顶尖水平。二楼常设展厅内展出张仃先生的书法、绘画、素描、写生手稿、信札、影像资料等500余件，其中书画作品300多件。

【文化市场监督管理】2015年，湖里区出动执法人员2893人次，检查各类文化经营场所1134家次，受理投诉举报157件，立案查处违规行为10起。联合各种力量深入开展扫黄打非各类专项整治工作及出版物市场专项清查行动，重点整治校园周边文化市场环境，推动出版物市场规范化管理。建立“黑网吧”查处工作机制，共查处取缔黑网吧64家（次），其中劝导关停黑网吧55家（次），立案查处黑网吧9家，查扣电脑近300台。

【文化遗产保护】年内，湖里区开展第一次全国可移动文物普查登记工作、第三次不可移动文物普查结果的复查工作和第六批市级文物保护单位和第三批涉台文物古迹的申报确认工作。认真开展文物安全检查，落实文物日常管理职责，协助市文广新局文博处做好“薛令之墓”文保单位迁建重启工作。成立“湖里区闽南文化生态保护实验区工作领导小组”和“湖里区非物质文化遗产专家组”，并召开“湖里区非物质文化遗产专家组座谈会”，启动第一批认定工作，完成湖里区“2015、2016年度厦门市闽南文化生态保护区建设专项资金申请”工作。经审批，湖里区的“闽南建筑营造技艺”“钟宅王船制作技艺”“惠和影雕技艺”“优必德漆宝斋”4个项目合计各年度可获得45万补助资金。

【参加厦门市第十个非物质遗产保护成果展】6月13—14日，湖里区参加了在市美术馆举办的厦门市第十个文化遗产日系列活动之非物质文化遗产保护成果展。湖里区展示了惠和影雕技艺、漆宝斋漆艺等传习中心和殿前街道高殿社区、禾山街道钟宅畲族社区等社区中闽南文化保护与传承的风采，现场还展示了钟宅畲族王船、仙岳山闽南传统建筑营造技艺的民居营造构件等实物。

图　书

【概况】2015年，湖里区图书馆每周开放75.5小时，全年借阅图书56.73万册，年外借册次比上年增长3.28%；接待读者52.42万人次，比上年增长9.64%，馆藏文献资源总量达到40万册，比上年增长28.46%，图书借阅量居全市第二。图书馆流动图书车每周定期送书下基层，全年开展送书下基层活动79场次，服务15068人次。是年，建成并投入使用第二批18台24小时自助图书馆，至年底，全区共有53台自助图书馆，平均每个社区一台，数量居全市之首。

【湖里区图书馆举办微商培训】7月，区图书馆携手后埔社区，在湖里区共享工程支中心电子阅览室举办湖里区外来劳动力技能培训——微商培训，20名外来务工人员参加培训。培训课以理论学习和实际操作相结合的授课方式，使学员初步具备电商就业创业的能力，激发学员的创业热情。

【区图书馆举办纪念“世界读书日”系列读书活动】4月23日，区图书馆开展系列读书活动迎接“世界读书日”的到来，推广全民阅读活动。系列活动包括：①“爱书日”主题书签制作比赛。组织幼儿园的小朋友参观图书馆，教育小朋友们要爱书护书。邀请手工老师在多功能厅，指导小朋友们制作书签并进行比赛和讲评。②爱心书屋手印留存。小朋友们了解“世界读书日”的由来，将手印留在爱心书屋宣传板上。③读书有礼。当天到馆借还书的读者赠送读书纪念品，鼓励大家多读书。

【服务读者活动】2015年，湖里区广泛开展全民阅读行动，做好读书公园、全民读书点两大阵地建设。利用周末时间在读书公园举办少儿阅读等各种群众喜闻乐见的读书活动，参与湖里区文化科技卫生“三下乡”活动，开展文明志愿服务；举办读者庆元宵欢乐周活动；开展雷锋月学雷锋小文明志愿者活动；组织开展“4·23”世界读书日系列活动；每个月举办“消防安全知识”“安全保卫知识”讲座，加强安全教育；开办“书香家庭”亲子教育系列讲座、“讲咱厝的话”闽南方言系列讲座、“鹭江讲坛”公益讲座等周末知识讲座；免费的电脑培训，培训对象包括老年人、进城务工人员、少年儿童、下岗人员及残障人员等弱势群体；为到馆读者播放共享工程视频节目等。

厦门经济特区纪念馆

【概况】 厦门经济特区纪念馆是全国第一座经济特区纪念馆，是为纪念改革开放30周年和厦门经济特区建设27周年而设立的历史专题纪念馆。纪念馆馆址湖里区兴隆路23号，原为厦门经济特区管委会办公楼所在地（后为湖里区政府办公楼），占地面积5000平方米，建筑面积6000平方米，由办公大楼（6层）、邓小平题词纪念馆（2层）、门厅及临时展厅（单层）构成。特区馆于2008年12月19日作为市委、市政府纪念改革开放三十周年的重要活动之一，正式对外开放。同年12月，厦门市委机构编制委员会批复成立厦门经济特区纪念馆，隶属于厦门市博物馆，是财政核拨市属事业单位。特区纪念馆内设宣教部、办公室、资料室，有工作人员12名，每周一至周六9:00—16:30免费对外开放。纪念馆的陈列以特区初创和邓小平、江泽民、胡锦涛三代党的领导人先后视察厦门经济特区为标志，共分为四大部分，即厦门经济特区开创阶段（1981—1984）、发展阶段（1984—1991）、争创新优势阶段（1992—2005）和科学发展新跨越阶段（2006—2008）。展览以历史图片和史料实物，结合场景、模型制作和多媒体声光技术，向人们全方位地展示了厦门经济特区建设以来翻天覆地的变化和取得的辉煌成就。馆内附设有“厦门市重点建设成就展”“厦门海堤建设历史陈列”“小平同志视察厦门陈列室”和“鹭江号游艇陈列”4个展览。2015年，厦门经济特区纪念馆共有实物藏品300余件，档案文件700余份，照片资料1万多张，图书1000余册。纪念馆重点收藏与厦门经济特区发展历史有关的实物、文献、照片等资料，不断发挥爱国主义教育基地作用，被命名为“市第四批爱国主义教育基地”“市第二批社会科学普及教育基地”“福建省党史教育基地”和“湖里区爱国主义教育基地”。年内，纪念馆共免费接待参观人数约6.02万余人次，其中未成年人参观人数约19347人次；各机关事业单位、学校、部队、社区团体共122场次，其中，机关事业单位32场次，学校37场次。

【举行经典诵读活动】 5月12日，由湖里街道计生协、湖里街道工会和厦门经济特区纪念馆联合主办，兴华社区居委会等单位联合承办的“弘扬特区精神”经典诵读活动在特区纪念馆举行。三品堂文化公司的老师表演了歌唱、吟诵等节目；华昌小学学生诵读经典励志美文、古诗词文和特区故事；特区纪念馆宣教部的工作人员也参与了诵读和歌唱表演。

（谢典均）

体　育

【概况】 2015年，湖里区先后开展了拔河比赛、五缘湾健身行、“庆五一”企业职工趣味运动会等活动，参与单位近百个。是年，各街道、社区举办篮球赛、广场舞、乒乓球、棋牌类等各类比赛500多场次，5万多人次参加比赛。支持区老体协开展各项老年体育活动。开设健身操、太极拳等固定活动项目，举办各类健身健康知识讲座，促进了老年人的身心健康。全区老年人体育健身队伍日益壮大，仅2月组织的老人健步行活动，参加活动的老年人即多达1000多人。支持区篮球协会举办湖里区“全民健身美丽湖里”篮球赛、“美丽厦门·创新湖里·全民健身”2015厦门国际篮球邀请赛和区篮球协会“进校园”活动。确保2015年建发厦门国际马拉松赛、海峡杯帆船赛、第十一届中国俱乐部杯帆船挑战赛顺利进行。

【完成《湖里区全民健身计划（2011—2015）》】 2015年，完成《湖里区全民健身计划（2011—2015）》，计划主要内容有社区体育健身设施、文体场所覆盖率100%，全区体育场馆460多个，人均体育场地面积2.0平方米。年内完成《湖里区全民健身计划（2011—2015）》，社区体育健身设施、文体场所覆盖率全区体育场馆个数均达标，人均体育场地面积2.06平方米，各街道共有62个全民健身点、132个晨晚练点、172个广场舞活动点，形成了以全民健身领导小组为主线，以健身点为基础，以学校、街道、社区为重点，以社会体育指导员为骨干的全民健身基本格局。是年，湖里区青少年校外体育活动中心已建成并投入使用，这座大型综合性体育场馆成为辖区居民体育活动新阵地。人均体育场地面积、各街道拥有的全民健身点、广场舞活动点均达到“健身计划”的规定，形成了以全民健身领导小组为主线，以健身点为基础，以学

3月28日，由厦门市湖里区游泳协会、厦门畅游世界游泳俱乐部承办的福建省第四届冬泳锦标赛在厦门双十中学韩振东游泳馆举行（林强　摄）

校、街道、社区为重点，以社会体育指导员为骨干的全民健身基本格局。

【福建省第四届冬泳锦标赛】 3月28日，由福建省游泳协会主办，厦门市湖里区游泳协会、厦门畅游世界游泳俱乐部承办的福建省第四届冬泳锦标赛在厦门双十中学韩振东游泳馆举行。福建省内各设区市、县（区）及台湾地区游泳协会、冬泳协会、游泳俱乐部的41支代表队，近500人参赛。

【创建“老年人健身康乐家园”示范点】 2015年，湖里区开展创建“老年人健身康乐家园”活动试点工作，湖里区9个社区示范点均达到“示范点社区”的申报条件。其中，东荣、吕岭、金海、岭下4个社区被推荐为省级示范点，东荣、吕岭、金海、岭下社区和江头街道5个单位被授予厦门市首批“老年人健身康乐家园”单位，为全区创建工作起到了先行先试的示范作用，较好地完成了年度创建目标。

【湖里区篮球协会活动】 3月，区篮球协会举办湖里区“全民健身·美丽湖里”篮球赛，来自街道、社区以及机关企事业单位的12支代表队参赛。8月，协办2015年厦门国际篮球邀请赛，区篮球协会在江头街道开展“全民健身”篮球进校园活动，聘请了省体工队篮球专业教练义务教学，训练学生掌握运球、抛接球等基础技术和技能，除乌石浦小学外，还有江头第三小学、蔡塘小学、江头中心小学及金尚小学4所学校加入本次活动，并先后开展篮球教学课程。

【举行第六届海峡杯帆船赛】 6月10—17日，第六届海峡杯帆船赛在厦门五缘湾海域至台湾澎湖海域开赛。有来自中国大陆、台湾、香港的翡丽号、艾泽希号、海蓝队、瀚盛号、金壮号、万利号、顽石队、厦门大学队、逸蓝帆船队、彤然号、上海号、EaglesQuestII、Naniwa、Barefoot、大鹏一号共15艘帆船约200人参赛。比赛船只的船型、动力、通讯导航设备、救生设备、船员技术要求等都严格按照国际标准。比赛采取各赛段分别计成绩，分海峡赛、澎湖场地赛、绕岛赛，各赛段成绩的累加为该船只本次海峡杯帆船赛总成绩。厦门大学帆船队获得澎湖到厦门五缘湾长航赛竞赛irc组冠军，万利瓷业队获得长航赛公开组冠军。厦门瀚盛帆船队获得irc组总成绩冠军，万利瓷业队获得总成绩公开组冠军。

【举办第十一届中国俱乐部杯帆船挑战赛】 6月18—20日，第十一届中国俱乐部杯帆船挑战赛第一阶

6月18—20日，湖里区举办第十一届中国俱乐部杯帆船挑战赛（魏克丰　摄）

段开赛。来自北京、上海、深圳、三亚、香港以及厦门本土的30支帆船队、近200名国内外选手参赛。经过三天比赛，老男孩梦之队、泉州海蓝队、Hero Racing Team获得前三名。

【厦门首个“海丝”船模文化交流中心在湖里街道揭牌】 7月1日，“海丝”古船模科技文化交流中心在湖里街道青少年工作室揭牌。该中心历时3个多月策划筹建，湖里街道安排专项经费，选址在东渡社区，打造成青少年船舶文化科普基地，响应“一带一路”的战略规划，旨在传播中国源远流长的造船工艺、船舶文化，培养学生的兴趣爱好，继承发扬传统科技、文化知识。

旅　　游

【概况】 2015年，全区旅游总收入约56.31亿元，其中住宿和旅游餐饮37.78亿元，旅游购物18.09亿元，辖区A级景区（点）接待旅游人数100多万人次、门票收入2000多万元，接待游艇、帆船体验4万多人次。在全市率先制定了《湖里区关于加快旅游业发展的实施意见》和《湖里区加快旅游业发展的扶持奖励办法》，明确提出了全区旅游发展举措和保障措施。组建成立“湖里国投旅游投资有限公司”。推进五缘湾旅游提升，深挖旅游资源，做好基础建设。环五缘湾高端酒店群初具雏形，希尔顿逸林酒店已建成开业，中央湾区酒店、明发海湾度假村等酒店建设进展顺利。大力宣传推介，积极参加第十一届海峡旅游博览会。开设“乐游湖里”微信公众号。举办重点旅游项目推介会，开展“湖里8景”评选活动。

【“湖里4景”入选“厦门新24景”】 6月，湖里区联合《厦门日报》面向广大市民与游客征集“湖里16景”，通过微信投票、专家评审，评定出“五缘帆影”“仙岳福山”“灯塔晨曦”“湿地舞鹅”“牛头秋月”“海堤春晓”“特区印记”“惠和石韵”8景，代表湖里角逐“厦门新24景”评选，历经8道评审程序，最终有“仙岳福山”“灯塔晨曦”“五缘帆影”惠和石韵”4景“入选“厦门新24景”。

【举办“乐游湖里”帆船嘉年华】 7月18—26日，湖里区举办2015“乐游湖里”厦门帆船嘉年华，围绕着“激情五缘、时尚五缘、温馨五缘、魅力五缘”四大主题，配套举行亲水体验周、少年OP帆船体验日、“安奈儿”亲子趣味运动会、沙滩风筝表演、“宝骏560之夜”帆船音乐节、美食啤酒节、摄影大赛等八大互动活动，全面诠释五缘湾，彰显帆船文化魅力。

【举行重点旅游项目推介暨厦鼓码头自驾游服务中心开业仪式】 9月30日上午，湖里区重点旅游项目推介暨厦鼓码头自驾游服务中心开业仪式在东渡牛头山景区举行。厦鼓码头自驾服务中心位于厦门市东渡牛头山景区，距离厦鼓码头仅1000米，地处海沧大桥、杏林大桥、厦门大桥以及接连翔安隧道的仙岳路交汇口，极大方便全国各个方向来厦自驾游客。服务中心占地两万平方米，一期划定大小停车位400个。厦鼓码头自驾服务中心从立足服务游客出发，与市自驾旅游协会、市旅游集散服务中心、轮渡公司、亚太旅游等单位紧密合作，引入厦鼓船票售票终端，并提供嵩屿码头接驳引导服务，自驾游客人在此将享受旅游咨询、线路导航、门票代售、食宿预订、本地景区导览等一站式温馨服务。同时，为丰富来厦客人的旅行生活，提供多样化可选择的旅游产品。在湖里区重点旅游项目推介上，湖里区7个重点旅游项目：厦鼓码头自驾游服务中心、风信子跨境直购商城、闽南古镇、惠和石文化园、五缘湾博物馆联展项目、希尔顿逸林酒店、五缘湾帆船体验游项目分别上台进行推介，为到场来宾展示其独有的旅游特色。

【路桥房车营地开营】 9月30日，路桥旅游在牛头山投建的路桥房车营地与厦鼓码头自驾游服务中心同步开营，先期引进9部旅游房车，除露营地外，还全力打造了一条厦门岛房车休闲精品线路，该线路囊括美丽的演武大桥、环岛路、五缘湾帆船游艇、极品海鲜等厦门美景、美食和帆船、游艇生活体验，这条线路在市旅游局主办的“美丽厦门之约”旅游产品设计大赛获得专业组一等奖。

【景区卫生间建设】 2015年，区文体出版旅游局联合区市政园林局对全区重点景区、旅游沿线卫生间的布局进行了统一摸底和规划，保证了全区旅游厕所建设的合理布局。是年，新建旅游卫生间11座，改建2座，合理布局于惠和石文化园、灯塔公园、江头公园以及五缘湾片区等处，满足了广大游客的需求。

【提升五缘湾旅游品牌】 年内，湖里区采取一系列措施提升五缘湾旅游品牌。一是改善旅游环境。投入上亿元提升五缘湾景观环境。游艇产业及高端休闲商业综合体工程取得实质进展，为五缘湾片区成为国内主要游艇交易集散地和两岸游艇产业对接窗口打下基础。二是丰富旅游内涵。一批市民喜闻乐见的国际级项目落户五缘湾，形成湿地公园—游艇港—五缘湾文展苑等成熟的高端生态精品旅游线路。三是盘活旅游资源。湖里国投旅游公司与厦门顽石航海俱乐部组建“国投航海”公司，先后开展举办青少年 OP 帆船赛、夏令营等活动，帆船体验正成为五缘湾休闲旅游主打产品和拳头产品。四是提升旅游品牌。邀请厦门青年音乐家宿鲁燕作为五缘湾旅游形象大使，提高五缘湾的知名度。同时，通过举办激情五缘湾、情定五缘湾、中国俱乐部杯帆船挑战赛、“三人篮球赛”、中国女子围棋甲级联赛、厦门帆船嘉年华等活动聚集人气。

【国投旅游公司成立】 3 月，湖里国投旅游投资有限公司正式挂牌，注册资金 1 亿元。公司成立后，对重点围绕旅游管理服务、文化艺术活动策划、会议展览服务、体育赛事组织、汽车租赁等开展经营活动，成为湖里区政府旅游投资开发的市场主体。

【闽南古镇朝天宫举行开阖启扉大典】 3 月 29 日上午 9 时，湖里区闽南古镇迎来了世界妈祖信俗文化界的盛大仪式——厦门闽南朝天宫开阖启扉大典，来自海内外数十个妈祖庙宇近千人参与此次盛会。厦门闽南朝天宫正式对外开放，接受来自全球妈祖信众的朝拜，让信众得以一睹世界上最美丽的妈祖庙真容。闽南朝天宫位于闽南古镇北端，占地面积 1325 平方米，建筑面积 4280 平方米。

【湖里区参展第十一届旅博会】 5 月 8—10 日，2015 年第十一届海峡旅游博览会举行。本次展会湖里共有区国投旅游公司、博饼民俗园、上古文化园、惠和石文化园、路桥五缘湾运营公司、正阳直升机公司、和悦酒店等旅游企业参展。推出了 10 多项优惠打折的旅游产品，优惠金额超过 20 多万元。3 天内发放的各类宣传资料达到 3 万多份。区文体出版旅游局精心组织旅游推介，编排精彩的具有闽南特色的节目在展会表演，吸引大量观众在厦门展馆舞台前驻足观看、争相拍照。还设有奖问答、摇一摇抽奖互动和各类游戏等，既注重资源展示、产品演绎，又体现与观众的互动体验，巧妙地将旅游产品推介给观众、游客。

（蔡晓悦）

教 育

【概况】 2015年，全区有公民办幼儿园109所，在园幼儿25076人，新增湖边花园幼儿园、都市港湾幼儿园两所省示范性幼儿园；小学44所（含九年一贯制学校5所），其中民办17所，在校生54022人，全区小学学龄人口入学率100%；中学7所（其中完中2所），在校学生14603人。年内，开办五缘实验幼儿园、祥店幼儿园，扩建蔡塘学校，协助开办五缘第二实验学校，新增公办中小学学位5100个，幼儿园学位900个。安排1.5亿元资金用于学校（园）的修缮改造及设备采购，大力改善办学条件。是年，厦门三中获评“省一级达标高中”。区教育局被教育部授予“全国学校毒品预防教育工作创新单位”称号、“全国主题教育读书活动先进集体称号”，获得“2015年‘阳光体育’青少年校外体育活动中心比赛团体总分一等奖”及“2015年全国青少年‘未来之星’阳光体育大会福建厦门分会场暨全国青少年体育俱乐部联赛羽毛球赛团体一等奖”；被市教育局授予“2015年学校综治安全目标管理先进单位”“2015年度中招考务工作优秀考区”；被政协厦门市湖里区委员会、湖里区人民政府评为“2015年度政协提案先进承办单位”，被区委、区政府评为2015年信访稳定工作二类优秀单位。

（林䃎）

【公安部到湖里区检查校园安全工作】 1月5日下午，公安部检查组在省、市公安部门领导以及湖里公安分局副局长韦信斌、区教育局副局长朱觉的陪同下，到湖里幼儿园、实验小学、实验中学检查，检查组听取了学校领导的介绍，详细查看了校园保安室建设、安防器材配备、安全制度落实以及校园周边联防联动情况，调阅了相关安全台账资料，对湖里校园安保工作给予充分肯定。

【“湖里教育大讲堂”第二场专题讲座开讲】 1月9日下午，由区教育局、教师进修学校共同举办的“湖里教育大讲堂”第二场专题讲座在厦门市湖里区教师进修学校附属小学三楼多功能厅举行，有210名教育工作者参加讲座。厦门市第五中学校长、党总支书记詹功祚作了题为“厦门市第五中学课堂教学改革的过程与反思”的专题报告。詹功祚着重向大家介绍了厦门五中以“教学案”为抓手开展课堂教学改革的心路历程：包括顶层设计、前期准备、实施策略、推进方式、配

1月5日，公安部检查组在湖里区检查（区教育局供图）

套制度、环境营造、成果成效等方方面面。

【吕琳艺获中学德育课堂观摩全国一等奖】 10月22—24日，全国中学德育课堂观摩展示培训活动在武汉举行。参与观摩的教师代表共2000多人，来自全国20多个省份的50多名初高中政治老师进行展示。湖里实验中学的吕琳艺老师作为福建省思想品德学科的代表教师进行展示，获全国一等奖。

【第二届名师工作室启动】 10月29日下午，湖里区第二届中小学幼儿园名师工作室启动仪式暨成员培训在湖里区教师进修附小三楼多媒体教室举行。区教育局副局长吴雪慧、调研员桂德智，区教师进修学校校长张清高等参加了本次活动，参会的人员主要来自区教师进修学校培训处及相关学科的教研员、12个名师工作室的成员及各工作室的特聘顾问，还有各领衔人所在学校的校长等近140人，会议由区进修学校校长张清高主持。

【教育工会举办全区教职工气排球比赛】 1月26日，湖里区教育工会在厦门三中体育馆举办了全区教职工气排球比赛，全区有33所学校的教职工代表队参加比赛。经过为期4天的激烈角逐，厦门外国语湖里分校、安兜小学、湖里第二实验小学获得一等奖；湖里中学、湖里实验小学、江头中心小学、翔鹭小学、康乐第二小学获得二等奖；厦门三中、高殿中心小学、进修学校附小、进修学校二附小、湖里实验中学、禾山中学、金山小学、吕岭小学获得三等奖。

1月10—15日，湖里区举办第一期民办幼儿园教师上岗资格培训（区教育局供图）

【举办第一期民办幼儿园教师上岗资格培训】 1月10—15日，区教育局委托厦门市城市职业学院开展了为期6天的民办幼儿园教师上岗培训。区教育局、教师进修学校成立领导小组、研发了详尽的培训方案、配备专人担任班主任进行过程跟踪和质量监控。厦门城市职业学院为此次培训成立专门教研组，根据培训方案，结合学员特点设置了针对性很强的课程，并配备专门团队，进行了科学的组织管理并提供了周到细致的培训服务。

10月29日下午，湖里区第二届名师工作室启动（区教育局供图）

【教育局成功举办2015年亲子花灯展】 3月1日上午，第十一届厦门元宵民俗文化节在湖里红星美凯龙广场拉开序幕。此次亲子花灯展由湖里区教育局主办，钟宅民族小学承办，汇集了区属各公办中小学、幼儿园亲子制作的1022盏花灯。区教育局还组织专家评委评选出一系列优秀作品和优秀组织奖。

【参加第30届福建省青少年科技创新大赛获奖】 3月22日上午，第30届福建省青少年科技创新大赛在龙岩市落下帷幕。湖里区选送的两项科技作品和一幅科幻画作品获

4 月 7 日，安兜小学国际射击馆启用（区教育局供图）

奖。其中，寨上小学五年级吴思蕾同学的《班级用简易组合雨伞架》获得技术与工程类一等奖，高殿中心小学五年级叶子吉同学的《浮力盲人杯装置》获得技术与工程类二等奖，天安小学姜奕帆同学创作的科幻画《食品安全检测仪》获得科幻画作品二等奖。

【安兜小学启用国际级射击馆】 4 月 7 日，湖里区安兜小学国家级射击馆建成并投入使用。该馆占地近 400 平方米，20 个靶位，耗资近 300 万元，启用电子靶自动报靶系统，设备已经达国际比赛标准。安兜小学邀请了国家乒乓球队奥运冠军马龙、世界冠军张超等人参加射击馆启动仪式。

【举行第 19 届“青苗奖”文艺会演】 5 月 8 日，厦门市第 21 届“鹭岛花朵”暨湖里区第 19 届“青苗奖”文艺会演在东渡六中的大礼堂举行。来自湖里区 30 所学校 700 多名学生，用 32 个节目上演了一场精彩的文艺汇演。湖里区人民政府副区长戴宗垒，湖里区教育局局长黄伟等观看了演出。

【举行 2015 年中小学生“践行价值观，共筑中国梦”演讲与讲故事比赛】 5 月 13—14 日，湖里区教育局、湖里区语委办、湖里区少工委联合举办了湖里区中小学生“践行价值观，共筑中国梦”演讲与讲故事比赛。比赛分小学组、初中组和高中组三组，由东渡小学和湖里中学承办。48 所公民办中小学的 76 名选手参加了比赛。经过激烈的角逐，小学组讲故事比赛中，来自钟宅民族小学的徐欣、湖里实验小学的魏芷璇、华昌小学的钟嘉怡、金山小学的王诗研、火炬学校的高韵棋获得一等奖。中学组演讲比赛中，来自火炬学校的白扬眉、湖里中学的刘婉敏、厦门三中的韩露莹获得初中组一等奖，禾山中学的王晓娟、厦门三中的黄丹获得高中组一等奖。

【第 22 届少儿现场绘画比赛】 5 月 24 日，由湖里区文体出版旅游局、湖里区教育局主办的“湖里区第 22 届少儿现场绘画比赛”在禾山中学举行。来自湖里区中小学的 220 名少年儿童参加比赛。本次比赛主要围绕“环保小卫士”主题进行创作。小选手们充分发挥自己的想象力，通过铅笔、蜡笔、水粉笔、毛笔以及刻板等绘制出了一幅幅充满童趣和梦想的美丽图画。本次比赛第一次使用学生干部担任“监考”——来自禾山中学学生会的 22 名学生干部承担了整场比赛的监考及志愿者工作。

【举办关爱外来务工人员子女水上安全夏令营】 7 月 13—18 日，湖里区教育局和湖里区游泳协会联合举办了“2015 年湖里区关爱外来务工人员子女水上安全夏令营”。来自湖里区的 40 多名外来务工人员子女参加了本次水上安全夏令营。在 5 天的学习生活中，他们熟练掌握了至少一种游泳技能，并学习了

7 月 13—18 日，湖里区举办外来务工人员子女水上安全夏令营（区教育局供图）

水上借物救援、漂浮自救和船艇意外翻覆自救等水上应急技能，增强了团队意识和自主能力，更体验了开心的浮潜和水球游戏等。

【举行 2015 年“9·28”终身教育活动启动仪式】 9 月 25 日下午，湖里区 2015 年“9·28”终身教育活动启动仪式在厦门市音乐学校五通校区音乐厅隆重举行。湖里区人民政府副区长、湖里区终身教育促进委员会副主任戴宗垒，湖里区终身教育促进委员会各成员单位的分管领导出席了启动仪式。区教育局副局长吴雪慧就终身教育工作的意义发表了题为《在学习中成长》的主题演讲。承办单位金山街道送上了一台精彩的“美在金山”音乐会。

【举行 2015 年民办学校教师全员培训】 10 月 17 日—11 月 1 日，湖里区举办了 2015 年民办学校教师全员培训。举办各类培训班 10 个，约 850 名民办学校中小学教师参加培训。本次培训聘请了一批厦门市最高水平的专家教师，其中优秀特级教师有刘卫平（厦门市特级教师协会会长、六中校长）、肖俊宇（特级教师、市教科院教研员）、蒋宗尧（特级教师、省级优秀专家）、李日芳（特级教师、市教科院教研员）、张荣生（特级教师、五中副校长）、冯崇和（特级教师、教科院教研员）；还聘请了 8 位市、区两级优秀学科教研员和一线教师。课程设置是在充分调研的基础上，结合湖里区民办学校实际和参训学员的特点，经主办方和承办机构多次沟通协商后确定的，针对性与实用性较强。

湖里区 2015 年中小学田径运动会（区教育局供图）

【《海洋的精灵》入围全国第五届中小学生艺术展演活动】 10 月 27—31 日，福建省第五届中小学生艺术展演比赛活动在莆田举行。全省近 5000 名中小学生，带去 173 个表演类艺术节目，展出 235 件学生艺术作品。湖里区 4 个节目参加了其中的舞蹈和戏剧两类节目的角逐。分别是湖里少年宫的《烽火少年》、江头中心小学的《海洋的精灵》、乌石浦小学的《快乐的音乐课》和禾山中学的戏剧《号声》。《海洋的精灵》凭借孩子们淋漓尽致的表演，入围全国第五届中小学生艺术展演活动。

全国第五届中小学生艺术展演，图为湖里区选送的节目（区教育局供图）

【举办 2015 年中小学生田径运动会】 厦门市湖里区第 12 届中学生暨第 27 届小学生田径运动会开幕式于 11 月 19 日上午在厦门三中体育场举行。湖里区人民政府区长徐国庆、厦门市教育局副局长吴亿年、湖里区人大常委会副主任曾国建、湖里区政府副区长戴宗垒、湖里区政协副主席林世裕等领导出席开幕式。本届比赛由湖里区教育局和文体出版旅游局共同主办，共有湖里区 39 所公民办中小学的 933 名运动员参赛。初、高中组进行 100 米、三级跳远、铅球等 11 个项目的角逐，小学甲组则进行 60 米、跳高、实心球等 7 个项目的比赛。经过三天的激烈角逐，天安小学以甲组 83 分、乙组 61 分，总积分 144 分的成绩获得小学组团体总分冠军，厦门外国语学校湖里分校以 215 分的总分获初中组团体冠军。禾山中学以 247 分的总分获高中组冠军。本次运动会共有 15 人（队）次打破了 12 项湖里区中小学田径运动会纪录。

【三中篮球队蝉联市篮球赛冠军】 4月18日—5月8日，2015年厦门市中小学生体育联赛暨市中小学生篮球锦标赛在集美区举行，经过二十天的激烈角逐，三中男子篮球队以八战八胜的优异成绩勇夺初中组第一名，连续两年荣获冠军。

【吕岭小学教师许晓玲获福建省小学语文教学比赛一等奖及最佳创意奖】 11月21—22日，福建省2015年小学语文教学观摩研讨活动在福州仓山小学举行，来自全省设区市的12位教师参评。吕岭小学许晓玲代表厦门市参加比赛，执教《纸船和风筝》一课，以创新的教学设计、灵动快乐的课堂得到了评委和听课老师的一致好评，最终获一等奖并被评为最佳创意奖。

【举行第15届少儿现场书法比赛】 2015年11月28日，由湖里区文体出版旅游局、湖里区教育局主办，湖里区文化馆和湖里区教师进修学校承办的湖里区第十五届少儿现场书法比赛在金尚小学举行。湖里区区属各公民办中小学8年级以下的学生近200名参加了本次比赛。这次书法比赛按年级划分四大组，小学低年级组（1—2年级）、小学中年级组（3—4年级）、小学高年级组（5—6年级）、初中组（初一、初二年级），经过厦门市书法家协会和厦门市美术馆的专家评委们认真评选，寨上小学的李泽宇获小学低年级组一等奖，东渡二小贾博涵、寨上小学林雨晨、江头三小沈洪文获小学中年级组一等奖，湖里实小苏钇锜、湖里实小洪玮、寨上小学周晴晴获小学高年级组一等奖，蔡塘学校刘若辉、金尚中学李嘉莉获初中组第一名，民办学校组别一等奖由火炬学校的曹伯玉获得。

【教育部关工委领导莅临乌石浦小学调研家庭教育指导落实情况】 11月18日上午，国家教育部离退休干部局局长、党委书记、关工委秘书长安钰峰，关工委副秘书长张勇在市教育关工委、区教育关工委领导陪同下莅临乌石浦小学，了解学校关工委落实“教育部关于加强家庭教育工作的指导意见”的情况。在参观了竹韵校园及大课间活动后，来宾与教师、学生家长座谈，校长杨志杰通过学校微信平台，从家委会的发展史到“五乐”（乐学习，乐健康，乐公益，乐兴趣和乐生活）活动目标及“六个一”（一刊、一课、一助、一讲、一评、一记）活动品牌，就学校家委会工作向领导们做了详细的汇报。秘书长安钰峰对乌石浦小学家庭教育的成功经验和创新家委会工作的亮点和特色给予高度的评价。

11月18日，教育部关工委领导莅临乌石浦小学调研（区教育局供图）

【珠海市香洲区督学莅临湖里区参观交流】 12月7日上午，珠海市香洲区人民政府教育督导室4位督学在市督导室督学柯上风的陪同下，到湖里区参观交流责任督学挂牌督导工作开展情况。督学们先后参观了金尚小学和金尚中学。在金尚小学，督学们听取了校长陈春梅的汇报并参观了校园，对学校的少年邮局和文明小博客特色活动及校园文化、班级文化建设给予高度赞赏。金尚中学校长唐建生陪同来访督学参观了学校的心理健康教育中心，学校首创的“心理放松操”大课间活动。

【顺利完成2015年省义务教育质量监测】 根据《福建省教育厅关于做好2015年全省义务教育质量监测工作的通知》要求，湖里区列入2015年省义务教育质量监测校本县。湖里中心小学等12所小学和厦门市第三中学等6所中学被确定为本次监测样本校，监测内容是义务教育阶段四年级和八年级学生英语学习质量、心理健康状况及影响学生学习质量的主要因素。9月23日，湖里区有18位校长、80位教师及763位学生参加测试或问卷填答。各责任督学全程参与和监督了监测工作，各样本校工作人员认真按照现场测试的程序，规范操作，保证了湖里区质量监测工作的顺利完成。参与巡视的省巡视员、市教育局基教处和督导室的领导对湖里区的考务组织工作给予了充分的肯定。

12月22日，湖里区教育局联合湖里公安分局在金尚中学开展校园防恐紧急避险疏散演练（区教育局供图）

【教育局联合湖里公安分局开展校园防恐紧急避险疏散演练】 12月22日上午，湖里区教育局和湖里公安分局在金尚中学开展防恐紧急避险疏散演练。湖里公安分局副局长韦信斌、治安大队大队长陈进宏、区教育局副局长朱觉莅临现场，区属学校保卫干部及附近家长群众一同观摩。演练前金尚中学精心部署、制定预案，演练主要模拟放学时校外歹徒不接受保安检查强行闯入，持刀斧冲击学生人群，学校立即启动应急处置预案，迅速疏散学生并报警，由保安、保卫干部和教师组织三道防线，合力围堵并协助警方成功制服嫌疑人，演练秩序良好，取得预期效果。

【两所幼儿园通过“福建省示范性幼儿园”评估验收】 12月22—23日，由省教育厅委派的幼教专家评委一行9人莅临湖里区，对都市港湾幼儿园和湖边花园幼儿园创建“福建省示范性幼儿园”进行评估验收。专家组通过跟班听课、查阅资料、问卷调查、实地查看、访谈及听取汇报等方式，分别对两所幼儿园的园务管理和保教工作进行了全面深入的检查评估。12月24日下午，召开评估反馈会。评估组组长、福建师大教育学院学前教育系教授林菁主持会议，福建省教育厅基教处副处长余志丹亲临现场。厦门市教育局基教处处长陈伟民，湖里区政府副区长戴宗垒，区教育局局长黄伟、副局长吴雪慧，区教师进修学校校长张清高等参加了会议。

【江头中心小学3名学生获建筑模型全国奖】 12月4—6日，全国第十六届青少年建筑模型教育竞赛总决赛在广东省举行。湖里区江头中心小学三名选手代表厦门队参赛。经过激烈角逐，杨钧、杨珏璁获二等奖，敖力扬获三等奖。在全国建筑模型活动开展16年来，这是湖里区首次参加全国总决赛并获奖。

（卢欣欣）

区少体校

【比赛成绩】 2015年，区少体校游泳队在参加国家级比赛中6人次获第一名，6人次获第二名，9人次获第三名；省级比赛中7人次获第一名，1人次获第二名；市级比赛中5人次获第一名，7人次获第二名，3人次获第三名。羽毛球队在参加国家级比赛中3人次获第一名，3人次获第二名；市级比赛中1人次获第一名，1人次获第二名。乒乓球队在参加国家级比赛中2人次获第一名，2人次获第二名，3人次获第三名；省级比赛中3人次获第一名，1人次获第二名，在市级比赛中2人次获第一名，3人次获第三名。武术队在省级比赛中6人次获第四名。射箭队在省级比赛中2人次获第一名，1人次获第三名。组队参加2015年福建省青少年户外体育活动营地夏令营，获团体一等奖。

【区少体校在2015年“体彩大乐透杯”全国少儿游泳分区赛（广东赛区）中取得佳绩】 11月7日，2015年“体彩大乐透杯”全国少儿游泳分区赛（广东赛区）在广州奥林匹克体育中心游泳馆举行。经过为期2天的激烈角逐，区少体校运动员陈彦安（湖里实验中学）获50米自由泳第一名，100米自由泳第一名；周芷妍（湖里中心小学）获200米自由泳第一名，50米蝶泳第二名，100米蝶泳第二名；由周芷妍、刘萌萌、吴灵钰（湖里中心小学）和肖彦涵（滨东小学）组成的接力队获女子10岁组4×50米自由泳接力第三名。

【厦门市健雄青少年体育俱乐部运营管理】 2015年，厦门市健雄青少年体育俱乐部承接省、市、区各级体育比赛10场。8月，俱乐部承接了国家体育总局青少年体育司、教育部体育卫生与艺术教育司主办的2015年全国青少年“未来之星”阳光体育大会福建厦门分会场暨2015年全国青少年体育俱乐部联赛羽毛球赛。俱乐部积极组队参加各级举办的俱乐部比赛，在国家级比赛中获一等奖 4 人次，二等奖 6 人次，省级比赛中获三等奖 6 人次。

福建省厦门双十中学（高中部）

【概况】 福建省厦门双十中学高中校区位于枋湖新区，东接厦门东部新区五缘湾区域，紧邻五缘湾温泉度假高尚居住区，西邻湖里区行政中心，是厦门岛内最大的中学校园。2015 年，高中招生 955 人，高中毕业生 945 人。学校编制内教职工 394 人，专任教师 380 人，其中，特级教师 7 人，高级教师 119 人。年内，学校获第十二届福建省文明学校、全国文明单位培育对象、福建省三八红旗集体、福建省第五届中小学艺术节精神风貌奖、厦门市学校综治安全目标管理先进单位、厦门市五星级职工之家、厦门市委教育工委基层党员轮训课堂、厦门市体育传统项目学校优秀单位、厦门市青少年科技创新大赛优秀组织奖、厦门市首批闽南方言与文化特色校等称号。

【师资队伍建设】 师德师风建设 2015 年，双十中学倡导争做“四有”（要有理想信念、要有道德情操、要有扎实学识、要有仁爱之心）教师。在官方微信增设“双十好老师”栏目，传递身边正能量。有一批教师获得各级师德先进表彰：副校长姚育青获厦门市五一劳动奖章。副校长黄学斌获思明区首届杰出校长。有 16 名教师获厦门市教育系统单项奖。

促进教师专业发展 双十中学立足课堂教学改革和教育创新实践，壮大特长型、发展型、创新型教师等中坚力量；完善中青年优秀教师培养工程，推进中青年教师迅速成长。实施“青蓝工程”，完善师徒结对工作，“以老带新”促进青年教师成长；落实“名师工程”，多渠道培育优秀骨干教师，培养一些在省内外有影响的特级教师或教育名师；扎实推进面向全体教师的“继续教育工程”，提升全体教师的业务素质，推动教师队伍可持续发展。

【强化规范养成教育】 2015 年，双十中学切实抓好学生行为规范训练和基本道德素养的养成，紧抓学生一日常规管理与教育。开展学生日常行为规范量化考评，在年段实行风纪评比，并按月汇总，将风纪评比结果与星级班级评比相结合，与先进班级评比结果挂钩，不仅将考评结果作为学生综合素质评价的重要依据，同时也将其作为班集体评价的重要依据，以此激励学生自觉遵守校规校矩。开展“爱国守法，知礼诚信”活动，通过国旗下讲话，面向全体师生进行爱国主义教育和诚信教育，积极创建诚信校园。开展节约水电、珍惜粮食教育，教导学生从点滴做起，关注资源浪费问题。开展班级文化建设，按照学期初计划，各年段每月绘制不同主题黑板报，加强对学习园地、墙报、读书角、公告栏和卫生角的建设管理。

厦门双十中学（双十中学供图）

【创新志愿服务活动】 年内，双十中学坚持让学生在参与社会活动的过程中体验和培养社会责任感。与共建单位联合开展主题志愿服务活动：与社区联合开展动物保护夏令营，参加环保义工活动；进社区教老人学电脑，看望孤寡老人，到敬老院服务。组织万人献爱心，义捐义卖。利用“环境日”“禁毒日”“爱犬日”等，开展社会实践活动。

【重视心理健康教育】 年内，双十中学充分发挥专职心理教师的核心作用，通过个别咨询、团体辅导活动、心理行为训练、书信咨询、电话咨询、网络咨询、心理测量等多种形式，帮助学生消除学习、生活及成长过程中面临的心理困惑，化解心理压力，找到解决问题的科学方法。开展以“快乐学习，幸福生活”为主题的心理健康教育月活动，多形式、多渠道、多层次、多方面宣传心理健康知识。

【文体活动丰富多彩】 2015 年，双十中学推进以“人文”和“科学”为核心的校园文化建设。“科学讲座”“文化讲坛”“道德讲堂”“家长讲坛”等系列活动极大地丰富了师生的文化生活。积极开展艺术教育，为学生的全面发展铺设平台，为有艺术特长的学生举办舞蹈、钢琴、书法等专场演出或作品展览，邀请知名艺术家到双十中学开设艺术讲座，与艺术团体开展交流，举办艺术节和纪念“一二·九”系列文艺活动。积极推进“阳光体育”活动，保证学生每天有1小时的体育锻炼，继续开展冬季长跑、体育节、春秋两季运动会等大型群众体育活动。

【高考中考成绩】 2015年高考，在福建省文科前50名学生中，双十中学有9人，位居全省第一；福建省理科前100名中，双十中学有15人，位居全省第一。共有26人被录取到清华、北大，其中清华8人，北大18人，位居全省第一。朱志博勇夺厦门市文科状元，胡闽勇夺理科全省第二名。是年中考，双十中学各科平均总分勇夺全市同类校第一名。余韵涵勇夺中考状元。

【学科竞赛成果丰硕】 2015年，在全国高中数学联赛福建赛区比赛中，双十中学获团体总分第一名，有7人获省一等奖，位居全省第一，其中4人入选省队，位居全省第一，13人获省二等奖，13人获省三等奖，获奖总人数位居全省第一。在第31届中国数学奥林匹克竞赛中，获1金3银，高二吴林桐成为福建省唯一入选国家集训队的成员。在第32届全国中学生物理竞赛福建赛区比赛中，有5人获省一等奖，7人获省二等奖，7人获省三等奖。在第29届中国化学奥林匹克福建赛区比赛中，有6人获省一等奖，8人获省二等奖，9人获省三等奖，2人进入省集训队；1人获国家二等奖，1人获国家三等奖。在第23届全国中学生生物学竞赛福建赛区比赛中，有2人获省一等奖，3人获省二等奖，3人获省三等奖。在第20届全国青少年信息学奥林匹克联赛福建赛区比赛中，有7人获省一等奖，7人获省二等奖，3人获省三等奖。在第32届全国青少年信息学奥林匹克竞赛中，有2人获得国家一等奖并入选国家集训队，保送清华大学。在第七届全国中学生地理奥林匹克竞赛中，4人参赛共获1金1银1铜，高一封云鸿入选国家集训队，获团体二等奖。

【科技创新成绩显著】 2015年，双十中学在第31届厦门市青少年科技创新大赛中，学校获优秀组织奖；申报中学生科技创新项目27项，科技辅导员科技创新项目1项，青少年科技创意项目14项，实践活动2项，科幻画项目20项；共获4个一等奖，6个二等奖，13个三等奖，并有8个项目送省参赛。在第11届全国“宋庆龄少年儿童发明奖”评选中，获1银1铜。在福建省第二届“6·18”发明竞赛活动中，获5个一等奖，5个二等奖。

【文体比赛获奖情况】 年内，在世界航海模型锦标赛中，双十中学陈昱麟夺F2A项目冠军。模联队参加首届牛津大学模拟联合国海外大会（中国区），获“荣誉提名”奖项。航模队在全国青少年航海模型教育竞赛总决赛中，获6项冠军、3项亚军、2项季军。陈瑾通过北大艺术冬令营民乐类专业测试，以全国第二的综合成绩，被北京大学录取。在福建省第五届中小学生艺术节上，双十中学舞蹈队获一等奖第一名，管弦乐团获一等奖，舞蹈《振鹭于飞》获节目优秀创作奖，学生漫画作品获绘画二等奖。高一何欣航获福建省“启明”儿童文学奖银奖，位列全体参赛作家第二名。4名同学组队参加第六届海峡两岸青少年中华姓氏源流知识竞赛，获中学生组第一名，3名同学分别获姓氏故事作文比赛一、二、三等奖。微视频《梦飞》参加厦门市中小学网络微拍大赛获特等奖。在厦门市中学生器乐比赛上，管弦乐团获中学组一等奖，管乐团获管乐中学组第一名。在市级体育比赛中，篮球队获初中女篮、高中女篮和高中男篮三项冠军；羽毛球队获高中团体总分第一名；乒乓球队获高中团体总分第三名；游泳队获初中组团体总分第三名。

【教育科研】 2015年，双十中学继续编好《课改动态》《德育动态》《高考改革动态》和《海峡教育时论》等校刊，及时为教师提供各方面的教育教改信息；出版了《校长领导力与学校软实力》《心灵的雕塑——社会主义核心价值观教育故事100则》等教师专著。有40人次在各级各类教学比赛中获奖，19篇论文发表在CN级学术刊物，12篇论文在各级论文比赛中获奖，43人次在其他各类评比中获奖。有20个课题被立项为校级课题，5个课题被立项为市级规划课题，3个课题被立项为省级规划课题。在第三届福建省教师教学技能大赛上，邱黎苑获高中组特等奖第一名，陈松获初中组特等奖第二名。赵祥枝获评福建省首批中小学教学名师。张瑞炳获评“厦门市中学专家型教师”。在“一师一优课、一课一名师”活动中，5位老师的优课获“部优”，7位老师的优课获“省优”，4位老师的优课获“市优”。窦卓获全国实验创新大赛和全国中小学实验教学说课比赛一等奖。陈志坚获全国中小学体育教学观摩展示活动体育课二等奖。徐璐获福建省第二届中学语文课文“教学解读”大赛初中组一等奖第一名。苏志强获福建省中学英语微课评选活动一等奖。

【合作办学】 2015年，双十中学继续与海沧区教育局、思明区教育局、漳州台商投资区管委会共建、共管“厦门双十中学海沧附属学校”“厦门双十中学思明分校”“厦门双十中学漳州分校”，充分发挥学校优质教育资源的示范辐射作用，助力厦门教育的均衡发展和教育同城化。“厦门双十中学思明分校”首届初中毕业班学生在是年中考中取得各项指标全市第一的好成绩，“厦门双十中学漳州分校”在高中会考中成绩突出。

（李名济）

福建省厦门六中

【概况】 福建省厦门第六中学创办于1953年。1993年被认定为福建省二级达标中学，1998年被认定为福建省一级达标中学，2004年在厦门市率先通过示范高中市级验收。学校分初、高中两校区。校园占地面积9.76余万平方米，总建筑面积约8.5万平方米。2015年，有教职工395人，其中教师355人，特级教师5名，正高教师1名，高级教师128名，中级教师133名；省、市学科带头人23名，省市骨干教师94名，硕士44名。有教学班级102个，在校学生4689名。

【创新教育结硕果】 2015年，厦门六中共获得科技创新方面的竞赛奖项48项，其中国家级奖7项，省级奖18项，市级奖23项，获得专利4项。在第30届全国青少年科技创新大赛终评活动中，厦门六中参加终评活动的三个项目全部获奖，参评项目和获奖项目均居全省第一。

附一 2015年8月，在第三十届全国青少年科技创新大赛上，厦门六中学生蔡炜桢、颜明的《带碟刹的全新改进型滑板车》（指导老师：陈宙锋 林庆建 陈清法），获得青少年科技创新项目一等奖，教师徐晓玲的《为天竺山贴上地理标签》获得科技辅导员创新项目一等奖，蔡伟伟的《入侵害虫芒果壮铗普瘿蚊对不同色彩的趋性差异研究》（指导老师：郑勤秋 吴清凉）获得青少年科技创新项目二等奖。参评项目数和获奖项目数均居全省第一。

附二 2015年5月，在第十三届福建省青少年机器人竞赛上，厦门六中有8支队伍参加比赛，取得了1金、4银、3铜的成绩。

附三 2015年8月，在第十一届宋庆龄少年儿童发明奖，厦门六中林易辰的项目《可记忆杯托》（指导老师：陈宙锋 张建阳 王勇）获得铜奖。

附四 2015年10月，在第二十一届全国发明展览会上，厦门六中林易辰的项目《可记忆防倾倒杯托》（指导老师：陈宙锋 张建阳 王勇）获得银奖。

附五 2015年11月，在2015年中国英才计划化学论坛，厦门六中蔡静雯和蓝育彬两位同学参与项目“酶联免疫法之ELISA靶标检测”实验，获得福建省参会者中唯一的优秀奖。

附六 2015年11月，在第31届厦门市青少年科技创新大赛上，厦门六中吴基正的《可适配大小规格不同垃圾袋的垃圾桶》（指导老师：吴清凉 郑勤秋），庄芳菲的《断裂后防漏水水管》（指导老师：董利普）、魏馨怡的科幻画《植物加油站》（指导老师：蔡莉莉）等三项获得一等奖；刘子昂的《钥匙忘拔提醒器》（指导老师：邱永祥 郑伟志 段俊），王姝颖、罗艺雯的《五通码头“小三通”运营现状调查及改善措施研究》（指导老师：郑伟志 邱永祥 段俊），许双婕的科幻画《景点清洁宝》（指导老师：吴心蓉）等3项获得二等奖，另有8项获得三等奖。

【艺术比赛获奖情况】 2015年10月，在厦门市青少年啦啦操锦标赛上，六中舞蹈队凭借啦啦操规定动作，获一等奖第一名。11月，在福建省第五届中学生艺术展演中，厦门六中表演的《八声甘州——铜钵村的孩子》，获朗诵一等奖。舞蹈

厦门六中学生朗诵《我们共同的期待》（厦门六中供图）

《小草》获舞蹈类一等奖。校园剧《我们高二八班》获校园剧二等奖。12 月，厦门六中学生表演的《我们共同的期待》在福建省纪念中国人民抗日战争暨世界反法西斯胜利 70 周年诵读比赛中，获朗诵一等奖。

【举办家校论坛】 2015 年 10 月，厦门六中开始举办“家校论坛”。每月举办一期，每期文化论坛围绕一个主题，主题来自家长意见征集或者教师选定话题，以年级为单位定每期论坛参与的对象，更具针对性，更接地气。

【成立青年骨干教师培训班】 年内，厦门六中成立青年骨干教师培训班（以下简称青骨班），青骨班采用教师论坛为主要培训途径，以主题演讲、专家讲座、辩论赛、基本功展示等为主要形式，对学员和导师进行理论和实践层面的系统培训。全校有 90 位青年教师和 86 位指导教师参与培训。是年，青骨班 2 期学员发表 CN 级论文 32 篇，举办省级讲座 2 人，开办校级以上公开课 50 节，参加 19 项课题研究，其中 7 人为主持人或核心成员；导师发表 CN 级论文 20 篇，其中核心刊物 3 篇；举办市级以上讲座 36 场；开办市级以上公开课 27 节；主持市级课题 9 项。4 人被确定为市级学科带头人、2 人被确定为专家型教师。

（张惠珍）

中央音乐学院鼓浪屿钢琴学校

中央音乐学院鼓浪屿钢琴学校琴房楼（中央音乐学院鼓浪屿钢琴学校供图）

【概况】 2015 年，中央音乐学院鼓浪屿钢琴学校共有在校生 315 人，设置 15 个班级，教职员工 90 人，毕业学生 20 人。学校以全国中职教育改革为契机，坚持立德树人，深入推进学校的科学管理和精细化管理。在全校师生的共同努力下，教学成果喜人，学生在艺术高考和国内外专业比赛中均获得优秀成绩。学校涌现出一批教学能力精湛、道德水平高尚的优秀教师和教育工作者。中央音乐学院鼓浪屿钢琴学校正朝着规范化、优质化的方向发展。

【教育教学成果】 2015 年，中央音乐学院鼓浪屿钢琴学校有毕业生 20 人，分别考入中央音乐学院、上海音乐学院、中国音乐学院、中国传媒大学、法国高等师范音乐学院、新加坡杨秀桃音乐学院、广西艺术学院、星海艺术学院等国内外专业音乐院校。在是年举办的福建省职业院校技能大赛（乐器键盘类）中，吴芮、陈雅敏分获第一名和第三名；在葡萄牙“维塞乌国际钢琴比赛”中，缪东君获得决赛第三名；在法国尼斯殴钢琴比赛上，学生郑心悦获得唯一一个特等奖；在第四届澳门亚太青少年钢琴公开赛上，学生陈谦枥获得青年组第一名；在中韩国际艺术节钢琴比赛上，学生邱定安获得少年专业组第一名。

【学术交流】 2015 年，中央音乐学院鼓浪屿钢琴学校钢琴学科有美国南加州大学钢琴系主任、教授约翰·佩利，世界级钢琴家、加拿大温哥华音乐学院钢琴系主任、教授李金星，中央音乐学院钢琴系教授盛原等数十名大师。综合学科有中国传媒大学教授王铉、中央音乐学

大师班（中央音乐学院鼓浪屿钢琴学校供图）

院教授刘思军等多名教授前来授课、讲学。大师班、音乐会均免费面向社会各界开放。

【开展“美丽校园·共同缔造”进校园活动】 年内，中央音乐学院鼓浪屿钢琴学校积极参与“美丽厦门·共同缔造进校园”活动，做到“决策共谋、发展共建、建设共管、效果共评、成果共享”。学校确定以“尚德、爱乐”为校风，“求真、求精、求雅、求新”为学风，“爱生、严谨、精艺、博学”为教风，逐步形成具有自身特色的校园文化。校园绿化美化提升工程突出“艺术、人文”特色，增加艺术元素和孩子亲近绿地元素，校园处处洋溢艺术气氛。学校强调家、校、社共育共管德育网络的作用，加强专业教师和文化课教师、班主任与科任教师、教师与家长的联系，共同做好学生教育。

【教师队伍建设】 2015年，中央音乐学院鼓浪屿钢琴学校组织全体教师学习教育理论和教育法规，与每一位教职工签订《师德承诺书》，做好各项收费的自查自纠工作。钢琴专业课教师于6月参加第一届中央音乐学院钢琴音乐节。邀请特级教师、福建省名师李钢到校为全体教师开展培训。中央音乐学院鼓浪屿钢琴学校开展以学科组为单位的校本培训，采用教师相互听课、评课等方式增进学习，积累经验。通过“以老带新”，引导年轻教师把握教学的重点、难点，快速提升教学质量，并积极鼓励文化课教师参加兄弟学校的教研。学校要求文化课教师严格遵守《中央音乐学院鼓浪屿钢琴学校文化课课堂教学基本要求》，对教师开展“推门听课”活动。

【党务工作】 年内，中央音乐学院鼓浪屿钢琴学校依托“琴校党员轮训课堂”，抓好教师党员学习。党总支组织好两周1次的党员学习，积极做好党员政治理论学习工作。组织全体党员向英模学习，参观“永恒的雷锋”事迹展，参观党风廉政基地，学习吕榕麟同志先进事迹。组织全体党员参加志愿者活动，先后2次到心欣幼儿园开展“学雷锋，进社区”活动和志愿者献爱心活动。开展“三严三实”专题党课活动，把党课和党员民主评议、评选优秀党员结合起来，培训工作做到“四个统一”。

（庄岩岩）

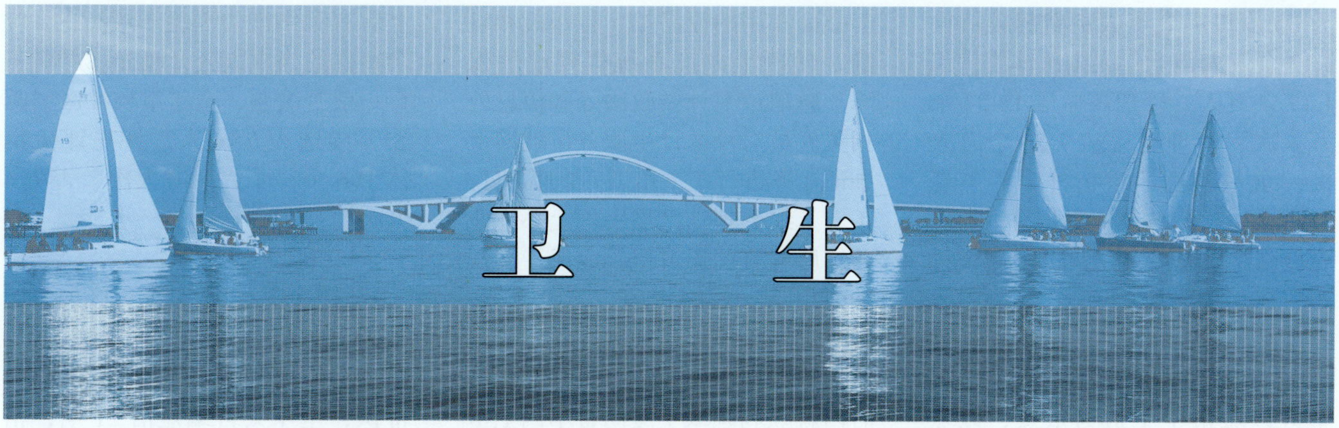

卫 生

【概况】 2015年，湖里区卫生工作以医疗改革为牵引，推进卫生计生融合发展；以人口文化、利益导向、依法行政为抓手，在新的起点上推进全区卫生工作持续健康发展。年内，湖里区完成国家卫生城市复审工作；完成市委、市政府下达的各项卫生工作责任目标；获得“厦门市慢病分级诊疗改革示范区”称号；开展的“百名专家进社区”活动获得区委、区政府“优秀创新项目”表彰。年末，全区有医疗卫生机构339家，其中：区级公共卫生机构3家（区卫生监督所、区疾病预防控制中心、区妇幼保健院），民营医院6家、门诊部59家、诊所205家、医务室卫生所66家。区属医疗卫生单位有事业编制119名，在编96名。已建成并投入使用的市属医院有3家，正在建设中的市级医疗机构有5家。

【开展民营医疗机构与社区“手牵手”共建活动】 2015年，湖里区在全市率先开展民营医疗机构与社区“手牵手”共建。在全区314家民营医疗机构中进行严格筛选，遴选出未出现过医疗纠纷、医疗差错等不良执业记录的民营医疗机构与社区配对。民营医疗机构在居家养老、医疗关怀、扶贫救困等方面为社区群众提供无偿服务，社区在拓展服务平台等方面支持医疗机构，让民营医疗机构攒人气、社区群众得实惠。区卫生计生局及时跟踪活动开展情况，分析、处理遇到的情况和问题，调整工作方案。至年底实现了社区全覆盖。

【百名专家进社区】 2015年，湖里区邀请全市各大医院多学科专家，利用星期六上午到社区为群众义诊、答疑解惑，开展个性化的健康评估、健康管理辅导服务，提供日常保健、疾病防治防控的知识宣教。全年共邀请专家316人次，走进41个社区，服务群众11595人次，对服务百姓健康、倡导健康生活方式起到了积极的推进作用。该活动被区委、区政府表彰为“美丽厦门·创新湖里”建设优秀创新项目。

【推进医疗资源建设】 年内，湖里区全力推进市级医疗卫生建设项目落户辖区，市眼科中心扩建工程、弘爱医院、龙邦妇产医院、复旦大学附属中山医院厦门医院、市心血管病医院建设工作正有序进行。按照“一个街道一个中心、一个分中心、若干社区卫生服务站”的目标布局全区基层医疗服务网络，殿前新中心、康乐服务站、围里服务站、马垅服务站建设工作稳步推进，其他网点选址工作也有序开展。放宽社会资本办医准入条件，调整医疗机构设置规划，取消有关数量和距离的限制，积极构建多元化办医格局。

【做好公共卫生服务】 湖里区全年先后开展了居民慢性病与营养监测项目工作、湖里区居民健康素养促进活动、健康减重竞赛活动、科学营养微信平台知识竞赛活动，结核病日宣传活动等。做好省市对基本公共卫生服务项目的考核、市精神卫生中心对严重精神障碍管理治疗工作的考核、市地方病防治领导小组办公室对“十二五”地方病防治规划情况的终期考核评估等，均取得了良好的成绩。年内，全区新增健康档案4.78余万份，举办讲座等健康宣传活动177次，参加健康宣传活动及接受健康教育咨询近7.25万人次，常规免疫接种38.04余万针次，新生儿家庭访视6245人次，规范管理0—6岁儿童近3.11余万人，开展儿童体检6.76余万人次，0—36个月儿童中医药健康管理服务1.65余万人，规范管理的孕产妇7619人，孕妇产后访视7582人次，为65岁以上老年人免费健康体检1.13余万人，老年人中医体质辨识1.17余万人，管理高血压12.54余万人次，管理糖尿病7.53余万人次，规范管理严重精神障碍患者2312人，法定传染病报告率100%，管理肺结核患者487人，建立全科团队39个。

【开展爱国卫生运动】 2015年，湖里区以城市主干道为重点，以点带面开展国家卫生城市复审迎检工作，重点检查小餐饮、小浴室、小美容美发厅、小歌舞厅、小旅店、食堂，对重点区域和薄弱环节加大监督力度和检查频次，共检查经营单位1.3万家次，检查从业人员5250人次，做到不留死角、不漏项目，反复检查指导，督促问题整改落实。结合“世界艾滋病宣传日”“第27个爱国卫生月”等活动，开展形式多样的宣传，发放宣传海报、折页，共印发国家卫生城市复审宣传折页14万份。结合国家卫生城市复审时间节点，开展2轮全区除“四害”统一行动，将除“四害”药械发至各街道、各社区，投入专项经费近54万元，发放灭鼠药220万包，灭蟑（颗粒）毒饵106万包，氯氰菊酯5300瓶，粘鼠板1万个，凯素灵粉15吨，投药消杀总面积约260.61万平方米，其中沿街店面2400户、6.30余万平方米。大力开展公共场所禁烟工作，在全区中、小学校开展“支持广告法修订，拒绝烟草广告、促销和赞助”倡议签名活动。开展“5·31”禁烟日活动，对是年新申报的6家无烟单位和2家无烟学校进行考评、审核，并成功通过市爱卫办复审，获得“无烟单位”和“无烟学校”称号。

【推行网上办证】 2015年，湖里区投入50多万元为各社区配置网上办证专用的捷易拍、打印机和电脑，使网上办证系统得到硬件保障。邀请市卫计委政法处和信息处相关人员对社区计生服务员就网上办证业务进行统一培训。7月1日，正式上线受理辖区居民网上办证业务，所有流程通过鼠标完成，实现随时申请、及时审核、实时告知、限时办结，许多事项立办立结。殿前街道长乐社区李某夫妇在24小时内就顺利领取了厦门首本网上申请办理的再生育服务证。除了再生育服务证外，独生子女父母光荣证、一孩生育服务备案等常用证件也可在网上办理。是年，通过网上办理各类证件1090件。

【依法行政】 2015年，湖里区做好权力清单和责任清单的梳理工作，转移食品安全监管、职业卫生监管等行政权力21项，保留行政权力237项。全年共受理许可3257件，现场审查单位3052家次，全部办件均在承诺时限内办结，按时办结率100%。立案查处“两非”案件27件，结案19件，其中破获重大案件1件（吊销医疗机构执业许可证），没收违法所得2.6万元、B超机12台、罚款29万元，超额完成市里下达的打击“两非”指标任务。率先为近300家民营医疗机构试点开通安全就医“二维码”平台，通过扫描医疗机构相对应的二维码，百姓就能读取该医疗机构的基本信息，便于监督查询。全年共检查医疗机构920家次，查处医疗机构违法行医（使用非卫生技术人员、超范围诊疗等）案件25件，罚款7.2万元，没收违法所得0.85万元，没收B超机1台。严管社会抚养费征收，全年立案征收社会抚养费328件，其中结案199件，征收到位金额3409万元，全部直接上缴国库。对拒不执行的案件及时给予强制执行，并在《厦门晚报》上对有缴纳能力而拒不履行的117个案件的当事人公开曝光。严格实行一票否决制，全年审核社区“两委”候选人734人，评先评优集体196个，个人350人次，否决4人次。

【干部保健】 年内，湖里区加大保健知识宣传力度，运用短信平台，在每个节气发送“健康锦囊”养生常识，全年共自编短信21期；精选科普、实用的《厦门市民健康手册》、区卫计局编印的《湖里人口缘与梦》等保健书籍、报刊发放至全区机关、事业单位干部职工，提高干部防病治病、保健强身意识和养生理念。邀请市、区保健专家在区行政中心为干部、职工提供个性化的医疗服务和健康指导，开展巡诊咨询服务57场，为790人次机关干部提供优质、便捷的送医、送药服务。设置便民健康小屋，通过检测身高、体重、血压、肺功能、腰围、血糖、血脂、人体成分分析等数据让干部职工及办事群众了解自己的健康指标，及早发现高血压、糖尿病等慢性病危险因素，全年为960人次干部群众提供保健服务。开展食堂膳食保健工作，邀请市、区保健营养师对机关及5个街道办事处食堂进行科学配餐指导，特邀市中医院资深营养师举办膳食保健专题讲座2场，设置《饮食与养生》宣传专栏，制作海报展板、桌牌、桌面垫牌等，积极营造健康氛围，大力倡导合理膳食、健康饮食理念。继续做好干部保健对象年度健康体检和疗养的组织工作。至12月底，有48位保健对象完成年度健康体检；有10位保健对象报名参加本市疗养，19位保健对象选择参加周末疗养，并办理周末疗养证。

【启用免疫规划接种微信预约平台】 1月，湖里区各街道社区卫生服务中心陆续启用免疫规划接种全预约管理平台。该平台充分利用互联网、计算机等信息技术实现预防接种互联网网页、电话语音、手机APP、新媒体（微信等）及现场自助预约“五位一体、多维度、全方位、全预约”等功能。

【湖里区率先推行孕、环情检查与生殖健康保健有机结合新举措】 7月1日起，湖里区计生服务站率先推行孕、环情检查与生殖健康保健有机结合新举措。一是对到区计生服务站参与环情、孕情检查的育龄妇女给予每年一次的免费妇科病检查，检查项目包括：妇科检查、子宫附件B超检查、阴道分泌物检查等服务项目。涉及的疾病包括：生殖道感染性疾病（细菌、滴虫、霉菌性阴道炎等）、宫颈病变、子宫/附件疾患等。二是对检查的所有患者都及时提出治疗意见，并有效地开展生殖保健宣传教育。环、孕情检查与生殖健康保健一体化便民服务新举措受到了广大育龄妇女的欢迎，一周内共检查30例。

【中国疾控中心慢病中心调研湖里区慢性病防控与信息化工作】 10月15日上午，由中国疾控中心慢病中心副主任马吉祥带队的国家慢性病防控与信息化工作调研组一行4人莅临湖里区调研指导。调研组首先听取了省、市、区三级疾控中心关于慢性病防控和信息化管理工作情况的汇报，并就慢性病防控和信息化工作的关键环节、未来的发展方向等进行了深入座谈。接着，调研组到禾山街道社区卫生服务中心实地察看了慢性病患者管理等具体工作，与社区全科医师、健康管理师进行深入交谈，了解信息化管理在慢性病患者管理的具体应用。调研组肯定了湖里区在慢性病综合防控与信息化工作中取得的成绩，同时也对慢性病防控和信息化工作提了更高的要求，希望湖里区进一步提高慢性病防控工作信息化管理水平，以信息化管理促进慢性病防控管理水平的不断提升。

（丁玮　连凌琳）

卫生监督

【概况】 2015年，厦门市湖里区卫生和计划生育监督所下设5个职能科室，包括综合科、医疗卫生监督科、公共卫生监督科、法制稽查科、许可科。有核定编制33名，主要职责是承担辖区医疗卫生和母婴保健、公共场所卫生、生活饮用水卫生相关的卫生许可事务和医疗机构监督、传染病防治监督、公共场所和学校卫生监督、生活饮用水卫生监督、计划生育监督等卫生监督执法任务。卫生监督是湖里区卫生和计划生育局行使卫生监督执法职能的执行机构。

【餐饮、洗浴等场所卫生监督检查】 8月8日职能移交前，厦门市湖里区卫生和计划生育监督所共出动执法人员613人次，以TBK客运站、蔡塘广场、五缘湾、SM等餐饮集中区、企事业单位食堂、承办大型聚餐、婚宴较多的大中型餐饮单位为重点开展全面检查，检查中央厨房、集体用餐配送、大型餐馆、食堂、火锅店为主的各类餐饮服务单位2895户次，开具监督意见书48份。节前还组织了预防食物中毒大型专题培训，培训餐饮企业81家，发放宣传资料400份；对辖区所有二次供水单位开展专项检查，共检查二次供水单位74家，开具监督意见书25份；开展校园及其周边食品安全“春雨行动”专项整治工作，3月起，开展摸排工作，对校园及其周边食品经营户进行主体资格大检查。对经营单位的原辅料进货查验和索票索证、生产场所及人员卫生状况、食品添加剂、人员健康证等环节加强重点执法检查，全年检查经营单位83家，开具监督意见书12份；完成全区小餐饮场所、小美容洗浴场所、小学校（幼儿园）、小旅馆、小歌舞娱乐场所消防安全排查整治，并将摸排到的“三合一”场所名单报送

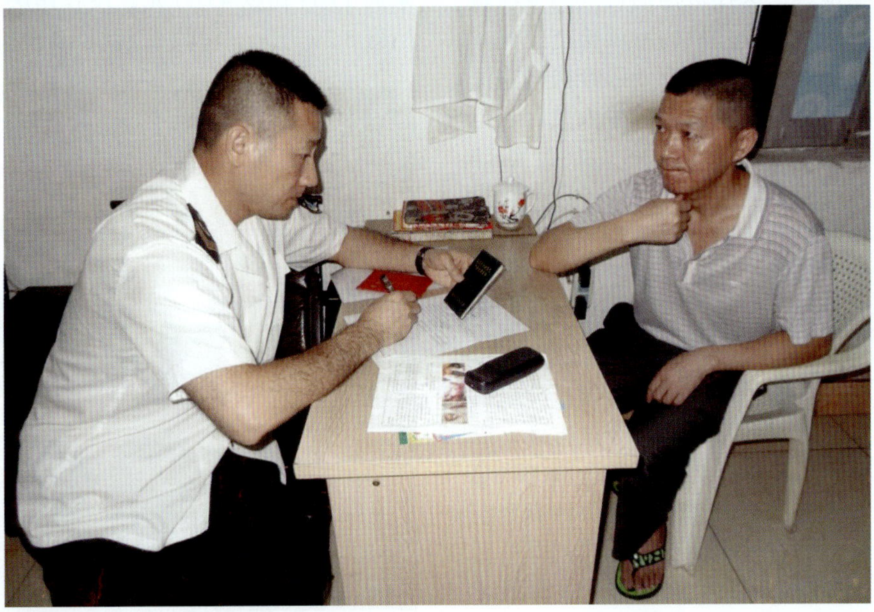

湖里区卫生和计划生育监督所夜间突击检查，取缔了江头街道蔡塘社五处无证行医点（林建雄　摄）

专项治理办公室；出动检查人员215人次，出动执法车辆20车次，检查辖区经营火锅和麻辣烫的餐饮单位51家。经检查未发现使用无标签标识食用油、非法添加罂粟壳等非食用物质的行为；完成区餐饮服务单位基本情况调查表6000余份；5月—9月，监督检查沐浴场所、住宿场所、游泳场所、饭馆、歌舞厅、学校等。联合区疾控中心监督抽检30家公共场所的顾客公共用品用具。是年，区卫生和计划生育监督所共受理食品投诉96件，公共场所投诉17件，医疗机构142件，无证行医52件，餐具消毒2件，社情民意6件。

湖里区在全省率先把二维码信息技术引入卫生计生监督工作（陈朝洪　摄）

【医疗机构监管】 2015年，区卫生和计划生育监督所共查处各类违法医疗案件78件，其中：涉及医疗机构的案件34件，涉及无证行医和"两非"案件44件，罚款金额总计59.3万元，没收违法所得4.65万元，没收B超机20台及一批药品器械。在规范医疗机构依法执业方面，共检查医疗机构1200家次。先后开展中医类医疗机构专项检查，医疗机构消毒隔离专项检查、放射诊疗机构专项检查、代孕专项检查等。共查处医疗机构违法行医（使用非卫生技术人员、超范围诊疗等）案件34件，共罚款8.4万元，没收违法所得0.85万元，没收B超机1台。其中当场行政处罚的25件，罚款2.4万元；立案查处9件，罚款6万元，没收违法所得0.85万元。对违法行医的医疗机构均给予不良执业行为记分。在无证行医和"两非"查处方面，以日常监督巡查为主，结合部门联合行动，始终对非法行医保持高压态势。共查处无证行医和"两非"案件44件，罚款50.9万元，没收违法所得近3.90万元，没收B超机19台。其中立案查处的无证行医案件26件，罚款9.9万元，没收违法所得约0.61万元。立案查处"两非"案件18件，其中1名非法胎儿性别鉴定屡教不改的人员以涉嫌非法行医罪移送司法机关处理，其余的17件罚款41万元，没收违法所得3.29万元，没收B超机19台。另外还取缔无证行医窝点（含"两非"案件）90处。

【打造全省首个医疗二维码平台】 1月，湖里区卫生和计划生育监督所在全省率先把二维码信息技术引入卫生计生监督工作，打造安全就医"二维码"服务平台。区内多家诊所都在显著位置放置或张贴了二维码标识牌。群众现场用手机扫描诊所的二维码标识后，手机屏幕上立即出现该诊所的详细信息，包括机构名称、单位性质、有效期限、核准科目，以及从业人员相关信息等内容，就诊的居民只要用手机一扫便可识别"黑诊所"、"假医生"。

【民营医疗机构与社区"手牵手"共建】 3月，湖里区正式启动"手牵手"共建活动。湖里区齐安金尚门诊部、国宇门诊部等30家民营医疗机构与金尚、金鼎等48个

3月21日，举行湖里区的30家民营医疗机构与48个社区"手牵手"签约仪式（谢玉霞　摄）

社区手牵手，结成48对共建单位，共同为社区百姓提供医疗服务。

【“智慧卫监”信息系统投用】 12月，全省首个“智慧卫监”信息系统在湖里区投入使用，信息系统集行政许可、日常监督、行政处罚、投诉处理、监督协管、档案管理和办公自动化于一体，是一套初步形成数字化、网络化、智能化，具有湖里特色的“智慧卫监”云平台信息系统。执法人员实现掌上监控全区2100多家监管单位。

（谢玉霞）

12月11日，湖里区卫计局和区市场监督管理局联合开展食品安全事故应急演练（王婷婷 摄）

疾病防控

【概况】 2015年，湖里区疾病预防控制中心下设1个办公室、8个科室，有编制36个（2个为卫计局干部保健编制），在编36人。其中，卫生专业技术人员高级职称7人、中级职称12人；硕士学位6人，本科及以上学历30人，本科以上学历占83.3%。

【健康教育宣传】 区疾控中心全年共组织各项宣传活动28场，发放宣传折页2.42余万份，海报74张，宣传用品近1.93万份。积极参与其他部门组织文明服务超市进社区“三下乡”、科普超市进社区、百名专家进社区宣传活动55场，发放宣传材料近4.26万份，宣传品2000余份。在流动人群聚集的工地、工厂开展5场艾滋病、结核病大型宣传活动。在全区中、小学校发起“支持广告法修订，拒绝烟草广告、促销和赞助”倡议签名活动。全区33所公办中小学校校长、保健老师以及部分老师积极参与到活动中，419人签名。12月，以第28个“艾滋病日”为契机，区疾控中心通过微信公众号平台开展“艾滋病有奖问答活动”。有1000多人参加活动，其中864名答题完全正确，随机抽取了50名幸运参与者赠送小米手环。与区保健办合作，创办《饮食与养生》专栏，结合节气的特点将健康的理念带入饮食中，营造“吃出健康，享受健康”的氛围。结合“营养科学进万家”主题活动，多次开办针对机关、街道办食堂管理人员、工作人员及湖里区中小学、幼儿园管理人员等参与的保健讲座。

5月31日，在五缘湾感恩广场大学生志愿者以行为艺术方式进行控烟宣传（胡娟 摄）

【开展应急演练】 12月11日，湖里区卫计局和区市场监督管理局联合开展一场食品安全事故应急演练，区卫计局、区市场监督管理局、区疾控中心、禾山街道社区卫生服务中心等单位41人参加演练。演练分门诊接诊、事件报告、流行病学调查、现场调查取证、标（样）本采集、专家点评等多个场景，遵循“着眼实战，讲求实效”的原则，重点考察各单位在食品安全事故发生后的应急处置能力。

传染病防控

【概况】2015年，全区各级医疗机构共上报3609例法定传染病病例，发病率为360.61/10万，其中乙类传染病18种1489例，其中2例人感染H7N9禽流感，乙类传染病发病数处于前三位的是肺结核、淋病、梅毒；丙类传染病4种2120例，发病数处于前三位的是手足口病、其他感染性腹泻病、流行性感冒；无甲类传染病、SARS、炭疽等及以上疑似病例报告。

【霍乱防控】2015年，区疾控中心开展医院肠道门诊监测，市中医院全年上报肠道门诊136例，粪检123例，粪检率90.4%，未发现霍乱弧菌阳性患者。开展外环境水产品检测，共采集277份水产品和180份养殖水进行霍乱弧菌检测，其中8份样品检出O1群稻叶型霍乱弧菌，经市疾病预防控制中心实验室检测认定为非霍乱产毒株。

【艾滋病防控】2015年，辖区内艾滋病病例及其感染者（AIDS/HIV）300例，死亡17例。转出艾滋病病例237例，查无此人8例。对湖里区AIDS/HIV进行随访及CD4检测，共随访578人次，CD4检测335人次。开展自愿咨询检测815人次，其中采血检测800人次，初筛阳性23例。开展流动人口哨点监测408人，其中HIV阳性0例，梅毒阳性2例，丙肝阳性1例。开展男男同性恋人群干预1808人次，完成问卷和检测各188人，其中HIV阳性19例。开展流动人口干预工作，其中在台松电子、宸鸿科技、盈趣科技、侨兴工业、沐霖纺织厂等多家工厂企业开展多场次外展宣传活动和同伴教育员培训工作，干预2.05万人次，采集问卷及血样各267份，其中HIV阳性0例，梅毒阳性1例，丙肝阳性1例。在区属集美国贸工地、五缘湾鑫海湾工地和禹州大酒店工地开展多场次宣教、健康体检，覆盖600人，采集问卷和血样各118份，HIV、丙肝阳性0例，梅毒阳性6例。开展暗娼人群干预4706人次，收集问卷及血样各138份，HIV、梅毒、丙肝阳性各1例。开展吸毒人群干预及检测，全年共干预吸毒人员534人，检测534人，其中HIV阳性1例。湖里区2014年开始执行艾滋病中默项目，至2015年底项目正式结束，开展8场次培训，培训医务人员271人次；发放慰问、补贴经费155人次，发放慰问品155件；共督导50场次。项目经费使用率98.32%。

【结核病防控】2015年，辖区内共发现活动性肺结核病人387例，其中初治涂阳肺结核病人145例。各级综合医院上报疑似肺结核病人892人，转诊率99.8%。其中，经医院转诊及结防部门追踪到位857人，转诊到位率和追踪到位率分别为52.8%、91.7%，总体到位率96.1%。筛查病例的密切接触者260人，筛查率100%。是年，辖区内治疗满一年的新涂阳病人174例，治愈率为83.3%；督导管理肺结核病人441例，系统管理率为90.2%。治疗满3个月的涂阳病人137例，其中2月末痰检率86.1%，痰检阴转率65.7%。开展结核病人管理督导，累计督导各街道社区卫生中心和第一医院结核门诊96次，督导结核病病人813人次。

【病媒传染病防治及除“四害”工作】2015年，湖里区共发生2例输入性登革热病例，4例输入性疟疾病例，1例布鲁氏菌病病例，区疾控中心对上述疫情采取病例流调、密切接触者随访、病例居家消毒、健教宣传和上报通报等措施，由于处置科学，未发生疫情扩散。开展鼠密度监测，在辖区5个街道共布放2400个捕鼠笼，笼捕鼠密度3%。开展蚊虫密度监测，每月2次，布放诱蚊灯288盏，测得蚊虫密度0.34只/盏/小时。开展2轮全区有害生物防治（PCO），完成PCO技术指导及前后“四害”密度监测工作。

免疫规划工作

【概况】2015年，湖里区免疫规划程序内各类疫苗报告接种率均达到99%以上。4月15日—5月15日，区疾控中心入户调查辖区内的本地户口儿童和居住满3个月以上外来儿童的免疫规划接种情况，所有免疫规划疫苗接种率均达到国家要求标准。

【计免相关传染病发病情况】年内，全区报告麻疹监测病例40例，经流行病学调查和实验室检测确诊11例，转出病例2例，排除病例29例，发病率为8.78/100万。全区报告15岁以下儿童疑似乙肝病例8例，确诊病例3例，排除病例5例，及时调查率100%。新生儿破伤风病例1例，无发生百日咳病例。医院报15岁以下儿童急性弛缓性麻痹（AFP）2例，经调查和实验室检测排除脊髓灰质炎病例，采集率、及时率均达到监测指标要求；每旬主动搜寻辖区医院儿童急性弛缓性麻痹、乙脑、新生儿破伤风、麻疹，未发现漏报病例。

【预防接种异常反应发生情况】年内，全区报告疑似接种异常反应161例，其中：异常反应35例，偶合症3例，其余为一般反应123例，均为接种后出现局部红肿、发热等一般反应。有2例病例提交预

10 月 15 日，中国疾控中心慢病中心领导到湖里区调研慢性病防控与信息化工作（谭林华 摄）

防接种异常反应专家诊断组讨论：1 例经市级专家诊断组讨论，不属于预防接种异常反应，属于偶合症，另 1 例经区级专家诊断组讨论，其所患过敏性紫癜属于预防接种异常反应，已提交省疾病预防控制中心复核。

【免疫规划其他工作】 年内，区疾控中心有序开展学校预防接种证查验工作和中小学校、托幼机构校医、保健老师预防接种知识培训。9 月，举办一期预防接种专业技术培训班。预防接种单位免疫规划工作人员共 82 人参加培训，全部考试合格。

【慢性非传染性疾病防控】 2015 年，全区共增设了 9 个健康小屋，新建 2 个健康社区、1 条健康步道。湖里公园作为健康公园，完善其相关设施的建设。是年，湖里区在“三师两网（专科医师、全科医师、家庭健康管理师和糖友网、高友网）”建设的基础上，在每个街道各成立 1 个高血压和糖尿病俱乐部。年内，全区累计报告肿瘤新发病例 429 例。随访 2008 年—2013 年病例 4727 例，其中失访 150 例，到访的 4577 例中，存活 977 例，死亡 1820 例，非湖里户籍 1780 例，其中转厦门其他区 122 例，根据死因监测中肿瘤死亡数据补报发病 200 例。

监测工作

【概 况】 2015 年，湖里区完成食品检测 231 家 513 份，合格率 94.93%，其中碘盐检测 300 份；餐具检测 251 家 2914 份，合格率 92.79%；公共场所卫生检测 345 家 2233 份，合格率 94.09%；游泳池水质检测 51 家 152 份，合格率 73.0%，职业危害因素检测 23 家，检测 180 个作业点（粉尘 28 点，毒物 61 点，噪声 91 点），出具检测报告 23 份。完成噪声接触人群职业紧张问卷调查，合计完成噪声接触人群 110 例，对照人群 107 例的问卷调查，并开展上述人群的血压、血糖、血脂、心率的检测。

【疫情监测】 区疾控中心全年共现场处理中小学、托幼机构发生的手足口、流感、水痘、腮腺炎等传染病疫情和聚集性事件 60 起，其中上报未分级突发事件 3 起（2 起人感染 H7N9 流感散发病例，1 起学校水痘病例聚集性疫情），7 起疑似食物中毒事件，处置及时率 100%，事件查明率 100%。处理传染病自动预警 219 起，发现 19 起疑似事件。

【伤害监测】 2015 年，全区累计报告产品伤害 1.83 余万例（中医院报告 1.71 余万例，儿童医院报告 1172 例），报告典型案例 68 例。由于监测内容变更，监测软件升级改造过程中有许多问题，导致上半年报告数量和质量都有所下降。通过与哨点医院、软件公司的积极协调并结合国家、市区各级工作督导，下半年工作明显改善。是年，开展了 2015 伤害干预系列工作——儿童乘客安全项目，对全区幼儿园下发了儿童乘客安全教学大纲等相关资料，并对 11 家幼儿园教师开展儿童乘客安全知识培训，对 4 家幼儿园 641 名儿童及家长开展了儿童乘客安全知识宣教并儿童涂色比赛。

【精神类疾病监管】 2015 年，全区累计建档严重精神障碍患者 3202 人，累计死亡患者 48 人，累计示范患者 25 人，在册患者 3154 人，患者在册率 3.20‰。是年，知情同意管理患者 2740 人，累计年在管患者管理率为 82.09%。

【居民死亡信息登记报告】 2015 年，全区累计报告户籍居民死亡病例 1161 例，医疗机构内发生死亡病例未发生漏报，各社区卫生服务中心对辖区内发生的死亡案例均及时调查并上报死亡信息登记系统。

【实验室 PCR 系统投入使用】 2015 年底，实验室 PCR 系统投入使用。在公共卫生突发事件中运用核酸扩增技术进行样本的初筛，可以快速对副溶血性弧菌、金黄色葡萄球菌等致病菌引起的食源性疾病进行实验室诊断。此外，厌氧工作站、生化培养箱等检测设备相继投入使用，能够开展更多种类病原微生物的检测，提高湖里区传染病应急检测能力。全年完成霍乱、艾滋病、梅毒、丙肝、麻疹、风疹检测6246人份。

（柯素容）

妇幼保健

【概况】 2015年12月，湖里区妇幼保健院（以下简称“区妇幼保健院”）通过二甲评审，成为二级甲等区级妇幼保健院。区妇幼保健院坚持以保障妇女、儿童健康为目标，秉承“母亲安全、儿童优先”的服务理念，致力于开展分娩接生、妇女儿童各期保健、孕产妇及儿童系统管理、盆底功能障碍诊治、儿童早期综合发展、婚前保健以及各种疾病诊治等服务。发展成为集预防、保健、医疗、康复、科研、教学、临床及应对突发公共卫生事件为一体的，具有一定专业特色的区级妇幼保健业务指导中心。是年，区妇幼保健院业务用房1.09余万平方米，在职职工251人，其中医务人员212人，中高级职称86人，副高以上职称20人，本硕以上学历99人。内设妇女保健科、儿童保健科、妇产科、眼保健科、耳鼻喉科、预防保健科、内科、儿科、中医科、中医美容科、整形外科、皮肤科、口腔科、乳腺科、中医妇科、检验科、超声科、放射科、宫颈疾病门诊、内分泌门诊、不孕不育门诊、孕妇营养门诊、产后康复中心、儿童早期综合发展中心、体检中心、孕期音乐调理基地、快乐孕育俱乐部等科室，引进美国GE三维彩超、美国贝克曼全自动生化仪、法国产后盆底康复仪、美国欧美达麻醉呼吸机、德国莱斯康电子阴道镜、荷兰飞利浦高清直接数字化放射系统（DR）、法国斯塔高全自动血凝仪等先进的医疗设备。全年门（急）诊50.6万人次，比上年增长9.37%，在全省区级妇幼保健院中门诊量排名第一；创收约8836万元，比上年增长27.1%。年内，区妇幼保健院获国家级“巾帼文明岗”和“国家妇幼卫生工作突出集体”称号。

【孕产妇保健服务】 2015年，全区户籍人口产妇有3882人，活产3937人，孕产妇系统管理率96.22%，早孕检查率97.16%，建卡率97.89%，产前检查率97.90%，产后访视率96.65%，住院分娩率100%，高危孕妇检出率71.2%，低出生体重儿发生率4.95%，出生缺陷发生率12.41‰，围产儿死亡率3.55‰，孕产期中重度贫血发生率0.28%，孕产妇剖宫产率32.03%，孕产妇死亡率为0。孕产妇产前筛查率99.92%，婚前医学检查率98.00%，妇科病普查率98.04%。

【儿童保健服务】 年内，全区7岁以下儿童2.64余万人，3岁以下儿童1.18余万人，7岁以下儿童保健覆盖率98.89%，3岁以下儿童系统管理率96.1%，高危儿检出率4.42%，5岁以下低体重患病率1.70%，6个月母乳喂养率91.66%，6个月纯母乳喂养率70.60%，新生儿访视率98.17%，新生儿听力筛查率99.67%，新生儿疾病筛查率99.67%，5岁以下儿童中重度贫血患病率0.36%，5岁以下儿童死亡率2.03‰，婴儿死亡率1.78‰，新生儿死亡率1.27‰，新生儿破伤风发生率为0。

【托幼机构管理】 年内，区妇幼保健院为辖区203所公民办幼儿园开展儿童健康体检、眼保健、口腔保健、托幼园所卫生保健指导（包含膳食营养、疾病预防、体弱儿管理、安全管理等）。托幼机构全年口腔保健7.9万人次；儿童健康体检3.40余万人次，入园入托指导率100%。

【落实公共卫生项目】 2015年，根据《国家基本公共卫生服务规范》和《厦门市孕产妇系统管理规范》要求，区妇幼保健院为首次孕妇建卡提供免费保健服务1.66余万人，为已建卡孕妇提供五次免费产检2.85万人次，并协助社区卫生服务中心开展建卡服务，让孕妇在家门口就能完成产检。

【落实惠民利民项目】 年内，区妇幼保健院推进多项惠民措施让全区上万名妇女儿童受益。一是对常住人口孕妇实施免费产前筛查（180元/人），共免费检测2341人；二是免费为全区婚检及孕妇进行艾滋病抗体检测1.53万人次，为每位受检者节约45元；三是配合区婚姻登记处，开展免费婚前体检，是年共检查3849对，为每对夫妻减免200元；四是协同计划生育部门，为计划怀孕的夫妇提供免费孕前优生检查，共检测602对，为每对夫妻减免450元；五是免费为全区近1.37名育龄妇女进行妇科病普查，检出疾病7816例，对发现病变者给予定期追防及后续治疗，获得社区居民的好评；六是为湖里区已婚低保妇女普查123人，检出妇女病78人，检查率96.85%，患病率63.41%，免费检查及治疗费用达5万元；七是开展免费红细胞叶酸检测697人次，大大降低了胎儿宫内发育迟缓、早产及新生儿低出生体重的发生概率。降低医疗费用，减免三维彩超5851人次，每人减免200元；减免超声骨密度检测近1.21万人次，每人减免30元；免除挂号费8.69余万人次，每人减免10元。全年开展各项利民惠民项目，共减免费用819.16万元。

【保健知识宣教】 2015年，区妇幼保健院联合营养师协会开展营养知识讲座10场，免费在院内开展营养咨询活动，为孕产妇提供孕期营养指导300余人次；组织开展以“延续爱和健康 请用母乳喂养”为主题的“5·20全国母乳喂养日”宣传活动，传播母乳喂养的先进理念与方式方法，提高群众母乳喂养意识，更好的倡导和呼吁全社会关注和支持母乳喂养；组织志愿者开展主题为“职场妈妈 ‘喂’爱坚持”的世界母乳喂养周大型宣传活动：开展“湖里星期六·妇幼大讲堂”母乳喂养讲座1场、健康教育学校课程2堂、进病房为孕妈妈宣传2次、义诊咨询1场，发放宣传折页600余份；每月组织志愿者开展“百名专家进社区”、健康服务进社区、科普“超市”进社区、文明服务超市“五下乡”等健康义诊咨询活动，出动医务人员200人次。全年共义诊咨询服务辖区群众近4万人次，发放妇幼保健知识宣传材料近11万份；在院内每天开展孕妇大学、家长学校、宝宝课堂宣教课共6900人次，并在院内各科室宣传栏发放妇幼健康教育宣传材料40多万份；制作印刷11万余份妇幼保健健康教育宣传材料在5个社区卫生服务中心及2家民营医院发放；联合中共湖里区委宣传部、湖里区社科联共同举办“湖里星期六·妇幼大讲堂”名家讲堂活动12场，根据群众需求邀请专家，向湖里区居民宣传保健知识，普及健康常识；利用微信、网站、院报、健康教育视频进行妇幼保健知识宣传，形式多样，受众面广，健康教育效果好。

1月14—22日，区妇幼保健院组织开展全区医护人员H7N9禽流感防控知识培训与演练（区妇幼保健院供图）

【参加人感染H7N9应急处置演练】 1月14—22日，湖里区妇幼保健院组织全区医护人员参加人感染H7N9应急处置演练，针对湖里区流动人口大，防控任务艰巨等问题，制定既定预案，培训全区280多家公民办医疗机构、约300名医护工作者。演练中，湖里区妇幼保健院反应及时、流程顺畅，对预检分诊、发热门诊筛查、病人转诊、消毒隔离、信息报告等各环节处置规范，各部门衔接配合默契，为全区医务人员上了一堂生动的实战演练课。

【VIP门诊正式开业】 2月26日，区妇幼保健院VIP门诊正式开业，VIP门诊是应群众需求，集合优质的医疗资源和各学科专家，一流的设备、精湛的医术及专家“一对一”的诊疗，让广大孕产妇享受“一站式”便捷与高标准的服务，后更名为“快乐孕育俱乐部”，整合孕妇瑜伽、音乐调理、产后康复、母乳喂养训练营、导乐分娩、无痛分娩等特色服务，给湖里区孕产妇带来更舒适的孕期体验。

【开展“三八”节系列活动】 2015年3月，区妇幼保健院在院内开展“三八”节系列活动，举办1场趣味运动会，1次诵读节，1场孕味嘉年华大讲堂，1次院内院歌大赛，1次院内职工免费乳腺筛查，1次免费社区两癌筛查，1场“湖里星期六·妇幼大讲堂”公益讲座。

【举办议诊宣传】 6月13日，区妇幼保健院组织医护人员在蔡塘广场举办了一场大型义诊宣传活动，庆祝《中华人民共和国母婴保健法》颁布实施20周年。现场开展了妇女保健、孕期保健、儿童保健、母乳喂养、母婴保健法等方面的义诊和咨询，并发放母乳喂养宣传资料。

【快乐孕育俱乐部参加全国医院擂台赛获佳绩】 7月，区妇幼保健院快乐孕育俱乐部参加全国医院擂台赛“寻找最佳医疗实践——改善医疗服务行动计划”第一季、第一个主题“优化诊区设施布局”的比赛，以近8.59万票获得本次擂台赛前十名。

8月3日，区妇幼保健院产科正式对外开放（区妇幼保健院供图）

【区妇幼保健院产科正式对外开放】 8月3日，区妇幼保健院产科正式对外开放，是厦门市第一家拥有产科病房的区级妇幼保健院，是日13时42分，产科接生第一个孩子，湖里区卫计局领导及妇幼保健院院长李淑莲等送上祝福。截至12月31日，产科共接收住院产妇657例。

【顺利完成二甲医院检查评审】 12月18日，福建省二甲评审小组莅临区妇幼保健院，对其行政管理、儿童保健、妇女保健、院感管理、妇幼卫生、后勤管理、妇幼信息、医疗管理、护理管理、医技管理等10个方面进行检查。各项评审工作均顺利完成，受到专家组一致好评。

【区妇幼保健院专家参加湖里区政协界别日大型义诊活动】 9月19日，区妇幼保健院组织9名中高级职称专家参加湖里区政协界别日大型义诊咨询活动，现场为广大群众开展乳腺检查、骨密度检测及疾病防治的咨询服务，当天共为500多名群众提供服务。

12月18日，区妇幼保健院顺利通过二级甲等妇幼保健院评审（区妇幼保健院供图）

【举行亲子趣味运动会】 12月26日，区妇幼保健院举行大型亲子趣味运动会，约300名儿童及其家长参加。本次活动以“大手牵小手，健康好未来”为主题，分别开展了1—3岁组和3—6组的亲子游戏，比赛均是根据儿童身心素质发展情况量身设计的项目，同时安排资深早教专家现场咨询指导，解答爸爸妈妈们在孩子成长期间遇到的问题和疑惑，提升家长教育孩子的技能。

（朱春雷）

厦门市中医院（厦门华侨医院）

【概况】 厦门市中医院（厦门华侨医院）创建于1956年11月，创建人是爱国侨领、全国著名老中医陈应龙先生。医院为三级甲等中医医院。医院占地面积7.25万平方米，建筑面积9.6万平方米，编制床位1200张，其中：新院址开放床位800张，原江头分院作为南区，设肝病、肛肠病、骨关节病、肿瘤病区，开放床位400张。下设禾祥东门诊部，并管辖江头、禾山、金山和殿前四个社区卫生服务中心。是福建省乃至海峡西岸经济区中规模最大的综合性中医院。2015年，厦门中医院设有临床科室21个、医技科室11个、职能科室18个、中医特色专病门诊39个、开放专科门诊67个。有职工1948名（院部1655名，四个社区卫生服务中心293名），另有返聘人员55人，离退休人员347人。其中享受国务院特殊津贴专家3名，全国老中医药专家学术继承工作指导老师4名，省级老中医药专家学术继承工作指导老师8名，福建省名中医1名，全国优秀中医临床人才6名，省级优秀中医临床人才9名，厦门市优秀中青年中医后备人才31名。市级拔尖人才1名，硕士生导师26名。博士23名，硕士249名，高级专业技术人员260名，其中：正高98名、副高162名，医师547人，护理673人，药剂师112人，技师69人。医师中，高级195人，中级176人，初级179人。同时，医院采取柔性引进人才政策，通过院士指导平台和双主任制的形式，聘任院士陈可冀以及引进杨广顺、吕厚山、吴永健等国内知名教授。是年，厦门市中医院设备资产3.04亿元，固定资产6.56亿元。配置了DSA、128排螺旋CT、核磁共振、DR、贝克曼自动生化分析仪、实验室流水线信息系统等大型精密设备。

【重点专科专病建设】 2015年，厦门市中医院开设1个国家中医药管理局重点学科建设单位（中医肝胆病学）、2个国家临床重点专科建设单位（肝病科、儿科）、1个厦门市中医领先学科（肛肠科）、4个“十一五”国家中医药管理局重点中医专科（肝病科、肛肠科、儿科、脾胃病科）、2个国家中医药管理局“十二五”重点专科建设单位（骨伤科、风湿病科）、8个福建省中医重点专科（病）、9个厦门市中医重点专科、1个达到部颁二级标准的重点实验室、8个GCP建设项目。厦门市中医院还是国家中医药管理局中医药防治传染病重点研究室（临床基地）建设单位、全国远程病理会诊试点医院、是全省三级医院中唯一的全国伤害检测中医院。是年，有6个国家级重点专科建设项目通过中期评估，风湿科、心内科通过第四周期医学中心评估，中医肝胆病重点学科通过国家局验收，肛肠科入选厦门市医学领先学科建设项目。肝病中心作为组长单位完成了对慢性乙型肝炎肝纤维化中医临床路径的验证工作。举办省级儿科“内病外治”继续教育学习班等各项继续教育项目。出版《康良石肝病指归》等专著，系统总结了康氏疫郁等理论。

【医疗门诊】 2015年，厦门市中医院门诊量262.91万人次，其中社区门诊55.67万人次，年出院3.87万人次。

【推广中医适宜技术】 年内，厦门市中医院开展中医非药物治疗技术75种，制定中医治疗技术标准化作业程序（SOP），在全院全面推行。在门诊和病房设立中医综合治疗区，门诊非药物中医技术治疗人次23.69万人次，举办福建省中医药学会外治法分会成立大会并举办中医外治法学习班。

【开展治未病工作】 2015年，厦门市中医院积极开展治未病工作，继续完善治未病中心建设，新购置中医舌面脉诊断仪与体质辨识系统，建设独立的中医治疗干预室，共完成中医体质辨识1095例。与社区合作，在高血压、糖尿病等慢病人群中开展中医体质辨识服务。开展针灸在损美性皮肤治疗上的应用、隔核桃皮眼镜灸技术的应用及光学生物测量仪的应用等中医新技术、新项目。

【推进名老中医传承工作】 年内，厦门市中医院9位主任医师成为省级师带徒指导老师，5名中药人才成为全国首批中药特色技术传承人才培养对象。卢太坤名老中医工作室顺利通过结题验收。

【推动中医药进社区】 厦门中医院全年有30余名专家进社区，出诊820余次。在社区推广中医适宜技术，发挥中医药在医院—社区慢病防治一体化管理新模式中重要作用。是年，各社区的中医药服务量稳步上升，中医药总处方量23.33万，占处方比例的46.61%，比上年有明显提高。

【中医药科研教学】 厦门市中医院全年有258名专科及本科毕业生通过北京中医药大学厦门函授站考核，取得毕业证书，招收新生385名，是年，在校905人。2015年共接收各高校实习生227人，完成本科、专科实习生以及研究生235人的实习考核工作。儿科举办国家级、省级继续教育项目各1项，心内科协办国家级继续教育项目1项，肝病中心主办国家级继续教育项目1项。年内，厦门市中医院各级科研项目获得立项18项，获得上级资助经费103万元。副主任梁惠卿获得国家自然科学基金青年课题项目立项。主任毛乾国获得福建省科技厅计划项目引导性项目立项。发表论文135篇，其中一级学会期刊和北大核心期刊33篇，SCI（《科学引文索引》）论文6篇，MEDLINE论文1篇。

【中医药内外交流】 年内，厦门市中医院圆满承办“海峡论坛”配套活动“第十届海峡两岸中医药发展与合作研讨会”，负责主办配套活动“对台适宜技术培训班”“中医特色疗法体验活动”。完成编撰《海峡两岸中医药发展与合作研讨会十周年纪念册》。举办“针灸经络输穴养生保健高级研修班”“足弓矫正医学高级研修班”“香港针灸提高班”，来自台、港、澳及马来西亚、新加坡的216名基层从业人员和中医爱好者接受培训。组织相关人员赴台考察调研，接待台湾中医药学会等单位参访。

【开展双向转诊慢病分级诊疗】 2015年，厦门市中医院和所属的4个街道社区卫生服务中心均组织成立“三师共管”领导小组和专家组，建立和运行双向转诊机制，形成慢病基层首诊、双向转诊、全程健康管理的分级诊疗新就医模式，从3月开始，厦门市中医院着重开展糖尿病、心血管内科的专家下社区分级诊疗服务，相关专家定期到禾山、金山、江头、殿前4个社区卫生服务中心坐诊。门诊病人增加28.33%，“三师共管”签约5029人。

名词解释

MEDLINE：美国国立医学图书馆生产的国际性综合生物医学信息书目数据库，是当前国际上最权威的生物医学文献数据库。

厦门市口腔医院

【概况】 厦门市口腔医院是福建省大型三级公立口腔专科医院之一，是福建省医学院附属口腔医院。厦门市口腔医院辖蔡塘总院、斗西分院两个院区和口腔医学研究所。蔡塘总院邻湖边水库，建筑面积1.2万平方米；斗西分院位于思明区斗西路，毗邻中山公园西门，建筑面积7000平方米。共有职工350余人，其中硕士研究生以上学历100余人，博士生40余人，中级职称69人，高级职称32人。科室设置齐全，设有专家门诊部、牙体牙髓病科、牙周病科、口腔黏膜病科、口腔颌面外科、口腔修复科、口腔种植科、口腔正畸科、口腔综合科、儿童口腔科、预防保健科及相关辅助科室，其中口腔修复科、口腔内科（牙体牙髓病科、牙周病科、口腔黏膜病科）是厦门市第二期及第四期重点学科。2015年，厦门市口腔医院门诊31万人次，门诊收入1.8亿；科研气氛浓厚，30余篇论文在各种口腔专业杂志上发表；出版10本口腔专著，拥有7位中华口腔专业委员会委员，20多位福建省口腔医学专业委员会委员。

【慢性病防控】 3月至11月，厦门市口腔医院与思明区疾控及思明区卫计委合作开展思明区慢病防控工作，深入辖区32所小学，对1.5万余名小学生进行龋病筛查，进行口腔预防保健干预6979余人。

【口腔健康宣教】 年内，厦门市口腔医院分别在湖里区5所幼儿园举办5次健康教育讲座，为学生家长及老师义务普及口腔保健知识；9月20日，组织15名医生与厦门市总工会、厦门市疾控中心合作，到蔡塘广场和厦门文化艺术中心开展爱牙日义诊活动，进行免费口腔健康讲座及咨询，为群众免费口腔检查，并进行防龋干预。开展全市口腔健康教育工作，发放健康教育宣传材料。定期与《厦门日报》《厦门晚报》《海峡导报》合作，全年刊登43篇科普文章。改版医院门户网站，推进网站及微信公众号宣传，开展口腔医学知识宣教及口腔健康知识问答与互动。

【科研学术工作】 2015年，厦门口腔医院获得科研立项奖励8项，其中许铭炎的“整合素β6修饰钛表面涂层对实验性种植体周围炎治疗作用的研究”获得福建省卫生系统中青年骨干人才培养计划科研立项。完成2016年福建省科技计划项目、厦门市科技局科研计划项目、医高专科研项目申报，做好科研中期检查工作。全年全院职工发表科研临床论文24篇，其中SCI（美国《科学引文索引》）论文2篇；参加编写教材、专著7部，获得专利2项。与市口腔医学会定期开展口腔医学新技术新进展讲座，举办大型学术讲座26场次，总参会人数约5200人次。

（厦门市口腔医院编写组）

厦门市儿童医院（复旦大学附属儿科医院厦门分院）

【概况】 2015年，厦门市儿童医院开放临床业务科室22个，开放床位200张。全院在岗职工398人。全年医院门诊约29.02万人次，门诊量由上年的9807人次/月，增长到23449人次/月，比增139.1%，其中，特约高级专家门诊451人次；住院4071人次，由68人次/月，上升到516人次/月，比上年增长658.8%，其中，新生儿转院病人502人次，外科手术508人次。就诊患儿90%来自厦门，其中，68%来自湖里区。在2015年北京零点公司开展的厦门市医疗服务第三方满意度评价中，获得90.2分（全市第5名、公立第3名）的高分。

厦门市儿童医院全景（厦门市儿童医院供图）

9月30日，举行复旦大学附属儿科医院厦门分院学术主任签约仪式（厦门市儿童医院供图）

【特聘主任、学科顾问、学术主任】 5月31日，市儿童医院分别聘请上海复旦大学新生儿科教授曹云、消化内科教授黄瑛、外科教授董岿然为市儿童医院相应科室特聘主任。9月30日下午，市儿童医院举行学术主任签约仪式，分别聘任总院放射科主任乔中伟、临床医学检验中心主任徐锦、康复科主任杨红、重症医学科主任陆国平、医务科主任陆毅群、护理部主任张玉侠、社会发展部主任罗伟奋、门急诊主任陆忠、麻醉科主任王炫、儿童保健科主任徐秀为市儿童医院相应科室与部门的学术主任。同时，市儿童医院聘任总院院长、教授黄国英，党委书记、教授徐虹，副院长、教授王艺，副院长、教授周文浩，副院长、教授郑珊为医院学科顾问。

【三级儿童专科医院科室全部开放】 截至12月31日，厦门市儿童医院陆续开放24小时急诊、特约高级专家门诊、儿内科门诊、中医儿科、小儿外科、小儿妇科、小儿骨科、皮肤科、小儿眼科、五官科、口腔科、儿童保健中心、儿童健康体检科、儿童康复医学中心、内镜中心、新生儿医学中心、儿童重症医学中心、综合内科一区、综合内科二区、综合外科病房、麻醉科、手术室等临床业务科室22个，开放床位200张，其中：综合内科一区50张，综合内科二区50张，新生儿医学中心50张，小儿外科50张，开放儿童保健中心、康复医学中心、新生儿医学中心和内镜中心等4个医疗中心。

【医技水平迅速提高】 年内，市儿童医院开展儿科高难度业务，新生儿医学中心开展的神经重症监护单元、腔镜治疗食道闭锁及术后监护、早产儿开颅术后监护、家庭护理中心、新生儿随访多学科协作门诊，内镜中心开展的幼儿肠镜检查及息肉切除术，康复医学中心开展的GMS无创评估早期脑瘫等技术填补省内空白。眼科开展的早产儿视网膜筛查及眼底手术，外科开展的胸腔镜下食道闭锁食道吻合术、腹腔镜下胆道闭锁探查术、胆总管囊肿根治术、膈疝修补术、食道裂孔疝修补术、先天性巨结肠根治术、膀胱外输尿管膀胱再植术及肠旋转不良整复术等多项微创疑难手术，内科开展的食道气道瘘复发重症肺炎、危重症手足口病并肺水肿及心律失常、恙虫病并嗜血综合征、重症肺炎并发气胸及纵膈气肿救治技术达到国内先进的技术水平。

【建立完善的转诊体系】 2015年，厦门市儿童医院开通福建省唯一的疑难危重患儿转诊上海复旦大学附属儿科医院的绿色通道；开通危急重症新生儿转运绿色通道，24小时接受医疗机构需转诊的危急重症新生儿。

【推出上海专家手术日】 年内，厦门市儿童医院每月第三周周六定为专家手术日，由上海著名小儿外科专家、博士生导师、教授董岿然带领的医疗技术团队到厦门市儿童医院为患儿手术，按照普通标准收取手术费用，无需新增任何额外费用。

【科研与学术交流】 2015年，市儿童医院获2015年厦门市重要重大疾病联合攻关项目1项，厦门市科技局科研项目1项；市儿童医院组织申报2016年厦门市科技局科研项目5项，均通过专家预审；2016年国家”973”横向课题1项。年内，组织2届“海西儿科高峰论坛”，1届“海西儿科消化论坛”，1次“现代儿童医院管理研讨会”，1次“厦门市儿科心脏论坛”、2次“新生儿危重症救治关键技术循征评价”论坛、1次“厦门市第九期新生儿窒息复苏培训班”。

【队伍建设】 年内，全院在岗职工398人，其中：医师152人、占38.2%，护士142人、占35.7%，药师18人、占4.5%，技师31人、占7.8%，其他55人、占13.8%；40岁以下人员、占74.6%；本科学历194人、占48.7%，大专及以下学历148人、占37.2%，博士3人、硕士55人、占4.1%；高级职称43

人、占 10.8%，中级职称 111 人、占 27.9%，初级及以下 213 人、占 53.5%。在市卫生计生委和总院积极协调下，市儿童医院和总院与上海市卫生人才交流服务中心共同签订协议，自 2015 年至 2017 年每年选派 20 名住院医师规范化培训对象（规培生）到总院儿科、儿外科规培基地规培。截至年底，外送规培生 44 人，其中，在总院规培生 32 人。

（蔡惠州）

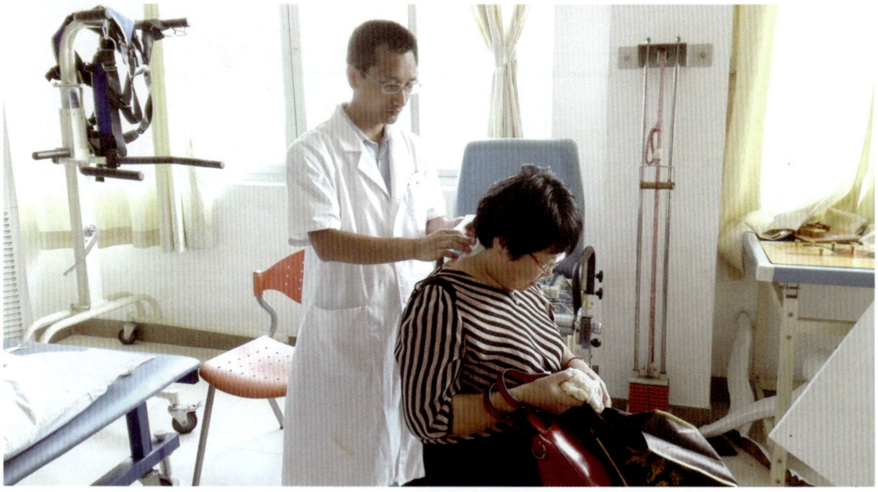

中医生为患者贴“三伏贴”（湖里街道社区卫生服务中心供图）

厦门市湖里区湖里街道社区卫生服务中心

【概况】 2015 年，厦门市湖里区湖里街道社区卫生服务中心（以下简称湖里社区卫生服务中心）设有两个服务点，分别为海天路 53 号海天中心、东渡路 93 号东渡分中心，业务用房总面积 4556.14 平方米（其中海天点 2671.14 平方米，东渡点 1885 平方米），服务范围为湖里街道。是年，根据中心岗位设置情况补充编内 10 名，截至 12 月 31 日，湖里社区卫生服务中心领导职数为 1 正 3 副，核定人员编制 107 人，在岗 96 人，其中编制内 90 人，编制外 6 名，其中 4 名退休返聘人员。在岗人员中研究生学历 2 人，本科学历 62 人，大专及以下学历 32 人；高级职称 6 人，中级职称 41 人，初级职称 49 人；临床医生 42 人，护理专业 29 人，医技 6 人，药学专业 8 人，财务 8 人，后勤与信息人员 3 人。设有全科医疗科、中医科、妇产科、儿科、口腔科、康复医学科、急诊科、内科、外科、公共卫生科（健康教育、精神病管理、慢性病管理、传染病管理等）、预防保健接种科、妇女保健科、儿童保健科、医学检验科、医学影像科（B 超、放射）等科室。年内，湖里社区卫生服务中心进一步推进慢性病分级诊疗试点改革，在新构建“基层首诊、双向转诊、急慢分治、上下联动”的就医秩序下，开展“分级诊疗，慢病先行，急慢分治，三师共管”的分级诊疗工作，推进两网（高友网、糖友网）及家庭签约建设工作。根据湖里区政府《湖里区社区卫生服务中心及其延伸点布局规划和实施计划》精神规划布局辖区延伸站点，是年，完成康乐社区卫生服务站建设，另一延伸站点（兴华站）已确定选址。

康乐社区卫生服务站（湖里街道社区卫生服务中心供图）

【基本医疗服务】 2015 年，湖里社区卫生服务中心共完成门诊 23.59 余万人次，比上年增长 39.3%。其中：内科 6.92 万余人次，中医科近 8.43 万人次，全科 3.20 余万人次，外科近 0.90 万人次，妇产科约 0.56 万人次，口腔科 0.38 余万人次，儿科约 2.27 万人次，预防保健科 0.85 余万人次。是年，医疗总收入 1914 万元，其中，药品收入 1553.63 万元，治疗收入 73.55 万元，辅助检查收入 36.07 万元。湖里社区卫生服务中心 40 人次参与各项义诊 30 次，慰问空巢老人 10 户，配合区卫生局及居委会参加社会医疗保障工作 6 次，上门出诊及医疗服务 8 人次，双向转诊 2289 人次，（向上转诊 1241 人次，上级向下转入 1048 人次），诊间预约 30 人次。完成老年人中医药健康保健指导 3338

人次，0—36 月龄儿童中医药健康保健指导 3525 人次；新开展“三伏贴”中医特色疗法，治疗 200 余人。

【开展三师共管工作】 年内，湖里社区卫生服务中心根据《厦门市人民政府办公厅关于印发进一步推进慢性病分级诊疗试点改革实施方案的通知》(厦府办〔2015〕7号）精神，在所辖范围内推行“三师共管网”建设，切实做好慢性病一体化防治工作，逐步实现“基层首诊、分级诊疗、双向转诊”的目标。积极宣传“三师共管及家庭签约”的内容和意义，引导辖区高血压、糖尿病患者纳入“糖友网”及“高友网”，并首先从高友网及糖友网里发展家庭签约服务。是年，湖里社区卫生服务中心参与三师共管的全科医生有 8 人，专科医生有 2 人，健康管理师有 7 人。截至 12 月 31 日，两网与 1311 名高血压、糖尿病患者签约，其中：糖友网签约 590 人，高友网签约 721 人，家庭医生签约 473 户；举办糖高友俱乐部活动 2 次，为健康教育大课堂的患者提供教育 22 次；向上级医院转诊入网病友 70 余人次，转诊住院 12 人次；协助街道办事处指导社区居委会在社区成立 3 个高血压、糖尿病俱乐部。

健康小屋（湖里街道社区卫生服务中心供图）

【健康小屋运行良好】 2015 年，海天、东渡两处健康小屋运行良好，全年为社区居民 1.4 万余人次免费提供血压、人体成分分析、血脂、视力、心功能等共计 13 项服务。

【继续开展中医专家下社区工作】 2015 年，湖里社区卫生服务中心继续开展“中医专家下社区”工作，是年，接受三甲医院派专家进驻社区 8 人，专科医生 7 人，累计门诊 396 人次，开展讲座 5 次，诊疗 3766 人次。

中医专家下社区（湖里街道社区卫生服务中心供图）

【计划免疫】 年内，湖里社区卫生服务中心为辖区 18 个社区、9 所小学、2 所中学、42 所幼儿园约 9.21 万人提供服务。全年常规接种近 6.66 万人次，一类苗接种近 5.98 万人次，其中：卡介苗 2237 人次，乙肝 7438 人次，脊髓灰质炎 1.11 余万人次，百白破 1.10 余万人次，麻风（8 月龄）3030 人次，麻腮风（1 岁 6 月龄）2763 人，乙脑 5717 人次，流脑 11360 人次，白破二联 2505 人次，甲肝 2603 人次；二类苗接种 6773 人次，其中：乙肝 2134 人次，脊灰灭活 1907 人次，甲肝灭活 197 人次，水痘 1500 人次，流感 227 人次，23 价肺炎 25 人次，七价肺炎 36 人次，五联 747 人次。查证查卡 1.84 余万人次，其中：幼儿园 7786 人，小学 10646 人。建证、建卡各 4478 张，其中，外来儿童建卡、建证各 3027 张，接种证、卡符合率 100%，及时做好内外卡登记管理工作，保证了内外卡一致，内卡定期查阅登记，并预约下一次接种日期，工作人员利用下班时间或节假日电话通知未及时接种的儿童家长。周岁儿童的建卡率、建证率均达 100%，七苗全程接种率 99.7%，新生儿乙肝第一针及时接种率 99.9%。

【妇幼保健】 2015年，辖内户籍人口产妇数1011人，活产数1027人，孕产妇系统管理率95.42%，早孕检查率98.25%，建卡率96.93%，产前检查率100%，产后访视率96.30%，住院分娩率100%，高危孕妇筛查率73.00%，高危管理率100%。低出生体重儿发生率5.06%，出生缺陷发生率16.55‰，孕产期中重度贫血发生率0.20%，孕产妇死亡率为0，围产儿死亡率3.88‰。是年，7岁以下儿童7128人，3岁以下儿童3352人。3岁以下儿童系统管理率95.91%，体弱儿筛查率4.62%，体弱儿管理率100%。5岁以下儿童中重度贫血发生率0.39%，6个月母乳喂养率90.71%，6个月纯母乳喂养率66.59%，新生儿访视率97.76%，5岁以下儿童死亡率3.9‰。婴儿死亡率2.92‰，新生儿死亡率1.95‰，新生儿破伤风发生率为0。在做好儿童体检同时，还进行血铅及微量元素（铜、锌、铁、钙、镁）等的测定。

【传染病防治】 2015年，新登记肺结核病例47例，完成全年任务的72.3%。其中新涂阳病例20例，完成全年任务的80.0%，结核筛查率100%；累计督导管理肺结核病例90例，涂阳40例，涂阴50例；新登记艾滋病（包括HIV感染）病例13例，累计管理艾滋病65例，转出3例，死亡2例。艾滋病病毒感染者/病人随访检测比例100%，配偶/固定性伴HIV抗体检测率100%，抗病毒治疗比例100%。

【慢性非传染性疾病管理】 截至12月31日，新建立居民健康档案564份，累计建档约14.57万份，建档率91.85%。完成慢病规范管理11562人。其中高血压7505人，高血压病管理率28.61%；糖尿病4205人，糖尿病管理率31.07%；随访慢性病患者（包括高血压病及糖尿病病人）近2万人次；同166名病情稳定的慢性病患者签订全科医生服务协议。

【老年人健康管理】 3月起，湖里社区卫生服务中心与湖里街道办事处、辖区社区居委会等单位配合，为辖区3551位65岁以上老年人进行免费健康体检及建立健康档案。体检项目包括血常规、尿常规、肝功能、肾功能、血脂、血糖及心电图等。9月，通过与辖区的居委会、民政相关工作人员配合，免费为辖区的空巢老人提供健康体检、保健咨询和常见病的诊疗，同时发放健康知识宣传材料，为空巢老人建立健康档案，关爱随访10名空巢老人。

【重症精神病管理】 年内，湖里社区卫生服务中心积极开展重症精神病防控工作，截至年底，辖区重性精神疾病线索调查697人，录入国家重性精神疾病管理网络697人，检出录入率为0.44%，日常管理率为80%，达到了国家的考核要求。是年，辖内有精神分裂症436人，偏执型精神障碍25人，癫痫所致精神障碍20人，严重精神发育迟滞45人，双向情感障碍80人，分裂情感性精神障碍24人，躁狂发作67人。湖里社区卫生服务中心与仙岳医院建立双向转诊制度。每月按时发送居住在本社区的出院患者名单，并由社区精卫人员进行后续随访及管理。是年，下传出院患者信息184人，落实184人，落实率100%；加强节日和重大活动期间对精神病患者的监护和管理，严防精神病人肇事、肇祸的发生，确保社区治安稳定。

【人员培训】 2015年，湖里社区卫生服务中心143人次参与院外培训；参与规范化培训、转岗培训等10人；组织业务知识培训4次，“三基”理论知识及技能培训4次，医疗安全质量管理培训2次，参与医务人员达40余人。住院医师规范化社区实习生7人，护理专业实习生34人，湖里区健康管理员140人。并安排1名专科医师参加全科医师转岗培训；1名中医师参加中医全科医师转岗培训；1名口腔科医师参加口腔科住院医师规范化培训；2名全科医师参加全科规范化培训；7名护理人员参加健康管理师培训；13人参加厦门市疾病预防控制中心举办的预防接种培训班，并取得预防接种证书；参加省、市级医疗及社区慢性病管理培训等50余场，120余人参与培训。

【健康教育】 2015年，湖里社区卫生服务中心以健康知识、中医保健、疾病预防为主题，制作张贴健康教育宣传板报65版，其中人与健康24版；制作23种健康教育处方、折页、小册14万册（张），累计发放健康教育处方16万余册（张）。结合卫生宣传日，与社区居委会及辖区单位配合，开展31场主题性、有针对性的健康教育宣传和健康咨询活动，受众1.2万余人次；深入辖区中学、小学、幼儿园及各居委会开展健康知识讲座37场，2300余人次参加讲座。对中心医务人员进行2次健康教育服务能力提升培训；对辖区18个居委会进行健康教育督导，并举行7次健康教育专项培训。积极开展控烟活动，维护“无烟社区”的殊荣。社区张贴禁烟标志、禁烟条例及宣传单，对社区医护人员进行禁烟知识培训，要求医护人员对就诊患者进行禁烟知识宣传。

（张少阳）

殿前街道社区卫生服务中心

5 月 15 日，第一医院主任杨叔禹到殿前社区卫生服务中心坐诊（郭樱樟　摄）

【概况】 2015 年，湖里区殿前街道社区卫生服务中心为辖内 7 个居委会、21.28 余万人提供卫生服务，其中户籍人口 3.55 万余人，外来人口近 17.73 万人。是年，根据《中共厦门市委机构编制委员会办公室关于重新核定基层医疗卫生机构人员编制的通知》(厦委编办〔2015〕310 号)文件精神，中心职工编制由 69 个增至 104 个，在编在岗 67 人，到编率 64.4%，研究生 2 人，本科生 47 人，含高级职称 3 人，中级职称 39 人，初级职称 27 人；临床医师 24 人，其中，全科医师 14 人（含 1 名正在申请注册，1 名正在规范化培训，3 名正在转岗培训)，公卫医师 6 人，护士 26 人；药房 4 人，财务收费 4 人，检验 3 人。月平均职工数 65.58 人。

【基本医疗服务】 殿前街道社区卫生服务中心全年总门诊量 11.26 余万人次，比上年增长 24.82%，门诊收入 1107.76 万元，比上年增长 30.86%。是年，中心有西药 281 种，中成药 140 种，中草药 213 种；总处方量 9.9 万余种，中医处方近 4.46 万种，中医处方量占 44.97%。药品收入 833.37 万元。新增心电图检查、24 小时动态心电图、24 小时动态血压监测项目，儿童骨密度监测仪等监测项目。

【分级诊疗】 2015 年，殿前街道社区卫生服务中心根据《厦门市进一步推进慢性病分级诊疗试点改革实施方案》(厦府办〔2015〕7 号)的文件精神，启动分级诊疗工作。全年设立户外宣传栏 10 个，印刷宣传彩页 4000 张。宣传折页 4000 份，宣传手册 5000 份；全科医师进社区义诊 21 人次。开展讲座 23 场次，受益 2500 人次以上。厦门市中医院 8 名专家进社区坐诊（10 月后减至 5 名)，共看诊 236 次，总门诊量 2088 人次，糖友网 505 人，高友网 876 人，三师共管签约 1381 人，家庭签约 506 户。10 月下旬，第一医院主任叶志忠进殿前社区开展结核三师共管工作，共门诊 7 次，门诊量 68 人次，12 月底签约入网病人 48 人。

【公共卫生服务】 居民健康档案管理　殿前街道社区卫生服务中心年内为居民建立健康档案近 19.07 万份，建档率 89.60%，上门入户 2965 人次，电话随访 2.14 余万人次。

健康教育　更换宣传栏 30 期（含下居委会粘贴)，发放印刷材料 1.16 万份，举办健康教育讲座 23 场次、活动 21 场次。

预防接种　全年接种疫苗 8.11 余万人次（含二类疫苗)，比上年增长 1.11%。上报传染病 24 人，协助非住院结核病人 127 人，协助报告和处理突发公共卫生事件 1 件。

妇幼保健　2015 年，辖区累计活产数 1554 人，接受访视的新生儿 1019 人，应管理的 0—6 岁儿童 5520 人，纳入规范管理 5259 人，规范管理率 95.27%，开展儿童体检 1.08 余万人次。殿前街道社区卫生服务中心应管理的孕产妇 1554 人，纳入规范管理 1554 人，产前随访 1554 人次，产后访视 1082 人次。

老年人健康管理　为辖区 65 岁以上老年人建档 3960 份，规范健康管理 3960 人，其中参加 65 岁老人体检 1906 人。

慢性病管理　辖区内登记高血压 4586 人，纳入规范管理 4586 人，随访管理高血压患者近 3.12 万人次；登记糖尿病患者 2962 人，纳入规范管理 2962 人，随访糖尿病患者 1.74 余万人次。

【中医专家下社区】 2015 年，市中医院内分泌专家邱明山到殿前街道社区卫生服务中心坐诊 26 次，为社区居民 319 人次提供中医服务并与中心主治医师许志坚签订师带徒协议，何丽娜、苏冰、许志坚、杨伟、石燕群与市中医院陈进春主任签订名师带徒协议，为期 3 年。市中医院内分泌科主任林宗猛、针灸理疗科副主任医师陈晖阳、内分泌科主任蔡川海、中医内科副主任医师章亭 4 名中医专家进社区共坐诊 108 次，门诊量 901 人次，签定师带徒 4 人。

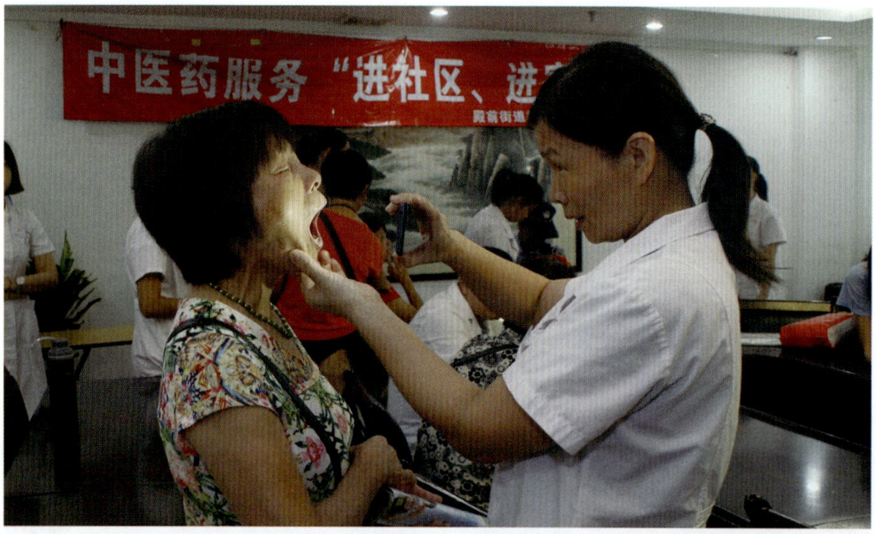

2015年，中医服务进社区（郭樱樟　摄）

【获得荣誉】2015年，殿前街道社区卫生服务中心获得厦门市"慢性病分级诊疗三师共管示范单位"称号，洪党阳获得"厦门市慢病分级诊疗三师共管示范全科医师"称号，吴婷婷获得"厦门市慢病分级诊疗三师共管示范全科医师"称号，郭樱樟获得《你的健康，我的三师共管》故事征文比赛三等奖，游小青获得厦门市慢性病分级诊疗知识竞赛"三师杯"三等奖。

【新址建设】殿前街道社区卫生服务中心新址设于殿前六路以西，即殿前村西侧，紧邻成功大道、长岸路，已开通社区公交437路。占地6253.67平方米，年内完成征地工作。

【马垅社区卫生服务站建设】11月3日，马垅社区卫生服务站开始施工改造。服务站位于马垄路15号一楼（马垅社区居委会集体产权）。装修改造面积为394平方米，设有全科、内科、妇科、护理站、检验科、针灸理疗科、药房、慢病管理室等科室，总投资约113.40元。

（郭樱樟）

江头街道社区卫生服务中心

【概况】厦门市湖里区江头街道社区卫生服务中心是厦门市预防接种规范化门诊，服务范围为江头街道辖区。中心设有全科、中医内科、针灸科、骨伤科、口腔科、康复理疗科、疼痛科、妇科、预防保健科、儿童保健科、妇女保健科、慢病管理科、健康教育科、结核病防治科、精神病防治科、检验科、B超心电图室、放射科、中西药房等19个临床和医技科室。承担辖区人口的居民健康档案建立、预防接种、0—6岁儿童健康管理、孕产妇健康管理、健康教育、老年人以及慢性病患者健康管理、重性精神疾病患者管理、传染病和突发公共卫生事件报告和处理、中医药健康管理、卫生监督协助。2015年，江头街道社区卫生服务中心有职工68人，其中卫生技术人员64人，研究生9人，副主任以上职称2人。中心总建筑面积4997平方米，西药及成药517种，中草药279味。开展血常规、尿常规、粪便常规、白带常规、尿HCG（人绒毛膜性腺激素）检测、尿微量蛋白检查、生化全套、乙肝两对半、糖化血红蛋白、血流变、肿瘤标志物检查、风湿三项、X光DR、彩超、常规心电图、动态血压、动态心电图等系列常规项目检测服务。

【医疗卫生】根据国家基本公共卫生服务免费项目，江头街道社区卫生服务中心的社区基本用药目录的药品一律零差价，免收挂号费（包括专家挂号费），诊查费及成药和相关检验检查均可享受政府500元免费优惠，医保统筹自付比例比大医院低6—13个百分点，拥有康复理疗科、针灸推拿科、骨伤科等特色科室。2015年，医疗门诊量约14.87万人次，比上年增长44.35%。是年，开展慢性病分级诊疗工作，专家下基层9人，糖友网入网532人，高友网入网683人，三师共管签约1215人，家庭医生签约8820人，其中高血压、糖尿病病人家庭签约服务户数624户。

【计划免疫】2015年，厦门市湖里区江头街道社区卫生服务中心接种一类疫苗11种约6.66万人次，二类疫苗14种1.43余万人次。中心于4月在江头街道开展以国家免疫规划疫苗为主的查漏补种月活动，对2010年1月1日至2013年12月31日期间出生、未完成基础免疫全程接种儿童进行查漏补种，适龄儿童近1.37万人，目标儿童3818人，其中目标儿童常住约1060人，流动约2758人，接种率均超过95%。

【妇幼保健】2015年，厦门市湖里区江头街道社区卫生服务中心按照系统保健流程，做好孕妇建卡、产前检查及高危孕妇的追踪管理工作，加强儿童生长发育监测，按照4—2—1体检程序（1岁内4次，1—3岁每半年一次）免费为0—3岁儿童提供健康体检。是年，江头辖区有产妇861人，新生儿872人，早孕建卡率100%，住院分娩率100%，产后访视率96.44%。孕产妇保健覆盖率100%，孕产妇系统管理率96.44%，母乳喂养指导普及率100%，母乳喂养率96.67%。系统管理3岁以下儿童2852人，系率管理率96.1%。是年，筛查出高危儿263人。

【慢性病管理】 年内，厦门市湖里区江头街道社区卫生服务中心落实35岁以上首诊病人测血压制度，首诊测血压执行率100%。对高血压患者实行登记和管理，定期随访并进行饮食及日常行为保健指导，管理高血压患者7179人，健康管理率29.4%，规范管理率63.7%，控制率67.52%。对糖尿病患者实行登记和管理，定期随访并进行饮食及日常行为保健指导，管理糖尿病患者3887人，健康管理率47.15%，规范管理率70%，控制率58.8%。

【老年人健康管理】 年内，江头街道社区卫生服务中心为辖区65岁以上老年人建档。是年，为60岁以上老年人健康体检，体检内容包括：生活方式和健康状况评估、体格检查、临床检验、心电图检查、结果评估和干预，累计建档6812份，已为3110位65岁以上老年人体检，体检率54.19%。

【重症精神病人管理】 2015年，江头街道社区卫生服务中心登记和管理严重精神障碍患者658人，其中同意接受规范化管理的病人538个，规范化管理率98%。

【传染病管理】 2015年，江头街道社区卫生服务中心未发现甲类传染病，报告乙类、丙类及其他传染病4例，分别是慢性乙型病毒性肝炎1例、结核疑似病例3例，报告率100%，漏报率0。定期进行传染病防治、疫情报告及个人防护等知识的培训，提高门诊医生传染病防治工作水平，掌握传染病的诊疗技术，提高疫情报告及疫情处置技能，增强个人防护意识，为防治工作奠定基础。落实结核病人归口管理工作，做好结核病控制项目有关优惠政策的宣传工作，做好接受免费治疗的结核病人的督导、随访工作，按时给病人发药，交代服药注意事项，及时给病人开单取药，对涂阳病人及时开出家属筛查单。年内，共督导管理肺结核病人142人。新涂阳患者37人，发现率100%。新增的37个涂阳病人2月末痰检转阴30人，转阴率81.1%。一年转归治愈患者32人，治愈率80%，家属筛查数52人，均无异常。转出治疗0人，中断服药6人，追踪疑似病例157人，到位154人，到位率98.1%。配合区疾控对辖区内所管理的结核病人发放交通和营养补助，为5名患者发放耐药病人补助。是年，已纳入本辖区的艾滋病患者105人，转出32人，实际管理73人，转介到厦门第一医院杏林分院服药49人。已接受CD4（人体免疫系统中的一种重要免疫细胞）检测患者71人，未接受CD4检测2人。

【健康教育宣传】 2015年，江头街道社区卫生服务中心在候诊区、诊室、咨询台等处放置健康教育折页、健康教育处方等宣传材料15种，发放宣传材料4000份，播放儿童保健、母乳喂养、预防接种、慢性病预防等健康教育音像资料17种，问卷调查1000余份，更新宣传栏16期，举办健康知识讲座18场，内容主要有高血压、糖尿病、心血管疾病、青少年青春期健康、母婴保健、艾滋病防治等相关知识讲座等。利用世界防治结核病日、全国儿童预防接种宣传日、世界无烟日、全国防治高血压日、世界精神卫生日、联合国糖尿病日、世界艾滋病日等，开展各种宣传活动9场。5月28日，江头街道社区卫生服务中心和金尚社区居委会联合举办了主题为“无烟生活，健康中国”的“5·31世界无烟日”宣传活动，170余人参与、发放宣传折页800余份、问卷调查30余份，居民控烟知识知晓率75%。

（周凌）

金山街道社区卫生服务中心

【概况】 2015年，金山街道社区卫生服务中心下设全科、妇科、中医理疗科、计免科、妇幼保健科、健康教育科、精神卫生科、放射科、检验科、口腔科、B超室、心电图等科室。有职工77人，其中：正高职称1人，副高职称1人，中级职称9人，初级职称66人；研究生学历6人，本科学历61人，大专学历10人。中心固定资产总值572.77万元，仪器设备总值446.46万元，拥有数字化DR机、B超机、全自动血液分析仪、血流变测试仪、生化分析仪、全自动化学发光免疫分析仪、全自动血沉仪、连体式牙科治疗设备、光子治疗仪、红外线乳腺治疗仪、十二道自动分析心电图机、24小时动态血压记录仪、动态心电记录仪等现代检测设备。

【医疗业务】 2015年，中心总门诊量17.21万人（含分级诊疗签约量），月均1.43万人，比上年增长49.29%。门诊收入约1390.28万元，月均115.86万余元，比上年增长45.59%。

【分级诊疗】 2015年，中心重点推进分级诊疗、三师共管工作。家

2015年金山街道社区卫生服务中心为65岁以上老年人体检（吴艺凌　摄）

庭签约297户，三师共管签约1141人，其中：糖友网447人，高友网694人。中成药160种，西药299种，中草药332种。

【中医药工程建设】2015年，厦门市中医院选派儿科、内科、糖尿病科、心血管内科8名中医专家，定期到中心开展专家门诊，传帮带提升中心医师水平和中医药服务能力，专家门诊量5037人次，比上年增长698.26%，带动中心中医医疗水平提升。配置6种中医诊疗设备，分别为牵引床、牵引椅、中频治疗仪、电针、生物陶瓷、红外线TDP。运用针刺、艾灸、拔罐、放血、刮痧、穴位贴敷、中药外敷、推拿、中药、骨折复位等十几种中医适宜技术开展常见病多发病基本医疗和预防保健服务。

【居民健康档案建立及管理】2015年，中心辖区内常住人口近13.86万人，其中户籍人口约4.19万人。建立电子健康档案近13.22万人，占95.35%。其中，规范化建档7.77余万人，辖区内户籍规范化建档率100%，居民健康档案规范化率为58.5%。

【慢性病管理】2015年，辖区内高血压患者20844人，慢病一体化管理4359人，健康管理率20.91%，规范管理人数3798人，规范管理率87.13%。慢病高血压发病率18.8%。年内，辖区糖尿病患者5211人，糖尿病健康管理率41.45%，规范管理率为90.0%，血糖控制率81.29%。

【预防接种】2015年，辖内户籍人口100%建卡、建证，流动人口98%建卡、建证。11种一类疫苗应种4.68万人次，实种约4.64万人次，接种率99.07%；二类疫苗本着“谁接种，谁受益”和“自主、自愿、自费”的原则，共接种二类疫苗15种1.40余万人次。

【老年人体检】年内，中心免费为辖区内65岁以上（含65岁）老年人提供免费体检，辖区有9个居委会，65岁以上老年人有4672人。参与体检2002人，体检率42.85%，体检表完整1685人，完整率84.2%，其中，确诊高血压病人582人，糖尿病病人302人。

【健康教育】2015年，中心全科门诊对前来就诊的病人进行有针对性的健康教育，发放健康教育处方等。另外还采取多种形式的健康教育，如发放健康资料、面授等。中心定期出宣传栏、大厅及输液室每天滚动播放健康知识。定期为医务人员及居民开办健康讲座。全年刊出健教宣传栏14期，举办健康讲座12期，开展宣传活动13次，发放相关宣传资料18.2万份。

【妇幼保健】2015年，中心重点抓孕期，产褥期保健，动员住院分娩，住院分娩率100%，产后访视率98.20%。孕产妇保健覆盖率100%，孕产妇系统管理率97.01%，重点是高危孕妇的管理。根据小儿生长发育的特点，按年龄愈小每年体检次数愈多的原则，对辖区内的儿童进行4∶2∶1体检，一年查1次血色素，对未按时来体检的儿童进行电话追踪，以保证儿童的健康成长。3岁以下儿童系统管理1493人，系统管理率95.40%。

【重性精神疾病管理】2015年，中心在册严重精神障碍患者513人，其中纳入管理409人，进行个案管理40人。每季度定期开展精神卫生知识的宣传活动及健康教育讲座。

（吴艺凌）

名词解释

分级诊疗：按照疾病的轻、重、缓、急及治疗的难易程度进行分级，不同级别的医疗机构承担不同疾病的治疗，各有所长，逐步实现专业化。

三师共管：由专科医师、全科医师和健康管理师共同管理患者。

社会事务管理

劳　动

劳动就业

【概况】 2015年，湖里区促进失业人员再就业12327人，促进就业困难对象再就业2744人，分别完成年度目标任务的162.19%、144.42%；开展失业人员职业技能培训827人，开展农民工技能提升培训871人，开展技能鉴定1316人，分别完成年度目标任务的118.14%、108.88%和188%；报送创业项目66个，完成年度任务的220%。

【推行“112”就业服务新模式】 年内，湖里区推行“112”就业服务模式，即以辖区失业人员、高校毕业生为服务对象，对其至少开展1次走访调查，摸清其就业和培训需求；至少为其提供1种技能培训，提升劳动技能水平，增强就业、创业能力；至少为其进行2次岗位推荐，提供人岗匹配、就业援助和创业扶持等服务。全年共走访大中专毕业生和未就业人员34379人次，为有就业意向人员送政策、建档案，提供就业岗位5000多个，推荐失业人员实现正规就业625人，比上年同期增长216%，开设各类职业技能培训班64期，建立创业项目库、专家库，为失业人员创业提供指导，“112”就业服务模式取得初步成效，被《中国劳动保障报》专题报道。

【兑现就业再就业政策奖励】 湖里区全年兑现各项促进就业优惠政策3027.98万元，其中，审核办理4664家次用人单位社保补贴（差）2585.6万元；为429家次企业4634人发放劳务协作奖励金221.9万元，为1家企业外来务工人员发放生活补助7.18万元；兑现职业技能培训补贴76万，为22人兑现培训后就业奖励金2.2万元，为51人发放本地劳动力自主创业奖励金17.4万元；兑现383人次就业困难对象就业工资性补贴112.7万元。此外，认定灵活就业人员2341人，为灵活就业人员36964人发放社保补贴6692.92万元（该项资金由市失业保险基金支付）。

【推荐和安置就业】 2015年，区人社局将日常走访企业收集到的招聘岗位信息，与日常走访居民收集到的就业意向进行精准匹配，及时将匹配结果传达给失业人员，以援助其就业，年内，共匹配推荐就业4954人次，推荐成功就业694人；开发机关事业单位城管协查、安保协管、劳动保障等公益性岗位，安置就业269人，其中就业困难人员20人；向厦门市海峡出租车公司推荐12名辖区意向失业人员，免收押金上岗。

【企业用工服务】 2015年年初，湖里区下发《关于进一步做好企业用工服务工作的通知》，年底，出台《湖里区关于缓解企业用工难问题的若干意见》，采取增加固定招聘点，吸引院校与企业对接实习，鼓励“老带新”招工、提高补贴补助标准、集体住宿提供补贴等等一系列新举措，缓解企业招工难问题。年内，为风信子直购商城在高殿文化中心举办专场招聘会，帮助企业招聘48名职工；在各街道举办招聘活动8场，服务企业620家次，提供岗位8600多个，达成对接意向3000多人；在江头蔡塘设立基层人力资源市场，利用日常职介和定期招聘两种形式为辖区企业和人力资源提供对接服务，是年，基层人力资源市场共服务企业163家次，服务求职者2000多人次，定期举办小型招聘会8场，促成对接159人；组织56家次辖区企业赴漳州职业技术学院、龙海职业技术学校、厦门信息学校、华侨大学开展校企对接，现场对接成功409人，走访闽南理工学院、泉州梅山工程学校、三明职业学校等多家职业技术院校寻求校企合作，已与省内10余家各类院校建立常态化联系。

【劳动力技能培训】 2015年，区人力资源和社会保障局加大劳动力职业技能提升培训力度，把市、区各类培训机构能开展的所有技能培训项目、课程内容、学时、费用等信息编印成培训菜单，供居民按需选择。引入优质培训工种，开设适合本地失业人员培训意愿、贴近市场需求、易就业创业工种培训班。全年共在基层社区举办电子商务师、美容师、育婴师、人力资源管理师等培训班29期，培训学员827人。开设化妆师、安全员、客房服务员、公共营养师等农村劳动力技能提升培训班35期，培训学员871人，完成技能鉴定1316人。

社会保障

【概况】 2015年，湖里区经办的“五险”人数均突破31万人，其中养老保险31.62万人、医疗保险32.88万人、失业保险31.99万人、工伤保险32.03万人、生育保险31.36万人。被征地人员基本养老保险累计参保11155人，比上年增长2%；城乡居民养老保险累计参保8369人，46周岁以上人员参保率100%，100%享受待遇；城乡居民医疗保险参保13.32余万人，比上年增长12.3%，实现100%参保。全年审核支付社会保险待遇约15461万元，办理社会保险关系转移8629笔，制作社会保障卡80278张。全区社会化管理退休人员22200人，比上年增长9%，社会化管理率保持在99%以上。

【社保待遇支付】 2015年，湖里区简化社保待遇办事流程，提升待遇兑现效率，全年共审核支付社会保险基金约15461万元，各项待遇的审核支付办结率100%。其中办理各类养老退休、退养1650人，医疗在职转退休1106人，社保转入4103笔，转出4526笔；办理继承、退保及丧葬补助费411人，异地认证318人；受理医疗报销6945笔502.8万元；建立家庭共济网1595户、异地医疗报备630笔；办理生育保险待遇申领8005笔，约7567万元，发放失业保险金3774人次；工伤保险待遇1578笔，3264.6万元；发放自付医疗费困难补助金871笔、277.6万元；受理社会保障卡制作80278张。

【实现社保办理自助化】 2015年，湖里区加大投入，在办事大厅增设了自助服务机，社会保障卡补制自助缴费，社会保险关系转出、社保证明打印、外来员工一次性生活补助及本市人员生育保险待遇申领业务均可自助办理，方便群众，减少排队，提升效率。

【服务企业离退休人员】 2015年，湖里区人社局坚持“两节有慰问、每月有讲座、每季有活动、住院有探望”的服务举措，丰富辖区退休人员的晚年生活。全年共开展节日慰问和病困老人慰问4.43万人次，发放慰问金406.62万元，确保每位退休老人都能得到慰问。区、街共举办健康保健知识讲座、座谈会、政策咨询会等213场，参加人员10491人次；举办“放飞美丽梦想·同心圆梦”新年文艺会演、退休人员新春健步行、“舞动海天·情暖夕阳”广场舞展示、义诊、登山、元宵游园、老人茶话会等活动329场，参加人员17327人次，组建退休人员气排球、门球队；做好异地居住退休人员的生存认证工作，是年，共认证异地居住退休人员237人次，抚恤认证35人次。为外地居住在湖里区的退休人员办理协查认证3079人次。

劳动关系

【概况】 2015年，湖里区加强用工巡查，严格查处用工违法案件，区人力资源和社会保障局全年监察用人单位2050家（含书面审查），办结举报投诉1465起，涉及2762人，追回金额672.75万元，处罚严重违法企业3家，罚款1.74万元；劳动争议仲裁立案640件，结案589件，审限结案率100%，调撤率53.31%；调解裁决给付2487名劳动者劳动报酬1721.06万元。排查化解劳资纠纷隐患176起，处置群体性劳资纠纷突发事件65起，出警率、处置率均100%；认定工伤895件。

【用工专项整治】 年内，湖里区人社局协调公安、市场监督管理、城管等部门及街道、社区，开展人力资源市场专项联合执法检查。分3个批次，重点对湖里区马垅、塘边劳动力市场联合整治，检查各类人才、职业中介机构29家次，清退马路违法招工单位18家次，没收招工宣传单2000余份，约谈违规经营职业中介行为，立案调查3起，处理清退违法收取的培训费1150元，专项整治效果显著，全年未发生涉及非法职介的投诉案件。开展社会保险费欠缴专项查处行动，接办了123件次社保登记及补缴案件（涉及劳动者134人），督促96家用人单位依法补缴投诉人的社会保险。在全区开展排查整治企业拖欠工资问题专项行动，组织4500多家用人单位开展工资自查自纠，抽查用人单位297家；区人社局、区建设局、湖里公安分局和区总工会等部门重点检查区属6个在建工地（涉及建筑企业16家）和2家劳动力密集型工业企业。

【“118”和谐劳动关系示范工程建设】 2015年，湖里区2014年度创新开展的“118”和谐劳动关系示范工程建设在全市推广，并确定为全市“118”和谐劳动关系示范工程。湖里区继续深化该项工作，召开全区建设和谐劳动关系暨三方联席会议，对2014年全区开展“118”工程建设取得的成效进行总结分析，积极推进高新技术园区和谐劳动关系创建，先后接受国家、省相关单位调研，是年8月，在全市构建和谐劳动关系推进会上做典型经验介绍，辖区殿前街道和6家企业被省三方办表彰为“2014年度省级和谐劳动关系单位”。湖里区和谐劳动关系一条街做法被市综治委评为“2015年度优秀创新项目”。

【基层劳资纠纷调处机制建设】 年内，湖里区进一步细化监察员驻点工作方案，制定监察员驻点工作职责和任务，优化人员配置，充分发动基层劳资纠纷化解力量，多措并举将各种劳资纠纷化解在基层。区人社局率先试行驻街仲裁庭，运行状况良好，得到群众的广泛认可，《厦视新闻》《厦门日报》《厦门晚报》等媒体再次报道驻街庭的工作成效。殿前和江头驻街仲裁庭全年受理劳动争议228件，涉及劳动者924人，涉案金额2220.70万元，共审结劳动争议208件，结案经济标的1141.12万元。是年，区人社局新建了派驻禾山街道仲裁庭。年内，全力推进“企调委”建设，新建2个行业商圈、54个企业劳动争议调解委员会。至年底，全区共有5个街道、16个社区、5个行业商圈、247家企业成立基层劳动争议调解委员会，企业调解组织数量继续保持全市领先。各区域行业劳动争议调解组织全年参与调解劳动争议1231起，参与调解率67.58%，调解成功875起，调解成功率71.08%，将大多数劳动争议化解在基层。

（邵永吉）

民　　政

【概况】 2015年，湖里区围绕“美丽厦门·创新湖里”中心工作，履行“以民为本、为民解困、为民服务”的民政宗旨，全面开展各项工作。社会救助方面，湖里区认真贯彻落实国务院《社会救助暂行办法》，建立区、街、社区三级社会救助机制，有序推进低保、医疗救助、临时救助、关爱救助、慈善救助等制度之间的有序衔接，形成了社会救助统筹协调机制和“一门受理、协同办理”的长效机制，切实保障了困难群众基本生活。城市低保实现100%应保尽保，医疗救助“一站式”结算服务水平不断提升，困难家庭临时救助实现提标扩面，“关爱”资金使用更加精准有效，慈善救助渠道不断拓宽。做好全区防灾减灾和全国综合减灾示范社区创建工作，兴园社区获评“全国综合减灾示范社区”。社区建设方面，全区社区服务中心用房平均面积超1000平方米，有15个社区服务中心用房面积超1500平方米，52个社区全部建成社区“一站式”服务大厅。“一核多元，共治共享”社区治理实现再创新，社区服务水平显著提升。深入开展社区创品牌活动，创新十张社区治理“新名片”，“一核多元，共治共享”的社区治理体系更具体完善，得到民政部和省民政厅的高度评价。完成全区52个社区基层组织换届选举工作，选举产生新一届居委会成员288人。社工人才队伍建设深入推进，全年投入近1500万元购买69个专业社工服务项目，有国家级社工师610名，全区注册社区志愿者2.5万人，占常住人口10%以上。两岸社区交流深入发展，圆满完成第二届海峡两岸社区治理论坛接待任务，接待40名台湾与会嘉宾。老龄事业方面，区老年活动中心改造工程顺利完工，并正式投入使用；区社会福利服务中心由厦门建发房产参与建设；禾山街道社区老年人日间照料中心进入装修阶段。养老服务事业全面发展，全区建成52个社区居家养老服务站，全年购买居家养老社工服务867万元，累计服务老年人超18.15万人次；全区现有养老机构3家，核定床位724张。老年人福利待遇水平不断提高，落实各项老年人福利政策，及时发放高龄老人固定生活补贴；为全区60岁以上户籍老年人购买厦门市老年人幸福安康险。建立重大节日走访慰问制度，全年慰问老年人800人次，组织开展千名老年人登山活动、新春健步行活动等，丰富老年人的精神文化生活。双拥优抚安置方面，全年发放优抚对象抚恤补助金等280.6万元；发放义务兵家属优待金、一次性奖励金270万元；为参战退役人员等减免门诊、体检、报销社保费用54.99万元；发放节日慰问金81.85万元，发放困难优抚对象临时救助、关爱救助和慈善救助金24.79万元。全年接收退役士兵71人，发放退役士兵自主就业一次性补助金、奖励金399.77万元。社会组织建设管理方面，全年登记成立社会组织30家，备案社区社会组织64家。加强社会组织管理服务，完成163家社会组织年检，完成22家社会组织等级评估，评估率达100%。创新开展首届社会组织创业大赛，扶植培育9家新的公益类社会组织。社会组织作用发挥明显，8家社工机构提供69个专业社工服务。社会公共服务方面，全年办理婚姻登记4986对，登记合格率100%，开展婚姻家庭辅导社工服务，打造具有湖里特色的婚姻服务。全年办理收养登记2例，劝导流浪人员71人，护送25人到市救助站，减免火化费用10人2.2万元。全年受理保障性住房变更295户、物业补助650户，发放保障性租赁房租金补助1173.81万元。全年，办理楼、门牌、梯位牌等2478万块。

社会救助

【概况】 2015年，湖里区充分发挥民政救助的保底作用，健全完善最低生活保障、医疗救助、临时救助、关爱救助和慈善救助等有效衔接的社会救助体系，初步形成了社会救助统筹协调机制和“一门受理、协同办理”的长效机制，全年开展低保救助、特困人员供养、病困群众救助、住房救助、临时救助等多项专门救助，发放各类社会救助金3188.66万元，帮扶困难群众逾7.7万人（户）次。

【完善“救急难”机制】 年内，湖里区贯彻落实国务院《社会救助暂行办法》，完善“救急难”工作机制，健全湖里区社会救助联席会议制度，形成区政府领导、区民政部门牵头、有关部门配合、社会力量参与的社会救助工作协调机制。扎实推进申请救助家庭经济状况信息比对工作，有效促进社会救助工作公平公正。是年，区居民家庭经济状况核对中心共受理2265人次信息核对。实现困难群众“求助有门”，全区5个街道社会救助“一门受理”窗口、52个社区“救急难”窗口全部设置到位。

【提升救助水平】 2015年，湖里区为8042户12403人次发放低保金等670.44万元，做到应保尽保；贯彻落实《湖里区困难家庭临时救助实施细则》，简化救助审批程序，年内为225户困难群众发放临时救助金125.15万元；全区推行医疗救助“一站式”结算服务，与33家医疗定点机构进行救助资金结算，5.6万余人次享受困难医疗救助680.7万元；开展关爱专项救助，重大节日走访慰问帮扶困难群众，全年为868户困难群众发放关爱救助金479.6万元，发放重残、孤儿等生活补贴265人次、15.4万元。

【防灾减灾】 年内，湖里区为全区户籍、取得暂住资格证或在辖区务工、就学或居住满3个月的居民投保自然灾害公众责任险，共花费23.73万元，为98.9万居民投保。建立防灾减灾宣传机制，组织街道、社区、机关相关部门开展“5·12”防灾减灾宣传日宣传活动，持续做好全区63个避灾点改造和日常维护、检测工作，确保救灾物资充足。兴园社区被评为“全国综合减灾示范社区”。

社区治理与服务

【概况】 2015年，湖里区以“美丽厦门·共同缔造”为主线，深化“一核多元，共治共享”社区治理创新，不断拓宽基层治理路径，加强基层组织队伍建设，推进社会工作深入开展，有效提升了社区治理和服务水平。社区治理实现新的创新突破，政府购买社工服务更加精准规范，社工人才队伍建设取得突破性成绩，志愿服务等级制度化改革全面推进。

【社区治理再创新】 2015年，湖里区继续深化社区党组织、社区居委会及其自治组织、社区社会组织、社区工作站、专业社会机构、社会资源、台湾同胞、“新老群体”等“八类主体”在创新社区治理和服务中的作用，在“社区听评会”“慈善驿站”“金尚社区金服务”等社区治理经验基础上，深入开展社区创品牌活动。是年，召开“美丽厦门·共同缔造”行动暨创新社区治理工作总结推进会等，多元共治经验做法得到有效推广。金尚、金安社区作为全国社区治理创新工作参观点，受到民政部和省民政厅的高度评价。

【创新开展社工服务】 2015年，湖里区投入近1500万元向8家社工机构购买社区居家养老“家庭病房”综合服务项目、残疾人关爱与支持服务项目、青少年社工服务项目等69个专业社工服务项目，服务对象覆盖老年人、青少年、外来员工、台胞等人群。积极探索柔性引进人才新思路，由高校专业教师、台湾地区社工和社区营造专家组成专家顾问团，完成《民办机构专业社工人才培育计划》《湖里区政府购买项目“机构—社区”职责调研》等课题调研，巩固了社工服务理论基础。至年底，全区有国家级社工师610名。

【志愿登记服务制度化】 年内，湖里区积极推进志愿登记服务制度化，先后制定出台《湖里区推进志愿服务记录制度工作实施意见》《湖里区（社区）志愿服务工作指导手册》等一系列管理办法及工作意见。至年底，湖里区共有注册登记志愿者2.5万人，占常住人口10%以上。

【社区基层组织换届选举】 年内，湖里区完成全区52个社区基层组织换届选举工作，全区共登记选民

2015 年 8 月 2 日，康乐社区居委会换届选举（区民政局供图）

16.71 万人，平均投票率 93.97%，比上届提高 2.07%。选举产生新一届居委会成员 288 人，其中：主任 52 人，副主任及委员 236 人。23 个社区实现书记主任一肩挑，两委交叉任职 157 人。组织 394 名新上任“两委”进行封闭式培训。

社会组织建设管理

【概况】 2015 年，湖里区有社会组织 369 家，其中社会团体 44 家，民办非企业 200 家、备案社区社会组织 125 家；是年，新增登记注册社会组织 30 家，新增备案社区社会组织 64 家，年检 163 家社会组织，评估符合条件的 22 家社会组织，其中 4A 级 3 家，3A 级 13 家，3A 以下登记 6 家。年内，湖里区不断提高社会组织服务管理效能，积极推动社会组织登记管理体制改革，加大社会组织扶植培育力度，开展首届社会创业大赛，充分发挥社会组织服务社会的作用。

【社会组织登记管理体制改革】 年内，湖里区改革社会组织登记管理体制，取消社会团体筹备成立审批环节，取消区级社会团体分支机构、代表机构设立登记、变更登记和注销登记的行政审批项目，实施公益慈善类等四类社会组织直接登记制度。

【举办首届社会创业大赛】 4 月 17 日，湖里区举办首届社会创业大赛，本届社会创业大赛由湖里区人民政府、区民政局主办，湖里区社会组织服务员、恩派（NPI）公益组织发展中心联合承办。大赛设置“启步奖”和“创盈奖”两类奖项，其中“启步奖”有 11 个名额，获奖者获得 3 个月项目时间资金，用作落地实施公益创想；“创盈奖”有 7 个名额，获奖者获得半年项目实践基金，用作项目落地执行和发展公益创业团队。本次大赛有 17 支队伍参赛，经过初赛、半决赛、决赛，最后决出 7 支优胜队伍。

优抚工作

【概况】 2015 年，湖里区双拥工作按照区委、区政府的总体部署，全面贯彻落实十八届三中、四中全会精神及习近平总书记系列重要讲话精神，以“美丽厦门·创新湖里”为载体，加快推进军民融合深度发展，持续深化“双拥在基层”活动，不断增强军政军民团结，助推厦门市争创全国双拥模范城“九连冠”。

【拥军优属】 湖里区全年投入 300 多万元用于湖里消防大队、边防大队等执勤训练风险补贴、业务经费等，国防动员民兵训练中心已列入基建计划，已办理土地证及完成方案设计。成立全省首家区级爱国拥军促进会，落实辖区非在编雇佣人员和社区专职工作者中的退役军人

2015 年 7 月 23 日，湖里区“送文化进部队”到厦门警备区船运大队演出（黄文锋　摄）

军龄和随军随调随迁家属随军时间视同工作年限的待遇，已认定192人。年内，接受军人子女就读公办学校53人；帮助随军家属、退役士兵就业；支持“73226部队”改善文化和生产生活设施。

【落实优抚政策】 湖里区全年为408名优抚对象发放抚恤补助金等280.6万元，义务兵家属优待金、一次性奖励金149人、270万元；为258名参战退役人员等优抚对象减免门诊、体检、报销社保费用54.99万元，为101名困难对象发放临时救助、关爱救助金24万元。节日走访慰问驻区部队官兵、烈属、遗属等优抚对象1403人次，发放慰问金81.85万元，较好保障优抚对象基本生活。

【转退安置】 年内，湖里区共接收退役士兵71人，发放自主就业地方一次性补助金、奖励金399.77万元；为4名符合条件的士官安排工作。推动退役士兵参加就业培训，全区67名退役士兵报名参加政府组织的免费教育培训，有意愿参加教育培训的参训率100%。为退役士兵提供就业帮扶，开展职业介绍服务，发送用工信息，2名退役士兵分别考取厦门市公安局、泉州市公安局公务员。

社会公共服务

【婚姻登记】 2015年，湖里区推进婚姻登记规范化建设，全年办理国内公民结婚登记3963对，离婚登记1023对，补领结婚证书380对，补领离婚证书70人，登记合格率100%。开展婚姻家庭辅导社工服务项目，为有需求的湖里区居民提供婚姻家庭方面的专业社工辅导，共提供婚姻家庭问题咨询服务1086人次。

【收养、殡葬及流浪救助】 2015年，湖里区做好收养审批权限下放到区级后的衔接工作，全年办理解除收养登记2例；为10名困难群众办理火化费用减免，累计减免2.2万元；劝导流浪人员71人，护送到市救助站25人。

【地名管理】 年内，湖里区编排完成楼牌30块，大门牌90块，梯位牌209块，室牌2151块，合计2480块。开展2次地名专家论证会，完成32个地名命名的论证及申报，完成2016—2019年度标准地名标识的招投标。

【保障性住房服务】 2015年，湖里区加强保障性住房政策宣传、咨询、申请、受理与审核等各项工作，全年共受理保障性住房变更申请295户；受理物业补助申请650户；发放保障性住房租金补助1173.81万元。

（陈琴）

计划生育

【概况】 截至2015年9月30日（计生统计年度），全区总人口101.21余万人（常住约28.65万人，流动近72.57万人）；出生人口28133人，其中政策内出生25709人（常住4306人，流动21403人）；出生人口政策符合率91.38%（常住89.26%，流动91.82%）；出生性别比107.56（常住109.65，流动107.14）；政策外多孩率1.27%；完成免费孕前优生健康检查5407人，覆盖率100%。湖里区全年安排计划生育事业经费近1.08亿元，比上年增长11.39%，发放独生子女家庭奖励扶持经费2000万元，为做好全区人口计生工作提供了坚实的物质保障。湖里区连续10年保持全国计划生育优质服务先进单位称号；被评为“福建省2012—2014年计划生育工作先进单位”。

【计生服务员转型升级为健康管理师】 2015年初，区卫生计生局提出在计生服务员中培训健康管理师的创新思路。4月2日，在厦门市卫生人才培训中心的支持下，依托区卫生计生人才培训基地，在全省率先组织计生服务员升级健康管理师的培训。全年共举办三期培训班，培训课程主要有健康监测、健康风险评估和分析、健康指导等，5个街道53个社区的计生服务员参加为期20天的脱产培训。有217名学员参加国家资格考试，其中155人通过考试，通过率71.4%。其余501名计生服务员分别参加市、区“健康管理员”考核，考核通过率100%。全区718名基层计生服务员实现转型升级，健康管理师兼社区计生服务员，协助社区全科医生、专科医生，按照网格分布进入家庭开展分级诊疗家庭签约服务，对居民的健康情况进行科学的管理和指导，使其保持良好、稳定的健康状态，构建良好生活方式，提高生活质量。

【实现计生工作目标责任管理】 2月9日，区委、区政府召开全区卫生和计划生育工作总结部署会，向5个街道和15个区直责任部门下达责任书。要求各街道要理性分析看待差距，盯牢“政策符合率、出生人口性别比等”主要指标，坚持“一票否决”，做到“五个强化”（强化责任落实、强化资源整合、强化利益导向、强化依法行政、强化基层基础）。结合《福建省2015年度计划生育目标管理责任制达标考评方案》的新变化，区、街道、社区组织各相关部门和人员学习培训，深刻领会，明确目标任务。区人口计生领导小组办公室将达标考评的

18 项指标进行细化分解，明确完成时限、标准，明确责任部门、责任人，把责任指标完成时限往前靠，确保年度责任早抓落实。

【帮扶慰问计生家庭】 6 月，湖里区出台《独生子女家庭奖励扶持办法》(厦湖府〔2015〕69 号)，对户籍在湖里辖区，已领取独生子女父母光荣证或独生子女证的独生子女家庭，在就学、就医、就业、养老及特殊扶持等五大领域给予奖励扶持。全年兑现各种奖励扶助金 2208 万元。其中，为 1893 户发放独生子女奖励金 175.63 万元；为放弃再生育的 122 户家庭，发放奖励金 21.28 万元；为独生子女伤残家庭 61 户 96 人和失独家庭 62 户 96 人，发放特殊扶助金 248.99 万元；为 2015 户计生低保户增发低保扶助金 20.15 万元。为 63 户独生子女家庭发放紧急救助金 56 万元，为 6 户特扶家庭发放紧急救助 18 万。秋季首次兑现低保户独生子女助学金 274 人、88 万元，奖学金 222 人、131.5 万元（本科生 181 人 90.5 万元，研究生 41 人 41 万元）。投入 200 余万元，为 20047 户未成年独生子女家庭购买一份保费 100 元的计划生育家庭意外伤害保险。对未纳入省扶助政策范围的独生子女父母每年给予 1800 元的奖励扶助，至年底，全区已兑现 6921 人、1249.02 万元。建立特殊家庭帮扶档案，利用春节、端午、中秋等传统节日，由区分管领导带领机关工作人员走进社区，召开座谈会，倾听特扶对象的诉求，并为他们送上慰问品。“六一”期间，还走访 140 余户计生困难女孩家庭、孤儿及独生子女伤残家庭，为计生家庭的孩子送上慰问品和慰问信；对母亲年满 49 周岁特殊扶助家庭中的伤残独生子女进行一次免费体检；利用“重阳节”组织辖区特扶家庭免费体检。

【流动人口服务管理】 2015 年，湖里区为做好流动人口计生服务管理工作，建立了部门协作制度、房东协作制度、企业协作制度、“双向”协作制度、分片包干制度，进一步完善流动人口“一盘棋”管理服务。开展流动人口服务管理情况月检查及通报工作，夯实流动人口服务管理基层基础，以社区计生协会、企业计生协会为平台，推广“工会 + 协会”和企业计生协会联合会等形式的流动人口计生协会建设经验，在完善流动人口基本公共服务均等化进程中形成“企业履责、协会推进、四方承诺、服务均等”的工作格局，破解企业流动人口服务管理难题。加强流动人口区域协作，区卫生和计划生育局与省内外 79 个县（市、区）签订流动人口协作共管协议，共同做好流动人口计生服务管理工作。努力实现流动人口与户籍人口均等化服务，在打造“一化三新”上下功夫（流动人口市民化，创业新家园、生活新乐园、学习新学园）。全面推行流动人口婚育证明电子化网络办证，完善流动人口一孩生育服务网络登记系统，利用社区网格化平台，办理进城务工人员计生状况证明，落实流动人口一孩生育服务证登记、免费孕前优生健康检查等便民惠民政策。根据《湖里区开展提高流动人口家庭发展能力促进流动人口社会融合示范点工作方案》的要求，协调各相关部门开展流动人口社会融合试点工作。区妇幼保健院、流动人口计划生育管理站、卫生和计划生育监督所、疾病预防控制中心、各街道计生办、辖区医疗机构分工协作，利用每月医疗健康服务车进社区、工厂、企业等流动人口密集的地方为广大流动人口提供健康体检、办理健康证、发放计生惠民政策、孕前优生、孕期保健、生殖健康、儿童保健与营养知识和避孕药具等宣传品，得到了流动人口的一致好评。

【计生技术服务】 湖里区全年为群众免费查环、查孕 36851 人次，为 5200 对夫妻提供免费孕前优生健康检查，开展计生“四术”合计 549 例，开展流动人口妇科病普查 1535 人次，开展青少年性病、艾滋病、生殖保健咨询 1053 人次，举办 6 期各类技术培训。为深入实施“生育文明·幸福家庭”促进计划，成立了不孕不育诊治专科门诊。聘请有丰富临床经验的副主任医师，进行不孕不育症诊治。全年指导治疗不孕不育 38 人次，治愈 18 例。

（丁玮 连凌琳）

民族与宗教

【民族工作】 2015 年，按照福建省委、省政府下达的任务，湖里区划拨 100 万元资金，帮扶挂钩的龙海市隆教畲族乡建设民族中学塑胶运动场。节假日走访慰问钟宅少数民族病困户和高山族困难户，审核 11 人变更民族成分，帮助 91 名少数民族考生落实中考加分政策。

【宗教工作】 6 月，在天竺岩寺举办全区民族干部宗教政策法规讲座，开展以“国法与教规的关系”为主题的宗教政策法规学习月活动。10 月，携手殿前街道办和觉性院，与马垅社区小东山老人协会开展重阳节公益慈善活动，觉性院筹集 5 万元资金，向小东山 79 位老人赠送慰问金和油米等物品。区民宗局与街道、社区及公安部门密切配合，按照“依法依规，标本兼治，积极稳妥”的原则，逐一走访调查基督教私设聚会点的活动情况，引导“爱心之家”、真耶稣金山教会接受合法教会组织的牧养、参与社会公益活动。协调觉性院的迁建，将觉性院迁建于小东山。联合金山街道举办首次民间信仰活动场所消防知识培训与演练活动。帮助重建落成的龙湫亭、资福院、闽南朝天宫进一步规范财务管理，健全消防、治安等内部管理制度。指导金山街道规范建立健全五通社区 16 家民间信仰场所的内部管理制度。保障了第七届海峡论坛·两岸民间宫庙叙缘交流会在仙岳山土地公庙成功举办。另外，还支持殿前街道高殿社区闽南朝天宫、万寿宫、湖里街道村里社区凤和宫、金山街道兴隆宫开展两岸民间宫庙叙缘交流活动，共同弘扬两岸妈祖文化和保生慈济文化。

（王伟林）

多样化助残模式（区残联供图）

社会公益事业

残疾人事业

【概况】 2015 年，全区共审核发放 1008 名重度残疾人居家护理补助金 336.4 万余元，审核发放 596 名省级一级重度残疾人护理补助金约 33.54 万元；实施困难残疾人生活救助 657 人，发放救助款 214.29 万元；为全区 3952 名残疾人购买最高赔付金额为 10 万元的意外伤害保险；在春节、全国助残日、“六一”等节日期间，各级走访慰问残疾人，发放慰问金 60 多万元，为 100 名特困残疾人每人发放 4000 元的关爱专项补助金；全年为 174 人发放助学补助金 31.65 万元；为全区 29 名残疾人轮椅代步车发放燃油补贴 7540 元，保障了困难残疾人的生活和就学。帮助 511 名精神残疾人申请精神病服药补助 183.96 万元，有 95 名残疾儿童少年享受市“四残儿童”抢救性康复补助 85.58 万元，有 63 名残疾儿童少年享受区“四残儿童”康复护理补助共 48.3 万元；共投入 14.9 万余元，为辖区 41 户行动不便的残疾人免费进行家庭无障碍改造；为符合条件的 60 名残疾人个体工商户发放“两险”补助金近 46.60 万元；扶持 63 名残疾人自主创业，发放一次性创业补贴和经营性补贴 23.9 万元，有力促进了残疾人的康复、就业。

【残疾人基本服务状况和需求专项调查】 2015 年，区残联对全区 3509 名持证残疾人展开专项调查，入户调查率 99.68%，有效摸清了湖里区持证残疾人在生活救助、社会保障、康复服务、教育服务、就业扶持、托养服务、扶贫开发、住房保障、无障碍改造、法律服务等方面的基本服务现状与服务需求，为加快推进湖里区残疾人小康进程提供了重要决策依据。

【残疾人就业服务】 年内，为促进残疾人就业，开展了“电子产品安装”“立准车轮气门芯盖帽装配”“分拆修正带”和“梳子加工”等实用技术培训 15 期，培训 750 人次。通过日常推荐和举办残疾人专场就业招聘会，在企业选择、人员组织、岗位匹配和就业指导上提升残疾人就业服务水平，不断提高就业招聘会的“含金量”。全年共安置残疾人就业 38 人，其中：扶持 3 名残疾人在社区实现灵活就业，按比例就业 23 人，公益性岗位就业 12 人；共组织 20 余家企业参与招聘会及日常推荐接洽，累计推荐 100 余名残疾人前往企业应聘。

【推进助残模式多样化】 年内，区残联在履行好“代表、服务、管理”职能，全心全意为残疾人服务的同时，广泛宣传，在全社会营造尊重、关心、帮助残疾人的良好氛围，变单一的政府唱戏、财政拨款扶残助残模式为社会力量共同参与，群策群力的多样化助残形式。禾山街道残疾人职业援助中心与厦门市晨鹭爱心车队（社会爱心人士自动参加的志愿组织）建立帮扶对子，每逢中心需要组织学员外出活动时，爱心车队都会根据需要及时安排相应车辆并组织人员前来护送和保障。区福乐家园与康泰社区志愿组织结成帮扶对子，根据需求康泰社区每天坚持派 10 人的志愿者到福乐家园帮助管理，提供手工示范以及生活照料等志愿服务。民革厦门市总支、民革湖里区支部与禾山街道残联建立帮扶对子，每年除了捐款捐物，还积极在市、区两会上帮助呼吁，为全社会关注、关心、关爱残疾人不遗余力，发挥了积极作用。区政协社会福利和社会保障界别积极组织本界别政协委员到所辖的几个残疾人职业援助中心视察，了解中心的运作情况及需求，主动联系万利达等爱心企业分别向辖内五个残疾人职业援助中心赠送了电视和 DVD。

【开展文体活动】 2015 年，湖里区残联结合辖区残疾人的特点，在辖区街道开展 5 场形式多样、内容丰富的体育健身活动，引导、动员辖区近百名智力残疾人参加活动。组队参加市残联和市体育局举办的首届“我运动，我健身，我快乐”为主题的厦门市残疾人体育健身表演赛和 2015 年“国际奥林匹克东亚区‘特奥融合计划’——厦门特奥融合足球赛”，取得了体育健身表演赛第三名和特奥融合足球赛 C 组第一名的好成绩。

【推动政府购买残疾人服务工作】 年内，在金山街道的 4 个社区尝试引入助残社会工作理念，采用由政府向民间社会组织购买社工服务的方式，通过开展个案、小组和社区工作等方法，秉持社会、社区、社团“三社一体”，社工、义工“两工联动”的服务方式，为辖区残疾人及其家庭提供心理辅导、康复服务、就业就学服务、社交训练、家属互助支持、康复员支持、志愿者发展等服务，受益残疾人群体达到 500 多人。积极探索重度残疾人居家安养服务向社会机构购买服务试点工作，经前期开展专项调查，对重度残疾人居家安养服务和进驻机构及服务项目进行摸底，有针对性地给残疾人提供良好的居家安养服务。是年，全区五个街道都开展试点工作，与服务机构签订协议，有 170 多名残疾人得到每人每月 200 元的居家安养服务，推动政府购买残疾人服务工作，创新工作方式，提升残联组织服务能力。

【“蒲公英残友之家”在湖边社区成立】 11 月 27 日，由湖边社区和厦门市湖里区博爱社工服务中心联合举办的“蒲公英残友之家”，在湖边社区文化活动中心成立。博爱社工在湖边社区的支持下，上午安排手工坊，安排残疾朋友、残疾朋友家属、志愿者们一起学习丝网花、串珠、纸花、钻石画、发饰等手工艺品制作，并进行义卖；下午安排无障碍影院，播放经典电影或者歌仔戏。以后还将不定期安排节日康乐活动、养生保健课堂、生日会等活动。“蒲公英残友之家”的活动宗旨是加强社区残疾人的互动交流、感情交流，建立起社区残疾人互帮互助的平台。

（李惠萍）

慈善事业

【概况】 2015 年，湖里区大力发展慈善事业，加大扶贫济困力度，共募集慈善款物 1330.9 万元，发放慈善款物近 1200 万元，帮扶各类困难群体达 2.06 万余人次。

【健全慈善组织网络】 年内，湖里区不断健全完善慈善组织网络，全区建成 5 个街道慈善分会、53 个社区慈善驿站、禾山慈善一条街及禾缘三里汇商业慈善街，成立全市首个非公企业慈善联盟，形成上下联动、接力救助的慈善网络。

【打造慈善品牌项目】 2015 年，湖里区坚持全面发动、多方筹集、重点募捐、自愿捐赠工作方法，打造出“爱心年夜饭”“慈善一日捐”“雨露育青苗”结对帮扶孤困儿童、“中秋、国庆、重阳节慰问活动”“慈善一条街”等品牌项目，依托慈善公益联盟，发动辖区内 136 家企业助力慈善，形成全民慈善的良好氛围。

【开展慈善帮扶活动】 年内，湖里区助学方面，举办“金秋助学”“新

6 月 1 日，湖里区举行“雨露育青苗”扶助金发放仪式（陈筱婷　摄）

景地奖教奖学基金”等活动，发放奖教奖学金 142.7 万元，帮扶湖里区大、中、小学生 510 人次；助孤方面，结对帮扶湖里区 127 名孤困儿童，发放救助金 33.2 万元；助医方面，举办“大病救助”“方庆明医疗救助金”等活动，支出救助金 100.8 万元救助 62 名大病患者；助困、助老、助残方面，依托春节、中秋、国庆等重大节日开展慈善救助，发放救助金 475.8 万元。

湖里区老年人在厦门市“老少同乐一家亲·感恩同乡会”上演出（区民政局供图）

老龄事业

【概况】 2015 年，湖里区 60 岁以上老人 32515 人，占当年户籍人口 11%，其中，80 岁以上老人 4024 人，占老年人群众的 1.24%。全区老龄工作坚持“党政主导、社会参与、全民关怀”的老龄工作方针，以“六个老有”（老有所养、老有所医、老有所为、老有所学、老有所教、老有所乐）为目标，在维护老年人合法权益、提高养老保障水平、加强养老基础建设、居家养老服务工作等方面取得了新突破。

【加快养老基础设施建设】 2015 年，由区国投公司代建、区财政投入约 1100 万元的原园山综合楼区老年活动中心改造工程顺利完工，正式投入使用，为全区老年人提供 6 层 8 室 2 厅 3 球类等共 13 项功能，较好地满足了辖区老年人文体生活需求。全区 53 个社区有 52 个社区设有老年人活动场所。禾山街道试点建设社区老年人日间照料中心，定址禾缘社区宝墅湾。

【全面推进居家养老服务】 年内，湖里区全面推进居家养老服务，做好全市“12349”便民服务中心在湖里区的试点工作，在禾山、禾盛社区试点配备助老员。开展“喘息服务”，举行护老停靠日活动，购买“照护路上，与你同行”家庭护老者综合服务。是年，区财政预算共安排 520 万元居家养老工作经费，政府购买养老社工服务 867 万元，全区已有居家养老服务站 52 个，总面积约 3 万平方米，累计服务老年人 18.15 万人次。

【支持并规范养老机构发展】 2015 年，湖里区加强对养老服务机构的规范化管理，先后下发《关于开展社会福利机构夏季火灾隐患排查整治工作的方案》等文件，联合湖里消防大队、区安监局等部门开展消防安全专项检查 4 次，确保养老机构安全运营。湖里区全年为辖区民办养老机构发放床位补贴、运营补贴、特定对象补贴 104.92 万元。是年，辖区有养老机构 3 家，其中公办 1 家、民办 2 家，核定床位 724 张，提供养护、医疗康复、托管等养老服务。

【落实老年人福利待遇】 年内，湖里区为全区 3798 名 80 岁以上户籍高龄老人发放固定生活补贴 506.55 万元；投入 58 万元，为全区 32219 名 60 岁以上户籍老人购买厦门市老年人幸福安康险。是年，走访慰问高龄、困难和失能老人 1500 余人次，发放各项慰问金 350 多万元。组织老年人参加市第五届老年文化艺术节，开展“新春健步行”、老年节专场文艺演出等老年人文体活动，丰富老年人精神文化生活。

【加强基层老龄工作】 2015 年，湖里区继续加强基层老龄工作，每个街道确定一个社区作为社区老年协会规范化建设试点社区，金山、禾山等五个社区被市老龄办评为优秀基层老年协会规范化建设示范点。做好社区老年协会换届选举工作，抓好基层老年学校建设，发挥基层老年学校示范校作用，组织开展老年优待、法律援助、“老年人健身康乐家园”等活动，全区 9 个社区被评为省、市“老年人健身康乐家园”示范点。

（陈琴）

街　道

湖里街道

【概况】 2015年，湖里街道围绕区委、区政府“美丽厦门·创新湖里”的定位，紧抓厦门自贸试验区挂牌成立之契机，坚持创新驱动、转型升级、高端引领、统筹协调，以推进项目为重点，以“美丽厦门·共同缔造”为载体，加快转型提升，推进街道经济和社会事业持续较快发展。全年，街道共引进内资93.21亿元，合同外资23040.84万美元，实际利用外资8521.50万美元。街道实现财政总收入近26.43亿元，其中本级收入1.55余亿元。是年，街道先后荣获“全国文明单位”“全国法治社区建设示范街道”“全国区街镇社会治理自主创新成果百花奖”等荣誉。

【湖里街道被评为全国文明单位】 2月28日，在中央精神文明建设指导委员会召开的第四届全国文明城市（区）、文明村镇、文明单位，以及全国精神文明建设工作表彰暨学雷锋志愿服务大会上，湖里街道被评为“第四届全国文明单位”，是厦门市唯一一个获此称号的街道。

【自贸区招商】 4月21日，中国（福建）自由贸易试验区厦门片区挂牌后，湖里街道抓住自贸区建设的机遇，做好招商空间调查，共摸底出4栋写字楼、面积达7548平方米；全年共引进到自贸区的企业362家，注册资金50.1亿元，其中外资注册资金1.88亿美元。

【项目建设】 2015年，湖里街道主要做好自贸区内项目，老工业、老厂房改造项目，轨道线征地拆迁项目的工作。推动自贸区内在谈嘉年华邮轮项目，跟踪做好邮轮母港项目建设，2015G15地块在9月11日挂牌成功。昌富源酒店项目已开工建设。推动与天地公司合作收储、收租的尚贸家饰厂房、29号厂房等10多万平方米旧厂房改造。汇兴石材旧厂房改造成华信明天大厦，完成地块平整，业主于9月21日缴交地价款1.94亿元。影剧院项目完成地上建筑物的清场搬迁工作，做好拆除单位的招投标工作。鼎兴商务大厦项目，业主于7月28日缴交完毕地价款3870万元，工程规划许可证已办理，并已进场施工；金鹭特种合金厂房改造，建设用地许可、土地出让申请已报市国土局。濠头地块拆除完毕，拟建区社会福利中心，完成围墙遮挡及放样和地勘，移交区国投建设。轨道二号线项目先期完成部分疏解用地（15620平方米）的交地工作，轨道三号线项目成立了街道项目工作小组。

2015年11月，华美空间文创园改造落成（湖里街道供图）

11 月，在华美空间文创园举办海峡国际微电影节（湖里街道供图）

【发展文创产业】 2015 年，湖里街道做好海峡两岸设计文创园的改造提升，引进海峡两岸及海外著名设计公司入驻，打造福建省第一家生活体验馆。加快推进联发华美空间文创园改造，引入六大版块，并在 11 月底举办华美盛典及 2015 年海峡国际微电影节，树立湖里区老工业厂房改造典型，打造厦门时尚文化园区品牌。

【培植税源】 年内，湖里街道建立和更新辖区新建、改建和主要商务楼宇企业入驻台账，建立街道企业库；完成辖区主要商务楼宇入驻企业税收归属情况调查。以 2014 年财政结算企业为基础，建立街道税源户台账，对辖区重点楼宇和企业进行梳理，建立项目台账。拓展发展空间和税源，做好税源招商和理税，抓住自贸区成立的有利时机和区出台的促进经济发展的一系列政策，以港航大厦、港务大厦等为重点，引进和培育一批优质企业，培育新财源。完成街道级税收 30 万元以上企业表彰和对 2014 年街道税收 100 万元企业、2014 年下放的 28 家市集中企业跟踪走访。做好辖区企业特别是区、街纳税大户扶持和服务，为企业排忧解难。主动做好鹭燕、欣贺、扬德股份、中健网农、厦门大顺、神州聚海物流等企业上市的服务。扶持捷昕精密科技有限公司和艾美森新材料科技股份公司两家企业上市。做好纳税大户税源分析，推行纳税大户分类管理。加强与区外、街外和园区企业联系，重点关注注册在湖里区但主要生产经营场所在辖区外的厦门金龙旅行车有限公司、厦门金龙轻型客车车身有限公司和厦门金鹭特种合金公司的动态，稳定税源。

【环境整治】 2015 年，湖里街道建立环卫微信平台，形成一岗双查全方位监管模式。协助湖里执法中队开展执法检查，加强对自贸区周边环境卫生的整治，做好自贸区周边节点的绿化美化改造。扎实做好一批老旧小区的改造，康乐二期改造基本完成，气象局宿舍、东辉小区改造完成施工招投标，组织港务小区、濠头桥东安置房小区的改造。投入 180 万用于辖内 20 多个住宅小区及单位庭院的绿化、美化、彩化。投入 260 万元，对金鼎路、疏港路湖里加油站哈曼尼广场通道路面改造，湖里社区下水道的改造及路面硬化，塘边、金鼎、后浦、村里、徐厝、新港及东荣社区破损路面、水沟的修复。

【综合整治】 2015 年，湖里街道完善违法建设网格化管理网络，落实社区日常网格巡查和社区每周一报、街道每周一汇总制度。做好“两违”整治宣传工作，共发放各类宣传材料 3.5 万余份，出动宣传车 400 多台次，出动巡查人员 1200 余人次，先后拆除面积 3.40 余万平方米，完成区下达全年任务的 113%，市、区两级在街道组织召开“两违”建设现场会 3 场。协

12 月 11 日，区委书记张毅恭检查金鼎社区老旧小区改造工作（湖里街道供图）

调组织湖里派出所、湖里城管中队对辖区违法停放车辆、非法营运摩托车、电动三轮车及二手车市场进行集中整治，共查处非法停放车辆37332部、摩托车271辆，查处违法停放车辆总量在全区排第一名。

【共同缔造】 2015年，湖里街道通过开展“美丽厦门·共同缔造”行动，建立多元共治机制，街道和社区以各种形式参与社区治理，投身“美丽厦门·共同缔造”行动。编印了1册“美丽厦门·共同缔造”宣传画册，开展1次街道领导和各社区主官对所有的共同缔造工作观摩评比活动，有效促进了共同缔造工作深入开展。在“美丽厦门·共同缔造”中，兴华、和通（港务小区）、金鼎、东荣、怡景（世纪嘉园小区）、东渡（气象局小区）、新港（双狮南里小区）、康泰（康乐新村一期）、濠头（和旭里小区）等9个社区（小区）被评定为2015年典范社区。

【平安创建】 年内，湖里街道把平安创建作为构建“幸福湖里”的主要内容，落实党政领导社会管理综合治理责任，与18个社区签订综治平安工作责任状。继续对辖区2.8万部固定电话统一设置平安创建彩铃。发挥社区警民网格服务队及“社区守望队”“联建联勤互助队”“银发辅望队”“新厦门人守望队”等群防队伍的作用，重点打击虚假信息诈骗等违法活动，有效地改善辖区治安环境。定期开展矛盾纠纷排查，充分发挥社区调委会、“树霞工作室”等组织的作用，确保“小纠纷不出社区、大纠纷不出街道”。落实主要领导每周一、每月15日轮流接访制度，不断畅通信访渠道。年内，办理国家信访局转办件3件、省长信箱信访件1件、市长专线258件、群众来信35件。

【安全管理】 年内，湖里街道落实安全生产“党政同责、一岗双责、齐抓共管”责任，严格监管执法，注重在各行业、各领域的隐患排查整改和安全生产责任制的落实。开展全国安全社区创建活动，坚持每月安全生产形势分析和工作例会制度，落实安全生产大检查“回头看”。进一步加大对燃气安全的专项整治，落实安全生产和“黑气”举报电话，加强对燃气使用知识的宣传和培训，为辖区企事业单位和店家安装燃气报警器800多台，向企业发放新《中华人民共和国安全生产法》1万份。做好防台风工作，加强汛期巡查，制作安装地质灾害安全警示牌。开展森林防火宣传，加强对清明节等期间的森林防火巡查，落实24小时值班制度。

【计生服务】 2015年，湖里街道加大对计生新政策的宣传，继续利用“计生大讲堂”、仙岳山女儿文化园等平台，宣传优生优育优教、婚前检查、优生检测、生殖健康等知识。在康乐、兴华和金鼎社区开展“百名专家进社区”义诊活动。加强“双查”和免费孕前优生健康检查，切实加强部门配合，严厉打击“两非”，是年，街道完成了4例打非任务。开展街道、居委会、企业三方共建，邀请企业参加社区例会，继续开展“送政策、送健康、送知识、送服务、送关怀”等“五送”服务进企业等活动。至年底，全街计生政策符合率94.33%，其中，常住人口94.49%，流动人口94.23%。

【民生保障】 湖里街道全年共发放各类救助432.67余万元，救助2万余人次。投入330万元开展两批政府购买社工服务。发放2014—2015学年度特困生年度助学金25.82万元，为200名学生解决上学难问题。统筹做好“112”就业服务工作，深入开展“118”和谐关系示范工程建设，加大对失业人员的培训，开设2个农民工技能提升电脑培训班。全年完成失业人员再就业3834人，城镇困难对象再就业750人，技能鉴定160人，农民工技能提升培训190人，失业人员再就业培训145人。劳动争议案件发生364起，街道参与调解225起，调解成功137起。

【社区建设】 3月底，东渡社区办公用房完成装修验收。5月，后浦社区正式迁入新址。做好兴华社区、村里社区新办公用房装修工作，为塘边社区服务中心办理前期手续。组织社区参与首届全省专业社会工作服务示范项目征集，全街道有7个社区、9个项目申报。

【文化创新】 2015年，湖里街道继续开展“幸福湖里·百姓乐”活动，举办闽南文化风采展示，挖掘草根闽南文化，深化幸福湖里百姓乐内涵，打造湖里街道文化品牌。完成一批社区诵读人才培训，与专业机构合作组织1支以社区成员为主的诵读队伍。扶植和通、海天区级文化广场示范点建设。组织老体协举办新春健步行活动，以东荣社区为示范点开展老体协“老年人健身康乐家园”活动。

【项目创新】 年内，湖里街道创建立体治安防控体系。会同派出所建立立体化治安防控平台，在城中村等治安重点区域和节点建立即时可视报警平台和语音系统。11月3日，厦门市委常委、政法委书记詹沧洲现场调研后给予充分肯定。率先在建设开通全市首条免费无线网络社区公交，在仙岳山上建设无线网络平台。结合“一带一路”的时代主题，创建湖里街道青少年科学工作室——海丝东渡社区古船模科技文化交流中心。以购买服务的方式与辖区文化企业合作，成立湖里街道吟诵艺术团，丰富“幸福湖里、百姓乐”广场文化节内容。10月14日，召开全市典型村（社区）培育打造工作观摩检查现场会，兴华社区“美丽兴华阳光社区520行动”项目接受观摩检查。

【兴华社区获厦门“最美街区”】 5月28日，兴华社区在厦门市委宣传部、文明办、台海网联合主办的“发现身边最美街区”评比活动中，获2014厦门“最美街区”。

【“三严三实”专题教育】 2015年，湖里街道在机关党员中开展“大学习、大讨论”活动。按照上级要求，在领导干部中开展“三严三实”专题教育活动。落实街道班子成员和各社区党组织书记上党课。邀请专家、教授专题讲课辅导20多场次。开展“日读一文，周读一书”活动，建立了党员经典研读室。围绕“弘扬·创新”主题，开展大学习、大讨论，街道共学习讨论82次。开展1次“大学习、大讨论”和“干部转型提升”征文活动，举办1场“干部转型提升”演讲比赛。

【志愿服务】 2015年，湖里街道成立了街道第一个专业志愿服务队伍——“星月”文化志愿服务队，在原来制度化建设的基础上，立足通过成立多个专业志愿服务队伍，为居民提供更加深入的服务。结合轮渡迁移到东渡邮轮中心之机，在新港社区组建一支50人的志愿服务队，利用节假日到东渡轮渡码头开展志愿服务活动，在是年国庆黄金周期间，湖里街道开展的志愿服务被厦门多家媒体宣传报道。

湖里街道召开社区组织换届选举大会（湖里街道供图）

【组织建设】 湖里街道全年确定党员发展对象23名，吸收预备党员39名，78名预备党员按期转正。截至年底，湖里街道党工委下辖党委16个、党总支7个、党支部285个、党员3769名。组织70多名入党积极分子参加区委组织部组织的培训和资格考试，42名入党积极分子通过考试。

【社区换届】 8月2日，湖里街道完成18个社区组织换届选举工作。选举产生新一届社区党组织班子成员90人和社区居委会主任18人、副主任38人、委员46人。

【群团组织建设】 2015年，12家工会归属湖里街道的百人以上企业有11家企业签订了工资集体协商合同。成功举办两期企业工会主席干部培训，举办了第三届工会职工趣味运动会，在辉煌装修工程公司工会建立劳模工作室；以怡景、塘边、兴华等社区为试点，成立社区邻里青年汇，发动青年为社区创新发展献智献策；在仙岳山福德文化广场举办“最美家庭，爱在湖里”家庭才艺秀、在特区纪念馆举办

2015年5月，举行第三届职工趣味运动会颁奖仪式（湖里街道供图）

“颂扬特区精神，共筑美丽兴华”的诵读活动，兴华社区被评为省级“巾帼文明岗”，塘边社区的“新厦门人巾帼守望队”获市妇联“妇女工作创新项目”。

【党员阵地建设】 2015 年，湖里街道投入 100 多万元在湖里街 14 号建设 1 个党员活动室，为辖区党员，特别是非公党员提供一个活动设施完备、内容齐全的活动场所。在东荣广场建设一条党员风采长廊，在湖里老街打造一条党建街。

【为民办实事】 2015 年，湖里街道梳理出党建为民办实事项目 6 件，主要是通过租赁和增加社区配套服务用房等办法，解决东渡、村里、和通、新港、兴华、塘边等 6 个社区办公用房不达标的问题，已全部完成。是年，18 个社区办公用房总面积 14416 平方米，平均每个社区有 800 平方米。

【非公党建】 年内，湖里街道走访企业 130 多家，新组建非公党组织 10 个。完成原经发局所属 13 家非公党组织转移交接、走访工作，街道非公党组织增加到 210 个，党员 1518 人。配合做好全国园区党建现场会在厦门召开的各项准备工作，顺利组织举办纪念建党 94 周年“海峡西岸党旗红”文艺晚会和第一届非公党组织趣味运动会。

【党风廉政建设】 年内，湖里街道学习、落实《中国共产党廉洁自律准则》和《中国共产党纪律处分条例》，出台《关于开展落实党风廉政建设责任制“月巡查”的通知》。贯彻落实中央“八项规定”，控制三公经费支出，做好区纪委组织对湖里街道“三公”经费的审计和检查，加大对节日期间街道和社区落实“八项”规定的检查，抓好公车入库和公车私用的监督检查，杜绝违规现象的发生。认真落实“一岗双责”，加强廉政风险点排查，健全防控体系，完善责任网络。组织街道聘任的效能纠风监督员加大对街道和社区的明察暗访，全年共察访 50 多次。

（刘爱军）

名词解释

“112”就业服务：对全区失业人员、高校毕业生每年上门走访 1 次以上，对有培训意愿的人员每年安排 1 种以上技能培训，对有就业创业意愿的人员进行 2 次以上岗位推荐及创业扶持。

“118”和谐关系示范工程：1 个街道至少选择 1 条街、1 个社区、8 家企业开展示范点建设。

殿前街道

【概况】 2015 年，殿前街道下辖高殿、马垅、兴隆、兴园、长乐、北站、神山 7 个社区居委会，其中高殿、马垅为“村改居”社区。至 12 月 31 日，辖区常住人口约 23.98 万人，其中户籍人口近 3.55 万人。规模以上工业总产值 379.13 亿元，商贸营业额 806.51 亿元，社会消费品零售额 184.88 亿元；固定资产投资 110 亿元；财政总收入 36.31 亿元，其中街道本级财政收入 2.35 亿元。

【自贸区建设】 2015 年，先后选派 7 名骨干到市、区自贸办、自贸服务大厅“驻点招商”，协助企业办理入驻手续。自 4 月 21 日厦门自贸区挂牌至 12 月，殿前街道自贸范围内引进内资企业 591 家，注册资本 54.62 亿元；引进外资 41 家，合同外资 12320 万美元。与市、区自贸办、象屿保税区对接，及时跟进服务重点项目，力促项目尽快落地。通过举办专场招商空间推进会、重点企业宣传、重点场所造势等，引进金融、国际贸易、现代服务等产业，布局海丝艺术品中心、高端物流、电商总部基地。投入 190 余万元，完成对自贸区周边长歌路、长兴路、长乐路等道路及人行路改造提升。聘请专业保洁公司，负责机场北环路、花屿路等未

2015 年 12 月，国投市政公司代建的夏商国际商城周边景观综合整治项目按期完工（官姗姗　摄）

移交道路的市容管理。联合执法中队、交警等部门，开展长岸路拖车整治专项行动。全力协助市政园林局、派出所、交警中队等部门，主动对接夏商集团，调派专人对接夏商国际商城环境整治提升工作，做好商城开业前后的市容整治、交通疏导等。协调市交通局、市公交集团调整3条公交线路、增设1个公交站点。

非物质文化遗产宋江阵表演（王火炎　摄）

【招商引资和企业服务】 2015年，殿前街道引进内资91.46亿元，引进外资12497万美元。围绕闽南古镇、海丝艺术品中心等重点项目，专人定期服务走访，对项目进度时时跟踪，了解存在问题，提出对策建议。协调解决云创智谷项目所涉及的消防、建设和环保等问题；海丝艺术品中心瀚斓楼主体完工，已成立项目运营公司。紧抓重点建设项目，拓展税源空间，坚持主要领导走访企业制度，对辖区规模以上工业企业、纳税先进企业进行重点走访，协助企业解决建设招商过程中遇到的各种问题，夯实税源基础。

【文教事业】 2015年，辖区有中学2所，小学8所，其中：公办小学4所，民办小学4所，有幼儿园24所，其中：公办幼儿园2所，集体办幼儿园1所，民办幼儿园21所。辖区内小学适龄人口按时入学率和初中适龄入学率均为100%；小学和初中在校生年辍学率均为0；6—14周岁三类残疾儿童入学率为100%；15—50周岁人口文盲率为0。街道采用政府购买服务的方式，投入12万元打造“殿前梦工场”。是年，街道获评“福建省第八届文明行业创建竞赛活动示范点”。举办首届社区文艺节，“和美殿前·以文化人”文化品牌获评“福建省社区教育品牌”。

7月29日，厦门两岸集成电路自贸区产业基地落户殿前街道（许劭彦　摄）

【重点工程建设】 2015年，殿前街道完成征地（收储）近36.49万平方米，拆除建筑面积8.98余万平方米，发放各项拆迁补偿金（含过渡费）20545.1万元。坚持“指挥部＋街道＋拆迁公司”运作模式，实行项目进展周报制度，找准突破口，卡住时间节点，确保建设进度和质量。轨道交通1号线殿前片区内完成交地7.57余万平方米，拆除近2.99万平方米，搬迁企业29家，支付各项补偿款5313.13万元。环岛路工程完成交地17.87万平方米，签约交付拆除4.47万平方米，搬迁企业78家。海沧隧道本岛端接线工程完成交地9.05万平方米，拆除5144平方米。成立福厦铁路暨公铁大桥项目返迁安置工作领导小组，返迁工作组入驻嘉福花园工作点，有序推进返迁安置各项准备工作。

【劳动就业与社会保障】 2015年，殿前街道完成失业人员再就业1831人，就业困难对象再就业325人，失业人员再就业培训178人，农民工技能提升培训161人，技能鉴定331人。46—59周岁参加城乡居民养老保险的居民320人，参保率100%，有524人领取养老金。受理全民医保参保登记2436人；家庭共济328户；自付医疗困难补助110人。为73名被征地人员办理了社会化管理退休手续，协助29名退休人员家属办理丧葬费及一次性补助费领取手续；全年共办理1579本失业证；认定灵活就业人员389名；认定就业困难人员300名。接收社会化管理退休人员261名，其中145名失地退养人员；协助异地养老金认证671人；走访辖区退休人员825人次，慰问重病住院退休人员123人，慰问亡者家属29人以及协助办理丧葬费及一次性补助费手续。街道劳动争议调解委员会处置430起劳动争议案件，已调解216起，调解金额442.4万元。

【帮困救助】 年内，殿前街道发放各类民生救助补助款331.67万元。其中，慈善超市物资0.5万元；发放各类困难户春节慰问313人次153.04万元；发放低保补助1012人次49.44万元，全年增加低保14人、退出28人；发放残疾人、重点优抚对象等医疗补助7人次0.4万元；发放70周岁以上重残人员、“三无”人员（无劳动能力、无法定赡养人、无经济收入）等日常医疗救助659人次3.3万元；发放重度残疾人生活补助96人次0.48万元；发放困难家庭临时救助197人次44.25万元；发放困难残疾人生活补助745人次22.35万元；发放重度残疾人居家护理补助1334人次42.45万元；发放残疾人“全国助残日”、中秋节慰问841人次8.52万元；发放“四残”儿童（肢残、听残、智障、自闭症）抢救性康复补助16人次7.44万元；发放高龄老人生活补贴920人次57.77万元。

【医疗卫生】 年内，辖区有二级医疗机构1家（殿前街道社区卫生服务中心），一级医疗机构2家（健民医院、马垅医院），综合门诊部5家，59家有证私人诊所。全年接种一类疫苗应种近5.85万人次，实种约5.84万人次，接种率为99.99%，接种二类疫苗1.91余万人次。建立和管理居民健康档案，定期更新，已建立电子档案约19.67万份。登记和管理高血压患者4586人，定期随访并进行饮食及日常行为保健指导近3.12万人次。登记和管理糖尿病患者2962人，定期随访并进行饮食及日常行为保健指导1.74余万人次。辖区产妇数511人，出生数520人，早孕建卡率96.54%，住院分娩率100%，产后访视率97.5%。孕产妇保健覆盖率100%，孕产妇系统管理率96.54%。3岁以下儿童体检数1932人，比上年增长7.26%，儿童系统管理数1875人，系统管理率97.05%。为户籍在辖区的2832名60岁及以上老人体检和建立健康档案。全年开展除四害统一行动6次，累计投入灭鼠药900公斤、凯素灵粉4950公斤、灭蟑饵剂6.5万小包、高效氯氰菊酯960瓶、杀蟑胶饵1500瓶，拨补各社区除四害人员消杀人工费3.36万元。

【人口与计划生育】 年内，殿前街道人口计生工作全面实施“生育文明·幸福家庭”促进计划，综合治理“三高”。当年出生人口5305人，政策符合率92.95%；其中户籍出生724人，出生性别比111.08，政策符合率89.5%，非户籍出生4581人，出生性别比112.18，政策符合率93.95%。“双查”到位率98.6%，综合节育率84.01%；计划生育家庭奖励兑现率100%，统计准确率95%以上；群众满意率和计生知识知晓率均达到95%以上。积极宣传“单独二孩”政策，印发宣传小折页，已有167对单独夫妇申请办理再生育证。

【平安殿前建设】 2015年，殿前街道投入1400万元（租期7年）启动高殿、神山北站、长乐片区的治安监控系统建设。强化措施落实“禁放查非”工作，投入30多万元，出动机关、社区、派出所等单位1200人次，实现春节期间烟花爆竹安全零事故。建立健全安全生产“党政同责、一岗双责、齐抓共管”工作机制，把安全生产工作落实到岗、到位、到人。开展安全生

高殿社区义务消防队进行消防演练（高俊强　摄）

产大检查专项整治行动，重点检查辖区内的危化品企业、劳动密集型企业、公众聚集场所等。持续深化燃气安全专项整治工作，完成671处学校、工厂内部食堂、餐饮经营场所等安装可燃气体浓度报警装置。选定云龙幼儿园作为消防设施技术提升改造的试点单位，安装完成点式报警、简易喷淋及消防卷盘等消防设施。

【开展“平安公寓”视频监控系统建设】 2015年，殿前街道联合殿前派出所，在高殿社区开展“平安公寓”监控系统建设，由公安机关牵头，引入易家科技网讯公司投资建设，包括视频中心和红外线高清探头联网。“平安公寓”监控系统实现“政府不花一分钱，居民一分钱不花”，完全由科技公司全资投入建设并提供后续维保，依靠引入社会资本打造了“社会治安赢、社区平安赢、企业运转赢”的“三赢”局面。首期工程于年初动工，用4个月建成并投入使用，完成殿前社1200多个监控探头安装，涵盖殿前社6个居民小组共1200多栋出租房，覆盖率90%以上。4月至年底，通过监控抓获违法犯罪嫌疑人56名，破获侵财案件200多起，不断提高群众的安全感和满意率。

【城市综合管理整治】 年内，殿前街道建立网格责任督查督导通报制度，变“上级督查通报”为“下点巡查督办”，制定《殿前街道市容环境卫生管理奖惩暂行办法》和《自贸区（殿前辖区）城市综合治理奖惩暂行办法》，强化问责力度。在轨道一号线、自贸区等重点项目征地范围内设立“严管区”，严打“两违”行为。全年共拆除违法建设12.7万平方米，完成年初区下达任务（6万平方米）的212%。联合区行政执法局、湖里公安分局对长岸路寨上段车辆违停开展专项整治，出资5.5万元在长岸路重点路段设置警用岗亭，安排人员24小时驻点监控，管控成效显著。

【“美丽厦门·共同缔造”】 年内，殿前街道出台《规范和加强财政性投融资小额建设工程项目管理规定》，引入第三方审核和工程代建单位参与共同缔造，兑现区级“以奖代补”项目奖励465.84万元。马垅社区委托厦门大学公共事务学院开展社区变迁概貌研究。兴隆社区持续办好两岸文化沙龙、爱心妈妈手工作坊等文化活动，定期开展“银发加油站老人共餐”、日间照料等社区养老服务，为两岸居民搭建沟通交流平台。兴园社区通过建立小区事务听评会制度、“社区、业委会、居民”三方沟通协作机制、创新小区联合管理模式、建立“3341+X”社会团体参与治理模式，实现老旧小区从社区管理为主向居民自主管理服务转变。高殿社区发动居民共同参与屋顶绿化工程，区、街投入近900万元，完成前三期的屋顶绿化面积4.5万平方米。结合长虹路景观整治，以外来务工人员在特区的发展为主线，增设雕塑小品、外来务工人员脚印、宣传栏等，打造“特区追梦人的脚步”主题街，提升长虹路的特区文化内涵。投入近800万元，调整432路社区公交运营线路，并增加两台运营车辆，开通第二条社区公交线路——437路，解决高殿、兴隆、兴园等社区居民最后一公里出行难问题。

【老旧小区改造提升】 2015年，殿前街道通过走家入户、听评会等方式，征集群众意见建议73条，经整合梳理为22条，经过多方评议，根据大多数群众意见，确定14个改造项目：新增燃气管道、消防设施、小区指示牌、休闲广场，改造修缮小区大门、道路、居民庭院、楼房外墙、楼道、自来水管、地下排污管网、老人活动室，进行缆线入地，房前屋后绿化、美化。筹集资金51.2万元，其中：居民投入29.2万元（户均出资3200多元），三航公司20万元、小区公房维修金2万元，小区居民、筹工筹劳80多人次、150多个工日。居民主动拆除临时搭建80平方米，让出占用公共空间1430平方米，用于修建中庭休闲广场和道路。—楼房前屋后按照“修旧如旧”的原则，建

神山三航小区提升改造后（钟景忠　摄）

成具有闽南风格庭院的围墙。指导小区建立“社区、业委会、物业”三方定期协调的联动机制，实行物业管理与居民志愿自助管理并举的新办法，居民自发组建邻里守望队和爱家园老人督导队，绿化、公共设施得到认养认管。

【文明创建工作】 2015年，殿前街道结合社区网格建设，制定“五化”（标准化、精细化、品牌化、常态化、责任化）建设年度常态化一览表，明确社区每天、每星期、每月、每半年及全年文明创建工作项目，明确了每个项目的内容、完成时间、责任人和负责人，把文明创建工作时间网格图进行公示，促进文明创建工作的常态化。制定《殿前街道“十三五”社会主义精神文明建设规划》，对创建工作任务逐项细化分解。更新《殿前街道制度汇编》，逐步完善各项规章制度。开展文明交通督导和语音督导活动，并不定时进行巡查通报。通过文明服务超市“五下乡”便民服务活动走进兴隆社区、高殿社区，提供免费理发、维修电器、义诊等。

【思想道德建设】 2015年，殿前街道利用网络、微信、微博、公益广告宣传栏等阵地，深入开展社会主义核心价值观普及宣传，让核心价值观内化于心、外化于行。开展以“纪念建党94周年”“文脉永相承，传诵同根梦”等为主题的诵读展演，通过红色经典、思乡、爱国等诗文朗诵、文艺表演，促进两岸居民思想文化、情感生活交流。积极开展“我推荐、我评议身边好人”评选活动，发动群众推荐和评选身边好人。推进“我们的节日”主题活动，开展“心牵两岸闹元宵·乐享三八欢乐年”“粽牵两岸情”“百家宴暨翔鹭花城A区第一届邻里节”等主题活动，弘扬中华民族传统文化。组织辖区未成年人参与社区“美丽福建、美丽心灵”“和美殿前以衣传情”志愿服务、“以书换物”爱心义卖、“阳光少年，志愿兴园”等公益活动。召开“亲子共读国学　开启智慧人生”专题讲座，在兴隆、兴园、长乐设立亲子国学读书点，推进亲子国学班建设。开展“湖里星期六”名家讲堂，邀请各领域知名专家上课。全年共举办讲座45场，使街道职工和居民群众普遍受惠。

【志愿服务活动】 年内，殿前街道以兴隆、长乐社区为志愿服务制度化建设示范社区，推进全街道志愿服务制度化建设。完善注册登记、需求对接、嘉许回馈等八项制度建设。加强志愿者管理培训，提升志愿者服务水平。完善志愿者档案，抓好志愿服务对接需求运行机制，规范志愿服务活动记录，推行志愿者星级认定。开展文明服务超市“五下乡”便民服务活动、文化科技卫生“三下乡”活动等志愿服务活动，邀请市道德模范游文晃讲授《游爸爸和他的255个孩子》。

【共建帮扶】 年内，殿前街道与同安区洪塘镇新霞村结对共建，每年帮扶慰问村里3户困难户，组织40多名志愿者到新霞村开展洁净家园活动，美化环境。

【“三严三实”专题教育活动】 6月—9月，街道班子成员完成了“习近平总书记系列重要讲话精神、严以修身、严以律己和严以用权”四个专题的学习，集中学习讨论8次，主要学习讨论了《习近平谈治国理政》《习近平关于党风廉政建设和反腐败斗争论述摘编》及习近平在十八届中央纪委五次全会上提出的“五个必须”要求和《优秀领导干部先进事迹选编》等内容。街道每名领导分别为基层党组织上党课1次，并对照“三严三实”要求，认真查找存在“不严不实”的问题，并列出整改清单，逐条落实整改。

【社区组织换届选举】 2015年，殿前街道成立社区组织换届工作领导小组。制定《社区换届实施意见》，明确换届工作任务、时限、目标和要求，规范社区党组织“三推一选”和居委会换届的运行程序和操作方法，严格换届纪律，加强检查督导，确保社区组织换届选举工作依法依规进行。9月初，街道高质量、高标准完成了7个社区组织换届选举工作。选举产生新一届社区两委班子成员60名，其中：社区党组织班子成员37名，社区居委会班子成员43名，交叉任职20名，平均年龄39.3岁，45岁（含）以下成员50名，占83.3%，女性31名，占51.67%，大专以上文化程度58名，占96.7%；新提任主官2名，新进两委13名，社区两委班子结构得到了进一步优化。

【非公党群活动中心建设】 年内，殿前街道先后投入近15万元经费，建设港龙汽车培训有限公司和火炬学校党群活动服务中心，6月投入使用，为非公党组织开展活动提供良好平台。积极推进“1+X”非公党建联建片区模式，组成7个联建片区，发挥典型带动作用，依托新建的非公党群活动中心，加强各非公党组织之间的交流。在港龙汽车培训有限公司党支部组织开展了非公党建联建片交流活动，并组织非公党支部书记培训，通过交流和培训，逐步提高非公党支部书记抓党建工作的能力。

【党风廉政建设】 2015年，殿前街道严格“三公”经费管理，制定下发《关于进一步规范街道财务报销流程的通知》及《殿前街道关于加强财务管理有关要求的补充通知》，与街道从事财经工作的干部集体廉政谈话，从制度、程序上严格控制公务接待，规范公车使用和管理。举办党风廉政建设纪律讲堂，对新任社区书记、主任、纪委书记（纪检委员）开展集体廉政谈话。规范财务报账程序，严控公款出差、出国（境）、公务接待、津贴补贴，严格公车管理，清理超标办公用房。是年，街道“三公经费”及会议费支出同比下降44.59%，因公出国（境）、会议费零支出。

（吴巧艺）

名词解释

三高：人口出生率、自然增长率高，出生性别比高，出生缺陷发生率高。

三推一选：党员、群众、组织推荐，召开党员大会选举。

江头街道

【概况】2015年，江头街道面积10.41平方公里，下辖后埔、蔡塘、江村、江头、金尚、园山、吕厝、吕岭、祥店9个社区，有人口22.68万人，其中常住人口6.8万人，流动人口15.88万人。是年，街道财政总收入18.74亿元，其中本级财政收入1.50亿元，引进内资161亿元，合同利用外资7774万美元，实际利用外资5620万美元，限上批发零售业88.69亿元。投入200多万元为9个社区协调购买居家养老、青少年服务、流动儿童社区融入等各项社工服务。是年，江头街道先后获得“全国计划生育依法行政示范街道”“全国社区教育示范街道”“全国学习型社区示范街道”“福建省文明单位”“福建省社会管理综合治理先进集体”“全省社区戒毒社区康复工作示范点”“厦门市社会管理综合治理与平安建设先进单位”等。

【征地拆迁】江头街道全年累计完成土地征收12.83万平方米，完成年度任务的132.05%；房屋征收16.4万平方米，占年度任务的121.15%。其中：江头片区完成拆迁面积8.90万平方米，占年度任务的103.8%；后埔片区完成拆迁面积7.5万平方米，占年度任务的151%。

【招商引资】江头街道全年引进内资161亿，完成年度任务的413%，合同利用外资7774万美元，完成年度任务的222%，实际利用外资5620万美元，完成年度任务的102%。

【共同缔造】2015年，江头街道研究制定全面铺开“创新湖里·共同缔造”方案，探索创新模式方法，持续推进三批、共11个“以奖代补”社区建设项目，已有5个通过验收，另外6个项目正有序推进。金尚、蔡塘、祥店3个试点社区的缔造项目得到进一步完善提升。7月，全国社区治理创新工作会议将金尚社区作为现场考察点。扎实推动吕岭、后埔两个共同缔造重点社区的打造，全市居家养老服务工作现场会选在吕岭社区召开。

【城区建设与管理】年内，江头街道建立街道、社区两级网格，完善日常巡查、考评、协调、整改的工作机制，借力商家联盟，落实环境卫生保洁“门前三包”和网格化管理责任；积极引进智慧环卫系统，建立环卫“大数据”，实现环卫“微”处理，实现了环卫管理向精细化、智慧化方向的转变；投入396万元，用于社区向保洁公司购买服务，逐步实现市容管理的长效性，全市城管执法中队规范化建设现场会把祥店社区作为现场参观点。协调相关部门做好辖内主干道的交通管理，努力改善交通拥堵现状。对东方巴黎广场步行街开展综合整治，有力改善周边环境。按照全区“两违”工作要求，精心组织，严格督查，稳步推进，全年共拆除违建面积8.38万平方米，完成年度目标任务的167.53%。

【安全生产】年内，江头街道开展清查黑气和危化品、督查企业等各类专项整治工作和消防安全演练等工作，是年未发生安全生产责任事故，各项指标均控制在区下达的指标范围内。扎实做好防台风抗汛和森林防火工作。

【综治联创】2015年，江头街道扎实开展社会治安重点整治和平安建设宣传等活动，着力提高群众安全感、满意率、知晓率；联合相关单位积极开展禁放查非、亮剑扫毒、春安行动、防范打击电信网络诈骗、“围楼”“围村”、占道经营、交通秩序等10余个专项行动，取得较好成效。主动做好矛盾纠纷调解和信访工作，认真协调解决太薇花园红线占用等社会维稳工作热点、难点问题。是年，辖区内各级人民调解组织共排查社会矛盾纠纷570件，成功调处559件，调解成功率98%。全面深化“平安和谐社区”创建活动，蔡塘社区获全市“平安和谐社区创建先进集体”，并在全市“深化平安和谐社区（农村）创建现场推进会”上做典型发言，《法制日报》《厦门日报》和厦门电视台先后对蔡塘、金尚和祥店“平安和谐社区”创建工作经验和典型事迹进行了集中采访报道。

【社会事业】2015年，江头街道继续支持江头、蔡塘、后埔3家集体幼儿园的完善提升，投入资金85万元为辖区8所中小学、幼儿园绿化校园。是年9月，祥店幼儿园开园。定期联合安监、执法等部门走访辖内未批办筹设幼儿园，排除各类安全隐患。围绕“文化惠民·幸福江头”主题文体活动方案，组织开展“美丽厦门、幸福江头”文化进社区巡回演出活动；先后组织开展街道“文体同乐会”特色品牌大型展演、歌咏比赛、“幸福广场秀”舞蹈展示、中国象棋、“纪念抗日战争胜利70周年”音乐交流会等群众性文体活动，不断丰富居民业余文化生活。年内，江头街道认真做好创国家卫生城市各项工作，扎实做好计生服务与管理工作，与厦门电视台联合举办2期“《名医大讲堂》进社区”活动，该活动在厦视3套“第一民生”栏目得到深度报道，成为街道卫计工作的一个品牌；办好“百名专家进社区”活动，向广大群众传播慢性病防控知识，指导优生优育等；积极开展生育关怀、亲情关怀和居家养老服务行动，抓好生育关怀服务，年度计生工作各项任务均提前完成。

【民生保障】2015年，江头街道推广蔡塘发展模式，创新后埔发展模式，推动3个“村改居”社区民生项目建设，不断壮大集体经济，蔡塘广场整体开业，实现居民分红2650元/月·人，后埔社区发展用地项目一期、三期两个项目已开工建设，一期南楼主体完成招商。指导社区成立了集体资产管理理事会、监事会，建立健全集体资产监管机制，确保集体资产保值增值。严格落实社保政策，按照应保尽保原则，建立低收入家庭数据库。积极做好慈善慰问工作，街道慈善分会及驿站募捐并发放慰问金133.6万元和油、米、干货等物资，折合人民币4.9万元。加大就业服务力度，成立江头街道人力资源市场，通过举办人才招聘会搭建就业平台、挖掘公益性岗位、推荐就业等办法，促使2394人实现就业超额完成区下达的失业人员再就业任务。充分发挥街道劳动仲裁庭的作用，积极受理参与调解辖区内劳资纠纷，成功调解249起，结案率100%。

【精神文明建设】2015年，江头街道完善《江头街道关于建立创建文明城市（区）长效机制的意见》，拓展久久爱心专业志愿服务队，启动“温暖星期三”项目，创新开展志愿服务活动。开展“六大行动”，打造祥店诚信文明示范街升级版，省委常委、宣传部部长李书磊，中央诚信调研组先后视察祥店示范街，给予高度肯定。金尚社区商业街在区首批诚信文明示范街评比中，获第一名。持续开展道德讲堂、善行义举榜、身边好人慰问交流活动、城乡共建等活动，在蔡塘社区开展村改居社区文明创建“五化”试点工作，创建文明示范路（吕岭路蔡塘段）、文明示范广场（蔡塘广场）。园山社区“春色满园五到位，百花齐放亮七彩”项目深受好评，入选厦门市精神文明建设先进典型案例。吕岭、金尚、吕厝升级为省级文明社区，其余社区全部为市级文明社区。

禾山街道

【概况】2015年，禾山街道辖钟宅、枋湖、坂尚、岭下、围里5个村改居社区和禾欣、禾盛、禾山、禾缘、五缘湾北5个城市社区，总人口30.16万，其中户籍人口5.88万。有131个党组织，党员2005名。街道先后获评“全市民族团结进步模范集体”“厦门市慈善突出贡献组织奖”“厦门市五星职工之家”等称号。禾欣社区被人社部评为“充分就业社区”。

【征地拆迁】2015年，禾山街道合理调配力量，加大征地拆迁推进力度，全年累计完成征地9.43万平方米，拆迁9.8万平方米。枋湖片区旧村改造已拆迁6.4万平方米，完成金枋世家保障房项目建设并交房699套，新增就地安置房项目“金枋至尊”正式动工，钟宅旧村改造启动前期筹备工作，墩上岭下片区新增返迁1户交房4套（已返迁686户，余5户），枋湖旅游文化产业园东侧规划道路、纵四路南段、纵六路北段建成并投入使用，纵三路拆迁工作加快推进；完成枋湖新村、鑫湖花园和阳光公寓一期、二期老旧小区改造。

【围里社区服务中心正式启用】12月28日上午，禾山街道围里社区居委会在社区新办公大楼举行社区服务中心启用仪式。湖里区副区长刘云标，湖里区民政局局长章再耕，街道党工委书记黄锦城，街道办事处主任洪志伟，街道党工委委员、人大工委主任陈慈明等领导出席仪式。

【开展五缘湾提升系列活动】2015年，禾山街道因地制宜，举办“激情五缘湾”文化旅游嘉年华，开展五大系列活动，努力做到“一个项目一个品牌”。一是开展“清洁空气·蓝天行动”环保公益骑行活动，全年有6400多人参与，总骑行超过150万公里，减少碳排量 336 吨，在湾区和高新园开展的 3 场线下活动，超过 2000 人参与；二是举办厦门国际青年微电影节，有来自全球 350 多部作品参赛，将五缘湾推向国际视野；三是举行“乐游湖里”帆船嘉年华，让来自世界各国的选手代表充分领略了厦门的海上运动文化和拼搏精神；四是举办青少年艺术节，有 900 多名中小学生参加，国际钢琴大师班有 500 余人参加，“五缘湾杯”厦漳泉校园足球邀请赛有 32 支球队参赛，并邀请了两届“世界足球先生”罗纳尔迪尼奥出席；五是举行“五缘坐标”城市定向挑战赛，在五缘湾商业街、高新园、禾缘社区等地开展了“穿越魅力五缘”“走进文展之旅”“体验民俗文化”“跑进高新园区”四季活动，共有 120 多支团队、600 余人参与。

【举行禾山街道“美丽小区”评选活动】 1 月，综治办联合党政办、街政办、重点办、财经办及各社区居委会等成立禾山街道“美丽小区”评选工作领导小组，在辖区各小区开展“美丽小区”的评选活动。主要从美化公共空间、创新管理体制、完善服务平台、丰富社区文化、提升居民自治等 5 个方面入手，按照“美丽小区”评选方案，坚持公平、公正、公开的原则，经过居民微信投票和专家评审小组现场实地考察评分，共评选出中央湾区等 6 个“最美小区”、国贸天琴湾等 4 个“洁净小区”、水晶森林等 3 个“活力小区”、欣悦园等 3 个“和睦小区”，并对获评小区予以通报表彰。

【开展“垃圾不落地”整治工作】 从 7 月开始，根据市、区的统筹部署，以街道办事处综治办、禾山执法中队、禾山街道环卫所、枋湖社区、坂尚社区为主在枋湖安兜社、坂尚社区持续深入开展“垃圾不落地”整治工作，广泛动员辖区单位积极配合，发动辖区商户居民自觉参与。通过配齐垃圾收集设施，实现垃圾收集“容器化”；规范垃圾收集转运模式，实现垃圾定时清运；强化垃圾收集运输管理，实现垃圾密闭化运输；强化执法监管，对各类违法违规行为实行严管重罚；加大环卫投入力度，不断完善环卫基础设施设备服务功能等五项举措在安兜社区的主街及成功大道安兜辅道以及坂尚社区等范围内持续深入开展“垃圾不落地”活动，增强了广大市民的文明卫生意识。

【经济发展】 2015 年，禾山街道实现财政总收入 26.83 亿元、本级收入 2.3 亿元、固定资产投资 86 亿元，其中固定资产投资、财政总收入完成进度位居全区各街道第一；引进内资 213 亿元，完成年度计划 507%，合同外资 8936 万美元，完成年度计划 223%。主动融入自贸区建设，举办自贸区政策解读大型讲座和招商推介会，已办理入驻企业 194 家，其中：内资项目 178 个，引资额 34.6 亿元；外资项目 16 个，引资额 2921 万美元。街道领导班子成员走访企业 100 多家，主动送政策上门，帮助企业申请专项奖励资金，及时协调解决企业困难，促进企业增资扩产，有 314 家企业增资，增资额 34.4 亿元。辖区江平生物成功挂牌上市新三板，易法通法务信息管理股份公司上市新三板并成为首家上市的法律电商平台。

【抓好计生工作】 2015 年，禾山街道紧紧围绕上级下达的人口计生责任指标，以稳定低生育水平、提高人口素质为目标，以省、市、区卫计工作会议精神和考核标准为牵引，针对禾山街道村改居多、流动人口多、新建楼盘多等实际情况，认真把握单独二孩政策实施以来群众思想变化及卫计合并工作量加大、服务能力提升的特点，按照“标准不降”和“三个确保”（确保指标能完成，确保排名不降级，确保创新有成效）的要求，积极应对新情况新问题，多措并举，标本兼治，积极融入卫生服务建设，提高计生服务水平，扎实有效地抓好各项工作落实，在创新举措促进人口计生工作健康、有序发展上取得了一定成效，圆满完成了区下达的年度人口与计划生育各项目标任务，计生工作整体水平不断提升。年内，在区组织的月综合考评中，禾山街道取得 10 次第一名、1 次第二名、1 次第三名的成绩，街道计生协会被推荐为中国计生协会乡级先进单位，岭下社区被确定为市级计生协会示范点，禾欣社区被评为市级流动人口社会融合试点示范社区，经区人口计生工作领导小组年度综合考评，禾山街道计生工作获第一名。

【开展花痴系列活动】 自 3 月始，禾山街道各社区相继推出“营绿计划—我家围墙”“我爱我家—美丽庭院”“更美的社区，更好的生活”“美丽禾缘—共同演绎花痴梦”等多形式的居民共同参与的“花痴”系列活动，社区居委会，物业委员会，小区居民，党员志愿者，学校老师、学生共 1000 多人参与到此项活动中。年内，禾山街道完成幸福密码、东海山庄、国贸润园、联发五缘湾 1 号、中央湾区、五缘学村及湖里实验小学、新景幼儿园等 29 个小区及学校、单位庭院围墙绿化美化 1 万米，炮仗花种植 4.5 万株，凤凰木、樱花、三角梅等植物补植 422 株，总投入约 110 万元。

【"三合一"场所专项整治】 2015年，禾山街道安监站利用召开房东会、现场咨询，开展"三合一"场所法律法规的宣传教育，剖析"三合一"场所火灾典型案例，落实对"三合一"场所经营业主和从业人员的消防安全教育培训，并制定了集中开展夏季消防安全大排查、大整治工作方案，对辖区生产经营单位尤其是沿街店面、人员密集场所、"三合一"场所及临时简易搭盖场所进行了全面排查、检查，摸清底数，对存在火灾隐患和消防安全违法行为的单位，开具责令限期整改通知书，并及时对其进行复查，对复查仍未整改或整改不到位的单位进行联合执法。在4月8日、5月8日、6月26日、8月21日和10月30日召开五次以"三合一"场所为重点的排查整治情况通报会，并联合相关执法部门对未整改的较大火灾隐患场所进行综合执法。年内，累计排查147家"三合一"场所，已整改到位37家（含4家已搬离，3家被消防大队查封），并对18处较大"三合一"场所由街道安委办牵头，联合相关执法部门进行执法，一时未整改到位的场所，由辖区派出所的网格民警分别开具整改执法文书，责令限期整改。

【多元化纠纷解决服务中心揭牌成立】 11月12日，禾山街道整合司法所、派出所、律师事务所等社会资源，挂牌成立"禾山街道多元化纠纷解决服务中心"，下设劳动争议仲裁庭、巡回审判庭、金牌调解工作室、人大代表调解之家、网络调解室、温馨调解室六个分中心。每个工作日安排专人值班，登记受理辖区内发生的各类矛盾纠纷。依托派出所成立"3+N"警民联调中心。依托劳动保障事务所成立劳动仲裁庭，专门用于解决欠薪讨薪、因工伤亡、劳动用工等方面纠纷。对接区法院设立巡回审判庭，随时受理调解不成功需要诉讼解决的一般民事案件。充分挖掘各行各业人才资源，在辖区内组建了安兜外来人口调委会、吉家家世界调委会、宸鸿科技台企调委会、出租车行业调委会、物业纠纷调委会等5个行业性专业性调委会，所属10个社区分别成立社区调委会，基本形成了纵向到底、横向到边的人民调解格局。是年，调处各类案件318件，涉及金额3548万元（最多一笔为1150万元、最多人员200余人）。其中劳资纠纷181件、合同纠纷4件、人身损害102件、其他纠纷31件，调解成功率100%。并在全市深化矛盾纠纷多元化调解机制建设推进会上做典型发言，省、市政法系统领导多次参观调研。

11月12日上午，禾山街道多元化纠纷解决服务中心正式揭牌成立（禾山街道供图）

【全市首家人大代表调解之家成立】 10月8日，禾山街道设立全市首家人大代表调解之家。整合省、市、区三级人大代表，充分发挥人大代表的职能作用，主动参与民事纠纷调解。由司法所统一进行甄别，对于符合人大代表调解的先由区人大代表进行调解；区人大代表调解不了的再联合市人大代表进行调解；市、区人大代表调解不了的再联合省人大代表进行调解。人大代表调解之家有省人大代表1名、市人大代表1名、区人大代表3名，实行轮班制度，值班代表于每周三全天在司法所指导下对申请受理、主动受理的民间纠纷进行登记。力求在第一时间协助辖区司法所掌握社会矛盾纠纷动态，以便抓"早"抓"小"，及时化解社会矛盾。实现化解"小矛盾"累积"大稳定"，调处"小纠纷"促进"大和谐"的预期目标，最大限度将矛盾纠纷化解在基层。截至年底，人大代表参与并调解成功的纠纷有18起。

【构建社会保障新体系】 2015年，禾山街道完成失业人员再就业2161人，城镇困难对象再就业412人，分别完成年度任务的216%和152%。成立全市首个非公企业慈善联盟；全年累计发放最低生活保障金、孤儿养育金、残疾人慰问金等各类救助金158.16万元，惠及困难群众2450户次，受益3171人次。运行街道"8+3"社会救助项目信息平台管理系统，实现"一门受理、协同办理”。在禾盛、禾山社区开展全市养老信息化平台试点工作。

【工会工作】 2015年，禾山街道工会工作以“面对面、心贴心、实打实”服务职工为宗旨，深化开展“四送”服务——“送技能”“送温暖”“送清凉”“送爱心”。禾山街道工会积极组织系列主题活动，打造禾山职工文化品牌，开展职工健身系列、欢乐课堂系列、职工文化系列活动，每年开展2期工会干部培训班、“缘来是你”单身职工联谊会、职工趣味运动会、职工篮球赛、七夕化装舞会等吸引农民工会员参加。对1023名平安返厦的外来务工人员发放车票补助费12.10万元，给辖区37家单位约3600名职工发放防暑降温慰问饮料。是年，街道职工服务站被市总工会评选为厦门市“先进职工服务站”。

【湖里高新技术园“新概念”招商】 年内，禾山街道出台《关于推进高新技术园招商引资和产业引导的实施办法》吸引软件信息、电子商务、创意设计等新兴企业集聚。优化园区公共交通，开通433路、439路社区公交，增设公共自行车站点，完善交通网络。出台《关于鼓励引进餐饮服务业发展的实施办法》，引进“小鱿鱼”等知名餐饮企业，完善园区各项配套设施，提高园区内餐饮服务业的质量和效益。加强街企联系，设计制作园区的招商手册及宣传片，承办五缘湾论坛，举行大型招商推介会，积极参会赴展，加大在《厦门日报》、新浪网等媒体的宣传力度，主动对接专业行业协会、龙头企业，不断提升园区知名度与影响力。建立高新园招商工作小组及联系督查制度，组织领导班子成员定期走访重点企业，建立周会（报）制度；对园区企业实行网格化管理，按片区划定责任人，帮助企业申请专项扶持奖励等资金，帮助解决困难和问题，并对入驻企业提供注册手续等“一站式”服务。截至年底，已吸引1085家企业入驻，其中软件信息、电子商务等新兴行业200多家。成功引进第一页（谷歌）、请他教、云朵网络、骑记科技、爱特咖啡等一批知名企业，园区入驻企业2787家，招商工作取得显著成效。

【“金枋至尊”开工建设】 10月30日上午，金枋至尊安置房开工奠基典礼在项目工地举行。湖里区委常委、区委组织部部长林重阳，区政协副主席、后埔—枋湖片区指挥部总指挥谭苏建，禾山街道党工委副书记、办事处主任黄锦城，以及区建设局、区财政局、区市政园林局等部门领导，与枋湖社区群众代表，被拆迁群众代表一起参加了典礼。金枋至尊安置房由建发房地产集团负责代建，用地面积1.4万平方米，地上建筑面积4.75万平方米，总户数372户。

10月30日上午，金枋至尊安置房开工奠基典礼在项目工地举行（禾山街道供图）

【推进“大众创业、万众创新”平台建设】 2015年，禾山街道大力推进“大众创业、万众创新”工作，注重创业平台的建设，引进爱特咖啡、青瓦众创空间、原链资本等众创空间，既丰富了高新园区的产业形态，为园区发展装上‘加速器’，也为小微企业成长和个人创业提供开放式综合服务平台。11月21日，位于湖里高新技术园区中心地带的爱特众创空间正式投入运营，面积2600平方米，是集办公、交流、共享、生活为一体的“众创”大平台。

【创建教育强街三大工程】 2015年，禾山街道依托丰富的教育资源，致力打造“教育强街”三大工程。一是家长素质提升工程三年规划，购买专业服务，聘请专家学者为家长讲学，深入家长群体开展需求摸底调查，结合实际提出每年4场家庭教育高端论坛、10期家长素质提升培训班、20课次的亲子国学诵读班的三大工作板块，约1.5万人从中受益。二是扶持特色校园工程，指导钟宅民族幼儿园设立畲族图腾元素校门，打造民族文化长廊，创建民族特色功能室，支持钟宅民族小学组建太极拳、葫芦丝、陀螺等民族艺术社团，挖掘毽球、剪纸、王船文化等校园课题活动，开发特色校本课程。三是免费早教服务工程，街道每年设置免费早教服务专项资金，通过购买专业服务的方式，为辖区0—3岁独生子女家庭提供免费早教服务，聘请专家学者讲解科学育儿知识。

12月29日，439环湾公交举行开通揭牌仪式（禾山街道供图）

【城区管理】 2015年，禾山街道大力抓“两违”专项治理，累计拆除违建59处、9.26万平方米。投入1667.88万元专项环卫保洁经费，积极开展市容市貌专项整治，在联发欣悦园试点推行垃圾分类，在坂尚社区推行“垃圾不落地”，努力实现城区整洁有序。积极打造绿色生态街道，五缘湾内湾西片区市政道路、钟岭路、岭下路、枋湖北二路、埭辽水库环湖绿道、绿化景观提升已完工，五缘湾片区12处夜景工程已亮灯。完成29个“花痴”行动项目，围墙绿化美化1万米，种植各类植物4.5万株。

【承办湖里区大型综治宣传月启动仪式】 3月7日上午，2015年度湖里区平安综治宣传月活动启动仪式在TBK枋湖客运中心广场隆重举行。本次活动以“法治引领平安建设·共同缔造美丽厦门”为主题，现场通过歌舞表演、互动知识问答、有奖竞猜、发放平安宣传物品等形式，向群众提供法律、安全、就业等政策咨询，引导辖区居民积极参加平安创建及公益活动，做好防火防盗，防骗防抢防范措施，倡导居民群众加强社会公德、职业道德、家庭美德修养。加强邻里守望，努力提高治安防范、安全生产、食品卫生、公共安全、防诈骗、反邪教等方面意识和能力，携手共建平安湖里，进一步提高群众的安全感，提升平安建设的知晓率，进一步扩大平安建设共创和谐的影响力，现场吸引3000余名群众共同参与。

3月7日上午，2015年度湖里区平安综治宣传月活动启动仪式在TBK枋湖客运中心广场隆重举行（禾山街道供图）

【439环湾公交开通】 12月29日，在五缘湾北岸的慈济停车场，举行439公交线启动仪式，此线路有10辆由纯电力驱动的公交车运行。这是厦门第一条“纯电动”的公交线路，439公交线路由湖里区禾山街道携手厦门公交集团湖里公司共同推出，每天运行12个小时，每15分钟发车一班，主要服务于五缘湾环湾居民和往来的游客，所选用的车辆是大金龙新款纯电动公交中巴，最快只要充电15分钟就可以行驶100公里。

【举办2015年禾山欢乐季】 2015年，禾山欢乐季在保留动态类声乐、器乐、舞蹈、戏剧曲艺才艺比赛，拔河、乒乓球、篮球等全民健身系列比赛的基础上，又增加了书法、美术、摄影静态类比赛，设立欢乐课堂系列之亲子系列、书法班、摄影班、舞蹈班、彩妆班等项目，以及“我与社区文化”征文比赛，内容更丰富，形式更多样，做到每月至少1场大型文体活动、2场图书馆亲子系列课堂、每周都有兴趣培训班。

（张晓敏）

名词解释

“3+N”警民联调中心：“3”即2名专职调解员+1名退休干部，“N”即从社会上聘任一批具备法律、装修、医疗等专业知识的人士以及在社会上有威望的社会达人等组成兼职调解员库，库里有25名兼职调解员。

“三合一”场所：指住宿与生产、仓储、经营一种或一种以上使用功能违章混合设置在同一空间内的建筑。

金山街道

【概况】 2015年，金山街道实现财政总收入185811万元，实现本级收入14015万元；引进内资350.69亿元，引进外资23122万美元；完成固定资产投资68.53亿元，规上工业完成12.95亿元，社会消费品零售额75.9亿元。

【产业转型】 2015年，金山街道制定了《关于促进两岸金融中心招商引资和产业引导的实施办法》，成功引进注册资本500万元以上的英蓝集团等金融、类金融企业351家，合计注册资本67亿元。主动融入自贸区建设，引进福建海峡虚拟产业园科技有限公司等589家企业入驻自贸试验区，合计注册资金96.4亿元。着力打造总部经济，积极推进路桥游艇港、海峡旅游服务中心等项目建设，利用恒安国际大厦等竣工项目，引进500多家企业入驻，初步形成以金融、类金融、总部企业为主导的高端商务区。

【优化营商环境】 2015年，金山街道协调督促路桥公司加快建设五通服务中心项目，推动银行服务网点等金融配套设施入驻五缘湾片区。与市音乐学校（五通校区）建立了合作共建关系。美化城区夜景环境，制定了《金山街道关于五缘湾片区提升实施方案》，促进了国贸大厦、恒安国际广场等夜景工程建设。营造企业文化氛围，启动“五缘逐梦·金山企航”首届企业文化节，成功举办了女子围甲联赛、三对三人篮球“斗牛”大赛等多项活动，营造了一流营商环境。

【重点项目建设】 年内，金山街道制定《金山街道领导干部挂钩联系重点企业制度》，促进两岸金融中心A组团10个项目加快建设，国贸金融中心、海西金融中心、鼎泰和国际金融中心等项目主体封顶；推进五缘湾南片区征拆工作，环五缘湾心脏中心、弘爱医院、龙邦国际妇产医院等项目建设有序推进；环五缘湾酒店群逐步形成，希尔顿逸林酒店建成开业，璞尚酒店进入主体施工，明发海湾度假村也完成了招投标工作。

【推进征迁返迁】 2015年，金山街道建立由街道、社区、小组和居民代表、拆迁公司等组成的“四位一体”的征地拆迁组织体系，实施“四定三包”工作法，有效推动了两岸金融中心核心区一、二期等地块的征地拆迁和湖边变电站西侧道路等项目历史遗留问题。全年累计完成征地约32.12万平方米，完成全年任务的153.05%；拆迁37.26万平方米，完成全年任务的106.24%。着力抓好返迁安置工作，创新了房源安置抽签模式，促使金林湾花园A区、仙岳路东段、环湾路等高林社区未安置房返迁的8个项目取得突破性进展，解决浦口返迁的历史遗留问题。

【提升城区品质】 2015年，金山街道在“村改居”工作中，探索了“大物业”管理模式，有效解决了“村改居”社区环境卫生脏、乱、差等问题。是年，厦门市组织5次“村改居”社区市容管理考评，金山街道获全市4次第一名，1次第二名。年内，市、区市容环卫管理现场会均在后坑社区召开。

【“两违”治理】 2015年，金山街道累计查处违法建设56宗、拆除违法建设面积9.69万平方米，完成年度任务的121%，全年实现了违法占地违法建设“零增长”的目标。

【民生保障】 2015年，金山街道购买了湖里霞辉老年社会服务、湖里开心社工服务等12家专业社区服务机构的服务工作，进一步扩大了政府购买服务范围。加强文体活动场所设施建设，实现9个社区均有200平方米以上的文化活动室。金山和金海社区被评为国家公共文化体系创建示范点；在湖里区社区文化艺术节上，金山街道在5项比赛中取得4项金奖的好成绩。实施惠民政策，全年为97人办理了基本养老保险，组织338名辖区和外来人员参加技能培训，解决95%的本地被征地居民和海域退养渔民的就业问题。

【共同缔造】 2015年，金山街道制定了“以奖代补”项目实施方案，投入1500多万元完成了金安社区高林三里幸福广场、金山社区达嘉馨园、五通社区图书馆建设等20多个“以奖代补”项目。着力培育典范社区，突出抓好金安社区治理规范化，完善社区志愿服务模式和制度，把金安社区培育成精品社区；重点打造出金山、金海、五通、后坑、高林等5个典范社区，总结推广了党组织“金服务”、社区事务听评会、政府购买服务等多项成功经验。金安社区创新的志愿服务在全省、全市推广；中央文明办和省文明办将“金安模式”纳入国检、省检的主要测评项目。同时，金安社区获“全国最美志愿服务社区”称号。

【“创新湖里”建设】 年内，金山街道创建了首批“社区书院”，金山和金安社区分别创建了全区唯一的市级和区级“社区书院”示范点。在五缘湾企业聚集区挂牌成立了“企业公馆”，开展法律咨询、政策宣传、企业沙龙、融资投洽等活动，为创业者、投资者提供投洽交流平台。创建了新媒体“金山微官网”，街道投入10万元建立了从街道到社区的微信矩阵群，更好地服务辖区居民和企业。打造了廉政文化示范点，投入100多万元，建设了长120米的高林廉政文化长廊。

【洪碧玲走访慰问金安社区困难党员群众】 2月10日，市委常委、市纪委书记洪碧玲等市领导深入金安社区看望2户困难党员群众，鼓励他们要树立信心，积极参与和支持社区建设，为社区发展做贡献。

【金山元宵喜乐会启动】 3月4日下午，第11届厦门元宵民俗文化节配套活动——“喜乐金山·欢庆元宵”文艺会演在湖边社区文化广场举行。配套的趣味游园和志愿服务活动，让居民在观看演出的同时，还了解了安全生产、劳动保障等知识，参加猜灯谜、夹弹珠和跳绳比赛等活动，让居民在家门口享受元宵文化大餐。

【街道开展自贸区建设专题学习活动】 3月13日下午，金山街道组织机关、社区全体干部职工开展自贸区建设专题学习活动，观看“自贸区建设与进一步扩大开发”专题资料片。通过此次学习提升了机关干部对自贸区建设重要性的认识，对全体干部职工开拓工作眼界、深化改革思路具有一定的促进作用。

【全市首个“市民文明行为示范月暨文明小白鹭”进社区活动在金山社区启动】 4月12日上午，厦门市首个“市民文明行为示范月暨文明小白鹭”公益活动走进金山社区，厦门市6个区文明办主任、思明区、湖里区、海沧区所有街道办分管领导及厦门航空公司、国网厦门供电公司等全国文明单位志愿服务队、社区代表等参加了启动仪式。厦门市委宣传部副部长、文明办主任黄鹤麟致辞，并宣布厦门市“市民文明行为示范月暨文明小白鹭进社区活动”启动。随后市委文明办、厦门日报社、湖里区领导分别为湖里区金山街道3支“文明小白鹭社区志愿服务队”授旗；湖里区副区长张家伟宣读湖里区争当“市民文明行为示范区”的行动方案。最后金山社区党委书记尤春玲向全市居民发出倡议书。活动当天白鹭志愿联盟、光明志愿联盟、厦门公交集团小黄帽志愿者以及文明小白鹭的形象代表“文文”和“明明”以及晨曦公益服务队、金山社区12支志愿者服务队开展了修表、理发、体检等系列贴心便民的公益服务活动，并现场发放上千册“十个不文明行为”宣传册。

【最美家庭故事汇在金山社区举行】 4月17日上午，由区妇联、金山街道妇工委主办的“美丽金山·我秀我的幸福家”最美家庭故事汇活动在金山社区书香广场举行。由金山街道机关和各社区妇联选推的十个家庭代表参加活动，分享交流每个幸福家庭的精彩故事。此次活动以“我秀我的幸福家”为主题，以寻找“最美家庭”为载体，在全区范围内征集发生在身边的孝老爱亲、亲友睦邻、自强奋进、廉洁诚信等家庭故事，并通过活动分享家庭美事、乐事、趣事，进一步传播真善美，传递社会和谐的正能量，弘扬传统美德。

【街道安全员接受军事化培训】 4月16日，由湖里区消防大队和金山街道安委办联合筹办的安全员业务培训在厦门消防培训基地举行，来自街道的30多名安全员参加培训。此次培训通过军事化管理模式，让安全员实地学习专业知识，对安全队伍的业务水平提升有较大帮助。培训期间，由湖里区安监局业务骨干和消防官兵带领参训人员深入企业，开展现场监督检查操作指导，进一步规范监督检查的程序及方法，有效提升参训人员检查督导企业的能力水平。

【“低碳骑行，青年先行”单车赛在湖边社区举行】 4月29日下午，由金山街道团工委、湖边社区团总支联合举办的“青春引领低碳生活，美丽金山绿色出行”单车赛在湖边社区青年文化广场举行。来自湖里区5个街道、金山街道9个社区及辖区党团共建单位等16支代表队100余名青年参加了此次单车赛。

【五缘湾三对三篮球公开赛启动】 5月1日晚，由五缘湾篮球俱乐部主办，金山街道、路桥五缘湾运营公司协办的五缘湾三对三篮球公开赛在五缘湾运动馆举行。此次比赛吸引了厦门大学、华侨大学等近200支球队参赛。

【湖边社区开展防震应急疏散演练】 5月10日，湖边社区组织

300多名居民参加防震减灾疏散演练。通过演练使广大居民掌握应急避难的正确方法，熟悉紧急疏散的程序和线路，确保在灾难来临时，广大居民应急工作快速、高效、有序地进行，最大限度地保护人员的生命安全，特别是减少不必要的伤害，提高突发公共事件下的应急能力和自救互救能力。

【举办企业实质入驻自贸试验区专题辅导讲座】 5月20日，金山街道举办企业实质入驻自贸试验区专题辅导讲座，邀请厦门大学法学院教授、博士生导师、金融法研究中心主任刘志云前来授课，吸引上百家企业参与。刘志云从战略定位、发展目标、功能定位等方面详解自贸试验区政策利好，对两岸区域性金融服务中心进行前瞻性展望，并从购买进口商品、享受医疗服务等方面分析自贸试验区对厦门人日常生活的影响。随后金山街道招商公司就自贸试验区政策创新、企业注册流程等实务操作层面对企业进行培训。

【全市首次面向民间信仰活动场所开展消防演练】 6月24日，金山街道在高林社金汤宫首次举行面向辖区民间信仰活动场所管理人员的消防知识培训与演练活动。培训以图文结合的方式向参训人员讲解日常消防知识及逃生小常识。随后开展了逃离火场模拟演练，消防志愿者讲解并现场指导庙宇管理人员进行灭火实操。通过消防培训与模拟演练相结合，让民间信仰活动场所管理人员实地感受消防业务知识，提升日常消防管理能力。

【“金哥安妹斗阵行”志愿服务项目启动仪式举行】 6月25日下午，金安社区“金哥安妹斗阵行”志愿服务项目启动仪式在社区幸福广场举行。启动仪式上，金安社区向居民介绍了“金哥安妹斗阵行”志愿服务项目的主要内容和五大“先行”倡议，号召更多人加入志愿服务队伍。现场还提供了文明宣传、民事调解、健康宣传、科普宣传等多方面的服务，标榜美容美发学校、安居公司、爱恩心理咨询中心等3家社区共建单位的志愿者们现场为居民提供义务理发、居家维修、心理咨询等方面的专业服务。

6月25日，厦门市委书记王蒙徽调研金安社区共同缔造工作（金安社区供图）

【市委书记王蒙徽到金安社区检查社区居民共治建设工作】 6月25日上午，厦门市委书记王蒙徽莅临金安社区检查指导社区居民共治建设工作，听取了金安社区就社区居民共治工作和迎接国家居民共治会汇报。王蒙徽高度肯定社区引导居民参与共治的工作方法，并指出社区未来工作方向，希望金安社区能引导更多居民参与社区共治，让全社区都能参与共治，使金安社区越来越美丽，越来越幸福。

【两岸资本市场服务联盟启动】 6月26日，两岸资本市场服务联盟启动仪式在湖里朗豪酒店举行。本

6月26日，两岸资本市场服务联盟启动仪式在朗豪酒店举行（林志鹏　摄）

次活动由金山街道、“鼎泰和云玺”主办，厦门上市公司协会，厦门市、湖里区商会等16家协会单位联合协办，由厦门市金融工作办公室指导，厦门大学经济学院智力支持。启动仪式上，来自海峡两岸的9家金融机构与企业签订合作协议，共同引领两岸金融中心发展。随后凤凰卫视著名评论员石齐平为与会企业深度解读“一带一路”新世纪中国发展大战略，为两岸金融中心的发展出谋献策。

【金安社区书院正式挂牌】 7月2日，作为全市六个试点社区书院之一的金安社区书院正式挂牌开课，邀请专家教授为居民讲解健康体检及养生知识。金安社区书院将现有的“银发学堂、科普大学、人口学校”等资源进行合理整合，并制定社区书院日常管理、需求对接、课程运行、课后评议、议事会等制度，确保书院规范运行。根据居民需求，社区书院设置了道德修养、党课、医疗保健、传统文化、法律政策和家庭教育等20种类别的课程，进一步满足群众多样化学习需求，推进学习型社区建设，更好规范社区活动常态化。

【“全球资本高峰论坛”开幕】 7月5日下午，由厦门日报、鼎丰集团和金山街道主办的“全球资本高峰论坛”开幕。本次论坛是两岸资本市场服务联盟活动的延续，以“企业发展创新之道和2015年投资方向”为主题，邀请著名经济学家金岩石就股市、中小企业融资等话题进行探讨。

【青少年OP帆船科普夏令营开营】 7月28日，由金山街道、湖边社区、湖里国投航海运动有限公司等单位联合举办的青少年OP帆船科普夏令营在五缘湾正式开营，吸引来自辖区的20多名青少年参加。开展青少年OP帆船夏令营是街道提升五缘湾的一创新举措，通过帆船科普夏令营等载体，让帆船运动成为一项亲民的水上运动，进一步激发五缘湾海上旅游经济的活力。

10月29日，金海社区首届企业文化节启动（金海社区供图）

【全国社区治理创新工作会议召开】 7月28日上午，在金安社区召开全国社区治理创新工作会议，来自全国的150名社区治理创新工作代表参观了金安社区邻里活动中心、小精灵俱乐部等活动阵地，听取了社区关于社区治理创新工作的措施办法。国家民政部副部长顾朝曦对金安社区在社区治理创新上取得的成绩给予高度肯定，并指出从志愿服务的需求对接、认领、实施、反馈到评价的做法值得在全国推广。

【举办七夕厦门白领单身派对】 8月22日，由金山街道和湖里区民政局共同主办的“2015七夕·厦门白领单身派对”在五缘湾举办，来自辖区优质企业、企事业单位的百位单身白领参加了活动。

【金海社区“企业公馆”正式揭牌成立】 10月29日，金海社区“企业公馆”在五缘湾营运中心的太平洋咖啡正式挂牌成立，同时启动了首届企业文化节活动。“企业公馆”是集“党员之家”“姐妹驿站”“青年园地”“职工港湾”“服务之家”“逐梦之家”为核心的“六站一家”企业综合服务点，主要开展法律咨询、政策宣传、心理辅导、家庭指导、企业沙龙、青年联谊、融资投洽等活动，发挥政府及专业社工力量，帮助企业职工排忧解难、缓解工作压力，挖掘青年力量，推进非公党团组织建设，让辖区企业及其员工享受福利，为创业者、投资者提供投洽交流平台，为优化提升五缘湾片区产业布局、打造国际一流营商环境奠定基础。

【全市首个“市民公共文明行为示范园”在金山社区揭牌】 10月10日上午，由市委文明办、厦门日报社和湖里区文明委联合主办的金山社区市民公共文明行为示范园揭牌暨“善行厦门·日行一善”活动启动仪式在金山社区举行。这是全市首个“市民公共文明行为示范园”，通过确立一个示范点，集中推广市

10月10日，市民公共文明行为示范园暨“善行厦门·日行一善”活动启动仪式在金山街道金山社区举行（林志鹏　摄）

民公共文明行为规范，倡导市民养成良好的文明行为习惯，形成良好的社会风尚，进一步提升城市文明程度和市民文明素质。

【区长徐国庆走访调研五通、金安社区】 11月7日上午，区长徐国庆带领区相关部门领导，在街道党工委书记方文群、办事处主任陈滨的陪同下，莅临五通、金安社区调研。徐区长一行实地察看了五通社区图书馆（市图书馆五通分馆）、金安社区四点钟课堂、邻里互助中心、法律驿站等服务场所，参观了金安社区点子花园、好人路、好事墙等宣传阵地，并听取了两个社区的工作汇报。对五通社区的征迁工作及对奖学重教的力度给予充分肯定，赞扬了金安社区在社会治理创新和服务居民的做法。

【市人大代表团视察金山社区公共文明行为示范点】 11月18日上午，市人大常委会副主任陈昭扬带领厦门市人大代表小组实地视察金山社区公共文明行为示范园建设情况，副区长张家伟、区文明办主任文国清陪同。代表们依次视察了文明示范园睡莲池、文明小白鹭漫画墙、文明长廊、善行路、德善树、图说价值观宣传墙、清风雅苑等公共设施，认真听取了社区书记关于社区建设及创新治理的情况汇报，结合“美丽厦门·共同缔造”项目，了解社区推出点餐式惠民项目；开展和谐邻里、达人文化等品牌主题活动；打造社区书院、培育榜样小区等多项惠民利民举措。参观后，人大代表们肯定了作为全国唯一连续三届荣获全国文明单位的金山社区，在“美丽厦门·共同缔造”、提升社区空间、完善公共服务设施工作中所取得的成绩，同时希望进一步加强文明建设工作，建设好文明教育基地，以倾听民意、解决民生为主线，切实为居民办好实事。

【市妇联主席吴亚汝深入金山社区开展综合调研】 11月23日下午，厦门市妇联主席吴亚汝、副主席陈俊泳带领市妇联一行12人深入金山社区开展综合调研，湖里区妇联主席张聪敏陪同。吴亚汝一行实地查看了公共文明行为示范园、最美家庭长廊等公共设施，认真听取了社区书记关于加强服务型基层妇联组织建设、创新治理、“平安家庭”“文明创建”“家风家训”“家庭关爱”等创建活动的情况汇报以及下一步改造和提升妇女爱心园、四点钟学校儿童之家的想法与做法。吴亚汝肯定了金山社区在妇女创新、“美丽厦门·共同缔造”、完善公共服务设施工作所取得的成绩，同时希望金山社区能继续开拓思路，在探索中求发展，在创新中求提升，充分释放巾帼正能量，把社区打造得更加文明、更加美丽，让居民生活得更加幸福。

【全国妇联副主席赵东花一行深入金安社区调研家庭教育工作】 12月16日上午，全国妇联副主席、书记处书记赵东花率调研组一行深入金安社区调研家庭教育工作。调研组一行实地走访了金安社区小精灵俱乐部、德善长廊、邻里互助中心和法律驿站等，并召开家庭教育工作专题调研座谈会。座谈会上，来自基层的妇联干部、专家学者、家长代表分别从儿童早期教育辅导、家长系统性教育、家教资源整合等多个角度对家庭教育工作提出实质性的意见建议。调研组对厦门市家庭教育工作所取得的成效给予充分肯定。

（吕巧俐）

名词解释

“四定三包”：定牵头领导、定责任单位、定服务承诺、定考核奖励，包责任到位、包协调到位、包进度到位。

区各套班子领导履历

中共湖里区委员会

【刘育生】男，汉族，1960年10月出生，福建安溪人。1980年8月参加工作，1985年6月加入中国共产党，中央党校大学学历。1978年9月至1980年8月，在福建省南安师范学校学习。1980年8月至1981年9月，任福建省安溪县感德学区槐植学校教师、少先队大队辅导员。1981年9月至1982年9月，任福建省安溪县感德学区少先队总辅导员、团支部副书记、专职体干。1982年9月至1985年4月，担任福建省安溪六中教师、团委书记。1985年4月至1988年1月，担任福建省安溪县六中团委书记、团县委常委。1988年1月至1989年5月，任福建省安溪团县委副书记，其间，1985年8月至1988年7月，在福建广播电视大学学习。1989年5月至1990年8月，任福建省安溪县参内乡党委副书记。1990年8月至1995年4月，任福建省安溪团县委书记、中共安溪县委委员，其间，1994年3月至1995年3月，到福建省委组织部研究室挂职，任主任助理。1995年4月至1998年6月，任福建省委组织部研究室副主任，援藏任西藏林芝地委组织部副部长，其间，1994年8月至1996年12月，在中央党校函授学院本科班学习。1998年6月至1998年8月，任福建省委组织部研究室调研员。1998年8月至2002年1月，任厦门市同安区委常委、组织部部长，其间，1998年9月至2000年6月，在北京科技大学管理学院工商管理硕士专业课程班学习。2002年1月至2006年4月，任厦门市人事局局长、党组书记。2006年4月至2006年10月，任厦门市人事局局长、党组书记、市委组织部部务会成员。2006年10月至2011年1月，任厦门市人事局局长、党组书记、市委组织部部务会成员、市纪委委员。2011年1月至2011年6月，任厦门市人力资源和社会保障局局长、党组书记、市公务员局局长、党组书记、市委组织部部务会成员、市纪委委员。2011年6月至2011年9月，任厦门市湖里区委书记、市纪委委员。2011年9月至2015年7月，任厦门市委委员、厦门市湖里区委书记。

【张毅恭】男，汉族，1968年10月出生，福建厦门人，1990年8月参加工作，1995年1月加入中国共产党，大学学历，农学学士，助理农艺师。1986年9月至1990年7月，在福建农学院农学系农学专业学习。1990年8月至1992年6月，担任厦门蔬菜公司技术员。1992年6月至1992年9月，在福建省同安县汀溪农业技术推广站工作。1992年9月至1994年12月，担任福建省同安县汀溪农业技术推广站助理农艺师。1994年12月至1996年12月，任福建省同安县莲花镇副镇长。1996年12月至1997年9月，任福建省同安县莲花镇党委副书记、镇长。1997年9月至1999年5月，任厦门市同安区莲花镇党委副书记、镇长。1999年5月至1999年8月，任厦门市同安区莲花镇党委书记、镇长。1999年8月至2002年7月，任厦门市同安区莲花镇党委书记。2002年7月至2002年8月，任厦门市同安区马巷镇党委书记。2002年8月至2003年7月，任厦门市同安区委常委、马巷镇党委书记。2003年7月至2003年10月，任厦门市翔安区委副书记。2003年10月至2006年2月，任厦门市翔安区委副书记、副区长。2006年2月至2007年7月，任厦门市翔安区委副书记、区政协主席、党组书记。2007年7月至2011年2月，任厦门市翔安区政协主席、党组书记。2011年2月至2011年3月，任厦门市湖里区委副书记、翔安区政协主席、党组书记。2011年3月至2015年7月，任厦门市委委员、厦门市湖里区委副书记、区长、党组书记。2015年7月起，任厦门市委委员、厦门市湖里区委书记。

【徐国庆】 男，汉族，1965年10月出生，1995年9月参加工作，1989年1月加入中国共产党，研究生学历，哲学硕士，中学三级教师。1982年9月至1985年8月，在安徽省六安地区中等师范学校普师班学习。1985年8月至1991年8月，担任安徽省六安市苏埠中学教师，其间，1987年9月至1989年8月，在安徽省教育学院中文系汉语言文学专业学习。1991年8月至1992年9月，担任安徽省六安市高皇中学教师。1992年9月至1995年7月，参加厦门大学哲学系马克思主义哲学专业攻读硕士，获哲学硕士学位。1995年9月至1997年7月，任厦门市委办公厅科员。1997年7月至2000年12月，任厦门市委办公厅主任科员。2000年12月至2002年12月，任厦门市委办公厅助理调研员。2002年12月至2006年4月，任厦门市委办公厅综合二处处长。2006年4月至2007年2月，任厦门市委办公厅副主任。2007年2月至2008年4月，任厦门市同安区政府副区长。2008年4月至2011年7月，任厦门市委副秘书长。2011年7月至2012年9月，任厦门市委宣传部副部长、部务会成员。2012年9月至2015年7月，任厦门广播电视集团党委书记、董事长，市委宣传部副部长、部务会成员。2015年7月至2015年9月，任厦门市湖里区委副书记、区政府区长。2015年9月起，任厦门市湖里区委副书记、区政府区长，中国（福建）自贸区厦门片区管委会（海沧保税港区管委会）副主任（兼）、党工委委员。

【黄炜】 男，汉族，1962年10月出生，福建泉州人。1979年11月参加工作，1990年12月加入中国共产党，中央党校大学学历。1979年11月至1983年9月，在厦门市杏林区人民法院工作。1983年9月至1985年9月，担任厦门市杏林区人民法院书记员。1985年9月至1987年7月，在中央政法管理干部学院第二学员部学习。1987年7月至1990年5月，担任厦门市杏林区人民法院书记员、助理审判员。1990年5月至1993年11月，任厦门市杏林区人民法院副科级审判员、审判委员会委员。1993年11月至1994年3月，任厦门市杏林区人民法院刑事审判庭庭长。1994年3月至1999年1月，任厦门市杏林区委政法委副书记、区综治办主任。1999年1月至2002年4月，任厦门市社会治安综合治理委员会办公室副主任。2002年4月至2006年8月，任厦门市委610办公室副主任，其间，2002年8月至2004年12月，在中央党校函授学院本科班学习。2006年8月至2008年1月，任厦门市社会治安综合治理委员会办公室副主任。2008年1月至2012年11月，任湖里区委常委、政法委书记。2012年11月起，任厦门市湖里区委副书记兼区委教育工委书记、区海外联谊会荣誉会长、区计生协会会长、区关工委主任。

【胡亚才】 男，汉族，1963年10月出生，福建厦门人。1982年8月参加工作，1986年11月加入中国共产党，中央党校大学学历，小学高级教师。1980年9月至1982年7月，在厦门师范学校学习。1982年8月至1985年12月，担任厦门市第一农场小学教师。1985年12月至1990年8月，担任厦门市东孚莲花中心小学副校长。1990年8月至1993年1月，任厦门市集美区教育局初教股副股长，1993年1月至1996年4月，任厦门市集美小学校长，1996年4月至1998年10月，任厦门市集美区教育局党委副书记、纪委书记，其间，1995年6月至1996年12月，在厦门大学成人教育学院社会工作与管理专业证书班学习。1998年10月至1999年3月，任厦门市集美区委办公室副主任。1999年3月至2003年9月，任厦门市集美区委办公室主任，其间，1997年12月至1999年12月，在厦门大学研究生课程班哲学系学习马克思主义哲学；1997年8月至2000年6月，在中央党校函授学院大专班党政管理专业学习；2000年8月至2002年12月，在中央党校函授学院本科班经济管理专业学习。2003年9月至2010年11月，任厦门市集美区委常委、办公室主任。2010年11月至2011年7月，任厦门市集美区委常委、纪委书记。2011年7月起，任中共厦门市湖里区委常委、纪委书记。

【陈国荣】 男，汉族，1961年5月出生，福建厦门人。1978年11月参加工作，1987年2月加入中国共产党，中央党校研究生学历。1978年11月至1979年12月，在福建省委办公厅机要专业训练班学习。1979年12月至1984年1月，担任龙溪地委机要科译电员。1984年1月至1989年7月，任厦门市委机要处科员，其间，1983年9月至1987年7月，在厦门职工业余大学学习中文。1989年7月至1992年10月，任厦门海沧开发筹建处、嵩屿电站筹建处干部、工会副主席。1992年10月至1993年11月，任厦门海沧台商投资区人事劳工局干部。1993年11月至1994年12月，任厦门海沧台商投资区人事劳工局综合处副处长。1994年12月至1995年12月，任厦门海沧台商投资区人事劳工局综合处处长。1995年12月至2001年9月，任厦门海沧台商投资区人事劳工局劳资处处长，其间，1995年8月至1997年12月，在中央党校函授学院本科班学习涉外经济。2001年9月至2002年9月，任厦门市湖里区人事劳动局局长。2002年9月至2003年10月，任厦门市湖里区人劳社保局局长。2003年10月至2007年7月，任厦门市湖里区副区长。2007年7月至2015年11月，任厦门市湖里区委常委、统战部部长、区工会主席、区海联会会长，其间，2005年9月至2008年7月，在中共中央党校研究生院学习经济学。

【王中】 男，汉族，1970年12月出生，江苏滨海人，1992年11月加入中国共产党，1991年8月参加工作，在职大学学历。1988年9月至1991年7月，在江苏省徐州彭城职业大学（徐州工程学院）企管系管理专业学习。1991年8月至1992年4月，任江苏省滨海县粮食局科员。1992年4月至1993年5月，任江苏省滨海县粮食局饲料公司业务科长。1993年5月至1993年11月，任江苏省滨海县粮食局饲料公司副经理。1993年11月至1995年6月，任江苏省徐州市外经贸委外企科科员、副科长。1995年6月至1998年2月，任江苏省外经贸委外经处副主任科员、主任科员。1998年2月至2000年6月，任厦门市人民政府办公厅秘书二处主任科员，其间，1995年9月至1998年8月，在中国人民解放军国际关系学院本科班英语语言专业学习。2000年6月至2000年7月，任厦门市委办公厅主任科员。2000年7月至2001年4月，任厦门市委办公厅助理调研员。2001年4月至2002年3月，任厦门市委办公厅督查处副处长。2002年3月至2004年9月，任厦门市委办公厅处长。2004年9月至2008年9月，任厦门市湖里区人民政府党组成员、副区长。2008年9月至2010年11月，任厦门市湖里区人民政府党组成员、副区长、兼区工业园区管委会主任。2010年11月至2015年11月，任厦门市湖里区委常委、区政府党组成员、副区长兼区工业园区管委会主任。

【林重阳】 男，汉族，1967年3月出生，福建厦门人。1987年8月参加工作，1985年4月加入中国共产党。中央党校研究生学历，历史学学士，讲师。1983年9月至1987年8月，在福建师范大学历史系历史学专业学习。1987年8月至1990年1月，担任厦门市集美师范专科学校政治辅导员、助教。1990年1月至1992年12月，任厦门市集美师范专科学校团委副书记、助教。1992年12月至1995年7月，担任厦门市集美师范专科学校团委书记、讲师。1995年7月至1997年3月，任厦门市委统战部科员。1997年3月至2002年12，任厦门市委统战部办公室副主任。其间，1999年9月到2002年7月，在中共中央党校研究生院在职研究生班科学社会主义专业学习。2002年12月至2007年9月，任厦门市委统战部办公室主任，其间，2006年3月至2007年3月，在重庆市武隆县挂职县长助理。2007年9月至2011年7月，任厦门市工商联（总商会）副主席、党组成员。2011年7月至2012年12月，任厦门市湖里区委常委、组织部部长。2012年12月至2013年2月，任厦门市湖里区委常委、组织部部长兼区委党校校长、区行政学校校长。2013年2月起，任厦门市湖里区委常委、组织部部长兼区委党校校长、区行政学校校长、区老年大学校委会主任、校长。

【潘少銮】 女，汉族，1966年11月出生，福建永春人。1990年8月参加工作，1990年6月加入中国共产党，省委党校研究生学历，工商管理学士。1986年9月至1990年7月，在福建省华侨大学工商管理系企业管理专业学习。1990年8月至1994年7月，任厦门市杏林区委组织部干事。1994年7月至1995年9月，任厦门市杏林区经济局党总支副书记。1995年9月至1996年7月，任厦门市杏林区经济局党总支副书记、副局长。1996年7月至1997年5月，任厦门市杏林区东孚镇党委副书记。1997年5月至1997年9月，任厦门市杏林区经贸局局长。1997年9月至1999年3月，任厦门市杏林区经贸局党总支书记、局长，其间，1995年9月至1998年1月，在中共福建省委党校在职研究生班政治经济学专业学习。1999年3月至2000年12月，任厦门市杏林区杏林镇党委副书记、代理镇长。2000年12月至2002年10月，任厦门市杏林区杏林镇党委副书记、镇长。2002年10月至2003年10月，任厦门市杏林区杏林镇党委书记。2003年10月至2007年1月，任厦门市集美区副区长。2007年1月至2011年7月，任厦门市思明区副区长。2011年7月起，任厦门市湖里区委常委、宣传部部长。

【庄海英】 女，汉族，1973年2月出生，福建厦门人。1992年8月参加工作，1994年3月加入中国共产党，中央党校大学学历。1988年9月至1992年7月，在福建电子学校计算机应用专业学习。1992年8月至1996年8月，任福建省同安县委组织部干部，其间，1993年8月至1996年6月，在中央党校函授学院大专班经济管理专业学习。1996年8月至2002年8月，任福建省同安县团委副书记，其间，1996年9月至1998年12月，在中央党校函授学院本科班党政管理专业学习。2002年8月至2003年12月，任共青团福建省厦门市同安区委书记。2003年12月至2011年7月，任厦门市同安区大同街道党工委书记。2011年7月起，任厦门市湖里区委常委、区委办主任兼区直机关党工委书记。

【黄瑞来】 男，汉族，1968年6月出生，福建龙海人。1986年11月参加工作，1989年3月加入中国共产党，在职大学学历。1986年11月至1990年3月，南京军区守备第十二师通信营通信连战士。1990年3月至1995年5月，担任福建省军区司令部作战处微机操作员。1995年5月至1996年5月，参加福建省军区教导大队预提军官集训队。1996年5月至1996年11月，任南京军区海防第五十六团三营营部副连职司务长。1996年11月至1997年12月，任福建省漳州军分区政治部干部科副连职干事。1997年12月至2000年12月，任南京军区海防第五十六团特务连政治指导员。其间，1996年9月至1998年7月，参加南京工程学院政治工作大专班学习。2000年12月至2003年3月，任福建省漳州军分区政治部组织干部科副营职干事。2003年3月至2004年3月，任福建省漳州陆军预备役后勤保障旅政治部组织科科长，其间，2000年9月至2003年12月，在石家庄陆军指挥学院本科班军事高科技专业学习。2004年3月至2006年3月，任福建省漳州军分区政治部组织干部科正营职干事。2006年3月至2009年3月，任福建省漳州军分区政治部组织干部科科长。2009年3月至2012年3月，任漳州市诏安县县委常委，县人武部政委。2012年3月至2015年7月，任厦门市湖里区委常委、区人武部政委。

【钟伟东】 男，汉族，1966年11月出生，福建长汀人。1988年7月参加工作，1990年12月加入中国共产党，大学学历，法学学士。1984年9月至1988年7月，在厦门大学法律系法学专业学习。1988年7月至1993年5月，任厦门市湖里区检察院书记员、助理检察员。1993年5月至1994年12月，任厦门市湖里区检察院检察员。1994年12月至1997年4月，任厦门市湖里区检察院副科级检察员。1997年4月至1999年8月，任厦门市湖里区检察院副处检察员、法纪科科长。1999年8月至2001年9月，任厦门市湖里区禾山镇党委委员、纪委书记。2001年9月至2002年12月，任厦门市湖里区禾山镇党委副书记、纪委书记。2002年12月至2003年12月，任厦门市湖里区禾山镇党委副书记、镇长。2003年12月至2004年9月，任厦门市湖里区禾山镇党委副书记，其间，2004年2月至2004年4月，在厦门市委党校县处级干部进修班学习。2004年9月至2005年6月，任厦门市湖里区委党建办主任。2005年6月至2006年1月，任厦门市湖里区湖里街道党工委副书记、办事处副主任（主持工作）、区委党建办主任。2006年1月至2006年8月，任厦门市湖里区湖里街道党工委副书记、办事处主任。2006年8月至2008年11月，任厦门市湖里区人民政府区长助理，其间，2006年7月至2008年7月，挂职宁夏海原县县委副书记。2008年11月至2011年7月，任厦门市湖里区人民政府副巡视员、区长助理、区政府党组成员。2011年7月至2012年11月，任厦门市湖里区政府党组成员、副区长。2012年11月至2013年2月，任厦门市湖里区委常委、政法委书记、区政府党组成员、副区长。2013年2月起，任厦门市湖里区委常委、政法委书记。

【张国平】 男，汉族，1970年8月出生，江西丰城人，1989年3月参加工作，1993年4月加入中国共产党，中央党校大学学历。1989年3月至1994年7月，南京军区坦克乘员训练基地新兵二连战士。1994年7月至1997年2月，任31集团军水陆坦克旅坦克四营11连排长。1997年2月至1998年2月，任31集团军水陆坦克旅坦克四营11连副连长。1998年2月至1998年10月，任31集团军水陆坦克旅坦克四营11连代连长。1998年10月至1998年12月，任31集团军水陆坦克旅坦克四营11连连长。1998年12月至2001年1月，任31集团军装甲旅坦克四营11连连长。2001年1月至2001年4月，任31集团军装甲旅坦克三营八连连长。2001年4月至2001年12月，任31集团军装甲旅司令部作训科正连职参谋。2001年12月至2004年3月，任31集团军装甲旅司令部作训科副营职参谋。2004年3月至2005年3月，任31集团军装甲旅教导队队长。2005年3月至2007年3月，任31集团军装甲旅后勤部战勤科科长。2007年3月至2008年3月，任31集团军装甲旅副参谋长。2008年3月至2010年5月，任31集团军装甲旅后勤部部长。2010年5月至2011年12月，任31集团军装甲旅副旅长。

2011年12月至2013年3月，任装甲第十四旅副旅长。2013年3月至2015年7月，任厦门市湖里区人武部部长。2015年7月起，任厦门市湖里区委常委、区人武部部长。

【陈岚】 女，汉族，1974年10月出生，福建惠安人，1997年8月参加工作，1996年4月加入中国共产党，省委党校研究生学历。1993年9月至1997年7月，在厦门大学国际贸易系国际贸易专业学习。1997年8月至1998年4月，任厦门市湖里区禾山镇党政办干部。1998年4月至2000年4月，任厦门市湖里区禾山镇团委副书记。2000年4月至2002年11月，任厦门市湖里区禾山镇团委书记。2002年11月至2004年9月，任厦门市湖里区禾山镇党委委员，其间，2001年7月至2004年1月，在福建省委党校在职党政干部研究生班党建专业学习。2004年9月至2007年10月，任厦门市湖里区文体局副局长，其间，2005年12月至2006年12月挂职任厦门市文化局社文处副处长。2007年10月至2008年12月，任厦门市湖里区文体局副局长、兼团区委副书记。2008年12月至2011年8月，任共青团厦门市湖里区委书记，其间，2010年7月至2011年8月，挂职任厦门湖边水库综合整治与开发建设指挥部湖里分指挥部办公室主任。2011年8月至2015年11月，任厦门市同安区政府副区长（公选）。2015年11月起，任厦门市湖里区委常委、区委统战部部长。

湖里区人民代表大会

【梁美丽】 女，汉族，1957年9月出生，福建安溪人。1981年5月参加工作，1981年6月加入中国共产党，中央党校大学学历。1974年7月至1979年5月，担任福建省天马种猪场文书。1979年5月至1981年5月，在厦门市郊区农业大专班学习。1981年5月至1984年2月，担任厦门市郊区政府机要员。1984年2月至1984年4月，任郊区纪委干部。1984年4月至1987年11月，任厦门市集美区纪委办公室主任，其间，1984年12月至1985年9月，任福建省委驻晋江地区整党联络员。1987年11月至1990年10月，任厦门市集美区纪委常委、办公室主任。1990年10月至1996年11月，任厦门市集美区纪委副书记。1996年11月至1997年4月，任厦门市集美区委常委、区纪委副书记。1997年4月至1998年11月，任厦门市集美区委常委、区委办主任。1998年11月至2001年6月，任厦门市集美区委常委、区纪委书记、市纪委委员，其间，1998年9月至2000年12月，在中央党校函授学院领导干部本科班经济管理专业学习。2001年6月至2003年9月，任厦门市开元区委副书记、区纪委书记、市纪委委员。2003年9月至2007年2月，任厦门市湖里区委副书记、区纪委书记、市纪委委员。2007年2月至2007年3月，任厦门市湖里区委副书记、区人大常委会主任、区纪委书记、市纪委委员。2007年3月至2007年7月，任厦门市湖里区委副书记、区人大常委会党组书记、主任、区纪委书记、市纪委委员。2007年7月至2011年12月，任厦门市湖里区人大常委会党组书记、主任、市纪委委员。2011年12月至2012年1月，任厦门市湖里区人大常委会党组书记、主任。2012年1月起，任厦门市人大常委会委员、湖里区人大常委会主任、党组书记。

【陈远志】 男，汉族，1958年7月出生，江西丰城人。1977年3月参加工作，1990年6月加入中国共产党，大学学历。1977年3月至1978年9月，为江西省地质局探矿机械厂工人。1978年9月至1983年8月，在江西医学院医疗系医疗专业学习。1983年8月至1987年2月，任江西省第二人民医院住院部医师。1987年2月至1990年11月，任江西省卫生厅医政处干部。1990年11月至1992年9月，任江西省卫生厅办公室主任科员。1992年9月至1993年7月，在厦门市第一医院任主治医师。1993年7月至1996年4月，任厦门第一医院医务科科长。1996年4月至1998年8月，任厦门市卫生局医改处副处长。1998年9月至2002年11月，任厦门市卫生局副局长、党委委员。2002年11月至2011年12月，任厦门市湖里区人民政府党组成员、副区长、区红十字会会长。2011年12月起，任湖里区人大常委会副主任、党组副书记。

【曾国建】 男，汉族，1963年1月出生，福建平潭人，1985年7月参加工作，1989年9月加入中国共产党，大学学历，获历史学学士学位。1981年9月至1985年7月，在厦门大学历史系历史学专业学习。1985年7月至1993年8月，任厦门大学人事处、学生工作处干部、副科长、科长。1993年8月至1995年4月，任厦门市委办公厅科员。1995年4月至1997年7月，任厦门市委办公厅督查处副处长。1997年7月至1998年2月，任厦门市委办公厅政文处副处长。1998年2月至2001年4月，任厦门市委办公厅政文处处长。2001年4月至2003年10月，任厦门市委办公厅机关党委专职副书记。2003年10月至2008年11月，任厦门市集美区人大常委会副主任、工会主席。2008年11月至2015年2月，任厦门市安全生产监督管理局副局长、党组成员。2015年2月起，任厦门市湖里区人大常委会副主任、党组成员。

【梁国富】男，汉族，1962年2月出生，福建厦门人。1979年11月参加工作，1982年6月加入中国共产党，大专学历。1979年11月至1980年9月，成为陆军八十七师二六0团六连战士。1980年9月至1983年7月，在南昌陆军学校军事指挥专业学习。1983年8月至1985年11月，任陆军九十一师二七三团三营七连排长。1985年11月至1988年12月，任步兵第九十一师司令部作训科副连职参谋。1988年12月至1989年9月，任步兵第九十一师司令部作训科正连职参谋。1989年9月至1992年11月，任厦门市湖里区委组织部干部。1992年11月至2000年8月，任厦门市湖里区湖里街道党委（党工委）副书记，其间，1999年5月至1999年7月，在厦门市委党校县处级干部任职班学习。2000年8月至2002年9月，任厦门市湖里区殿前街道党工委副书记、纪工委书记。2002年9月至2010年3月，任厦门市湖里区殿前街道党工委书记，其间，2007年9月至2007年12月，在厦门市委党校第二期中青班学习。2010年3月至2010年7月，任厦门市湖里区人大常委会副主任、党组成员、殿前街道党工委书记。2010年7月起，任厦门市湖里区人大常委会副主任、党组成员。

【陈海松】男，汉族，1962年2月出生，福建厦门人。1978年12月参加工作，1981年11月加入中国共产党，在职大学。1978年12月至1981年3月，为厦门边检站监护队战士。1981年3月至1982年7月，担任厦门边检站机关食堂给养员。1982年7月至1983年12月，担任厦门边检站机关食堂司务长。1983年12月至1987年1月，担任厦门边检站管理科出纳，其间，1984年6月至1986年7月参加自学考试，在中专军队财务专业学习。1987年1月至1987年8月，任厦门边检站监护二中队副队长。1987年8月至1989年4月，任厦门边检站后勤处副连助理员。1989年4月至1989年9月，任厦门边检站轮训队后勤组长。1989年9月至1992年6月，任厦门边检站后勤处正连助理员。1992年6月至1992年10月，任厦门边检站后勤处技术11级助理会计师。1992年10月至1993年10月，任厦门边检站交检科副科长。1993年10月至1997年9月，任厦门市湖里区财政局干部。1997年9月至1998年4月，任厦门市湖里区财政局局长助理，其间，1996年5月至1997年12月，在福建师范大学行政管理专业大专证书班学习。1998年4月至1999年6月，任厦门市湖里区财政局局长助理、综合科科长。1999年6月至2003年12月，任厦门市湖里区财政局副局长兼区国有资产管理局副局长，其间，2000年3月至2000年7月，在厦门市委党校中青年干部培训班学习。2003年12月至2008年11月，任厦门市湖里区财政局局长，其间，2003年9月至2006年6月，在福建省委党校函授大专班经济管理专业学习。2008年11月至2011年11月，任厦门市湖里区财政局局长、区国资办主任，其间，2006年3月至2009年1月，在武汉理工大学本科班经济学专业学习。2011年11月至2011年12月，任厦门市湖里区人大常委会党组成员、区财政局局长，区国资办主任。2011年12月起，任厦门市湖里区人大常委会副主任、党组成员。

【杨书松】男，汉族，1963年5月出生，江西九江人。1983年8月参加工作，1992年9月加入中国民主同盟，大学学历，文学学士，中学高级教师，福建省特级教师。1979年9月至1983年7月，在江西师范学院中文系学习。1983年8月至1991年8月，担任江西省永修师范学校教师。1991年8月至1997年8月，担任江西省永修县一中教师。1997年8月至2006年12月，任福建省厦门第六中学高级教师。2006年12月至2011年12月，任福建省厦门第六中学高级教师、民盟厦门市委常委，其间，2009年8月至2010年6月，到宁夏回族自治区海原县第一中学支教。2011年12月起，任福建省厦门第六中学高级教师、民盟厦门市委常委、厦门市湖里区人大常委会副主任（兼）。

湖里区人民政府

【张毅恭】详见“中共湖里区委员会”相关条目。

【徐国庆】详见“中共湖里区委员会”相关条目。

【王中】详见“中共湖里区委员会”相关条目。

【戴宗垒】男，汉族，1961年12月出生，福建莆田人，1981年8月参加工作，1989年9月加入中国农工民主党，中央党校大学学历。1979年4月至1981年7月，在福建林学院林业专业学习。1981年8月至1988年10月，担任福建林学院林学系教师。1988年10月至1991年12月，任厦门市湖里区农林水办干部、工程师。1991年12月至1997年4月，任厦门市湖里区农林水办副主任，其间，1996年5月至1997年4月，在厦门市农业局挂职，任生产处副处长。1997年4月至1999年1月，任厦门市湖里区科技局局长。1999年1月至2011年9月，任厦门市湖里区政协副主席，其间，2001年8月至2003年12月，在中央党校函授学院本科班行政管理专业学习。2011年9月至2011年11月，任厦门市湖里区人民政府副区长、区政协副主席。2011年11月起，任厦门市湖里区人民政府副区长。

【夏长文】 男，汉族，1966年11月出生，安徽青阳人，1989年9月参加工作，1987年12月加入中国共产党，大学学历，经济学学士学位，经济师。1985年9月至1989年7月，在厦门大学经济系经济学专业学习。1989年9月至1996年1月，任厦门市计委干部。1996年1月至2001年3月，任厦门市计委办公室副主任。2001年3月至2002年12月，任厦门市计委综合规划处副处长。2002年12月至2003年4月，任厦门市发展计划委员会调研员。2003年4月至2003年11月，任厦门市杏林区计划统计局局长。2003年11月至2004年6月，任厦门市翔安区发展和改革局局长。2004年6月至2004年8月，任厦门市翔安区发展和改革局局长、统计局局长。2004年8月至2006年4月，任厦门市翔安区发展和改革局局长、统计局局长兼区直机关党工委副书记。2006年4月至2011年7月，任厦门市翔安区新店镇党委书记。2011年7月至2011年8月，任厦门市湖里区人民政府党组成员。2011年8月至2015年4月，任厦门市湖里区人民政府副区长、党组成员。

【刘琦龙】 男，汉族，1971年10月出生，福建仙游县人，1994年8月参加工作，1993年6月加入中国共产党，大学学历，公共管理硕士学位，助理农艺师。1990年9月至1994年8月，在福建农林大学土地与植物营养专业学习。1994年8月至1998年4月，任厦门市湖里区农林水办农技中心干部，其间，1995年11月至1998年4月，借调湖里区委组织部工作。1998年4月至1999年8月，任厦门市湖里区委组织部综合科科长。1999年8月至2002年10月，任厦门市湖里区禾山镇党委委员。2002年10月至2003年12月，任厦门市湖里区禾山镇党委副书记。2003年12月至2011年7月，任厦门市湖里区人事劳动和社会保障局局长，其间，2001年9月至2004年12月，在华中科技大学公共管理专业学习，获公共管理硕士学位。2011年7月至2011年11月，任厦门市湖里区人民政府副区长、党组成员、区人事劳动和社会保障局局长。2011年11月起，任厦门市湖里区人民政府副区长、党组成员。

【丁红斌】 女，回族，1966年3月出生，台湾台南人，1995年6月加入中国共产党，1988年7月参加工作，大学学历，法学学士学位。1984年9月至1988年7月，在中南民族学院政治系政治理论专业学习。1988年7月至1990年12月，担任厦门市湖里区人民检察院书记员。1990年12月至1995年6月，担任厦门市湖里区人民检察院助检员。1995年6月至1998年8月，担任厦门市湖里区人民检察院检察员。1998年8月至1999年7月，任厦门市湖里区人民检察院正科级检察员。1999年7月至1999年12月，任厦门市湖里区检察院民行科科长。1999年12月至2002年10月，任厦门市湖里区纪委办公室副主任。2002年10月至2004年2月，任厦门市湖里区纪委常委、监察局副局长、案件审理室主任。2004年2月至2005年10月，任厦门市湖里区纪委常委、监察局副局长、执法监察室主任。2005年10月至2006年7月，任厦门市湖里区纪委常委、监察局副局长、正处级纪检监察员、执法监察室主任。2006年7月至2006年9月，任厦门市湖里区纪委副书记、监察局副局长、正处级纪检监察员、执法监察室主任。2006年9月至2006年11月，任厦门市湖里区纪委副书记、监察局副局长。2006年11月至2007年4月，任厦门市湖里区纪委副书记、监察局局长。2007年4月至2007年12月，任厦门市湖里区人民政府党组成员、办公室主任、国动委交通战备办主任。2007年12月至2008年10月，任厦门市湖里区人民政府党组成员、办公室主任、国动委交通战备办主任、法制办公室主任。2008年10月至2011年9月，任厦门市湖里区人民政府党组成员、办公室主任、国动委交通战备办主任。2011年9月至2011年11月，任厦门市湖里区人民政府党组成员、副区长、办公室主任、国动委交通战备办主任。2011年11月起，任厦门市湖里区人民政府副区长、党组成员、福建陆军预备役高射炮兵师第五团政治处副主任。

【张家伟】 男，汉族，1975年9月出生，福建厦门人，1997年7月参加工作，1995年1月加入中国共产党，大学学历，公共管理硕士学位。1993年9月至1997年7月，在华侨大学建筑工程专业学习。1997年7月至1999年9月，任厦门市杏林区海沧镇党政办干部、科员。1999年9月至2000年10月，任厦门市杏林区海沧镇团委副书记。2000年10月至2003年1月，任厦门市海沧投资区海沧镇团委书记。2003年1月至2003年10月，任共青团厦门市委宣传部主任科员。2003年10月至2006年6月，任共青团厦门市委办公室副主任，其间，2001年9月至2004年9月，在厦门大学公共管理专业学习，获公共管理硕士学位。2006年6月至2007年11月，任共青团厦门市委办公室主任。2007年11月至2011年7月，任共青团厦门市委常委、组织部长。2011年7月至2011年8月，任厦门市湖里区人民政府党组成员。2011年8月起，任厦门市湖里区人民政府副区长、党组成员。

【刘云标】男，汉族，1968年1月出生，福建安溪人，1989年7月参加工作，1991年6月加入中国共产党，大学学历，公共管理硕士学位，会计师。1985年9月至1989年7月，在福建农学院农业经济系经济管理专业学习。1989年7月至1994年3月，在厦门市湖里区人大工作。1994年3月至1996年8月，任厦门市湖里区人事劳动局干部，兼区劳务服务公司经理。1996年8月至1997年4月，任厦门市湖里区人事劳动局局长助理。1997年4月至2002年9月，任厦门市湖里区人事劳动局副局长，其间，1998年4月至1999年7月，兼劳动科科长。2002年9月至2010年7月，任厦门市湖里区殿前街道党工委副书记、办事处主任，其间，2001年9月至2004年9月，在厦门大学硕士班公共管理专业学习，获公共管理硕士学位。2010年7月至2013年2月，任厦门市湖里区殿前街道党工委书记。2013年2月至2013年3月，任厦门市湖里区人民政府副区长、党组成员。2013年3月起，任厦门市湖里区人民政府副区长、党组成员，区残联第五届主席团主席（兼）。

【洪耀同】男，汉族，1968年3月出生，福建厦门人，1991年8月参加工作，1996年4月加入中国共产党，在职研究生学历，管理学硕士学位。1987年9月至1991年7月，在西安冶金建筑学院建筑系城市规划专业学习。1991年8月至1995年5月，任福建省同安县城乡建设委员会规划科办事员、科员。1995年5月至1995年12月，任福建省同安县大嶝镇镇长助理。1995年12月至1997年11月，任福建省同安县大嶝镇副镇长（1996年12确定为副处级）。1997年11月至1999年5月，任厦门市同安区大嶝镇副镇长。1999年5月至1999年12月，任厦门市同安区大嶝镇党委副书记、代理镇长。1999年12月至2001年8月，任厦门市同安区大嶝镇党委副书记、镇长。2001年8月至2002年8月，任厦门市同安区建设局党委书记。2002年8月至2003年12月，任厦门市同安区建设局党委书记兼区规划局局长。2003年12月至2008年12月，任厦门市同安区建设局局长、党委书记。其间，2002年9月至2006年12月，在厦门大学公共事务学院公共管理系行政管理专业学习。2008年12月至2010年2月，任厦门市杏林湾开发建设联合总指挥部办公室副主任（保留正处级）。2010年2月至2011年8月，任厦门市集美新城建设指挥部办公室副主任（保留正处级）。2011年8月至2014年9月，任厦门市建设与管理局村镇建设处处长。2014年9月至2015年4月，任厦门市建设局村镇建设处处长。2015年4月起，任厦门市湖里区政府党组成员、副区长。

【肖平】男，汉族，1976年7月出生，浙江温州人，1998年12月参加工作，2001年1月加入中国共产党，大学学历，法律硕士学位，副教授职称。1994年9月至1998年7月，在厦门大学法律系国际经济法专业学习。1998年7月至1998年12月待业。1998年12月至2001年7月，担任福建省政法管理干部学院学生处辅导员、学生科负责人。2001年7月至2001年10月，任福建省政法管理干部学院鼓山分部副主任（主持工作）。2001年10月至2002年7月，任福建省政法管理干部学院学生处学生科副科长（副科级）、鼓山分部副主任（主持工作）。2002年7月至2002年12月，任福建省政法管理干部学院政治处负责人。2002年12月至2003年10月，福建省政法管理干部学院政治处副主任（副科级，主持工作）。2003年10月至2006年4月，任福建省政法管理干部学院政治处副主任（正科级，主持工作）。2006年4月至2007年9月，任福建省政法管理干部学院政治处主任（副处级），其间，2004年3月至2007年6月，在厦门大学法律硕士专业学习，获法律硕士学位。2007年9月至2008年10月，任福建江夏学院（筹）组织人事办公室副处级干部、福建省政法管理干部学院政治处主任。2008年10月至2010年12月，任福建江夏学院（筹）人事工作办公室副处级干部，福建省政法管理干部学院政治处主任、副教授（2010年9月）。2010年12月至2011年11月，任福建江夏学院人事工作办公室副处级干部。2011年11月至2012年10月，任福建江夏学院人事处副处长。2012年10月至2013年7月，任福建江夏学院党政办公室主任、校党委委员（2013年3月）。2013年7月起，任福建江夏学院工商管理学院党委书记、校党委委员，其间，2014年8月起，到湖里区政府挂职，任副区长、党组成员。

政协湖里区委员会

【林凡】 男，汉族，1962年6月出生，福建永泰县人。1984年8月参加工作，1989年4月加入中国共产党，大学学历，农学学士学位，助理工程师。1980年9月至1984年7月，在福建省林学院林学系林业专业学习。1984年8月至1984年12月，任三明市三元区中村办事处干部。1984年12月至1987年8月，任三元区团委副书记。1987年8月至1987年10月，任三元区政府莘口镇筹备领导小组副组长。1987年10月至1989年3月，任三元区莘口镇副镇长。1989年3月至1990年10月，任三元区绿化办公室主任。1990年10月至1991年8月，任厦门市杏林区劳动人事局干部。1991年8月至1993年10月，任杏林区劳动人事局副局长，其间，1992年3月至1993年9月，在厦门市委组织部办公室挂职，任副主任。1993年10月至1996年2月，任厦门市委组织部办公室副主任。1996年2月至1997年6月，任厦门市委组织部参照管理处副处长。1997年6月至1998年10月，任厦门市委组织部知识分子工作处处长。1998年10月至2003年9月，任厦门市集美区委常委、区委组织部部长。2003年9月至2006年1月，任厦门市湖里区委常委、组织部部长。2006年1月至2006年4月，任厦门市湖里区委副书记、组织部部长。2006年4月至2009年4月，任厦门市湖里区委副书记、区直机关党工委书记。2009年4月至2010年3月，任厦门市湖里区委副书记、区直机关党工委书记、区委教育工委书记。2010年3月至2010年12月，任厦门市湖里区委副书记、区政协主席、党组书记、区直机关党工委书记、区委教育工委书记。2010年12月起，任厦门市湖里区政协主席、党组书记。

【谭苏建】 男，汉族，1958年3月出生，江苏涟水县人。1975年10月参加工作，1981年6月加入中国共产党，大学学历，教育学学士学位，讲师。1975年10月至1978年2月，在福建省潘洛铁矿知青农场插队。1978年2月至1982年2月，在福建师范大学政教系学习。1982年2月至1984年7月，在龙岩师范专科学校工作。1984年7月至1994年6月，在厦门市委党校工作，其间，1992年3月至1993年10月，在厦门市湖里区委宣传部挂职，任副部长。1994年6月至1999年6月，任湖里区委办公室主任。1999年6月至2002年11月，任湖里区委助理巡视员、区委办公室主任。2002年11月起，任湖里区政协副主席、党组成员。

【林世裕】 男，汉族，1960年6月出生，福建厦门人。大专学历，工商管理硕士，经济师。1979年10月至1983年8月，担任中国银行厦门分行行员。1983年9月至1985年7月，在武汉大学经济管理学系国际金融专业学习。1985年7月至1988年6月，在中国银行厦门分行会计处、稽核处工作。1988年6月至1994年6月，任厦门兴厦有限公司进口部副经理。1994年6月至1999年12月，任香港兴厦有限公司机械电子部经理，其间，1997年12月至1999年3月，在澳大利亚莫道克大学商学院学习。1999年12月至2000年5月，回厦门市委组织部报到并安排工作。2000年6月至2004年8月，任厦门市湖里区经发局投资科科长、经贸科科长。2004年8月至2006年11月，任厦门市湖里区禾山街道办事处副主任。2006年11月至2008年8月，任厦门市湖里区招商局副局长，主持工作。2008年8月至2011年12月，任厦门市湖里区投资事务局局长。2011年12月至2013年4月，任厦门市湖里区政协副主席、湖里区投资事务局（投资促进局）局长。2013年4月起，任厦门市湖里区政协副主席。

【施立华】 女，汉族，1966年9月出生，江苏南通人。1991年4月参加工作，九三学社社员，研究生学历，获硕士学位，高级工程师。1983年9月至1988年7月，在清华大学化学工程系化学工程专业学习。1988年9月至1991年4月，在清华大学化学工程系生物化工专业研究生学习。1991年4月至1992年1月，为福建省厦门信息—信达有限公司职员。1992年1月至1998年2月，为中国汽车工业进出口厦门公司职员。1998年2月至2000年5月，任福建省厦门高新技术创业中心项目经理、项目部经理。2000年5月至2001年6月，任厦大三达膜科技有限公司副总经理。2001年6月至2002年9月，借调到厦门火炬高新区管委会工作。2002年9月至2003年6月，任厦门高新技术创业中心主任助理、副主任。2003年6月至2004年8月，任厦门软件产业投资发展有限公司总经理。2004年8月至2011年12月，任厦门高新技术创业中心主任。2011年12月起，任厦门市湖里区政协副主席（兼）、厦门高新技术创业中心主任。

【陈雄辉】 男，汉族，1965年10月出生，福建厦门人，1986年8月参加工作，1996年7月参加中国共产党，在职大学学历，工程师。1983年9月至1986年7月，在福建林业学校森林资源调查专业学习。1986年8月至1988年9月，任厦门市集美区林业局干部。1988

年9月至1996年8月，任厦门市湖里区农林水建设服务中心干部。1996年8月至1997年4月，任厦门市湖里区农林水办公室主任助理，湖里区农林水建设服务中心干部，其间，1987年9月至1994年9月，在南京林业大学成人教育学院本科班林学专业学习。1997年4月至2002年9月，任厦门市湖里区农林水局副局长，其间，1997年5月至1999年3月，在厦门大学经济学院研究生课程班应用经济学专业学习。2002年9月至2003年3月，任厦门市湖里区农业水利局局长，兼区乡镇企业局局长，其间，2002年4月至2003年1月，在厦门市委党校中青年干部培训班学习。2003年3月至2003年11月，任厦门市湖里区农业水利局局长，兼区乡镇企业局局长、禾山镇党委副书记。2003年11月至2007年5月，任厦门市湖里区市政园林局局长、农业水利局局长、区防汛抗旱指挥部办公室主任。2007年5月至2011年11月，任厦门市湖里区湖里街道党工委副书记、办事处主任。2011年11月至2015年2月，任厦门市湖里区湖里街道党工委书记。2015年2月至2015年5月，任厦门市湖里区政协副主席、党组成员、湖里街道党工委书记。2015年5月起，任厦门市湖里区政协副主席、党组成员。

湖里区纪律检查委员会

【郑陆全】男，汉族，1971年10月出生，福建厦门人。1992年7月参加工作，1997年12月加入中国共产党，在职大学。1990年9月至1992年7月，在福建司法学校法律专业学习。1992年7月至1994年2月，在厦门市湖里区人民检察院工作。1994年2月至1995年4月，担任厦门市湖里区人民检察院书记员。1995年4月至1998年9月，任厦门市湖里区人民检察院助理检察员，其间，1993年9月至1996年7月，在厦门广播电视大学大专班法律专业学习。1998年9月至1999年7月，任厦门市湖里区人民检察院科员、检察员。1999年7月至2000年9月，任厦门市湖里区人民检察院禾山检察室副主任，其间，1997年9月至2000年7月，在厦门大学（函授）本科班法律专业学习。2000年9月至2005年10月，任厦门市湖里区人民检察院正科级检察员，其间，2002年12月至2004年7月，在厦门市湖里区禾山镇挂职任副镇长；2004年9月至2005年10月，在厦门市湖里区金山街道办事处挂职任副主任。2005年10月至2010年11月，任厦门市湖里区金山街道办事处副主任，其间，2008年7月至2010年7月，在宁夏海原县挂职，任县委副书记。2010年11月至2012年2月，任厦门市湖里区经济贸易发展局党委委员、区安全生产监督管理局局长。2012年2月至2013年3月，任厦门市湖里区安全生产监督管理局局长。2013年3月至2013年4月，任厦门市湖里区纪律检查委员会委员副书记、湖里区安全生产监督管理局局长。2013年4月起，任厦门市湖里区纪律检查委员会副书记。

【纪华国】男，汉族，1970年10月出生，福建龙海人。1991年7月参加工作，1998年8月加入中国共产党，在职大学，工商管理硕士，高级审计师。1988年9月至1991年7月，在集美财政专科学校外经财会专业学习。1991年7月至2000年12月，任厦门市审计局内联处科员，其间，1997年9月至1999年12月，在厦门大学自学考试本科班会计专业学习。2000年12月至2004年2月，任厦门市审计局外经贸审计处副主任科员。2004年2月至2006年8月，任厦门市审计局金融与外贸审计处主任科员。其间，2003年3月至2005年12月，在厦门大学硕士班工商管理专业学习，获工商管理硕士学位。2006年8月至2007年8月，任厦门市纪委纠风工作室主任科员。2007年8月至2008年3月，任厦门市机关效能投诉中心综合处处长（副处级）。2008年3月至2008年11月，任厦门市湖里区纪委常委、执法监察室主任。2008年11月，任厦门市湖里区纪委常委、执法监察室主任、区监察局副局长。2008年11月至2012年2月，任厦门市湖里区纪委常委、执法监察室主任、区监察局副局长、区国资办副主任。2012年2月至2012年6月，任厦门市湖里区纪委常委、执法监察室主任、区监察局副局长、区国资办副主任、区财政国资党委委员、纪委书记。2012年6月至2012年7月，任厦门市湖里区纪律检查委员会副书记、执法监察室主任、区监察局局长、区国资办副主任、区财政国资党委委员、纪委书记。2012年7月至2014年12月，任厦门市湖里区纪律检查委员会副书记、区监察局局长、区国资办副主任、区财政国资党委委员、纪委书记。2014年12月起，任厦门市湖里区纪委副书记、区监察局局长。

区法院　区检察院

【高碧青】男，汉族，1962年1月出生，福建厦门人。1979年11月参加工作，1986年3月加入中国共产党，在职大学学历。1979年11月至1988年4月，为厦门市集美检察院干部，其间，1982年9月至1985年7月，在福建广播电视大学大专班中文专业学习。1988年4月至1991年4月，任厦门市湖里区人民检察院股级检察员。1991年4月至1996年10月，任厦门市湖里区人民检察院副科级检察员，其间，1994年6月至1996年10月，任厦门市湖里区湖里街道办事处挂职副主任。1996年10月至1998年4月，任厦门市湖里区湖里街道办事处副主任。1998年4月至2002年9月，任厦门市湖里区湖里街道办事处副主任兼经济办公室主任。2002年9月至2004年9月，任厦门市湖里区委政法委副书记兼区610办主任。2004年9月至2008年7月，任厦门市湖里区禾山街道党工委书记，其间，2003年10月至2006年1月，在厦门大学网络学院本科班社会管理专业学习。2008年7月至2011年7月，任厦门市湖里区湖里街道党工委书记。2011年7月至2011年8月，任厦门市湖里区湖里街道党工委书记、湖里区人民法院党组副书记。2011年8月至2011年11月，任厦门市湖里区湖里街道党工委书记、湖里区人民法院党组副书记、副院长。2011年11月至2011年12月，任厦门市湖里区人民法院党组书记、副院长、代院长。2011年12月起，任厦门市湖里区人民法院党组书记、院长。

【林育清】男，汉族，1962年4月出生，福建仙游人。1988年7月参加工作，1988年5月加入中国共产党，大学学历，法学学士。1984年9月至1988年7月，在华东政法学院法律系法学专业学习。1988年7月至1989年7月，任厦门市人民检察院控申处干部。1989年7月至1991年8月，任厦门市人民检察院控申处书记员。1991年8月至1994年11月，任厦门市人民检察院经检处助理检察员。1994年11月至1995年5月，任厦门市人民检察院反贪局办公室副主任、助理检察员。1995年5月至1997年5月，任厦门市人民检察院反贪局办公室副主任、检察员。1997年5月至2001年4月，任厦门市人民检察院反贪局办公室主任、检察员，其间，1997年6月至1999年3月，任厦门市湖里区人民检察院挂职副检察长。2001年4月至2007年2月，任厦门市人民检察院反贪局副局长、检察员。2007年2月至2007年7月，任厦门市湖里区人民检察院党组书记、检察长、厦门市检察院反贪局副局长。2007年7月起，任厦门市湖里区人民检察院党组书记、检察长。

湖里区领导干部名录

中共湖里区委员会

书　记　刘育生（至7月）
　　　　张毅恭（7月任）
副书记　张毅恭（至7月）
　　　　徐国庆（7月任）　黄　炜
常　委　胡亚才
　　　　陈国荣（至11月）
　　　　王　中（至11月）
　　　　林重阳　潘少銮　庄海英
　　　　黄瑞来（至7月）
　　　　钟伟东　张国平（7月任）
　　　　陈　岚（11月任）

中共厦门市湖里区纪律检查委员会

书　记　胡亚才
副书记　郑陆全　纪华国
常　委　许付志　黄木清
　　　　李文龙　洪建利

区委办公室

主　任　庄海英
副主任　洪志伟（至10月）
　　　　叶毓青　曾军勇
　　　　吴丽英（兼任）

档案局（馆）

局（馆）长　曾军勇

机要局

局　长　叶毓青

组织部

部　长　林重阳
副部长　黄双凤（至2月）
　　　　刘秋生
区委非公工委副书记　曹荣宝

宣传部

部　长　潘少銮
副部长　杨运华　文国清

统战部

部　长　陈国荣（至11月）
　　　　陈　岚（11月任）
副部长　林秀瑜

政法委

书　记　钟伟东
副书记　洪奕文　刘与庆（兼）

综治办

主　任　洪奕文
副主任　陈健成（4月任）

台湾工作办公室

主　任　黄双凤

机构编制委员会办公室

主　任　许艺艺

区直机关工作委员会

书　记　庄海英
常务副书记　雷爱和

精神文明建设办公室

主　任　文国清

信访局
局　长　吴丽英

老干局
局　长　刘芳坤

党校
校　长　林重阳
副校长　曹荣宝

湖里区人大常委会
主　任　梁美丽
副主任　陈远志　曾国建　梁国富
陈海松　杨书松（兼）

办公室
副主任　余孙升

法制内司工作委员会
主　任　周福民

财经工作委员会
主　任　郭素芬

城建环资工作委员会
主　任　曾秋皓

科教文卫侨工作委员会
主　任　戴团源

湖里区人民政府
区　长　张毅恭（至7月）
徐国庆（7月任）
副区长　王　中（至11月）
戴宗垒
夏长文（至4月）
刘琦龙　丁红斌　张家伟
刘云标　洪耀同（4月任）
肖　平（挂职）

办公室
主　任　陈　枫（至12月）
黄　伟（12月任）
副主任　欧阳平　左勇涛

发展和改革局
局　长　柯友升（12月任）
副局长　柯友升（主持工作至12月）
潘南渊（至10月）

经济和信息化局
局　长　胡　军（至12月）
洪志彬（12月任）
副局长　蔡卫国

卫生和计划生育局
局　长　李　东
副局长　王　萍

教育局
局长、教育工委副书记
黄　伟（至12月）
教育工委副书记、纪工委书记
向延琼
教育工委委员、副局长　朱　觉
吴雪慧

科技局
局　长　吴淑真

民宗局
局　长　陈文约

民政局
局　长　章再耕
副局长　李天真

司法局
局　长　林荣福
副局长　张明海（至10月）
庄　伟

财政局
局　长　辜琦皇
副局长　马竞生

人力资源和社会保障局
局　长　刘秋生
副局长　李殿忠　蔡筱双

建设局
局长、党委副书记　王华安
党委书记　朱绍峰
副局长　孙　琦
党委委员　郑朝东

商务局
局　长　陈颢颖
副局长　林　文

文体出版旅游局
局　长　郭漳楚
副局长　洪珠琴

审计局
局　长　肖德良
副局长　陈永定

安全生产监督管理局
局　长　傅伯伟

统计局
局　长　张金坪

市政园林局
局　长　裴再生
副局长　叶跃民　麻德玮

城市管理行政执法局
局　长　范金炉
副局长　傅芳槐　周泽勇　姜海军

机关事务管理局
副局长　翁国华

政协湖里区委员会
主　席　林　凡
副主席　谭苏建　林世裕
施立华（兼）
陈雄辉（2月任）
秘书长　黄伟清

办公室
主　任　黄伟清

提案委员会办公室
主　任　吴周新

专门委员会办公室
主　任　吴智明

研究室
主　任　阙占彪

法检机关

区人民法院
院长、党组书记　高碧青
副院长　王　毅　林　颖　蔡守业
纪检组组长　蔡志红
政治处主任　叶　青
执行局局长　何如男

区人民检察院
检察长、党组书记　林育清
副检察长　侯春盛
　　杨天赐（至7月）
　　叶　斌
纪检组组长　林雪峰
政治处主任　苏水明
反贪局局长　张天勇

群众团体

工会委员会
主　席　陈国荣
常务副主席　林志荣

团区委
书　记　洪志伟（至10月）

妇女联合会
主　席　张聪敏
副主席　胡金藤

归国华侨联合会
主　席　严志和

工商联（商会）
常务副会长　林秀瑜

海外联谊会
会　长　陈国荣

科学技术协会
主　席　吴淑真
副主席　熊新民

残疾人联合会
副理事长　陈文其

计划生育协会
会　长　黄　炜
常务副会长　王　斌

红十字会
会　长　丁红斌
常务副会长　王萍萍

文学艺术界联合会
主　席　潘少銮
副主席　林家雄

社会科学界联合会
主席　杨运华

关心下一代工作委员会
主　任　黄　炜

街　道

湖里街道
党工委书记　陈雄辉（至5月）
　　郭晓平（10月任）
党工委副书记　郭晓平（至10月）
　　崔家和
党工委委员　林乐庆
　　黄年生（10月任）
人大工委主任　林乐庆
办事处主任　郭晓平（至10月）
　　陈　枫（10月任）
办事处副主任　黄年生　曾朝军
　　李玉昆（7月任）

殿前街道
党工委书记　林进春（至5月）
　　李伟宏（5月任）
党工委副书记　王水可　苏春生
党工委委员　胡建荣　林筱丽
　　陈志勇（10月任）
人大工委主任　林筱丽
办事处主任　王水可
办事处副主任　苏春生　商建坤
　　陈志勇

江头街道
党工委书记　谢国勇
党工委副书记　蒋晓民　林跃算
党工委委员　陈必山
　　陈天友（10月任）
人大工委主任　陈必山
办事处主任　蒋晓民
办事处副主任　汪益华　陈天友

禾山街道
党工委书记　李伟宏（至5月）
　　黄锦城（10月任）
党工委副书记　黄锦城（至10月）
　　洪志伟（10月任）
　　涂进杉
党工委委员　陈慈明
　　洪志彬（至12月）
人大工委主任　陈慈明
办事处主任　黄锦城（至10月）
　　洪志伟（10月任）
办事处副主任　洪志彬（至12月）
　　李建军　林长发

金山街道
党工委书记　方文群
党工委副书记　陈　滨　聂保太
党工委委员　俞加洪
　　郑高良（10月任）
人大工委主任　俞加洪
办事处主任　陈　滨
办事处副主任　郑高良　朱碧蓉

工业园区管委会
主　任　王　中（至11月）
副主任　阳良彬　卢景锋　杨东捷

区属国有企业

厦门天地开发建设有限公司

董事长　蔡寿飞
监事会主席　辜琦皇（兼，至2月）
监事会副主任　杨队赴
副总经理　许毅军　叶根德　柯丰

湖里区国有资产投资有限公司

董事长　刘成就
副董事长　孙传真
监事会主席　辜琦皇（兼，至2月）
监事会副主席　张福全
总经理　张卫兵
副总经理　陈安东　何兆开　王韶锋

新闻人物

【卓加罗】 男，历任禾山派出所社区民警、金山派出所治安副所长。从警16年，一直奋战在基层派出所治安防范第一线，曾创下抓获153名逃犯（命案6名）的记录，人称“八闽第一捕”、厦门“最牛警察”。他先后荣立个人二等功、一等功，获得福建省五一劳动奖章，被评为“福建省特级优秀人民警察”“福建省我最喜爱的十大人民警察”“全国特级优秀人民警察”。2012年8月，卓加罗被破格提拔为派出所治安副所长，他紧紧围绕“带队伍，促团结，凝合力，出成效”，敢于动真碰硬，狠抓辖区“黄赌毒”等治安热点整治。2013年，他带领派出所民警共破获刑事案件458起，查处治安案件3615起；共拘留违法犯罪人员783人；捣毁涉黄窝点9个，赌博窝点34个，毒品窝点8个；治安打击口业绩在分局各所排名中遥遥领先。创建“卓加罗式追逃技战法”被全省公安系统推广，并获得中央政法委副书记刘金国和公安部副部长张新枫的高度评价和专门批示。经过深入调研，他以派出所城中村“五个一”“四平建设”硬件为基础，以“网格化”为工作基点，整合基层力量共同参与网格防控管理，着力“软件”提升，推行“三化”工作模式，形成了城中村治安管理“五四三”工程。是年，中央综治委田大忠、季勤巡视员先后视察调研后，高度肯定卓加罗积极探索流动人口和“城中村”管理工作。“五四三”工程模式被厦门市公安局推广，成为一项派出所治安管理标准化流程。作为一名基层所领导他舍小“家”，为大“家”，家中脑瘫幼子和身患癌症的母亲，他无暇照顾；辖区里群众的一句叮咛，他记在心头。村民反映学校周边黑网吧多、黑游戏厅多，他带队连续对学校周边进行清查，查扣黑网吧电脑324台，游戏机27台，斩除毒害青少年成长的毒瘤。2015年1月27日，卓加罗被评为“第五届厦门市敬业奉献道德模范”。

【王善桂】 男，1978年8月出生，中共党员，江苏万邦建设集团有限公司厦门分公司职工，1996年12月应征入伍，在武警厦门市支队服役，任班长，1999年11月退役。退役不褪色，王善桂同志继续发扬无私奉献的精神，继续秉持“路见不平一声吼”的正义感和责任感，先后多次抓获扒窃等各类违法犯罪嫌疑人，为群众挽回经济损失40余万元。2012年9月16日下午6点30分，王善桂乘坐42路公交车经过莲花路口附近时，看见一名小偷正在偷窃，王善桂与小偷经过一番搏斗，将小偷抓获。2013年2月21日上午10点许，王善桂乘坐657路公交车途经同安汽车站附近时，在公交车上，他发现一小偷手拿刀片在割乘客裤兜准备偷东西，王善桂上前制止，小偷的两名同伙过来帮忙，王善桂发动车上乘客协助，将三名小偷扭送到厦门市公安局水陆分局刑侦大队。经警方审讯深挖，捣毁频繁往来于岛内外实施犯罪的扒窃团伙。多少次，王善桂及时为群众追回被盗财物挽回损失时，受害人有的会拿出一定数额的现金表达对王善桂的感激之情，王善桂总是婉言谢绝，并称自己这样做“是应该的，能帮上忙我也感觉很荣幸”。2015年1月27日，王善桂被评为“第五届厦门市见义勇为道德模范”。

【郑立英】 女，龙岩人，岭下社区下忠社居民。2012年荣登中国好人榜，2015年被评为“第五届厦门市孝老爱亲道德模范”。1998年，与岭下社区居民郑允胜结婚，婆婆和大姑子患有先天性智力残疾，生活无法自理，需要家人的长期照顾。郑立英承担起照顾婆婆和大姑子的重任，每天给她们洗脸、换衣服、喂饭、洗衣服、吃药。2010年，郑立英的大嫂意外身亡，留下两个未成年的幼女。考虑到大伯的工作早出晚归，顾及不到孩子，郑立英义无反顾地把两个孩子接到身边照顾，视为己出，精心照顾，并且用自己打工赚来的钱供养两个侄女上学读书。她们学校的家长会、亲子运动会，她都以母亲的身份参加，她觉得这是一种责任。

先进人物表

表 17

姓名	性别	荣誉称号	工作单位或居住地	授予单位	授予时间
陈　军	男	三等功	湖里区地税局	厦门市地方税务局	2015.11.2
刘宏达	男	三等功	湖里区地税局	厦门市地方税务局	2015.11.2
邵小丹	女	三等功	湖里区地税局	厦门市地方税务局	2015.11.2
吴绍卿	女	三等功	湖里区地税局	厦门市地方税务局	2015.11.2
郑泽红	女	三等功	湖里区地税局	厦门市地方税务局	2015.11.2
王善桂	男	第五届厦门市见义勇为道德模范	湖里区江头街道江头社区	厦门市精神文明建设指导委员会	2015.1.27
卓加罗	男	第五届厦门市敬业奉献道德模范	厦门市公安局湖里分局	厦门市精神文明建设指导委员会	2015.1.27
郑立英	女	第五届厦门市孝老爱亲道德模范	湖里区禾山街道岭下社区	厦门市精神文明建设指导委员会	2015.1.27
罗天兴	男	第十四届精神文明建设积极分子	湖里区精神文明建设办公室	厦门市委、市政府	2015.1.6
曾雅莉	女	服务奖	湖里区教育局	厦门市教育局	2015.9
陈惠民	男	优秀工会积极分子	湖里区地税局	厦门市直机关工会工作委员会	215.2.6
张　超	男	五一劳动奖章	湖里中心小学	厦门市总工会	2015.5
林瑛瑛	女	三八红旗手	湖里区教育局	厦门市妇联	2015.3
林碧玲	女	三八红旗手	厦门市吕岭幼儿园	厦门市妇联	2015.3
张　杰	女	女职工建功立业标兵	厦门市禾山中学	厦门市妇联	2015.3
卓秋芬	女	厦门市五一劳动奖章	厦门市湖里区市政园林管理中心	厦门市总工会	2015.6
蔡艳娟	女	厦门市教科研先进奖	湖里区教师进修学校	厦门市教育局	2015.9
魏立成	女	厦门市信息化推进奖	湖里区教师进修学校	厦门市教育局	2015.9
张　月	女	教育系统单项奖（服务奖）	湖里区教育局	厦门市教育局	2015.7
蔡毅峰	男	年度创优奖	湖里区教育局	厦门市教育局	2015
李丽珍	女	厦门市 2014 学校综治安全目标管理先进个人	湖里幼儿园	厦门市教育局	2015.3
陈荣艺	男	厦门市 2014 学校综治安全目标管理先进个人	湖里实验小学	厦门市教育局	2015.3
徐名昌	男	厦门市 2014 学校综治安全目标管理先进个人	厦湖外分校	厦门市教育局	2015.3
杨惠芳	女	厦门市 2014 学校综治安全目标管理先进个人	乐安小学	厦门市教育局	2015.3
胡慧玲	女	厦门市 2014 学校综治安全目标管理先进个人	康乐小学	厦门市教育局	2015.3
蔡兴海	男	厦门市 2014 学校综治安全目标管理先进个人	禾山中学	厦门市教育局	2015.3
刘远芳	女	厦门市 2014 学校综治安全目标管理先进个人	翔鹭小学	厦门市教育局	2015.3
唐　平	男	厦门市 2014 学校综治安全目标管理先进个人	霞光学校	厦门市教育局	2015.3
陈明远	男	厦门市 2014 学校综治安全目标管理先进个人	区教育局	厦门市教育局	2015.3

续表 17

姓名	性别	荣誉称号	工作单位或居住地	授予单位	授予时间
叶 宁	男	厦门市2014年教育系统安保先进奖	高林中心小学	厦门市教育局	2014.9
郭培贵	男	厦门市2014年教育系统安保先进奖	江头第三小学	厦门市教育局	2014.9
李启瑜	男	厦门市2014年教育系统安保先进奖	教师进修第二附属小学	厦门市教育局	2014.9
朱荣明	男	厦门市2014年教育系统安保先进奖	东芳民办小学	厦门市教育局	2014.9
陈 琦	女	厦门市2014年教育系统安保先进奖	区教育局	厦门市教育局	2014.9
刘天偿	男	2014年度优秀预备役军官	金山街道	福建省预备役高炮师政治部	2015.1
		2014年市征兵办征兵工作先进个人		厦门市征兵办	2015.7
李昭旋	女	厦门市第十四届（2012—2014年度）精神文明建设先进工作者	金山街道	厦门市精神文明建设指导委员会办公室	2015.1
罗晓梅	女	厦门市第十四届（2012—2014年度）文明市民	金林社区	厦门市精神文明建设指导委员会办公室	2015.1
林秀红	女	2014年度厦门市级“三八”红旗手	金海社区	厦门市妇联	2015.3
吴丽敏	女	福建省三八红旗手标兵	金安社区	福建省妇联	2015.3
欧晓莉	女	厦门市“爱心义工”	金安社区	厦门市民政局、厦门市精神文明办	2015.5
曾耀中	男	2015年市优秀环卫职工	金山街道	厦门市市政园林局	2015.10
朱阳婴	女	厦门市国防电视演讲比赛二等奖	金山街道	厦门市国防教育委员会	2015.9
钟妙菊	女	2014年度厦门市优秀共青团员	金海社区	共青团厦门市委员会	2015.5
杨迎芳	女	民革福建省优秀党员称号	厦门市湖里区公园管理中心	民革福建省委	2015.12
		全国绿化奖章		福建省绿化委员会	
吴丽敏	女	福建省“三八”红旗手	金山街道金安社区	福建省妇联	2015.3
方丽蓉	女	福建省“三八”红旗手	湖里区东荣社区	福建省妇联	2015.3
严文厦	女	福建省“三八”红旗手	湖里区妇联	福建省妇联	2015.3
吴惠芳	女	福建省“三八”红旗手	厦门天能电子有限公司	福建省妇联	2015.3
王迎春	女	厦门市“三八”红旗手标兵	湖里区人民法院	厦门市妇联	2015.3
张聪敏	女	厦门市“三八”红旗手	湖里区妇联	厦门市妇联	2015.3
刘海燕	女	厦门市“三八”红旗手	湖里区公安局湖里分局	厦门市妇联	2015.3
林瑛瑛	女	厦门市“三八”红旗手	湖里区教育局	厦门市妇联	2015.3
吴月红	女	厦门市“三八”红旗手	湖里区计生局监督科	厦门市妇联	2015.3
陈旭玲	女	厦门市“三八”红旗手	湖里街道兴华社区	厦门市妇联	2015.3
徐韶玲	女	厦门市“三八”红旗手	殿前街道街	厦门市妇联	2015.3
薛宝珠	女	厦门市“三八”红旗手	江头街道蔡塘社区	厦门市妇联	2015.3
钟阿美	女	厦门市“三八”红旗手	禾山街道钟宅社区	厦门市妇联	2015.3
林秀红	女	厦门市“三八”红旗手	金山街道金海社区	厦门市妇联	2015.3

续表 17

姓名	性别	荣誉称号	工作单位或居住地	授予单位	授予时间
柯素华	女	厦门市“三八”红旗手	厦门古贺服装有限公司	厦门市妇联	2015.3
林　佳	女	厦门市“三八”红旗手	区委组织部干部科	厦门市妇联	2015.3
陈浴娟	女	第十四届（2012—2014 年度）精神文明建设积极分子	湖里区殿前街道办事处	中共厦门市委、厦门市人民政府	2015.1
何芝骅	女	第十四届（2012—2014 年度）文明市民	湖里区殿前街道长乐社区居委会	中共厦门市委、厦门市人民政府	2015.1
梁　惠	男	优秀环卫职工	区市政园林局	厦门市市政园林局	2015.10
吕荣恒	男	全省公安机关“打四黑除四害”专项工作成绩突出个人	治安大队	福建省公安厅	2015.5.18
颜伯辉	男	全省公安机关“猎狐 2014”专项行动成绩突出个人	经侦大队	福建省公安厅	2015.4.15
卓加罗	男	个人三等功	金山派出所	厦门市公安局	2015.1.21
陈德福	男	个人嘉奖	金山派出所	厦门市公安局	2015.1.21
陈一炜	男	个人嘉奖	金山派出所	厦门市公安局	2015.1.21
周瑞典	男	2013—2014 年全省缉枪治爆专项行动成绩突出个人	治安大队	福建省公安厅	2015.7.20
周海洲	男	厦门市第六届“我最喜爱的十佳民警”	殿前派出所	厦门市公安局、市委宣传部	2015.10.22
李春晖	男	2015 年度机关派出所国保工作室建设作出突出贡献分管所领导或专、兼职民警	湖里派出所	厦门市公安局	2015.12.16
李振郁	男	厦门市特级优秀人民警察	刑侦大队	厦门市公安局	2015.2.8
张健民	男	厦门市特级优秀人民警察	湖里派出所	厦门市公安局	2015.2.8
庄海涛	男	厦门市优秀人民警察	刑侦大队	厦门市公安局	2015.2.8
祁覃思	男	厦门市优秀人民警察	刑侦大队	厦门市公安局	2015.2.8
林桂钟	男	厦门市优秀人民警察	刑侦大队	厦门市公安局	2015.2.8
吕志根	男	厦门市优秀人民警察	刑侦大队	厦门市公安局	2015.2.8
苏鹭勛	男	厦门市优秀人民警察	经侦大队	厦门市公安局	2015.2.8
张济生	男	厦门市优秀人民警察	交警大队	厦门市公安局	2015.2.8
郑克根	男	厦门市优秀人民警察	交警大队	厦门市公安局	2015.2.8
张　洋	男	厦门市优秀人民警察	法制队	厦门市公安局	2015.2.8
王高雄	男	厦门市优秀人民警察	江头派出所	厦门市公安局	2015.2.8
郑子锐	男	厦门市优秀人民警察	金山派出所	厦门市公安局	2015.2.8
蔡继东	男	厦门市优秀人民警察	禾山派出所	厦门市公安局	2015.2.8
叶志勇	男	厦门市优秀人民警察	湖里派出所	厦门市公安局	2015.2.8
陈　航	男	厦门市优秀人民警察	殿前派出所	厦门市公安局	2015.2.8
张箭毅	男	2014 年度人民警察好家庭	交警大队	厦门市公安局、市妇联	2015.2.13

续表 17

姓名	性别	荣誉称号	工作单位或居住地	授予单位	授予时间
陈聪海	男	2014 年度人民警察好家庭	刑侦大队	厦门市公安局、市妇联	2015.2.13
苗　峰	男	2014 年度人民警察好家庭	法制队	厦门市公安局、市妇联	2015.2.13
林伟杰	男	2014 年度人民警察好家庭	禾山派出所	厦门市公安局、市妇联	2015.2.13
游文剑	男	2014 年度人民警察好家庭	殿前派出所	厦门市公安局、市妇联	2015.2.13
李　雄	男	个人三等功	湖里公安分局人口科	厦门市公安局	2015.2.8
杨基强	男	个人三等功	湖里公安分局警务保障处	厦门市公安局	2015.2.8
陈达志	男	个人三等功	湖里公安分局治安大队	厦门市公安局	2015.2.8
王华祥	男	个人三等功	湖里公安分局刑侦大队	厦门市公安局	2015.2.8
郑浩凯	男	个人三等功	江头派出所	厦门市公安局	2015.2.8
黄　钢	男	个人三等功	江头派出所	厦门市公安局	2015.2.8
林诏辉	男	个人三等功	金山派出所	厦门市公安局	2015.2.8
胡宁铁	男	个人三等功	金山派出所	厦门市公安局	2015.2.8
任宗伟	男	个人三等功	禾山派出所	厦门市公安局	2015.2.8
黄志强	男	个人三等功	禾山派出所	厦门市公安局	2015.2.8
杨　光	男	个人三等功	湖里派出所	厦门市公安局	2015.2.8
黄　洋	男	个人三等功	殿前派出所	厦门市公安局	2015.2.8
吴志鹏	男	个人三等功	殿前派出所	厦门市公安局	2015.2.8
吴自汀	男	个人嘉奖	湖里公安分局国保大队	厦门市公安局	2015.2.8
周海洲	男	个人三等功	殿前派出所	厦门市公安局	2015.10.21
赵　玺	男	厦门市优秀人民警察	金山派出所	厦门市公安局	2015.10.21
周　杰	男	个人二等功	湖里公安分局刑侦大队	福建省公安厅	2015.12.3
刘学工	男	个人三等功	湖里公安分局交警大队	厦门市公安局	2015.5.26
邵　军	男	个人嘉奖	金山派出所	厦门市公安局	2015.5.26
叶景明	男	个人嘉奖	湖里公安分局交警大队	厦门市公安局	2015.5.26
林艺龙	男	个人嘉奖	湖里公安分局刑侦大队	厦门市公安局	2015.5.26
陈　斌	男	个人嘉奖	金山派出所	厦门市公安局	2015.5.26
李淑敏	女	五一劳动奖章	国投公司	厦门市总工会	2015.5
高雅冰 吴雪萤	女	全国检察机关刑事申诉优秀案件	湖里区检察院	高检院刑事申诉检察厅	2015.7
		福建省检察机关刑事申诉检察业务精品案件		福建省人民检察院	2015.1
刘　斌	男	法律监督十佳案件	湖里区检察院	厦门市人民检察院	2015.3
陈旭玲	女	第二届全国模范小巷总理	兴华社区	中国社会工作联合会 社区工作委员会	2015.12
章丽云	女	第二届全国模范小巷总理	金鼎社区	中国社会工作联合会 社区工作委员会	2015.12

续表 17

姓名	性别	荣誉称号	工作单位或居住地	授予单位	授予时间
方丽蓉	女	福建省三八红旗手	东荣社区	福建省妇女联合会	2015.2
杨再发	男	厦门市“五好文明家庭”暨“乐善好施特色最美家庭”	社区	厦门市妇女联合会、中共厦门市委文明办	2015.3
张建萍	女	2012—2014 年度厦门市文明市民	怡景社区	中共厦门市委、厦门市人民政府	2015.1
绪向阳	男	安全生产先进个人	湖里街道办	厦门市安全生产委员会办公室	2015.2
蔡梅桢	女	厦门市五一劳动奖章	鹭燕（福建）药业股份有限公司	厦门市总工会	2015.5
陈辉峰	男	全省法院先进工作者	湖里区人民法院	福建省高级人民法院	2015.1
郭顺强	男	全省法院先进工作者	湖里区人民法院	福建省高级人民法院	2015.1
张晓毅	男	全省法院先进工作者	湖里区人民法院	福建省高级人民法院	2015.1
		全市法院优秀法官	湖里区人民法院	厦门市中级人民法院	2015.3
于鲁燕	女	荣誉天平奖章	湖里区人民法院	福建省高级人民法院	2015.2
林瑞珍	女	荣誉天平奖章	湖里区人民法院	福建省高级人民法院	2015.2
陈巧玲	女	论文《二胎时代亲子关系的新型构建》获 2015 年全省家庭教育理论研讨暨优秀论文评选三等奖	湖里区人民法院	福建省妇女联合会、福建省教育厅	2015.12
		论文《二胎时代亲子关系的新型构建》获厦门市家庭教育理论研究论文评选活动中荣获一等奖		厦门市妇女联合会、厦门市家庭教育研究会	2015.10
王迎春	女	全市法院优秀法官	湖里区人民法院	厦门市中级人民法院	2015.3
		厦门市三八红旗手标兵		厦门市妇联	2015.3
陈惠清	女	全市法院优秀法官	湖里区人民法院	厦门市中级人民法院	2015.3
陈国树	男	全市法院优秀法官	湖里区人民法院	厦门市中级人民法院	2015.3
朱燕萍	女	全市法院优秀警务工作者	湖里区人民法院	厦门市中级人民法院	2015.3
许舜娟	女	全市法院优秀服务保障工作者	湖里区人民法院	厦门市中级人民法院	2015.3
姜闽华	女	全市法院优秀服务保障工作者	湖里区人民法院	厦门市中级人民法院	2015.3
陈奕婷	女	全市法院优秀书记员	湖里区人民法院	厦门市中级人民法院	2015.3
黄钟灵	女	全市法院优秀书记员	湖里区人民法院	厦门市中级人民法院	2015.3
冯珊萍	女	全市法院优秀调解员	湖里区人民法院	厦门市中级人民法院	2015.3
陈文福	男	优秀辅助人员	湖里区人民法院	厦门市中级人民法院	2015.3
叶家财	男	优秀辅助人员	湖里区人民法院	厦门市中级人民法院	2015.3
陈丁凯	男	优秀辅助人员	湖里区人民法院	厦门市中级人民法院	2015.3
陈　颖	女	优秀辅助人员	湖里区人民法院	厦门市中级人民法院	2015.3
陈宙锋	男	厦门市教育系统单项奖	厦门六中	厦门市教育局	2015.9
江建亮	男	厦门市教育系统单项奖	厦门六中	厦门市教育局	2015.9

续表 17

姓名	性别	荣誉称号	工作单位或居住地	授予单位	授予时间
林　燕	女	厦门市教育系统单项奖	厦门六中	厦门市教育局	2015.9
何　俊	男	厦门市教育系统单项奖	厦门六中	厦门市教育局	2015.9
许燕琛	女	厦门市教育系统单项奖	厦门六中	厦门市教育局	2015.9
宋林平	女	厦门市教育系统单项奖	厦门六中	厦门市教育局	2015.9
许春芳	女	厦门市优秀班主任	厦门六中	厦门市教育局	2015.9
王炳水	男	厦门市优秀班主任	厦门六中	厦门市教育局	2015.9
叶媛媛	女	厦门市优秀班主任	厦门六中	厦门市教育局	2015.9
郎爱珍	女	厦门市德育先进工作者	厦门六中	厦门市教育局	2015.9
洪再生	男	厦门市离退休干部先进个人	区人大	厦门市委组织部、市委老干部局	2015.3.5

先进集体表

表 18

单位名称	荣誉称号	授予单位	授予时间
金海社区	厦门市第十四届（2012—2014 年度）文明社区	中共厦门市委、厦门市人民政府	2015.1
金安社区	“朝阳周末会”项目被授予 2013—2014 年度厦门市“妇女工作创新项目”	厦门市妇联	2015.1
五通社区	厦门市第十四届（2012—2014 年度）文明社区	中共厦门市委、厦门市人民政府	2015.1
高林社区	2014 年度全国综合减灾示范社区	国家减灾委、民政部	2015.1
厦门市湖里区地方税务局办税服务厅	巾帼文明岗	全国妇联	2015.2.25
金山社区	全国文明单位	中央精神文明建设指导委员会办公室	2015.2
金安社区	全市党代表工作示范点	厦门市委组织部	2015.2
金安社区	2015—2017 年度市级青年文明号	共青团厦门市委员会	2015.2
金山街道职工服务站	2014 年度厦门市“职工服务站规范化建设竞赛”二等奖	厦门市总工会	2015.3
金海社区	职工之家	厦门市总工会	2015.3
金安社区	福建省巾帼文明岗	厦门市妇女联合会	2015.3.20
金安社区	“四星职工之家”称号	厦门市总工会	2015.3
厦门市翔鹭小学	福建省巾帼文明岗	福建省妇联	2015.3
厦门市吕岭幼儿园	福建省巾帼文明岗	福建省妇联	2015.3
厦门市天安小学	福建省巾帼文明岗	福建省妇联	2015.3
厦门市湖边花园幼儿园	厦门市巾帼文明岗	厦门市妇联	2015.3
厦门市嘉福花园幼儿园	厦门市巾帼文明岗	厦门市妇联	2015.3

续表 18

单位名称	荣誉称号	授予单位	授予时间
厦门市金福缘幼儿园	厦门市巾帼文明岗	厦门市妇联	2015.3
厦门市县后小学	厦门市巾帼文明岗	厦门市妇联	2015.3
区侨联	2014 年度全市侨联信息工作一等奖	厦门市侨联	2015.3.20
湖里区地税局工会	四星职工之家	厦门市总工会	2015.3.20
金山社区	平安和谐创建示范社区	厦门市社会管理综合治理委员会	2015.4
湖边社区	湖里区青少年科学工作室	厦门市科学技术协会	2015.5
金山街道团工委	2014 年度厦门市五四红旗团支部	共青团厦门市委员会	2015.5
金安社区	全国科普示范社区	中国科协、财政部	2015.6
厦门市湖里区地方税务局	福建省文明单位	福建省委、省政府	2015.7.6
金山社区	福建省省级“民主法治示范村（社区）”	福建省司法厅、福建省民政厅	2015.8
区审计局	《2013 年度区本级预算执行情况和其他财政收支情况的审计报告》获评优秀审计项目	厦门市审计局	2015.9.1
金安社区	2015 年厦门市“工人先锋号”	厦门市总工会	2015.11
湖里中心小学数学教研组	厦门市工人先锋号	厦门市总工会	2015.11
禾山中学美术组	厦门市工人先锋号	厦门市总工会	2015.11
康乐二小体育组	厦门市工人先锋号	厦门市总工会	2015.11
康乐幼儿园中年段	厦门市工人先锋号	厦门市总工会	2015.11
湖里区文心小学语文教研组	厦门市工人先锋号	厦门市总工会	2015.11
区侨办	《福建侨报》发行工作先进集体	福建省侨办	2015.11
金湖社区	2015 年厦门市“工人先锋号”	厦门市总工会	2015.11
湖边社区	2015 年厦门市“工人先锋号”	厦门市总工会	2015.11
金安社区	文明交通示范社区	厦门市实施“文明交通行动计划”领导小组	2015.12
后坑社区	红十字应急救护志愿服务进社区组织奖	厦门市红十字、厦门市委文明办	2015.12
湖里第二实验小学	福建省先进教工之家	福建省教科文卫系统工会	2015.12
厦门市华昌小学	福建省先进教工之家	福建省教科文卫系统工会	2015.12
厦门市康毅幼儿园	福建省先进教工之家	福建省教科文卫系统工会	2015.12
厦门市金尚中学	福建省模范教工之家	福建省教科文卫系统工会	2015.12
湖里区教育局教育科	厦门市幼儿才艺大赛组织奖	厦门市教育工会、厦门广电集团	2015.12
区城管执法局	2014—2015 年度全省城管执法队伍规范化建设优秀单位	福建省住房和城乡建设厅	2015.12.25
湖里区劳动人事争议仲裁院	厦门青年五四奖章	共青团厦门市委员会	2015.5
	厦门市“工人先锋号”	厦门市总工会	2015.9
湖里区妇幼保健院	全国巾帼文明岗	全国妇联	2015.3

续表 18

单位名称	荣誉称号	授予单位	授予时间
湖里区禾山社区居委会、湖里区人民检察院公诉科未成年人刑事检察	“三八”红旗集体	福建省妇联	2015.3
金山街道金安社区、湖里街道兴华社区、殿前街道马垅社区、厦门市翔鹭小学、厦门市吕岭幼儿园、厦门市湖里区人民法院	巾帼文明岗	福建省妇联	2015.3
湖里区靓妈成长中心	福建省巾帼众创空间示范基地	福建省妇联	2015.12
湖里街道怡景社区居委会、禾山街道禾盛社区居委会、禾山街道岭下社区居委会、禾山街道禾山社区居委会、厦门惠和文创旅游发展有限公司	巾帼文明岗	福建省妇联	2015.3
江头街道吕岭社区、湖里街道怡景社区、禾山街道岭下社区、厦门惠和石文化园、福建鑫磐泰建设工程有限公司	三八红旗集体	厦门市妇联	2015.3
湖里区靓妈成长中心	巾帼从创空间基地	厦门市妇联	2015.12
殿前街道办事处	福建省劳动关系和谐街道（2014 年）	福建省人力资源和社会保障厅、福建省总工会、福建省企业与企业家联合会、福建省工商业联合会	2015.8
殿前街道办事处	福建省第八届（2015—2017 年度）文明行业创建竞赛活动示范点	福建省精神文明建设指导委员会	2015.8
殿前街道办事处	福建省社区教育品牌	福建省终身教育促进委员会办公室	2015.9
高殿社区	厦门市第十四届（2012—2014 年度）文明社区	中共厦门市委、厦门市人民政府	2015.1
高殿社区	2015—2017 年度青年文明号	共青团厦门市委员会	2015.2.15
马垅社区	巾帼文明岗	福建省妇联、省“巾帼建功”活动领导小组	2015.3
马垅社区	“平安和谐创建”示范社区	厦门市社会管理综合治理委员会	2015.4
兴隆社区	2012—2014 年度文明社区	中共福建省委、福建省人民政府	2015.5
兴隆社区	福建省社区教育品牌	福建省终身教育促进委员会办公室	2015.9
兴隆社区	党代表工作室示范点	中共厦门市委组织部	2015.2
兴隆社区	文明交通示范社区	厦门市实施“文明交通行动计划”领导小组	2015.12
兴园社区	福建省社区教育品牌	福建省终身教育促进委员会办公室	2015.9
长乐社区	福建省社区科普益民优秀项目单位	福建省科学技术协会、福建省财政局	2015.7
长乐社区	福建省社区教育品牌	福建省终身教育促进委员会办公室	2015.9
长乐社区	厦门市第十四届（2012—2014 年度）文明社区	中共厦门市委、厦门市人民政府	2015.1
长乐社区	红十字应急救护志愿服务进社区先进单位	厦门市红十字会、厦门市委文明办	2015.12
北站社区	福建省社区教育品牌	福建省终身教育促进委员会办公室	2015.9

续表 18

单位名称	荣誉称号	授予单位	授予时间
北站社区	工人先锋号	厦门市总工会	2015.11
神山社区	厦门市第十四届（2012—2014 年度）文明社区	中共厦门市委、厦门市人民政府	2015.1
神山社区	厦门市军民共建（2012—2014 年度）先进单位	中共厦门市委、厦门市人民政府	2015.1
湖里公安分局指挥情报室	2015—2017 年度市级青年文明号	共青团厦门市委员会	2015.2.15
湖里公安分局	全省公安机关“亮剑扫毒”会战成绩突出集体	福建省公安厅	2015.5.8
湖里公安分局	2014 年度全省公安机关执法质量优秀单位	福建省公安厅	2015.4.28
湖里公安分局	“五一”期间安保工作表现突出集体	厦门市公安局	2015.5.11
湖里公安分局交警大队	“五一”期间安保工作表现突出集体	厦门市公安局	2015.5.11
湖里派出所国保工作室	2015 年度全市十佳派出所“国保工作室”	厦门市公安局	2015.2.8
湖里公安分局法制队	2014 年度厦门市优秀公安科所队	厦门市公安局	2015.2.8
殿前派出所	2014 年度厦门市优秀公安科所队	厦门市公安局	2015.2.8
江头派出所第一警务队	2014 年度厦门市优秀公安科所队	厦门市公安局	2015.2.8
湖里公安分局治安大队	剑盾行动集体嘉奖	福建省公安厅	2015.12.3
区委组织部	第十二届省级文明单位	福建省人民政府	2015.3
区委组织部	厦门市组织系统“唱响组工好声音．编织美丽中国梦”合唱比赛三等奖	厦门市委组织部	2015.8
区委组织部	干部人事档案目标管理一级单位	福建省委组织部	2015.7
湖里检察院公诉科	福建省“三八红旗集体”	福建省妇联、文明办	2015.3.8
湖里检察院公诉科	省级“青年文明号”	团省委	2015.4.21
湖里检察院	城乡共建先进单位	厦门市委、市政府	2015.10
湖里检察院	学雷锋活动示范点	厦门市委宣传部	2015.2
湖里检察院	先进基层检察院	厦门市人民检察院	2015.2
湖里检察院控申科	全省第八届文明行业创建竞赛活动示范点	福建省检察院、文明办	2015.11
湖里检察院工会	四星职工之家	厦门市总工会	2015.3
湖里区妇幼保健院	国家级巾帼文明岗	中华全国妇女联合会	2015.3
	五四红旗团支部	共青团福建省委	2015.5
	青年文明号	厦门市团委	2015.2
	工人先锋号	厦门市总工会	2015.3
	五星职工之家	厦门市总工会	2015.3
	五一劳动奖状	厦门市总工会	2015.4
湖里街道办事处	第四届全国文明单位	中央精神文明建设指导委员会	2015.2
湖里街道办事处	2014 年征兵工作先进单位	厦门市人民政府征兵办	2015.7
兴华社区	巾帼文明岗	福建省妇女联合会、福建省巾帼建功活动领导小组	2015.3

续表 18

单位名称	荣誉称号	授予单位	授予时间
兴华社区	厦门市第十四届（2012—2014 年度）文明社区	中共厦门市委、厦门市人民政府	2015.1
兴华社区	厦门市流动人口社会融合试点示范社区	厦门市卫生和计划生育委员会	2015.9
兴华社区	2014 厦门“最美街区”	厦门市委宣传部、文明办、台海网	2015.5
兴华社区	工人先锋号	厦门市总工会	2015.5
南山社区	厦门市第十四届（2012—2014 年度）文明社区	中共厦门市委、厦门市人民政府	2015.1
东荣社区	“全国法治社区建设示范社区”	中国社会工作联合会社区工作委员会	2015.12
东荣社区	老年人健身康乐家园	福建省体育局、老年办、老体协	2015.12
东荣社区	厦门市第十四届（2012—2014 年度）文明社区	厦门市人民政府	2015.12
东荣社区	厦门市军民共建（2012—2014 年度）先进社区	厦门市人民政府	2015.12
濠头社区	厦门市第十四届（2012—2014 年度）文明社区	中共厦门市委、厦门市人民政府	2015.1
怡景社区	厦门市第十四届（2012—2014 年度）文明社区	中共厦门市委、厦门市人民政府	2015.1
怡景社区	厦门市“三八红旗集体”	厦门市妇女联合会	2015.3
怡景社区	厦门市红十字应急救护志愿服务进社区先进单位	厦门市红十字会、厦门市委文明办	2015.12
怡景社区	全国法治社区建设示范社区	中国社会工作联合会社区工作委员会	2015.12
塘边社区	厦门市第十四届（2012—2014 年度）文明社区	中共厦门市委、厦门市人民政府	2015.1
塘边社区	妇女工作创新项目	厦门市妇联	2015.1
和通社区	平安和谐创建示范社区	厦门市社会管理综合治理委员会	2015.4
和通社区	工人先锋号	厦门市总工会	2015.5
和通社区	厦门市红十字应急救护志愿服务进社区先进单位	厦门市红十字会、厦门市委文明办	2015.12
康泰社区	厦门市第十四届（2012—2014 年度）文明社区	中共厦门市委、厦门市人民政府	2015.1
康泰社区	工人先锋号	厦门市总工会	2015.5
徐厝社区	厦门市第十四届（2012—2014 年度）文明社区	中共厦门市委、厦门市人民政府	2015.1
康晖社区	厦门市第十四届（2012—2014 年度）文明社区	中共厦门市委、厦门市人民政府	2015.1
海天社区	厦门市第十四届（2012—2014 年度）文明社区	中共厦门市委、厦门市人民政府	2015.1
康乐社区	福建省（2012—2014 年度）文明社区	中共福建省委、福建省人民政府	2015.5
康乐社区	家庭急救普及公益模范社区	中国应急急救联盟	2015.1
金鼎社区	福建省（2012—2014 年度）文明社区	中共福建省委、福建省人民政府	2015.5
湖里社区	文明交通示范社区	厦门市实施文明交通行动计划领导小组	2015.12
村里社区	工人先锋号	厦门市总工会	2015.5
东渡社区	工人先锋号	厦门市总工会	2015.5
后浦社区	工人先锋号	厦门市总工会	2015.5
鹭燕（福建）药业股份有限公司	福建省模范职工之家	福建省总工会	2015.5
鹭燕（福建）药业股份有限公司财务部	厦门市女职工建功立业标兵岗	厦门市总工会	2015.3

续表 18

单位名称	荣誉称号	授予单位	授予时间
厦门华信石油控股有限公司	厦门市级职工书屋	厦门市总工会	2015.5
厦门华信石油控股有限公司	厦门市企业职工文化建设示范单位	厦门市总工会	2015.11
厦门市厦煌物业服务有限公司	工人先锋号	厦门市总工会	2015.9
鹭燕（福建）药业股份有限公司	工人先锋号	厦门市总工会	2015.9
厦门市鹭发美食大庄园娱乐有限公司	工人先锋号	厦门市总工会	2015.9
厦门市金远东货运代理有限公司	工人先锋号	厦门市总工会	2015.9
厦门方式装饰设计有限公司	工人先锋号	厦门市总工会	2015.9
厦门市湖里区人民法院刑庭	全省法院先进集体	福建省高级人民法院	2015.1
厦门市湖里区人民法院执行庭	工人先锋号	厦门市总工会	2015.1
厦门市湖里区人民法院	全省基层法院调研成果得分排名第二	福建省高级人民法院	2015.2
厦门市湖里区人民法院立案庭	福建省“巾帼文明岗”	福建省妇联	2015.2
厦门市湖里区人民法院执行庭	全市法院系统 2013—2014 年度先进集体	厦门市中级人民法院	2015.3
厦门市湖里区人民法院立案庭	“2015—2017”省级青年文明号	福建省创建青年文明号活动组委会	2015.6
厦门市湖里区人民法院	2015 年司法宣传工作做出突出成绩予以通报表扬	最高人民法院	2015.9
厦门六中	2015 建发厦门国际马拉松赛“为马拉松喝彩”拉拉队比赛突出贡献奖	厦门国际马拉松赛组委会、厦门市教育局、厦门广播电视集团	2015.1.3
	2015 建发厦门国际马拉松赛“为马拉松喝彩”拉拉队比赛团体金奖	厦门国际马拉松赛组委会、厦门市教育局、厦门广播电视集团	2015.1.3
	六中校促会 4A 社会组织	厦门市民政局	2015.1
	厦门市 2014 年学校综治安全目标管理先进单位	厦门市教育局	2015.3
	第十二届文明学校	中共福建省委、福建省人民政府	2015.5
	2015 年厦门市中小学生合唱比赛中学组合唱二等奖	厦门市教育局、厦门市艺术教育委员会	2015.5.31
	2015 年厦门市中学生戏剧朗诵比赛朗诵类一等奖	厦门市教育局、厦门市艺术教育委员会	2015.5.31
	厦门市第七届中小学生优秀博文征集评选“最佳组织奖”	中共厦门市委文明办、厦门市教育局、厦门市网信办	2015.7
	重奏类二等奖	厦门市教育局、厦门市艺术教育委员会	2015.7.12
	《小草》（指导老师：徐艳林，陈琦，陈琰）获 2015 年厦门市中学生舞蹈比赛一等奖	厦门市教育局、厦门市艺术教育委员会	2015.7.9
	《自由探戈》（指导老师：谢映红）获 2015 年厦门市中学生器乐合奏，小合奏，重奏比赛器乐小合奏，重奏类二等奖	厦门市教育局、厦门市艺术教育委员会	2015.7.12
	第六届海峡两岸青少年中华姓氏源流知识竞赛二等奖	海峡两岸青少年中华姓氏源流知识竞赛组委会	2015.8
	工人先锋号	厦门市总工会	2015.12.10
区直机关离退休干部第二党支部	市离退休干部先进集体	市委组织部、市委老干部局	2015.3.5

统计公报

湖里区
2015年国民经济和社会发展统计公报

湖里区统计局
2016年4月5日

2015年，在区委、区政府的正确领导下，全区深入贯彻落实党的十八大和十八届三中、四中、五中全会精神，全面实施美丽厦门战略规划，持续加快“创新湖里”建设，大力推进产业转型、城市转型、社会转型，较好地完成全年各项任务，且获评全市唯一慢病分级诊疗改革示范区。

一、综合

初步核算，全年地区生产总值（GDP）778.14亿元，比上年增长7.7%。三次产业的比重为0：45.3：54.7，其中第二、第三产业增加值分别为352.20亿元和425.75亿元，分别增长10.4%和4.9%，分别拉动GDP增长4.8个和2.9个百分点，对经济增长的贡献率分别为62.5%和37.5%。其中增长较快的行业分别是金融保险业、仓储运输业和工业，分别增长14.7%、13.4%、11.1%。按常住人口计算，人均GDP达7.67万元，增长3.0%，折合美元1.18万美元/人。

二、工业和建筑业

2015年末，全区规模以上工业企业285家，完成现价工业总产值1454.15亿元，扣除价格因素后可比增长10.6%，实现现价增加值322.91亿元，可比增长11.4%。亿元以上企业99家，较上年增加5家，实现现价工业总产值1228.70亿元，按现价计算（下同）下降6.5%。其中十亿元以上企业18家，实现产值991.84亿元，占全区规模以上工业比重达68.2%，支撑作用明显。前三大行业分别为：计算机、通信和其他电子设备制造业实现产值948.25亿元，增长16.1%；电气机械和器材制造业实现产值138.42亿元，增长2.3%；金属制品、机械和设备修理业实现产值101.59亿元，增长4.3%。

全区规模以上工业企业实现销售产值1364.00亿

元，产销率为93.8%。出口交货值712.49亿元，比上年增长0.8%，出口交货值率52.2%。

建筑业增加值40.44亿元，比上年增长2.4%。全区2015年具有资质等级的200家建筑业企业完成建筑业总产值236.56亿元，增长44.6%，其中，建筑工程产值221.22亿元，增长41.9%；安装工程产值7.48亿元，增长40.3%。全年房屋建筑施工面积1452.12万平方米，增长20.3%。当年建筑企业新签合同价款237.57亿元，增长40.3%。

三、固定资产投资

全社会固定资产投资（不含农户）315.35亿元，下降2.0%。其中，第二产业投资下降31.6%，第三产业投资增长17.1%。

基础设施投资124.78亿元，增长4.6%，其中交通运输业投资97.01亿元，增长10.7%；公共设施管理业投资12.42亿元，下降18.9%。工业投资29.06亿元，下降30.8%，其中制造业投资18.45亿元，下降47.7%。社会产业投资27.83亿元，增长321.2%，其中教育事业投资1.36亿元，下降52.6%；卫生和社会工作投资22.18亿元，增长911.2%；文化、体育和娱乐业投资3.30亿元，增长379.4%。

房地产开发投资108.16亿元，下降12.2%，其中土地购置费37.66亿元，下降34.5%，占房地产投资的比重为34.8%，占全社会固定资产投资的比重为11.9%。全区房屋施工面积645.80万平方米，下降0.6%；房屋新开工面积56.60万平方米，下降34.9%。商品房销售面积56.27万平方米，下降56.3%，其中住宅销售39.93万平方米，下降49.5%。至年底，全区商品房待售面积53.03万平方米，增长42.7%，其中住宅待售面积19.83万平方米，增长225.9%。

四、国内贸易

社会消费品零售总额350.54亿元，比上年增长5.2%。限额以上企业零售额259.46亿元，增长3.6%，占全区社会消费品零售总额的74.0%；限额以下单位实现零售额91.08亿元，增长10.2%。全年零售额超亿元的批发零售贸易企业52家，合计零售额217.85亿元，净增10.63亿元，增长5.1%；零售额超千万元的住宿餐饮企业19家，合计零售额7.96亿元，净增0.56亿元，增长7.6%。

在限额以上企业商品零售额中，汽车类零售额115.30亿元，下降9.0%；食品饮料烟酒类零售额19.08亿元，增长16.3%；服装鞋帽针纺织品类零售额15.27亿元，下降13.5%；通讯器材类零售额18.28亿元，增长46.6%；家用电器和音像制品类零售额13.25亿元，增长19.0%；石油及制品类零售额7.26亿元，下降0.3%.

五、对外经济

全年外贸进出口总值349.99亿美元，比上年增长3.2%，其中，出口216.79亿美元，增长2.1%；进口133.20亿美元，增长5.0%。

全年新批外资项目183个，合同利用外资6.69亿美元，比上年增长88.8%；实际利用外资3.24亿美元，增长0.9%。

六、财税和金融

全区实现财政总收入154.50亿元，比上年增长1.3%；地方级财政收入96.96亿元，下降3.9%；区级收入42.33亿元，增长0.7%。在区级收入中，税收收入完成36.45亿元，下降7.1%，其中，个人所得税、房产税、城镇土地使用税、印花税增幅较高，分别增长51.3%、17.5%、13.8%和10.9%。

全年财政总支出37.17亿元，公共预算支出36.38亿元，增长8.9%。其中教育支出10.79亿元，增长0.6%；城乡社区事务支出7.75亿元，增长40.4%；社会保障和就业支出5.21亿元，增长28.0%。

金融保险业实现增加值45.08亿元，比上年增长14.7%。

七、教育和科学技术

教育

全区拥有各级学校（含成人教育、社会办学）164所，学年初招生数24665人，在校学生数99531人。其中：普通高等学校2所，学年初招生数860人，在校学生数2488人；普通中等学校13所，学年初招生数5593人，在校学生数15769人；小学45所，学年初招生数9782人，在校学生数56159人；幼儿园112所，学年初在园人数25076人；特殊教育辅读班1间，学年初在校学生39人。在各级各类学校中任职的专任教师6342人。

科学技术

2015年全区累计专利授权量3556件，其中发明专利274件。2015年区高新技术企业数达250家，规上工业高新技术企业70家（含湖里火炬园52家），总产值1180.22亿元，占全市3315.86亿元的35.6%。

八、文化、体育和卫生

文化

辖区共有文化馆1个，图书馆1个，街道文化站5个，社区文化活动室53个，网吧经营单位50家，“24小时街区自助图书机”53台。图书馆每周开放75.5小时，全年365天无休开放，为群众免费提供图书借阅、资料查询等服务，2015年共借阅图书56.73万册次，其中馆内借阅量为32.48万册次，24小时自助图书馆借阅量为24.25万册次，全年共接待读者52.42万人次，馆藏文献资源总量达40万册。图书馆流动图书车每周定期送书下基层，全年共开展送书下基层活动79场次，服务15068人次。

2015年共举办全区性文化活动97场，全区基层文体活动895场；第八届海峡文博会上，辖区共有80个文创产业展位申报参展；另外，我区“趣游（厦门）科技”获评省级文化产业示范基地。

体育

一是成功保障了2015年建发厦门国际马拉松赛顺利进行。二是成功保障了第六届海峡杯帆船赛的举行，共有来自中国大陆、台湾、香港的15艘帆船参加比赛。三是成功举办了第十一届中国俱乐部杯帆船挑战赛，共吸引了来自厦门、北京、上海、珠海、深圳、海南、云南、香港、台湾、新西兰的30支赛队185名帆船选手参赛。

卫生

全区各类医疗卫生机构325个，其中医院（含市属，下同）18家、门诊部44个、妇幼保健机构1个、疾控预防控制中心1个、计划生育服务站1个、诊所193个、村卫生所29个、企事业单位内设医疗机构40个。专业卫生技术人员6440人，其中执业医师（含执业助理医师）3295人、注册护士3145人。医疗机构实有开放床位2300张。

九、人口、民生、就业和社会保障

人口

全区户籍人口28.47万人，常住人口101.50万人。人口出生率12.0‰，人口死亡率2.7‰，人口自然增长率9.3‰，比上年下降3.6个千分点。户籍人口中，男性人口和女性人口分别为143133人和141533人。

民生

城镇居民人均可支配收入42314元，比上年增长6.6%。城镇居民人均消费性支出27796元，增长5.0%。

就业

全年促进失业人员再就业12327人，完成市下达年度目标任务的162.2%；促进就业困难对象再就业2744人，完成市下达年度目标任务的144.4%；开展失业人员技能培训827人，完成市下达年度目标任务的118.1%；开展农村劳动力技能提升培训871人，完成市下达年度目标任务的108.9%；开展技能鉴定1316人，完成市下达年度目标任务的188.0%。基本养老、基本医疗、失业、工伤和生育保险参保人数分别为31.62万人、32.88万人、31.99万人、32.03万人和31.36万人。

社会保障

全区累计共有城镇低保家庭8042户、12403人次，领取最低生活保障663.44万元。全年双救、双拥、老龄、残联等民政救济口共累计发放救助56400人（户）次，发放各类补助慰问款1971.24万元（含低保金）。2015年度湖里区慈善、老年福利协会共接收捐赠款1439.47万元，为辖区累计约20600人次计各类困难群众发放救助款、物1217.42万元。

十、环境保护和安全生产

环境保护

2015年湖里区环境空气质量有所改善，湖里监测站点优良率为95.07%，相比2014年的87.50%有大幅度提升。区域环境噪声为55.6分贝，道路交通噪声为67.5分贝，均优于功能区划标准。湖边水库水质现状为三类流域水体，与2014年持平。五缘湾水质现状为劣四类，污染程度有所改善，其中磷酸盐和无机氮平均浓度较2014年有不同程度下降。全区辐射环境质量保持正常水平，未发生辐射事故。废旧放射源、放射性废物依法安全处置，放射性同位素与射线装置辐射安全许可证持证率100%。

安全生产

全区共发生各类生产安全事故25起，比上年下降3.9%；死亡1人，比上年下降91.6%；受伤26人，比上年下降27.8%；经济损失18.11万元，比上年下降78.4%。

十一、各街道经济

工业

2015年各街道规模以上工业总产值分别为：湖里

街道 68.00 亿元，比上年下降 0.3%；殿前街道 379.13 亿元，增长 2.0%；江头街道 16.11 亿元，增长 3.1%；禾山街道 911.72 亿元，增长 4.7%；金山街道 19.61 亿元，增长 16.4%。

固定资产投资

2015 年各街道固定资产投资额分别为：湖里街道 13.39 亿元，增长 139.1%；殿前街道 110.67 亿元，增长 10.1%；江头街道 32.10 亿元，下降 11.7%；禾山街道 86.19 亿元，增长 1.4%；金山街道 73.00 亿元，下降 6.7%。

社会消费品零售总额

2015 年各街道社会消费品零售总额分别为：湖里街道 62.82 亿元，比上年下降 0.7%；殿前街道 184.88 亿元，增长 7.9%；江头街道 43.67 亿元，增长 15.2%；禾山街道 41.54 亿元，下降 6.7%；金山街道 17.62 亿元，增长 8.7%。

财政总收入

2015 年各街道实现财政总收入分别为：湖里街道 26.43 亿元，殿前街道 36.31 亿元，江头街道 18.74 亿元，禾山街道 26.83 亿元，金山街道 18.78 亿元。

要文存目

区委文件目录选辑

文号	文件标题
1号	中共湖里区委关于转发厦门市委落实党风廉政建设党委主体责任的意见、纪委监督责任的意见和责任追究实施细则（试行）的通知
2号	湖里区关于2014年落实党风廉政建设责任制工作情况的报告
3号	中共湖里区委关于贯彻党的十八届四中全会、省委九届十二次全会和市委十一届九次全会精神全面推进法治湖里建设的实施意见
4号	中共湖里区委关于同意召开湖里区第七届人民代表大会第四次会议的批复
5号	中共湖里区委关于同意召开政协第七届湖里区委员会第四次会议的批复
6号	中共湖里区委　湖里区政府关于表彰2014年度湖里区土地房屋征收工作先进单位和先进个人的决定
7号	中共湖里区委　湖里区人民政府关于印发《湖里区安全生产“党政同责、一岗双责”规定》的通知
8号	中共湖里区委　湖里区人民政府关于湖里区2014年度人口和计划生育工作情况的报告
9号	中共湖里区委关于成立湖里区人民法院自贸区法庭筹备工作领导小组的通知
10号	中共湖里区委　湖里区人民政府关于帮助协调解决安溪经济合作区湖里园经济指标共享问题的请示
11号	中共湖里区委关于撤销区经发局党委的决定
12号	中共湖里区委关于印发《区委常委会2015年工作要点》的通知
13号	中共湖里区委　湖里区人民政府关于表彰“美丽厦门　创新湖里”建设先进单位、十佳创新项目和优秀创新项目的通报
14号	中共湖里区委关于申报第六届福建省科普先进区的报告
15号	中共湖里区委　湖里区人民政府关于印发深入推进美丽厦门共同缔造行动2015年工作方案的通知
16号	中共湖里区委　湖里区人民政府关于万禹国际广场停工引发业主多次群体性上访事件问题的请示
17号	中共湖里区委　湖里区人民政府关于表彰慈善工作先进单位和先进个人的决定
18号	中共湖里区委　湖里区人民政府关于做好2015年社区组织换届选举工作的指导意见
19号	中共湖里区委　湖里区人民政府关于成立湖里区社区组织换届选举工作领导小组暨居民委员会选举指导组的通知
20号	区委　区政府关于促进落实好土地房屋征收“大包干”政策的请示
21号	区委　区政府关于印发《湖里区落实深化医药卫生体制改革综合试点实施方案》的通知
22号	区委　区政府关于调整湖里区社区组织换届选举工作领导小组暨居民委员会选举指导组的通知
23号	区委七届十五次全体会议决议
24号	区委　区政府关于成立湖里区城市综合管理工作领导小组及办公室的通知
25号	中共湖里区委关于召开湖里区第七届人民代表大会第五次会议的批复
26号	区委　区政府关于调整区美丽厦门共同缔造领导小组及其机构人员的通知
27号	区委关于成立区第七届人民代表大会第五次会议临时党组织的通知
28号	湖里区党政代表团对标先进区赴深圳、广州考察报告
29号	区委　区政府关于建立健全每月联合督查工作制度的意见
30号	区委　区政府关于调整湖里区土地房屋征收与返迁安置工作领导小组的通知
31号	区委关于调整湖里区精神文明建设指导委员会组成人员的通知
32号	区委关于调整湖里区新一轮创建文明城区工作组织机构及其职责的通知
33号	区委　区政府关于调整区重大项目领导小组成员的通知

文号	文件标题
34 号	区委关于调整区委党建工作领导小组成员的通知
35 号	区委关于调整湖里区司法体制改革工作领导小组的通知
36 号	湖里区创建 2016—2020 年度全国和福建省科普示范区自查报告
37 号	中共湖里区委关于印发《湖里区司法体制改革试点工作实施办法》的通知
38 号	中共湖里区委员会关于组团赴欧洲开展招商考察活动的请示
39 号	区委　区政府　区人武部关于调整区国防动员委员会及其办事机构成员的通知
40 号	中共湖里区委关于成立区委巡视工作联络组的通知
41 号	中共湖里区委关于成立工业园区党工委的通知
42 号	中共湖里区委　湖里区人民政府关于表彰 2015 年度 7—8 月“湖里区土地征收返迁安置工作之星“的决定
43 号	中共湖里区委　湖里区人民政府关于湖里区 2015 年度人口和计划生育工作情况报告

文号	文件标题
44 号	关于同意罗辉明等同志任职的复函
45 号	区委　区政府关于命名表彰湖里区第十八届（2013—2015 年度）精神文明建设工作先进单位、先进个人的决定
46 号	中共湖里区委七届十六次全体会议决议
47 号	中共湖里区委关于印发《中共湖里区委 2015 年工作总结》的通知
48 号	中共湖里区委关于印发《中共湖里区委关于制定湖里区国民经济和社会发展第十三个五年规划的建议》的通知
49 号	中共湖里区委员会关于同意召开政协第七届厦门市湖里区委员会第五次会议的批复
50 号	中共湖里区委员会关于同意召开湖里区第七届人民代表大会第六次会议的批复
51 号	中共湖里区委关于认真学习贯彻《中国共产党廉洁自律准则》和《中国共产党纪律处分条例》的通知
52 号	中共湖里区委关于建立党风廉政建设季度落实清单制度的意见

区委办文件目录选辑

文号	文件标题
1 号	中共湖里区委办公室　湖里区人民政府办公室关于成立第十一届厦门元宵民俗文化节活动领导小组的通知
2 号	中共湖里区委办公室　湖里区人民政府关于印发 2015 第十一届厦门元宵民俗文化节活动方案的通知
3 号	中共湖里区委办公室　湖里区人民政府办公室关于报送区级考核检查、评比表彰及认定项目的通知
4 号	中共湖里区委办公室　湖里区人民政府办公室关于对完成 2014 年度就业、社会保险、劳动关系工作责任目标单位兑现奖励的通知
5 号	中共湖里区委办公室　湖里区人民政府办公室关于成立福建安溪经济开发区湖里园建设指挥部的通知

文号	文件标题
6 号	中共湖里区委办公室关于贯彻落实市“美丽厦门共同缔造”总结推进现场会精神的通知
7 号	中共湖里区委办公室　湖里区人民政府办公室转发市委办、市政府办关于认真做好服务省市“两会”有关工作的通知
8 号	中共湖里区委办公室　湖里区人民政府办公室关于 2014 年度人口和计划生育工作责任目标考核情况的通报
9 号	中共湖里区委办公室关于调整区干部保健委员会成员的通知
10 号	中共湖里区委办公室　湖里区人民政府办公室关于调整湖里区经济责任审计工作联席会议成员的通知
11 号	中共湖里区委办公室　湖里区人民政府办公室关于印发《湖里区关于鼓励扶持引进高端商业品牌的办法》的通知

文号	文件标题
12号	中共湖里区委办公室　湖里区人民政府办公室关于下达2015年就业、社会保险和劳动关系目标责任书的通知
13号	中共湖里区委办公室关于印发《湖里区关心下一代工作委员会2015年工作意见》的通知
14号	中共湖里区委办公室关于成立湖里区关爱工程联盟的通知
15号	中共湖里区委办公室关于在全区深入开展习近平总书记来闽考察重要讲话精神“大学习、大讨论”活动的通知
16号	中共湖里区委办公室关于转发湖里区2015年经济责任审计工作联席会会议纪要的通知
17号	中共湖里区委办公室　湖里区人民政府办公室关于分解下达2015年全社会固定资产投资任务的通知
18号	中共湖里区委办公室　湖里区人民政府办公室关于公布2014年湖里区重点产业人才和台湾专业人才名单的决定
19号	中共湖里区委办公室　湖里区人民政府办公室关于在全区推广使用机关办公自动化等信息系统的通知
20号	中共湖里区委办公室关于调整区委保密委成员的通知
21号	中共湖里区委办公室关于印发湖里区2015年档案工作要点的通知
22号	中共湖里区委办公室关于印发全面推进法治湖里建设工作任务责任分解方案的通知
23号	中共湖里区委办公室　湖里区人民政府办公室关于调整湖里区建设和谐劳动关系工作领导小组的通知
24号	中共湖里区委办公室　湖里区人民政府办公室关于印发湖里区土地房屋征收、返迁安置与开发建设指挥部调整方案的通知
25号	中共湖里区委办公室关于办理区政协七届四次会议提案的通知
26号	中共湖里区委办公室印发《湖里区非公经济组织和社会组织党建工作联席会议制度》的通知
27号	中共湖里区委办公室关于转发中共湖里区委组织部2015年工作要点的通知
28号	中共湖里区委办公室　湖里区人民政府办公室关于印发2015年信访稳定工作责任书的通知
29号	中共湖里区委办公室　湖里区人民政府办公室关于印发《湖里区“美丽厦门共同缔造”行动“以奖代补”项目实施办法》的通知
30号	中共湖里区委办公室关于印发刘育生同志在“美丽厦门　创新湖里”建设总结推进会上讲话的通知
31号	中共湖里区委办公室关于印发“创新湖里”建设工作总结及下一步工作思路的通知
32号	中共湖里区委办公室　湖里区人民政府办公室关于调整湖里区全民科学素质工作领导小组的通知
33号	中共湖里区委办公室关于印发2014年度湖里区落实党风廉政建设责任制情况问题清单整改任务分工的通知
34号	中共湖里区委办公室　湖里区人民政府办公室关于印发促进全区经济发展相关办法的通知
35号	中共湖里区委办公室　湖里区人民政府办公室印发《关于开展创建“老年人健身康乐家园”活动的实施意见》的通知
36号	中共湖里区委办公室　湖里区人民政府关于印发2015年区委、区政府与区政协政治协商安排计划的通知
37号	中共湖里区委办公室　湖里区人民政府办公室关于兑现2014年招商引资目标责任制奖惩的决定
38号	中共湖里区委办公室　湖里区人民政府办公室关于兑现2014年区商务局、区工商局招商引资奖励的决定
39号	中共湖里区委办公室　湖里区人民政府关于实行2015年度招商引资工作目标责任制的通知
40号	中共湖里区委办公室　湖里区人民政府办公室关于领导干部外出请假报批制度的补充通知
41号	中共湖里区委办公室　湖里区人民政府办公室转发关于认真做好“五一”假日期间有关工作的通知
42号	中共湖里区委办公室　湖里区人民政府办公室关于成立中国（福建）自由贸易试验区厦门片区湖里区工作领导小组的通知
43号	中共湖里区委办公室　湖里区人民政府办公室关于印发《湖里区落实党风廉政建设责任制区级检查实施细则》的通知
44号	中共湖里区委办公室　湖里区人民政府办公室关于调整湖里区社会组织管理工作领导小组成员的通知
45号	中共湖里区委办公室　湖里区人民政府办公室关于开展2015年全区“万人献爱心、慈善一日捐”活动的通知
46号	中共湖里区委办公室　湖里区人民政府办公室关于调整区海防委员会组成人员的通知

文号	文件标题
47 号	中共湖里区委办公室　湖里区人民政府办公室关于印发湖里区加强经济运行调度和主要指标考核工作机制的通知
48 号	中共湖里区委办公室　湖里区人民政府办公室关于给予文国清等同志记三等功奖励的决定
49 号	中共湖里区委办公室　湖里区人民政府办公室关于印发第七届厦门（湖里）城市诵读节暨 2015 湖里悦读季活动方案的通知
50 号	中共湖里区委办公室　湖里区人民政府办公室关于调整 2015 年主要固定资产投资项目分管挂钩领导的通知
51 号	中共湖里区委办公室　湖里区人民政府办公室关于印发湖里区贯彻落实省、市关于开展“比落地、比促销、比服务、看实效”活动部署的实施方案的通知
52 号	中共湖里区委办公室　湖里区人民政府办公室关于调整依法治区领导小组及办公室成员的通知
53 号	区委办　区政府办关于成立湖里区社区组织换届选举监督委员会的通知
54 号	中共湖里区委办公室关于转发区纪委区委组织部《关于美丽厦门创新湖里社区清风工程的行动方案》的通知
55 号	区委办　区政府办关于兑现 2014 年度区对街道经济目标考核奖励金的通知
56 号	区委办　区政府办转发《中共福建省委办公厅、福建省人民政府办公厅关于进一步加强和改进突发事件信息报送工作的意见》的通知
57 号	区委办　区政府办关于印发《自贸试验区湖里片区联动招商考核办法》的通知
58 号	区委办印发《关于在全区处级以上领导干部中开展“三严三实”专题教育实施方案》的通知
59 号	区委办　区政府办关于转发《中共厦门市委办公厅　厦门市人民政府办公厅关于一起不作为典型案例的通报》的通知
60 号	区委办关于印发《贯彻落实区委七届十三次全会精神全面推进法治湖里建设 2015 年工作要点》的通知
61 号	区委办　区政府办关于调整部分片区指挥部副总指挥的通知
62 号	区委办　政府办关于印发《2014 年度湖里区绩效评估工作情况的通报》的通知
63 号	区委办　区政府办转发中共厦门市委办、市政府办关于加强市场环境和开放环境建设营造一流营商环境的行动计划的通知

文号	文件标题
64 号	区委办关于报送 2015 年上半年工作总结及下半年工作思路的通知
65 号	区委办　区政府办关于调整湖里区易肇事肇祸重性精神病人管理领导小组的通知
66 号	区委办　区政府办关于印发湖里区深入推进三网融合工作方案的通知
67 号	区委办　区政府办关于调整湖里区深化医药卫生体制改革领导小组的通知
68 号	区委办　区政府办关于印发湖里区区级政府资产清查工作方案的通知
69 号	区委办　区政府办关于印发《湖里区区属企业国有资产监督管理办法》补充规定的通知
70 号	区委办　区政府办关于印发进一步提升福德文化品牌建设的实施方案的通知
71 号	区委办　区政府办关于成立专项审计对接工作领导小组的通知
72 号	区委办关于印发《2015 年区委每月听取干部群众意见活动实施方案》的通知
73 号	区委办印发湖里区关于 2014 年度厦门市落实党风廉政建设责任制情况问题清单的整改方案的通知
74 号	区委办关于印发张毅恭和徐国庆同志在区委七届十五次全体（扩大）会议上讲话的通知
75 号	区委办　区政府办印发《关于加强厦门两岸集成电路自贸区产业基地人才引进和培养工作的意见》的通知
76 号	区委办关于调整区委密码工作领导小组成员的通知
77 号	区委办　区政府办关于印发湖里区领导干部挂钩联系重点企业制度的通知
78 号	区委办　区政府办关于开展全区安全生产大检查的通知
79 号	区委办　区政府办关于调整区委机构编制委员会成员的通知
80 号	中共湖里区委办转发关于加强社区党建与社区治理融合工作的若干意见的通知
81 号	中共湖里区委办关于做好“党的作风建设”意见建议办理工作的通知
82 号	区委办　区政府办关于调整湖里区文化发展改革工作领导小组成员的通知
83 号	区委办　区政府办关于印发“两违”拆后腾出土地利用方案的通知
84 号	区委办　区政府办关于印发创建“无违建”街道实施方案的通知

文号	文件标题
85号	区委办　区政府办关于成立2015年厦门国际投资贸易洽谈会厦门代表团湖里工作组的通知
86号	区委办　区政府办关于在全区开展干部转型大讨论活动的通知
87号	区委办关于调整区委人才工作领导小组成员的通知
88号	区委办　区政府办关于成立五缘湾片区整治提升工作协调小组的通知
89号	区委办　区政府办关于开展2015年"9.28终身教育活动日"系列活动的通知
90号	区委办　区政府办关于创建2016—2020年度全国和福建省科普示范区工作领导小组的通知
91号	区委办　区政府办关于印发促进工业创新转型增长暂行办法补充意见的通知
92号	区委办　区政府办关于调整区双拥工作领导小组成员的通知
93号	区委办　区政府办关于调整湖里区深化医药卫生体制改革领导小组的通知
94号	区委办　区政府办关于印发湖里区2015年度绩效管理工作方案的通知
95号	区委办关于印发张毅恭同志在区委理论学习中心组学习研讨会上的讲话的通知
96号	区委办　区政府办关于印发《湖里区领导挂钩联系双百人才企业一览表》的通知
97号	区委办　区政府办关于进一步加强和改进值班与信息报告工作的通知
98号	区委办　区政府办关于区委　区政府值班室增加三名非在编值班员的请示
99号	区委办　区政府办关于调整湖里区创建幸福家庭活动领导小组的通知
100号	区委办印发《〈关于加强省去党建与社区治理融合工作的若干意见〉主要任务分解表》的通知
101号	区委办　区政府办关于兑现2013年协税护税工作考核奖励的决定
102号	区委办关于积极配合省委县（市区）巡视二组开展巡视工作的通知
102号	区委办　区政府办关于成立湖里区产业投资管理有限公司筹建领导小组及办公室的通知
104号	区委办关于报送2015年工作总结及明年工作思路的通知
105号	区委办　区政府办关于调整湖里区轨道交通建设工作指挥部成员的通知
106号	中共湖里区委办公室印发关于开展基层干部不作为乱作为等损害群众利益问题专项整治工作方案的通知
107号	区委办　区政府办关于调整区海防委员会组成人员的通知
108号	中共湖里区委办关于印发张毅恭同志在区委七届十六次全体（扩大）会议上讲话的通知
109号	区委办关于印发张毅恭同志在全区第十八届精神文明建设工作表彰暨迎接2015年度全国文明城市　全省文明城区测评工作动员大会上讲话的通知
110号	区委办　区政府办关于印发2016年厦门国际马拉松赛湖里区工作方案的通知
111号	区委办　区政府办关于调整区老龄工作委员会成员的通知
112号	区委办　区政府办关于调整湖里区"两违"综合治理专项行动领导小组成员的通知
113号	区委办　区政府办关于印发《湖里区关于大力推进大众创业万众创新的实施办法》的通知
114号	区委办　区政府办关于印发《湖里区行政中心安全保卫规定》的通知
115号	区委办　区政府办关于做好2016年元旦春节期间有关工作的通知
116号	区委办　区政府办关于成立湖里区"创新社区"建设工作领导小组的通知

区政府文件目录选辑

文号	文件标题
厦湖府〔2015〕	
1号	湖里区人民政府2014年政府信息公开工作年度报告
2号	湖里区人民政府关于开展安全生产大检查的通知
6号	湖里区人民政府关于成立土地招拍挂竞买申请人资格审查小组的通知
7号	湖里区人民政府关于聘任湖里区特邀监察员的通知
8号	湖里区人民政府关于印发进一步加强社会保险工作的实施意见的通知
9号	湖里区人民政府关于暂停活禽交易的通告
10号	湖里区人民政府关于傅瑞生等任免职的通知
12号	湖里区人民政府关于成立2015年春运工作领导小组的通知
15号	湖里区人民政府关于开办五缘实验幼儿园和祥店幼儿园的批复
16号	湖里区人民政府关于公布2015年重点项目名单的通知
17号	湖里区人民政府关于辜琦皇等免职的通知
20号	湖里区人民政府关于美仑花园一期M2地块项目房屋征收公告
22号	湖里区人民政府关于同意五通学校法人注销的批复
25号	湖里区人民政府转发厦门市人民政府关于公布下放精简行政审批事项的通知
28号	湖里区人民政府关于增补湖里区城市综合管理委员会副主任的通知
29号	湖里区人民政府关于厦门市轨道交通1号线一期工程塘边站（增补）项目房屋征收公告
30号	湖里区人民政府关于同意2015年度安全生产监督管理执法工作计划的批复
32号	湖里区人民政府关于进一步做好企业用工服务工作的通知
34号	湖里区人民政府关于办理区七届人大四次会议代表建议和区政协七届四次会议提案的通知
36号	湖里区人民政府关于潘安梅免职的通知
37号	湖里区人民政府关于调整领导班子工作分工的通知
48号	湖里区人民政府关于2014年度安全生产目标管理责任制考核结果的通报
50号	湖里区人民政府关于下达2015年消防工作主要责任目标的通知
51号	湖里区人民政府关于印发湖里区城中村消防设施技术改造工作方案的通知
52号	湖里区人民政府关于调整领导班子工作分工的通知
54号	湖里区人民政府关于陈正清任职的通知
60号	湖里区人民政府关于表彰2014年度纳税先进企业的决定
66号	湖里区人民政府关于成立环境空气质量提升工作领导小组的通知
67号	湖里区人民政府关于枋湖雅苑安置房及枋湖文化旅游产业园东侧市政道路用地项目房屋征收公告
68号	湖里区人民政府关于印发评选“湖里8景”暨“厦门新20景”湖里区参评项目工作方案的通知
69号	湖里区人民政府关于印发湖里区独生子女家庭奖励扶持办法的通知
76号	湖里区人民政府关于公布行政审批和公共服务事项目录的通知
86号	湖里区人民政府关于下达2015年安全生产目标责任的通知
89号	湖里区人民政府　湖里区人民法院　湖里区人民检察院关于贯彻实施《厦门经济特区多元化纠纷解决机制促进条例》的意见
90号	湖里区人民政府　湖里区人民武装部关于调整湖里区征兵工作领导小组的通知
91号	湖里区人民政府关于李玉昆任免职的通知
93号	湖里区人民政府关于五缘湾南片区环湾路项目房屋征收公告
94号	湖里区人民政府关于调整湖里区城市综合管理委员会及办公室成员的通知

文号	文件标题
95号	湖里区人民政府 厦门市科学技术局关于印发促进厦门两岸集成电路自贸区产业基地发展的办法的通知
105号	湖里区人民政府关于印发湖里区城市综合管理整治工作方案的通知
106号	湖里区人民政府 厦门市科学技术局关于成立厦门两岸集成电路自贸区产业基地工作领导小组及办公室的通知
108号	湖里区人民政府关于成立湖里区食品安全委员会的通知
113号	湖里区人民政府关于房屋征收公告期限延期的通知
121号	湖里区人民政府关于表彰2014年度总部企业的决定
122号	湖里区人民政府关于公布“湖里八景”评选结果的通知
128号	湖里区人民政府关于辛向东等任免职的通知
135号	湖里区人民政府关于黄伟等任免职的通知
136号	湖里区人民政府关于印发湖里区地质灾害排查评估整治工作方案的通知
139号	湖里区人民政府关于认真做好第三次全国农业普查的通知
141号	湖里区人民政府关于成立湖里区地质灾害排查评估整治工作协调组的通知
142号	湖里区人民政府关于环岛路（鳌山路—高殿二号路段）工程国有土地上房屋拟征收范围的公告
143号	湖里区人民政府关于海沧隧道本岛端接线工程国有土地上房屋拟征收范围的公告
148号	湖里区人民政府关于左勇涛任职的通知
149号	湖里区人民政府关于颁布实施仙岳山公园生态保护规划的通知
150号	湖里区人民政府2015年度依法行政工作报告
151号	湖里区人民政府关于表彰2013至2014年湖里区科技进步奖的决定
163号	湖里区人民政府关于洪志彬等任免职的通知
165号	湖里区人民政府关于印发湖里区水污染防治行动计划实施方案的通知

区政府办文件目录选辑

文号	文件标题
厦湖府办〔2015〕	
2号	湖里区人民政府办公室关于印发2015年度湖里区政府常务会议学法计划的通知
3号	湖里区人民政府办公室关于印发湖里区农贸市场活禽交易档口改为白条禽档口的实施方案的通知
4号	湖里区人民政府办公室关于印发湖里区2015年春运工作方案的通知
5号	湖里区人民政府办公室转发区假日办2015年春节黄金周旅游市场综合检查工作方案的通知
6号	湖里区人民政府办公室关于分解下达2015年区政府主要工作任务的通知
7号	湖里区人民政府办公室关于分解下达2015年市政府工作报告涉及我区任务的通知
9号	湖里区人民政府办公室关于印发《湖里区政府门户网站政民互动栏目管理办法》的通知
10号	湖里区人民政府办公室关于印发湖里区进一步提升环境空气质量工作方案的通知
11号	湖里区人民政府办公室关于印发湖里区2015年推进依法行政建设法治政府工作要点的通知
12号	湖里区人民政府办公室关于开展消防安全大排查大整治活动的紧急通知
13号	湖里区人民政府办公室关于印发2014年环境管理评审报告的通知
14号	湖里区人民政府办公室关于印发湖里区2015年消防宣传工作意见的通知
15号	湖里区人民政府办公室关于2014年消防工作目标责任考评情况的通报
17号	湖里区人民政府办公室关于调整湖里区ISO14001环境管理体系推行领导小组成员的通知

文号	文件标题
18 号	湖里区人民政府办公室关于印发湖里区清洁空气行动计划及 2015 年度实施方案的通知
19 号	湖里区人民政府办公室关于调整湖里区消防工作联席会议领导小组及其办公室成员的通知
20 号	湖里区人民政府办公室关于调整区地方病防治工作领导小组的通知
21 号	湖里区人民政府办公室关于调整湖里区创建慢性非传染性疾病综合防控示范区工作领导小组的通知
22 号	湖里区人民政府办公室关于做好我区 2015 年全国 1% 人口抽样调查的通知
23 号	湖里区人民政府办公室关于调整湖里区爱国卫生运动委员会成员的通知
24 号	湖里区人民政府办公室关于印发湖里区迎接国家卫生城市复审工作方案的通知
28 号	湖里区人民政府办公室关于调整湖里区“质量强区”工作领导小组成员的通知
29 号	湖里区人民政府办公室关于印发湖里区 2015 年地质灾害防治方案的通知
30 号	湖里区人民政府办公室关于调整区招生委员会成员的通知
33 号	湖里区人民政府办公室关于印发《组织全区防空警报试鸣暨防空袭紧急疏散演练方案》的通知
34 号	湖里区人民政府办公室关于表彰 2014 年度消防工作先进个人的通报
37 号	湖里区人民政府办公室关于印发湖里区开展提高流动人口家庭发展能力促进流动人口社会融合示范试点工作方案的通知
39 号	湖里区人民政府办公室关于印发湖里区打击盗采海砂工作方案的通知
40 号	湖里区人民政府办公室关于调整湖里区节约能源工作领导小组的通知
41 号	湖里区人民政府办公室关于印发湖里区环境保护大检查实施方案的通知
43 号	湖里区人民政府办公室关于印发落实“多规合一”推进建设项目审批流程改革实施意见的通知
44 号	湖里区人民政府办公室关于印发湖里区建设项目审批信息管理系统运行规则的通知
45 号	湖里区人民政府办公室关于印发湖里区深入开展夏季消防检查工作方案的通知
46 号	湖里区人民政府办公室关于印发 2015 年政府信息公开工作主要任务分解表的通知
47 号	湖里区人民政府办公室关于印发湖里区推进环境空气质量提升实施方案的通知

文号	文件标题
49 号	湖里区人民政府办公室转发厦门市人民政府关于进一步加强农产品质量安全工作的意见的通知
51 号	湖里区人民政府办公室关于调整防汛抗旱指挥部职能及成员的通知
54 号	湖里区人民政府办公室关于转发湖里区锅炉及工业窑炉整治工作方案的通知
55 号	湖里区人民政府办公室关于转发湖里区电梯安全监管大会战工作方案的通知
56 号	湖里区人民政府办公室关于印发湖里区 2015 年区长生态文明建设和环境保护目标责任书任务分解表的通知
57 号	湖里区人民政府办公室关于印发 2015 年湖里区推进使用正版软件工作实施方案的通知
58 号	湖里区人民政府办公室关于成立湖里区闽南文化生态保护实验区工作领导小组的通知
59 号	湖里区人民政府办公室关于做好网上行政执法平台运行工作的通知
60 号	湖里区人民政府办公室关于调整湖里区假日旅游工作协调领导小组的通知
61 号	湖里区人民政府办公室关于印发清理规范行政审批中介服务实施意见的通知
62 号	湖里区人民政府办公室关于印发 2015 年主要污染物减排工作实施意见的通知
63 号	湖里区人民政府办公室关于创建“安静居住小区”工作的通知
64 号	湖里区人民政府办公室关于进一步做好区七届人大四次会议代表建议和区政协七届四次会议提案办理工作的通知
65 号	湖里区人民政府办公室关于印发湖里区老楼危楼排查整治方案的通知
66 号	湖里区人民政府办公室关于加强政府信息公开政策解读工作的通知
67 号	湖里区人民政府办公室关于印发湖里区优化整合免费婚前医学检查和免费孕前优生健康检查工作实施意见的通知
68 号	湖里区人民政府办公室关于成立区妇幼健康优质服务示范工程创建工作领导小组的通知
69 号	湖里区人民政府办公室关于规范涉老场所的服务及安全隐患排查整治的通知
70 号	湖里区人民政府办公室关于调整迎接国家卫生城市复审指挥部成员的通知
72 号	湖里区人民政府办公室关于禾山街道片区征迁工作指挥部强查工作组的通知

文号	文件标题
73号	湖里区人民政府办公室关于成立禾山街道片区征迁工作指挥部强拆工作组的通知
81号	湖里区人民政府办公室关于印发进一步加强农产品质量安全工作意见的通知
82号	湖里区人民政府办公室关于印发湖里区"四残儿童"抢救性康复护理补助办法的通知
83号	湖里区人民政府办公室　湖里区效能办关于下发2015年度市对区领导班子考核指标任务的通知
84号	湖里区人民政府办公室关于印发民办幼儿园消防安全专项整治工作方案的通知
85号	湖里区人民政府办公室关于印发《湖里区促进旅游业发展的扶持奖励办法》的通知
86号	湖里区人民政府办公室转发区假日办2015年国庆黄金周旅游保障工作方案的通知
87号	湖里区人民政府办公室　湖里区电信局关于中国电信宽带用户"光纤入户"集中改造的通告
88号	湖里区人民政府办公室关于成立湖里区燃气安全工作领导小组的通知
89号	湖里区人民政府办公室关于转发湖里区餐饮场所燃气安全专项整治工作方案的通知
91号	湖里区人民政府办公室关于成立湖里区价格纠纷调解委员会的通知
92号	湖里区人民政府办公室关于编制2016年财政预算的通知
93号	湖里区人民政府办公室关于加强基层统计工作的意见
94号	湖里区人民政府办公室关于印发湖里区地震应急预案的通知
97号	湖里区人民政府办公室关于印发湖里区突发事件紧急医学救援预案的通知
98号	湖里区人民政府办公室关于建立机关事业单位工作人员养老保险制度改革联席会议制度的通知
99号	湖里区人民政府办公室关于切实加强今冬明春消防安全工作的通知

文号	文件标题
100号	湖里区人民政府办公室关于印发湖里区危险化学品事故灾难应急预案的通知
102号	湖里区人民政府办公室关于成立创建国家食品安全城区工作领导小组的通知
103号	湖里区人民政府办公室关于转发湖里区瓶装燃气市场"打非治违"专项行动实施方案的通知
104号	湖里区人民政府办公室关于印发湖里区餐厨垃圾收运工作方案的通知
105号	湖里区人民政府办公室关于开展2015年度依法行政绩效评估指标考核的通知
106号	湖里区人民政府办公室关于开展重大行政决策后评价工作的通知
108号	湖里区人民政府办公室关于印发湖里区创建国家食品安全城区实施方案的通知
109号	湖里区人民政府办公室关于印发缓解企业用工难问题的若干意见的通知
111号	湖里区人民政府办公室关于印发湖里区网格化环保监管工作实施方案的通知
114号	湖里区人民政府办公室关于印发湖里区重点区域大气污染日常巡查管控工作方案的通知
115号	湖里区人民政府办公室转发区民政局关于湖里区第二次全国地名普查补查工作实施方案的通知
117号	湖里区人民政府办公室关于开展2015年度政府系统政务公开及政府信息公开、电子政务绩效考核的通知
120号	湖里区人民政府办公室关于印发湖里区水污染防治行动计划实施方案的通知
124号	湖里区人民政府办公室关于开展向对口帮扶地区捐衣被献爱心活动的通知
128号	湖里区人民政府办公室关于调整区公务车辆管理领导小组成员的通知
127号	湖里区人民政府办公室关于陆定超同志任职的通知

文件选录

湖里区第三次全国经济普查主要数据公报（第一号）

湖里区第三次全国经济普查领导小组办公室、湖里区统计局、湖里区统计综合调查队

2015 年 5 月 6 日

根据《国务院关于开展第三次全国经济普查的通知》(国发〔2012〕60 号)、《福建省人民政府关于认真做好第三次全国经济普查的通知》(闽政〔2012〕56 号)和《厦门市人民政府关于认真做好第三次全国经济普查的通知》(厦府〔2012〕522 号)要求，我区进行了第三次全国经济普查。这次普查的标准时点为 2013 年 12 月 31 日，普查时期资料为 2013 年年度资料。普查对象是我区行政区划内从事第二产业和第三产业的全部法人单位、产业活动单位和个体经营户。通过这次普查，摸清了我区第二产业和第三产业的发展规模及布局，摸清了我区产业组织、产业结构、产业技术的现状以及各生产要素的构成，查实了服务业和小微企业的发展状况。

根据《全国经济普查条例》，湖里区第三次全国经济普查领导小组办公室、湖里区统计局、湖里区统计综合调查队现分三个公报，将第三次全国经济普查的主要综合数据公布如下。其他普查数据将随着普查资料开发应用的进度，以不同方式陆续公布。

一、单位基本情况

2013 年末，全区共有从事第二产业和第三产业活动的法人单位 18621 个，比 2008 年末（2008 年是第二次全国经济普查年份，下同）增加 9847 个，增长 112.2%；产业活动单位 21092 个，增加 11789 个，增长 126.7%；个体经营户 29542 个，其中，有证照个体经营户 16017 个（详见表 1–1）。

表 1–1　单位数与有证照个体经营户数

	单位数（个）	比重（%）
一、法人单位	18621	100
企业法人	17834	95.8
机关、事业法人	256	1.4
社会团体和其他法人	531	2.8
二、产业活动单位	21092	100
第二产业	3450	16.4
第三产业	17641	83.6
三、有证照个体经营户	16017	100
第二产业	356	2.2
第三产业	15661	97.8

2013 年末，在第二产业和第三产业法人单位中，位居前三位的行业是：批发和零售业 8311 个，占 44.6%；制造业 3330 个，占 17.9%；租赁和商务服务业 1504 个，占 8.1%。在有证照个体经营户中，位居前三位的行业是：批发和零售业 11378 个，占 71.0%；住宿和餐饮业 2510 个，占 15.7%；居民服务、修理和其他服务业 1260 个，占 7.9%（详见表 1–2）。

表 1–2　按行业分组的法人单位与有证照个体经营户

	法人单位（个）	有证照个体经营户（个）
合计	18621	16017
采矿业	—	—
制造业	3330	356
电力、热力、燃气及水生产和供应业	7	—
建筑业	616	6

续表 1-2

	法人单位（个）	有证照个体经营户（个）
批发和零售业	8311	11378
交通运输、仓储和邮政业	1504	81
住宿和餐饮业	238	2510
信息传输、软件和信息技术服务业	531	8
金融业	11	—
房地产业	471	92
租赁和商务服务业	1451	116
科学研究和技术服务业	664	75
水利、环境和公共设施管理业	65	—
居民服务、修理和其他服务业	466	1260
教育	297	13
卫生和社会工作	75	93
文化、体育和娱乐业	175	29
公共管理、社会保障和社会组织	408	—

注：表中法人单位合计数含从事农、林、牧、渔服务业、法人单位 1 个。

2013 年末，全区共有第二产业和第三产业的企业法人单位 17834 个。其中，内资企业占 95.5%，港、澳、台商投资企业占 2.6%，外商投资企业占 1.9%。内资企业中，国有企业占全部企业法人单位的 0.8%，私营企业占 80.9%（详见表 1-3）。

表 1-3　按登记注册类型分组的企业法人单位

	企业法人单位（个）
合计	17834
内资企业	17025
国有企业	141
集体企业	24
股份合作企业	18
联营企业	3
有限责任公司	2256
股份有限公司	88
私营企业	14430

续表 1-3

	企业法人单位（个）
其他企业	65
港、澳、台商投资企业	469
外商投资企业	340

二、从业人员

2013 年末，全区第二产业和第三产业法人单位从业人员 63.70 万人，比 2008 年末增加 19.18 万人，增长 43.1%。个体经营户从业人员 7.45 万人，有证照个体经营户从业人员 4.29 万人。

在法人单位从业人员中，位居前三位的行业是：制造业 21.70 万人，占 34.1%；建筑业 18.85 万人，占 29.6%；批发和零售业 8.30 万人，占 13.0%。在有证照个体经营户从业人员中，位居前三位的行业是：批发和零售业 2.60 万人，占 60.6%；住宿和餐饮业 0.94 万人，占 21.9%；居民服务、修理和其他服务业 0.39 万人，占 9.1%（详见表 1-4）。

表 1-4　按行业分组的法人单位与有证照个体经营户从业人员

	法人单位从业人员（万人）	有证照个体经营户从业人员（万人）
合计	63.70	4.29
采矿业	—	—
制造业	21.70	0.13
电力、热力、燃气及水生产和供应业	0.01	—
建筑业	18.85	—
批发和零售业	8.30	2.60
交通运输、仓储和邮政业	5.75	0.04
住宿和餐饮业	0.92	0.95
信息传输、软件和信息技术服务业	0.83	—
金融业	0.02	—
房地产业	1.45	0.07
租赁和商务服务业	1.56	0.03
科学研究和技术服务业	1.13	0.02
水利、环境和公共设施管理业	0.25	—
居民服务、修理和其他服务业	0.82	0.39

续表 1–4

	法人单位从业人员（万人）	有证照个体经营户从业人员（万人）
教育	0.92	0.01
卫生和社会工作	0.39	0.04
文化、体育和娱乐业	0.18	0.01
公共管理、社会保障和社会组织	0.62	—

三、企业资产总计

2013 年末，全区第二产业和第三产业企业资产总计 6259.96 亿元，其中，第二产业企业资产总计占全部企业资产总计的 19.3%，第三产业企业资产总计占 80.7%。

四、小微企业

2013 年末，全区共有第二产业和第三产业的小微企业法人单位 17212 个，占全部企业法人单位 96.5%。其中，位居前三位的行业是：批发和零售业 8076 个，占全部企业法人单位 45.3%；工业 3250 个，占 18.2%；交通运输、仓储和邮政业 1483 个，占 8.3%。

小微企业从业人员 34.55 万人，占全部企业法人单位从业人员 56.1%。其中，位居前三位的行业是：建筑业 11.79 万人，占全部企业法人单位从业人员的 19.1%；工业 9.43 万人，占 15.3%；批发和零售业 6.11 万人，占 9.9%。

小微企业法人单位资产总计 3097.22 亿元，占全部企业法人单位资产总计的 49.5%。其中，位居前三位的行业是：租赁和商务服务业 753.40 亿元，占全部企业法人单位资产总计的 12.0%；批发和零售业 716.55 亿元，占 11.4%；交通运输、仓储和邮政业 665.21 亿元，占 10.6%（详见表 1–5）。

表 1–5　按行业分组的小微企业法人单位、从业人员和资产总计

	企业法人单位（个）	从业人员（万人）	资产总计（亿元）
合计	17212	34.55	3097.22
工业	3250	9.43	284.47
建筑业	576	11.79	57.84

续表 1–5

	企业法人单位（个）	从业人员（万人）	资产总计（亿元）
批发和零售业	8076	6.11	716.55
交通运输、仓储和邮政业	1483	2.63	665.21
住宿和餐饮业	225	0.47	8.90
信息传输、软件和信息技术服务业	522	0.61	20.41
房地产业	386	0.71	524.34
租赁和商务服务业	1412	1.40	753.40
其他未列明行业	1281	1.39	66.05

注：表中小微企业法人单位合计数含从事农、林、牧、渔服务业小微企业法人单位 1 个，从业人员 2 人，资产总计 0.02 亿元。

五、主要经济结构变化情况

2013 年末，在全区第二产业和第三产业法人单位中，企业法人单位占 95.8%，机关、事业法人单位占 1.4%，社会团体和其他法人占 2.8%；企业法人单位从业人员占全部法人单位从业人员的 96.7%，机关、事业法人单位占 1.9%，社会团体和其他法人占 1.4%。

在法人单位中，第二产业占 21.1%，第三产业占 78.9%；第二产业法人单位从业人员占全部法人单位从业人员的 62.7%，第三产业法人单位从业人员占 37.3%。

分街道看，法人单位数名列前位的街道是：湖里街道、禾山街道和江头街道。湖里街道、禾山街道和江头街道法人单位共有 11791 个，占 63.3%；法人单位从业人员名列前位的街道是：湖里街道、禾山街道和江头街道。湖里街道、禾山街道和江头街道法人单位从业人员共有 44.72 万人，占 70.2%（详见表 1–6）。

表 1–6　按街道分组的法人单位和从业人员

	法人单位		从业人员	
	数量（个）	比重（%）	数量（万人）	比重（%）
合计	18621	100	63.70	100
湖里街道	4369	23.5	23.30	36.6
殿前街道	3511	18.9	10.46	16.4
禾山街道	3731	20.0	10.87	17.1
江头街道	3691	19.8	10.55	16.6
金山街道	2091	11.2	4.21	6.6

有证照个体经营户数名列前位的街道是：江头街道、禾山街道和湖里街道。江头街道、禾山街道和湖里街道有证照个体经营户户数共有 11391 个，占 71.1%；有证照个体经营户从业人员名列前位的街道是：江头街道、禾山街道和湖里街道。江头街道、禾山街道和湖里街道有证照个体经营户从业人员共有 3.02 万人，占 70.4%（详见表 1–7）。

表 1–7　按街道分组的有证照个体经营户和从业人员

	个体经营户		从业人员	
	数量（个）	比重（%）	数量（万人）	比重（%）
合计	16017	100	4.29	100
湖里街道	3167	19.8	0.82	19.1
殿前街道	2912	18.2	0.79	18.4
禾山街道	3491	21.8	0.93	21.7
江头街道	4733	29.5	1.27	29.6
金山街道	1704	10.6	0.48	11.2

注释：

［1］三次产业的划分：

第一产业是指农、林、牧、渔业（不含农、林、牧、渔服务业）。

第二产业是指采矿业（不含开采辅助活动），制造业（不含金属制品、机械和设备修理业），电力、热力、燃气及水生产和供应业，建筑业。

第三产业即服务业，是指除第一产业、第二产业以外的其他行业。第三产业包括：批发和零售业，交通运输、仓储和邮政业，住宿和餐饮业，信息传输、软件和信息技术服务业，金融业，房地产业，租赁和商务服务业，科学研究和技术服务业，水利、环境和公共设施管理业，居民服务、修理和其他服务业，教育，卫生和社会工作，文化、体育和娱乐业，公共管理、社会保障和社会组织，国际组织，以及农、林、牧、渔业中的农、林、牧、渔服务业，采矿业中的开采辅助活动，制造业中的金属制品、机械和设备修理业。

［2］单位的划分：

法人单位是指具备以下条件的单位：

（1）依法成立，有自己的名称、组织机构和场所，能够独立承担民事责任；

（2）独立拥有（或授权使用）资产或者经费，承担负债，有权与其他单位签订合同；

（3）具有包括资产负债表在内的账户，或者能够根据需要编制账户。

法人单位包括企业法人、事业单位法人、机关法人、社会团体法人和其他成员组织法人、其他法人。

产业活动单位是指具备以下条件的单位：

（1）在一个场所从事一种或主要从事一种社会经济活动；

（2）相对独立组织生产活动或经营活动；

（3）能提供收入、支出等相关资料。

有证照的个体经营户是指除农户外，生产资料归劳动者个人所有，以个体劳动为基础，劳动成果归劳动者个人占有和支配的一种经营组织。即按照《民法通则》和《城乡个体工商户管理暂行条例》规定经各级工商行政管理机关登记注册、领取营业执照的个体工商户。

［3］小微企业：

根据工业和信息化部、国家统计局、国家发展和改革委员会、财政部《关于印发中小企业划型标准规定的通知》（工信部联企业〔2011〕300 号）精神和国家统计局制定的《统计上大中小微型企业划分办法》确定。本办法按照行业门类、大类、中类和组合类别，依据从业人员、营业收入、资产总额等指标或替代指标，将我国的企业划分为大型、中型、小型、微型等四种类型。

［4］表中的合计数和部分数据因小数取舍而产生的误差，均未作机械调整。

湖里区人民政府关于印发进一步加强社会保险工作的实施意见的通知

厦湖府〔2015〕8号

各街道办，区直各办、局，各相关单位：

《湖里区关于进一步加强社会保险工作的实施意见》已经区政府常务会议研究通过，现印发你们，请认真抓好贯彻实施。

厦门市湖里区人民政府

2015年1月13日

湖里区关于进一步加强社会保险工作的实施意见

为贯彻落实中央、省、市关于加强保障和改善民生工作的要求，进一步扩大我区社会保险覆盖面，提升辖区居民社会保障水平，根据《中华人民共和国社会保险法》《厦门市被征地人员基本养老保险办法》《厦门市被征地人员基本养老保险办法实施细则》《厦门市城乡居民养老保险暂行办法》等规定，结合我区实际，制定本实施意见。

一、指导思想

以社会保险法律法规为依据，按照“政府推动、政策引导、集体扶持、个人参保、财政补贴”的原则，进一步深化我区社会保险工作，努力实现辖区居民养老、医疗等社会保险全覆盖，让辖区居民特别是困难群体、被征地人员在更大范围、更高层次上得到保障。

二、加强政策扶持

（一）鼓励被征地人员参加基本养老保险

1.适用对象。参加湖里区被征地人员基本养老保险的被征地人员。

2.扶持措施

（1）参保补助。被征地人员一次性缴纳8—15年的基本养老保险费，给予一次性参保补助5000元。其中，低保人员一次性缴纳的，给予一次性参保补助8000元。

（2）贷款贴息。对办理贷款投保的被征地人员实行贷款贴息（贷款银行需与区政府有合作协作），贷款额度不高于个人实际缴费金额（即应缴保费扣除区、街、社区、小组参保补助后的个人实际缴费），利息由个人承担40%、政府补助60%。

（3）参保保障

参保的被征地人员退养后死亡的，其个人账户余额、死亡时以全市上年度职工月平均工资为基数计发的2个月丧葬费、1个月一次性补助费和累计已领取的养老金三项之和低于原被征地人员个人实际缴费的，其差额部分给予补贴。补贴金额 = 个人实际缴费额（扣除区街两级补贴）—个人账户余额—死亡时以全市上年度职工月平均工资为基数计发的2个月丧葬费、1个月一次性补助费—累计已领取的养老金。

参保的被征地人员退养前死亡的，其个人缴费部分按厦门市人社局有关规定退付。

（二）鼓励城乡居民参加养老保险

1.适用对象。具有湖里区户籍且年满46—60周岁参加厦门市城乡居民养老保险的居民。

2. 补助措施

（1）属残疾人员、最低生活保障对象、计生对象中独生子女残疾或死亡、计生手术并发症的参保缴费人员，除按规定享受市政府100元缴费补助外，如选择200元缴费标准参保的，其个人缴费部分每人每年补助100元。上述参保对象如属计生户且选择300元及以上缴费标准参保的，其个人缴费部分每人每年再补助100元。

（2）其他符合条件且参保缴费的人员，其个人缴费部分每人每年补助100元。如属计生户且选择200元及以上缴费标准参保的，其个人缴费部分每人每年再补助100元。

（三）鼓励城乡居民参加基本医疗保险

1. 适用对象。具有湖里区户籍且已参加厦门市城乡居民基本医疗保险、未成年人医疗保险的人员。

2. 补助措施

已参加城乡居民基本医疗保险、未成年人医疗保险的人员，每人每年医疗保险个人缴费部分按100%比例给予补助。

三、落实经费保障

上述各项补助经费，按现行渠道纳入区财政预算，区、街两级财政各承担50%，区级财政需承担的经费，由街道先行支付，年底财政体制结算。

四、明确职责分工

区民政局负责做好低保对象申领财政补助的审查、登记造册，并协助办理参保、补助手续；区财政局负责所需资金的预算、审核及拨付；区人社局负责综合管理和政策宣传解释、补助工作的组织实施；区建设局负责被征地人员土地征用、补偿情况的统计核准以及信息反馈；区卫计局负责计生优抚对象的登记造册，并协助办理参保手续；区残联负责残疾人员的登记造册，并协助办理参保、补助手续；区公安分局负责被征地参保人员的户籍、年龄确认，协助提供辖区居民户籍变更信息；区地税局负责参保登记申报、费用的征收等；各街道和社区居委会负责政策宣传、参保登记、建立台账、兑现补助和业务承办等；区社保中心负责个人账户管理、待遇支付、审核等业务经办。

五、其他

1. 本意见中被征地人员指本行政区域内经区政府批准“村改居”的居民（原行政村村民）。

2. 本意见由区人力资源和社会保障局负责解释。

3. 本意见自2015年1月1日起实行，有效期5年。

4.《湖里区被征地人员基本养老保险实施办法》（厦湖府〔2005〕18号）、《湖里区被征地人员基本养老保险投保贷款贴息办法》（厦湖府〔2005〕70号）、《湖里区被征地人员基本养老保险补充规定》（厦湖府〔2007〕27号）、《湖里区关于推进城乡居民养老保险参保工作的实施意见》（厦湖府〔2012〕15号）文自本意见实施之日起废止。

厦门市湖里区人民政府办公室

2015年1月13日印发

关于印发《湖里区关于鼓励扶持引进高端商业品牌的办法》的通知

厦湖委办〔2015〕12 号

各街道党工委、办事处，区直各部、委、办、局、各人民团体：

《湖里区关于鼓励扶持引进高端商业品牌的办法》已经区委、区政府研究同意，现印发给你们，请结合实际，认真贯彻执行。

中共湖里区委办公室　湖里区人民政府办公室

2015 年 2 月 9 日

湖里区关于鼓励扶持引进高端商业品牌的办法

为把本区打造成为海峡西岸经济区重要的消费购物中心，加快引进国际高端商业品牌和经营企业，发挥品牌综合效应，聚集商贸产业集群，增强商业核心竞争力和对外辐射力，根据本区高端商业发展需要，制定本办法。

一、高端商业品牌的定义和认定

高端商业品牌是指在国际市场上具有杰出表现，得到广泛认可和偏爱、产生巨大效应、具有强大竞争优势的产品品牌，具有历史悠久，高美誉度、高价格、高品质及高品位等“一久四高”特点。

高端商业品牌采用目录的形式进行认定，分为国际顶级品牌、国际一线品牌和国际二线品牌，且根据国际知名品牌研究机构年度排名情况变化进行调整及滚动补充。

二、扶持条件及扶持对象

（一）扶持条件

1. 首次进驻湖里区开设专卖店的高端商业品牌，单店面积不小于 50 平方米，并引入该品牌的主线产品。

2. 在湖里区设立并具备独立法人的企业。

3. 所引进品牌的税收关系需归属湖里区。

4. 所引进品牌需承诺在湖里区经营期限不少于五年，若在此期间迁出我区，我区有权追回已发放的扶持奖励。

（二）扶持对象

1. 利用商业场地引进高端商业品牌开设专卖店的运营商；

2. 成功引进（指引进该品牌开设专柜或专卖店，并且年度销售达到一定规模，下同）符合上述扶持条件的高端商业品牌的引进机构。

三、扶持措施

（一）对利用商业场地新引进高端商业品牌开设专卖店的运营商，给予入驻装修费用补贴。

最高补贴额度和标准：按照该专卖店实际经营面积（不含配套部分面积）计算，（1）属国际顶级品牌的，每平方米引进费用补贴为 5000 元；（2）属国际一线品牌的，每平方米引进费用补贴为 3000 元；（3）属国际二线品牌的，每平方米引进费用补贴为 2000 元。服饰类补贴面积最高不超过 500 平方米，珠宝、腕表、皮具、化妆品类补贴面积最高不超过 200 平方米；（4）其他类别补贴面积最高不超过 100 平方米；（5）混合经营的，按照实际营业额最高类别的补贴标准。

补贴期限：上述补贴金额自该专卖店正式营业次年起分三年返还。

（二）对单店年零售额达到 500 万元以上的该商业场地业主（或该商业场地实际经营单位），给予当年 20 万元的奖励。

补贴期限：自该专卖店正式营业次年起三年。

（三）对成功引进高端商业品牌开设专卖店并签订三年以上入驻协议的引进企业（业主或该商业场地实际经营单位），每引进一个国际顶级品牌，给予一次性 15 万元的奖励；每引进一个国际一线品牌，给予一次性 10 万元的奖励。

（四）对经营面积达到一万平方米以上，拥有 40 家以上国际顶级品牌和国际一线品牌的名品中心（详见国际顶级品牌、国际一线品牌目录），每年安排专项资金予以宣传扶持。

（五）对成功引进高端商业品牌开设专卖店并签订三年以上入驻协议的引进企业（业主或该商业场地实际经营单位），从当年起连续三年按该高端品牌对区级财政收入贡献的 100% 给予奖励。此扶持条款不与其他扶持条款同时享受。

四、申请程序

（一）申报时间

符合条件的扶持对象可在高端商业品牌专卖店正式开业后，向湖里区商务局申报奖励。

（二）申报材料

1. 湖里区鼓励扶持引进高端商业品牌申报表（向受理单位领取并填报、盖章）；

2. 品牌所有权证明或代理权证明、品牌授权书或合作经营协议书的复印件（复印件需加盖公章，并注明与原件一致，必要时受理部门可要求申报人提供原件进行核对，下同）；

3. 经营场所产权证和租赁合同复印件；

4. 商场或品牌专卖店、旗舰店的营业执照、税务登记证复印件；

5. 受理部门认为需要提供的其他补充材料。

五、其他

（一）上述扶持资金由湖里区商务局负责兑现，并由区街按照财政体制共同承担。

（二）高端商业品牌目录参考世界品牌实验室关于世界顶级奢侈品牌 100 强、福布斯年度世界顶级奢侈品调查、世界奢侈品协会最新发布的全球奢侈品牌 100 强的名单确定，以文件附件的形式随同本文件一并公布。今后目录将根据品牌研究机构发布年度排行变动情况，由湖里区商务局于每年一季度前进行更新发布。品牌在享受扶持政策期间，排名如有变动，以首次认定的为准。

（三）扶持对象已享受湖里区其他扶持政策的，不重复享受本办法规定的装修补贴政策。

（四）在引进高端商业品牌中出现的特殊情况需予以鼓励扶持，而本办法未明确的，其具体扶持措施由湖里区商务局提请湖里区政府按个案另行研究确定。

（五）本办法由湖里区商务局负责解释。

（六）本办法从 2015 年 1 月 1 日起施行，有效期至 2017 年 12 月 31 日。

附件：国际顶级品牌、国际一线品牌、国际二线品牌目录

序号	中文名称	外文名称	类别	序号	中文名称	外文名称	类别
国际顶级品牌目录							
1	爱马仕	HERMèS	服饰	5	菲拉格慕	Salvatore Ferragamo	服饰、皮具
2	香奈儿	CHANEL	服饰、皮具 化妆品	6	古驰	Gucci	服饰、皮具 腕表、配饰
3	路易·威登	Louis Vuitton	服饰、皮具	7	卡地亚	Cartier	珠宝
4	克里斯汀·迪奥	Christian Dior	服饰、 化妆品	8	梵克雅宝	Van Cleef & Arpels	珠宝

续表

序号	中文名称	外文名称	类别	序号	中文名称	外文名称	类别
9	宝诗龙	Boucheron	珠宝	15	积家	Jaeger-Le Coultre	腕表
10	海瑞·温斯顿	Harry Winston	珠宝	16	爱彼	Audemars Piguet	腕表
11	尚美	Chaumet	珠宝	17	娇兰	Guerlain	化妆品
12	百达翡丽	Patek Philippe	腕表	18	雅诗兰黛	ESTEE LAUDER	化妆品
13	江诗丹顿	Vacheron Constantin	腕表	19	迪奥	Dior	皮具
14	伯爵	Piaget	腕表				
国际一线品牌目录							
1	范思哲	Versace	服饰	25	奥斯卡·德拉伦塔	Oscar de la renta	服饰
2	普拉达	PRADA	服饰、皮具化妆品	26	唐娜·凯伦	Donna Karan	服饰
3	芬迪	FENDI	服饰、皮具化妆品	27	布莱奥尼	Brioni	服饰
4	乔治·阿玛尼	Giorgio Armani	服饰、皮具	28	巴利	BALLY	服饰、皮具
5	杰尼亚	Ermenegildo Zegna	服饰	29	杜嘉班纳	DOLCE&GABBANA	服饰
6	巴宝莉	BURBERRY	服饰	30	宝缇嘉	Bottega Veneta	服饰
7	纪梵希	Givenchy	服饰	31	麦丝玛拉	MaxMara	服饰
8	登喜路	Dunhill	服饰	32	缪缪	MIU MIU	服饰
9	罗意威	Loewe	服饰	33	康纳利	CANALI	服饰
10	切瑞蒂 1881	Cerruti 1881	服饰	34	克洛伊	CHLOE	服饰
11	卡尔文·克莱恩	Calvin Klein	服饰	35	托德斯	TOD'S	服饰
12	拉尔夫劳伦	Ralph Lauren	服饰	36	爱斯卡达	ESCADA	服饰
13	赛琳	C é LINE	服饰	37	波士	BOSS HUGO BOSS	服饰
14	蔻驰	Coach	服饰、皮具	38	安普里奥·阿玛尼	EMPORIO ARMANI	服饰
15	浪凡	Lanvin	服饰	39	都彭	ST.Dupont	服饰
16	米索尼	MISSONI	服饰	40	保罗与鲨鱼	PAUL&SHARK	服饰
17	索尼亚·里基尔	Sonia Rykiel	服饰	41	马克·雅可布	MARC JACOBS	服饰
18	蒂埃里·穆勒	Thierry Mugler	服饰	42	莫斯奇诺	MOSCHINO	服饰
19	华伦天奴	VALENTINO	服饰	43	保罗·史密斯	Paul Smith	服饰
20	莲娜丽姿	Nina Ricci	服饰	44	高田贤三	KENZO	服饰
21	巴黎世家	Balenciaga	服饰	45	塞乔·罗西	SERGIO ROSSI	服饰
22	圣罗兰	Yves Saint Laurent	服饰	46		JIMMY CHOO	服饰
23	克里斯汀·拉克鲁瓦	Christian Lacroix	服饰	47	伯鲁提	Berluti	服饰
24	三宅一生	ISSEY MIYAKE	服饰	48	上海滩	Shanghai Tang	服饰

续表

序号	中文名称	外文名称	类别	序号	中文名称	外文名称	类别
49	皮埃尔·巴尔曼	Pierre Balmain	服饰	74	沛纳海	Panerai	腕表
50	盟可睐	MONCLER	服饰	75	朗格	Alange	腕表
51	罗伯特·卡沃利	ROBETO CAVALLI	服饰	76	萧邦	Chopard	腕表
52	克莱利亚尼	corneliani	服饰	77	雅典表	UlysseNardin	腕表
53	卡罗琳娜·海莱拉	Carolina Herrera	服饰	78	卡地亚	Cartier	腕表
54	欧米茄	OMEGA	腕表	79	豪爵	RogerDubius	腕表
55	卡洛伊巴特拉	Kloybateri	珠宝	80	帕玛强尼	Parmigiani	腕表
56	宝格丽	Bvlgari	珠宝	81	泰格豪雅	TAG HEUER	腕表
57	万宝龙	Montblanc	珠宝、笔	82	名士	BAUME & MERCIER	腕表
58	蒂芙尼	Tiffany & Co.	珠宝	83	芝柏	GIRARD-PERREGAUX	腕表
59	御木本	MIKIMOTO	珠宝	84	昆仑	Corum	腕表
60	宝曼兰朵	Pomellato	珠宝	85		Hermes watch	腕表
61	玳美雅	Damiani	珠宝	86	兰芝	Laneige	化妆品
62	施华洛世奇	SWAROVSKI	珠宝	87	兰蔻	Lanc?me	化妆品
63	布契拉提	Federico Buccellati	珠宝	88	倩碧	Clinique	化妆品
64	格拉夫	Graff	珠宝	89	碧欧泉	Biotherm	化妆品
65	蒂爵	Derier	珠宝	90	希思黎	SISLEY	化妆品
66	雷恩	L é on Hatot	珠宝	91	华伦天奴	VALENTINO	皮具
67	乔治杰生	Georg Jensen	珠宝	92		MCM	皮具
68	宝铂	Blancpain	腕表	93		Church's	皮具
69	劳力士	Rolex	腕表	94		ECCO	皮具
70	宝玑	Breguet	腕表	95	珑骧	longchamp	皮具、服饰
71	万国	IWC	腕表	96	雨果波士\胡戈波士	Hugo Boss	皮具、服饰
72	法穆兰	Franck Muller	腕表	97	卡尔·拉格斐	Karl Lagerfeld	皮具、服饰
73	格拉苏蒂	Glash ǔ tte Original	腕表	98	日默瓦	RIMOWA	箱包
国际二线品牌目录							
1	安娜苏	ANNA SUI	服饰	7	劳埃德	LLOYD	服饰
2	迪赛	Diesel	服饰	8	蔻凯	KOOKAI	服饰
3	欧克赛特	Oxette	珠宝	9	布克兄弟	Brooks Brothers	服饰
4	让·保罗·高提耶	Jean Paul Gaultier	服饰	10	汤美希菲格	TOMMY HILFIGER	服饰
5	麦克斯蔻	MAX&CO.	服饰	11	爱格那	AIGNER	服饰
6		IBLUES	服饰	12	唐可娜儿	DKNY	服饰

续表

序号	中文名称	外文名称	类别	序号	中文名称	外文名称	类别
13	君皇仕	GIEVES & HAWKES	服饰	45	“爱”莫斯奇诺	LOVE MOSCHINO	服饰
14	肯迪文	KENT&CURWEN	服饰	46	伽达	GIADA	服饰
15	都本	DURBEN	服饰	47	摩纳哥会馆	CLUB MONACO	服饰
16	蓝色情人	Blumarin	服饰	48	阿贝克隆比 & 费奇	Abercrombie & Fitch	服饰
17	安娜·莫里那瑞	ANNA MOLINARI	服饰	49		I.T	服饰
18	伯爵莱利	PAL ZILERI	服饰	50	橘滋	JUICY COUTURE	服饰
19		ANTEPRIMA	服饰	51		Alexander de Paris	服饰
20	雅格狮丹	Aquascutum	服饰	52	维多利亚的秘密	VICTORIA’S SECRET	服饰
21		PAUL& JOE	服饰	53		GF FERRE	服饰
22	阿尼亚斯贝	Agn è s b.	服饰	54	阿玛尼牛仔	ARMANI JEANS	服饰
23	查尔斯·卓丹	CHARLES JOURDAN	服饰	55	阿玛尼	ARMANI COLLECTION	服饰
24	雅狮威	ASHWORTH	服饰	56		Red Valentino	服饰
25		DAKS	服饰	57		Tru Trussardi	服饰
26	斯特拉·麦卡特尼	Stella McCartney	服饰	58		Love Moschino	服饰
27	玛尼	MARNI	服饰	59		Max&Co.	服饰
28	亚历山大·麦昆	Alexander McQueen	服饰	60		M Missoni	服饰
29		Emilio Pucci	服饰	61	马克·雅可布之马克	marc by marc jacobs	服饰
30		Thomas Pink	服饰	62	凯伦·米莲	Karen Millen	服饰
31	斯迪芬博	StefanoBi	服饰	63	D 二次方	DSQUARED2	服饰
32	王大仁	Alexander Wang	服饰	64		CNC	服饰
33	兰姿	LANCEL	服饰	65		True Religion	服饰
34	玛百莉	MULBERRY	服饰	66	盖斯	GUESS	服饰
35	乐途仕	LOTTUSSE	服饰	67	凯恩莱博	COVHERlab	服饰
36	柏翠莎　佩佩	Patrizia Pepe	服饰	68		links of london	珠宝
37	凯特·丝蓓	KATE SPADE	服饰	69	雷达	Rado	腕表
38	法国鳄鱼	LACOSTE	服饰	70	天梭	Tissot	腕表
39	途米	TUMI	服饰	71	浪琴	longines	腕表
40	卡尔·拉格菲尔德	Karl Lagerfeld	服饰	72	克雷德	CREED	化妆品
41	就是卡沃利	Just Cavalli	服饰	73	莲娜丽姿	NINA RICCI	化妆品
42	迈克·科尔斯	MICHAEL KORS	服饰	74	资生堂	SHISEIDO	化妆品
43		PINKO	服饰	75	赫莲娜	HELENA RUBINSTEIN	化妆品
44		ESCADA SPORT	服饰				

续表

序号	中文名称	外文名称	类别	序号	中文名称	外文名称	类别
76	莱珀妮	La Prairie	化妆品	83	大卫杜夫	DAVIDOFF	雪茄
77	纪梵希	Givenchy	化妆品	84	歌蒂梵	GODIVA	巧克力
78	芙拉	Furla	皮具	85	博世	BOSE	音响
79	凯特·丝蓓	Kate Spade	皮具	86		Bang & Olufsen	音响
80	汤丽柏琦	Tory Burch	皮具	87	奥罗拉	Aurora	笔
81	夏洛特·奥林匹亚	Charlotte Olympia	皮具	88	派克	PARKER	笔
82		Lottusse	皮具 鞋				

湖里区人民政府关于进一步做好企业用工服务工作的通知

厦湖府〔2015〕32号

为进一步缓解企业招工难问题，保障我区经济平稳健康发展，根据《厦门市人民政府办公厅转发福建省人民政府办公厅关于采取有效措施缓解当前企业用工问题的通知》(厦府办〔2011〕33号)和《关于进一步做好促进本市居民就业和企业用工服务工作的若干意见》(厦人社〔2013〕126号)等文件精神，结合我区实际，经研究，现就进一步做好企业用工服务工作通知如下：

一、建立企业固定招聘点

在江头街道蔡塘广场设立区企业固定招聘点，租赁一间店面（约45平方米）作为日常企业用工服务点，利用广场每月组织2—3场企业用工招聘会。其他街道也参照该办法设立企业固定招聘点。

二、鼓励职业院校输送学生到我区企业实习

鼓励职业院校与我区企业开展岗前实习合作，职业院校成批输送20名及以上在校学生且在我区同一企业实习满3个月的，按每名学生500元的标准，给予职业院校一次性奖励。

三、鼓励老员工介绍新员工

鼓励企业老员工通过“亲带亲”“友带友”“老乡带老乡”等方式介绍新员工，每介绍1名初次来厦务工人员并在我区同一企业正常工作6个月以上的，给予介绍人300元的一次性介绍奖励。

四、其他

（一）本通知与上级出台同类政策，按就高不重复原则，仅限享受其中一种。

（二）本通知由区人力资源和社会保障局负责解释。

（三）本通知自发文之日起执行，有效期至2018年12月31日止。

厦门市湖里区人民政府

2015年3月23日

湖里区人民政府关于印发
湖里区独生子女家庭奖励扶持办法的通知

厦湖府〔2015〕69 号

各街道办事处，区属各委、办、局，辖区各相关单位：

现将修订的《湖里区独生子女家庭奖励扶持办法》印发给你们，请认真贯彻执行。

厦门市湖里区人民政府

2015 年 6 月 4 日

湖里区独生子女家庭奖励扶持办法

为深入贯彻落实党的十八大精神，深化“生育文明 . 幸福家庭”创建活动，建立和完善人口和计划生育利益导向机制，加大对执行计划生育政策的独生子女家庭的奖励帮扶力度，激发广大群众自觉实行计划生育的积极性，根据《中华人民共和国人口和计划生育法》、《福建省人口和计划生育条例》、《中共福建省委、福建省人民政府关于坚持计划生育基本国策促进人口长期均衡发展的实施意见》（闽委发〔2014〕17 号）和《福建省人口计生领导小组办公室关于加强计划生育基层基础工作的实施意见》（闽人口领办〔2014〕8 号）精神，结合我区实际，特制定《湖里区独生子女家庭奖励扶持办法》。

一、奖励扶持对象

家庭成员户籍在湖里辖区，已领取《独生子女父母光荣证》或《独生子女证》的独生子女家庭。

二、奖励扶持内容

（一）就学扶持

1. 升学奖励。为鼓励独生子女积极上进、努力学习，对非低保家庭中的独生子女参加高考考上“985”或“211”大学的给予一次性奖励 5000 元；考入全日制研究生的给予一次性奖励 10000 元。

2. 圆梦帮扶。对低保家庭中的独生子女考上省一级重点高中的每年给予 3000 元帮扶，直至高中毕业（三年），考上普通高中或中专的每年给予 2000 元帮扶，直至高中或中专毕业（三年）；考上全日制本科学校的每年给予 6000 元的帮扶，直至大学毕业（四年），考上全日制专科学校的每年给予 4000 元的帮扶，直至毕业（三年）。

（二）就医扶持

3. 实施住院救助。属低保家庭的独生子女家庭成员患病住院的，扣除基本医疗保险报销金额后，按个人自付部分 80% 的比例给予救助（年累计救助不超过 30000 元）。

4. 实施意外伤害保险。每年为未成年独生子女家庭（独生子女未满 18 周岁）购买一份保费 100 元的计划生育家庭意外伤害保险。

（三）就业扶持

5. 扶持独生子女创业。“幸福工程”项目对独生子女家庭实施优先救助，个体救助资金为 2 万元、资金使用期限延长一年的办法，资助困难独生子女家庭发展生产、创业。

6. 扶持独生子女就业。本区行政机关、事业单位招聘编外补充性工作人员或社区居委会招聘工作人员时，在同等条件下，优先录用独生子女及其父母。

（四）养老扶持

7. 实施养老补助。对子女无法在身边照顾的独生子女父母（指独生子女户籍、工作在本市以外的实际空巢老人），男、女方年满 60 周岁的，由政府为其购买家政服务，每周不少于 4 小时；自愿到养老机构居住、生活的，每人每月补助 1000 元；属于低保户的，每人每月补助 2000 元。

8. 实施奖励扶助。对年满 60 周岁、未纳入省制定的扶助政策扶助的独生子女父母每年给予 1800 元的奖励扶助。

9. 实施高龄补贴。对独生子女父母年满 80 周岁的、90 周岁、100 周岁的，每人每月分别发给 100 元、200 元、500 元的高龄补贴。高龄补贴与其他补助、救助、扶助金可叠加发放。

（五）特殊扶持

10. 实施意外紧急救助。独生子女家庭遭遇突发事件，造成财产重大损失、家庭成员重大伤害或重大疾病的，给予一次性紧急救助 10000 元；独生子女家庭成员死亡且家庭有遗属的，给予 5000 元的补助。

三、经费来源

11. 每年财政安排专项资金保障所需奖励扶助的经费支出。

四、发放方式

12. 符合条件的奖扶对象向户籍地所在社区提出申请，经公示无异议，报街道计生办复核公示后发放。

五、其他事项

13. 省、市出台的同类项目奖励扶持内容，按照就高标准的原则享受一次；所有奖励扶持项目在其他部门已享受的，不予重复享受。

14. 特殊扶助对象的帮扶按照厦府办〔2013〕213 号文执行，不适用本办法，本奖励扶持办法之外的其他奖扶政策，依照相关文件继续执行。

15. 本办法由湖里区卫生和计划生育局负责解释。

16. 本办法自 2015 年 7 月 1 日起正式实施。

厦门市湖里区人民政府　厦门市科学技术局关于印发促进厦门两岸集成电路自贸区产业基地发展的办法的通知

厦湖府〔2015〕95 号

各街道办事处，区直各办、局：

现将《厦门市湖里区人民政府　厦门市科学技术局关于促进厦门两岸集成电路自贸区产业基地发展的办法》印发给你们，请认真贯彻执行。

厦门市湖里区人民政府　厦门市科学技术局

2015 年 8 月 4 日

厦门市湖里区人民政府　厦门市科学技术局关于促进厦门两岸集成电路自贸区产业基地发展的办法

为深入贯彻福建省委省政府、厦门市委市政府进一步加快产业转型升级的工作意见，落实厦门市小微企业创业创新基地示范城市的建设要求，充分发挥中国（福建）自由贸易试验区厦门湖里片区（以下简称“自贸区湖里片区”）的优势，推进“美丽厦门 · 创新湖里”建设工作，厦门市科技局与湖里区政府在自贸区湖里片区共同建设“厦门两岸集成电路自贸区产业基地”（以下简称“基地”）。为有效促进基地发展，特制定本办法。

第一章 总则

第一条 本办法所指基地范围包括以机场北片区基地总部为核心的自贸区湖里片区。本办法所指的集成电路（以下简称“IC”）企业是指工商注册、税务登记在基地范围内从事 IC 产品研发设计、高端制造、封装测试、交易结算、人才培训及其他符合条件入驻的关联业务的企业。基地特别鼓励台湾 IC 企业和创新创业人才入驻。

第二条 厦门两岸集成电路自贸区产业基地包括：厦门市集成电路产品保税交易中心、厦门市集成电路产品研发设计试验中心、两岸（厦门）微纳电子研究院、厦门市集成电路众创空间、厦门市自贸区集成电路设计企业孵化器、厦门市集成电路产业人才实训中心等。市科技局优先安排专项资金建设基地的公共服务平台。

第三条 入驻基地的 IC 企业，可享受自贸区保税、海关特殊监管等各类优惠政策。

第二章 创业创新扶持

第四条 入驻基地总部的 IC 企业的办公场地实行租金减免扶持，场地租金前两年全额补贴，第三年按 50% 补贴；每家企业按人均 10 平方米控制，最高不超过 200 平方米。

第五条 支持 IC 设计企业、高校或科研机构开展应用技术研究，对 IC 设计企业研发新芯片产品的初次试流片，按照多项目晶圆（MPW）加工费的 70%、新产品工程片试流片加工费的 30% 额度进行补贴，年度补贴最高 150 万元；高校或科研单位按照多项目晶圆（MPW）加工费 80% 的额度进行补贴，年度补贴最高 80 万元。

第六条 支持面向 IC 企业的 IP 开发、开放、共享和服务、引导企业利用 IP 开展 IC 芯片设计与应用开发业务。

第七条 鼓励、支持 IC 设计企业与整机企业及高校联合组织开展“产学研用”核心技术攻关和应用，对联合组织实施的重要项目给予优先立项支持。对市科技局首次认定的市工程技术研究中心、重点实验室给予补贴，最高 100 万元。

第八条 鼓励、支持整机企业优先应用基地 IC 企业设计的芯片及其系统解决方案。对湖里区整机企业采用基地 IC 企业设计的芯片及其系统解决方案，根据其实际支付费用给予 20% 补贴，补贴最高 50 万元。

第九条 鼓励各类大型系统设备制造企业或检测机构，在基地建立研发试验室或检测中心，对其年度新增设备投资在 5000 万元以上的，按其实际投资额的 5% 给予一次性建设资金补贴，最高 1000 万元；以设备租赁形式建立的，按租赁费用的 5% 给予一次性补贴，最高 1000 万元。

第十条 支持 IC 企业申报湖里区科技项目。按《湖里区科技资金管理办法》，对中试项目给予最高 30 万元的无偿扶持；对产业化项目给予最高 200 万元的无偿扶持；初次获得高新技术企业认定的给予 20 万元奖励。

第十一条 对获得国家和省科技部门扶持的科技项目，按《湖里区科技资金管理办法》给予 1∶1 的资金配套支持，最高 500 万元。

第十二条 IC 企业经报备参加由国家、省、市相关主管部门组织的重要国内专业展会，按展位费 50% 给予补贴，每年最高 10 万元。

第三章 交易结算扶持

第十三条 厦门市集成电路产品保税交易中心提供代理代购、代理销售、仓储物流、资金结算等服务，创造良好交易条件。

第十四条 对入驻厦门市集成电路产品保税交易中心的企业，办公场地租金全额补贴。

第十五条 鼓励 IC 企业在基地建立结算中心，按其交易额给予一定比例的奖励，奖励办法另行制定。

第四章 金融扶持

第十六条 IC 研发设计企业因发展需要向金融机构融资给予贴息，按实际支付贷款基准利率的 50% 予以补贴，最高 100 万元；其他类别企业按贷款基准利率的 30% 予以补贴，最高 50 万元。

第十七条 IC 设计企业年度销售额达到 500 万元以上，按其区级贡献，给予奖励。

第五章 知识产权扶持

第十八条 加大对基地的 IC 企业知识产权保护工作，维护其合法权利。对获得国家授权发明专利，每件奖励最高 2 万元。获得美国、日本、欧洲国家授权的发明专利，每件奖励最高 10 万元。

第十九条 鼓励、支持 IC 企业进行知识产权质押贷款，按实际支付贷款基准利率的 50% 给予利息补贴，最高 100 万元。

第二十条 鼓励 IC 企业积极主持或参与标准制定工作。对主持制订国家标准的给予 30 万元奖励，参与制订国家标准的给予 15 万元奖励；对主持制订行业标准或地方标准的给予 10 万元奖励，参与制订行业标准或地方标准的给予 5 万元奖励。

第六章 提升配套

第二十一条 设立区集成电路产业发展基金，首期 3 亿元，用于推动基地集成电路产业发展，基金使用管理办法另行制定。

第二十二条 鼓励社会各方面力量参与集成电路招商引资工作，对引进项目的单位或个人，按《湖里重大投资项目引荐人奖励办法》（厦湖委办〔2015〕35 号）给予奖励。

第二十三条 企业符合湖里区总部经济认定条件的，按《湖里区促进总部经济发展实施办法》（厦湖府〔2011〕129 号）给予扶持。

第二十四条 企业在资本市场上市的，按《湖里区关于促进企业上市的实施办法》（厦湖委办〔2015〕35 号）进行扶持。

第二十五条 入驻基地的企业，湖里区制定的其它优惠政策均可享受，与区相关政策重叠的可择优享受，不重复；与市相关政策重叠的，超过市级补贴上限部分由区级财政补足。

第二十六条 对入驻基地的重大项目或技术水平特别先进需加大扶持力度的，个案研究解决。

第二十七条 注册在基地的以集成电路芯片产品研发为核心的其他微电子企业，可参照享受本办法。

第七章 其他

第二十八条 湖里区科技局负责本办法的申请受理、审核和兑现工作。申请企业应当提供有关材料，并承诺五年内不迁离基地。违反承诺的，区科技局有权追回已享受的补贴、奖励。

第二十九条 采取弄虚作假等手段骗取补贴、奖励的，除责令限期纠正外，收回已兑现的补贴、奖励，同时依法追究相关法律责任。

第三十条 本办法由厦门市科学技术局、湖里区人民政府负责解释。

第三十一条 本办法从印发之日起执行，至 2018 年 12 月 31 日止，期满另行修订。

湖里区人民政府办公室关于印发进一步加强农产品质量安全工作意见的通知

厦湖府办〔2015〕81号

各街道办事处，各有关单位：

经区政府同意，现将《湖里区进一步加强农产品质量安全工作的意见》印发给你们，请认真贯彻落实。

厦门市湖里区人民政府办公室

2015年9月9日

湖里区进一步加强农产品质量安全工作的意见

为贯彻落实《厦门市人民政府关于进一步加强农产品质量安全工作的意见》（厦府2014〔235〕号）精神，进一步细化有关职能部门责任，明确工作分工，有效强化我区农产品质量安全监督，保障农产品质量安全。现提出如下工作意见：

一、切实强化属地管理责任

各街道办事处要进一步加强组织领导和工作协调，把农产品质量安全监管工作纳入重要议事日程，明确农产品质量安全监管各环节的工作分工，切实将各项职责细化落实到具体部门和责任单位，落实好属地监管责任。要抓紧健全考核评价机制，将农产品质量安全纳入绩效考核范围，明确考核细则，落实督办措施。要积极建立责任追究制度，对农产品质量安全监管中的失职渎职、徇私枉法等问题，依法依纪严肃查处。（责任单位：各街道办事处，区食安办、区监察局、区市政园林局、区市场监督管理局）

二、大力提升监管能力

各街道办事处、区直相关部门等单位要将农产品质量安全监管、检测及宣传等工作经费纳入财政预算，切实加大投入，增加工作力量，尽快配齐必要的检验检测、样品采集等设施设备。各社区要进一步落实农产品质量安全协管员，协助开展农产品质量安全技术宣传、推广和监管工作。（责任单位：各街道办事处，区市政园林局、区市场监督管理局、区财政局）

三、积极做好产地环境保护

结合生态文明示范城市创建工作，加强对工业生产污染企业的监督管理。实施岛内畜禽禁养政策，有效防治农业面源污染。（责任单位：各街道办事处，湖里环保分局、区市政园林局）

四、加快推进农业标准化生产

加强对农业产业化龙头企业、农民专业合作社等规模化生产经营主体的技术指导和服务，充分发挥其开展标准化生产的示范引领作用，基本实现按照标准化组织生产。（责任单位：各街道办事处、区市政园林局、区财政局）

五、深入开展农产品专项治理

结合“餐桌污染治理”和“食品放心工程”工作，深入开展农产品质量安全专项整治行动，营造打假维权的良好氛围。加强农产品质量安全监督抽查，深入排查风险隐患，提高风险防范和应急处置能力。（责任单位：各街道办事处，区市政园林局、区市场监督管理局、湖里公安分局）

六、大力培育优质农产品品牌

各街道办事处、区直相关部门等单位要加强品牌宣传推介，强化品牌权益保护，提升农业企业品牌战略意识，引导农业产业化龙头企业、农民专业合作社等经营主体，以农产品质量安全为核心，精心培育政府部门认定、市场接受和消费者信任的优质农产品品牌，促进全区农产品健康稳定发展，用品牌引领农产品消费，增强公众信心。（责任单位：区商务局、各街道办事处，区市政园林局、区市场监督管理局）

七、加强农产品市场设施建设

加快健全标准化菜市场、生鲜超市、微型菜市场、网上菜市场、限时菜市场、周末蔬菜直供点等中小型农产品市场设施建设，保障全区农产品消费安全、便捷。食用农产品批发市场和专业市场要加快农产品冷链物流、质量安全可追溯、安全监控、废弃物处理、监测设备等方面的建设和改造，提高市场交易、储存、安全、服务的现代化水平。严格落实市场开办者和入场经营者质量安全责任，加强使用农产品入市查验与抽查检测，及时公布质量安全信息，保障消费安全。（责任单位：区市场监督管理局、区建设局、各街道办事处、区商务局、区发改局）

厦门市湖里区人民政府办公室
2015 年 9 月 9 日印发

湖里区促进旅游业发展的扶持奖励办法

湖里区文体出版旅游局、湖里区发展和改革局

第一条　为促进我区旅游业的发展，充分发挥财政资金的宏观导向和激励作用，根据《湖里区人民政府关于加快旅游业发展的实施意见》(厦湖府〔2015〕79号)，特制定我区促进旅游业发展的扶持奖励办法。

第二条　对满足以下条件的酒店项目业主单位，给予财政扶持。

对新建并经工商税务等部门批准于 2015 年以后正式营业，总投资额（不含地价）达到 4 亿元人民币以上，且与国际、国内知名酒店管理集团旗下五星品牌签订十年及以上委托管理合同并正式冠名的，正式营业后首次年纳税额达到 500 万元人民币以上的一次性给予 500 万元人民币奖励。

第三条　对新评定的 AAA 级及以上景区给予奖励，其中 AAA 级奖 10 万元人民币、AAAA 级奖 50 万元人民币、AAAAA 级奖的 100 万元人民币。对通过 AAAA、AAAAA 级旅游景区复评的，一次性分别给予 10 万元人民币、20 万元人民币奖励。

第四条　积极鼓励 AAAA 级及以上旅行社入驻湖里，凡在湖里登记且税收在我区并正常运营一年以上的予以一次性补助，其中 AAAA 级补助 20 万元人民币，AAAAA 级补助 50 万元人民币，全国百强旅行社补助 100 万元人民币。对首次进入全国百强的旅行社再给予 50 万元人民币奖励；对保持全国百强称号的旅行社每年给予 10 万元人民币奖励，排名每前进 10 位增加 10 万元人民币奖励。

凡是享受我区扶持奖励的旅行社，5 年内注册地和税收不得迁出我区，否则我区有权利追回一切扶持奖励金。

第五条　对列入市旅游局年度旅游厕所建设计划，并满足以下条件的旅游厕所业主单位（不包括市政等政府部门），给予财政扶持。

（一）新建旅游厕所：达到 A 级标准的旅游厕所每座奖励 10 万元人民币；达到 AA 级标准的旅游厕所每座奖励 20 万元人民币；达到 AAA 级标准的旅游厕所每座奖励 30 万元人民币。

（二）改建旅游厕所：达到 A 级标准的旅游厕所每座奖励 5 万元人民币；达到 AA 级标准的旅游厕所每座奖励 10 万元人民币；达到 AAA 级标准的旅游厕所每座奖励 15 万元人民币。

第六条　对台湾地区各县市的政府机构来我区设立驻厦旅游经贸办事处予以一次性经费补助 20 万元人民币。

第七条　对评定为省观光工厂的工业旅游点予以一次性经费补助 10 万元人民币。

第八条　所有享受奖励项目税收都应落户湖里区，奖励补助对象为项目业主，每个项目只能由一个单位提出申请。同一项目有多个单位的，需协商推选一个单位提出申请。

第九条　各项目申请单位应于符合申请条件之日起 1 年内向项目所在街道办事处提出扶持奖励申请，并提交相关材料：

（一）营业执照副本复印件 1 份、税务登记证复印

件1份、扶持申请报告及申请表各一份（注明项目基本情况、申请扶持的项目和金额）；

（二）申请酒店项目扶持的还需附上投资额度证明与国际知名酒店管理集团签订的委托管理合同复印件等相关评定资质证书；

（三）审核部门认为需要的其他相关材料。

逾期未提出项目申请的，视同自动放弃，不予奖励或补助。

第十条 符合奖励或补助条件的项目，经区文体出版旅游局审核和区财政局核定后，报区政府常务会研究通过由区财政局给予拨付。法律、法规另有规定的，从其规定。

本办法由区文体出版旅游局与区发展和改革局负责解释。

本办法自2016年1月1日起实施，有效期至2020年12月31日。

厦门市湖里区人民政府办公室

2015年9月24日印发

湖里区人民政府办公室关于印发湖里区重点区域大气污染日常巡查管控工作方案的通知

厦湖府办〔2015〕114号

各有关单位、各街道办事处：

为深入贯彻落实市委、市政府，区委、区政府关于提升环境空气质量系列决策部署，提高我区污染天气的防范和应急处置能力，根据市环委会《轻微污染天气应对办法（试行）》和《重点区域大气污染日常巡查管控办法》，区环委办编制了《湖里区重点区域大气污染日常巡查管控工作方案》，经区政府同意，现印发你们，请遵照执行。

厦门市湖里区人民政府办公室

2015年12月9日

湖里区重点区域大气污染日常巡查管控工作方案

为深入贯彻落实市委、市政府，区委、区政府关于提升环境空气质量系列决策部署，提高我区污染天气的防范和应急处置能力，根据市环委会《轻微污染天气应对办法（试行）》和《重点区域大气污染日常巡查管控办法》，特制订本工作方案。

一、污染源分析

根据市环委会《重点区域大气污染日常巡查管控办法》，湖里区湖里中学环境空气质量自动监测站点周边环境纳入我市重点区域管控范围。其中，湖里中学周边500米范围为核心控制区，500—1000米范围为重点控制区。

经现状调查分析，湖里中学重点区域（包括核心控制区、重点控制区）环境空气质量主要受道路扬尘、汽车尾气、工地扬尘、餐饮油烟以及工业废气污染源影响。其中核心控制区的主要道路有南山路、南山西路、海天路、华昌路、宜宾路等，主要餐饮项目有鹭发美食

湖里中学重点区域（核心区、重点控制区）示意图

庄园、竹坑路一带的餐饮店、小岛俱乐部等大型餐饮娱乐集中区。重点控制区的主要道路有南山路、南山西路、长岸路、华泰路、湖里大道、华荣路、兴隆路等，主要工地有仙岳隧道口隧道施工工地、湖里大道40号（艾尚健康旁）施工工地，湖里影剧院拆迁工地。排放废气的工业企业有厦门金鹭特种合金有限公司等11家企业。

二、工作目标

依托环保三级网格管理力量，加强湖里中学重点区域的日常巡查、管控和污染防治工作，确保重点区域内道路及工地扬尘、餐饮油烟及露天烧烤、工业企业废气排放等污染得到全面控制。当重点区域环境空气质量出现轻微以上污染（连续两个时段AQI高于60）时，按照市《轻微污染天气应对办法（试行）》，启动应急响应，开展各项应急处置工作，使污染问题及时得到遏制和消除。通过严格重点区域环境管理，以点带面，促进全区环境空气质量稳步提升。

三、组织领导

将重点区域大气污染日常巡查管控工作纳入区环境空气质量提升重要工作内容，区环境空气质量提升领导小组各成员单位，要切实加强此项工作的组织领导，并根据职责分工开展重点区域环境空气质量提升各项工作。区政府将依托环保三级网格建立重点区域联络员制度，建立“湖里区空气质量提升”协调微信群，成员由各责任单位分管领导和具体经办人组成。区环境空气质量提升办将依托协调微信群，及时了解掌握相关工作的进展情况，部署环境空气质量提升工作任务，协调解决提升工作中的相关问题，通报空气质量状况和各部门工作情况等。

四、工作措施

（一）日常巡查

区政府相关部门和街道依托环保三级网格化监管体系，组织开展重点区域日常巡查工作。

1. 指定专人跟踪了解重点区域环境空气质量自动监测站点数据情况，同时负责站点设施的管理和运行，发现数据异常或设施故障，及时报告或自行处理。（责任单位：湖里环保分局）

2. 将环境保护工作职能纳入现有网格化管理体系，合理安排网格员在重点区域开展巡查工作。巡查工作内容包括道路及工地扬尘、餐饮油烟、焚烧垃圾、露天烧烤等污染问题。日常上班时间，巡查频次为：核心控制区每2个小时巡查一次，重点控制区每4个小时巡查一次。（责任单位：湖里街道办事处）

（二）报告工作

巡查人员在巡查中发现问题时，可以处理的问题，立即要求当事人进行整改，并在微信群中报告问题处理过程及整改情况；不能处理的，立即发送微信群，并湖里环保分局协调区相关部门出动执法力量予以解决。如需市直相关部门或其他辖区政府帮助协调处理的事项，由区政府办及时报全市“清洁空气—厦门蓝”微信群并同时电话报市环委办联络人（林智文18905922567）。（责任单位：各成员单位）

（三）污染防治

1. 建筑扬尘污染防控

对重点区域内在建、待建和拆除工地实施精细化管理，督促各责任主体配套完善大气污染防治设施，严格落实大气污染防治各项措施，工地扬尘污染防治工作按照市建设局制定出台的相关标准执行。（责任单位：区建设局、区行政执法局，配合单位：湖里街道办事处）

2. 道路保洁工作

强化重点区域主要道路清扫、洒水和湿式保洁工作，增加各主要路段保洁清洗作业频次。原则上核心控制区每天实施4次洒水和机扫作业，重点控制区每天实施2次洒水和机扫作业。（责任单位：区市政园林局，配合单位：湖里街道办事处）

3. 雾喷降尘作业

加快南山路、海天路道路绿化带雾喷系统工程的建设进度，项目建成后，正常天气情况下，每2小时雾喷作业20分钟，污染天气情况下，实施连续雾喷作业。（责任单位：区市政园林局）

4. 雾炮降尘工作

坚持对重点区域主要道路和重点部位实施雾炮除尘。正常天气情况下，对重点区域主要路段实施早、中、晚三次雾炮除尘作业，重点部位（拆除工地等）的作业频次根据实际需要，由区环境空气质量提升办统一调度。当重点区域连续两个时段 AQI 在 60—80 区间时，立即出动雾炮车实施喷雾降尘，作业频率为每 2 小时出动一次；AQI 在 81—100 区间时，雾炮作业频率为每 1 小时出动一次，作业时间为上午 6:00 至夜间 10:00；AQI 在 101—150 区间时，雾炮车采取不间断作业，直至 AQI 将至 60 以下。（责任单位：区市政园林局，配合单位：湖里环保分局）

5. 工业企业监管

加大重点区域内工业企业、汽车服务业的监督检查力度，及时发现和严厉打击偷排、漏排、超标排放大气污染物的环境违法行为，与此同时，督促指导企业加大废气治理的力度，确保大气污染物稳定达标排放。（责任单位：湖里环保分局）

6. 道路执法工作

加强长岸路、南山路、海天路等主干道的交通组织与管控，加大对黄标车、渣土车、尾气超标车辆通行与违停的查处力度，最大限度减少汽车尾气和扬尘污染。（责任单位：交警大队、区行政执法局，配合单位：湖里环保分局）

7. 油烟、烧烤污染整治

加大重点区域餐饮油烟、露天烧烤整治力度，对无证无照且不符合开办条件的，要坚决予以取缔、关停；对证照齐全的，按照标准和要求进行全面规范，并督促大中型餐饮项目安装油烟在线监控设施。加大露天烧烤的整治力度，做到发现一起，查处一起，不留死角，不存盲区。重点是海天路、竹坑路、南山路、南山西路餐饮油烟和露天烧烤。（责任单位：区行政执法局、湖里环保分局，配合单位：湖里街道办事处）

（四）应急响应

当重点区域环境空气质量综合指数 AQI 连续两个时段超过 60 时，区环境空气质量提升办启动环境空气质量应急响应，并在协调微信群中发布相关命令，各成员单位根据责任分工，开展各项应急处置工作。

1.AQI 在 60—80 区间

区建设局、区行政执法局、湖里环保分局、湖里街道办事处出动人员，按照职责分工对重点污染源开展全面巡查，及时发现并处置相关问题，区市政园林局组织雾炮车、道路清洗保洁车辆按照规定的频次开展降尘作业，同时加大绿化带雾喷系统的喷洒频次。

2.AQI 在 81—100 区间

区建设局、区行政执法局、湖里环保分局、湖里街道办事处出动人员，按照职责分工组织对重点区域开展全面巡查，对重点污染源指定专人进行重点盯防，督促各责任主体加大除尘、降尘工作力度，区市政园林局按相关规定，加大主要道路和重点部位喷洒频次。

3.AQI 在 101—150 区间

区建设局督促重点区域工地落实错峰作业或减小作业强度等措施，从源头上控制扬尘污染；湖里环保分局督促相关工业企业停止或减少废气排放工艺的生产，减少工业废气排放量；区行政执法局、湖里公安分局在重点路段对黄标车、渣土车、尾气超标排放车辆实施重点管控，减少汽车尾气污染，区市政园林局组织实施不间断除尘、降尘作业。

4. 响应终止

当重点区域环境空气质量综合指数 AQI 下降到 60 以下时，应急响应终止，区环境空气质量提升办在协调微信群中发布应急响应终止命令。

附件：湖里中学重点区域污染源汇总表

厦门市湖里区人民政府办公室

2015 年 12 月 9 日印发

附件：湖里中学重点区域污染源汇总表

国控点：湖里中学

序号	污染源类型	污染源详细地址	整改要求	业主单位	责任单位	存在问题	备注
1	工业企业	台湾工业园 5 号厂房	废气处理设施定期维护，确保废气达标排放	亨国（厦门）精机工业有限公司	湖里环保分局	废气	生产制动总泵，有废气处理设施，喷漆废气
2		宜宾路 9 号	废气处理设施定期维护，确保废气达标排放	厦门信华塑胶企业有限公司	湖里环保分局	废气	主要是注塑，废气为非甲烷总烃
3		华泰路 5-7 号	废气处理设施定期维护，确保废气达标排放	厦门尚贸家饰工业有限公司	湖里环保分局	废气	生产窗帘头，有废气处理设施，喷漆废气
4		兴隆路 69 号	—	厦门金鹭特种合金有限公司	湖里环保分局	—	属厦门钨业公司，机加工

续表

序号	污染源类型	污染源详细地址	整改要求	业主单位	责任单位	存在问题	备注
5	工业企业	湖里大道314号	废气处理设施定期维护，确保废气达标排放	厦门台和电子有限公司	湖里环保分局	废气	生产变压器，焊锡废气经集中收集排放）
6	工业企业	兴隆路65号	废气处理设施定期维护，确保废气达标排放	厦门厦顺铝箔有限公司	湖里环保分局	废气	生产铝箔，2012年2月验收锅炉已油改气
7	工业企业	兴隆路胜天科技大厦	废气处理设施定期维护，确保废气达标排放	厦门台松精密电子有限公司	湖里环保分局	废气	生产继电器，2012年10月验收，焊锡废气及非甲烷总烃）
8	工业企业	湖里大道95号鸿展大厦6楼	废气处理设施定期维护，确保废气达标排放	欣贺（厦门）服饰有限公司	湖里环保分局	废气	生产服饰及鞋，有一套废气设施，有机废气
9	工业企业	湖里工业区26号厂房	废气处理设施定期维护，确保废气达标排放	厦门立起鞋业有限公司	湖里环保分局	废气	年产51万双鞋靴，有废气处理设施，有机废气
10	工业企业	湖里街道办事处南山路47号	禁止从事喷漆、烤漆业务	林嘉汽车修理厂	湖里环保分局	—	有喷漆、烤漆工序，已拆除
11	施工工地	湖里大道42号（鼎兴商务大厦）	对作业场地进行硬化，按标准建设围挡，配备雾喷、雾炮系统，场地土方开挖做到湿法作业。	福建一建集团有限公司	区建设局、区行政执法局	扬尘	施工扬尘
12	施工工地	海天路和华泰路交叉口（湖里影剧院拆除工地）	按标准建设围挡，配备雾喷、雾炮系统，构筑物拆除时进行湿法作业等。	厦门市路地建设工程有限公司	区行政执法局、湖里街道办事处	扬尘	施工扬尘
13	施工工地	华荣路南山路交叉口（厦门市莲岳隧道一期工程B栋）	严格落实各项防尘降尘措施。	中交第三航务工程局有限公司	区建设局、区行政执法局	扬尘	施工扬尘
14	餐饮业	竹坑路大排档、烧烤	属于禁设地点的，关停或取缔，手续完备的按要求进行规范	餐饮业主	区行政执法局、湖里环保分局	油烟	餐饮油烟
15	餐饮业	海天路（鹭发美食大庄园、豪客来、豪享来等）	属于禁设地点的，关停或取缔，手续完备的按要求进行规范	餐饮业主	区行政执法局、湖里环保分局	油烟	餐饮油烟
16	餐饮业	南山路附近一带大排档	属于禁设地点的，关停或取缔，手续完备的按要求进行规范	餐饮业主	区行政执法局、湖里环保分局	油烟	餐饮油烟
17	餐饮业	华嘉路、华昌路附近小炒店	属于禁设地点的，关停或取缔，手续完备的按要求进行规范	餐饮业主	区行政执法局、湖里环保分局	油烟	餐饮油烟
18	机动车尾气	湖里大道、长岸路、海天路、南山路等主干道	严查黄标车、渣土车和尾气超标车辆	违规车辆业主	湖里公安分局、区行政执法局	尾气	汽车尾气

湖里区人民政府办公室关于印发湖里区水污染防治行动计划实施方案的通知

厦湖府办〔2015〕120 号

各街道办事处，各有关单位：

为加快推进湖里区水环境保护，改善区域水环境质量，提升城区生态文明建设水平，根据国家、省、市的统一部署，经区政府研究同意，现将《湖里区水污染防治行动计划实施方案》印发给你们，请认真组织贯彻落实。

厦门市湖里区人民政府办公室

2015 年 12 月 17 日

湖里区水污染防治行动计划实施方案

水污染防治事关人民群众切身利益，事关全面建成小康社会，事关实现厦门“两个百年”愿景。为切实加大水污染防治力度，保障水安全，根据国务院印发的《水污染防治行动计划》(国发〔2015〕17 号)及福建省人民政府印发的《福建省水污染防治行动计划工作方案》(闽政〔2015〕26 号)，按照厦门市的统一部署，结合湖里区实际，制定本实施方案。

一、总体要求

全面贯彻落实《中共中央国务院关于加快推进生态文明建设的意见》、《国务院关于支持福建省深入实施生态省战略加快生态文明示范区建设的若干意见》(国发〔2014〕12 号)、《厦门经济特区生态文明建设条例》及《美丽厦门战略规划》，以改善水环境质量为核心，强化“源头控制、水陆统筹、湖海兼顾”，系统推进水污染防治、水生态保护、水资源管理。坚持政府市场协同，注重改革创新；坚持全面依法推进，实行最严格水资源管理制度；坚持落实各方责任，严格考核问责；坚持全民参与，推动节水洁水人人有责，形成“政府统领、企业施治、市场驱动、公众参与”的水污染防治新机制，实现人水和谐、永续发展，深入推进国家生态文明示范区建设，加快建设美丽中国典范城区。

二、主要目标

（一）工作目标

到 2020 年，全区饮用水安全保障水平持续提升，污染严重水体及城市黑臭水体得以消除，近岸海域环境质量及主要内湖水质全面改善。到 2030 年，全区水生态系统良性循环。

（二）主要指标

集中式饮用水水源水质达标率持续保持 100%。到 2017 年，建成区基本消除黑臭水体；到 2020 年，全区主要湖泊水库水质达标率总体达 60% 以上；地下水污染实现有效防控；近岸海域水质优良（Ⅰ、Ⅱ类）比例达到 35%。到 2030 年，建成区黑臭水体得到彻底消除；主要湖（库）水体富营养化得到基本消除；全区主要湖泊水库水质达标率总体达 96% 以上；近岸海域功能区水质达标率达 75% 以上。

三、主要任务

（一）全面控制污染物排放

1. 狠抓工业污染防治

取缔不符合产业政策的小企业。全面排查装备水平低、环保设施差的小型工业企业。2016 年底前，按照水污染防治法律法规要求，全面取缔不符合产业政策的小型造纸、印染、染料、炼油、电镀、化工等严重污染水环境的生产项目。（区经信局、湖里环保分局牵头，区行政执法局、各街道办参与）

专项整治十大重点行业。编制十大重点行业专项整治方案；推进电镀、印染、农副食品加工、酿酒、饮料食品、废纸造纸、化工、有色金属、医药、石材加工等十大重点行业专项整治，并实施清洁化改造；新（改/扩）的十大重点行业建设项目，按规定实行主要污染物排放等量或减量置换，置换比例将根据国家及省有关规定确定。（湖里环保分局牵头，区发改局、区经信局、各街道办参与）

2. 强化城镇生活污染治理

加快城镇污水处理厂（站）建设与改造。根据污水专项规划，协调推进城区建设污水处理厂，积极推广建设独立型、地埋式污水处理厂（站）。新（改/扩）建污水处理厂排入水体的污水，其排放标准达到或优于所排放水体的水环境功能区水质要求。（区市政园林局牵头，区发改局、区财政局、区建设局、工业园区管委会、湖里环保分局参与）

加强管网配套建设。协调推进并积极配合市直有关部门强化城中村、老城区和城乡接合部污水截流、收集。现有合流制排水系统应加快实施雨污分流改造，难以改造的，应采取截流、调蓄和治理等措施。新建污水处理设施，应与配套管网、再生水回用管网建设同步设计、同步建设、同步运行。新开发片区建设均实行雨污分流，各区要推进初期雨水收集、处理和资源化利用。2015年底前，老城区超过50%的面积要实现雨污分流。2017年底前，城市建成区污水基本实现全收集、全处理。（区市政园林局牵头，各街道办参与）

（二）推动经济结构转型升级

1. 调整产业结构

依法淘汰落后产能。自2015年起，要根据工信部、省政府下达的淘汰落后产能目标任务，按照工业行业淘汰落后生产工艺装备和产品指导目录、产业结构调整指导目录及相关行业污染物排放标准，结合水质改善要求及产业发展情况，制定并实施落后产能年度淘汰方案。（区经信局牵头，区发改局、湖里环保分局、各街道办参与）

严格环境准入。根据地表水水质目标和主体功能区规划要求，实施差别化环境准入政策。落实空间准入、总量准入、项目准入“三位一体”的环境准入制度，在项目引进、项目审批、土地利用等环节落实生态控制线的刚性要求，实现最严格的空间保护。制定实施建设项目环保审批准入特别管理措施（负面清单）；配合市政府及有关部门建立水资源、水环境承载能力监测评价体系，实行承载能力监测预警，实施水污染物消减方案。2020年，配合完成水资源、水环境承载能力现状评价。（湖里环保分局、区市政园林局牵头，区发改局、区经信局、各街道办参与）

2. 优化空间布局

合理确定发展布局、结构和规模。以水资源、水环境承载力和建设适宜度为依据，落实“多规合一”管控要求和空间布局规划及功能定位要求，重大项目原则上布局在优化开发区和重点开发区，禁止在生态控制线范围内新、扩建工业项目，已建项目要制定搬迁计划。到2030年，所有工业项目都要进入对应的专业工业园区。鼓励发展节水高效现代农业、低耗水高新技术产业以及生态保护型旅游业。严格控制高耗水、高污染行业发展。新（改/扩）建重点行业建设项目实行主要污染物排放减量置换。禁止在水环境质量不能稳定达标的区域内建设新增不达标污染物指标类的工业项目，合理布局危险化学品仓储等设施。合理调控海岸带区域经济发展空间布局。（区发改局、区经信局牵头，湖里环保分局、各街道办参与）

积极保护生态空间。认真贯彻落实《厦门市生态控制线管理实施细则》、《厦门市城市开发边界管理实施细则》，将城市开发边界纳入全市“多规合一”空间信息管理平台统一管理，明确湖库岸线、管理范围和保护范围，并向社会公布。严格水域岸线用途管制，留足河道、湖泊和滨海地带的管理和保护范围，加大对现有违规非法挤占建设的整治力度，实现限期退出。建立健全生态空间保护的评价考核追责制度。（区市政园林局、区建设局牵头，区执法局、各街道办参与）

（三）强化水资源节约集约利用

1. 控制用水总量

实施最严格水资源管理。健全取用水总量控制指标体系。落实《厦门市水资源战略规划》。建立重点监控用水单位名录。对取用水总量已达到或超过控制指标的区域，暂停审批其建设项目新增取水许可。对纳入取水许可管理的单位和其他用水大户实行计划用水管理。新（改/扩）建项目节水要达到行业先进水平，节水设施应与主体工程同时设计、同时施工、同时运行。（区建设局牵头，区发改局、区经信局、区市政园林局、各街道办参与）

严控地下水超采。在地面沉降等地质灾害易发区开发利用地下水，应进行地质灾害危险性评估。严格控制开采深层承压水，严格实行地热水、矿泉水取水许可和采矿许可。依法规范机井建设管理，已建机井实施年审登记备案，未经批准的和公共供水管网可到达区域的自备水井，一律予以关闭。划定地下水警戒保护蓝线，明确可采区、限采区和禁采区地下水允许可开采量。2017年底前，配合市水利部门完成地下水禁采区、限采区和地面沉降控制区范围划定工作。（区市政园林局、区建设局牵头，区经信局、区财政局、各街道办参与）

2. 提高用水效率

建立用水效率评估体系。将再生水、雨水和微咸水等非常规水源纳入水资源统一配置。提高用水效率，推动节水升级转型，到2020年，全区非传统水源利用率要达到15%以上；全区万元国内生产总值用水量、万元工业增加值用水量持续下降。（区建设局、区经信局牵头，区发改局、区市政园林局、各街道办参与）

促进再生水利用。按照《厦门市城市再生水开发利用实施办法》，出台鼓励使用再生水政策。完善再生水利用设施，工业生产、市政、车辆冲洗、建筑施工以及生态景观等用水，再生水使用率逐年提高。具备使用再生水条件但未充分利用的高耗水的企业，不予批准取水许可，并实行用水差别化管理。到2020年，再生水利用率达到20%以上。（区市政园林局牵头，区发改局、区建设局、区经信局、湖里环保分局、各街道办参与）

抓好工业节水。执行国家鼓励和淘汰的用水技术、工艺、产品和设备目录，健全高耗水行业取用水定额标准。开展节水诊断、水平衡测试、用水效率评估，严格用水定额管理。到2020年，高耗水行业达到先进定额标准。到2030年，全区重点企业工业用水重复利用率达90%以上。（区经信局、区建设局牵头，区发改局、区市政园林局、各街道办参与）

加强城镇节水。持续开展国家节水型城市建设。禁止生产、销售不符合节水标准的产品、设备。公共建筑必须采用节水器具，限期淘汰公共建筑中不符合节水标准的水嘴、便器水箱等生活用水器具。鼓励居民家庭选用节水器具。对使用超过50年和材质落后的供水管网进行更新改造，到2020年，全区公共供水管网漏损率控制在12%以内。（区建设局牵头，区发改局、区经信局、区市政园林局、各街道办参与）

加快海绵城市建设。贯彻落实国务院办公厅《关于推进海绵城市建设的指导意见》，加快实施海绵城市建设。在城市总体规划和生态保护、水资源、绿地系统、功能分区、环境保护、市政和交通基础设施等专项规划编制和“多规合一”工作中，融入海绵城市建设要求。统筹建设低影响开发雨水系统，对城市原有生态系统进行保护和生态修复，建设“渗、滞、蓄、净、用、排”相结合的雨水收集利用设施。新建城区硬化地面，可渗透面积要达到40%以上。自2018年起，单体建筑面积超过2万平方米的新建公共建筑，应安装雨水利用设施。按照70%的降雨就地消纳和利用的目标要求开展城市建设。到2020年，城市建成区20%以上的面积达到目标要求；到2030年，城市建成区80%以上的面积达到目标要求。（区市政园林局、区建设局牵头，区发改局、区财政局、各街道办参与）

（四）切实加强水环境管理

1. 强化环境质量目标管理。明确各类水体水质保护目标，逐一排查达标状况。未达到水质目标要求的要编制水体水质达标方案，将污染整治任务逐一分解到汇水范围内的排污单位，并明确防治措施及达标时限，水质达标方案报区政府备案。（湖里环保分局牵头，区市政园林局、各街道办参与）

2. 深化污染物排放总量控制。完善主要污染物排放总量指标分配和统计监测考核体系。严格控制污染物新增排放量，一旦超过重点污染物排放总量控制指标，暂停审批新增重点水污染物排放总量的项目。（湖里环保分局牵头，区发改局、区经信局、各街道办参与）

3. 严格环境风险控制

防范环境风险。定期评估湖（库）汇水范围内的工业企业、工业集聚区环境和健康风险，落实防控措施。评估现有化学物质环境和健康风险，根据国家公布的优先控制化学品名录，对高风险化学品生产、使用进行严格限制，并逐步淘汰替代。（区安监局、区卫计局、湖里环保分局牵头，区经信局、区安监局、区公安局、各街道办参与）

稳妥处置突发水环境污染事件。制定和完善突发环境事件和饮用水水源地突发环境事件应急预案，落实责任主体，明确预警预报与响应程序、应急处置及保障措施、物资储备等内容，依法及时公布预警信息。（区市政园林局、湖里环保分局牵头，区安监局、区经信局、区公安局、区卫计局、公安消防大队、各街道办参与）

4. 全面推行排污许可

加强许可证管理。严格排污许可证管理，排污单位应依法申领排污许可证并按照规定排放污染物；未取得排污许可证的，不得排放污染物。加强日常监管，依法查处无证排污、未按证排污等违反排污许可证管理规定的行为。（湖里环保分局负责）

（五）全力保障水生态环境安全

1. 保障饮用水水源安全

强化饮用水水源环境保护。协调推进湖边水库饮用水水源保护规范化建设，及时拆除饮用水水源保护区内违法建筑、排污口，严禁生态破坏开发活动，对一级保护区内的居民实施搬迁。（湖里环保分局、区市政园林局牵头，区行政执法局、各街道办参与）

2018年底前，湖边水库饮用水水源地汇水区范围

内的居民生活污水和垃圾实现全收集、全处理。（区市政园林局牵头，各街道办参与）

公开水源到水龙头全过程安全状况。督促供水单位定期监测、检测和评估本行政区域内饮用水水源、供水厂出水和用户水龙头水质等饮水安全状况，对涉及供水安全的环节要加强卫生学评价和卫生监督。配合市环保局及时向社会公开水源水质状况（湖里环保分局负责）、配合市市政园林局发布供水厂出水和用户水龙头水质状况（区市政园林局、区卫计局负责）。

防控地下水污染。垃圾填埋场、垃圾焚烧厂、石化生产存贮销售企业及其入驻的工业园区等区域应进行必要的防渗处理。加油站地下油罐应于2017年底前全部更新为双层罐或完成防渗池设置。报废矿井、钻井、取水井应实施封井回填。（区市政园林局、区经信局、区建设局、湖里环保分局、区安监局、各街道办负责）

2. 整治城市黑臭水体。编制城市黑臭水体整治方案。采取控源截污、垃圾清理、清淤疏浚、生态修复等措施，加大黑臭水体治理力度，每半年向社会公布治理情况。2015年底前完成水体排查，公布黑臭水体名称、责任人及达标期限，并建立城市水体监测评价体系；于2017年底前实现湖面无漂浮物，河岸无垃圾，无违法排污口，基本消除黑臭水体；于2020年底前完成黑臭水体治理目标。（区市政园林局牵头，区建设局、湖里环保分局、区财政局、各街道办参与）

3. 保护水和湿地生态系统。按照生态红线管控要求，加强水生态保护。禁止侵占自然湿地等水源涵养空间，已侵占的要限期予以恢复。强化水源涵养林建设与保护，开展湿地保护与修复，加大退耕还林、还草、还湿力度。加强滨海、湖（库）带生态建设，在湖（库）周边建设植被缓冲带和隔离带。配合市有关部门加大水生野生动植物类保护和厦门珍稀海洋物种国家级自然保护区的保护力度，开展珍稀濒危水生生物和重要水产种质资源的就地和迁地保护，提高水生生物多样性。（区市政园林局牵头，区建设局、区财政局、湖里环保分局、各街道办参与）

（六）加强近岸海域环境保护

加强陆源排污监管和联防联控。配合市有关部门强化各入海污染源和重点排污口的排污监控和监测，提高涉海项目准入门槛。开展入海排污口清理工作，规范设置入海排污口。2017年底前全面清理非法或设置不合理的入海排污口。到2020年，入海河流基本消除劣于V类的水体。（区市政园林局、湖里环保分局牵头，区发改局、区建设局、区财政局、各街道办参与）

加强渔港渔船污染防治。及时清退对禁养区内的养殖回潮，加强海漂垃圾保洁能力建设，及时清理废旧渔船、废弃养殖设施。（各街道办负责）

（七）强化科技支撑

1. 推广示范适用技术。加快技术成果推广应用，重点推广饮用水净化、节水、水污染治理及循环利用、城市雨水收集利用、再生水安全回用、水生态修复、湖库富营养化治理、畜禽养殖污染防治、农村生活污水分散式治理、污泥处置等适用技术。建立环保科技信息共享平台，推动技术成果共享与转化。发挥企业的技术创新主体作用，加强水处理重点企业与科研院所、高等学校的产、学、研合作，推广控源减排和清洁生产先进技术。（区科技局牵头，区发改委、区经信局、湖里环保分局、区建设局、区市政园林局参与）

2. 大力发展环保产业。建设规模化、规范化的环保产业园，以环保技术研发和推广、环境评价和污染治理、技术咨询和司法鉴定等产业集群，打造绿色环保超市。鼓励发展包括系统设计、设备成套、工程施工、调试运行、维护管理的环保服务总承包模式、政府和社会资本合作模式等。以污水、垃圾处理和工业园区为重点，推行环境污染第三方治理。明确监管部门、排污企业和环保服务公司的责任和义务，完善风险分担、履约保障等机制。（工业园区管委会、湖里环保分局、区财政局牵头，区经信局、区发改局、区科技局、区建设局、各街道办参与）

（八）充分发挥市场机制作用

1. 促进多元融资

引导社会资本投入。积极推进排污权、水权交易试点。积极推动设立融资担保基金，推进环保设备融资租赁业务发展，探索成立环保产业股权投资基金。推广股权、项目收益权、特许经营权、排污权等抵质押融资担保。采取环境绩效合同服务、授予开发经营权益、推广运用PPP模式等方式，鼓励社会资本加大水环境保护投入。（区财政局、区发改局牵头，区经信局、湖里环保分局、区市政园林局参与）

加大财政资金投入。加大对水环境保护支持力度，并积极向中央争取资金支持。重点支持污水处理、污泥处理处置、湖库整治、饮用水水源保护、水生态修复、应急清污等项目和工作。对环境监管、环境风险防范能力建设及运行费用分级予以必要保障。（区财政局牵头，区发改委、湖里环保分局、区市政园林局、区建设局、各街道办参与）

2. 建立激励机制

健全节水环保“领跑者”制度。鼓励节能减排先进企业、工业集聚区用水效率达到更高标准、排污强度不断降低，支持开展清洁生产、循环用水、节约用水和污染治理等示范。（区建设局、湖里环保分局、区经信局

牵头，区发改局、区财政局、区市政园林局、各街道办参与）

推行绿色信贷。积极发挥政策性银行等金融机构在水环境保护中的作用，重点支持循环经济、污水处理、水资源节约、水生态环境保护、清洁及可再生能源利用等领域。引导金融机构将环境违法企业列入限制贷款类。加强环境信用体系建设，构建守信激励与失信惩戒机制，环保、银行、证券、保险等方面要加强协作联动，于2017年底前分级建立企业环境信用评价体系。鼓励涉重金属、石油化工、危险化学品运输等高环境风险行业投保环境污染责任保险。（区发改局、区经信局、湖里环保分局负责）

完善水环境生态补偿制度。配合市有关部门研究制定促进主体功能区发展的生态补偿转移支付制度，加大对生态保护功能区的转移支付力度。采取财政转移支付、对口协作、产业转移、人才培训、共建园区等方式，加大横向生态补偿实施力度。（区财政局牵头，区发改局、湖里环保分局、区经信局区市政园林局参与）

（九）严格环境执法监管

1. 加大执法力度

加强对排污单位的排放监督。重点排污单位应按要求安装特征污染物在线监控设施。逐一排查工业企业排污情况，达标企业应采取措施确保稳定达标；对超标和超总量的企业予以“黄牌”警示，一律限制生产或停产整治；对整治仍不能达到要求且情节严重的企业予以“红牌”处罚，一律停业、关闭。自2016年起，要定期公布环保“黄牌”、“红牌”企业名单。定期抽查并向社会公布排污单位的排污情况。（湖里环保分局牵头，区经信局、工业园区管委会参与）

严厉打击环境违法行为。重点打击私设暗管或利用渗井、渗坑、溶洞排放、倾倒含有毒有害污染物废水、含病原体污水，监测数据弄虚作假，不正常使用水污染物处理设施，或者未经批准拆除、闲置水污染物处理设施等环境违法行为。对造成生态损害的责任者严格落实赔偿制度。严肃查处建设项目环境影响评价领域越权审批、未批先建、边批边建、久试不验等违法违规行为。对构成犯罪的，要依法追究刑事责任。（湖里环保分局牵头，区公安局、区建设局参与）

2. 提升监管水平

提高环境监管能力。推进各级环境监察执法能力、环境应急能力、环境监测能力标准化建设。加强环境监测、环境监察、环境应急等专业技术培训，严格落实执法、监测等人员持证上岗制度。推进监控设施的第三方委托运营，确保监控设施正常运行。加强基层环保执法及环保投诉接诉力量。自2016年起实行市、区、镇（街）、村（居）环境监管网格化管理。（湖里环保分局牵头，区财政局、各街道办参与）

（十）强化公众参与和社会监督

1. 依法公开环境信息。综合考虑水环境质量及达标情况等因素，配合市有关部门每年公布水环境质量状况；对水环境质量差，经整改后仍达不到要求的，责任主体一律取消其参评各种文明单位资格，并向社会公告。国家、省确定的重点排污单位应依法向社会公开其产生的主要污染物名称、排放方式、排放浓度和总量、超标排放情况，以及污染防治设施的建设和运行情况，主动接受监督。（湖里环保分局牵头，区市政园林局、各街道办参与）

2. 加强社会监督。为公众、社会组织提供水污染防治法规培训和咨询，邀请其全程参与重要环保执法行动和重大水污染事件调查。公开曝光环境违法典型案件。健全举报制度，充分发挥“110”“12369”“12319”举报热线和网络平台作用。限期办理群众举报投诉的环境问题，探索建立重大环境污染问题举报投诉有奖举报制度。通过公开听证、网络征集等形式，充分听取公众对重大决策和建设项目的意见。（湖里环保分局牵头，各相关行政管理和执法部门、各街道办参与）

3. 构建全民行动格局。树立“节水洁水，人人有责”的行为准则。加强宣传教育，把水资源、水环境保护和水情知识纳入国民教育体系，提高公众对经济社会发展和环境保护客观规律的认识。依托中小学节水教育、水土保持教育、环境教育等社会实践基地，开展环保社会实践活动。支持民间环保机构、志愿者开展工作。倡导绿色消费新风尚，开展环保社区、学校、家庭等群众性创建活动，推动节约用水，鼓励购买使用节水产品和环境标志产品。（区委宣传部牵头，湖里环保分局、区教育局、区建设局、区文明办、各街道办参与）

四、保障措施

（一）强化水环境保护责任

按照属地管理、行业管理的原则，制定落实水污染防治实施方案，逐年确定分流域、分海域、分区域、分行业的重点任务和年度目标，任务分解、责任到位。要不断完善政策措施，加大资金投入，统筹城乡水污染治理，强化监管，确保完成各项任务。（区市政园林局、湖里环保分局、区建设局、区经信局、各街道办负责）

（二）落实排污单位主体责任

各类排污单位要严格执行环保法律法规和制度，加强污染治理设施建设和运行管理，开展自行监测，落实治污减排、环境风险防范等责任。国有企业要带头

落实，工业集聚区内的企业要探索建立环保自律机制。（湖里环保分局牵头，区经信局、区国资委参与）

（三）完善水污染防治工作协作机制

建立水污染防治联席会议制度，加强水污染防治工作协调力度，定期研究解决重大问题。各有关部门要认真按照职责分工，切实做好水污染防治相关工作，落实环境保护监督管理“一岗双责”规定，按照“谁主管、谁负责”的原则，加强本行业污染防治的技术指导和督促检查。各项任务牵头部门要做好相关工作的组织协调，并定期调度检查任务的进度，工作进展情况在月调度会上定期通报。加强统一指导、协调和监督，工作进展和需协调解决的问题，及时向市政府报告。（湖里环保分局牵头，各有关部门参与）

（四）严格目标任务考核

参照国家和省建立水污染防治行动计划考核制度，自2016年起，每年对各街道办、各部门落实实施方案情况进行考核，作为对领导班子和领导干部综合考核评价的重要内容。对未通过年度考核的，要约谈有关负责人，提出整改意见，予以督促。（区市政园林局、湖里环保分局牵头，区委组织部、区效能办参与）

（五）加强督查问责

将各项工作的完成情况纳入政府绩效考核，对因工作不力、履职缺位等导致水环境污染事件或无法有效控制污染的，以及干预、伪造数据和没有完成年度目标任务的，依法依纪转交监察和司法部门追究有关单位和人员责任；对盲目决策导致水环境质量恶化，造成严重后果的，视情节轻重给予党纪政纪处分并追究其法律责任。（区市政园林局、湖里环保分局牵头，区委组织部、区效能办参与）

本《实施方案》印发一个月内，各牵头单位、各街道办应制定相应的实施细则，开列任务清单，明确“十三五”重点任务和2016年度工作任务，并报区政府备案。

附件：相关概念的界定

相关概念的界定

1.“城市黑臭水体”是指城市建成区内，呈现令人不悦的颜色和（或）散发令人不适气味的水体的统称。识别方式按照《住房城乡建设部　环境保护部关于印发城市黑臭水体整治工作指南的通知》（建城〔2015〕130号）规定执行。

2.“老城区”指1990年6月经省政府批准实施的《厦门市城市总体规划》（1988年版）划定的建成区范围。

3.“城市建成区”指统计部门每年公布的《统计年鉴》按照规定划定的城市建成区范围。

4.“单体建筑面积”指一栋建筑物的建筑面积，包括地上建筑面积和地下建筑面积，由裙楼连接的几栋主楼及地下室面积合计为一个单体建筑面积，由连廊连接的分别计算单体建筑面积。

5.“饮用水安全状况信息”主要包括饮用水源水质状况、供水厂出水和用户水龙头水质状况、供受水量、水价等信息，各类信息均由水资源管委会办公室汇总后，统一向社会公开。

厦门市湖里区人民政府办公室
2015年12月17日印发

湖里区关于大力推进大众创业万众创新的实施办法

各街道党工委、办事处，区直各部、委、办、局，各有关单位：

经区委、区政府研究同意，现将《湖里区关于大力推进大众创业万众创新的实施办法》印发给你们，请认真贯彻执行。

中共湖里区委办公室　湖里区人民政府办公室

2015 年 12 月 24 日

湖里区关于大力推进大众创业万众创新的实施办法

第一章　总则

第一条　为贯彻落实我市《关于全面推进大众创业万众创新创建小微企业创业创新基地示范城市的实施意见》(厦府〔2015〕277 号，以下简称《市实施意见》)，大力发展低成本、便利化、全要素、开放式的众创空间，营造良好的创业创新生态环境，打造经济发展新引擎，特制定本实施办法。

第二条　众创空间是新型业态的创业创新孵化器，包括创客空间、创业咖啡、创新工场等新型孵化模式，提供共享办公、创业辅导、项目路演等核心孵化功能系列服务。按照我区“6+3”产业发展体系，根据产业发展需求，合理布局发展众创空间。

第三条　加强对创业创新工作的组织领导和扶持力度。

（一）成立湖里区创业创新工作领导小组，研究制定、统筹协调、指导服务我区创业创新工作的重大事宜。领导小组下设办公室，挂靠区发改局，成员由区发改局、区经信局、区财政局、区科技局、各街道等有关单位人员组成。

（二）设立专项扶持资金。区财政每年安排创业创新专项扶持资金，由区发改局、区经信局、区科技局落实推进创业创新的各项扶持和奖励措施。

第二章　政策扶持

第四条　加大对众创空间的运营支持。

（一）对经市级认定的众创空间

1. 运营补助。对在我区设立经认定的市级众创空间，除享受《市实施意见》政策扶持外，运营时间每满一年，另一次性给予 10 万元运营补助。

2. 租金补助。对租用现有场所设立众创空间的，自通过市级认定之日起 3 年内，除享受《市实施意见》租金补贴外，另给予每月每平方米 10 元租金补贴，最高补贴面积 8000 平方米；与《市实施意见》叠加后最高补贴标准不超过实际场租。

（二）对经区级认定的众创空间

1. 运营补助。对经区级认定的众创空间，运营时间每满一年，一次性给予 10 万元运营补助。

2. 租金补助。对租用现有场所设立众创空间的，运营面积在 500 平方米（含）以上的，经我区认定之日起三年内，给予每月每平方米 20 元租金补贴，年度最高租金补贴不超过 100 万元。

第五条　鼓励盘活资源打造众创空间。

（一）鼓励各类企业盘活闲置的商业用房以及市政府划定的政策区范围内工业厂房、仓储、物流设施等进行“微改造”变身为创业创新基地，对改造项目，按《市实施意见》执行。

（二）对未纳入市政府划定的政策区范围的，在我区设立并经认定为众创空间，建筑面积 500 平方米

（含）以上的，按照建筑面积给予每平方米 100 元一次性装修补助，最高补助不超过 100 万元。

（三）区属国企收储厂房、仓储、物流设施并实施改造为创业创新基地的，经认定后可按照《市实施意见》标准给予区属国企每平方米 200 元一次性改造补助（与《市实施意见》不重复享受），每栋厂房最高不超过 200 万元；改造补助仅适用于厂房、仓储、物流设施，对区属国企利用现有办公用房设立创新创业基地的，按本条第（二）款标准给予装修补助。

第六条 鼓励创业示范基地建设。

对获得国家级、省级、市级创业示范基地的除享受《市实施意见》奖励外，另一次性分别给予 100 万元、50 万元、30 万元同额配套奖励。

第七条 扶持互联网众创空间建设。

（一）装修补助。鼓励高校院所、企业等法人单位及有实力的个人（以下称建设运营主体）建设运营互联网众创空间。对经认定的互联网众创空间，运营面积 500 平方米（含）以上的，按每平方米 300 元给予一次性装修补助，最高不超过 100 万元及实际支出。

（二）租金补助。互联网众创空间自认定之日起 3 年内，给予每月每平方米 30 元租金补贴，年度最高租金补贴不超过 100 万元。

本条与本办法第四条、第五条不重复享受，可就高选择享受。

第八条 孵化创业企业奖励。

鼓励软件信息业、动漫游戏以及经认定的“互联网 +”项目等我区重点培育发展的新兴产业在我区创业发展。

（一）孵化企业奖励。众创空间每成功孵化一家上述行业创业企业（企业在本区实际注册运营半年以上，主营业务销售收入达 50 万元以上的），由运营机构推荐，经湖里区大众创新创业工作领导小组审核通过的，一次性给予 5 万元奖励。奖励金归众创空间的运营机构。

（二）获得融资奖励。获得种子基金、天使基金或其他融资（不包括区产业投资基金出资）的，融资额在 500 万元以上的，履行到资后另对创业企业按照融资额度的 5% 给予一次性扶持奖励，最高奖励金额 100 万元。

第九条 对符合我区产业导向的重大创业创新项目，经区创业创新工作领导小组提出后报区政府常务会研究，可给予重点扶持和奖励。

第三章　认定程序

第十条 符合以上条件的企业，向所在地街道办事处提出申请。经街道办事处初审后，对符合条件的，出具初审意见后转报领导小组办公室；对不符合条件的，街道办事处应书面答复并说明理由。

第十一条 经领导小组办公室审查后符合奖励（补助）条件的企业及个人名单报领导小组审定后实施。

第十二条 原则上奖励（补助）每半年兑现一次，并按照区街财政体制分成比例共同承担。

第四章　附则

第十三条 本实施办法与湖里区其他优惠政策不得同时享受，申请人同时符合多个优惠政策规定条件的，按照“就高不重复”原则享受相应扶持。

第十四条 本实施办法由区发改局负责解释，本办法中的区级众创空间和互联网众创空间由区科技局负责认定。

第十五条 本实施办法自 2016 年 1 月 1 日起实施，有效期至 2018 年 12 月 31 日。

附件：湖里区众创空间认定办法

湖里区众创空间认定办法

一、认定条件

（一）有专门的服务团队及建设运营主体，在湖里区注册并办理税务登记；

（二）有独立自主支配的为创客服务的场所，有开展创业教育辅导的活动；

（三）众创空间建筑面积 500 平方米以上，能够提供低成本的工位；

（四）有一定数量创客和创业团队入驻；

（五）有导师团队，建立一支由天使投资人、成功企业家、资深管理者、技术专家、市场营销专家等组成的专兼职导师队伍；

（六）有融资服务，设立基金或与外部投融资机构密切合作，有能力帮助创业团队获得种子、天使投资；

（七）有明确的孵化期限，及时对超期在孵团队进行清退。

本办法所指互联网众创空间指为处于种子期、初创期的互联网企业（互联网金融、即时通讯、搜索引擎、网络游戏以及软件信息等类型企业）提供创业孵化服务的众创空间。除满足上述条件外，还需符合以下条件：

（一）在年度考核期内，孵化成功的符合条件的创业团队达 5 个（含）以上，且其中 80% 以上注册在湖里区辖内；

（二）实际参与的专兼职导师人数达 8 人（含）以上，能够提供相应的创业辅导原始记录（文字、音频、视频材料）；

（三）在孵及毕业团队本年度累计获得基金或外部投融资机构融资资金达 1500 万元（含）以上。

二、认定程序

（一）申请认定湖里区众创空间，应提交如下材料：

1. 湖里区众创空间认定申请表；

2. 众创空间运营机构注册证照及税收登记（扫描件）；

3. 已孵、在孵团队名单；

4. 众创空间管理团队资料；

5. 众创空间场所产权证书或租赁合同（扫描件）；

6. 众创空间开展服务或具备服务功能的材料。

（二）湖里区众创空间按以下流程认定：

1. 众创空间运营机构提交申请；

2. 实地核查；

3. 部门审核；

4. 公示；

5. 认定。

三、其他

湖里区众创空间每半年认定一批。对已认定的区级众创空间每年考评一次，对考评合格的给予滚动资助；考评不合格的，撤销其区级众创空间资格。

众创空间运营机构需对其提供的申报材料的真实性负责。对于提供虚假材料，骗取财政资金的众创空间运营机构，区科技局将撤销其区级众创空间资格，收回已拨付的财政资金并依法予以处罚。

索 引

说 明

本索引为条目索引，按主题词首字音序排列，分目的主题词用蓝色字体标示；主题词后的数字为页码；涉及本区名称的主题词，不会引起歧义的一般去掉“湖里”和“湖里区”；特载、大事记、附录不做索引。

D

E

F

G

H

K

L

M

N

P

Q

R

S

X

Y

Z

图书在版编目(CIP)数据

湖里年鉴. 2016/湖里区地方志编纂委员会办公室编.
—北京:方志出版社,2017. 2
ISBN 978-7-5144-2367-9

Ⅰ. ①湖… Ⅱ. ①湖… Ⅲ. ①区(城市)—厦门市—
2016—年鉴 Ⅳ. ①Z525. 74

中国版本图书馆 CIP 数据核字(2017)第 047243 号

湖里年鉴(2016)

编　　者:湖里区地方志编纂委员会办公室
责任编辑:刘方圆
出 版 人:冀祥德
出 版 者:方志出版社
地址　北京市朝阳区潘家园东里 9 号(国家方志馆 4 层)
邮编　100021
网址　http://www. fzph. org
发　　行:方志出版社发行中心
电话(010)67110500
经　　销:各地新华书店
印　　刷:福州力人彩印有限公司
开　　本:889×1194　　1/16
印　　张:21. 25
字　　数:737 千字
版　　次:2017 年 2 月第 1 版　2017 年 2 月第 1 次印刷
印　　数:0001～1000 册

ISBN 978-7-5144-2367-9　　**定价**:280. 00 元